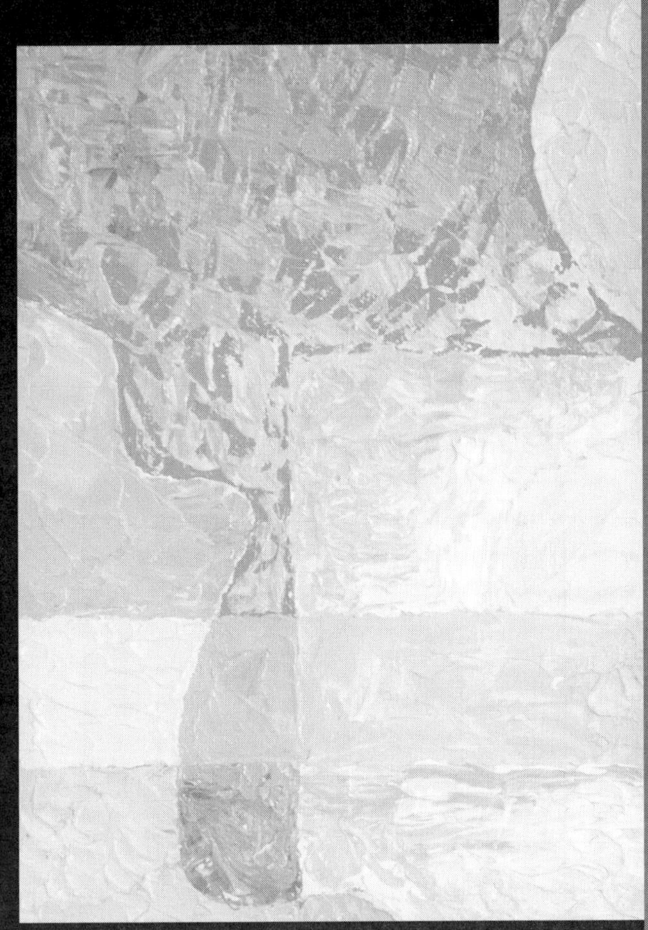

Handbook of Cognitive-Behavioral Therapies

인지행동치료 핸드북

Keith S. Dobson 편저 | 김은정 · 원성두 공역
이민규 감수

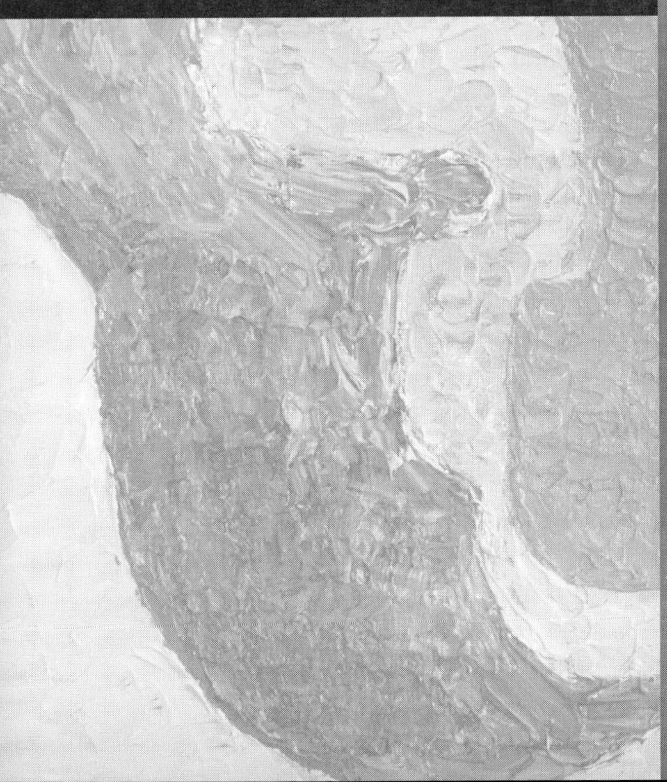

학지사

역자 서문

인지행동치료는 이론 및 실제 면에서 그 어떤 심리치료보다도 탁월하며 체계적인 심리치료로서 전 세계적으로 각광을 받고 있으며, 다양한 정신건강 전문가가 심리치료과정에서 흔히 사용하는 기법이기도 하다. 따라서 국내에 인지행동치료 관련 교재는 수없이 많으며 주로 장애별 인지행동적 접근법이 상세하게 소개되어 있다. 하지만 다양한 인지행동치료의 이론과 실제를 총망라하여 정리한 교재가 여전히 부족한 실정이다.

Dobson 박사의 『인지행동치료 핸드북』은 1988년 초판이 나온 이래 인지행동치료의 발달역사와 기본개념을 가장 체계적으로 정리한 책이다. 특히 3판에서는 요즘 심리치료 분야에서 증거 기반이 중시되고 있는 추세에 발맞춰서 20여 개의 심리장애에 대한 인지행동치료의 효능과 효과와 관련한 수많은 연구를 체계적으로 개관하여 정리해 놓았고, 최근에 각광을 받고 있는 마음챙김 및 수용 개입이 추가되면서 교재의 유용성이 더욱 부각되었다. 또한 심리치료자로서 타인의 세상에 대한 조망을 넓히려 하기 전에, 치료자 스스로 세상과 인간에 대한 조망을 넓힐 수 있도록 문화적 역량이라는 주제를 다루는 장을 새롭게 마련했다는 것은 이 책이 인지행동치료뿐만 아니라 심리치료 종합서로서 자리매김할 준비가 되었음을 보여 준다. 물론 이 책이 방대한 주제를 다루고 있기 때문에 역자도 번역과정이 쉽지 않았으며 압도적인 분량이 일부 독자에게는 조금 부담이 될 수도 있을 것이라 생각한다. 하지만 인지행동치료에 입문하고자 하는 심리학도 및 정신건강 관련 전문가가 단지 특정 심리치료기법을 익히는 것이 아니라 인지행동치료를 체계적으로 공부하고 수련하면서 치료자로 성장하는 데

든든한 길잡이가 되어 줄 것이라 생각한다. 아울러 일반 독자의 정신건강을 개선하는 데도 많은 도움이 될 수 있을 것이라고 믿는다. 오랜 시간 고민을 거듭해 왔지만 여전히 부족한 점이 많다. 따라서 잘못된 용어가 사용되었거나 오역된 부분이 발견되면 언제든지 역자에게 연락을 주길 바란다.

2년여 기간 동안 번역을 하는 과정에서 많은 도움을 주신 분께 진심 어린 감사를 전하고자 한다. 먼저 번역서 출판을 고민하고 있을 때 기꺼이 공역자로서 참여해 주신 김은정 교수님, 그리고 이 역서의 감수를 맡아 주신 이민규 교수님께 진심으로 감사드린다. 또한 이 책을 가지고 함께 공부하면서 초벌 번역에 관여하고 다양한 의견을 제시해 준 아주대학교 임상심리학 교실의 대학원생 최현, 이유진, 오송인, 전현주, 백지현, 고경민, 김수진, 배은경, 그리고 방학 동안 한국을 방문하여 이 책을 가지고 진행한 인지행동치료 세미나에 동참해 준 코넬 대학교 심리학과의 안여진 학생에게도 진심으로 감사의 말을 전한다. 마지막으로 역자가 방대한 분량의 원서 번역에 도전할 수 있도록 용기와 격려를 아끼지 않으신 학지사 김진환 사장님께 진심으로 감사드린다.

역자를 대표하여

원 성 두

편저자 서문

나는 1988년에 『인지행동치료 핸드북』 1판을 출판했을 때만 해도 인지행동치료(cognitive-behavioral therapy: CBT) 분야에서 이 책이 주요 저서가 될 것이라 생각하지 못했다. 하지만 20여 년이 지나자 이 책이 훈련 프로그램에서 주 교재로 쓰이고 있으며 이탈리아어와 포르투갈어로 번역되었다. 나는 CBT의 범위와 깊이가 증가하고 있다는 것을 알게 되었고 이 책이 그 과정에 일조하고 있다는 점이 기쁠 따름이다.

3판은 CBT가 중시될 것이라는 오랜 믿음에 따른 것이다. 1판 서문에서 이미 언급했듯이, 그 당시만 해도 CBT의 다양한 영역에 대해 전문가가 쓴 종합서는 없었다. 이번 판을 쓰게 된 것은 출판사와 내가 CBT 문헌에서 중요한 부분을 채워 나가야 한다는 생각에 따른 것이다. 이 책의 주요 독자는 심리치료를 배우고 있고 인지행동 모델의 성장에 대해 알고 싶어 하는 사람일 것이다.

이번 판에는 몇 가지 중요한 변화가 있다. CBT의 개념적 문제를 논의하는 주요 몇 장은 이전에 CBT의 기초를 다루었던 장과 같지만 2판에 있던 몇몇 장은 다른 내용으로 바뀌었거나 보완되었다. 주요 치료 부문에는 문제해결치료, 합리적 정서행동치료, 인지치료와 함께 최근 지속적으로 명성을 얻고 있는 도식 중심 인지치료와 수용 기반 개입에 대한 논의가 포함되었다. 또한 다양한 집단에 대한 CBT의 적용에 초점을 맞춘 새로운 장이 추가되었는데, 이는 CBT의 원리와 실제를 더 많이 보급하는 것이 특히 중요하기 때문이다.

이번 판의 새롭고 중요한 장 중 하나는 CBT의 증거 기반에 관한 것이다. 나는 2판 서문에서 "대중에게 신뢰, 확신, 시간, 에너지, 돈을 투자할 만한 가치가 있는 서비스를 제공하려는 사명을 이루기 위해서는 심리치료 분야가 가능한 한 빨리 명료하고 대중적이며 증거에 기반한 개입으로 나아가야 한다."는 믿음과 경험적으로 지지된 치료 운동에 대해 기술한 바 있다. 이 장은 CBT의 증거 기반이 상당히 짧은 기간에 극적으로 성장해 왔고 대중이 일반적으로 CBT를 신뢰할 수 있게 되었음을 밝히고 있다.

또한 나는 2판 서문에서 "인지행동치료 분야가 1판과 2판 사이에 엄청나게 발전했지만, 여전히 연구해야 할 것이 많다. 치료의 기저에 있는 모델, 개념적 관계, 작용 기제, 치료의 절대적 효능, 치료의 상대적 효능, 내담자집단 간의 치료의 상대적 효능, 치료에 대한 환자의 수용 가능성, 치료의 훈련 및 보급을 위한 최선의 방법, 이들 치료의 연령 특이성, 다양한 문화 및 언어 집단으로의 치료의 확산 가능성, 그리고 기타 주요 문제 등에 대한 의문이 남아 있다."고 밝힌 바 있다. 이는 지금도 여전히 사실이다. 몇몇 치료 모델 및 실제 영역에 대해 중요한 효능 자료가 요구되고 있고 CBT의 작용 기제에 대한 지속적인 연구를 필요로 하고 있을 뿐만 아니라 이 분야는 현재 특정 내담자집단과 다양한 문화 및 언어 집단 모두를 고려한 CBT의 효과와 관련된 문제를 탐색하는 것이 시급하다.

마지막으로 나는 나만의 생각과 작업을 지원해 주었고 계속해서 지원해 주고 있는 수많은 사람에게 감사의 인사를 전하고 싶다. 그들 중에는 나의 가족, 특히 나의 아내 Debbie와 아이들 Kit, Aubrey, Beth가 있으며 CBT에서 나의 '확장된 가족'도 포함된다. 나는 굉장히 많은 사람, 특히 Tim Beck, Judy Beck, Bob Leahy, Jackie Persons, Neil Jacobson, Steve Hollon, Sona Dimidjian, Chris Martell, Leslie Sokol, Brian Shaw, Zindel Segal, John Teasdale, Ed Watkins, Willem Kuyken, Rob DeRubeis, Nik Kazantzis, David Dozois에게 감사의 말을 전한다. 이렇게 사려 깊고 친절한 사람들뿐만 아니라 내가 세상에서 운 좋게 만났던 그 외의 수많은 'CBT인'과 일했다는 것이 무엇보다 기쁘다. 또한 나는 Guilford Press 직원의 지지와 지원에 감사한다. 특히 선임편집장 Jim Nageotte, 부편집장 Jane Keislar, 또한 편집국장 Seymour Weingarten에게 진심으로 감사를 전한다. Guilford Press는 CBT 교재 및 자료의 출판에 있어 세계 최고가 되었고 이를 통해 이 분야의 성장에 엄청나게 긍정적인 효과를 발휘하게 되었다.

Albert Ellis(1913~2007) 박사를 기리며

Ellis 박사는 심리치료 분야의 거장이었다. 그는 심리치료, 성, 사랑 및 대인관계, 종교, 심리치료 연구 등 다양한 주제에 대한 70권 이상의 책과 700편 이상의 논문을 남겼다. 그는 무엇보다도 현재는 합리적 정서행동치료(REBT)라 부르는 합리적 정서치료(RET)의 창시자이자 인지행동치료 분야의 한결같은 권위자였다. 또한 Ellis 박사는 이 책의 주요 공헌자로서 처음부터 지지를 아끼지 않았고 이 책에 REBT를 싣고자 했다. Ellis 박사는 2007년 7월 24일에 자연사하였다. 이 분야에서 그의 사망은 큰 빈자리를 느끼게 한다. 이제 사라진 그의 유머, 재치, 지성은 물론, 솔직하고 직설적인 성격은 그를 알았던 모든 이들의 가슴에 그리움으로 남아 있다.

차 례

PART 1

Handbook of Cognitive-Behavioral Therapies

역사적 · 철학적 · 과학적 기초

CHAPTER 1

인지행동치료의 역사적 · 철학적 기초

Keith S. Dobson
David J. A. Dozois

인지행동치료(Cognitive-behavioral therapies: CBT)는 1960년대 초반에 등장했으나 (Ellis, 1962) 1970년대가 되어서야 '인지행동수정' 주 교재가 처음으로 출판되었다(Kendall & Hollon, 1979; Mahoney, 1974; Meichenbaum, 1977). 이 10년 사이에 인지에 대한 관심이 증가했을 뿐만 아니라 행동변화에 인지 이론을 적용하는 것에도 관심을 갖게 되었다. 예를 들어, Mahoney(1977)는 심리학이 전반적으로 1960년대에 '인지혁명'을 맞이했지만 임상심리학은 인지 이론적 관점을 다소 늦게 받아들였다고 언급한 바 있다. 임상심리학에서는 인지혁명의 일환으로 각기 다른 이론가 및 임상가가 인지 및 행동변화를 위한 다수의 모델과 실제적인 임상기법을 개발하였다.

이 장에서는 1960년대 초반부터 현재까지를 중심으로 CBT의 주요 역사적 발전에 대해 개관하고자 한다. 먼저 CBT의 현재 규모와 모델의 핵심적인 특징을 간략하게 정의한 후 CBT의 역사적 기초를 개관할 것이다. 우리는 CBT 발전에 있어 중요한 여섯 가지 이유를 제안하고 논의할 것이다. 계속해서 이 장은 모든 CBT가 공유하는 원리와 접근법에 따라 달라지는 원리를 모두 살펴보면서 다양한 유형의 CBT의 주요 철학적 기초를 요약하고자 한다. 이 장의 말미에서는 주요 CBT 접근법의 공식적인 연대기를 제시할 것이다. 또한 각 접근법의 역사적 발전 및 권장하고 있는 행동변화 원리들에 관하여 전반적인 CBT와는 상이한 현대적인 접근법을 기술할 것이다.

인지행동치료의 정의

핵심적으로 CBT는 세 가지 기본적인 명제를 공유하고 있다.

- 인지활동은 행동에 영향을 미친다.
- 인지활동은 감찰되고 변화될 수 있다.
- 원하는 행동변화는 인지변화를 통해 이루어질 수 있다.

Kazdin(1978)은 '인지행동수정'이라는 다소 다른 명칭을 사용하기는 했으나 이를 정의하는 데 있어 유사한 암묵적 명제를 주장한 바 있다. "'인지행동수정'이라는 용어는 사고, 해석, 가정, 반응전략 등을 바꿈으로써 외현적 행동을 변화시키려는 치료법을 망라한 것이다."(p. 337) 따라서 인지행동수정과 CBT는 가정 및 치료방법 면에서 거의 동일하다. 그러나 치료 성과 면에서 이 두 용어가 서로 다른 치료라는 것을 확인할 수 있다. 인지행동수정은 최종 결과로서 외현적 행동변화를 추구하는 반면(Kazdin, 1978; Mahoney, 1974) 일부 현대 CBT는 행동변화가 인지에 수반되는 것이라고 믿고 있기 때문에 인지 자체에 대한 치료 효과를 강조한다. 예를 들어, 신념의 변화와 관련해 Ellis(Ellis, 1962, 1979a; 이 책 8장의 Dryden, David, & Ellis)는 Kazdin(1978)이 정의한 인지행동수정과는 다른 치료를 구성한 바 있다. 그러므로 '인지행동치료'라는 용어는 인지행동수정에 비해 더 광범위한 것이며, 인지행동수정은 인지행동치료에 포함되는 것이다(Dobson, Backs-Dermott, & Dozois, 2000 참조).

CBT의 세 가지 기본 명제 중 첫 번째 명제인 '인지활동이 행동에 영향을 미친다.'는 것은 기본적인 매개모델(mediational model)(Mahoney, 1974)을 다시 고쳐 말한 것이다. 물론 초기 인지행동 이론가들은 매개적 명제(Mahoney, 1974)의 이론적 · 경험적 타당성을 입증해야 했지만 이제는 사건에 대한 인지적 평가가 이 사건에 대한 반응에 영향을 미칠 수 있으며, 이러한 평가의 내용을 수정하는 것이 임상적 가치가 있다는 증거가 넘쳐 나고 있다. 개인이 서로 다른 맥락에서 하고 있는 평가의 정도 및 정확한 본질과 관련해 계속 논쟁이 되고 있지만(Coyne, 1999; Held, 1995 참조) 매개가 존재한다는 사실은 더 이상 논란의 여지가 없다.

CBT의 두 번째 명제는 '인지활동이 감찰되고 변화될 수 있다.'는 것이다. 이 말에는 우리가 인지활동에 접근해서 인지를 인식하고 평가할 수 있다는 가정이 내포되어 있다. 그러나 인지에 접근하는 것이 완벽하지 않으며 사람은 실제적인 사건 발생보다는 사건 발생의 가능성에 의거해서 인지활동을 보고한다고 보는 것이 타당하다(Nisbett & Wilson, 1977). 그러나 인지적 평가 분야의 대다수 연구자는 대개 행동을 타당화 자료원으로 활용해서 인지적 평가 전략의 신뢰도와 타당도를 입증하려는 지속적인 시도를 하고 있다(Merluzzi, Glass, & Genest, 1981; Segal & Shaw, 1988; 이 책 5장의 Dunkley, Blankstein, & Segal). 따라서 인지에 대한 보고가 그럴듯해 보이기는 하지만 어떤 경우에는 인지에 대한 보고의 편향이 존재하므로 이에 대한 추가적인 타당화가 필요하다(이 책의 5장 Dunkley 등).

CBT의 두 번째 명제의 또 다른 필연적인 결과는 인지활동의 변화에 앞서 인지활동에 대한 평가가 선행되어야 한다는 것이다. 그러나 우리는 어떤 구성개념을 측정한 후에야 그것을 조작할 수 있다는 것을 개념적으로 이해하지만 실제로는 반드시 그렇지만은 않다. 인간을 변화시키는 분야에서 인지에 대한 측정이 반드시 변화를 위한 노력에 도움이 되는 것은 아니다. 다른 곳에 기술되어 있듯이(이 책 5장의 Dunkley et al.; Mischel, 1981; Segal & Cloitre, 1993; Shaw & Dobson, 1981) 대부분의 인지적 평가 전략은 인지과정보다는 인지내용 및 인지산물에 대한 평가를 강조한다. 인지, 행동, 정서 시스템 간의 상호의존성뿐만 아니라 인지과정을 평가하는 것이 변화에 대한 이해를 증진시킬 가능성이 있다. 하지만 인지내용에 대한 평가에 비해 이러한 유형의 인지적 감찰은 상대적으로 충분히 개발되지 않은 상태다.

CBT의 세 번째 명제는 매개모델을 채택한 직접적인 결과다. 이는 원하는 행동변화가 인지변화를 통해 이루어질 수 있다는 의미다. 인지행동 치료자는 외현적 강화 수반성[1]이 행동을 변화시킬 수 있다는 점을 인정하기는 하지만 행동변화를 위한 대안적인 방법으로서 인지변화를 더 강조하는 면이 있다.

수많은 인지행동 이론가는 초창기에 인지변화가 행동에 영향을 미칠 수 있다는 가

1) 직접적인 강화물을 제공함으로써 바람직한 행동의 발생 빈도를 증가시키는 것

정에 따라 인지적 매개(cognitive mediation) 효과를 입증하는 데 주력했다. 이러한 효과에 대한 가장 초기 연구 중 하나로 Nomikos, Opton, Averill과 Lazarus(1968)는 연구 참여자들의 기대에 따라 동일한 소음에 대한 상이한 생리적 장애가 야기되었음을 입증하였다. 이와 일관되게 Bandura(1977, 1997)는 자기효능감(self-efficacy)이라는 구성개념을 사용해서 공포 대상에 접근할 수 있다는 참가자의 지각된 능력이 실제 행동을 강력하게 예측한다는 것을 입증하였다. 다양한 실험 및 임상 장면에서 이루어진 많은 연구를 통해 인지적 평가 과정의 역할이 입증되어 왔다(Bandura, 1986, 1997).

일반적으로 인지활동에 대한 추론이 인정되고 있기는 하지만 여전히 인지변화가 행동변화를 매개한다는 추가적인 가정에 대한 입증은 아직까지도 극히 어려운 실정이다. 이를 입증하기 위해서 행동평가와는 별도로 인지변화에 대한 평가가 반드시 이루어져야 한다. 예를 들어, 공포증이 있는 사람이 어떤 공포 대상에 대략 3m 이내까지 접근하는, 즉(점진적 접근을 포함한) 체계적 둔감화로 치료를 받아서 해당 공포 대상에 더 가까이 접근할 것이 예상되고 입증된다면 행동변화에 대한 인지적 매개를 추론한다는 것은 매우 어렵고 최악의 경우에는 불필요할 수도 있다. 반면 공포증을 가진 동일한 사람이 어떤 인지적 개입(예컨대, 공포 대상에 대한 심상적 접근법)으로 치료를 받아서 이와 같은 행동변화를 보였다면 행동변화에 대한 인지적 매개는 더 타당한 것일 수 있다. 상기 공포증 환자가 특별한 치료를 받지 않고도 또 다른 공포 대상에 대해 행동의 변화를 보였다면 이 행동변화에 대한 인지적 매개가 있었던 것인데, 이는 치료받은 대상과 또 다른 일반화 대상 간의 인지적 '짝짓기(matching)'가 분명히 존재하기 때문이다. 애석하게도 인지적 매개와 관련된 연구가 대개 방법론적으로 다소 부적절하며 대부분 설득력 있는 결과를 제시하지 못하고 있으므로(DeRubeis et al., 1990; Longmore & Worrell, 2007) 이 모델은 지속적으로 논란의 대상이 되고 있다.

인지행동치료의 구성

이미 밝혔듯이 CBT에는 수많은 치료적 접근법이 존재한다. 이 접근법의 공통점은 소위 '사고' 또는 '인지'라고 하는 내면의 내현적 과정(Internal covert processes)을 가정하고 인지적 사건(cognitive event)이 행동변화를 매개한다는 이론적 관점이다. 사실상 많은 인지행동 이론가는 매개가설(mediational hypothesis)을 지지하면서 인지가 행동을 변화시킬 수 있을 뿐만 아니라 인지가 행동을 변화시켜야만 행동변화가 인지변화의 간접적인 지표로서 사용될 수 있다고 명시하고 있다. 동시에 이 접근법은 행동변화가 정교한 인지적 기제를 포함하는 것은 아니라고 주장한다. 일부 치료에서는 개입이 인지적 평가 및 검사보다는 오히려 내담자의 행위 및 행동변화에 훨씬 더 많은 초점이 맞춰져 있다. 물론 CBT의 실질적인 효과는 내담자에 따라 달라지는 것이지만 일반적으로 변화에 대한 주요 지표는 인지와 행동이다. 드물기는 하지만, 특별히 정서장애 또는 생리적 장애가 치료에서 현재의 문제(예컨대, 불안장애, 심리생리적 장애[2])와 관련된 중요 요소라면 정서 및 생리적 변화도 CBT에서 변화의 지표로서 사용된다. CBT의 발전 동향 중 하나는 인지적 매개가 행동 · 정서 · 생리적 과정에 어떻게 영향을 미치고, 이러한 다양한 시스템이 실제로 어떻게 서로 강화할 수 있는지에 대한 관심이 증대되고 있다는 점이다.

CBT는 각각 다른 변화 목표에 따라 크게 세 가지(대처기술치료, 문제해결치료, 인지재구성)로 분류된다(Mahoney & Arnkoff, 1978). 이 장의 후반부에서 CBT의 범주에 속하는 구체적인 치료를 상세히 기술하고 있기 때문에 여기서는 이 주제를 다루지 않을 것이다. 그러나 주목해야 할 점은 서로 다른 분류의 치료가 인지변화 또는 행동변화를 지향하는 수준이 다르다는 것이다. 예를 들어, 대처기술치료는 내담자의 외현적인 문제에 사용된다. 이러한 치료의 경우, 내담자가 부정적 사건의 결과를 악화시키는 전략(예컨대, 불안-유발 사고 및 심상에 몰두하기, 회피 사용하기) 또는 부정적인 사건의 영향을 감소시키는 전략(예컨대, 이완기술 배우기) 중 어떤 것을 선택하는지를 확인하고 이를 변화시키는 것에 초점을 맞춘다. 따라서 이러한 방식의 치료에서 성공의 주요 지표는 대처능력의 증진이라는 행동적 징후와 동시에 부정적인 사건의 결과의 감소(예컨대, 불안의 감소)다. 이와 달리 인지재구성 기법은 장애가 그 사람 자신으로부터 만들어졌을 경우에 더 많이 사용된다. 이 접근법은 부정적인 결과를 유발하는 오래된 신념과 상황-특정적 자동적 사고에 초점을 맞추고 있다.

CBT가 주요 변화 영역으로서 인지와 행동 모두를 목표로 삼고 있기는 하지만 일부 변화 목표는 CBT 분야와는 거리가 먼 것이다. 예를 들어, 자폐아의 자기파괴적 행

---

2) 예컨대, 심리적 문제가 신체 증상으로 나타나는 신체형장애(somatoform disorder)

동을 치료하는 데 고전적 조건형성 기법을 사용하는 치료자는 인지행동적 접근을 사용하지 않는데 이러한 접근은 '행동분석' 또는 '응용 행동치료'라고 할 수 있다. 실제로 자극-반응 모델(stimulus-response model)을 사용하는 치료 분야는 CBT에 해당되지 않는다. 따라서 인지적 매개가 치료계획에 있어 중요한 구성요소이며 입증될 수 있는 경우에 한해서 '인지행동적'이라는 명칭을 사용할 수 있다.

반면 극단적인 행동치료뿐만 아니라 극단적인 인지치료 또한 인지행동치료가 아니다. 예를 들어, 오랜 과거의 외상사건에 대한 기억이 현재의 정서장애를 유발했다고 가정하고 기억을 변화의 목표로 설정한 치료 모델은 CBT가 아니다. 이 예시에서 주목해야 할 점은 현재의 장애와 과거의 외상이 서로 무관할 가능성이 있다는 것이다. 과거에 외상이 있었고 최근 사건이 그 과거의 사건과 매우 유사하며 내담자가 과거의 외상과 현재 사건 모두의 함수로서 고통을 경험하고 있는 경우에 인지적 매개의 가능성은 높고 이때 치료는 본질적으로 인지행동적일 수 있다. 물론 외상과 그로 인한 결과를 다루기 위한 CBT가 존재한다(Resick et al., 2008).

마지막으로, 정화적(cathartic) 치료 모델에서 볼 수 있듯이(Janov, 1970)* 극단적인 감정의 표현에 이론적 기초를 둔 치료는 인지행동적이지 않다. 따라서 설령 이러한 치료가 정서는 극단적 또는 부정적인 인지적 매개 과정에서 유래된 것이라는 입장을 취한다 해도 변화에 대한 명확한 매개모델이 없기 때문에 CBT라고 볼 수 없다.

인지행동치료의 역사적 기초

두 가지 역사적 주류가 CBT의 역사적 기초가 되고 있다. 지배적인 주류는 행동치료인데, 종종 CBT의 초기 선구자로 간주된다. 또한 CBT는 약간은 정신역동치료 모델로부터 성장해 왔다. 이러한 두 가지의 역사적 주제는 이 단원에서 순서대로 논의될 것이다.

행동치료는 인간의 문제에 대한 급진적인 행동주의적 접근으로부터 발전하였다

역주) Arthur Janov의 원초적 외침치료(primal scream therapy): 유아기의 억압된 고통을 표현함으로써 정신질환을 치료할 수 있다는 입장.

(Bandura, 1986). 이는 행동주의의 고전적 조건형성 원리와 조작적 조건형성 원리에 기초해 행동변화에 초점을 맞춘 다양한 개입방식을 개발해 왔다. 그러나 1960~1970년대에 행동치료에서 시작된 전환점이 인지행동 이론의 발전을 가능하게 했고, CBT의 논리적인 필연성을 더욱 확장하게 되었다. 첫째, 비록 행동적 관점이 한동안 우세했지만 1960년대 말 무렵 비매개적 접근이 모든 인간행동을 설명하기에는 충분히 포괄적이지 못하다는 것이 명백해졌다(Breger & McGaugh, 1965; Mahoney, 1974). Bandura(1965, 1971)의 대리학습(vicarious learning)에 대한 설명, Mischel, Ebbesen, 그리고 Zeiss(1972)의 만족지연에 대한 연구 등에서 전통적인 행동주의적 입장이 반박되었다. 이와 유사하게 아이들은 대부분의 부모 및 교육자의 차별강화 능력과 무관하게 문법규칙을 잘 학습하였는데(Vygotsky[3], 1962) 이로 인해 언어학습에 대한 행동주의 모델이 치명적인 타격을 받았다. 또한 행동주의 모델에 대한 불만족감의 또 다른 증거는 '내현적(covert)' 행동(즉, 사고; Homme, 1965)을 포함시켜 행동주의 모델을 확장하려는 시도를 했다는 것이다. 이러한 접근이 나름대로 낙관적이기는 했지만 행동주의 진영은 이러한 종류의 확장이 외현적 현상에 대한 행동주의적 강조점과는 일치하지 않는다고 비판했다.

CBT의 발전을 촉진한 두 번째 요인은 강박사고와 같은 문제는 본질적으로 비인지적 개입으로는 부적합하다는 점이다. 행동치료는 주로 행동주의적 상관변인과 일차적으로 관련 있는 장애에만 적용되었다. 또한 행동치료자는 다양한 장애의 행동증상을 변화 목표로 삼았다(예컨대, Ferster, 1974). 행동을 중시함으로써 예전에 비해 치료적 잠재력이 증진되기는 했지만 전반적인 문제 또는 문제의 주요 요소가 치료되지 않았다는 점을 알게 된 치료자는 행동치료에 불만족감을 느끼게 되었다. 인지행동치료적 개입의 발전은 임상가의 치료기법의 빈틈을 메우는 데 도움을 주었다.

셋째, 심리학 분야가 전반적으로 변화했는데, 그중 주요한 부분이 소위 '인지혁명'이라고 하는 인지주의(cognitivism)다. 여러 매개적 개념이 실험심리학 내에서 개발, 연구, 확립된 것이었다(Neisser, 1967; Paivio, 1971). 이 모델 중 가장 영향력 있는 것은 인지의 정보처리 모델(information-processing model of cognition)이라 할 수 있으며, 이는 분

---

3) L. Vygotsky에 따르면 인지 기술은 개인이 성장한 문화와 사회적 배경에 따라 획득될 수 있다(특수교육학 용어사전, 2009, 국립특수교육원).

명히 매개적이었고 인지실험으로부터 상당한 지지를 받은 것이었다. 정보처리 모델이 임상적 구성개념으로 확장된 것은 자연스러운 발전 중 하나였다(예컨대, Hamilton, 1979, 1980; Ingram & Kendall, 1986).

일반적인 인지모델의 개발 이외에도 1960년대와 1970년대의 몇몇 연구자는 임상적으로 관련 있는 구성개념의 인지적 매개에 대한 기본적인 조사를 실시했다. 예를 들어, Lazarus와 동료들은 이 시기에 몇 가지 연구를 통해 불안이 인지적 매개와 관련되어 있음을 밝혀냈다(Lazarus, 1966; Lazarus & Averill, 1972; Lazarus & Folkman, 1984; Monat, Averill, & Lazarus, 1972; Nomikos et al., 1968). 종합해 보면 일반 인지심리학과 '응용 인지심리학'이라는 두 연구 분야는 행동주의 이론가에게 누적 연구결과를 설명하도록 도전하게 한 것이었다. 물론 이러한 도전은 행동주의 모델의 제한점을 개선해서 인지적 현상을 행동주의 모델로 통합할 필요성을 부각시켰다. 이러한 통합 시도의 최초의 증거 중 하나가 바로 1970년대 초반에 발전했던 자기조절 및 자기통제 문헌이다(Cautela, 1969; Goldfried & Merbaum, 1973; Mahoney & Thoresen, 1974; Stuart, 1972). 행동수정에 대한 자기통제 관점을 규명하기 위한 다양한 시도는 개인이 자신의 행동을 감찰할 수 있는 능력, 내적으로 생성된 행동 목표를 설정할 수 있는 능력, 특정 행동의 조절을 위해 환경 및 개인 변인 모두를 통합할 수 있는 능력 등을 가지고 있다고 보았다. 이러한 자기통제 모델을 개발하기 위해서는 다수의 인지과정을 가정해야만 했는데, 예를 들어 인간의 기능 중 내적 '인공두뇌학(cybernetics)'(예컨대, Jeffrey & Berger, 1982)이라는 용어로 자기통제 전략을 정의하려는 시도가 있었다.

행동주의와 함께 인지행동 분야를 이끌었던 두 번째 역사적 흐름은 바로 정신역동 이론 및 치료였다. 엄격한 행동주의에 대한 불만이 늘어났듯이, 가장 강력한 대립적인 관점이었던 성격 및 치료의 정신역동 모델에 대한 거부감도 지속되었다. CBT 분야의 초기 연구(예, Beck, 1967, pp. 7-9; Ellis, 1973, 1979a, p. 2)는 무의식 과정, 과거 자료 검토, 전이-역전이 관계와 관련한 통찰 증진에 기초한 장기치료의 필요성 등의 정신분석적 강조점에 반대하는 언급을 포함하고 있었다. 그러나 흥미로운 사실은 이 분야의 주요 인물인 Aaron Beck과 Albert Ellis가 초창기에는 정신역동적 수련을 받았다는 점이다. 또한 나중에는 둘 다 인지재구성, 그리고 보다 특질-유사적이고 지속적인 신념 또는 도식에 대한 분석 및 이에 대한 잠재적인 변화의 필요성을 강조하는 CBT를 개발하게 되었다.

몇몇 정신역동 모델의 기본적인 원리에 대한 철학적 불일치뿐만 아니라 치료 성과 문헌에 대한 개관을 통해 전통적인 심리치료의 효능이 그다지 인상적이지 않았다는 것이 제안되었다(Eysenck, 1969; Luborsky, Singer, & Luborsky, 1975; Rachman & Wilson, 1971, 1980). 아마도 정신역동적 치료의 입증된 효능에 대한 가장 대담한 논평은 Rachman과 Wilson(1980)이었다고 볼 수 있는데, 그들은 "정신분석이 효과적인 치료라는 입장을 지지할 만한 증거가 여전히 존재하지 않는다."(p. 76)고 기술한 바 있다. 정신역동적 기반에서 탈피한 작업을 했던 초기의 인지행동 치료자[4]가 중시했던 주제는 단기적인 증상완화 및 문제해결이었다.

대부분의 사회적 움직임이 그렇듯이 CBT의 초기 형성의 결정적인 요소는 이러한 움직임에 참여하고 있다고 인정한 몇몇 이론가 및 치료자의 등장이었다. 이 과정에 참여한 사람들로는 Beck(1967, 1970), Cautela(1967, 1969), Ellis(1962, 1970), Mahoney(1974), Mahoney와 Thoresen(1974), Meichenbaum(1973, 1977) 등이 있었다. 인지행동적 관점에 대한 주요 제창자가 구성됨에 따라 이 분야는 다른 사람의 관심을 끌 만한 시대 사조가 형성되기에 이르렀다. 게다가 급부상하고 있던 인지행동 분야에 특화된 학회지의 출간도 이러한 흐름에 일조하게 되었다. 따라서 1977년 초대 편집자였던 Michael Mahoney에 의한 인지치료와 연구(Cognitive Therapy and Research)의 창립으로 '인간의 적응과 조절에서 인지적 과정의 역할에 대한 연구 및 이론을 자극하고 교류하기 위한'(학회지 표지) 포럼이 개최되었다. 인지행동 이론과 인지행동수정 영역에서 정기적인 출판이 시작되면서 연구자 및 치료자가 다양한 대중에게 혁신적인 아이디어와 연구결과를 제공하는 것이 가능해졌다.

마지막으로 인지행동적 관점에 대한 지속된 관심을 이끌었던 중요한 역사적 요인은 인지행동치료 성과가 엄격한 행동적 접근의 결과와 동일하거나 또는 더 효과적이라는 것을 밝혀낸 조사 연구의 출판이었다. 인지행동수정에 대한 비판적인 개관에서 Ledgewidge(1978)는 인지행동치료와 행동치료를 비교한 13개의 연구를 개관하여 둘 중 그 어떤 것도 뚜렷하게 우월하지 않다는 것을 밝혔다. 물론 그는 자신이 개관한 연구가 유사 모집단에 기초한 것이었기 때문에 종합적인 판단을 위해서는 임상실험이 필요하다고 언급했다. Ledgewidge의 비판적인 논평은 '시기상조'라는 반응을 유

4) 예를 들어, A. Ellis와 A. Beck

발하기도 했다(Mahoney & Kazdin, 1979). CBT의 효능에 대한 초기 논쟁 후에 다수의 개관에서 CBT는 임상적인 효과가 있다는 것이 밝혀졌다(Berman, Miller, & Massman, 1985; Dobson & Craig, 1996; Dush, Hirt, & Schroeder, 1983; Miller & Berman, 1983; Shapiro & Shapiro, 1982). 실제로 CBT가 경험적으로 지지된 치료의 목록에 속한다는 것은 주목할 만하다(Chambless et al., 1996; Chambless & Hollon, 1998; Chambless & Ollendick, 2001). 그러나 치료의 효과성에 대한 메타분석은 인지행동치료가 엄격한 행동치료보다 얼마나 우월한지에 대한 의문을 제기하고 있다는 점을 주목해야 한다(Berman et al., 1985; Glogcuen, Cottraux, Cucherat, & Blackburn, 1998; Miller & Berman, 1983). 자료가 더 많이 늘어난다면, 이러한 유형의 치료 효과성을 더 명확하게 설명하는 것이 가능해질 것이다(이 책 2장의 Epp & Dobson). 우리가 지속적인 연구를 통해 바라는 것은 CBT의 일반적인 효능뿐만 아니라, 다양한 특정 임상적인 문제에 대한 여러 유형의 CBT가 갖는 상대적인 효능을 구체적으로 설명하고 명쾌하게 결론짓는 것이다.

이러한 개관을 통해 분명해지고 있는 것은 역기능 및 치료에 대한 인지행동적 모델의 발전에는 여러 가지 설득력 있는 이유가 있었고 계속해서 존재하고 있다는 점이다. 이러한 이유에는 기존의 치료 모델에 대한 불만족, 인지행동적 관점의 필요성이 강조되고 있는 임상적인 문제, 인간의 기능 중 인지적 측면에 대해 시행된 연구, 인지행동적 이론가 및 치료자집단의 등장을 이끈 시대 사조, 그리고 인지행동적 개입의 임상적 효능을 지지하는 연구의 증가 등이 포함된다. 이러한 전반적인 동향을 염두에 두고, 우리는 지난 40년 이상 발전해 온 몇몇 구체적인 CBT 이면의 역사적 발전을 조금 더 심층적으로 요약해 보고자 한다.

주요 인지행동치료

CBT는 행동 및 인지의 변화를 이루려는 목표를 가지고 공통적으로 행동 전략과 인지과정을 포함하고 있다. 그러나 주요 CBT에 포함된 치료 절차에 대한 간략한 개관에서도 각각의 원리와 절차의 다양성이 드러나고 있다. 각 인지행동적 접근의 개발과 실행에서의 차이점은 각 관점에 기초한 개입 전략을 개발한 사람의 상이한 이론적 방향성에 의해 부분적으로 설명될 수 있다. 예를 들어, Ellis와 Beck은 각각 합리적 정서행동치료와 인지치료의 주창자로서 정신분석적 배경에서 출발했다. 반면 Goldfried, Meichenbaum과 Mahoney는 원래 행동수정 원리에 대해 수련을 받았다.

Mahoney와 Arnkoff(1978)는 CBT를 세 가지, 즉 ① 인지재구성, ② 대처기술치료, ③ 문제해결치료로 분류한 바 있다. 주요 '인지재구성'에 속하는 치료는 정서적 고통이 부적응적 사고의 결과라고 가정한다. 따라서 이러한 임상적 개입의 목표는 부적응적 사고방식을 평가하고 도전하는 것, 그리고 더 적응적인 사고방식을 수립하는 것이다. 반면 '대처기술치료'는 내담자가 다양한 스트레스 상황에 대처하는 것을 지원하기 위해 고안된 다양한 기술 개발에 초점을 맞춘다. '문제해결치료'의 특징은 인지재구성 기법과 대처기술훈련 절차를 혼합한 것이다. 문제해결치료는 광범위한 개인적인 문제를 다루기 위한 일반적인 전략의 개발을 중시하며 치료 프로그램의 계획에 있어서 내담자와 치료자 간의 적극적인 협력의 중요성을 강조한다. 다음 단원에서 우리는 인지행동적 전통과 관련된 주요 치료의 발전을 기술하고자 한다. 이 개관은 모든 것을 망라하려고 했던 것이 아니었기에 충분한 연구 또는 임상적 적용이 이루어지지 않은 몇몇 치료는 제외되었다.

합리적 정서행동치료

많은 사람은 합리적 정서행동치료(Rational Emotive Behavior Therapy: REBT)가 최초의 인지행동적 접근이라고 간주한다. REBT의 기본적인 이론 및 기법은 약 50년 전에 Albert Ellis에 의해 설계된 것이다. Ellis는 정신분석에 대해 풍부한 수련 및 경험을 한 후, 고전적인 분석적 방법의 효능 및 효율성에 의문을 갖기 시작했다. 그는 환자가 상당히 많은 시간 동안 치료를 유지하려고 하면서도 자유연상과 꿈 분석 같은 정신분석적 기법에 자주 저항하고 있는 것을 관찰했다. 게다가 Ellis는 정신분석 이론에서 치료적 변화를 이끈다고 가정하고 있는 개인적 통찰이 지속적인 행동변화를 가져오는지에 대해 의문을 제기했다.

하지만 나는 여전히 내가 얻은 결과에 만족하지 못했다. 즉, 많은 환자가 상당

> 히 짧은 기간에도 눈에 띄게 나아졌고 겉보기에 결정적인 통찰에 도달한 후 나아진 것을 느꼈다. 그러나 그들 중 불안 또는 적대감으로 인해 거의 시달리지 않으면서 정말로 치료된 사람은 거의 없었다. 그리고 예전과 마찬가지로 환자마다 나에게 "예, 저는 지금 저를 힘들게 하는 것이 무엇인지 그리고 왜 제가 그것 때문에 힘들어 하는지 알아요. 하지만 저는 여전히 힘들어요. 이제 제가 뭘 할 수 있을까요?"라는 말을 했다(Ellis, 1962, p. 9).

Ellis는 분석적 방법의 제한점에 실망했으며 더 적극적이고 직접적인 치료기법을 통한 실험을 시작했다. 그는 임상적 시행착오 과정을 거친 후 정서장애 이론 및 삶의 문제를 다룰 수 있는 실제적인 접근을 강조하는 치료방법을 고안했다. 분석적 이론의 지지자는 Ellis의 방법을 이단이라고 간주했지만, 1960년대 행동치료의 등장과 더불어 인간행동을 이해하는 데 인지의 역할을 받아들이게 됨에 따라 전통적인 심리치료 모델에 대해 잠재적으로 타당한 대안으로서 [이전에는 소위 합리적 정서치료(Rational Emotive Therapy: RET)라 불렀던] REBT가 받아들여지게 되었다.

REBT의 핵심은 인간의 사고와 정서가 유의미하게 상호 관련되어 있다는 가정이다. Ellis의 ABC 모델에 따르면 증상은 활성화된 특정 경험, 즉 사건(A)과 관련된 한 사람의 비합리적 신념 시스템(B)의 결과(C)다. 치료목표는 정서장애에 기저하는 비합리적 신념을 확인하고 도전하는 것이다. REBT는 사람이 비합리적으로 생각하고 행동하는 생득적 경향성을 가지고 있다고 가정했다. 따라서 사람은 정서적 건강 상태를 유지하기 위해서는 자신의 기본적인 신념 시스템을 지속적으로 감찰하고 그것에 도전해야만 한다.

Ellis(1970)는 일반적인 형태의 비현실적 또는 절대적인 기대를 포함하는 열두 가지 기본적인 비합리적인 신념을 제시했다. REBT는 비현실적이고 과잉일반화된 요구(demand)를 현실적 욕구, 선호, 또는 소원으로 대체함으로써 정서 및 행동에서 중요한 변화가 발생할 수 있다고 가정한다. 그러나 사람은 그들의 비합리적인 사고방식을 고집스럽게 유지하려는 경향이 있기 때문에 의미 있고 지속적인 변화를 위해서는 강력한 개입방법이 필요하다.

REBT는 인지기법, 정서기법, 행동기법을 통합하는 다차원적인 접근을 사용하고 있다. 그럼에도 불구하고, 주요 치료 도구는 사람이 비합리적 신념을 내려놓는 것을 돕기 위해 고안된 '과학적 질문, 도전, 논박 등의 논리 경험적 방법'(Ellis, 1979a, p. 20)을 고수하고 있다. 논박과 함께 REBT치료자는 사고에 대한 자기감찰, 독서치료, 역할 연기, 모델링, 합리적 정서적 심상, 수치심 공격하기 연습, 이완법, 조작적 조건형성, 그리고 기술훈련 등의 폭넓고 다양한 방법을 선택적으로 사용한다(Ellis, 1979b). REBT의 이론과 실제는 이 접근이 처음 소개되었을 때와 거의 동일하다. 따라서 Ellis가 그의 책 『심리치료에서의 이성과 정서(1962)』에서 개괄한 RET의 근본적인 개념화는 여전히 이 접근법의 주요 기준점이 되고 있다. RET를 REBT로 이름을 바꾼 것은 REBT치료자의 많은 관심을 정확하게 반영하려는 Ellis의 욕구가 표현된 것일 뿐 철학이나 강조점이 변화한 것은 아니다.

REBT와 다른 인지행동적 접근법 간의 중요한 차이점 중의 하나는 철학적 강조점이다. Ellis(1980)의 독특한 철학적 관점은 REBT의 주요 목표로 제시한 것에 반영되어 있다. 즉, 주요 목표에는 자기관심, 사회적 관심, 자율성(self-direction), 자기와 타인에 대한 인내, 유연성, 불확실성의 수용, 중요한 관심사에 대한 전념, 자기수용, 과학적 사고, 삶에 대한 비유토피아적 관점 등이 포함된다. REBT는 이러한 유형의 합리적 철학을 취하는 사람은 정서장애를 최소한으로 경험하게 될 것이라고 가정한다.

REBT는 방대한 문헌을 남겼으며(이 책 8장의 Dryden 등 참조) 리더십과 비즈니스(Criddle, 2007; Greiger & Fralick, 2007), 학교(Vernon & Bernard, 2006) 등과 같은 다양한 분야에 적용되고 있다. 유감스럽게도 대부분의 출판된 논문이 타당성 및 유용성과 관련된 객관적인 자료를 수집하는 데 관심을 두었던 연구자보다는 REBT 지지자에 의해 집필되었다(Mahoney, 1979). 그러나 일부 출판물은 REBT가 과거와 달리 철저하게 객관적이고 경험적으로 연구되기 시작했다고 시사하고 있다(Haaga & Davison, 1993; 이 책 8장의 Dryden 등).

인지치료

인지치료(Cognitive Therapy)의 개발자인 Aaron Beck은 원래 정신분석 수련을 받았다. Ellis와 마찬가지로, Beck은 신경증에 대한 정신분석적 개념화, 특히 우울증에 대한 관점에 의문을 제기하기 시작했다. 1963년 Beck은 동기 · 정서적 개념화를 강조하는 정신분석적 입장에서는 우울증과 관련된 인지적 요인이 대체로 무시되고 있음을 관찰했다. 이에 Beck은 정신과 환자들의 인지의 주제 내용에 대한 조사를 통해 우울증을 포함한 일반적인 신경증적 장애와 관련된 관념적 내용에서 일관된 차이점을 구분할 수 있게 되었다. 그는 또한 환자가 사고방식에서 체계적인 왜곡을 보인다는 것을 발견했다. 결국 그는 이러한 체계적 오류를 설명하기 위해 인지 왜곡의 유형을 제시했는데, 여기에는 흔히 알려진 임의적 추론, 선택적 추상화, 과잉일반화, 과장, 축소 등이 있다.

Pennsylvania 대학교에서의 5년간의 연구 프로젝트는 1967년 『우울증: 원인과 치료』의 출판으로 완결되었다. 이 책에서 Beck은 자신의 우울증 및 기타 신경증에 대한 인지모델과 치료의 윤곽을 그렸다. 두 번째 책, 『인지치료와 정서장애』(Beck, 1976)에서는 각 신경증과 관련된 특정 인지 왜곡을 더욱 세밀하게 제시했는데, 특히 우울증의 인지치료 원리를 기술했다. 1979년 Beck은 지난 10여 년간의 임상적 작업 및 조사를 통해 개발된 인지적 개입법을 수록한 우울증에 대한 종합적인 치료 매뉴얼을 공동 제작하였다(Beck, Rush, Shaw, & Emery, 1979). 이 『우울증의 인지치료』라는 책은 이 분야에서 여전이 주요 참고서로 남아 있으며 상당히 많은 치료 성과 연구의 치료 매뉴얼이기도 하다.

Beck의 모델(1970)은 처음에는 우울증을 중심으로 이루어졌지만 불안(Beck & Emery, 1985), 양극성 장애(Basco & Rush, 2005), 부부관계 문제(Beck, 1988), 성격장애(Beck, Freeman, & Associates, 2003; Layden, Newman, Freeman, & Morse, 1993; Linehan, 1993), 물질 사용 문제(Beck, Wright, Newman, & Liese, 1993), 위기관리(Dattilio & Freeman, 1994), 분노(Beck, 1999), 정신증(Beck, Grant, Rector, & Stolar, 2008) 등의 기타 장애 및 문제로 확장되었다. 이러한 발전 속에서도 인지모델은 사건에 대한 비현실적인 인지적 평가와 왜곡된 사고가 개인의 감정과 행동에 부정적으로 영향을 미치는 방식을 여전히 강조하고 있다. 즉, 인지모델은 한 개인이 현실을 조직화하는 방식이 정서 상태를 결정한다고 가정한다. 더욱이 정서와 인지 간에 상호관계가 존재하기 때문에 하나가 다른 하나를 강화하는 경향이 있으며 이로 인해 정서적 손상과 인지적 손상의 악화가 초래될 수 있다고 제안한다.

'도식(Schema)'은 유입되는 정보를 조직화하고 처리하는 인지구조라고 정의된다. 도식은 개인의 초기 발달 과정에서 획득되며 경험의 축적을 통해 일생에 걸쳐 발달하는 조직화된 사고방식이라고 할 수 있다. 개인의 적응적인 도식은 생활 사건에 대한 현실적인 평가를 가능하게 하지만, 개인의 부적응적인 도식은 왜곡된 지각, 잘못된 문제 해결, 그리고 심리장애를 초래하게 된다(Beck, 1976; Dozois & Beck, 2008). 예를 들어, 우울한 개인의 도식과정의 특징은 부정적인 인지삼제(negative cognitive triad), 즉 자기('실패자'로서의 자기), 세상(엄격하고 요구적이라서 무기력하게 만드는 세상), 그리고 미래(냉혹하고 희망이 없는 미래)에 대한 관점의 손상이다(Hollon & Beck, 1979).

인지치료의 주요 목표는 내담자의 생활 사건에 대한 기존의 왜곡된 평가를 조금 더 현실적이고 적응적인 평가로 대체하는 것이다. 치료는 협력적이며 심리교육적 접근에 기초하는데, 여기에는 내담자에게 ① 자동적 사고 감찰하기, ② 인지, 정서, 행동 간의 관계 인식하기, ③ 자동적 사고의 타당성 검증하기, ④ 왜곡된 사고를 더 현실적인 인지로 대체하기, ⑤ 개인에게 잘못된 사고방식에 몰두하도록 만드는 기저의 신념, 가정, 또는 도식을 확인하고 변화시키기 등을 가르치기 위한 구체적인 학습 경험을 설계하는 것이 포함된다(Kendall & Bemis, 1983).

REBT와 달리 Beck의 인지기법과 정신병리의 인지 이론에 대한 꽤 많은 경험적 연구가 이루어졌다(Clark, Beck, & Alford, 1999; Ingram, Miranda, & Segal, 1998). 우울증의 인지치료는 현재 행동적 개입 및 생화학적 개입의 유망한 대안이라고 여겨지고 있다(Hollon & Beck, 1979; Hollon, DeRubeis, & Evans, 1996; Hollon, Stewart, & Strunk, 2006). 실제로 불안장애에 대한 인지치료가 약물치료보다 탁월한 효능을 가지고 있다. Beck의 모델과 치료의 일반화 가능성, 그리고 기타 정신장애에 대한 치료 효능은 추가적인 연구가 필요하다(Clark et al., 1999). 그럼에도 불구하고 Beck과 동료들의 공헌은 연구자뿐만 아니라 임상가에게도 상당한 영향을 끼쳤으며 앞으로도 장기 연구를 지속하도록 촉구할 것이다(Dobson & Khatri, 2000).

자기지시 훈련

Donald Meichenbaum의 임상적 관심은 행동치료가 번창하고 있었고 당시 Ellis(1962), Beck(1970), 그리고 기타 인지치료적 접근에 대한 지지자의 급진적인 생각이 신세대 임상가의 관심을 끌기 시작하고 있을 시기에 시작되었다. 이러한 분위기 속에서 Meichenbaum(1969)은 병원에 입원한 정신분열병 환자에게 '건강한 말'을 표현하도록 훈련시키는 조작적 치료 절차의 효과를 검증하려는 박사학위 연구 프로그램을 진행하고 있었다. 그는 '건강한 말하기'를 하는 자발적인 자기지시에 참여한 환자가 주의분산이 줄어들어서 다양한 측정에서 우수한 과제 수행을 보이는 것을 관찰했다. 이러한 관찰로 인해 행동수정에서 인지적 요인의 역할을 강조한 연구 프로그램이 추진되었다(Meichenbaum, 1973, 1977).

Meichenbaum의 연구는 언어, 사고, 행동 간의 발달적 관계를 연구했던 구 소련의 심리학자 Luria(1961)와 Vygotsky(1962)의 많은 영향을 받았다. 이들은 자발적인 행동통제의 발달은 중요한 타인의 외부 조절(예컨대, 부모의 지시)에 의해 언어적 명령이 내면화된 결과인 자기조절에 이르는 점진적인 과정과 관련되어 있다고 제안하였다. 결국 Meichenbaum의 연구의 주요 초점은 언어적 자기지시와 행동 간의 관계였다. 그는 내현적 행동은 외현적 행동이 그러하듯이 동일한 원리에 따라 조작되며, 내현적 행동도 외현적 행동을 수정하기 위해 사용하는 동일한 행동전략을 활용해서 수정될 수 있다고 제안했다(Homme, 1965; Meichenbaum, 1973).

초기에 Meichenbaum은 이러한 제안의 타당성을 탐색하기 위해 충동적인 아동의 중재의 결핍(mediational deficiencies)을 치료하기 위해 고안된 자기지시훈련(self-instructional training: SIT) 프로그램 개발을 시도했다(Meichenbaum & Goodman, 1971). 이 치료 프로그램의 목표는 4단계, 즉 ① 충동적인 아동에게 언어적 자기명령을 만들어서 그것에 적절하게 반응하도록 훈련시키기, ② 아동이 자기만의 언어적 통제하에서 행동을 하도록 내면 언어의 개입적 속성 강화하기, ③ 이해, 산출, 개입 등의 결핍 극복하기, ④ 아동에게 자신의 행동을 적절하게 자기조절하도록 격려하기로 구성되었다. 구체적인 절차는 Luria(1961)와 Vygotsky(1962)가 고안한 발달 순서를 반복적으로 검증하기 위해 설계되었다. ① 모델이 소리 내어 말하기 과제를 수행하는 것을 아동이 관찰하기(인지모델링), ② 아동이 동일 과제를 수행하는 동안 모델은 언어적으로 지시하기(인지적 참여 모델링), ③ 아동이 과제를 수행하는 동안 스스로에게 소리 내어 말하도록 지시하기(외현적 자기지시), ④ 아동이 그 과제를 수행하는 동안 지시문을 속삭이기(외현적 자기지시 감소), 그리고 ⑤ 아동이 그 과제를 내현적으로 수행하기(내현적 자기지시). 이 프로그램에서 사용한 자기지시는 ① 과제의 본질과 요구사항에 대해 질문하기, ② 인지적 시연 방식으로 이러한 질문에 답하기, ③ 과제를 수행하는 동안 자기안내 형식으로 자기지시하기, 그리고 ④ 자기강화다. Meichenbaum과 Goodman(1971)은 자기지시훈련을 받은 충동적인 아동이 관심 통제집단에 비해 여러 측정에 걸쳐 유의미하게 향상된 과제 수행을 보인다는 것을 발견했다. 초기 연구 결과에 고무된 Meichenabum과 동료들은 SIT를 확장하고 다듬는 데 주력했다. SIT의 효능이 정신분열증, 발표불안, 시험불안, 그리고 공포증 등 다양한 심리장애의 치료에 일반화되는지를 검증하기 위해 추가 연구가 설계되었다(Mahoney, 1974).

Meichenbaum의 행동주의적 배경은 SIT가 점진적 과제, 인지모델링, 주도적 개입훈련, 그리고 자기강화 등을 강조한 것에서 드러난다. SIT는 임상집단의 특수한 필요에 따라 수정할 수 있는 기본적인 치료 패러다임을 제공한다. 일반적으로 내담자는 자기지시와 관련된 여섯 가지 전반적인 기술, 즉 ① 문제 정의, ② 문제 접근, ③ 주의 초점화, ④ 대처 진술, ⑤ 오류－교정적 선택(error-correcting options), 그리고 ⑥ 자기강화를 훈련하게 된다(Kendall & Bemis, 1983). SIT의 유연성은 아마도 가장 매력적인 특징 중 하나이며, 당연히 다양한 심리장애에 대한 SIT의 유용성에 관하여 많은 문헌이 축적되어 왔다(Meichenbaum, 1985).

최근에 SIT가 아동 · 청소년 지적장애아의 치료와 운동선수처럼 특정 기술훈련이 필요한 몇몇 분야에서 주로 활용되고 있는 것으로 보인다. 대개 독립적인 치료로 활용되지 못하는 면은 있지만 SIT는 대개 확장된 자기효능감 및 자기역량을 개발하고 촉진하는 데 광범위한 방법으로서 활용되기도 한다. 주목할 만한 흥미로운 측면은 Meichenbaum의 임상적 관심이 SIT의 개발 이래로 변화하고 있다는 점이다. 그는 외상후 스트레스장애의 문제에 대한 구성주의적, 즉 설명적(narrative) 접근법(Meichenbaum, 1994)을 개발했는데, 여기서는 전통적인 SIT 방법이 그렇게 두드러지지 않는다. 그는 또한 스트레스 면역훈련(stress inoculation training)에 관심을 갖고 몰입하고 있다(33페이지 참조).

자기통제치료

광범위한 CBT 분야 내에서 다양한 장면에서 자기 및 자기조절에 중점을 두는 일련의 개입법이 개발되어 왔다. 이 접근은 다양한 개입이 가설적으로 서로 다른 여러 맥락에 적합하게 사용될 수 있음을 강조하기 위해 '자기효능감' '자기통제' 그리고 '자기조절' 등의 용어를 사용하고 있다(Kanfer, 1970, 1971).

1970년대 초반에 급부상한 임상가 중 Marvin Goldfried는 학습 이론의 적절성에 도전하면서 인간 행동의 개념화에 인지과정을 포함시킬 것을 지지했다. 그는 개별적이고 상황-특정적인 반응 및 문제-특정적 절차에서 벗어나 반응양식, 상황, 문제 등 전반에 걸쳐 적용할 수 있는 대처기술로 초점을 전환해야 한다고 주장했다(Mahoney, 1974). 1971년에 Goldfried는 Wolpe(1958)의 역조건형성(counterconditioning) 모델과 달리, 체계적 둔감법을 일반적인 개입 모델의 관점으로 개념화할 것을 제안했다. Goldfried는 '체계적 둔감화(systematic desensitization)'를 내담자에게 일반적인 자기이완 기술을 가르치는 방법이라고 설명했다. 둔감법을 보다 종합적인 대처기술훈련 프로그램으로 변형시키려고 시도하는 과정에서 네 가지 요소를 강조했다. 여기에는 ① 기술훈련의 관점에서 치료의 이론적 근거 설명하기, ② 일반화된 또는 다목적 대처 전략으로 이완 활용하기, ③ 다중-주제 위계 사용하기, ④ 주관적인 고통의 초기 지표에 심상적 장면을 멈추게 하는 전통적인 방법 대신 장면으로 유도된 불안 '날려 버리기(relaxing away)' 훈련(Goldfried, 1973, 1979)이 포함된다.

Goldfried는 대처기술에 대한 관심을 가지고 결국 '체계적 합리적 재구성(systematic rational restructuring: SRR)'(Goldfried, Decenteceo, & Weinberg, 1974)이라는 기법을 개발하게 되었다. Dollard와 Miller(1950)의 상징적 사고 과정(symbolic thinking processes) 연구를 기반으로 Goldfried와 Sobocinski(1975)는 사람이 초기 사회학습 경험을 통해 상황에 다양한 이름을 붙이는 법을 배우게 된다고 제안했다. 이들은 사람의 정서적 반응이란 상황 자체에 대한 어떤 반응이 아니라 그 상황에 이름을 붙이는 방식에 따른 하나의 반응으로 이해될 수 있다고 주장했다. 사람이 사회적 단서를 개인적으로 위협적인 것으로 부적절하게 받아들이는 정도가 향후 부적응적인 정서 및 행동 반응을 결정하게 된다. Goldfried는 사람이 불안유발 상황에 직면했을 때 자동적으로 사용하는 부적응적인 인지 양식을 수정하는 방법을 배우게 함으로써 조금 더 효과적인 대처 목록을 습득할 수 있음을 가정했다. 따라서 SRR의 목표는 내담자에게 일련의 다섯 가지 개별 단계에서 더 정확하게 사회적 단서를 지각하도록 훈련시키는 것이다. ① 심상적 표현(presentation) 또는 역할 연기 등을 사용해서 불안유발 상황 노출, ② 주관적 불안 수준에 대한 자기평가, ③ 불안유발 인지에 대한 감찰, ④ 부적응적인 인지에 대한 합리적 재평가, ⑤ 합리적 재평가 후 주관적인 불안 수준의 관찰이 그것이다. 또한 기법에는 이완법, 행동시연, 실제 숙제(in vivo assignment), 모델링, 독서치료 등이 있다(Goldfried & Davison, 1976). 대처기술 접근으로서 SRR의 궁극적인 목표는 내담자에게 미래의 생활 스트레스에 독립적으로 대처할 수 있는 개인적 자원을 제공하는 것이다.

SRR은 행동주의 연구자에 의해 설계되고 검증된 대처기술훈련 중 하나다. 이러한 대처기술훈련 중 몇몇은 다른 것에 비해 더 많은 연구 관심을 받았다. 대부분은 기저의 이론적 근거와 치료전략 면에서 유사하고 SRR이 개념적으로 통합적이기는 하지만 다른 대처기술훈련 프로그램만큼 광범위하게 연구되지는 못했다. 그럼에도 불구하고, SRR은 다양한 스트레스 유발 상황에서 적용할 수 있는 일반적인 대처기술훈련의 사용을 통해 치료 일반화를 증진할 수 있는 조작적 자기통제치료(self-control treatments) 모델을 설계하기 위한 최초의 시도 중 하나라 할 수 있다.

Suinn과 Richardson(1971)의 불안관리훈련(anxiety management training: AMT) 프로그램은 불안 문제에 적용되는 또 다른 자기통제훈련에 속한다. AMT는 불안을 조절하기 위한 일반적인 접근법이며, 내담자의 광범위한 문제 영역에 적용할 수 있는 단기 대처기술훈련 프로그램으로 개발되었다. AMT 모델은 불안이란 자극 일반화 속성이 있는 획득된 추동(acquired drive)이라고 가정한다. 불안과 연합된 자동적인 반응은 회피 행동을 촉진하고 유지하게 하는 단서의 역할을 한다. 내담자는 상호억제(reciprocal inhibition) 과정을 통해 차별적 단서에 반응함으로써 불안을 제거하도록 조건화될 수 있다. 따라서 AMT의 목표는 내담자에게 이완과 유능감(competency) 기술을 사용해 자신의 불안감을 조절하도록 가르치는 것이다.

AMT는 특정 불안유발 자극에 특별히 주의를 기울이지 않음으로써 불안을 제거하는 것을 중시한다. 치료의 1단계에서 내담자는 강도 높은 근육이완훈련을 받는다. 이후 내담자는 불안유발 장면을 떠올린 다음에 이완 기술을 연습하거나 능숙하게 자극에 반응하는 상상을 하도록 지시를 받는다. 내담자의 특정 문제와 무관할 수 있는 다양한 불안유발 장면이 치료 프로그램에 통합되면서 AMT에 대한 경험적 자료는 점차 부각되고 있다. AMT는 무선 임상시행에서 통제집단에 비해 탁월한 것으로 나타났다(Suinn, 1995). 그러나 추가 자료는 아직 부족한 상태다. 연구가 부족하다는 점을 고려할 때, AMT는 여전히 다른 접근보다 충분히 발전하지 못한 인지행동적 접근으로 남아 있다.

자기통제의 철학을 증진하려는 치료 모델 지향적 추세로 인해 Rehm(1977)의 우울증의 자기통제 모델(self-control model of depression)이 개발되었다. Rehm의 연구는 대체로 Kanfer(1970, 1971)가 제안한 일반적인 자기조절 모델(general model of self-regulation)에 기초한 것인데, 이 모델은 적응적 자기통제에 대한 폐쇄형 회로 피드백 시스템의 관점에서 (외부)강화가 없을 때도 특정 행동이 지속된다고 설명한다. Kanfer는 자기조절에 세 가지 상호연결된 과정[자기감찰(self-monitoring), 자기평가(self-evaluation), 자기강화(self-reinforcement)]이 포함된다고 제안했다. Rehm은 우울 증상을 여섯 가지 자기통제 행동의 결함 중 하나 또는 몇 가지 조합의 결과라고 개념화하는 이 모델을 사용했다. 자기감찰 단계에서 발생할 수 있는 결함에는 부정적 사건 및 행동의 즉각적 결과와 지연된 결과에 대한 선택적 감찰이 포함된다. 자기평가적 결함은 엄격한 자기평가적 기준 및 책임에 대한 부정확한 귀인이 포함된다. 자기강화 단계에서 불충분한 자기보상 및 과도한 자기처벌과 관련된 결함이 우울한 사람에게서 관찰될 수 있다. Rehm(1981)에 따르면, 임상적 우울증의 다양한 증상 프로파일은 이러한 결함의 각기 다른 하위유형의 함수다. 우울증 삽화는 스트레스 경험의 정도와 스트레스 상황에 대처할 때 활용 가능한 자기통제 기술의 상호작용에 의해 발생한다고 볼 수 있다.

Fuchs와 Rehm(1977)은 원래 Rehm(1977)의 우울증 모델에 기초해서 최초의 치료 패키지를 개발했다. 그런데 '자기통제치료(Self-control therapy)'는 Kanfer(1970, 1971)의 세 가지 자기조절 과정을 수정하여 순차적으로 적용한 것이다. 즉, Rehm은 "각 과정이 하나의 치료 단위로 개념화될 수도 있고 자기감찰에 기초해 자기평가가 이루어지며 자기평가에 기초해 자기강화가 이루어질 수도 있다고 가정한다."(O'Hara & Rehm, 1983, p. 69)고 수정한 바 있다. 각각의 여섯 가지 자기통제 결함은 어떻게 특정 결함이 인과적으로 우울증과 관련되며, 이 결함을 수정하기 위해 무엇을 할 수 있는지를 강조함으로써 치료의 전 과정에 걸쳐 기술된다. 내담자에게 자기통제 기술을 가르치기 위해 치료자-주도 집단토론, 외현적 · 내현적 강화, 행동 숙제, 자기감찰, 모델링 등의 다양한 임상적 전략이 사용된다.

Rehm(1977)의 자기통제 모델의 매력은 다른 우울증 모델이 배타적으로 강조했던 다양한 인지행동적 변인을 통합했다는 점에 있다. 게다가 Rehm의 프레임워크는 우울증의 각기 다른 증상 중 무엇이 자기통제의 특정 요소와 관련되어 있는지에 대한 논리적인 분석을 제공하고 있다. 보다 넓은 관점에서 자기통제 모델은 정신병리의 일반적인 모델로서 잠재력을 가질 것으로 보인다. 그런데 유감스럽게도 Rehm의 이론적 접근이 기타 임상 장애로 일반화될 가능성은 연구되지 못했다(Rehm & Rokke,

1988). 그러나 통합적인 자기통제치료를 개발하려는 노력은 시도해 볼 만한 가치가 있는 것 같다.

스트레스 면역훈련

Meichenbaum은 1970년대에 그의 동료들과 마찬가지로 잠정적으로 효과적인 치료전략으로서 다중요인 대처기술 접근(multicomponent coping skills approach)에 관심을 두게 되었다. 스트레스 관련 문헌을 검토한 후 Meichenbaum, Turk과 Burstein(1975)은 대처기술치료 프로그램 개발에 몇 가지 지침을 제시했다. 여기에는 유연성의 필요성, 개인차에 대한 민감성, 기술 활용을 격려하기 위한 촉진적인 자극 사용의 필요성, 그리고 위협적인 상황에 대한 점진적인 노출 등이 포함되었다(Meichenbaum, 1977). Meichenbaum은 대처기술의 체계적인 습득을 중시했으며, 치료 유지 및 일반화를 촉진하기 위해서는 관리할 수 있는 적은 양의 스트레스에 대처하는 법을 배워야 한다고 강조했다. Orne(1965)의 면역 모델에 기초한 스트레스 면역훈련(Stress inoculation training)은 Meichenbaum과 그의 동료들이 스트레스 관련 문헌을 검토하여 수집한 지침을 포함하고 있었다. 이 접근의 기본적인 이론적 근거는 경미한 스트레스에 대처하는 방법을 배운 내담자는 통제할 수 없는 스트레스를 위해 '면역 주사를 맞은' 것이라고 가정한다.

Meichenbaum과 Cameron(1973)은 스트레스 면역훈련을 3단계로 구성했다. 1단계는 교육이자 스트레스 반응의 본질에 대한 강의식 훈련이다. 2단계는 이완 연습, 대처 자기진술문, 그리고 자기강화 등의 여러 행동적 대처기술과 인지적 대처기술을 가르치는 것이다. 마지막 적용훈련 단계에서 내담자는 자신이 습득한 대처기술을 시연하기 위해 다양한 스트레스원에 노출된다.

1973년에 소개된 이래로 연구자는 이 스트레스 면역훈련법을 불안, 분노, 통증 등 다양한 문제에 적용해 왔다(Meichenbaum & Deffenbacher, 1988; Meichenbaum & Jaremko, 1983; Meichenbaum & Turk, 1976). 이들 연구는 상세한 임상적 지침서(Meichenbaum, 1985)와 대규모 연구(개관을 위해서 Meichenbaum, 1993, 2007 참조)를 이끌었다. 그러나 Jaremko(1979)가 관찰했듯이, 스트레스 면역훈련에 대한 연구에서 절차상의 상당한 이질성이 드러났다. 이와 관련하여 Jaremko는 치료 절차로서 이 접근의 '유용성'을 증진시킴과 동시에 해당 연구의 통일성을 더 많이 부여하기 위해 개정된 절차 모델을 소개한 바 있다. 다른 다중요인 치료 프로그램의 경우와 마찬가지로 스트레스 면역훈련에서 사용되고 있는 개별 치료적 요소의 유용성을 검증하기 위해 추가적인 경험적 연구가 필요하다. 그럼에도 불구하고, 스트레스 면역훈련은 일반화된 대처기술 개발을 위한 치료적 접근으로서 널리 사용되고 있다(Meichenbaum, 2007).

문제해결치료

1971년 D'Zurilla와 Goldfried는 행동수정에 문제해결 이론 및 연구의 적용을 제안하는 논문을 발표했다. '일반화된' 행동변화의 촉진을 목표로 D'Zurilla와 Goldfried는 문제해결치료(problem-solving therapy)를 일종의 자기통제훈련으로서 개념화했으며, 이를 통해 내담자가 자가-치료자로서의 역할을 하도록 훈련시키는 것을 중시하였다. 이들은 이 접근의 이론적 근거를 다음과 같이 요약하고 있다.

> 개인적 · 사회적 결과와 함께 문제 상황에 대한 비효과적인 대처도 종종 심리치료를 요하는 정서장애 또는 행동장애의 필요충분 조건이다. ……일반적인 효과성은 개인이 일상적인 삶 속에서 직면하고 있는 결정적인 문제 상황에 독립적으로 대처하는 것을 가능하게 하는 일반적인 절차 또는 기술을 훈련하게 함으로써 효율적으로 증진될 수 있다(p. 109).

D'Zurilla와 Goldfried(1971)에 따르면, '문제해결'이란 문제 상황에 대처하는 데 다양한 효과적 반응 대안을 이용 가능하게 하고, 이 중 가장 효과적인 반응을 선택할 확률을 증가시키는 외현적 또는 인지적(내현적) 과정이다. D'Zurilla와 Goldfried는 효과적인 문제해결과 관련 있는 기본적인 활동에 대한 대규모 연구에 기초하여 대표적인 문제해결 과정으로서 다섯 가지 중첩되는 단계를 확인했다. 즉, ① 일반적인 지향 또는 '설정(set)', ② 문제 정의 및 공식화, ③ 대안의 생성, ④ 의사결정, ⑤ 확증이다. 문제해결훈련은 내담자에게 기본적인 기술을 가르치는 것과 실제 문제 상황에서 그 기술을 적용하도록 안내하는 것을 포함한다.

Spivack과 Shure(1974)는 문제해결치료의 효능에 대한 체계적인 연구에 착수했다. 이들이 제안한 인지적 대인관계 문제해결(interpersonal cognitive problem-solving: ICPS) 모델은 원래 D'Zurilla와 Goldfried(1971)가 제시한 것과 동일한 기술을 포함하고 있다. Spivack, Platt와 Shure(1976)에 따르면, 효과적인 대인관계적 문제해결은 ① 사회적 환경에서 발생 가능한 문제를 인식할 수 있는 능력, ② 대인관계 문제에 대한 다수의 대안적인 해결책을 생성할 수 있는 능력, ③ 주어진 목표에 도달하는 데 필요한 일련의 단계를 계획할 수 있는 능력, ④ 주어진 대안의 단기 · 장기 결과를 예상하는 능력, ⑤ 자신과 타인의 행동과 관련된 동기적 요소를 확인할 수 있는 능력을 포함한다. ICPS훈련은 주로 미취학 아동 및 정서장애 아동에게 사용되었다. 일반적으로 ICPS훈련 프로그램은 문제해결 기술을 가르치기 위해 고안된 가상적 및 실제 대인관계적 문제 상황 관련 토론과 구조화된 활동을 포함하고 있다. 여러 가지 방법론적인 문제에도 불구하고, Spivack과 그의 동료들의 연구는 문제해결치료의 잠재력에 대한 점진적인 관심을 이끌었다.

D'Zurilla와 Nezu(1982)는 먼저 D'Zurilla와 Goldfried(1971)의 초기 문제해결 모델을 성인 임상집단에 적용한 것을 검토하여 문제해결 기술과 정신병리 간에 관련성이 있다는 결론을 내렸다. D'Zurilla와 Goldfried(1971)가 추천한 임상적 개입의 목적은 몇몇 문제해결치료의 개발을 자극했다(Mahoney & Arnkoff, 1978). 문제해결치료는 현재의 스트레스 관리 및 예방(D'Zurilla, 1990), 우울증(Nezu, 1986), 분노관리(Crick & Dodge, 1994), 그리고 암에 대한 대처(Nezu, Nezu, Friedman, Faddis, & Houts, 1998) 등 다양한 영역에서 발전해 왔다. 임상적으로 이용할 수 있는 절차 목록에 눈에 띄게 추가된 것은 일반적인 문제해결 접근이었다(D'Zurilla & Nezu, 1999). 이 접근의 유연성과 실용성이 통합적 치료 프로그램을 찾고 있는 임상가의 관심을 계속해서 끌 것으로 보인다.

구조주의/구성주의 심리치료

Guidano와 Liotti(1983)는 심리치료에 대한 구조적 접근을 소개한 바 있다. Guidano와 Liotti는 행동치료, 사회학습 이론, 진화론적 인식론, 인지심리학, 정신역동 이론, 그리고 인지치료 등 수많은 문헌에 대한 광범위한 연구를 한 후, 매우 복잡한 정서장애를 이해하고 이후 적절한 심리치료 모델을 개발하기 위해서는 자기와 세상에 대한 개인의 지식의 발전 및 능동적 역할에 대한 평가가 결정적이라고 결론지었다. "오직 개인의 지식 구조와 그 구조 속의 단일 요소에 대한 고찰을 통해서만이 이 요소가 어떻게 개인의 정서 및 행동을 지배하고 조절하는지를 이해하는 것이 가능해진다."(p.34)고 밝혔다.

Guidano와 Liotti(1983)의 인지적 역기능에 대한 구조모델은 대부분 Bowlby(1977)의 애착 이론을 차용한 것이었다. 그들은 중요한 타인(즉, 부모)과의 관계가 아동의 자기상 형성을 결정하며, 이 자기상을 지속적으로 확인해 주고 강화하게 된다고 제안했다. '자기'란 인지적 성장 및 정서적 분화를 조절하고 통합하는 것이다. 만약 자기개념이 왜곡되어 있거나 경직되어 있다면, 개인은 효과적으로 인생 경험에 동화될 수 없으며 이는 부적응과 정서적 고통을 초래하게 되고, 결국 인지적 역기능을 낳게 된다. 서로 다른 비정상적인 애착 유형에 따라 임상적 증후군의 양상이 달라질 수 있다는 것이다.

Guidano와 Liotti의 초기 개념화는 이후 Guidano(1987, 1991)의 저술에서 확장되었다. 이 저술은 문제행동이 개인의 인지적 구조(즉, 사고 내용을 결정하는 인과적 이론, 기본 가정, 그리고 암묵적 추론 원칙)의 결과라고 볼 수 있는 생각을 확장했다. 환자는 지속적으로 변화하는 환경에 직면해서 특정 역기능적인 인지적 구조를 유지하기 위해 투쟁하고 있다고 간주된다. 따라서 심리치료의 궁극적인 목표는 이러한 인지적 구조를 수정하는 것이다. 효과적인 치료를 위해 치료자는 피상적인 수준의 인지적 구조를 확인하고 수정하기 시작해서 결국 더 깊은 수준의 인지적 구조(즉, 환자가 고수하고 있는 암묵적 인과적 이론)를 확인하고 수정하게 된다. 이러한 치료전략은 환자의 자동적 사고를 평가한 후 결국 이러한 사고의 기저에 있는 기본적인 가정을 구체화하는 Beck의 인지치료(Beck et al., 1979)와 밀접한 유사점을 가지고 있다. 그러나 구조적 심리치료의 저자들과 Beck의 주요한 차이점은 전자가 후기-합리주의 철학(post rationalist philosophy)을 중시한다는 것이다. 즉, Beck 등은 외부 세계가 정확하게 지각되거나 왜곡되게 지각될 수도 있다는 철학적 가정을 하고 있는데 반해, Guidano의 후기 논문은 자신이 인지적 구조의 '진짜 값(truth value)'보다는 점차 인지구조의 '타당도 값(validity value)' 또는 일관성(coherence)에 더욱 관심을 갖게 되었음을 밝히고 있다.

> 따라서 적응이란 세상과 상호작용하면서 발생하는 혼란을 자신의 경험적 질서에 의미 있는 정보로 변형시키는 능력이다. 적응적 적절성을 유지하는 것은 본질적으로 단지 세상에 순응하는 것이 아니라 지각된 세상을 지속적으로 변형시킴으로써 자기감(sense of self)을 보전한다는 의미다. 이는 최근의 진화론적 인식론에서 앎의 과정(knowing processes)의 '생존력(viability)'이라는 개념이 그것의 '타당도(validity)'라는 개념보다 훨씬 더 중요해지고 있는 이유를 설명하는 것이다 (Guidano, 1991, p. 9).

심리치료를 전략적 과정으로 논의하는 과정에서 구조주의 치료자는 과학자와 환자 모두 경험적 문제해결 접근(empirical problem-solving approach)을 취한다고 본다. 즉, "치료자는 환자가 스스로 일부 뿌리 깊은 신념과 판단에서 벗어나야 하며, 이 신념과 판단을 일종의 가설과 이론이며 논박, 확인, 그리고 논리적 도전의 대상으로 간주하게 해야 한다."(Guidano & Liotti, 1983, p. 144)고 밝힌 바 있다. 이러한 비유는 Mahoney(1977)의 개인적 과학적 접근법(personal science approach)에서 묘사하고 있는 것과도 비슷하다. 다양한 행동실험과 인지기법은 치료자가 특정 환자에게 적합하고 광범위한 전략 중에서 선택할 수 있는 일종의 치료적 무기고인 셈이다. 이들 기법에는 심상적 홍수법, 체계적 둔감화, 주장훈련, 대처기술훈련, 문제해결 절차, 그리고 합리적 재구성 등이 있다. 치료과정의 마지막 단계는 환자가 오래된 자기 및 타인에 대한 관점을 거부하는 '개인적 혁명(personal revolution)'(Mahoney, 1980; Guidano, 1991)이라는 용어로 개념화되고, 하나의 변혁 상태이며 새롭고 더 적응적인 신념 시스템을 형성하게 된다(Mahoney, 1980; Guidano, 1991).

Beck 등(1979), Ellis(1962), Mahoney(1977), 그리고 인지행동적 관점에 대한 다른 지지자들의 연구에 익숙한 사람은 치료에 대한 이들의 저술과 구조주의 치료법 간의 많은 유사점을 발견하게 될 것이다. 그러나 합리주의 접근법과 후기-합리주의 접근법 간의 구분은 중요하며, 그 구분은 자신의 작업을 구성주의 심리치료(constructivist psychotherapy)라고 부르던 사람의 연구에서 더욱 분명해졌다(Mahoney, 1991, 1995; Neimeyer, 1993, 1995; Neimeyer & Mahoney, 1995). 구성주의치료는 불완전한 개인적 과학자(personal scientist)라는 인간관을 가지고 있는데, 즉 인간은 인지적 구성개념(construct)을 이용해 세상 속에서 경험하지 않은 것을 이해하고 결정을 내린다는 것이다. 이런 관점에서 치료의 주요 특징은 사람이 각자 선호하는 행동을 확인하고 어떻게 경험에 의미를 부여하는지를 이해하는 것이다. 생각의 '내용'에는 관심을 덜 기울이며(예, 인지의 유형에 따라 정서 상태가 달라진다는 Beck[1976]의 작업과 달리), 경험에 대해 의미를 부여하고 각 경험들을 서로 연결하는 '과정'에 더 많은 주의를 기울인다. 결국 치료는 생각하는 것에 대한 교정적 연습보다는 생각하는 과정 및 의미 생성을 강조하는 촉진적 연습과 더 많이 관련되어 있다.

구성주의치료는 해석학적 철학 학파 및 심리학의 이야기적(narrative)이고 담화적인 접근법과 밀접한 관계가 있다. 그럼에도 불구하고, 구성주의 내에 다소 '급진적인' 접근법이 존재한다(Neimeyer & Mahoney, 1995 참조). 종잡을 수 없는 비평가 또는 '급진적 구성주의'(Efran & Fauber, 1995)라고 부르는 극단적인 구성주의치료의 관점에서 볼 때, 현실(reality)은 오직 개인의 마음속에만 존재하다고 보며 정신건강의 유일한 기준은 그 마음 양식(mind-set)의 일관성에 있다는 입장을 취한다. 개개인은 맥락적인 존재이며 시간적으로, 문화적으로, 성적으로 또는 다른 방식으로 타인과 관련돼 있다. 따라서 정신장애와 관련된 전통적인 진단적 분류와 같은 건강과 질병이라는 기존의 개념은 의미를 잃고 있으며, 치료는 더 이상 사람이 진단된 장애로부터 회복하도록 돕는 과정이 아니다. 이런 극단적인 관점에서 구성주의치료들과 다른 CBT 간의 관계는 깨지기 시작했다. 어떤 사람은 구성주의치료가 CBT와 개념적으로 양립할 수 있는지에 의문을 제기한 바 있다. "우리는 인지모델과 구성주의 모델의 완벽한 통합이 몇몇 저자에 의해 지지되고 있다는 점에 의문을 갖고 있다. ……이는 개념적 장벽에 부딪히게 될 것이다."(Neimeyer & Raskin, 2001, p. 421) 심리치료에서 사고에 대한 구성주의 학파를 지향하는 움직임을 비판했던 다른 저자(예, Held, 1995)는 치료가 '현실로 돌아가는' 것이 필요하다고 제안했다.

분명히 구성주의 심리치료 접근법에 대한 최종 장이 아직 집필되지 않았다. 하지만 전통적 인지치료 및 CBT 지지자가 나중에는 전체적으로든 부분적으로든 구성주의 원리에 입각한 치료의 사용을 지지했음이 받아들여지고 있다(Mahoney, 1991; Meichenbaum, 1994; Young, 1994). 이들 치료법이 인지행동적 운동의 부분으로 간주될지 아니면 상반되고 대안적인 치료법으로 나아갈지는 지켜봐야 알 것 같다.

인지행동치료 제3의 물결

CBT 분야의 최근 추세는 '제3의 물결(third Wave)'이라고 할 수 있다. 이 치료는 흔히 수용-전념 치료(ACT)(Hayes & Strosahl, 2004)와 관련된다. ACT 및 이와 관련된 모델은 지각적 정확성보다는 상이한 방식의 사고 및 행동의 기능적 유용성에 초점을 맞추고 있다. 구조적 심리치료에서와 마찬가지로 사고 또는 행동의 내용보다는 세상과 상호작용하는 과정을 중시한다. 그렇긴 하지만 ACT의 창시자인 Steven Hayes는 이 접근법이 정신건강 및 세상에서의 적응을 극대화하기 위해 행동을 취하는 것을 강조한다는 점에서 급진적 행동주의라고 주장했다(Hayes, 2004a). 따라서 다른 CBT에서와 마찬가지로 사고와 행동 모두에 초점을 맞추고 있다.

ACT와 기타 다수의 CBT와의 차이점 중 하나는 인지적 초점이 특정 상황, 즉 상이한 경험과 관련된 평가 및 의미뿐만 아니라 평가 과정 그 자체에 놓여 있다는 점이다. 따라서 걱정에 대한 걱정, 또는 우울로 인한 고통과 같은 '메타인지적(metacognitive)' 과정에 초점을 두고 있다. 메타인지를 중시하는 것과 관련해 '마음챙김', 즉 사건, 정서, 그리고 기타 사고에 대한 평가과정을 인식하는 것도 동시에 중시되고 있다(Hayes, 2004b; Roemer & Orsillo, 2003).

제3의 물결의 기본적인 모델의 또 다른 요소는 변화 과정이 다른 방식으로 이루어질 수 있다는 점이다. 따라서 CBT의 문제해결, 자기통제, 그리고 인지재구성 등은 인지 및 행동이 정서적 고통 또는 문제와 관련되어서 인지 및 행동을 평가하고 수정해야 할 필요성을 강조하는 반면, 제3의 물결의 접근은 때때로 필요한 '변화'란 메타인지적 과정이 잘못되었음을 깨닫는 것이라고 제안한다. 즉, 직접적인 인지 또는 행동을 변화시킬 필요가 없다. 오히려 초점은 현재의 고통 또는 상황에 대한 수용, 즉 "이 경험은 참을 수 없어. 나는 이 문제에 대해 무엇이든 해야만 해."로부터 "이 경험도 삶의 일부야. 이 경험을 들여다볼 수 있어. 하지만 내가 반드시 이것을 직접 변화시키려고 노력해야 하는 것은 아니야."로의 메타인지적 변화에 있다. 이러한 방식으로 경험에 대해 생각하는 것은 환자가 만성적이거나 반복적인 문제를 해결하려는 압력을 줄여 줄 수 있고 자유롭게 그들의 삶에서 목적이 있고 창조적인 선택을 하게 할 수 있다고 본다. ACT 치료자는 곤란한 상황의 수용 과정을 외현적으로 강화하고 동시에 환자가 삶에서 이루고 싶은 것에 전념하도록 한다. 치료는 흔히 '만약 당신이 ______

이 아니었다면 무엇을 했을 것 같나요?'라는 질문을 한 후 환자가 그 행동을 하도록 돕는 과정이 이루어진다. 이러한 질문은 또한 권장되는 긍정적이고 적응적인 행동이 환자의 경험을 통해 정적으로 강화될 것이며, '그 문제'를 바꾸려는 욕구는 이 과정을 통해 해소될 수 있다는 것이다.

Hayes(2004a)와 다른 사람들(예, 이 책의 11장 참조)이 기술했듯이, 제3의 물결의 치료는 인지적 평가와 행동적 변화를 강조하고 있기 때문에 인지행동적 전통에 속한다. 그러나 이 치료가 증상, 고통, 문제에 대해 취하는 접근법이 다른 CBT와는 근본적으로 다른데, 이로 인해 '주류' CBT와의 관련성은 조금 더 살펴봐야 한다. 게다가 지지를 받고는 있지만, 이러한 치료의 결과와 관련한 증거 기반은 상대적으로 빈약하다. 증거를 통해 이 접근에 대한 관심이 입증될 수 있을지를 알아보는 것은 흥미로운 일일 것이다(예, Öst, 2008 참조).

인지행동치료의 공통점과 차이점

정신병리 및 치료에 대한 인지행동적 모델의 과거 역사에서 알 수 있듯이, 수많은 인지행동적 접근이 존재한다. 이 장에서 이미 논의했듯이 이 모든 접근법의 기초는 매개적 입장과 관련해 세 가지 기본 가정을 공유하고 있다. 요약컨대, '매개적 입장'은 인지활동이 환경에 대해 취하는 개인의 반응을 매개해서 개인의 적응 또는 부적응 수준에 영향을 미친다는 것이다. CBT의 공통점은 매개적 가정의 직접적인 결과로서 치료적 변화가 독특하고 역기능적인 사고 양식을 변화시킴으로써 이루어질 수 있다는 것이다. 추가적으로 행동주의 전통으로 인해 다수의 인지행동적 방법은 치료 시행에 있어서 행동주의 원리 및 기법에 기초하고 있고, 다수의 인지행동적 모델은 어느 정도까지는 치료과정을 입증하기 위해 변화에 대한 행동적 평가에 의존하게 된다.

치료적 변화의 매개적 속성과 관련된 핵심 가정을 넘어 일부 CBT의 양식 중에는 몇 가지 공통점이 있다. 예를 들어, Kendall과 Kriss(1983)는 CBT를 특징짓는 다섯 가지 차원을 제안한 바 있다. 즉, ① 치료적 접근의 이론적 방향성 및 변화에 대한 이론적 목표, ② 다양한 측면의 내담자-치료자 관계, ③ 인지적 변화 목표, ④ 인지적 평가를 위해 사용되는 증거의 유형, ⑤ 내담자의 입장에서 자기통제를 강조하는 정도다. 그들이 제안한 도식은 다양한 CBT의 공통점과 차이점 모두를 확인하는 데 유용하다. Kendall과 Kriss가 모든 주제를 총망라하고 있기는 하지만 이론적으로는 핵심적이지 않더라도 각 접근 간에 또 다른 공통점이 있을 수 있다. 예를 들어, 여러 CBT 간의 한 가지 공통점은 시간-한정적이라는 것이다. 장기적인 정신분석적 치료와 분명히 다른 점은 CBT가 빠른 변화를 유발하려고 시도하며, 종종 치료적 만남의 기한을 구체적으로 설정한다는 점이다. CBT용 치료 매뉴얼은 12~16회기 정도의 치료를 권장한다(Chambless et al., 1996).

CBT의 시간-한정적인 특성은 일반적인 치료적 접근이 특정 문제에 거의 모두 적용된다는 사실과 관련된다. 이런 공통점이 다양한 CBT를 비판하려고 하는 것은 전혀 아니며 최근 정신병리와 치료에 대한 초진단적 접근에 대한 관심이 있기는 하지만(Allen, McHugh, & Barlow, 2008; Dozois, Seeds, & Collins, 출판 중), 인지행동적 개입의 문제중심적 특성은 이러한 치료적 접근에서 흔히 나타나는 시간적 한계를 부분적으로 설명한다. 실제로 특정 장애 및 문제에 이러한 일반적인 치료적 접근을 사용하는 것은 치료 성과 자료의 수집을 강조하고 구체적인 문제, 즉 선정된 문제를 수정하는 것에 초점을 두는 행동치료의 유산이다. 따라서 특정 문제에 이들 치료를 적용하는 것이 CBT의 한계점이라기보다는 오히려 치료 효과를 완전히 입증하고자 하는 지속적인 욕구를 보여 주는 것일 수 있다. 또한 특정 문제에 집중함으로써 다양한 접근법의 치료적 한계점과 특정 환자의 문제에 가장 효능이 있는 치료로 선택될 가능성을 측정하는 것이 가능해진다.

인지행동적 접근의 세 번째 공통점은 내담자가 어느 정도는 자신의 역경의 설계자이므로 자신의 사고와 행동을 통제할 수 있다는 믿음이다. 이 가정은 인지행동적 개입에서 선정된 환자의 문제 유형 속에 분명히 반영되어 있다. 가장 흔하게 언급되는 문제에는 '신경증적' 상태(예, 불안, 우울, 분노), 자기통제 문제(예, 과식, 행동조절 곤란, 아동의 기능장애), 그리고 일반적인 문제해결 능력 등이 포함된다. 이러한 유형의 문제는 환자가 통제 가능하다는 가정을 지지한다. 심지어 구성주의 모델과 같은 일반적인 치료적 접근에서조차도 개인을 자신의 삶의 능동적인 주체(agent)로서 강조하는 것이 지배적인 입장이다.

환자의 통제에 대한 가정과 관련하여 몇몇 CBT의 또 다른 공통점이 있다. 이는 다수의 CBT가 본질적으로 외현적 또는 내현적으로 교육적이라는 사실과 관련되어 있다. 일부 치료적 접근은 치료자가 환자에게 치료 모델을 가르치는 것을 포함하고 있으며, 또한 시작하려고 하는 개입의 논리적 근거를 명시하고 있다(Dobson & Dobson, 2009). 치료자와 환자 간의 이러한 유형의 교육적 상호작용은 다양한 CBT의 한 가지 공통점이자 다른 치료 학파와의 차이점이다. 치료자가 내담자에게 해석을 제공하는 전통적인 정신분석적 치료(Blanck, 1976; Kohut, 1971), 또는 치료자가 '역설적' 개입이라는 치료목표 속에서 내담자에게 반대로 행동하도록 강요하는 전략적 가족 치료(Minuchin & Fishman, 1981)와 비교해 보라.

다수의 인지행동 치료자의 내재적 목표는 CBT에서 흔히 볼 수 있는 교육과정과 직접적으로 관련되어 있다. 즉, 환자는 치료과정에서 의뢰한 문제를 극복할 뿐만 아니라 치료과정에 대해 배우게 된다. 환자가 반복적인 문제를 겪고 있는 경우에 자신의 문제에 스스로 대처할 수 있는 몇 가지 치료적 기술을 습득하게 된다. 몇몇 CBT에서 환자에게 치료과정을 가르치려는 열망은 논리적으로 타당한 것이고, 치료과정에서 환자는 치료적 개념과 기술을 검토하는 데 치료 시간을 할애하게 되며 이에 따라 나중에는 내담자가 유지 또는 예방을 위해 배운 것을 활용하게 될 것이다(Beck et al., 1979; Dobson & Dobson, 2009).

CBT는 굉장히 많은 공통점을 가지고 있기 때문에 그 구분은 실제라기보다는 조금은 자의적인 것처럼 보인다. 하지만 Kendall과 Kriss(1983)는 실제로 특정 접근법 간의 차이점을 확인하기 위한 탁월한 프레임워크를 제시한 바 있다. 게다가 이 장에서 제시한 다양한 CBT의 간단한 개관에서도 인지행동 치료자가 개발한 모델 및 기법이 실제로는 굉장히 다양하다는 것을 알 수 있었다. 정신분석적 치료가 한 가지만 존재한다고 말하는 것만큼이나 단일한 인지행동적 접근이 존재한다고 말하는 것도 적절하지 않다. 이 장에서 제시하고 있듯이, 인지행동적 과정의 수없이 다양한 측면은 인지행동적 접근의 포괄적인 정의 내에 있으면서도 조금씩 다를 수 있다. 분명하게 제시되어 있기는 하지만, CBT의 다양성은 다양한 접근의 제안자 간의 추가적인 정의적 · 기술적 논의가 필요하다. '인지행동적'이라고 부를 수 있는 상이한 치료를 감별해 내기 위해서 최소한 두 가지 영역에 대한 추가적인 이론 및 연구가 필요한데, 그 영역은 바로 ① 치료적 변화의 목표와 ② 개입 기법의 양식 특정성이다.

CBT가 매개적 과정을 공유하고 있고 변화를 위해 모두 '인지'를 대상으로 하고 있기는 하지만, 인지행동 분야에서 볼 수 있는 상이한 특정 명칭과 기술은 정말 엄청나다. 인지적 구성개념과 인지과정에 적용되는 다양한 용어 목록에는 '인지' '사고' '신념' '태도' '아이디어' '가정' '귀인' '생활 규칙' '자기진술' '인지적 왜곡' '기대' '개념(notion)' '의식의 흐름' '스크립트' '이야기' '관념(ideation)' '개인적 의미' '착각' '자기효능감 기대' '인지적 원형' 그리고 '도식' 등이 있다. 더욱 혼란을 가중시키는 것은 이 수많은 개념이 순수하게 임상적 맥락에서(예, 자기효능감 기대) 개발되었기 때문에 상대적으로 명확하게 정의되어 있지만, 서로 다른 용어가 다른 심리학 분야에서 사용되고 있다는 점이다. 심리학 분야 중 어디에서 용어가 동일하게 공유되어 사용되고 있는지가 확인되지 않는 한, 결국 의미상의 혼란만을 초래할 수도 있다. 예를 들어, '도식(Schema)'이라는 개념은 잠재적인 문제에도 불구하고 저변에서 사용되고 있는데, 처음에는 인지심리학(Neisser, 1967)에서 개발되었고 나중에 사회인지(Markus, 1977)에 적용되었고, 이후 임상적인 문제에도 적용되고 있다(Clark et al., 1999; Dobson, 1986; Dozois & Dobson, 2001; Goldfried & Robins, 1983; Ingram et al., 1998; Turk & Speers, 1983).

이 용어를 다양하게 응용한 것을 언뜻 보기만 해도 '도식' 개념의 본질은 분명히 살아 있지만 몇몇은 독특하게 응용되고 있음이 드러난다. 다양한 특정 인지과정 및 인지적 구성개념에 대한 정교화가 유익할 수는 있지만, 치료자가 그 구성개념을 정확하게 정의해야 하고, 다른 사람이 이러한 정의에 동의하는 것이 중요하다. 이렇게 정확성을 증가시키게 되면 인지행동적 이론 분야의 명료화가 가능해지며, 또한 인지적 평가에 관심을 갖는 연구자의 수고를 덜어 줄 수 있다(Meichenbaum & Cameron, 1981; Merluzzi et al., 1981). 이런 점에서 인지 현상에 대한 명확한 정의가 부족하다는 점은 당연히 인지적 평가를 대단히 어렵게 할 수 있으며(예, Genest & Turk, 1981; Glass & Merluzzi, 1981; Shaw & Dobson, 1981), 또한 CBT를 통한 변화의 본질과 과정을 충분히 입증하는 데 추가적인 인지적 평가가 요구될 것도 분명하다(Clark, 1997; Segal & Shaw, 1988; Sutton-Simon, 1981).

CBT의 상이한 접근에 대한 추가적인 기술이 가능한 두 번째 영역은 양식-특정적 기법(modality-specific technique)과 관련되어 있다. 인지행동 치료자는 기법 개발에 있어 대단히 혁신적이었는데, 이로 인해 다양한 방식으로 임상에 필요한 모든 설비를 구축하고 있다. 그러나 이렇게 함으로써 기법이 어떻게 개발되었는지(예, 일반적-비특정적인 기법인지 또는 양식-특정적 방법인지)가 항상 불분명하다. 이러한 구분은 적용 수준에서는 중요하지 않을 수 있다고 보는 것이 합리적이기는 하지만, 이론적 관점에서는 상이한 이론가가 그들의 치료 모델에 어떤 제한을 두어야 하는지를 아는 것이 중요하다. 다양한 치료 모델에 따른 치료적 개입을 실제로 기록하고 분석하기 위해 종종 치료과정 연구가 제안되고 있기는 하나(DeRubeis, Hollon, Evans, & Bemis, 1982; Mahoney & Arnkoff, 1978; Prochaska, 2000), 아직까지는 그렇게 발전되지 못했다. 이런 유형의 연구는 서로 다른 치료에 대한 설명을 상이한 임상적 실제로 얼마나 옮겨질 수 있을지에 대한 우리의 지식을 증진시켜 줄 가능성이 있다.

마지막으로, 유용하게 확장할 수 있는 또 다른 연구 영역은 서로 다른 현안 문제에 다양한 양식의 CBT를 적용하는 것을 연구하는 것이다(이 책의 4장 참조). 다양한 문제 상황에서 상이한 접근을 비교함으로써 특정 환자의 문제에 맞는 치료방법을 제안하는 것이 가능해질 수 있다. 문제와 치료를 이렇게 연결하는 것은 현재의 임상적 실제에 대한 실질적인 이점을 반영할 뿐만 아니라, 각 유형의 개입과 서로 다른 환자의 문제에 대한 변화 기제를 더 잘 이해하게 될 수도 있다.

분명히 CBT 분야는 1960~1970년대 사이에 시작된 이래로 극적으로 발전해 왔다. 현재 인지행동적 속성을 반영한 다수의 모델이 확인 가능하며, 이 방법의 입증된 효능은 일반적으로 막강하다(Chambless et al., 1996; Dobson et al., 2000; 이 책의 2장 참조). 성과 연구에 대한 지속적인 관심은 인지행동 이론가 및 치료자가 연구 및 실제에서 꾸준한 발전을 가능하게 했으며, 물론 미래에도 지속적인 진전을 이끌 것이다. 향후 개념화 및 연구를 필요로 하는 가장 중요한 영역은 인지현상에 대한 정의와(구성개념과 과정 수준 모두에서) 현존하는 다양한 CBT 간의 절차상의 공통점일 것이다. 이 분야의 또 다른 신흥 영역은 바로 CBT의 보급이다. 향후 10년 동안 이 분야가 상당히 발전하게 될 것이다.

참고문헌

Allen, L. B., McHugh, R. K., & Barlow, D. H. (2008). Emotional disorders: A unified protocal. In D. H. Barlow (Ed.), *Clinical handbook of psychological disorders: A step-by-step treatment manual* (4th ed., pp. 216-249). New York: Guilford Press.

Bandura, A. (1965). Vicarious processes: A case of no-trial learning. In L. Berkowitz (Ed.), *Advances in experimental social psychology* (Vol. 2, pp. 3-57). New York: Academic Press.

Bandura, A. (1971). Vicarious and self-reinforcement processes. In R. Glaser (Ed.), *The nature of reinforcement* (pp. 51-130). New York: Academic Press.

Bandura, A. (1977). Self-efficacy: Toward a unifying theory of behavioral change. *Psychological Review, 84*, 191-215.

Bandura, A. (1986). *Social foundations of thought and action: A social cognitive therapy.* Englewood Cliffs, NJ: Prentice-Hall.

Bandura, A. (1997). *Self-efficacy: The exercise of control.* New York: Freeman.

Basco, M. R., & Rush, A. J. (2005). *Cognitive-behavioral therapy for bipolar disorder* (2nd ed.). New York: Guilford Press.

Beck, A. T. (1967). *Depression: Causes and treatment.* Philadelphia: University of Pennsylvania Press.

Beck, A. T. (1970). Cognitive therapy: Nature and relation to behavior therapy. *Behavior Therapy, 1*, 184-200.

Beck, A. T. (1971). Cognition, affect, and psychopathology. *Archives of General Psychiatry, 24*, 495-500.

Beck, A. T. (1976). *Cognitive therapy and the emotional disorders.* New York: International Universities Press.

Beck, A. T. (1988). *Love is never enough.* New York: Harper & Row.

Beck, A. T. (1999). *Prisoners of hate: The cognitive bases of anger, hostility and violence.* New York: HarperCollins.

Beck, A. T., & Emery, G. (1985). *Anxiety disorders and phobias: A cognitive perspective.* New York: Basic Books.

Beck, A. T., Freeman, A., & Associates. (2003). *Cognitive therapy of personality disorders* (2nd ed.). New York: Guilford Press.

Beck, A. T., Grant, P., Rector, N. A., & Stolar, N. (2008). *Schizophrenia: Cognitive theory, research, and therapy.* New York: Guilford Press.

Beck, A. T., Rush, A. J., Shaw, B. F., & Emery, G. (1979). *Cognitivie therapy of depression.* New York: Guilford Press.

Beck, A. T., Wright, F. D., Newman, C. F., & Liese, B. S. (1993). *Cognitive therapy of substance abuse.* New York: Guilford Press.

Berman, J. S., Miller, R. C., & Massman, P. J. (1985). Cognitive therapy versus systematic desensitization: Is one treatment superior?. *Psychological Bulletin, 97*, 451-461.

Blanck, G. (1976). Psychoanalytic technique. In B. J. Wolman (Ed.), *The therapist's handbook* (pp. 61-86). New York: Van Nostrand Reinhold.

Bowlby, J. (1977). The making and breaking of affectional bonds: 1. Etiology and psychopathology in the light of attachment theory. *British Journal of Psychiatry, 130*, 201-210.

Breger, L., & McGaugh, J. L. (1965). Critique and reformulation of "learning theory" approaches to psychotherapy and neurosis. *Psychological Bulletin, 63*, 338-358.

Cautela, J. R. (1967). Covert sensitization. *Psychological Reports, 20*, 459-468.

Cautela, J. R. (1969). Behavior therapy and self-control: Techniques and implications. In C. M. Franks (Ed.), *Behavior therapy: Appraisal and status* (pp. 323-340). New York: McGraw-Hill.

Chambless, D. L., & Hollon, S. D. (1998). Defining empirically supported therapies. *Journal of Consulting and Clinical Psychology, 66*, 7-18.

Chambless, D. L., & Ollendick, T. H. (2001). Empirically supported psychological interventions: Controversies and evidence. *Annual Review of Psychology, 52*, 685-716.

Chambless, D. L., Sanderson, W. C., Shoham, V., Bennett-Johnson, S., Pope, K. S., Crits-Cristoph, P., et al. (1996). An update on empirically validated therapies. *Clinical Psychologist, 49*, 5-18.

Clark, D. A. (1997). Twenty years of cognitive assessment: Current status and future directions. *Journal of Consulting and Clinical Psychology, 65*, 996-1000.

Clark, D. A., Beck, A. T., & Alford, B. A. (1999). *Scientific foundations of cognitive theory and therapy of depression*. New York: Wiley.

Coyne, J. C. (1999). Thinking interactionally about depression: A radical restatement. In T. Joiner & J. C. Coyne (Eds.), *The interactional nature of depression* (pp. 365-392). Washington, DC: American Psychological Association.

Crick, N. R., & Dodge, K. A. (1994). A review and reformulation of social information-processing mechanisms in children's social adjustment. *Psychological Bulletin, 115*, 73-101.

Criddle, W. D. (2007). Adapting REBT to the world of business. *Journal of Rational-Emotive and Cognitive-Behavior Therapy, 25*, 87-106.

Dattilio, F. M., & Freeman, A. (Eds.) (1994). *Cognitive-behavioral strategies in crisis intervention*. New York: Guilford Press.

DeRubeis, R., Hollon, S. D., Evans, M., & Bemis, K. (1982). Can psychotherapies be discriminated?: A systematic investigation of cognitive therapy and interpersonal therapy. *Journal of Consulting and Clinical Psychology, 50*, 744-756.

DeRubeis, R. J., Hollon, S. D., Grove, W. M., Evans, M. D., Garvey, M. J., Tuason, V. B., et al. (1990). How does cognitive therapy work?: Cognitive change and symptom change in cognitive therapy and pharmacotherapy for depression. *Journal of Consulting and Clinical Psychology, 58*, 862-869.

Dobson, D. J. G., & Dobson, K. S. (2009). *Evidence-based practice of cognitive-behavioral therapy*. New York: Guilford Press.

Dobson, K. S. (1986). The self-schema in depression. In L. M. Hartman & K. R. Blankstein (Eds.), *Perception of self in emotional disorders and psychotherapy* (pp. 187-217). New York: Plenum Press.

Dobson, K. S., Backs-Dermott, B. J., & Dozois, D. (2000). Cognitive and cognitive-behavioral therapies. In C. R. Snyder & R. E. Ingram (Eds.), *Handbook of psychological change: Psychotherapy processes and practices for the 21st century* (pp. 409-428). New York: Wiley.

Dobson, K. S., & Craig, K. S. (Eds.) (1996). *Advances in cognitive-behavioral therapy*. Thousand Oaks, CA: Sage.

Dobson, K. S., & Khatri, N. (2000). Cognitive therapy: Looking forward, looking back. *Clinical Psychology: Science and Practice, 56*, 907-923.

Dollard, J., & Miller, N. E. (1950). *Personality and psychotherapy*. New York: McGraw-Hill.

Dozois, D. J. A., & Beck, A. T. (2008). Cognitive schemas, beliefs and assumptions. In K. S. Dobson & D. J. A. Dozois (Eds.), *Risk factors in depression* (pp. 121-143). Oxford, UK: Elsevier/Academic Press.

Dozois, D. J. A., & Dobson, K. S. (2001). A longitudinal investigation of information processing and cognitive organization in clinical depression: Stability of schematic interconnectedness. *Journal of Consulting and Clinical Psychology, 69*, 914-925.

Dozois, D. J. A., Seeds, P. M., & Collins, K. A. (in press). Transdiagnostic approaches to the prevention of depression and anxiety. *International Journal of Cognitive Psychotherapy: An International Quarterly.*

Dush, D. M., Hirt, M. L., & Schroeder, H. (1983). Self-statement modification with adults: A meta-analysis. *Psychological Bulletin, 94*, 408-422.

D'Zurilla, T. J. (1990). Problem-solving training for effective stress management and prevention. *Journal of Cognitive Psychotherapy: An International Quarterly, 4*, 327-355.

D'Zurilla, T. J., & Goldfried, M. R. (1971). Problem-solving and behavior modification. *Journal of Abnormal Psychology, 78*, 107-126.

D'Zurilla, T. J., & Nezu, A. (1982). Social problem solving in adults. In A. C. Kendall (Ed.), *Advances in cognitive-behavioral research and therapy* (pp. 281-294). New York: Academic Press.

D'Zurilla, T. J., & Nezu, A. (1999). *Problem-solving therapy: A social competence approach to clinical intervention* (2nd ed.). New York: Springer.

Efran, J. S., & Fauber, R. L. (1995). Radical constructivism: Questions and answers. In R. A. Neimeyer & M. J. Mahoney (Eds.), *Constructivism in psychotherapy* (pp. 275-304). Washington, DC: American Psychological Association Press.

Ellis, A. (1962). *Reason and emotion in psychotherapy.* New York: Stuart.

Ellis, A. (1970). *The essence of rational psychotherapy: A comprehensive approach to treatment.* New York: Institute for Rational Living.

Ellis, A. (1973). *Humanistic psychotherapy.* New York: McGraw-Hill.

Ellis, A. (1979a). The basic clinical theory of rational emotive therapy. In A. Ellis & M. M. Whiteley (Eds.), *Theoretical and empirical foundations of rational-emotive therapy.* Monterey, CA: Brooks/Cole.

Ellis, A. (1979b). The practice of rational emotive therapy. In A. Ellis & J. M. Whiteley (Eds.), *Theoretical and empirical foundations of rational-emotive therapy.* Monterey, CA: Brooks/Cole.

Ellis, A. (1980). Rational-emotive therapy and cognitive-behavior therapy: Similarities and differences. *Cognitive Research and Therapy, 4*, 325-340.

Eysenck, H. (1969). *The effects of psychotherapy.* New York: Science House.

Ferster, C. G. (1974). Behavior approaches to depression. In R. J. Friedman & M. M. Katz (Eds.), *The psychology of depression: Contemporary theory and research* (pp. 29-54). New York: Wiley.

Fuchs, C. Z., & Rehm, L. P. (1977). A self-control behavior therapy program for depression. *Journal of Consulting and Clinical Psychology, 45*, 206-215.

Genest, M., & Turk, D. C. (1981). Think-aloud approaches to cognitive assessment. In T. Merluzzi, C. R. Glass, & M. Genest (Eds.), *Cognitive assessment* (pp. 233-269). New York: Guilford Press.

Glass, C., & Merluzzi, T. (1981). Cognitive assessment of social-evaluative anxiety. In T. Merluzzi, C. R. Glass, & M. Genest (Eds.), *Cognitive assessment* (pp. 388-438). New York: Guilford Press.

Glogcuen, V., Cottraux, J., Cucherat, M., & Blackburn, I. (1998). A meta-analysis of the effects of cognitive therapy in major depression. *Journal of Affective Disorders, 49*, 59-72.

Goldfried, M. R. (1971). Systematic desensitization as training in self-control. *Journal of Consulting and Clinical Psychology, 37*, 228-234.

Goldfried, M. R. (1973). Reduction of generalized anxiety through a variant of systematic desensitization. In M. R. Goldfreid & M. Merbaum (Eds.), *Behavior change through self-control* (pp. 297-304). New York: Holt, Rinehart & Winston.

Goldfried, M. R. (1979). Anxiety reduction through cognitive-behavioral intervention. In P. C. Kendall & S. D. Hollon (Eds.), *Cognitive-behavioral interventions: Theory, research, and procedures* (pp. 117-152). New York: Academic Press.

Goldfried, M. R., & Davison, G. C. (1976). *Clinical behavior therapy.* New York: Holt, Rinehart & Winston.

Goldfried, M. R., Decenteceo, E. T., & Weinberg, L. (1974). Systematic rational restructuring as a self-control technique. *Behavior Therapy, 5*, 247-254.

Goldfried, M. R., & Merbaum, M. (Eds.) (1973). *Behavior change through self-control.* New York: Holt, Rinehart & Winston.

Goldfried, M. R., & Robins, C. (1983). Self-schema, cognitive bias, and the processing of therapeutic experiences. In P. C. Kendall (Ed.), *Advances in cognitive behavioral research and therapy* (Vol. 2, pp. 330-380). New York: Academic Press.

Goldfried, M. R., & Sobocinski, D. (1975). Effect of irrational beliefs on emotional arousal. *Journal of Consulting and Clinical Psychology, 43*, 504-510.

Granvold, D. K. (Ed.) (1994). *Cognitive and behavioral treatment: Methods and applications.* Belmont, CA: Wadsworth.

Grieger, R., & Fralick, F. (2007). The use of REBT principles and practices in leadership training and development. *Journal of Rational-Emotive and Cognitive-Behavior Therapy, 25*, 143-154.

Guidano, V. F. (1987). *Complexity of the self: A developmental approach to psychopathology and therapy.* New York: Guilford Press.

Guidano, V. F. (1991). *The self in process.* New York: Guilford Press.

Guidano, V. F., & Liotti, G. (1983). *Cognitive processes and emotional disorders: A structural approach to psychotherapy.* New York: Guilford Press.

Haaga, D. A. F., & Davison, G. C. (1993). An appraisal of rational-emotive therapy. *Journal of Consulting and Clinical Psychology, 61*, 215-220.

Hamilton, V. (1979). An information processing approach to neurotic anxiety and the schizophrenias. In V. Hamilton & D. M. Warburton (Eds.), *Human stress and cognition: An information processing approach* (pp. 383-430). Chichester, UK: Wiley.

Hamilton, V. (1980). An information processing analysis of environmental stress and life crises. In I. G. Sarason & C. D. Spielberger (Eds.), *Stress and anxiety* (Vol. 7, pp. 13-30). Washington, DC: Hemisphere.

Hayes, S. C. (2004a). Acceptance and commitment therapy, relational frame theory, and the third wave of behavioral and cognitive therapies. *Behavior Therapy, 35*, 639-665.

Hayes, S. (2004b). Acceptance and commitment therapy and the new behavior therapies: Mindfulness, acceptance, and relationship. In S. C. Hayes, V. M. Follette, & M. M. Linehan (Eds.), *Mindfulness and acceptance: Expanding the cognitive-behavioral tradition* (pp. 1-29). New York: Guilford Press.

Hayes, S. C., & Strosahl, K. D. (Eds.) (2004). *A practical guide to acceptance and commitment therapy.* New York: Springer.

Held, B. S. (1995). *Back to reality: A critique of postmodern theory in psychotherapy.* New York: Norton.

Hollon, S. D., & Beck, A. T. (1979). Cognitive therapy of depression. In P. C. Kendall & S. D. Hollon (Eds.), *Cognitive-behavioral interventions* (pp. 153-204). New York: Academic Press.

Hollon, S. D., & Beck, A. T. (1994). Cognitive and cognitive-behavioral therapies. In A. E. Bergin & S. L. Garfield (Eds.), *Handbook of psychotherapy and behavior change* (4th ed., pp. 428-4660). New York: Wiley.

Hollon, S. D., DeRubeis, R. J., & Evans, M. D. (1996). Cognitive therapy in the treatment and prevention of depression. In P. M. Salkovskis (Ed.), *Frontiers of cognitive therapy* (pp. 293-317). New York: Guilford Press.

Hollon, S. D., Stewart, M. O., & Strunk, D. (2006). Enduring effects for cognitive behavior therapy in the treatment of depression and anxiety. *Annual Review of Psychology, 57*, 285-315.

Homme, L. E. (1965). Perspectives in psychology: XXIV. Control of coverants, the operants of the mind. *Psychological Reports, 15*, 501-511.

Ingram, R. E., & Kendall, P. C. (1986). Cognitive clinical psychology: Implications of an information processing perspective. In R. E. Ingram (Ed.), *Information processing approaches to clinical psychology* (pp. 3-21). London: Academic Press.

Ingram, R. E., Miranda, J., & Segal, Z. V. (1998). *Cognitive vulnerability to depression*. New York: Guilford Press.

Janov, A. (1970). *The primal scream*. New York: Dell Books.

Jaremko, M. E. (1979). A component analysis of stress inoculation: Review and prospectus. *Cognitive Therapy and Research, 3*, 35-48.

Jeffrey, D. B., & Berger, L. H. (1982). A self-environmental systems model and its implications for behavior change. In K. R. Blankstein & J. Polivy (Eds.), *Self-control and self-modification of emotional behavior* (pp. 29-70). New York: Plenum Press.

Kanfer, F. H. (1970). Self-regulation: Research issues and speculations. In C. Neuringer & L. L. Michael (Eds.), *Behavior modification in clinical psychology* (pp. 178-220). New York: Appleton-Century-Crofts.

Kanfer, F. H. (1971). The maintenance of behavior by self-generated stimuli and reinforcement. In A. Jacobs & L. B. Sachs (Eds.), *The psychology of private events: Perspectives on covert response systems* (pp. 39-61). New York: Academic Press.

Kazdin, A. E. (1978). *History of behavior modification: Experimental foundations of contemporary research*. Baltimore: University Park Press.

Kendall, P. C., & Bemis, K. M. (1983). Thought and action in psychotherapy: The cognitive-behavioral approaches. In M. Hersen, A. E. Kazdin, & A. S. Bellack (Eds.), *The clinical psychology handbook* (pp. 565-592). New York: Pergamon.

Kendall, P. C., & Hollo, S. D. (Eds.) (1979). *Cognitive-behavioral interventions*. New York: Academic Press.

Kendall, P. C., & Kriss, M. R. (1983). Cognitive-behavioral interventions. In C. E. Walker (Ed.), *The handbook of clinical psychology: Theory, research, and practice* (pp. 770-819). Homewood, IL: Dow Jones-Irwin.

Kohut, H. (1971). *The analysis of the self*. New York: International Universities Press.

Layden, M., Newman, C. F., Freeman, A., & Morse, S. (1993). *Cognitive therapy of borderline personality disorder*. Needham Heights, MA: Allyn & Bacon.

Lazarus, R. S. (1966). *Psychological stress and the coping process*. New York: McGraw-Hill.

Lazarus, R. S., & Averill, J. R. (1972). Emotion and cognition: With special reference to anxiety. In C. D. Spielberger (Ed.), *Anxiety: Current trends in theory and research* (Vol. 2, pp. 242-284). New York: Academic Press.

Lazarus, R. S., & Folkman, C. (1984). *Stress, appraisal and coping*. New York: Springer.

Ledgewidge, B. (1978). Cognitive behavior modification: A step in the wrong direction?. *Psychological Bulletin, 85*, 353-375.

Linehan, M. M. (1993). *Cognitive-behavioral treatment of borderline personality disorder*. New York: Guilford Press.

Longmore, R. J., & Worrell, M. (2007). Do we need to challenge thoughts in cognitive behavior therapy?. *Clinical Psychology Review, 27*, 173-187.

Luborsky, L., Singer, G., & Luborsky, L. (1975). Comparative studies of psychotherapies: Is it true that everyone has one and that all must have prizes?. *Archives of General Psychiatry, 32*, 995-1008.

Luria, A. R. (1961). *The role of speech in the regulation of normal and abnormal behavior*. New York: Liveright.

Mahoney, M. J. (1974). *Cognition and behavior modification*. Cambridge, MA: Ballinger.

Mahoney, M. J. (1977). Personal science: A cognitive learning therapy. In A. Ellis & R. Grieger (Eds.), *Handbook of rational psychotherapy* (pp. 352-368). New York: Springer.

Mahoney, M. (1979). A critical analysis of rational-emotive theory and therapy. In A. Ellis & J. M. Whiteley (Eds.), *Theoretical and empirical foundations of rational-emotive therapy* (pp. 167-180). Monterey, CA: Brooks/Cole.

Mahoney, M. J. (1980). Psychotherapy and the structure of personal revolution. In M. H. Mahoney (Ed.), *Psychotherapy process* (pp. 157-180). New York: Plenum Press.

Mahoney, M. J. (1991). *Human change processes*. New York: Basic Books.

Mahoney, M. J. (1995). The continuing evolution of the cognitive sciences and psychotherapies. In R. A. Neimeyer & M. J. Mahoney (Eds.), *Constructivism in psychotherapy* (pp. 39-65). Washington, DC: American Psychological Association.

Mahoney, M. J., & Arnkoff, D. B. (1978). Cognitive and self-control therapies. In S. L. Garfield & A. E. Bergin (Eds.), *Handbook of psychotherapy and behavior change: An empirical analysis* (pp. 689-722). New York: Wiley.

Mahoney, M. J., & Kazdin, A. E. (1979). Cognitive-behavior modification: Misconceptions and premature evacuation. *Psychological Bulletin, 86*, 1044-1049.

Mahoney, M. J., & Thoresen, C. E. (1974). *Self-control: Power to the person*. Monterey, CA: Brooks/Cole.

Markus, H. (1977). Self-schemata and processing information about the self. *Journal of Personality and Social Psychology, 35*, 63-78.

Meichenbaum, D. (1969). The effects of instructions and reinforcement on thinking and language behaviors of schizophrenics. *Behaviour Research and Therapy, 7*, 101-114.

Meichenbaum, D. H. (1973). Cognitive factors in behavior modification: Modifying what clients say to themselves. In C. M. Franks & G. T. Wilson (Eds.), *Annual review of behavior therapy, theory, and practice* (pp. 416-432). New York: Brunner/Mazel.

Meichenbaum, D. H. (1977). *Cognitive behavior modification*. New York: Plenum Press.

Meichenbaum, D. H. (1985). *Stress inoculation training: A clinical guidebook*. New York: Pergamon.

Meichenbaum, D. H. (1993). Stress inoculation training: A twenty-year update. In R. L. Woolfolk & P. M. Lehrer (Eds.), *Principles and practice of stress management* (pp. 152-174). New York: Guilford Press.

Meichenbaum, D. H. (1994). *A clinical handbook/practical therapist manual for assessing and treating adults with post-traumatic stress disorder.* Waterloo, Ontario: Institute Press.

Meichenbaum, D. H. (2007). Stress inoculation training: A preventative and treatment approach. In P. M. Lehrer, R. L. Woolfolk, & W. E. Sime (Eds.), *Principles and practice of stress management* (3rd ed., pp. 497-516). New York: Guilford Press.

Meichenbaum, D. H., & Cameron, R. (1973). Training schizophrenics to talk to themselves. *Behavior Therapy, 4*, 515-535.

Meichenbaum, D. H., & Cameron, R. (1981). Issues in cognitive assessment: An overview. In T. Merluzzi, C. R. Glass, & M. Genest (Eds.), *Cognitive assessment* (pp. 3-15). New York: Guilford Press.

Meichenbaum, D. H., & Deffenbacher, J. L. (1988). Stress inoculation training. *Counseling Psychologist, 16*, 69-90.

Meichenbaum, D. H., & Goodman, J. (1971). Training impulsive children to talk to themselves. *Journal of Abnormal Psychology, 77*, 127-132.

Meichenbaum, D., & Jaremko, M. (Eds.) (1983). *Stress management and prevention: A cognitive-behavioral perspective*. New York: Plenum Press.

Meichenbaum, D., & Turk, D. (1976). The cognitive-behavioral management of anxiety, anger, and pain. In P. O. Davidson (Ed.), *The behavioral management of anxiety, depression, and pain* (pp. 1-34). New York: Brunner/Mazel.

Meichenbaum, D., Turk, D., & Burstein, S. (1975). The nature of coping with stress. In I. G. Sarason & C. D. Spielberger (Eds.), *Stress and anxiety: Vol. II* (pp. 337-360). New York: Wiley.

Merluzzi, T., Glass, C., & Genest, M. (1981). *Cognitive assessment.* New York: Guilford Press.

Miller, R. C., & Berman, J. S. (1983). The efficacy of cognitive behavior therapists: A quantitative review of the research evidence. *Psychological Bulletin, 94*, 39-53.

Minuchin, S., & Fishman, H. C. (1981). Family therapy techniques. Cambridge, MA: Harvard University Press.

Mischel, W. (1981). A cognitive-social learning approach to assessment. In T. Merluzz, C. Glass, & M. Genest (Eds.), *Cognitive assessment* (pp. 479-502). New York: Guilford Press.

Mischel, W., Ebbesen, E. B., & Zeiss, A. (1972). Cognitive and attentional mechanisms in delay of gratification. *Journal of Personality and Social Psychology, 21*, 204-218.

Monat, A., Averill, J. R., & Lazarus, R. S. (1972). Anticipating stress and coping reactions under various conditions of uncertainty. *Journal of Personality and Social Psychology, 24*, 237-253.

Neimeyer, R. A. (1993). Constructivism and the problem of psychotherapy integration. *Journal of Psychotherapy Integration, 3*, 133-157.

Neimeyer, R. A. (1995). Constructivist psychotherapies: Features, foundations and future directions. In R. A. Neimeyer & M. J. Mahoney (Eds.), *Constructivism in psychotherapy* (pp. 231-246). Washington, DC: American Psychological Association.

Neimeyer, R. A., & Mahoney, M. J. (Eds.) (1995). *Constructivism in psychotherapy.* Washington, DC: American Psychological Association.

Neimeyer, R. A., & Raskin, J. D. (2001). Varieties of constructivism in psychotherapy. In K. S. Dobson (Ed.), *Handbook of cognitive-behavioral therapies, second edition* (pp. 393-430). New York: Guilford Press.

Neisser, U. (1967). *Cognitive psychology.* New York: Appleton-Century-Crofts.

Nezu, A. M. (1986). Efficacy of a social problem solving therapy approach for unipolar depression. *Journal of Consulting and Clinical Psychology, 54*, 196-202.

Nezu, A. M., Nezu, C. M., Friedman, S. H., Faddis, S., & Houts, P. S. (1998). *Helping cancer patients cope: A problem-solving approach.* Washington, DC: American Psychological Association.

Nisbett, R. E., & Wilson, T. D. (1977). Telling more than we can know: Verbal reports on mental processes. *Psychological Review, 84*, 231-259.

Nomikos, M. S., Opton, E. M., Jr., Verill, J. R., & Lazarus, R. S. (1968). Surprise versus suspense in the production of stress reaction. *Journal of Personality and Social Psychology, 8*, 204-208.

O'Hara, M. W., & Rehm, L. P. (1983). *Self-control group therapy of depression.* New York: Plenum Press.

Orne, M. (1965). Psychological factors maximizing resistance to stress with special reference to hypnosis. In S. Klausner (Ed.), *The quest for self-control* (pp. 286-328). New York: Free Press.

Öst, L. (2008). Efficacy of the third wave of behavioral therapies: A systematic review and meta-analysis. *Behaviour Research and Therapy, 46*, 296-321.

Paivio, A. (1971). *Imagery and verbal processes.* New York: Holt, Rinehart, & Winston.

Prochaska, J. O. (2000). Change at differing stages. In C. R. Snyder & R. E. Ingram (Eds.), *Handbook of psychological change: Psychotherapy processes and practices for the 21st century* (pp. 109-127). New York: Wiley.

Rachman, S. J., & Wilson, G. T. (1971). *The effects of psychological therapy.* Oxford, UK: Pergamon.

Rachman, S. J., & Wilson, G. T. (1980). *The effects of psychological therapy, second edition.* Oxford, UK: Pergamon.

Rehm, L. (1977). A self-control model of depression. *Behavior Therapy, 8*, 787-804.

Rehm, L. (1981). A self-control therapy program for treatment of depression. In J. F. Clarkin

& H. Glazer (Eds.), *Depression: Behavioral and directive intervention strategies*. New York: Garland STPM Press.

Rehm, L. P., & Rokke, P. (1988). Self-management therapies. In K. S. Dobson (Ed.), *Handbook of cognitive-behavioral therapies* (pp. 136-166). New York: Guilford Press.

Resick, P. A., Galovski, T. E., Uhlmansiek, M. O., Scher, C. D., Clum, G. A., & Young-Xu, Y. (2008). A randomized clinical trial to dismantle components of cognitive processing therapy for posttraumatic stress disorder in female victims of interpersonal violence. *Journal of Consulting and Clinical Psychology, 76*, 243-258.

Roemer, L., & Orsillo, S. (2003). Mindfulness: A promising intervention strategy in need of further study. *Clinical Psychology: Science and Practice, 10*, 172-178.

Segal, Z. V., & Cloitre, M. (1993). Methodologies for studying cognitive features of emotional disorder. In K. S. Dobson & P. C. Kendall (Eds.), *Psychopathology and cognition* (pp. 19-50). San Diego, CA: Academic Press.

Segal, Z. V., & Shaw, B. F. (1988). Cognitive assessment: Issues and methods. In K. S. Dobson (Ed.), *Handbook of cognitive-behavioral therapies* (pp. 39-84). New York: Guilford Press.

Shapiro, D. A., & Shapiro, D. (1982). Meta-analysis of comparative therapy outcome studies: A replication and refinement. *Psychological Bulletin, 92*, 581-604.

Shaw, B. F., & Dobson, K. S. (1981). Cognitive assessment of depression. In T. Merluzzi, C. Glass, & M. Genest (Eds.), *Cognitive assessment* (pp. 361-387). New York: Guilford Press.

Spivack, G., Platt, J. J., & Shure, M. B. (1976). *The problem-solving approach to adjustment*. San Francisco: Jossey-Bass.

Spivack, G., & Shure, M. B. (1974). *Social adjustment of young children*. San Francisco: Jossey-Bass.

Stuart, R. B. (1972). Situational versus self-control. In R. D. Rubin, H. Fensterheim, J. D. Henderson, & L. P. Ullmann (Eds.), *Advances in behavior therapy* (pp. 67-91). New York: Academic Press.

Suinn, R. M. (1972). Removing emotional obstacles to learning and performance by visuomotor behavior rehearsal. *Behavior Therapy, 3*, 308-310.

Suinn, R. M. (1995). Anxiety management training. In K. D. Craig & K. S. Dobson (Eds.), *Anxiety and depression in adults and children* (pp. 159-179). Thousand Oaks, CA: Sage.

Suinn, R. M., & Richardson, F. (1971). Anxiety management training: A nonspecific behavior therapy program for anxiety control. *Behavior Therapy, 2*, 498-510.

Sutton-Simon, K. (1981). Assessing belief systems: Concepts and strategies. In P. C. Kendall & S. D. Hollon (Eds.), *Assessment strategies for cognitive-behavioral interventions* (pp. 59-84). New York: Academic Press.

Turk, D. C., & Speers, M. A. (1983). Cognitive schemata and cognitive processes in cognitive behavioral interventions: Going beyond the information given. In P. C. Kendall (Ed.), *Advances in cognitive-behavioral research and therapy* (Vol. 2, pp. 112-140). New York: Academic Press.

Vernon, A., & Bernard, M. E. (2006). Applications of REBT in schools: Prevention, promotion, intervention. In A. Ellis & M. E. Bernard (Eds.), *Rational emotive behavioral approaches to childhood disorders: Theory, practice and research* (pp. 415-460). New York: Springer Science+Business Media.

Vygotsky, L. S. (1962). *Thought and language*. Cambridge, MA: MIT Press.

Wolpe, J. (1958). *Psychotherapy by reciprocal inhibition*. Stanford, CA: Stanford University Press.

Young, J. (1994). *Cognitive therapy for personality disorders: A schema-focused approach*. Sarasota, FL: Professional Resource Press.

CHAPTER 2

인지행동치료의 증거 기반

Amanda M. Epp
Keith S. Dobson

인지행동치료(CBT)는 매우 많은 연구 관심과 상당한 지지를 받고 있다(Butler, Chapman, Forman, & Beck, 2006). CBT는 미국 심리치료 진흥 및 보급 대책 위원회가 작성한 목록 중 다양한 장애 및 연령에 걸쳐 경험적으로 입증된 치료(empirically supported treatment: EST)로서 가장 많은 승인을 받았다(전체 목록을 보려면 Chambless et al., 1998 참조). EST로서의 승인 및 보급 운동을 둘러싼 논란이 있기는 하지만(Elliott, 1998과 심리치료연구 특별호 참조) CBT는 주요 치료법으로 널리 사용되고 있다. 실제로 CBT는 성인을 대상으로 한 심리치료 가운데 가장 일반적으로 사용되고 있는 치료법 중 하나이며(Leichensring, Hiller, Weissberg, & Leibing, 2006), 심리치료 분야에서 그 중요성이 갈수록 높아질 것으로 예측되고 있다(Norcross, Hedges, & Prochaska, 2002). 우리는 이 장에서 CBT의 효능에 관한 경험적 문헌을 개관하고자 한다. 먼저 CBT의 증거의 본질에 대해 기술하고자 하며 이후 기존 문헌의 한계점과 지식적 공백에 대해 논의하고 향후 연구를 위한 시사점을 제시하고자 한다.

증거의 본질

심리치료 연구에서 특정 치료의 임상적 효능을 결정하는 '황금률'은 무선통제 연구(Randomized controlled trial, RCT)이다. RCT의 장점은 통제가 잘 되어 있고 다른 연구와의 비교 연구가 용이하다는 점이다. 통제성 때문에 RCT는 실제 임상적 처치의 결과, 즉 '효과(effectiveness)'보다는 특정 치료의 실험적 상황에서의 결과, 즉 '효능(efficacy)'을 다루게 된다(Kazdin, 2003). 여러 가지 치료 효능이 조사될 수 있다. 치료의 '절대 효능(absolute efficacy)'은 무처치집단(예, 대기자 통제 조건, 위약 조건) 또는 처치 전후의 피험자-내 목표 측정도구를 비교하여 특정 치료가 환자에게 영향을 미치는지의 여부를 알아보는 것이다. 전자를 '통제된 절대 효능'이라 부르며 후자는 '통제되지 않은 절대 효능'이라고 한다. 일부 연구 과제의 특성상 통제되지 않은 절대 효능이 더 필요하거나 적절함에도 불구하고, 대체로 통제된 절대 효능이 방법론적으로 더 강력한 접근법이라고 알려져 있다. 치료의 '상대 효능(relative efficacy)'은 연구 중인 어떤 처치가 활성 대조군 처치(active comparison treatment)(예, CBT와 약물치료 비교)를 능가하는지를 나타내는 것이다. 심리학적 처치의 상대 효능 연구에는 심리치료 간 또는 심리치료와 약물치료 간의 비교가 포함된다. CBT 성과 연구의 맥락에서 '병행효능(combined efficacy)' 연구는 일반적으로 CBT와 약물의 병행 [또는 CBT와 일상적인 치료(대개 약물치료와 사례관리)의 병행]이 약물치료 또는 CBT 단독치료보다 우수한지를 조사하는 것이다. 병행효능 연구는 주로 약물치료를 하지만 심리치료가 추가되었을 때 더 효과적일 수 있는 정신장애(예컨대, 정신분열증)와 흔히 관련된다. 치료의 '장기효능(long-term efficacy)'은 치료 초기에 나타난 치료 성과가 추적 기간에도 유지되는지를 의미한다.

메타분석은 여러 연구를 양적으로 조합할 수 있게 하는 자료 통합 방법이다(Kazdin, 2003). 이 분석은 관심 대상인 특정 처치(여기서는 'CBT')와 비교 조건 간의 표준화된 차이를 나타내 주는 효과 크기(effect size)에 기초한다(Cohen, 1988). 효과 크기의 강도를 결정하는 데에는 다음과 같은 관례가 사용되고 있다. 즉, 작은 효과 크기는 대략 0.2, 중간 효과 크기는 약 0.5, 그리고 큰 효과 크기는 0.8로 한다. 메타분석의 가장 큰 장점은 각 연구에서 비교된 개입의 효과 크기의 정도와 표본 크기를 고려한다는 것이다. 게다가 메타분석은 평가자의 편향 등 각 연구의 효과를 제거한다(Rodebaugh,

Holaway, & Heimberg, 2004).

CBT의 효능에 관한 풍부한 문헌이 있었기에 RCT에 대한 많은 메타분석은 자료를 효율적으로 요약할 수 있었다. 다음의 개관은 이들 메타분석의 결과에 기초하고 있지만 최신 또는 단독 RCT의 결과도 보고하였다. RCT가 충분하지 않거나 이용 가능하지 않을 경우에는 제한된 성과 연구(비무선 설계)를 기술하였고 양적 자료를 충분히 요약해 주거나 중요한 추가 정보를 제공하는 경우에는 질적 개관을 요약해서 포함시켰다.

다음의 개관은 성인을 대상으로 한 20개의 장애 또는 문제에 대한 CBT 성과 문헌을 검토한 것이다. 우리는 각 장애나 문제에 대한 CBT의 효능과 관련해 6가지 영역을 살펴보았다. 각 영역은 ① 각 연구에서 조사된 CBT의 구체적 구성요소, ② CBT의 통제된 절대 효능과 통제되지 않은 절대 효능, ③ 다른 심리치료에 대한 CBT의 상대 효능, ④ 약물치료에 대한 CBT의 상대 효능, ⑤ 약물치료와의 병행치료에 대한 단독 CBT의 상대 효능, ⑥ CBT의 장기 효능이다. 이번 개관은 CBT가 인지와 행동의 변화를 목표로 하고 있는 일련의 기법이라는 전제하에 이루어졌다. CBT 모델은 '인지가 환경과 행동 및 감정 반응을 매개하여 개인의 적응 정도를 결정한다.'라는 이론에 입각하고 있다(Dobson, 2001). 즉, CBT는 Beck의 표준화된 인지치료(CT)(Beck, Rush, Shaw, & Emery, 1979)를 비롯하여 인지기법과 행동치료기법이 결합된 모든 형태의 치료를 말한다. 따라서 본 개관의 목적상 CBT라는 이름하에 있는 표준 인지치료와 다양한 유형의 CBT 모두를 고찰하고자 한다.

인지행동치료의 효능

기분장애

단극성 우울증

단극성 우울증은 CBT 성과 문헌에서 상당한 주목을 받았으며 이와 관련된 다수의 메타분석이 발표되었다(예, Dobson, 1989; Gloaguen, Cottraux, Cucherat, & Blackburn, 1998). Gloaguen 등은 그들의 분석에 적어도 하나 이상의 인지치료(CT)집단 및 비교집단이 들어 있는 연구를 포함시켰다. CT 처치는 Beck의 CT 매뉴얼을 따랐거나 Beck의 모델을 참고했다고 명시한 것이어야 한다. 또한 각 연구는 피험자의 무선할당 조건을 충족해야 한다. 이들이 선정한 48개의 연구는 비교집단에 비처치 통제 조건(예컨대, 대기자 조건, 약물치료 조건, 행동치료 조건)과 '기타 치료'라는 이질적집단을 포함하고 있다. Gloaguen 등은 CT의 절대 효능과 CT가 다른 치료보다 우수하다는 강력한 근거를 발견했지만, 다른 치료에 대한 CT의 우수성은 시행 간 동질성을 충족하지 못했기 때문에 신중하게 해석해야 한다고 경고했다. 또한 연구 결과상 CT 처치가 항우울제보다 우수하다는 점과 CT와 행동치료(BT)의 효과가 동등하다는 점, 그리고 둘 다 시행 간에 높은 동질성이 있다는 증거도 드러났다. 단순하게 재발률을 비교한 것이긴 했지만, 1~2년의 추적 기간 동안 항우울제가 CT보다 재발률이 높은 것으로 나타났다(유사한 결론으로 Hollon, Stewart, & Strunk, 2006 참조). Gloaguen 등(1998)은 그들이 상정한 조절변수(초기 BDI 점수, 성별, 연령)의 그 어떤 유의성도 발견하지 못했다. 이로 인해 Gloaguen 등은 CT가 경도~중등도의 우울증 환자에게 절대 효능이 있으며 BT와는 동등한 효능이 있었고 항우울제보다는 우수하다는 결론을 내렸다.

Wampold, Minami, Baskin과 Tierney(2002)는 Gloaguen 등(1998)의 '기타 치료'라는 분류에 이의를 제기했다. 그들은 Gloaguen 등이 인증된 심리치료와 비인증된 치료를 '기타 치료'라는 하나의 범주로 통합했기 때문에 CT에 비해 그와 같은 결과가 나왔을 가능성이 있다고 주장했다. 그들은 Gloaguen 등(1998)의 연구 자료를 다시 분석하여 이 가설을 검증하였다. Wampold 등은 CT가 대략적으로 인증된 기타 치료와 거의 동등한 효능을 보였지만 비인증 기타 치료보다는 우수한 효능이 있다는 사실을 발견했다. 그들은 우울증에 대해 인증된 모든 심리치료법은 동등한 효능이 있다는 결론을 내렸다.

DeRubeis 등(2005)은 중등도~중증의 우울증 환자를 대상으로 CT와 약물치료를 비교한 RCT를 실시하였는데, 숙련된 치료 전문가가 진행한 24회기의 CT가 약물치료와 동등한 효능이 있다는 것을 발견했다. 장기적인 결과상으로는 12개월이 경과했을 때 CT를 받았던 환자가 약물치료를 중단한 환자보다 재발률이 낮은 것으로 나타났으며, 약물치료를 지속한 환자와 비교했을 경우 재발률이 비슷한 것으로 나타났다(Hollon et al., 2005; Dimidjian et al., 2006).

Segal, Vincent와 Levitt(2002)은 중증 우울증 환자에게 특히 항우울제와 CT의 병행이 이들을 단독으로 처치할 때에 비해 더 효과적이라는 결론을 내렸다. 하지만 이 연구결과는 논란의 여지가 있을 수 있는데, 그 이유는 최근에 실시된 메타분석에서 중등도 수준의 초발 우울증 환자를 대상으로 항우울제와 위약 치료의 성과에서 사실상 아무런 차이도 없었고, 초발 중증 우울증 환자의 경우에도 상대적으로 미미한 효과만 나타났기 때문이다(Kirsch et al., 2008).

양극성 장애

다수의 개관 논문이 양극성 장애의 치료 효능을 검증한 바 있으나 이에 대한 메타분석은 아직 실시되지 않았다. 양극성 장애의 일차적인 치료는 아직 약물에 의존하고 있으나 빈약한 순응도, 잦은 증상 재발, 준증후군적 악화, 중대한 기능 손상의 지속 등 약물치료의 근본적인 한계 때문에 양극성 장애 치료에 심리치료가 영향력 있는 부가적 치료가 될 수도 있다(Miklowitz & Otto, 2006). 심리치료는 조기개입 전략, 적응, 삶의 질, 가족 및 사회 지지시스템의 보호 효과 등을 증진할 수 있으며 환자에게 삽화에 대한 이해와 함께 삽화를 조절하려는 동기를 향상시킬 수 있으며 일상생활과 수면-각성 주기에 대한 조절을 독려할 수 있고 약물 순응도를 높일 수 있다(Miklowitz & Otto, 2006).

Zaretsky, Rizvi와 Parikh(2007)는 심리교육, 가족 중심 치료, 단기 CBT 개입(예, 심리교육, 숙제 및 자기감찰), 양극성 장애 CBT, 재발방지 CBT(예, 심리교육, 우울증 CT, 재발 전조의 확인 및 예방, 일상생활의 안정화 등), 대인관계 치료, 양극성 장애를 극복하기 위한 사회적 리듬 치료(예, 사회적 생물학적 일주기 리듬의 안정화) 등에 대한 RCT를 개관했다. 이들은 매뉴얼로 되어 있고 약물치료에 대한 부가 치료로서 구체적인 단기 목표가 있는 심리치료가 일관된 효과가 있다는 결론을 내렸다. CBT, 가족 중심 치료, 심리교육 등이 가장 우수한 재발방지 효과를 나타냈고, 대인관계 치료와 CBT는 우울증 잔류 증상에 가장 효과적이었다(Zaretsky et al., 2007).

Miklowitz와 Otto(2006), Gonzalez-Pinto 등(2004) 및 Colom과 Vieta(2004)는 심리치료가 양극성 장애의 약물치료에 효과적인 부가적 치료라는 것에 대체로 동의했다. Jones(2004)는 다수의 치료 효능 연구가 통제되지 않았고 그 수준이 낮았기 때문에 심리사회적 개입의 효과가 과장되고 있다고 지적했으나 부가적인 심리적 접근법의 발전에 진전이 있었다는 점에는 동의하였다. 또한 그는 각 개입법마다 우울증과 조증에 미치는 영향이 상이하며, 어떤 접근법은 장애의 시기에 따라 그 효과가 달라진다는 점을 언급하였다. Gonzalez-Pinto 등(2004)도 잔류 우울 증상이나 양극성 우울증에 효과적인 개입이 조증의 초기 단계에서는 도움이 되지 않을 수 있다고 경고했다. Colom과 Vieta(2004)는 대부분의 심리사회적 개입이 심리교육적 요소를 포함하고 있다는 점에서 비슷하며 대부분 유사한 긍정적 결과를 나타냈다고 밝혔다. CBT의 효능이 치료 후 9년까지 유지되는 것으로 나타났지만, 연구의 이질성 때문에 CBT의 장기 효능에 대한 최종적인 언급은 곤란하다.

불안장애

특정 공포증

치료 성과 문헌에 불안장애(Anxiety Disorders)가 자주 등장하기는 하지만, 특정 공포증(Specific Phobia)에 관한 문헌은 상대적으로 드문 편이다. 기존 자료는 비임상적 장면에서 수행되었고 작은 표본 크기, 통제되지 않은 연구설계, 순수 행동적 처치와 CBT 처치의 혼합 등 방법론적 한계 때문에 그 수준이 굉장히 낮은 편이다(Choy, Fyer, & Lipsitz, 2006). 특정 공포증이라는 주제에 대한 메타분석이 이루어지지는 않았지만, Choy 등은 여러 가지 치료법에 대한 연구를 종합적으로 개관한 바 있다. 이들은 '최선의 근거(best evidence)' 식 접근법을 사용하여 치료마다 그 효과가 다르다는 것과 어떤 공포증이냐에 따라 효능이 다르다는 결론을 내렸다. 행동치료(BT)가 가장 많은 지지를 받았으며, 대다수의 공포증의 하위유형에서 실제노출이 가장 강력한 초기 효과를 발휘하였다. 그러나 실제노출은 상대적으로 높은 낙오율과 낮은 치료 수용도를 나타냈다. 체계적 둔감법이 중등도 이상의 효능을 보였으며, 고소공포증과 비행공포증에 대한 가상현실노출이 실제 노출만큼 효과적이었기 때문에 실제노출에 대한 대안적인 치료가 될 수 있다는 것이 밝혀졌다.

Choy 등(2006)은 인지재구성을 단독으로 실시하든, 실제노출과 병행하여 실시하든 간에 폐쇄공포증 치료에 효과적이라는 것을 발견했다. 나아가 이들은 폐쇄공포증을 위한 실제노출치료의 적절한 대안으로 인지치료(CT)를 추천하였다. 인지치료(CT)가 동물공포증 또는 비행공포증을 위한 실제노출치료의 효과를 능가하지 못했지만, 이는 실제노출치료 자체의 효과가 워낙 좋기 때문에 천정효과로 인한 결과일 수 있다. 단독 인지치료(CT)는 치과공포증과 비행공포증에 유익한 효과가 있는 것으로 나타났으며, 동물(거미)공포증 연구에서는 인지치료(CT)와 실제노출치료를 병행 처치한 경우 그 효과가 12개월 후에도 지속되는 것으로 나타났다. 단독 인지치료(CT)를 실시한 경우 폐쇄공포증의 치료 효과는 장기적으로 지속되었으나 비행공포증과 치과공포증의 치료 효과는 오래가지 않았다. 또 다른 두 연구에서는 환자가 단독노출치료보다는 인지적 요소와 행동적 요소가 포함된 치료를 덜 혐오적이고 덜 침습적인 것으로 평가했다는 것이 밝혀졌다(Hunt et al., 2006; Koch, Spates, & Himle, 2004).

사회불안장애

사회공포증이라고도 부르는 사회불안장애(Social Anxiety Disorder: SAD)는 CBT 문헌에서 상당히 많은 관심을 받아 왔다. 우리가 아는 바로는 6개의 메타분석과 다수의 개관 논문(예, Fresco & Heimberg, 2001; Heimberg, 2002; Rodebaugh et al., 2004; Rowa & Antony, 2005)이 출판되었다. 가장 최근에 실시된 메타분석은 16개의 공황장애 연구, 6개의 SAD 연구, 2개의 범불안장애 연구에서 약물치료, CBT, 또는 이 둘의 병행치료를 직접 비교하였다(Bandelow, Seidler-Brandler, Becker, Wedekind, & Rüther, 2007). CBT에는 인지기법, 노출, 집단 또는 개인치료 형식의 불안관리 기법이 포함되었다. SAD에 대한 모든 치료법은 처치 전 · 후에 큰 효과 크기를 나타냈다. 임상가는 약물치료가 가장 큰 효과가 있다고 평가한 반면, 환자는 병행치료가 가장 효과적이라고 평가했다. 치료 후에 CBT 단독치료에 비해 약물단독치료의 이점은 미미했다. 2개의 연구에 기초할 때 CBT와 약물치료의 병행이 잠정적으로 지지되었다. Bandelow 등(2007)은 CBT와 약물치료의 안정성 연구에서 추적 자료의 결과가 혼재되어 있음을 발견했다.

Rodebaugh 등(2004)은 5개의 메타분석(Chambless & Hope, 1996; Fedoroff & Taylor, 2001; Feske & Chambless, 1995; Gould, Buckmeister, Pollack, Otto, & Yap, 1997; Taylor, 1996)을 요약한 후 모든 메타분석에서 CBT 후 통제된 효과 크기가 중간 이상이었다고 밝혔다. Bandelow 등(2007)의 결과와 유사하게 CBT의 경우 피험자 내 미통제된 효과 크기가 중간 이상이라는 것이 밝혀졌다. 게다가 Rodebaugh 등은 모든 연구의 추적 시점에서 CBT의 효과가 추가적으로 향상되지는 않았지만 그 효과가 유지된다는 것을 발견하였다. 대부분의 메타분석은 추적 기간이 2~6개월이었으나 Feske와 Chambless(1995), Chambless와 Hope(1996)은 메타분석에 추적 기간이 최장 12개월인 연구를 포함시켰다. 사회공포증에 대한 CBT의 절대 효능은 어느 정도 확립되어 있는 상태다.

사회공포증 CBT의 상대 효능은 다소 명확하지 않다. Federoff와 Taylor(2001)는 약물치료, 노출, 인지재구성, 노출과 인지재구성의 병행, 사회기술훈련, 응용이완법 등을 비교한 결과, 약물치료가 가장 일관적인 효능을 보이는 것으로 나타났다. 한편으로 Gould 등(1997)은 CBT, 약물치료, 또는 이 둘의 병행치료를 살펴본 결과, 치료 효능에서 유의미한 차이가 없다고 보고했다. 노출, 인지재구성, 노출과 인지재구성의 병행, 사회기술훈련 등도 효능 면에서 서로 유의미한 차이가 없는 것으로 나타났다(Taylor, 1996).

이와 같은 메타분석으로 다양한 인지행동치료의 차이점을 확정하기는 어렵다. Rodebaugh 등(2004)이 개관했듯이, 내담자의 자기보고에 의한 것이 아니라 임상가의 평가에 의한 것이긴 했지만 오직 유의미한 차이는 위약에 비해 노출과 인지재구성의 병행에서만 나타났다(Taylor, 1996). Gould 등(1997)은 노출이 단독으로 실시되든 인지재구성과 병행되어 실시되든 간에 그 효과 크기는 가장 컸다고 밝혔다. Feske와 Chambless(1995)는 이전의 연구자와 달리, CBT와 노출을 구분하였고 CBT를 인지재구성과 노출의 결합이라고 정의했다. 이들은 노출과 CBT가 동등하게 효과적이었다고 밝혔다. Rodebaugh 등(2004)은 효과 크기 면에서 유의미한 차이가 없다는 점을 고려하면, 인지재구성과 노출을 통합한 CBT가 아마도 가장 큰 지지를 받을 것이라고 언급했다.

대부분의 메타분석은 낙오율(dropout rate)을 조사하였다. Gould 등(1997)은 약물치료, 병행치료, CBT 간의 낙오율에서 통계적으로 유의미한 차이를 발견하지 못했지만 탈락률이 각각 13.7%, 6.7%, 10.7%이라는 점을 감안할 때 CBT를 포함시키는 것이 약물단독치료의 탈락률을 줄여 줄 수 있다고 제안하였다. 또한 Fedoroff와 Taylor(2001)도 11개 조건 간의 유의미한 차이를 발견하지 못했다. 하지만 대기자 조건에서 대략 6%, 벤조디아제핀과 모노아민 산화 효소 억제제(monoamine oxidase inhibitors: MAOI) 조건에서 약 23%, 노출과 인지재구성의 병행 조건에서 대략 19% 등으로 탈락률은 상당히 달랐다. Taylor(1996)도 마찬가지로 대기자 통제 조건은 5.7%이었고, 노출과 인지재구성의 병행은 18%이었지만 낙오율에서 유의미한 차이를 발견하지 못했다.

마지막으로, Rodebaugh 등(2004)은 개인 CBT와 집단 CBT 간의 차이를 발견하지 못했다(Federoff & Taylor, 2001; Gould et al., 1997). Gould 등(1997)은 투자비용 면에서는 치료법 중에서 CBT가 가장 비용효과적인 치료라고 결론지었다. Feske와 Chambless(1995)도 CBT의 '용량-반응(dose-response)' 문제와 관련하여 노출과 CBT 간의 회기 수와 치료 효과 간의 관계를 조사하였다. 그들은 노출에서만 치료의 길이가 치료 성과를 개선했음을 밝혔다.

강박장애

한 개관 논문(Allen, 2006)에 따르면, CBT와 약물치료가 강박장애(obsessive compulsive disorder: OCD)의 최우선 치료로서 그 위치를 확고히 하고 있다. 특히 CBT 중에서도 노출 및 반응방지(ERP)가 가장 효과적이라고 알려져 있다. 노출 기반 치료는 행동치료라고 볼 수 있지만 인지기법이 환자에게 동기를 부여하고 노출을 견디는 데 도움이 되기 때문에 대부분의 노출 기반 치료는 인지기법을 병행하고 있다(Abramowitz, Taylor, & McKay, 2005; Allen, 2006). 따라서 Allen은 ERP를 CBT라고 간주한다(Abramowitz et al., 2005 참조). Abramowitz 등은 낙오율을 조사해서 인지기법과 행동실험을 결합한 것이 치료 낙오를 감소시켰다고 밝히면서 OCD 환자에게는 ERP보다 CBT가 더 수용적이라고 제안했다.

Allen(2006)은 심리치료 중에서 효과적이라고 입증된 유일한 치료는 (ERP를 비롯한) CBT라고 주장한 바 있다. 또한 우울증과 OCD가 공존이환된 환자에게는 약물치료와 CBT의 병행이 CBT 단독치료에 비해 더 많은 효능이 있다고 결론을 내렸다. 그런데 재발방지에 있어서는 (약물을 중단한 경우에는 특히 더) 잠정적으로 CBT가 약물치료보다 우수하다는 주장을 고수했다. 마지막으로, Allen은 많은 OCD 환자가 치료 기간을 모두 채우지 못하기 때문에 치료 후에도 증상이 여전히 남아 있으며, 많은 경우 치료로 인한 개선을 경험할 수조차 없다고 주장했다.

OCD 치료에 CBT를 사용한 연구에 대한 메타분석이 적어도 3개는 있는데, 이 메타분석의 전반적인 양상은 앞선 개요와 일치한다. Eddy, Dutra, Bradley와 Westen(2004)은 최근에 ERP, CBT, CT 및 다양한 약물치료 개입을 개별적으로 조사하여 심리치료와 약물치료 모두 OCD 증상을 현저히 감소시킨다는 결론을 내렸다. 그는 이 조사에서 비표준화된 효과 크기, 상당수의 환자가 치료를 받고 증상이 개선되었다는 점, 치료 전후에 증상이 현저하게 감소되었다는 점을 고려하였다. Eddy 등은 행동 기반 치료가 인지 기반 개입에 비해 더 많은 효능이 있다고 주장했다. 또한 이들은 심리치료와 약물치료의 병행을 다룬 소수 연구를 분석하여 상기 치료를 단독으로 실시하는 것보다는 병행하여 실시하는 것이 더 큰 치료 효과를 보인다는 것을 발견했다. 이러한 시행이 극소수로 이루어지기는 하였지만 심리치료와 약물치료의 병행이 OCD에 대한 최우선의 치료가 될 수 있다는 잠정적인 결론을 내렸다. 그들은 심리치료의 지속적인 효과에 대한 확실한 결론을 내리기에는 자료가 충분하지 않았다는 점을 언급했으며 연구결과상 장기간 치료 효과를 유지하기 위해서는 지속적인 약물치료가 필요함을 시사하였다. 마지막으로 다소 실망스러운 일이기는 하나 치료를 완료한 환자의 1/3과 치료를 시작했으나 완료하지 못한 환자의 1/2가량은 예상된 치료 성과를 얻지 못할 수 있다고 밝혔다.

Abramowitz(1997)는 OCD 치료에 인지적 접근과 노출 기반 치료의 효과가 동등하다는 것을 발견했는데, 이는 두 접근법의 절차상 중복되는 점이 있고 변화 기제가 유사하기 때문이라고 하였다. Abramowitz는 효과 크기를 사후 검사상의 표준화된 차이로 계산했는데(Eddy et al., 2004와 달리), 이는 CBT의 절대 효능에 대한 더욱 확실한 근거가 되고 있다. 약물치료와 심리치료를 직접적으로 비교하지는 않았으며 여러 유형의 약물치료를 비교하였다. 다른 종류의 항우울제에 비해 세로토닌계 약물이 가장 많은 지지를 받았는데, 이 약물이 사후 검사 시 OCD 증상을 급격하게 감소시켰다. Abramowitz(1997)는 자료가 부족하다는 이유로 추적 결과를 발표하지 않았다. van Balkom 등(1994)은 메타분석을 통해 CT와 BT를 직접적으로 비교한 것은 아니지만 분석 결과상으로는 CT와 BT의 효능이 동일하지 않은 것으로 나타났다. 그들은 세로토닌계 항우울제, BT, 이 둘의 병행치료만이 위약 치료에 비해 유의미하게 우수한 효과가 있다고 밝혔다. 또한 그들은 사후 검사 후 6년까지 효과 크기의 안정성이 유지되는 것 같다고 밝혔다.

광장공포증이 있는 또는 없는 공황장애

Bandelow 등(2007)은 최근에 메타분석을 시행하여 광장공포증이 있는 공황장애

(Panic Disorder with Agoraphobia: PDA)와 광장공포증이 없는 공황장애(PD)에 대한 약물치료, 심리치료, 그리고 이 둘의 병행치료를 직접 비교하였다. 이들은 약물치료 또는 CBT의 단독(혹은 병행) 사용 시 사전-사후 검사에서 임상가 및 자기보고 평정 모두 큰 효과 크기를 보였다는 것을 발견했다. 흥미롭게도 환자는 약물치료 단독 시행보다 CBT 단독 시행 시 더 높은 사전-사후 차이를 보고한 반면, 임상가는 그 반대 양상을 나타냈다. 하지만 사전-사후 치료 효과 크기 면에서 CBT 및 약물치료의 병행과 약물치료 단독 시행 사이에서만 통계적으로 유의미한 차이가 나타났다. Bandelow 등은 몇 가지 추적 연구를 보고하였으나 연구결과는 일관적이지 않았다.

124개 연구에 대한 대규모 메타분석을 통해 공황장애 치료에서 CBT, 약물치료, 그리고 이 둘의 병행치료의 상대 효능과 절대 효능이 조사되었다(Mitte, 2005a). 이 두 가지 치료 모두에서 통제된 절대 효능이 밝혀졌다. 행동치료(BT)에 인지적 요소를 추가하는 것이 불안을 추가적으로 감소시키지는 못했으나 우울 증상을 추가적으로 감소시켰다. 또한 CBT는 BT에 비해 더 낮은 낙오율을 보였다. 또한 이 메타분석 결과는 CBT가 적어도 약물치료만큼 효과적이라는 것을 시사하였다. Mitte는 CBT가 더 적합한 경우가 있기도 하고, 약물치료가 더 적합한 경우가 있기는 하지만 실제로 CBT, BT, 약물치료가 치료 성과 면에서 유의미한 차이를 보이지 않는다고 밝혔다. 이 연구에서 Bandelow 등(2007)의 결과와는 반대로 CBT와 약물치료의 병행이 CBT의 단독 사용에 비해 유의미하게 더 효과적이지 않았는데, 장 · 단기(평균 16.8개월) 결과 모두 마찬가지였다. Gould, Otto와 Pollack(1995)의 오래전 연구에서는 유사한 메타분석을 실시하였는데 조금 다른 결과가 나타났다.[1] 대기자집단 대신에 위약 통제집단이 사용되었는데 이것이 결과에 영향을 미쳤을 가능성이 있다.

Siev와 Chambless(2007)는 PD 치료에 있어 (내부수용적 노출[2]을 포함하는) 인지치료(CT)와 이완치료(RT)의 상대 효능에 대한 집중적인 메타분석을 실시하여 CBT의 유형에 따른 효능의 차이를 조사하였다. 그들은 임상적으로 유의미한 변화를 일으킨 모

---

1) 43개의 통제된 연구를 메타분석한 결과, 약물치료(효과크기 = 0.47)와 병행치료(효과크기 = 0.56)에 비해 인지행동치료(효과크기 = 0.68)의 평균 효과 크기가 가장 높았음. 또한 탈락률은 인지행동치료(5.67%)가 약물치료(19.8%)와 병행치료(22.0%)에 비해 현저하게 낮았고 장기적인 성과도 CBT가 가장 우수하였음.

2) 내부수용적 노출: 실제 노출과 달리, 의도적으로 과호흡, 근육긴장 등 공황발작의 신체 증상을 유발하게 하여 공황발작에 대한 파국적 사고를 수정하는 행동기법

든 공황 관련 측정도구와 지수 면에서 CT가 RT보다 우수하다는 것을 발견했다. Oei, Llamas 그리고 Devilly(1999)는 또한 PDA 관련 자료에 대한 구체적인 분석을 실시하였다. 그들은 조금 다른 메타분석 기법을 통해 PDA 환자군에 대한 CBT의 처치 전, 처치 후 및 추적 시점에 공포 질문지 점수(FQ)와 지역사회 표본 및 대학생 표본에서 얻은 FQ의 규준점수를 비교하였다. 그들은 처치집단의 처치 후 및 추적 시점(처치 후 1~16개월)에서 FQ 점수가 정상집단의 평균으로부터 2 표준편차 이내였기 때문에 CBT가 효과적이라고 결론지었다. 그들은 PDA는 회피가 뚜렷한 특성이기 때문에 치료 시 '실제 노출(in vivo exposure)'이 포함되어야 한다고 주장하였다. 이에 반해, 그들은 PD가 중립적 자극에 대한 재앙적 오해석과 연관되어 있기 때문에 PD에는 CT 또는 RT가 적합하다고 주장하였다.

Landon과 Barlow(2004)는 문헌을 개관하여 PD와 PDA에 대한 CBT의 절대 효능과 상대 효능에 더해 다중 진단을 받은 사람의 치료 효능, 효과, 비용 효과, 치료법 보급의 장애물, CBT의 최근 혁신, CBT 결과의 예측인자 등에 대해 논의하였다. 그들은 단축형 CBT가 다른 유형의 심리치료보다 우수하며 치료 성공을 위해 반드시 장기적인 CBT가 필요한 것은 아니라고 밝혔다. 그들은 개인 및 집단 CBT가 숙련된 임상가에 의해 다양한 환경에서 효과적으로 사용될 수 있다고 결론지었다. 또한 그들은 치료회기 및 약물치료 등의 비용을 고려할 때 약물치료가 가장 비용이 많이 드는 치료 양식이고, CBT가 비용 측면에서 가장 유리하다고 밝혔다.

외상후 스트레스장애

국립임상연구원(NICE)(국립 정신건강 공동연구센터, 2005)의 지침서가 출간된 후로 외상후 스트레스장애(Posttraumatic Stress Disorder: PTSD)에 대한 치료 성과 연구를 종합한 두 개의 메타분석 연구가 발표되었다. 가장 최근의 연구(Bisson et al., 2007)에서는 외상 중심적 CBT(Trauma-focused CBT: TFCBT), 스트레스 관리, 기타 치료(지지치료, 비지시적 상담, 정신역동치료, 최면치료), 집단 CBT, 안구운동 민감소실 및 재처리요법(EMDR)의 절대 효능과 상대 효능을 조사하였다.

국립 정신건강 공동연구센터는 노출치료 및 다양한 인지 기법(예, 인지적 재처리 치료, 인지재구성)을 TFCBT에 포함시켰다. 38개의 연구가 분석에 사용되었으며 통계적 유의미성 및 임상적 유의미성 두 측면 모두에 대한 결과가 보고되었다. Bisson 등은 TFCBT가 대기자집단 및 일상적인 관리(usual care)집단보다 모든 PTSD 증상 측정 도구에서 임상적으로 유의미한 효과를 더 많이 보였지만 우울 및 불안의 공존이환에 대한 효능의 증거는 제한적이었다. 또한 EMDR이 대기자집단 및 일상적인 관리집단에 비해 효능이 있는 것으로 나타났다. TFCBT와 EMDR이 유의미한 차이를 보이지는 않았지만, 두 치료 모두 다른 치료에 비해 우수하다는 몇 가지 증거가 나타났다. Bisson 등은 PTSD에 '기타 치료'의 활용을 지지할 만한 증거를 찾아내지 못했다. 그러나 스트레스 관리 및 집단 CBT의 활용에 대한 증거는 충분하지 않지만 어느 정도 있는 것으로 나타났다. Seidler와 Wagner(2006)는 7개의 연구에 대한 메타분석을 통해 TFCBT 및 EMDR의 상대 효능을 분명히 밝히려고 하였다. 그들은 그 어떤 치료가 다른 치료보다 우수하다는 명확한 증거를 찾지 못했으며 관찰된 차이도 임상적으로 의미가 없다고 결론지었다. 또한 장기 결과에 대해서는 보고된 바가 없다.

국립 정신건강 공동연구센터(2005)는 NICE 지침서에 대한 검토의 일환으로 성인 PTSD의 약물치료 및 신체적 개입에 대한 메타분석 또한 실시하였다. 몇몇 약물치료가 위약에 비해 통계적으로 유의미한 효능이 있는 것으로 나타났지만 임상적으로 의미 있는 수준의 효과에 대한 사전 기준 면에서는 실망스러운 결과를 보였다. 한 소규모 연구에서 자기보고된 PTSD의 심각도 및 우울 증상의 감소, 그리고 탈락률 면에서 TFCBT가 파록세틴(Paroxetine)[3]에 비해 우수하다는 것이 밝혀졌다. 하지만 TFCBT가 자기보고에 의해 평가된 PTSD 심각도만큼 임상가에 의해 평정된 우울 증상에 대해서도 상대 효능이 있을지는 그 증거가 분명하지 않다. 장기적인 결과에 대해서는 보고된 바가 없다.

이러한 모든 결과는 만성 PTSD와 관련된 것이며 외상 직후 실시된 초기 개입이나 급성 스트레스장애에 대한 것은 아니다. 국립 정신건강 공동연구센터(2005)는 초기 개입에 대한 문헌을 체계적으로 개관하였으며, ① 외상 직후 최초 1개월 내에 모든 생존자에게 적용된 치료, ② 만성 PTSD에 높은 취약성이 있었던 사람에게 외상 3개월 이내에 적용된 치료, ③ 장애의 급성기에 있는 사람들에 대한 약물치료 등에 중점을 두었다. 연구결과는 외상 사건 직후의 [때로 '위기상황 경험보고(critical incident debriefing)'

---

3) 상표명으로는 Seroxat, Paxil 등이 있으며 선택적 세로토닌 재흡수 억제성 항우울제다. 이 약은 1992년 현재 글락소스미스클라인인 SmithKline Beecham에서 내놓았다. 파록세틴은 주요우울증, 강박장애, 공황장애, 사회공포증과 범불안장애에 사용되고 있다(위키백과).

라고 부르는] 단일 회기 조사가 가장 효과적이지 않았으며 실제로는 이후 외상증상의 위험성을 증가시킬 수도 있음을 시사하였다. 사건 발생 1~6개월 후에 실시된 TFCBT는 자기보고에 의한 PTSD 심각도, 불안, 삶의 질, 임상가 보고에 의한 PTSD 심각도뿐만 아니라, 치료 후의 PTSD 진단율을 감소시켰다. 또한 9~13개월 후의 PTSD 진단 측면에서 TFCBT가 대기자 통제집단보다 효과적이었지만, 그 이후의 증거는 확정적이지 못하였는데, 이는 임상가 평가에 의한 PTSD 심각도에서 임상적으로 중요한 차이를 보이지 않았기 때문이다. 더불어 TFCBT는 자가치료 소책자, 이완, 또는 지지적 상담에 비해 더 나은 효능을 나타냈다. 마지막으로, 초기 약물치료 개입의 효능에 대한 결정적인 단서를 제공해 줄 만한 관련 자료는 아직 충분하지 않다.

범불안장애

2007년에 범불안장애(Generalized Anxiety Disorder: GAD) 치료에 대한 3개의 메타분석이 발표되었다. Bandelow 등(2007)은 검토 과정에서 단 2개의 연구만을 포함시켰는데, 이 연구의 표본 크기가 작았기 때문에 그 결과를 여기서 논하지 않겠다. Siev와 Chambless(2007)는 분석에 5개의 연구를 포함시켰으나 불안, 불안 관련 인지, 우울 등에 대한 인지치료(CT)와 이완치료(RT)의 비통제 처치 후 효과 크기가 작고 유의미하지도 않다고 밝혔다. 더불어 처치 후 임상적으로 유의미한 변화에 도달하는 상대적 오즈비(relative odds)가 두 집단 모두에서 그다지 크지 않았으며 유의미한 차이가 없었다. 끝으로 낙오율도 거의 비슷했다.

Hunot, Churchill, Teixeira와 Silva de Lima(2007)는 GAD를 중심으로 가장 규모가 크고(22개 연구) 가장 포괄적인 메타분석을 실시해 Cochrane Library에 발표하였다. Cochrane 협력기구는 건강 연구에 대해 체계적으로 심의하는 독립단체다(Davidson, Trudeau, Ockene, Orleans, & Kaplan, 2004). 이 기관은 동료 연구자 심사를 포함해 연구 선정에서 자료 분석에 이르기까지 독자적으로 엄격한 기준을 갖추고 있다. 그리고 각 논문이 심사를 통과하게 되면 Cochrane Library에 게재된다. 도서관 이용자의 피드백과 새로운 증거에 기초해 각 논문은 정기적으로 업데이트된다(Davidson et al., 2004). Hunot 등(2007)은 CBT, 정신역동치료, 지지치료를 각각 비교하였고 통제 조건과도 비교하였다. 그들은 CBT에 '불안 관리훈련' '인지재구성' '상황노출' '자기통제 둔감화' '이완훈련' 'CT 단독치료' 'BT 단독치료' 등을 포함시켰다. 그들은 효과 크기 대신에 가중 평균 차이, 표준화된 평균 차이, 95% 신뢰 구간, 합산된 상대적 위험도(pooled relative risk), 임상적으로 의미 있는 결과에 도달하는 데 필요한 치료의 수 등을 보고하였다.

Hunot 등(2007)은 CBT에 배정된 환자가 일상적인 치료 또는 대기자 통제집단에 비해 치료 후 임상적 반응에 도달하는 경향이 많다는 것을 밝혀냈다. CBT는 또한 치료 후 불안, 걱정, 우울 증상 등에 있어 일상적인 치료 또는 대기자 통제집단보다 훨씬 더 큰 절대 효능을 나타냈다. 그러나 CBT의 장기적인 절대 효능을 판단하기에는 자료가 충분하지 않다. CBT와 정신역동치료의 상대 효능에 대한 연구는 비교적 규모가 크기는 하지만 한 개에 불과한데, 이 연구에서 정신역동치료에 비해 CBT를 받은 환자가 치료 직후 및 6개월 추적 시 모두 조금 더 많은 임상적 반응을 보였고 불안 및 우울 증상이 더 많이 감소되는 경향이 있었다. 비록 CBT를 받은 환자가 지지치료를 받은 경우에 비해 임상적 반응을 더 많이 보이곤 하였으나, CBT와 지지치료의 차이는 치료 직후 또는 6개월 추적 모두에서 임상적 반응 면에서 통계적으로 유의미하지 않았다. 또한 CBT는 지지치료에 비해 처치 후 불안 및 우울 증상을 크게 감소시켰고, 6개월 후에도 불안을 크게 줄이는 결과를 나타냈다. Hunot 등은 CT와 BT의 혼재된 결과를 발견했는데, CT가 BT에 비해 임상적 반응을 조금 더 보였고 우울 증상을 더 많이 감소시켰으나 불안 증상에서는 유의미한 차이를 보이지 않았다.

GAD 치료 성과에 대한 연구로 Gould, Otto, Pollack과 Yap(1997)의 메타분석이 가장 자주 인용되고 있지만, 최근 Mitte(2005b)는 65개 연구를 포함시켜 메타분석을 실시했다. 그녀는 불안 및 우울 증상 감소, 삶의 질 향상 등에 대한 CBT의 통제된 절대 효능을 밝혔으나, CBT 항목에 어떤 기법을 고려해야 하는지에 대해서는 분명하게 밝히지 못했다. 중도에 낙오한 많은 환자가 분석에 제외되었기 때문에 보고된 효과 크기는 실제 효과를 과대추정했을 수 있다. Mitte는 CBT와 약물치료에 대한 직접적인 비교 분석에서 CBT의 약물치료에 대한 우수성을 증명하였다. 하지만 민감도 분석에서 연구집단을 수정하자 이 효과가 사라졌다. 따라서 CBT는 적어도 약물치료만큼은 효과적이라고 밝혀졌다. 종합적으로 Mitte는 CBT와 약물치료의 상대 효능에 의문이 남기는 하지만 CBT가 약물치료에 비해 더 나은 내성을 갖고 있는 것 같다고 결론지었다. 그녀는 또한 CBT의 경우 특정 치료요인에 크게 영향을 받는 반면, 약물치료의 경우 공통요인의 영향을 강하게 받는다고 밝혔다.

섭식장애

신경성 폭식증

신경성 폭식증(Bulimia Nervosa: BN)은 섭식장애(Eating Disorders) 관련 치료 성과 문헌에서 가장 많은 주목을 받아 왔다. 현재 두 개의 메타분석(Whittal, Agras, & Gould, 1999; Lewandowski, Gebing, Anthony, & O'Brien, 1997)과 한 개의 개관 논문(Shapiro et al., 2007)이 발표되었다. Shapiro 등이 가장 최근에 종합적이고 체계적인 개관(37개의 RCT 포함)을 실시하였으므로 여기서는 이들의 결과만을 제시하고자 한다. Shapiro 등은 CBT의 절대 효능에 대한 분명한 증거를 찾았으며 긍정적인 결과를 얻기 위해서는 CBT의 인지적 요소가 중요하다는 구체적 증거를 발견했다. 몇 개의 측정도구에서만 CT가 단독 지지치료에 비해 우수한 것으로 나타났으며, CBT는 단독 영양상담, 집단 지지적 표현 치료, 단독 행동치료, ERP 및 자기감찰(self-monitoring)에 비해 우수했다. 그러나 몇몇 측정도구에서는 18개월 추적 시점에서 운동치료가 CBT에 비해 우수한 것으로 나타났다. CBT에 ERP를 추가함으로써 얻은 이익에 대한 증거는 밝혀지지 않았다. 집단 형식으로 실시된 경우, 대인관계 치료(IPT)와 CBT의 효과는 비슷했으며 대기자집단에 비해 폭식한 날의 수, BN의 심리적인 양상, 탈억제, 섭식절제 등에 더 효과적이었다. 그러나 개인 CBT는 개인 IPT에 비해 회복 가능성이 현저히 높았고 구토와 섭식절제 증상 또한 더 많이 감소하는 것으로 나타났다. 여러 연구결과와 약물 및 치료 성과 측정도구를 조사한 결과, Shapiro 등은 약물치료와 심리치료를 병행하면 BN 치료의 효능이 증가될 수 있는 잠정적인 증거가 있다고 결론을 내렸다.

Hay, Bacaltchuk과 Stefano(2004)는 신경성 폭식증(BN), 폭식장애(Binge-Eating Disorder: BED) 및 달리 분류되지 않은 섭식장애(Eating Disorder Not Otherwise Specified: EDNOS)에 대한 심리치료 문헌을 개관하였다. 이들은 이분형 결과 자료에 대한 상대적 위험성과 연속형 결과 변인에 대한 표준편차를 계산했다. BN에 대한 치료 효과 분석에 40개의 RCT를 포함시켜 CBT, BN을 위한 맞춤형 CBT(CBT-BN), 대인관계훈련(IPT), 최면-행동치료, 지지적 심리치료 및 자기감찰 등의 효능을 분석하였다. 저자는 치료 후 대기자 통제집단에 비해 모든 심리치료가 폭식 증상과 절제율(abstinence rates)에서 절대적 효능이 있음을 발견했다. CBT는 다른 심리치료보다 폭식 절제율을 현저히 증가시킨 반면, 다른 폭식이나 정신과적 증상은 유의미하게 개선시키지 않았다. 안내된

CBT와 자기조력적 CBT를 비교하기에는 자료가 불충분했으며, CBT 대 ERP와 CBT의 병행치료, 또는 CBT 대 수정된 CBT 간의 비교에서 변화 차이가 없었다. Hay 등은 CBT-BN이 다른 심리치료에 비해 폭식 증상과 폭식 절제율을 현저히 개선하였으나 우울 점수의 감소에는 효과가 없음을 발견했다. 저자는 자신들의 결과가 BN 치료에 CBT, 특히 CBT-BN의 효능을 지지한다고 결론지었다. 또한 이들은 장기적으로 대인관계훈련(IPT) 등의 기타 심리치료도 효능이 있으며 지침이 없는 경우를 제외하고는 고도로 구조화된 자기조력적 CBT도 유망할 것이라고 했는데 이러한 결과가 구체적으로 BN에 관련해서는 결과가 명확하지 않다고 밝혔다. 마지막으로 CBT에 ERP를 추가하는 것이 단독 CBT에 비해 추가적인 이점이 있는 것 같지는 않다고 보았다.

폭식장애

Hay 등(2004)은 BED를 연구에 포함시켰지만 BN, BED, EDNOS를 모두 한 집단으로 분류한 후 BN에 대해서만 분석을 실시하였다. Brownley, Berkman, Sedway, Lohr와 Bulik(2007)는 BED에 대한 치료 효능만을 다루고 있는 26개의 RCT를 체계적으로 검토하였다. 이들이 분석한 연구 중 하나는 폭식일의 감소, 체질량지수(BMI), 탈억제, 배고픔, 우울증, 자존감, 치료 후 섭식절제 오즈비의 증가 등과 관련해 대기자 통제집단에 비해 CBT가 통제된 절대 효능이 있음을 확인했다. 그러나 그들은 치료 기저선과 추적 시점 간의 체중 변화는 매우 작았다고 밝혔다. Brownley 등이 분석한 또 다른 연구에서 치료 후와 4개월 추적 시점의 폭식일 감소 면에서 집단 CBT와 집단 IPT는 동등한 효능을 보이는 것으로 나타났다. 그러나 두 치료 모두 BMI를 현저히 감소시키지는 못했다. 12개월 추적 결과에서 두 집단 모두 질환의 심각도와 우울 수준이 감소했으며, 집단 간 절제율과 낙오율에는 차이가 없었다. 두 번째 연구는 CBT가 모든 시점에서 섭식장애 절제 평가(Eating Disorders Examination Restraint) 점수를 향상시킨다는 사실을 입증하였다. 또한 Brownley 등은 CBT와 약물치료의 병행이 음식 섭취와 체중을 감소시킬 수 있음을 발견했지만 어떤 약물이 가장 긍정적인 결과를 나타내는지를 밝히지는 못했다. 그들은 대부분의 연구에서 CBT와 약물 시행 모두에서 현저한 낙오율을 보였다고 언급했다. Bowers와 Andersen(2007)은 CBT와 약물치료의 병행 효능을 뒷받침할 근거는 있으나 기존 문헌의 제한점 때문에 치료적 제언을 하기는 어렵다고 판단했다.

신경성 식욕부진증

Bulik, Berkman, Brownley, Sedway와 Lohr(2007)는 신경성 식욕부진(Anorexia Nervosa: AN)의 치료 효능에 대한 19개의 RCT를 체계적으로 개관하였다. 그들은 문헌적 기초 면에서 심각한 결함을 발견하였고, 문헌적 기초가 빈약하고 불확실하다는 의견을 제시했다. 이들은 이러한 제한점에도 불구하고, 잠정적인 지지 근거이기는 하지만 성인의 경우 CBT가 체중 회복 후 재발 위험의 감소를 가져온다고 밝혔다. 장기적인 성과를 다룬 연구는 하나밖에 없었으며, 이 연구의 12개월 추적 시점에서 CBT와 BT의 병행집단이 통제집단에 비해 몇몇 측정도구에서 더 많은 개선을 보였지만, 나머지 측정도구에서는 차이가 없었다. 그들은 급성 저체중 상태에서는 CBT가 IPT와 비특정 지지적 임상관리에 비해 더 우수하지는 않다고 밝혔다. 한 연구에서 CBT가 영양상담에 비해 재발 위험을 감소시키고 긍정적인 성과를 증가시키는 것으로 나타났다. 그러나 긍정적인 성과가 나타난 상당수의 연구에는 항우울제를 복용하는 피험자가 포함되어 있었다. 즉, Bulik 등은 약물치료가 탈락률을 증가시켰으며 AN의 체중 또는 심리적인 양상을 유의미하게 변화시키지 못했기 때문에, AN 환자에게 약물치료는 부적합하다고 주장했다. Bowers와 Andersen(2007)은 Bulik 등(2007)의 주장에 동의하면서 입원 치료 중과 그 후에 항우울제의 사용을 지지할 만한 근거가 거의 없다고 언급했다.

기타 장애

정신분열증

정신분열증(Schizophrenia)의 심리치료는 약물치료에 대한 부가치료로서 양성 증상 조절을 증진하고 약물 순응도를 높이기 위해 사용되고 있다. Zimmermann, Favrod, Trieu와 Pomini(2005)는 정신분열 스펙트럼장애의 양성 증상(예, 환각과 망상)에 대한 치료 성과와 관련된 14개의 연구를 분석하였다. 전반적으로 CBT는 다른 부가치료(예, 일상적인 치료, 대기자집단, 다른 부가치료, 지지적 심리치료, 레크리에이션 등)에 비해 중등도의 긍정적인 효과가 있는 것으로 나타났다. 더불어 이러한 효과는 단기 추적 시점(3~12개월)에서 다소 증가되었고, 장기 추적 시점(12개월 이상)에서도 그 효과가 유지되는 것으로 나타났다. 그러나 Zimmermann 등은 분석에 포함된 연구가 통제된 것이었지만 완전히 은폐된(blinded) 것은 아니었음을 경고했다. 은폐시행(blinded trial)만 분석했을 경우, 치료 후 효과 크기가 0.37에서 0.29로 감소하였다. 추가 분석 결과, CBT 효과는 지지치료 또는 일상적인 치료와 비교했을 때보다 치료 대기자집단과 비교했을 때 더 큰 것으로 나타났다. 또한 CBT는 지속적인 정신증 증상이 있는 만성 환자에 비해 급성 정신병 삽화가 있는 환자에게 더 큰 효능이 있는 것으로 나타났다.

Pilling 등(2002)은 RCT로 시행된 18개의 가족치료 및 8개의 CBT 자료에 대해 메타분석을 실시하였다. CBT에는 주요 신념체계에 대한 도전과 검증, 역기능적 신념 수정, 대처기술 증진, 환경과 감정 모니터링, 심리교육 등 다양한 전략이 포함되어 있었다. 비교집단이 이용 가능하느냐에 따라 가족치료와 CBT를 다른 통상적인 치료 또는 기타 치료와 비교하였지만 가족치료와 CBT를 서로 직접 비교하지는 않았다. 치료 후 9개월 동안 정신상태에 대해 지속적으로 측정한 결과, CBT가 분명한 긍정적 효과가 있는 것으로 나타났다. 비록 치료 중에는 CBT의 치료 효과가 향상되었다는 증거를 발견하진 못했지만 치료 중 그리고 치료 후 18개월의 정신상태가 유의미하게 호전되었다는 점에서 CBT가 모든 다른 치료에 비해 우수한 것으로 나타났다. CBT는 일상적인 관리에 비해 탈락률이 낮았으며 치료 후 전반적인 기능을 향상시켰다는 몇 가지 증거가 있었지만 치료 중 또는 치료 후 재발 또는 재입원 방지에 긍정적인 효과는 없는 것으로 나타났다.

Rector와 Beck(2001)은 정신분열증에 대한 CBT의 효능을 검증했던 7개의 RCT 치료 성과 자료에 대해 메타분석을 실시하였다. 이들은 CBT가 일상적인 치료에 비해 양성 증상과 음성 증상 모두에 큰 효과 크기를 나타냈다고 밝혔다. CBT와 일상적인 관리 모두 6개월 추적 시점에서 치료 효과가 유지되는 것으로 나타났으며, CBT가 일상적인 관리에 비해 음성 증상을 더 많이 감소시키는 것으로 나타났다. 9개월 추적 시점에서 CBT가 전반적인 증상 측정에서 지속적인 효과가 있는 것으로 나타났다. 또한 CBT는 지지치료에 비해 양성 및 음성 증상을 더 많이 개선하는 것으로 나타났다. Gould, Mueser, Bolton, Mays와 Goff(2001)는 7개의 통제된 연구에 대해 메타분석을 실시했는데, 치료 전후 정신증 증상의 변화에 비교적 큰 긍정적인 효과 크기를 나타냈고, 6개월 추적 시점에서 치료 성과가 증가했다고 밝혔다.

부부 불화

Dunn과 Schwebel(1995)은 부부 불화를 위한 인지행동적 부부치료(cognitive-behavioral marital therapy: CBMT)의 효능을 조사하였다[부부 행동치료(behavioral marital therapy: BMT)와 정서중심 부부치료에 대한 메타분석은 Wood, Crane, Schaalje, & Law, 2005를 참조]. 이들은 치료가 행동 개입과 함께 '자신, 배우자, 관계 등에 대한 부적응적 인지를 식별하고 변화시키기 위한 명확한 시도'를 포함하고 있는 경우 CBMT라고 정의하였다(Dunn & Schwebel, 1995, p. 60). 그들은 치료 직후와 추적 시점(치료 후 1~48개월)에서 CBMT, BMT, 대인관계 지향적 부부치료(Inter-personally Oriented Marital Therapy: IOMT)의 행동변화에 대한 유의미한 효과를 발견했지만, 치료양식 간의 유의미한 차이를 발견하지 못했다. 오직 CBMT만이 치료 후의 관계 관련 인지에 대한 통제된 유의미한 효과 크기를 나타냈을 뿐 BMT와 CBMT 간 효과 크기의 차이는 유의미하지 않았고, 추적 시점에서도 유의미한 효과를 보이지 않았다. 각 치료양식에 대한 치료 후의 영향력을 조사한 연구는 하나뿐이었는데, 치료 후에 유의미한 치료 효과를 보인 반면, 장기적인 효과는 유의미하지 않았으며 이것도 IOMT 연구에서만 보고되었다. 세 치료법 모두 부부관계와 그 질에 대한 전반적인 측정에서 유의미한 통제된 효과 크기를 나타냈다. 사후 검증에서 IOMT가 BMT 및 CMBT에 비해 부부관계 및 그 질의 변화를 유도하는 데 있어 유의미하게 더 나은 효능이 있었고, 세 치료법 모두 치료를 받지 않은 경우에 비해 유의미한 차이를 보인 데 반해 세 치료법 간의 차이는 유의미하지 않았기 때문에 추적 시점에서 우수성이 감소한 것으로 볼 수 있었다.

분노와 폭력 범죄

Beck과 Fernandez(1998)는 CBT를 이완, 인지재구성, 문제해결, 스트레스 면역훈련 등 다양한 기법을 혼합한 치료라고 정의하고 이를 구체적으로 다룬 50개의 분노 치료 관련 문헌에 대해 최초로 메타분석을 실시하였다. 이들은 분노감소 면에서 CBT가 비교적 큰 효과 크기를 나타냈으며 CBT를 같은 환자가 치료를 받지 않는 환자에 비해 76% 이상 더 나아졌음을 발견했다. 분석에 포함된 대부분의 피험자들은 폭력 범죄 프로그램에 참여 중이었다. 장기적인 결과에 대해서는 보고된 것이 없었다. Landenberger와 Lipsey(2005)는 58개의 실험 및 준실험 연구와 관련된 여러 개의 메타분석을 검토한 결과, 상습적 폭력에 대한 CBT의 효능은 잘 정립되어 있지만 어떤 유형의 CBT가 어떤 폭력범에게 가장 효과적인지는 아직 불명확하다고 밝혔다. 구체적으로 그들은 치료 후 12개월 시점에서 치료집단이 통제집단에 비해 폭력 재범률이 25%가량 감소했다고 보고했다. 그러나 고위험 범죄자 또는 양질의 치료 실시 등과 같은 변수를 고려하게 되면 다양한 이름의 CBT 프로그램이든 일반적인 CBT이든 간에 효능의 차이는 없는 것으로 나타났다. 이 변수는 상습적인 폭력의 감소와는 무관한 것으로 나타났다.

성범죄

Lösel과 Schmucker(2005)는 5개 국어로 출판되어 있는 성범죄자 심리치료와 생물학적 치료에 대한 문헌을 개관하였다. 다양한 연구설계로 이루어진 69개 연구 자료의 오즈비(odds ratio)를 계산한 결과, CBT를 받은 성범죄자의 재범률이 37%가량 낮아졌으며 평균 5년 이상 추적 결과 폭력 재범률 및 일반 범죄 재범률이 통제집단과 비슷하다는 것이 밝혀졌다. 상대 효능 면에서는 생물학적 치료가 심리사회적 개입보다 효과 크기가 큰 것으로 나타났다. 구체적으로 거세수술의 효과가 가장 컸으며, 그 뒤로는 호르몬 치료, CBT, 그리고 BT 순인 것으로 나타났다. CBT와 BT만이 성범죄 재범률에 유의미한 영향을 주는 심리사회적인 치료인 것으로 나타났다. 그러나 Lösel과 Schmucker는 생물학적 치료와 심리사회적 치료 간의 효과 크기의 차이는 방법론적 변수와 범죄자라는 변수에 의해 부분적으로 오염된 것이라고 언급했다. 예를 들어, 통제집단은 종종 거세수술을 거부하기도 하였고, 이들을 수술할지에 대해 전문가가 합의하지 못한 경우도 있었다. 따라서 이들은 수술을 자발적으로 선택한 적극적인 피험자와는 상당한 차이가 있을 수 있다. 연구자는 이점을 고려하여 치료집단의 피험자가 어떤 경우라도 통제집단에 비해 재범 가능성이 낮았을 수 있으며 순수 무선 임상시행에서 이러한 결과가 나타나지 않을 수도 있다고 결론지었다. Lösel와 Schmucker는 CBT와 호르몬 치료를 가장 유망한 치료 옵션으로 꼽았는데, 이는 앞서 언급한 거세수술의 윤리적 · 법적 · 의료적 결과로 인한 혼란을 고려한 결과다. CBT의 구체적인 구성요소는 확인되지 않았다. 집단치료와 개인치료 간의 유의미한 차이가 발견되지 않았으며, 구체적으로 성범죄자를 위해 개발된 개입만이 유의미한 효과를 나타냈다. 일반적인 개입은 오히려 부정적인 효과를 보였다. 마지막으로 무선 연구설계와 기타 연구설계도 치료 성과 면에서 유의미한 차이를 나타내지 않았다.

Hanson 등(2002)은 Lösel과 Schmucker(2005)의 연구와 비슷한 연구를 하였는데, 다른 점은 43개 연구 자료의 오즈비(odds ratio)를 계산했다는 것과 심리치료에만 집중했다는 것이다. 전반적으로 성범죄 재범률과 일반적인 범죄 재범률(평균 46개월의 추적 기간 동안) 면에서 치료받은 범죄자가 치료받지 않은 범죄자에 비해 약간의 우위를 보였다. 1980년 이전의 치료는 재범률에 대해 별다른 효과를 보이지 못한 반면, CBT 및 체계적인 치료와 같은 최신 치료는 성범죄 및 일반적인 재범률의 감소와 연관성이 있는 것으로 나타났다. Hall(1995)은 12개 연구 자료에 대해 소규모 메타분석을 하여 피어슨 적률상관(Pearson product moment correlations)을 계산한 결과, 성범죄에 대한 무처치집단에 비해 처치집단에서 전반적으로 작은 효과 크기가 나타났다. Lösel과 Schmucker(2005)의 결과와는 다소 다르게 Hall의 연구결과는 호르몬 치료와 (정의되지 않은) CBT가 재범률을 감소시키는 데 대체적으로 동등한 효능이 있으며 행동치료보다 현저하게 효과적인 것으로 나타났다(평균 추적 기간 6.85년).

만성 통증

Morley, Eccleston과 Williams(1999)는 두통을 제외한 만성통증 관련 25개의 연구에 대해 메타분석을 실시하였다. 치료 성과는 통증 경험, 기분/정동, 인지적 대처 및 평가, 통증 행동, 생물학적/신체적 체질(fitness), 사회적 역할 기능, 의료 시스템의 사용 및 기타 측정도구와 관련성이 있었다. CBT 기반 치료는 ① 행동 · 생각 · 정서의 변화를 목표로 하는 인지적 활동의 변화에 중점을 둔 CBT, ② BT, ③ 바이오 피드백 등으로 분류되었다. CBT 기반 치료는 통증 행동의 표현을 제외한 모든 영역에서 대기자 집단에 비해 우수한 효과를 나타냈다. 치료방법에 대해 직접적인 비교를 하지는 않았으나 기분/정동, 부정적인 인지적 대처 및 평가, 행동적 활동을 제외한 모든 영역에서 CBT가 BT에 비해 더 큰 효과 크기를 나타냈다. 흥미롭게도 바이오 피드백이 여러 영역에서 큰 효과 크기를 나타냈으며, 특히 통증 경험, 기분/정동 표현, 행동적 표현, 사회적 역할 기능 면에서 CBT와 BT에 비해 우수한 효과를 나타냈다. Morley 등은 엄격한 CBT 시행에 비해 BT와 바이오 피드백의 시행을 찾아보기 힘들었다고 언급했다. 또한 이질적인 기타 능동적 치료 표본과 비교했을 때 CBT가 통증 경험 및 표현의 감소, 긍정적인 대처의 증가 면에서는 우수한 것으로 나타났지만 다른 영역에서는 차이가 없었다(장기적인 성과는 아직 보고되지 않았다).

성격장애

현재까지 성격장애의 치료 성과 문헌에 관한 설명적 또는 메타분석적 개관은 이루어지지 않았다. 그러나 연구에서 가장 많은 관심을 받고 있는 경계성 성격장애(BPD)에 대한 다수의 RCT 연구가 최근에 발표되었다. Linehan 등(2006)과 Bohus 등(2004)은 BPD 치료를 위해 특별히 개발된 CBT 중 하나인 변증법적 행동치료(dialectical behavior therapy: DBT)(Linehan, 1993)의 효능을 분석한 바 있다. Bohus 등(2004)은 입원치료를 받고 퇴원한 지 1개월 된 여성 환자 표본에서 DBT가 유의미한 긍정적 감소 및 개선을 보였다고 밝혔다. 치료 대기자집단에 비해 DBT가 두 가지 성과 측정도구를 제외한 모든 영역에서 더 우수한 임상적인 개선을 나타냈다. Linehan 등(2006)은 유사한 긍정적인 결과를 발견했는데, 즉 DBT가 지역사회 치료에 비해 다수의 중요한 임상적 결과 면에서 우수하였다.

또한 BPD와 관련해 Davidson 등(2006)은 12~24개월 추적 시점에서 CBT와 일상적인 집단치료를 병행한 경우와 일상적인 집단치료만 실시한 경우에서 유의미한 차이를 발견하지 못했으나, 1~2년 추적 시점에서는 CBT와 일상적인 집단치료를 병행한 경우에 더 나은 결과를 나타냈다. Brown, Newman, Charles-worth, Crits-Christoph와 Beck(2004)의 연구가 규모가 작고 통제되지 않은 시행이기는 했지만 치료 직후와 6개월 추적 시점에서 BPD에 대한 CT가 여러 가지 측정에서 유의미한 증상 개선과 관련성이 있다는 것을 발견했다. Giesen-Bloo 등(2006)은 3년 동안 Young의 도식 중심 인지치료(Young's schema-focused CT: SFCT)(Young, Klosko, & Weishaar, 2003)를 받은 환자가 정신역동적 전이-중심 심리치료(transference- focused psychotherapy: TFP)를 받은 환자에 비해 더 많이 회복되었고 BPD 심각도, 정신병리적 기능장애, 삶의 질 등에서 신뢰할 만한 임상적 개선을 나타냈다고 밝혔다. 또한 TFP 집단에서 탈락률도 더 높게 나타났다. 마지막으로 Svartberg, Stiles와 Seltzer(2004)는 단기 역동적 심리치료와 CT가 모든 측정도구에서 치료 중 및 치료 종료 직후 환자의 개선에 있어 비슷하게 유의미한 향상을 보였다고 밝혔다. 두 집단 간의 유일한 차이가 나타난 것은 역동적 심리치료집단에서 치료 후 고통의 변화였다.

물질 사용장애

물질 사용장애, 수면장애 및 신체형장애를 위한 CBT의 효능에 대한 메타분석은 아직 이루어지지 않았다. 그러나 이 세 가지 장애에 대한 개관 논문은 존재한다. Morgenstern과 McKay(2007)는 최근 물질 사용 분야의 동기강화상담, 부부 행동치료, CBT(예, 물질의존장애에 적합한 인지적 또는 행동적 대처기술), 12단계 치료 등에 대해 일관된 경험적 증거를 발견했다. 이들은 이 개입에 특징적인 효과가 있다는 결론을 내렸다. 그러나 동기강화상담이 더 적은 회기로 비슷한 성과를 나타내기는 했지만 다른 치료에 비해 더 우수한지를 밝히지는 못했다. Denis, Lavie, Fatseas와 Auriacombe(2007)는 Cochrane Library에 실린 최신 문헌을 개관하였다. 이들은 대마초 사용 관련 6개 연구에 대해 이질성 문제 때문에 메타분석을 하지 못하고 단지 개관하기로 결정했다. 확실한 결론이 드러나지는 않았지만, 마리화나 금연율이 낮은 것으로 보아 마리화나 의존은 외래 심리치료 장면에서 쉽게 치료되지 않는다고 주장했다. Hesse(2004)는 약물 또는 알코올 의존을 동반한 우울증 환자를 대상으로 항우울제 단독 시행과 항우울제 및 심리치료(CBT 또는 매뉴얼화된 일반적인 집중상담)의 병행치료의 상대적인 효과를 집중적으로 연구하였다. 약물의존 환자에게 두 치료를 병행하는 것이 추가적인 이득을 나타내지는 않았다. 사실상 CBT와 항우울제의 병행이 유의미한 효과를 나타내지 않았으며, 매뉴얼화된 상담과 항우울제를 병행한 경우가 약물 단독치료에 비해 오히려 효과 크기가 더 작은 것으로 나타났다. 그럼에도 불구하고 Hesse는 단독치료가 효과적이지 않은 환자에 대해서는 이러한 병행치료가 유익할 가능성이 있다고 주장했다. 상기 연구에 대한 장기적인 결과는 보고되지 않았다.

신체형장애

신체형장애에 관한 개관은 적어도 2개 정도가 있다. Looper와 Kirmayer(2002)는 건강염려증, 신체변형장애(Body Dysmorphic Disorder: BDD), 미분류형 신체형장애에 대한 CBT의 치료 효능에 대한 증거를 검토하였다. 그들은 RCT의 가능한 효과 크기를 계산하였는데 개인 CBT가 건강염려증, BDD, 의학적으로 설명되지 않은 증상, 기능적 신체증후군에 효과가 있다는 긍정적인 결과를 발견했다. 또한 그들은 BDD와 신체화장애에 대한 집단 CBT의 효능에 대한 증거도 발견했다. 장기적인 결과는 장애와 연구에 따라 다르게 나타났다. Mai(2004)는 신체화장애의 병인론, 유병률, 진단 및 치료를 검토하고 신체화장애가 흔한 장애이지만 정신건강 치료를 받으려는 환자는 거의 없다는 것을 발견했다. CBT가 가장 효능이 있는 치료라 할 수 있지만 어떤 환자에게는 항우울제와 지지치료 모두가 효과적일 수 있다.

수면장애

Wang, Wang과 Tsai(2005)는 지속적 일차성 불면증(Persistent primary Insomnia: PI)을 위한 CBT의 효능에 대해 체계적인 문헌 개관을 실시했다. 이들은 일주기성 리듬(circadian rhythm)이 연령에 따라 달라지기 때문에 불면증을 지속시키는 기제가 노인집단에서는 다르다는 점을 고려해서 성인 참가자가 포함된 연구를 집중적으로 분석했다. 그들은 7개의 RCT를 검토하여 CBT가 위약집단 또는 치료 대기자집단에 비해 수면 효능감, 입면 잠재기, 입면 후 각성, 수면제 복용의 감소 등에서 통계적으로 유의미한 개선을 유발했다고 밝혔다. 또한 CBT가 자극통제, 이완훈련, 교육 프로그램 등 다소 완성도가 떨어지는 치료를 능가했다. 한 연구에서는 단독 CBT와 CBT 및 약물치료의 병행치료가 약물 단독치료를 능가하지만, 단독 CBT와 병행치료의 성과 면에서는 유의미한 차이가 없는 것으로 나타났다. CBT의 긍정적인 효과는 시간(연구에 따라 3개월~2년)의 경과에도 불구하고 유지된 반면, 약물치료는 더 시간-제한적이었다. Wang 등(2005)은 CBT의 구성요소가 연구에 따라 달랐기 때문에 그 결과 비교에 어려움이 따른다고 주장했다. 자극통제와 수면위생 교육과 같은 행동적 기법은 흔히 포함되어 있었지만, 이완훈련과 같은 구성요소는 연구마다 달랐다.

Edinger와 Means(2005)도 일차성 불면증(PI) 치료에 대한 CBT의 효능을 검토했다. 그러나 이들은 특정 연령집단으로 국한하지 않고(모든 연령집단을 포함한) 네 가지 RCT만을 검토했는데, 그중 2개는 Wang 등(2005; Smith & Neubauer, 2003 참조)이 이미 다룬 연구였다. Montgomery와 Dennis(2003, 2004)는 60세 이상 성인의 수면의 질, 시간, 효율성 등의 증진을 위한 CBT 개입의 치료 성과 문헌을 검토했다. 그들은 CBT가 작은 효과가 있었는데, 수면유지 불면증에서 가장 효과적이었다고 밝혔다. 그들은 기존 자료의 부족으로 인해 이 집단에서의 광선치료와 운동의 효능에 대한 명확한 결론을 내리지 못했다. 또한 그들은 CBT 추후 회기(booster session)가 장기적인 치료 효과 유지에 도움이 될 수 있다고 지적했다.

효능 연구결과의 요약

앞서 제공한 정보의 양을 고려할 때 효능 문헌에 대한 요약이 필요하다. 증거가 일정하지 않고 비일관적인 면이 있어서 CBT와 약물치료의 병행에 대한 CBT의 상대 효능 또는 장기 효능과 관련된 정보를 요약하지는 못하였지만, 〈표 2-1〉에 간략한 개요가 제시되어 있다. 다음에서 〈표 2-1〉의 정보를 더 상세하게 요약하고 이 장의 서두에서 언급한 6개 영역을 직접 다루고자 한다.

기분장애

단극성 우울증에 대한 CBT의 통제된 절대 효능의 증거는 풍부하며 확실하다. 단극성 우울증에 대한 대부분의 효능 연구는 각 연구에서 정의한 CBT에 어떤 구성요소가 있는지를 설명하지 않고 있다. CBT의 상대 효능의 증거는 불분명하다. 즉, 어떤 연구에서는 CBT가 다른 심리치료(예, 엄격한 행동치료와 인증되지 않은 치료)에 비해 우수한 것으로 나타났고, 또 다른 연구의 몇 가지 심리치료(예, BT와 기타 인증된 치료)와는 동등한 효능이 있는 것으로 나타났다. 우울증의 초기 치료에서 CBT와 약물치료가 비슷한 효능을 나타냈으나, 치료 종결 후에도 그 효과가 지속되었고 CBT의 효과는 약물치료에 비해 더 컸다. 약물치료와 병행한 CBT는 각 치료를 단독으로 실시했을 때에 비해 더 효과적인 것으로 나타났다. 그러나 최근에 위약과 비교한 항우울제의 절대 효능에 대해 의문이 제기되고 있다. CBT의 장기 효능은 2년 이상인 것으로 나타났다. 약물치료에 대한 부가치료로서 양극성 장애에 대한 CBT는 몇몇 측정도구에서 단기간뿐만 아니라 치료 후 9년까지 재발률을 감소시킬 수 있지만, 장기적인 결과에 대해서는 연구마다 상당한 이질성이 존재한다. 재발방지와 우울 증상 치료에 있어서 CBT와 약물치료의 병행치료는 다른 여타 심리치료와 약물치료의 병행치료와 효과가 비슷하다. 양극성 장애 치료를 위한 단독 CBT는 아직 조사되지 않았으므로 약물치료 또는 병행 개입이 들어간 치료에서의 CBT의 상대 효능에 대한 결론을 내릴 수 없다.

표 2-1 장애 또는 문제에 따른 효능 연구 요약

장 애	치 료	절대 효능	약물치료에 대한 상대 효능	기타 심리치료에 대한 상대 효능
1. 단극성 우울증	CBT	+	+	±
2. 양극성 장애*	CBT	+		=
3. 특정 공포증	노출과 인지재구성	++	+	+
4. 사회공포증	노출과 인지재구성	++	±	±
5. 강박장애	ERP와 인지재구성	+		+
6. 공황장애	노출과 인지재구성	++	±	+
7. 만성 PTSD	노출과 인지기법	+		=
8. 범불안장애	CBT	+	+	+
9. 신경성 폭식증	CBT	+	+	+
10. 폭식장애	CBT	+		=
11. 신경성 식욕부진증	CBT	+	+	=
12. 정신분열증*	CBT	+		+
13. 부부 불화	CBT	+		±
14. 분노와 폭력 범죄	CBT	+		
15. 성범죄	CBT	+	–**	+
16. 만성통증	CBT	+		±
17. 경계성 성격장애	CBT	+		±
18. 물질 사용장애	CBT	+		=
19. 신체형장애	CBT	+	+	+
20. 수면장애	CBT	+	+	+

* 빈칸: 증거가 불충분하거나 증거 없음, –: 부정적 증거, +:긍정적 증거, =: 대략 비슷한 효능, ++: 선택할 치료, ±: 비슷한 상대적 효능, *: 알려진 효능이 없음, **: 신체적 치료에 대한 상대적 효능 (예, 외과적 거세와 호르몬 치료)

불안장애

행동치료, 특히 실제노출은 특정 공포증 치료에 가장 강력한 결과를 나타내지만, 낙오율이 높고 치료 순응도가 낮다는 것이 문제다. 따라서 인지적 요소와 행동적 요소의 결합이 바람직할 수 있다. 인지재구성과 실제노출의 병행은 폐쇄공포증(claustrophobia)에 효능이 있었으며, 인지재구성은 치과공포증과 비행공포증에 효능이 있었다. CBT는 특정 공포증 치료에서 최면치료와 약물치료에 비해 더 긍정적인 결과를 나타냈다. 몇몇 공포증에 대해서는 CBT의 치료 효과가 12.0~13.8개월까지 장기적으로 유지되는 것으로 나타났다. 사회공포증 치료를 위한 CBT가 중등도 이상의 절대 효능이 있는 것으로 나타났다. CBT의 구성요소 중 인지재구성과 노출의 병행이 가장 흔하지만, 상이한 연구결과 때문에 이러한 병행이 단독 구성요소 치료 또는 다른 종류의 병행에 비해 우수한지는 의문시되고 있다. 한 연구에서 단독 CBT와 CBT 및 약물치료의 병행치료 효과가 동등한 것으로 나타났다. 연구에 따라 CBT와 노출에 대한 정의가 서로 달라서 자료가 복잡해지고 있다. 그러나 집단 CBT가 가장 비용 대비 효과가 크며 치료 순응도가 높으므로 사회공포증 치료에 적용하는 것을 고려할 수 있다. 사회공포증을 위한 CBT의 장기 효능은 12개월까지인 것으로 밝혀졌다.

OCD를 위한 CBT의 절대 효능은 긍정적이며 전폭적인 지지를 받고 있다. 인지재구성과 노출 및 반응방지는 잘 정의된 CBT 개입에서 흔히 병행되는 두 가지 구성요소다. 행동치료에 인지기법을 더함으로써 얻는 추가적인 이득은 지지를 받지 못하고 있으며 BT가 대체로 CBT를 능가하는 것으로 나타났다. 그러나 인지기법은 개입에 대한 인내력을 높여 주고 내담자에게 동기부여를 해 주며 내담자가 노출 기반 구성요소를 따르는 것을 용이하게 한다. CBT는 BT 이외의 다른 심리치료 방법과 비교되지 않았다. 약물치료와 CBT에 대한 직접적인 비교를 하지 않았기 때문에 최종적인 결론을 내리기가 어려운 상황이다. 약물치료와 CBT의 병행치료가 각 치료의 단독치료에 비해 우수하다는 점을 뒷받침하는 소수의 자료가 있다. CBT의 지속적인 효능을 지지하고 공황장애(PD)와 광장공포증을 동반한 공황장애(PDA)에 대한 CBT의 치료 성과를 구분해 줄 만한 자료는 충분하지 않다.

공황장애(PD) 및 광장공포증을 동반한 공황장애(PDA)에 대한 CBT의 통제된 절대 효능과 통제되지 않은 절대 효능은 충분히 입증되었다. PD 및 PDA를 위한 CBT의 전형적인 구성요소는 노출과 인지재구성이다. PD 및 PDA 치료를 위해 행동적 요소에 인지적 요소를 병행하는 것이 불안 감소 면에서 추가적인 이득을 가져오지는 못했지만 우울 증상과 탈락률 면에서는 추가적인 이득이 있었다. 인지치료(CT)가 이완치료(RT)에 비해 우수하지만 다른 심리치료와 CBT 간의 비교는 아직 검토되지 않았다. 약물치료에 대한 CBT의 상대 효능의 증거는 혼재되어 있다. 즉, 어떤 연구에서는 둘의 효과가 동등한 것으로 나타났고 다른 연구에서는 어떤 결과 측정도구를 평가하느냐에 따라 결과가 상이했으며, 또 다른 연구에서는 CBT가 약물치료에 비해 우수하다는 것이 밝혀졌다. 또한 단독 CBT와 약물치료와의 병행치료 간의 상대 효능과 관련된 결과는 혼재되어 있다. 마지막으로, CBT는 여러 개입 중 비용 면에서 가장 효율적이었으며, CBT의 장기 효능은 평균 16.8개월까지인 것으로 나타났다.

연구에서 만성 외상후 스트레스장애(PTSD)는 가장 많은 관심을 받았지만 외상 직후 경험 및 급성 PTSD에 대한 CBT의 치료 효능과 관련된 문헌 연구도 이루어졌다. CBT 중에서도 외상 중심 인지행동치료(TFCBT)(예, 외상 중심의 노출 및 인지기법)가 가장 광범위하게 연구되었다. 만성 PTSD에 외상 중심 인지행동치료(TFCBT)와 안구운동 민감소실 및 재처리요법(EMDR) 모두가 통제된 절대 효능이 있다는 것이 입증되었으며 다른 치료법에 비해 우수하지만 서로 유의미한 차이가 있지는 않다. 제한되고 불분명한 증거로 인해 만성 PTSD 치료에 있어 FCBT만이 잠정적으로 약물치료(예, 파록세틴)에 비해 우수하다고 볼 수 있다. 범불안장애(GAD) 치료에서 CBT의 통제된 절대 효능이 단기적으로는 분명하지만 자료가 충분하지 않아서 장기적으로는 확실하다고 볼 수 없다. 약물치료에 대한 CBT의 상대 효능은 명확하지 않으며, 그 효과를 어떻게 계산하느냐에 따라 결과도 달라진다. 일부 개관 연구를 통해 연구자는 CBT가 약물치료에 비해 인내력이 더 좋다고 추정하였다. CBT가 정신역동치료(치료 후 및 6개월 추적 시점에서)에 비해 우수했고 지지치료에 비해 부분적으로 우수하였으며 BT와는 혼재된 결과를 보였고 이완훈련(RT)과는 등등한 효능을 나타냈다. 우리가 개관한 메타분석에서는 CBT와 약물치료의 병행에 대한 CBT의 상대 효능이 보고되지 않았다. GAD에 대한 CBT 관련 문헌에서는 불안관리훈련, 인지재구성, 상황노출, 자기통제 둔감화, 이완 치료 및 훈련, 단독 인지치료, 단독 행동치료 등의 다양한 구성요소가 CBT라는 이름으로 사용되고 있었다.

섭식장애

다수의 심리치료 중 CBT는 신경성 폭식증(BN) 치료를 위한 대기자 통제집단에 비해 절대 효능이 있는 것으로 나타났다. CBT 또는 CBT-BN은 다양한 절차를 포함하고 있다. 몇몇 치료 성과 측정도구상 CBT가 지지치료, 영양상담, 지지적 표현치료, BT 단독치료 구성요소, 노출 및 반응방지(ERP), 자기감찰, 최면행동치료 등에 비해 우수하다. 또한 어떤 측정에서는 집단 CBT 및 대인관계치료(IPT)가 대기자 통제집단에 비해 동등하거나 더 나은 효능이 있는 것으로 나타났다. 그러나 또 다른 측정에서는 개인 CBT가 개인 IPT에 비해 우수한 것으로 나타났다. 노출 및 반응방지(ERP)를 추가한 CBT는 단독 CBT보다 우수하지 않지만 심리치료와 약물치료의 병행이 각각의 단독치료에 비해 추가적인 이득이 있다는 증거가 있다. 또한 단독 CBT가 약물 단독치료에 비해 우수하였으며 낙오율은 CBT에 비해 약물치료가 더 높았지만 그 차이는 통계적으로 유의미하지 않았다. 대부분의 연구는 자료가 불충분하고 결과 측정 및 추적기간이 이질적이었기 때문에 장기적인 결과를 보고하지 않고 있다. CBT는 폭식장애(BED)에 대한 다수의 성과 측정도구에서 통제된 절대 효능을 나타냈지만 체중은 기저선에 비해 4개월 추적 시점에서 유의미하게 감소되지는 않았다. 다수의 측정도구에서 CBT와 IPT는 동등한 효능을 나타내지만, 다른 측정에서는 CBT가 IPT보다 우수하다. CBT와 약물치료의 병행이 효능적이지만 각각의 단독치료의 효능에 대해서는 알려진 것이 없다.

신경성 식욕부진증(AN)의 CBT와 관련된 치료 성과 문헌은 흔치 않으며 치명적인 결함이 있다. 그러나 CBT가 체중 회복 후 재발 위험을 감소시킨다는 것을 지지하는 몇몇 증거가 있다. 한 연구에서 영양상담에 비해 CBT가 우수하다는 것이 밝혀졌지만 긍정적인 결과를 보인 많은 피험자가 약물치료를 받은 것으로 나타났기 때문에 연구 결과에 문제가 있었다. 한편 CBT가 다른 심리치료에 비해 우수한지는 분명하지 않다. AN 환자에 대한 약물치료의 효능을 지지할 만한 증거가 부족하고 탈락률이 높다는 점에서 약물치료, 특히 항우울제를 처치하는 것은 부적절하다는 것이 일반적으로 받아들여지고 있다. 결론을 내리기에 충분한 장기적인 결과가 자주 보고되고 있지는 않았다.

기타 장애

정신분열증의 CBT는 약물치료에 대한 부가적 치료이며 다양한 기법을 포함하고 있다. 정신분열증 CBT의 통제된 절대 효능과 비통제된 절대 효능 모두 치료 후에 나타났는데, 치료 성과가 12개월 이상 지속됐고 초기 추적 시점에서는 경과의 향상이 나타났다. 정신분열증 CBT의 효능은 만성적인 증상을 겪고 있는 환자에 비해 급성 정신증 삽화를 보이는 환자에게서 더 높았으며 양성 및 음성 증상 모두에서 입증되었다. CBT는 문제해결, 레크리에이션과 지지치료, 친구 되어 주기(befriending) 개입, 심리교육 등에 비해 우수한 것으로 나타났으며 치료 성과가 치료 후 18개월까지 지속되는 것으로 나타났다. 정신분열증 CBT는 일반적인 치료에 비해 탈락률이 더 낮은 것으로 나타났다. CBT 단독치료와 약물 단독치료의 비교 연구, 그리고 각 단독치료와 이 둘의 병행치료의 비교 연구는 찾아볼 수 없는데, 이는 정신분열증을 치료할 때 약물치료와 더불어 CBT가 항상 동시에 시행되기 때문이다.

부부 불화를 위한 인지행동 부부치료(CBMT)는 행동 개입을 포함하며 본인, 배우자, 또는 관계에 대한 부적응적 인지를 변화시키는 데 중점을 두고 있다. 치료 전후와 추적 시점에서 CBMT, 행동적 부부치료(BMT) 및 대인관계적 부부치료(IOMT) 모두 치료 전후와 추적 시점에서 현저한 행동변화를 보였다. 약물치료 및 병행 개입과 CBMT를 비교한 것은 보고되지 않았다.

CBT는 분노조절(anger management)을 위한 적절한 치료라고 간주되는데 이완, 인지 재구성, 문제해결, 스트레스 면역훈련 등이 포함된다. 절대 효능과 관련해 CBT가 통제된 효과 크기가 큰 것으로 나타났으나 장기적인 결과는 보고되지 않았다. 범죄행동의 감소에 대한 CBT의 긍정적인 통제된 절대 효능은 치료 후 12개월에서도 나타났다. 연구자가 특정 변인을 통제했을 때 이름 있는 CBT와 일반적인 CBT 간의 효능 차이는 발견되지 않았다. 기타 심리치료와 약물치료에 대한 CBT의 상대 효능은 보고되지 않고 있다.

치료 후 5년의 성범죄 재범률은 치료를 받지 않은 범죄자에 비해 치료를 받은 범죄자에게서 낮은 것으로 나타났다. 그러나 성범죄를 위해 특별히 고안된 치료만이 효능이 있었고 다른 치료는 오히려 부정적인 결과를 나타냈다. 한 연구에 따르면 거세 수술의 효과가 가장 컸으며, 호르몬 치료, CBT, BT 등이 그 뒤를 이었다. 하지만 CBT

의 구성요소에 대한 정의는 없었다. 신체적 처치에서 발생할 수 있는 방법론적 문제, 거세수술의 윤리적 · 법적 · 의료적 결과로 인한 문제 등으로 인해 CBT와 호르몬 치료가 가장 유망한 치료의 후보로 선정되었다. 다른 연구에서는 호르몬 치료와 CBT의 효능은 동등했으며 행동치료보다는 우수한 것으로 나타났다. 개관 연구에서 심리치료가 생물학적 치료와 비교되기는 했으나 약물치료와는 비교되지 않았다.

만성통증의 CBT는 통제된 절대적 효과 크기가 상당히 큰 것으로 나타났다. 개관 연구에서 치료법이 직접적으로 비교되지는 않았지만 대부분의 영역에서 CBT의 효과 크기가 BT에 비해 컸으며, 바이오 피드백은 CBT와 BT에 비해 여러 가지 측면에서 우수한 것으로 나타났다. BT와 바이오 피드백을 제외한 기타 능동적 치료의 이질적인 표본과 비교했을 때 어떤 영역에서는 CBT가 우수한 것으로 나타났으나 다른 영역에서는 그렇지 않았다. 장기적인 결과와 약물치료와의 비교는 보고되지 않았다.

변증법적 행동치료(DBT)는 경계선 성격장애(BPD) 치료를 위해 사용되고 있는 CBT의 일종으로서 가장 흔히 연구되고 있으며, BPD는 성격장애 중에서 가장 많이 연구되고 있는 장애이기도 하다. DBT는 여러 가지 측정도구에서 치료 전과 후에 유의미한 변화를 나타냈으며 어떤 측정도구에서는 통제된 절대 효능을 나타냈다. 일상적인 치료에 CBT를 추가할 것이 치료 후 일상적인 치료에 비해 유의미한 차이를 보이지는 않았으나 다른 측정에서는 1~2년 경과 시점에서 우수성을 나타내기도 했다. BPD를 위한 Young의 도식-초점적 인지치료(SFCT)는 3년에 걸쳐 전이-초점적 심리치료(TFP)에 비해 우수한 것으로 나타났다. 이에 반해, 단기 역동적 심리치료가 CT를 능가한다는 한 가지 성과 측정을 제외하고는 단기 역동적 심리치료와 CT가 하나 이상의 C군 성격장애 환자에 대하여 동일하게 유의미한 개선을 나타냈다.

동기강화 면담, 부부 행동치료, CBT(예, 물질의존장애 치료를 위한 인지적 또는 행동적 대처기술), 물질사용을 위한 12단계 치료 등은 개입 간에 유의미한 차이 없이 물질 사용장애에 대해 효능과 특정적인 효과를 일관적으로 나타냈다. 그러나 동기강화 면담은 더 적은 횟수의 회기로도 비슷한 결과를 가져왔다. 마리화나 사용 치료에 대한 자료는 없지만 낮은 금연율을 고려하면 마리화나 의존은 외래 장면에서의 심리치료로는 치료되기 어렵다는 잠정적인 결론을 내릴 수 있었다. 한 개관 연구에 따르면 물질의존성 우울증 환자의 치료를 위해 CBT와 항우울제를 병행하는 것이 추가적인 이점이 있지는 않았지만 연구자는 단독치료로 성공하지 못한 사람에게는 이러한 치료의 병행이 유용할 수 있다고 보았다. CBT와 약물치료 각각의 장기적인 결과와 상대 효능은 보고되지 않았다.

신체형장애 치료를 위한 CBT는 다양한 요소로 구성할 수 있다. 한 연구에서 개인 CBT가 건강염려증, 신체변형장애(BDD), 의학적으로 설명되지 않은 증상, 심장 문제가 없는 흉통, 만성피로 증후군 등 기능적 신체증후군에 효능이 있다는 것이 지지되었으며 BDD와 신체화장애에 대한 집단 CBT의 효능을 지지하는 증거도 발견되었다. 장기적인 결과는 장애 및 연구에 따라 다르게 나타났다. 또 다른 연구에서 항우울제와 지지치료가 어떤 개인에게는 효과적일 수는 있었지만 신체화장애에는 CBT만이 가장 효능적임을 발견했다. 수면장애를 위한 CBT의 구성요소는 연구마다 상당히 다르지만, 대부분의 경우 CBT의 요소를 개별적으로 또는 결합한 경우 모두 긍정적인 이점이 있는 것으로 나타났다. 다면적인 CBT는 대기자집단, 위약집단, 기타 프로그램 등에 비해 유의미한 변화를 나타냈다. 단독 CBT와 CBT 및 약물치료의 병행은 약물 단독치료를 능가했지만, 병행치료가 단독 CBT를 능가하지는 못했다. CBT의 지속적인 긍정적 효과는 치료 후 2년까지 유지되었다.

문헌의 제한점과 향후 연구문제

CBT는 다양한 장애 및 문제에 적용되어 왔으며 다양한 장면에 걸쳐 절대적 효능면에서 긍정적 치료 성과를 보였다. 또한 CBT의 다음과 같은 강점이 입증되었다. 먼저 CBT는 약물치료에 비해 낮은 낙오율을 보였고(예컨대, 공황장애, Gould et al., 1995; 신경성 폭식증, Whittal et al., 1999), OCD 치료에서 ERP에 비해 낮은 낙오율을 보였으며(Abramowitz et al., 2005), 특정 공포증 치료에서 수용성(예컨대, 덜 혐오적이거나 덜 침습적인 것으로 받아들여짐)이 노출치료에 비해 더 좋았다(Hunt et al., 2006; Koch et al., 2004). 이러한 중요한 긍정적 결과에도 불구하고 CBT의 효능에 대한 문헌은 아직도 부족하거나 불명확한 면이 있으며 후속 연구를 요하는 몇몇 영역이 여전히 남아 있다. 즉, 약물치료 대비 CBT의 효능에 관한 연구, 기타 심리치료와 CBT에 대한 비교 연구, 다양한 집단에 적용을 통한 경험적 평가, CBT의 재발방지 효능에 대한 조사 연구, 공존이환장애를 위한 CBT에 대한 연구, 특정 장애에 대한 특정 유형의 CBT의 효능에 대한 연구, 장기적 증거에 대한 연구 등이 부족한 실정이다. 추적 시점도 일관되게 보고되지 않고 있으며 몇몇 연구는 단기적 성과만을 평가하고 있고 장기적 결과에 대한 평가는 전무한 상태다.

장기적 성과에 대한 평가가 쉽지 않은 것은 참여자를 특정 통제 조건에 무선할당해야 하기 때문이다. 몇몇 연구는 이 문제를 참여자가 특정 기간 이후에 치료를 받게 하는 대기자 조건에 할당함으로써 해결하고 있다. 하지만 윤리적인 문제로 인해 대기 기간을 연장할 수 없다. 이러한 어려움을 극복할 수 있는 또 다른 방법으로는 집단 내 분석을 실시하는 것이다. 다양한 집단의 CBT 효능에 대한 문헌은 점차 증가하고 있으며, 현재는 소수집단에게 사용할 수 있는 CBT의 응용이 권장되고 있고(예, Hays & Iwamasa, 2006) 소수집단에게 사용하기 위해 문화를 고려하여 수정된 CBT의 효능이 연구되고 있다. 하지만 다양한 집단에 적용할 수 있는 CBT의 적절성 및 효능은 자료 부족으로 인해 경험적 의문점을 남기고 있다.

또 다른 비판은 연구 방법론과 관련되어 있다. 위약 조건과 대기자 통제집단을 복합 통제 조건으로 혼합하는 것은 결과를 훼손할 수 있다는 주장이 있다(Parker, Roy, & Eyers, 2003). 특히 Parker 등(2003)은 위약 조건에 할당된 참여자도 자신이 치료될 수 있다고 기대하기 때문에 희망으로 가득 차 있는 반면, 대기자 통제집단에 할당된 참여자는 어떤 치료도 시작하지 않았기 때문에 낙심해 있을 수 있다고 주장한 바 있다. 이들은 향후 연구는 잠재적으로 혼란스러운 결과를 해결하기 위해서 능동적 처치와 상이한 통제 조건을 비교해야 한다고 권고했다. 이와 일관되게 Gould 등(1995; Gould, Buckminster et al., 1997; Gould, Otto et al., 1997)은 CBT가 대기자 통제 조건과 흔히 비교되는 반면, 약물 시행은 일반적으로 위약 통제집단을 포함시키기 때문에 CBT가 약물치료에 비해 선호되고 있고, 이에 따라 치료 성과의 차이는 약물치료와 위약 조건을 비교할 때보다 CBT와 대기자집단을 비교할 때 더 컸을 수 있다고 주장했다. Gould와 동료들은 최종적인 긍정적 치료 효과와 관련해 위약 통제집단과 비슷해지려면 대기자 통제집단에 대한 대안으로서 비지시적 치료집단을 사용하라고 권고하였다.

또 다른 관심사는 치료 명칭의 문제다. 비슷한 치료 요소를 사용하는 치료방법이 '행동적'이라고 분류되기도 하고 '인지행동적'이라고 분류되기도 하는데, 이로 인해 연구 간의 비교에 혼란을 야기하고 있다. 더욱이 CBT와 기타 심리치료 간의 비교는 몇몇 연구에서 왜곡되어 있을 수 있다. 미국 국립보건원(NIMH) 공동 프로젝트에서 대인관계치료(IPT), 인지치료(CT), 위약 조건, 약물치료를 비디오 녹화를 통해 회기를 분석한 결과, IPT집단 치료자가 대인관계치료 프로토콜에 비해 오히려 인지치료 프로토콜에 더 순응적이었다는 것이 밝혀졌는데, 이는 혼재된 치료를 비교한 대표적인 예라 할 수 있다(Ablon & Jones, 2002). 이러한 결과는 연구 중인 치료를 합리적으로 검증하기 위해서는 연구 시행 시 치료 매뉴얼에 대한 충실도와 치료자의 성실성에 대한 평가가 중요하다는 것을 강조하는 것이다(McGlinchey & Dobson, 2003).

CBT의 효능 중심 연구의 제한점뿐만 아니라 일반적인 효능 연구의 제한점도 존재한다. 비록 RCT가 효능 연구에서 대단히 유용하며 각광을 받고 있지만, 이러한 연구결과가 일상적인 임상현장에 적절한지는 의문시되고 있다(Leichsenring et al., 2006). 가령 많은 RCT의 엄격한 배제기준은 장애를 갖고 있는 일반집단에 적용 시 참여자의 대표성을 손상시킬 수 있다. 또한 대부분의 장애에서 공존이환은 흔한 일이지만, RCT에서는 배제기준을 통해 통제되거나 간과되고 있다. 또한 연구자의 선호도(allegiance), 즉 치료 비교연구에서 하나의 치료를 다른 치료에 비해 선호하는 경향성은 연구설계에 편향을 가져오고, 이로 인해 선호하는 치료를 지지하는 결과를 초래할 수도 있다(Butler et al., 2006). 풍부한 치료 효능 연구를 보완하기 위해서는 치료 효과 연구가 더 많이 필요한데, 효과 연구는 임상현장에서 행해지고 그 결과가 효능 연구의 결과에 비해 실제 임상 현장에 더욱 일반화되기 쉽기 때문이다. 몇몇 연구에서 이러한 문제를 다루어 왔다. 예를 들어, Wade, Treat와 Stuart(1998)는 지역사회 정신보건 장면에서 수집한 치료 성과 자료와 두 가지 통제된 효능 연구결과를 비교하였다. 그들은 CBT가 공황장애(PD)의 치료 직후 및 1년 후의 추적 시점에서 비슷한 수준의 긍정적인 결과를 가져왔다는 것을 발견했다(Stuart, Treat, & Wade, 2000). Merrill, Tolbert와 Wade(2003) 또한 지역사회 외래 장면에서 우울증 CBT 성과가 두 가지 RCT에서 관찰된 치료 성과와 유사하다는 것을 관찰함으로써 설계에 따른 결과의 비교 가능성을 입증하였다.

메타분석 또한 몇 가지 측면에서 비판을 받고 있는데, 예를 들어 결과 측정도구의 다양성과 같은 방법론적 차이를 축소시키고 있다는 것이다(Rosenthal, 1998). 즉, 어떤 결과 측정도구를 선정하느냐가 치료회기의 수, 각 회기의 길이와 마찬가지로 치료 효과의 상대적 강점에 편향을 야기할 수 있지만, 메타분석은 이 변인을 연구에 따라 구체화하는 것을 간과하고 있다. 치료와 환자 특성 간의 상호작용 또한 위장되고 있는데, 이는 메타분석이 서로 다른 표본에 걸친 치료 효과를 훼손하고 있기 때문이다. 마지막으로, 상이한 계산 공식 및 절차(예, 가중치 효과 크기 추정치 대 가중치 없는 효과 크기 추정치, 집단 내 연구 대 통제 비교 연구 등)의 사용으로 각 메타분석의 결론이 달라질 수 있다. 향후 연구는 상이한 능동적 치료의 상대 효능과 CBT의 장기 효능을 규명할 필요가 있다.

요약하자면 CBT가 다양한 장애에 걸쳐 효능이 있는 치료임을 시사하는 방대한 증거가 존재한다. 하지만 지식적 기반의 공백으로 인해 약물치료 및 기타 심리치료에 대한 CBT의 상대 효능이 추가적으로 연구될 필요가 있다. 또한 향후 연구를 통해 다양한 집단에의 적용, 재발방지, 공존이환장애에 적용 등에 대한 CBT의 효능을 판단할 필요가 있다. 향후 연구에서 특정 장애에 대한 특정 CBT의 효능 및 CBT의 장기 효과를 검증하는 것은 CBT의 치료 문헌에 이바지하는 것이다. 연구자는 통제 조건의 사용을 염두에 두어야 하며 연구에 포함시킬 치료법을 구체적으로 정의할 필요가 있다.

참고문헌

Ablon, J., & Jones, E. (2002). Validity of controlled clinical trials of psychotherapy: Findings from the NIMH Treatment of Depression Collaborative Research Program. *American Journal of Psychiatry, 159*, 775-783.

Abramowitz, J. (1997). Effectiveness of psychological and pharmacological treatments for obsessive-compulsive disorder: A quantitative review. *Journal of Consulting and Clinical Psychology, 65*, 44-52.

Abramowitz, J. S., Taylor, S., & McKay, D. (2005). Potentials and limitations of cognitive treatments for obsessive-compulsive disorder. *Cognitive Behaviour Therapy, 34*(3), 140-147.

Allen, A. (2006). Cognitive-behavior therapy and other psychosocial interventions in the treatment of obsessive-compulsive disorder. *Psychiatric Annals, 36*(7), 474-479.

Bandelow, B., Seidler-Brandler, U., Becker, A., Wedekind, D., & Rüther, E. (2007). Meta-analysis of randomized controlled comparisons of psychopharmacological and psychological treatments for anxiety disorders. *World Journal of Biological Psychiatry, 8*(3), 175-187.

Beck, R., & Fernandez, E. (1998). Cognitive-behavioral therapy in the treatment of anger: A meta-analysis. *Cognitive Therapy and Research, 22*(1), 63-74.

Beck, A. T., Rush, A. J., Shaw, B. F., & Emery, G. (1979). *Cognitive therapy of depression*. New York: Guilford Press.

Bisson, J., Ehlers, A., Matthews, R., Pilling, S., Richards, D., & Turner, S. (2007). Psychological treatments for chronic post-traumatic stress disorder: Systematic review and analysis. *British Journal of Psychiatry, 190*, 97-104.

Bohus, M., Haaf, B., Simms, T., Limberger, M. F., Schumahl, C., & Unckel, C. (2004). Effectiveness of inpatient dialectical behavior therapy for borderline personality disorder: A controlled trial. *Behaviour Research and Therapy, 42*, 487-499.

Bowers, W. A., & Andersen, A. E. (2007). Cognitive-behavior therapy with eating disorders: The role of medications in treatment. *Journal of Cognitive Psychotherapy: An International Quarterly, 21*(1), 16-27.

Brown, G. K., Newman, C. F., Charlesworth, S. E., Crits-Christoph, P., & Beck, A. T. (2004). An open clinical trial of cognitive therapy for borderline personality disorder. *Journal of Personality Disorders, 18*(3), 257-271.

Brownley, K. A., Berkman, N. D., Sedway, J. A., Lohr, K. N., & Bulik, C. M. (2007). Binge eating disorder treatment: A systematic review of randomized controlled trials. *International Journal of Eating Disorders, 40*(4), 337-348.

Bulik, C. M., Berkman, N. D., Brownley, K. A., Sedway, J. A., & Lohr, K. N. (2007). Anorexia nervosa treatment: A systematic review and randomized controlled trials. *International Journal of Eating Disorders, 40*(4), 310-320.

Butler, A. C., Chapman, J. E., Forman, E. M., & Beck, A. T. (2006). The empirical status of cognitive-behavioral therapy: A review of meta-analyses. *Clinical Psychology Review, 26*, 17-31.

Chambless, D. L., Baker, M. J., Baucom, D. H., Beutler, L. E., Calhoun, K. S., Crits-Christoph, P., et al. (1998). Update on empirically validated therapies, II. *The Clinical Psychologist, 51*, 3-16.

Chambless, D. L., & Hope, D. A. (1996). Cognitive approaches to the psychopathology and treatment of social phobia. In P. M. Salkovskis (Ed.), *Frontiers of cognitive therapy* (pp. 345-382). New York: Guilford Press.

Choy, Y., Fyer, A. J., & Lipsitz, J. D. (2006). Treatment of specific phobia in adults. *Clinical Psychology Review, 27*(3), 266-286.

Cohen, J. (1988). *Statistical power analysis for the behavioral sciences* (2nd ed.). Mahwah, NJ: Erlbaum.

Colom, F., & Vieta, E. (2004). A perspective on the use of psychoeducation, cognitive-behavioral therapy and interpersonal therapy for bipolar patients. *Bipolar Disorders, 6*, 480-486.

Davidson, K., Norrie, J., Tyrer, P., Gumley, A., Tata, P., Murray, H., et al. (2006). The effectiveness of cognitive behavior therapy for borderline personality disorder: Results from the borderline personality disorder study of cognitive therapy (BOSCOT) trial. *Journal of Personality Disorders, 20*(5), 450-465.

Davidson, K. W., Trudeau, K. J., Ockene, J. K., Orleans, C. T., & Kaplan, R. M. (2004). A primer on current evidence-based review systems and their implications for behavioral medicine. *Annals of Behavioral Medicine, 28*(3), 226-238.

Denis, C., Lavie, E., Fatseas, M., & Auriacombe, M. (2007). Psychotherapeutic interventions for cannabis abuse and/or dependence in outpatient settings. *Cochrane Database of Systematic Reviews, 3*.

DeRubeis, R. J., Hollon, S. D., Amsterdam, J. D., Shelton, R. C., Young, P. R., Salomon, R. M., et al. (2005). Cognitive therapy vs. medications in the treatment of moderate to severe depression. *Archives of General Psychiatry, 62*, 409-416.

Dimidjian, S., Hollon, S. D., Dobson, K. S., Kohlenberg, R. J., Gallop, R., Markley, D. K., et al. (2006). Randomized trial of behavioral activation, cognitive therapy, and antidepressant medication in the acute treatment of adults with major depression. *Journal of Consulting and Clinical Psychology, 74*, 658-670.

Dobson, K. S. (1989). A meta-analysis of the efficacy of cognitive therapy for depression. *Journal of Consulting and Clinical Psychology, 57*(3), 414-419.

Dobson, K. S. (Ed.) (2001). *Handbook of cognitive-behavioral therapies* (2nd ed.). New York: Guilford Press.

Dunn, R. L., & Schwebel, A. I. (1995). Meta-analytic review of martial therapy outcome research. *Journal of Family Psychology, 9*(1), 58-68.

Eddy, K. T., Dutra, L., Bradley, R., & Westen, D. (2004). A multidimensional meta-analysis of psychotherapy and pharmacotherapy for obsessive-compulsive disorder. *Clinical Psychology Review, 24*, 1011-1030.

Edinger, J. D., & Means, M. K. (2005). Cognitive-behavioral therapy for primary insomnia. *Clinical Psychology Review, 25*, 539-558.

Elliott, R. (1998). Editor's introduction: A guide to the empirically supported treatments controversy. *Psychotherapy Research, 8*, 115-125.

Fedoroff, I. C., & Taylor, S. (2001). Psychological and pharmacological treatments of social phobia: A meta-analysis. *Journal of Clinical Psychopharmacology, 21*(3), 311-324.

Feske, U., & Chambless, D. L. (1995). Cognitive behavioral versus exposure only treatment for social phobia: A meta-analysis. *Behavior Therapy, 26*, 695-720.

Fresco, D. M., & Heimberg, R. G. (2001). Empirically supported psychological treatments for social phobia. *Psychiatric Annals, 31*(8), 489-496.

Giesen-Bloo, J., van Dyck, R., Spinhoven, P., van Tilburg, W., Dirksen, C., van Asselt, T., et al. (2006). Outpatient psychotherapy for borderline personality disorder: A randomized trial of schema-focused therapy vs transference-focused psychotherapy. *Archives of General Psychiatry, 63*, 649-658.

Gloaguen, V., Cottraux, J., Cucherat, M., & Blackburn, I. (1998). A meta-analysis of the effects of cognitive therapy in depressed patients. *Journal of Affective Disorders, 49*, 59-72.

Gonzalez-Pinto, A., Gonzalez, C., Enjuto, S., Fernandez de Corres, B., Lopez, P., Palomo, J., et al. (2004). Psychoeducation and cognitive-behavioral therapy in bipolar disorder: An update. *Acta Psychiatrica Scandinavica, 109*, 83-90.

Gould, R. A., Buckminster, S., Pollack, M. H., Otto, M. W., & Yap, L. (1997). Cognitive-behavioral and pharmacological treatment for social phobia: A meta-analysis. *Clinical Psychology: Science and Practice, 4*, 291-306.

Gould, R. A., Mueser, K. T., Bolton, E., Mays, V., & Goff, D. (2001). Cognitive therapy for psychosis in schizophrenia: An effect size analysis. *Schizophrenia Research, 48*, 335-342.

Gould, R. A., Otto, M. W., & Pollack, M. M. (1995). A meta-analysis of treatment outcome for panic disorder. *Clinical Psychology Review, 15*(8), 819-844.

Gould, R. A., Otto, M. W., Pollack, M. H., & Yap, L. (1997). Cognitive behavioral and pharmacological treatment of generalized anxiety disorder: A preliminary meta-analysis. *Behavior Therapy, 28*, 285-305.

Hall, G. C. N. (1995). Sexual offender recidivism revisited: A meta-analysis of recent treatment studies. *Journal of Consulting and Clinical Psychology, 63*(5), 802-809.

Hanson, R. K., Gordon, A., Harris, A. J. R., Marques, J. K., Murphy, W., Quinsey, V. L., et al. (2002). First report of the collaborative outcome data project on the effectiveness of psychological treatment for sex offenders. *Sexual Abuse: A Journal of Research and Treatment, 14*(2), 169-194.

Hay, P. J., Bacaltchuk, J., & Stefano, S. (2004). Psychotherapy for bulimia nervosa and binging. *Cochrane Database of Systematic Reviews, 3*, 1-122.

Hays, P. A., & Iwamasa, G. Y. (2006). *culturally responsive cognitive-behavioral therapy.* Washington, DC: American Psychological Association.

Heimberg, R. G. (2002). Cognitive-behavioral therapy for social anxiety disorder: Current status and future directions. *Biological Psychiatry, 51,* 101-108.

Hesse, M. (2004). Achieving abstinence by treating depression in the presence of substance-use disorders. *Addictive Behaviors, 29,* 1137-1141.

Hollon, S. D., DeRubeis, R. J., Shelton, R. C., Amsterdam, J. D., Salomon, R. M., O'Reardon, J. P., et al. (2005). Prevention of relapse following cognitive therapy vs. medications in moderate to severe depression. *Archives of General Psychiatry, 62,* 417-422.

Hollon, S. D., Stewart, M. O., & Strunk, D. (2006). Enduring effects for cognitive behavior therapy in the treatment of depression and anxiety. *Annual Review of Psychology, 57,* 285-315.

Hunot, V., Chruchill, R., Teixeira, V., & Silva de Lima, M. (2007). Psychological therapies for generalized anxiety disorder. *Cochrane Database of Systematic Review, 1,* 1-75.

Hunt, M., Bylsma, L., Brock, J., Fenton, M., Goldberg, A., Miller, R., et al. (2006). The role of imagery in the maintenance and treatment of snake fear. *Journal of Behavior Therapy and Experimental Psychiatry, 37,* 283-298.

Jones, S. (2004). Psychotherapy of bipolar disorder: A review. *Journal of Affective Disorders, 80,* 101-114.

Kazdin, A. E. (2003). *Research design in clinical psychology* (4th ed.). Boston: Allyn & Bacon.

Kirsch, I., Deacon, B. J., Huedo-Medina, T. B., Scoboria, A., Moore, T. J., et al. (2008). Initial severity and antidepressant benefits: A meta-analysis of data submitted to the Food and Drug Administration. *PLoS Medicine, 5,* 0260-0268.

Koch, E. I., Spates, C. R., & Himle, J. A. (2004). Comparison of behavioral and cognitive-behavioral one-session exposure treatments for small animal phobias. *Behaviour Research and Therapy, 42,* 1483-1504.

Landenberger, N. A., & Lipsey, M. W. (2005). The positive effects of cognitive-behavioral programs for violent offenders: A meta-analysis of factors associated with effective treatment. *Journal of Experimental Criminology, 1,* 451-476.

Landon, T. M., & Barlow, D. H. (2004). Cognitive-behavioral treatment for panic disorder: Current status. *Journal of Psychiatric Practice, 10*(4), 211-226.

Leichensring, F., Hiller, W., Weissberg, M., & Leibing, E. (2006). Cognitive-behavioral therapy and psychodynamic psychotherapy: Techniques, efficacy, and indications. *American Journal of Psychotherapy, 60,* 233-259.

Lewandowski, L., Gebing, T. Anthony, J., & O'Brien, W. (1997). Meta-analysis of cognitive-behavioral treatment studies for bulimia. *Clinical Psychology Review, 17*(7), 703-718.

Linehan, M. M. (1993). *Cognitive-behavioral treatment of borderline personality disorder.* New York: Guilford Press.

Linehan, M. M., Comtois, K. A., Murray, A. M., Brown, M. Z., Gallop, R. J., Heard, H. L., et al. (2006). Two-year randomized controlled trial and follow-up of dialectical behavior therapy vs therapy by experts for suicidal behaviors and borderline personality disorder. *Archives of General Psychiatry, 63,* 757-766.

Looper, K. J., & Kirmayer, L. J. (2002). Behavioral medicine approaches to somatoform disorders. *Journal of Consulting and Clinical Psychology, 70*(3), 810-827.

Lösel, F., & Schmucker, M. (2005). The effectiveness of treatment for sexual offenders: A comprehensive meta-analysis. *Journal of Experimental Criminology, 1,* 117-146.

Mai, F. (2004). Somatization disorder: A practical review. *Canadian Journal of Psychiatry, 49*(10), 652-662.

McGlinchey, J., & Dobson, K. S. (2003). Treatment integrity concerns in cognitive therapy for depression. *Journal of Cognitive Psychotherapy: An International Quarterly, 17,* 299-318.

Merrill, K. A., Tolbert, V. E., & Wade, W. A. (2003). Effectiveness of cognitive therapy for depression in a community mental health center: A benchmarking strategy. *Journal of Consulting and Clinical Psychology, 71*, 404-409.

Miklowitz, D. J., & Otto, M. W. (2006). New psychosocial intervention for bipolar disorder: A review of literature and introduction of the systematic treatment enhancement program. *Journal of Cognitive Psychotherapy: An International Quarterly, 20*(2), 215-230.

Mitte, K. (2005a). A meta-analysis of the efficacy of psycho- and pharmacotherapy in panic disorder with and without agoraphobia. *Journal of Affective Disorders, 88*, 27-45.

Mitte, K. (2005b). Meta-analysis of cognitive-behavioral treatments for generalized anxiety disorder: A comparison with pharmacotherapy. *Psychological Bulletin, 131*(5), 785-795.

Montgomery, P., & Dennis, J. (2003). Cognitive behavioral interventions for sleep problems in adults aged 60+. *Cochrane Database of Systematic Reviews, 1*, 1-32.

Montgomery, P., & Dennis, J. (2004). A systematic review of non-pharmacological therapies for sleep problems in later life. *Sleep Medicine Reviews, 8*, 47-62.

Morgenstern, J., & McKay, J. R. (2007). Rethinking the paradigms that inform behavioral treatment research for substance use disorders. *Addiction, 102*, 1377-1389.

Morley, S., Eccleston, C., & Williams, A. (1999). Systematic review and meta-analysis of randomized controlled trials of cognitive behavior therapy and behavior therapy for chronic pain in adults, excluding headache. *Pain, 80*, 1-13.

Muñoz, R. F., Ying, Y. W., Bernal, G., Pérez-Stable, E. J., Sorensen, J. L., Hargreaves, W. A., et al. (1995). Prevention of depression with primary care patients: A randomized controlled trial. *American Journal of Community Psychology, 23*, 199-222.

Norcross, J. C., Hedges, M., & Prochaska, J. O. (2002). The face of 2010: A Delphi poll on the future of psychotherapy. *Professional Psychology: Research and Practice, 33*, 316-322.

National Collaborating Centre for Mental Health. (2005). *Clinical Guideline 26: Post-traumatic stress disorder: The management of PTSD in adults and children in primary and secondary care*. London: National Institute for Clinical Excellence.

Oei, T. P. S., Llamas, M., & Devilly, G. J. (1999). The efficacy and cognitive processes of cognitive behavior therapy in the treatment of panic disorder with agoraphobia. *Behavioral and Cognitive Psychotherapy, 27*, 63-88.

Parker, G., Roy, K., & Eyers, K. (2003). Cognitive behavior therapy for depression?: Choose horses for courses. *American Journal of Psychiatry, 160*, 825-834.

Pilling, S., Bebbington, P., Kuipers, E., Garety, P., Geddes, J., Orbach, G., et al. (2002). Psychological treatments in schizophrenia: I. Meta-analysis of family intervention and cognitive behaviour therapy. *Psychological Medicine, 32*, 763-782.

Rector, N. A., & Beck, A. T. (2001). Cognitive behavioral therapy for schizophrenia: An empirical review. *Journal of Nervous and Mental Disease, 189*(5), 278-287.

Rodebaugh, T. L., Holaway, R. M., & Heimberg, R. G. (2004). The treatment of social anxiety disorder. *Clinical Psychology Review, 24*, 883-908.

Rosenthal, R. (1998). Meta-analysis: Concepts, corollaries and controversies. In J. G. Adair & D. Belanger (Eds.), *Advances in psychological science, Vol. 1: Social, personal, and cultural aspects* (pp. 371-384). Hove, UK: Psychology Press.

Rowa, K., & Antony, M. M. (2005). Psychological treatments for social phobia. *Canadian Journal of Psychiatry, 50*(6), 308-316.

Segal, Z., Vincent, P., & Levitt, A. (2002). Efficacy of combined, sequential and cross-over psychotherapy and pharmacotherapy in improving outcomes in depression. *Journal of Psychiatry and Neuroscience, 27*(4), 281-290.

Seidler, G. H., & Wagner, F. E. (2006). Comparing the efficacy of EMDR and trauma-focused cognitive-behavioral therapy in the treatment of PTSD: A meta-analytic study. *Psychological Medicine, 36*, 1515-1522.

Shapiro, J. R., Berkman, N. D., Brownley, K. A., Sedway, J. A., Lohr, K. N., & Bulik, C. M. (2007). Bulimia nervosa treatment: A systematic review of randomized controlled trials. *International Journal of Eating Disorders, 40*(4), 321-336.

Siev, J., & Chambless, D. L. (2007). Specificity of treatment effects: Cognitive therapy and relaxation for generalized anxiety and panic disorders. *Journal of Consulting and Clinical Psychology, 75*(4), 513-522.

Smith, M. T., & Neubauer, D. N. (2003). Cognitive behavior therapy for chronic insomnia. *Clinical Cornerstone, 5*(3), 28-40.

Stuart, G. L., Treat, T. A., & Wade, W. A. (2000). Effectiveness of an empirically based treatment for panic disorder delivered in a service clinic setting: 1-year follow-up. *Journal of Consulting and Clinical Psychology, 68*, 506-512.

Svartberg, M., Stiles, T. C., & Seltzer, M. H. (2004). Randomized, controlled trial of the effectiveness of short-term dynamic psychotherapy and cognitive therapy for cluster C personality disorders. *American Journal of Psychiatry, 161*, 810-817.

Taylor, S. (1996). Meta-analysis of cognitive-behavioral treatments for social phobia. *Journal of Behavior Therapy and Experimental Psychiatry, 27*, 1-9.

van Balkom, A. J. L. M., van Oppen, P., Vermeulen, A. W. A., van Dyck, R., Nauta, N. C. E., & Vorst, H. C. H. (1994). A meta-analysis on the treatment of obsessive-compulsive disorder: A comparison of antidepressants, behavior, and cognitive therapy. *Clinical Psychology Review, 14*(5), 359-381.

Wade, W. A., Treat, T. A., & Stuart, G. L. (1998). Transporting an empirically supported treatment for panic disorder to a service clinic setting: A benchmarking strategy. *Journal of Consulting and Clinical Psychology, 66*, 231-239.

Wang, M., Wang, S., & Tsai, P. (2005). Cognitive behavioral therapy for primary insomnia: A systematic review. *Journal of Advanced Nursing, 50*(5), 553-564.

Whittal, M. L., Agras, W. S., & Gould, R. A. (1999). Bulimia nervosa: A meta-analysis of psychosocial and pharmacological treatments. *Behavior Therapy, 30*, 117-135.

Wampold, B. E., Minami, T., Baskin, T. W., & Tierney, S. C. (2002). A meta-(re) analysis of the effects of cognitive therapy versus "other therapies" for depression. *Journal of Affective Disorders, 68*, 159-165.

Wood, N. D., Crane, D. R., Schaalje, G. B., & Law, D. D. (2005). What works for whom: A meta-analytic review of marital and couples therapy in reference to marital distress. *American Journal of Family Therapy, 33*, 273-287.

Young, J. E., Klosko, J. S., & Weishaar, M. E. (2003). *Schema therapy: A practitioner's guide.* New York: Guilford Press.

Zaretsky, A. E., Rizvi, P., & Parikh, V. (2007). How well do psychosocial interventions work in bipolar disorder?. *Canadian Journal of Psychiatry, 52*, 14-21.

Zimmermann, G., Favrod, T. J., Trieu, V. H., & Pomini, V. (2005). The effect of cognitive behavioral treatment on the positive symptoms of schizophrenia spectrum disorders: A meta-analysis. *Schizophrenia Research, 77*, 1-9.

CHAPTER 3

인지과학과 인지행동치료의 개념적 기초

-진화 만세!-

Rick E. Ingram
Greg J. Siegle

이번 장의 목표는 인지행동치료(CBT)의 개념적 근거를 논의하는 것이다. 이번 장에서는 정신병리에 대한 이해를 돕는 정보처리 개념의 기저가 되는 이론적 배경 및 가정, 정보처리의 변화를 통해 어떻게 정신병리를 치료하는지에 대해 논의하고자 한다. 이런 개념을 제대로 이해하기 위해 임상심리학에서 인지 개념에 관한 역사를 간단히 살펴본 후에 기초 인지과학의 가정과 이론적 배경을 다룰 것이다.

인지과학에 주목하는 데는 두 가지 이유가 있다. 첫째, 현재 받아들여지고 있는 것처럼 CBT가 원래 인지과학에 기반했던 것은 아니지만, 현대 CBT는 인지과학의 개념 및 가정에 기초하고 있다고 볼 수 있다. 그러므로 우리가 CBT를 제대로 이해하기 위해서는 인지 연구의 개념화, 측정, 방법론 등을 이해할 필요가 있다고 본다. 둘째, 인지과학을 CBT의 실제에 도입한 것을 이해함으로써 치료 혁신, 참신한 방법론, 새로운 치료 효과 측정법 등이 제안될 수 있다. 따라서 우리는 인지과학의 방법론 및 일부 개념과 더불어 이런 개념과 방법론이 CBT에 어떻게 쓰여 왔고, 어떻게 쓰일 수 있는지를 검토해 볼 것이다. 인지 개념이 어떤 식으로 임상심리학적 과학에 융합되었는지부터 살펴보자.

혁명에서 진화로

인지행동치료 핸드북 2판에서 이 장의 제목은 '인지와 임상 과학: 혁명에서 진화로'였다. 또한 이 장은 1986년부터 '인지혁명(cognitive revolution)'이 끝나고 '인지심리학이 주류 심리학이 되었다.'(Ingram & Kendall, 1986, p. 3)는 인용구로 시작되었다. 혁명의 종식이 선언된 지 20년이 넘은 현재 새롭게 심리학에 입문한 학생과 심지어 교수까지도 이 혁명에 대해 궁금해할 것이다. 인지혁명이 무엇이고 그것이 왜 필요했는지, 그리고 인지심리학이 주류 심리학이 아닐 때도 있었는지 등의 질문은 심리학 분야에서 더 이상 인지 개념에 대한 과학적 타당성에 대해 논쟁을 하지 않는다는 점을 상기시킨다. 또한 우리는 인지 개념의 과학적 적절성에 대한 걱정 없이 행동변화의 효과적인 방법을 설계하고 검증하고 개선할 수 있게 되었다. 그렇지만 이런 질문은 최소한 인지적 접근에 대한 역사적 맥락의 이해 없이는 CBT의 가정과 개념적 근거를 충분히 이해할 수 없다는 점에서 여전히 중요하다.

우선 인지혁명은 무엇이었는가? Michael Mahoney(1974)의 『인지행동수정』이라는 책이 임상심리학에서 인지혁명의 시작이었다. 14년 후, 인지행동치료 핸드북의 첫 번째 판에서 Mahoney(1988)는 정신병리의 치료와 이해에 있어 인지의 역할에 대한 많은 논란을 개관하였다. Ingram, Kendall과 Chen(1991)은 이런 이슈가 CBT와 인지심리학이 함께 발달하지 못했기 때문임을 밝혀 냈다. 예를 들어, 행동주의는 실험심리학을 고수했지만, 임상심리학은 Freud의 개념에서 Carl Rogers가 개척한 인본주의 개념으로 옮겨 가는 과정에 있었다. 그렇지만 인본주의 개념은 우위를 오랫동안 유지하지는 못했고, 이내 행동적 접근이 임상심리학에 뿌리를 내렸다. 실제로 행동 개입은 행동 문제를 완화하는 데 효과적임을 제안하는 연구로 인해 많은 관심을 받았다. 따라서 행동 개념을 임상적으로 적용하는 것은 유망한 것이었으며 상당한 성과를 가져왔다.

행동주의가 주장했던 과학의 역할과 초기 응용 성공에 힘입어 행동 연구자는 행동, 특히 행동장애을 충분히 설명할 수 있는 자극-반응 관계를 밝혀내려 했고, 따라서 문제 행동을 효과적으로 수정하는 것에 초점을 두었다. 이 시기에는 행동주의를 촉진하려고 만들어진 행동치료 발전학회(Mahoney, 1974)와 같은 조직과 마찬가지로 학술지가 행동 개념, 개입과 응용 행동분석의 발전에 기여하였다. 하지만 당시 행동주의의 일부는 인지적 구성개념을 부인했는데, 직접적으로 관찰할 수 없는 것은 비과학적인 것으로 여겨졌기 때문이다.

행동주의 패러다임은 기초 실험심리학과 임상심리학(Kanfer & Hagerman, 1985)에서 중요하였고, 몇몇 '단순한' 문제(예, 공포증)를 성공적으로 치료하였음에도 행동주의 개념과 복잡한 문제의 치료에 대한 설명적 한계가 부각되어 갔다. 행동적 접근의 한계에 봉착하면서 기초 심리 과학자는 인간 행동의 의미 있는 요소로서 인지의 역할을 돌아보기 시작했다. 그렇지만 행동주의자가 일부 임상 장면에서 치료적 성공을 보여 왔기 때문에 임상심리학의 주 흐름으로 인지를 인식하고 통합하는 것은 다른 심리학 영역에서 이루어졌던 것보다 상당히 늦어졌다.

임상 분야에서 인지가 부각된 모든 요인을 정확하게 짚어내는 것은 불가능하지만 인지와 임상적 관점의 점진적인 통합에 있어 최소한 두 가지의 확실한 단계가 있는 것으로 보인다. 첫 번째 단계는 Bandura(1969)와 Mischel(1973) 등의 이론가가 역설한 대리학습 과정의 강조와 사회학습 이론의 발달이었다. 그들은 인지 변인이 '내현적 행동'의 변인으로서 중요하며 행동 원리에 따라 작동된다고 주장했다. 인지의 구조와 기능에 관한 현재의 지식을 고려해 볼 때 임상심리학으로 인지 변인이 미묘하게 도입된 것을 이해하기 어려울 수 있다. 그렇지만 그 당시는 행동적 접근이 임상심리학과 응용 학술지에서 우세했을 뿐만 아니라 인지 혹은 직접 관찰되지 않는 다른 현상을 포함하는 비과학적인 개념은 공공연히 배척되었다. 당연히 인지적 관점으로의 전환은 아주 미묘하게 이루어졌고, 그 당시 지배적인 표현(예, '인지 행동' '내현 사건')으로 쓰일 수밖에 없었다. 행동주의 모델 안에서의 인지의 위치는 과학적 타당성의 역할을 제공했다. 대리학습과 내현적 행동에 입각한 사회학습 접근은 임상적 문제에 대한 현대 인지적 접근의 초기 임상적 선구자였다.

과학적 신뢰성을 지향하는 인지적 관점의 증가는 인지와 실제 간의 관련성에 관한 다음 단계를 고려해 보도록 자극했는데, 이는 임상적 평가와 치료적 패러다임으로 인지를 통합해 가는 명백한 움직임이었다. 이런 움직임은 효과적인 치료 절차를 발달시키는 데 주요한 관심이 있었던 선구적인 연구자의 연구에서 드러난다. 이런 연구자 중 대부분은 행동주의 배경을 가지고 있었고 치료적 노력에 적합하고 중요한 초점으로서 인지에 관한 분명한 관심을 기술하기 위해 '인지행동'이라는 용어를 사용했다. 이 연구집단에는 Kendall과 Hollon(1979, 1981), Mahoney(1974)와 Meichenbaum(1977)이 있다. 인지치료과정에 대한 유사한 선구적인 관점은 Beck(1976; Beck, Rush, Shaw, & Emery, 1979)과 Ellis(1962)의 연구에서도 나타났다. 이들의 접근은 인본주의 및 정신 역동적 전통에서 시작되었지만 그들은 치료적 노력의 맥락에서 인지적 초점에 관한 타당성을 확보하기 위해 다른 연구를 통합했다.

인지행동치료에서 이 발전 단계는 전체적인 인지 시스템의 개념적 이해보다는 효과적인 치료 전략을 만들어 내는 것에 중점을 두었다. 그렇지만 이런 연구는 인지가 일종의 내현적 행동이라는 생각에서 벗어나 그 자체로 인과적임을 시사했다. 따라서 인지 시스템은 역기능의 원인이며 행동의 매개요인이라고 생각할 수 있을 뿐만 아니라, 학습이론과 행동주의 개념으로 지지되는 것과는 중요한 측면에서 서로 다른 일련의 원리에 따라 작동하는 것이라고 볼 수 있다. 이런 연구의 이론적 전제는 역기능적 사고는 역기능적 행동의 인과적 전조라는 비교적 간단한 가정이었다. 이런 비교적 단순한 전제의 발달로 정상과 이상 행동의 복잡한 인지 기능이 대부분 명확해졌다.

정신병리와 치료에 대한 인지적 관점을 정당화하는 요인 외에도 많은 다른 이론적이고 경험적인 발전이 있었다. 이러한 연구의 중심에서 두 분야가 두드러진다. 그 첫 번째 분야는 인지적 맥락에만 국한된 것이 아니라 의학 및 정신건강 치료와 많은 관련성이 있었다. 특히 증거 기반 의학 및 경험적으로 지지된 치료와 관련된 개념은 확립된 개입뿐만 아니라 치료법의 개발과 관련된 많은 연구에까지 영향을 미쳤다. 실행이 가능하려면 CBT는 효능을 보여야 했는데, 실제로 CBT의 치료 효능은 좋았으며 증거가 쌓이게 되었다(Ingram, Hayes, & Scott, 2000).

두 번째 강조점은 신경과학에 있었으며 여전히 그렇다. 정상 및 이상 행동에서 인지적 구성개념 중 신경학적 요소를 잠정적으로 확인했다는 것은 대단히 흥분되는 일이었다. 아마도 무엇보다 중요한 것은 신경과학이 독립적으로 또는 확립된 치료에 통합됨으로써 치료 혁신을 시사할 수도 있다는 것이다. 이런 치료 접근은 현존하는 인지적 접근보다는 다른 관점에서 유래되었다고 하더라도, 사실상 명백하게 인지적이다. '전통적인' 개입은 신경학적 기능이 치료적 변화와 관련 있을 것이라는 생각을 가지고 인지에 목표를 둘 것이며, 이를 지지하는 증거가 드러나고 있다(Eddington & Strauman, 2009). 이 관점에서는 '경험이 뇌를 변화시킨다.'(예, Lilienfeld, 2007)인 반면에, 신경과학적 접근은 '신경 기능의 변화는 인지의 변화에 반영된다.'고 주장할 것이다. 즉, '뇌가 경험을 변화시킨다.' 결정적인 연구는 아직 미약한 상태지만, 일부 초기 자료는 후자의 개념에 대한 가능성을 제안했다(Siegle, Ghinassi, & Thase, 2007).

따라서 '인지혁명'은 크게 발전해 왔다. 현재 인지 연구가 빠른 속도로 진행되고 있으므로 우리는 이 과정을 혁명이라기보다 진화라고 볼 수 있다. 실제로 임상심리학은 효과적인 치료를 위한 인지적 요소의 개발과 개선에서 주목할 만한 진화를 보였다. 기초 인지심리학의 진화는 인지심리학이 기초 심리학적 개념과 경험적 방법론뿐만 아니라 생리학, 신경해부학, 컴퓨터공학, 인공지능, 언어학, 언어 연구, 인류학, 철학 등의 개념과 경험적 방법을 통합하는 뚜렷하게 다양한 인지과학으로 점차 진화해 감에 따라 더욱 두드러졌다(Gardener, 1987). 이제 우리는 간단한 역사적 요약에서 시작해 인지과학의 현재 동향과 발전에 대한 검토를 할 것이다.

인지과학의 간략한 역사

'인지과학'은 본래 인지심리학, 인공지능, 신경해부학, 지식철학, 언어학, 인류학의 측면을 아우르는 통합적인 학문이다(Gardener, 1987). 이러한 통합은 CBT의 효과를 이해할 수 있고 어쩌면 향상시켜 줄 수 있는 풍부한 이론적 기초를 제공해 준다. 많은 요인이 이 독립적인 영역을 인지과학 분야로 통합하게 했다.

기초 과학이었던 행동주의의 쇠퇴는 심리학자로 하여금 다른 학문의 이론과 연구를 고려하게 했다. 이러한 심리학자의 목표 중 하나는 복잡한 인지적 사건, 이를 테면, 계획 및 조직화처럼 행동의 연쇄가 이어지는 방식을 이해하는 것이었다(Gardener, 1985). 자극과 반응의 중요성을 부정하지 않는 이런 식의 추구는 보통 자극과 반응 사이에 어떤 인지적 사건이 발생하는지에 대한 의문에 초점이 맞춰졌다. 다양한 자료에서 수많은 해답을 찾을 수 있었다.

Stein(1992)이 기술한 바에 의하면, 몇몇 학문은 인지과학의 초기 영역에 많은 기여를 하였다. 예를 들어, 철학자는 '인식할 수 있는' 것의 관점에서 나온 인지적 의문을 오랫동안 다뤄 왔기에 '마음의 철학'이 인지심리학 모델의 발달에 통합된 것은 당연한 것이었다. 컴퓨터의 출현은 마음과 인지의 정보처리 모델을 컴퓨터에 빗대게 하였다(Newell & Simon, 1972). 컴퓨터공학과 신경과학은 산업용 컴퓨터에서 사용하는 논리 회로를 생물학적 뉴런의 기능과 같다고 본 Von Neumann과 McCullogh 같은 선각자에 의해 잘 통합될 수 있었다(Jeffress, 1951). 언어학자는 난독증 같은 장애에 오랫동안 임상적 관심을 가져 왔으므로 이런 분야의 통찰이 인지과학의 발달에 통합되었다(Stein, 1992). 따라서 컴퓨터공학, 인공지능, 신경과학, 언어학, 지식철학의 분야는 인지과학이라는 통합 분야를 탄생시킨 인지심리학의 의문과 밀접하게 관련되어 있었다.

인지과학의 기초

언급한 바와 같이 철학, 신경과학, 인공지능의 몇몇 학문이 인지과학에 기여했다. 언어학과 인류학이 인지과학에 기여하긴 했지만, 그들이 가지는 의미는 CBT와 다른 학문이 가지는 연결성에 비하면 부족한 편이기 때문에 여기서는 CBT의 모델 및 방법과 관련된 철학 및 신경과학의 기초와 인공지능의 발달에 관해서만 논의하겠다.

철학적 기초

'인식론' 또는 인식할 수 있다는 것의 철학은 기록된 역사의 출현 이후 정신장애의 모델과 연결되어 왔다. 페르시아에서 유래된 조로아스터교의 철학자는 이미 기원전 500년에 발달된 의식 이론과 마음과 몸의 관계에 대한 모델을 가지고 있었다. Aristotle는 신체 유머와 심적 능력 간의 상호작용을 믿었다. 12세기에 Maimonides는 CBT의 기본적 개념인 사고의 변화가 기분의 변화와 관련될 수 있다고 제안하는 Aristotle의 이론을 사용했다(Pies, 1997). Mahoney(1988)가 언급한 바와 같이 CBT의 대부분의 철학적 기초는 '구성주의'에서 찾을 수 있으며, 이는 현실은 현상을 만든 관찰자의 기능으로서 존재하는 사회적으로 구성된 현상이며, 역동적이고 주관적인 인식으로 구현된다고 간주한다. CBT의 모든 면이 명백하게 이런 철학적 관점에서 발달해 온 것은 아니지만, 이러한 관점은 Beck의 치료 접근(Beck, 1967, 1996; Beck et al., 1979 참조)의 기초이며, 틀림없이 모든 현대 CBT의 핵심을 이룬다. Bedrosian과 Beck(1980)은 Beck 연구의 철학적 기원이 '만약 그대가 외부의 대상에 의해 고통받는다면 그대를 고통스럽게 하는 것은 이 대상이 아니라, 이에 대한 그대 자신의 판단일 것이오.'라고 말한 Kant와 Marcus Aurelius 같은 사람의 논거에서 찾아볼 수 있다고 하였다. 행동을 수정하는 방법으로서 사고의 수정은 이러한 관점에 따른 자연스러운 결과다.

신경과학적 기초

'신경과학'은 뇌와 뇌-행동의 관계에 대한 연구이며, 정신병리의 생물학적 기원에 대해 최근 생겨난 관심을 가속화시켰다. 신경과학은 인지의 구성요소, 즉 개별 뉴런이 인지 기능 수행에 있어서 어떻게 작동하고 상호작용하는지와 관련된다. 실제 상황에서 중추신경계 및 인지과정과 뇌의 연관성에 대한 정밀한 측정법의 개발은 결국 치료에서의 변화에 대한 생물학적 근거를 이해하게 할 것이다. 사실상 인지치료 동안의 뇌 구조 및 화학물질의 변화에 대한 경험적 연구가 비교적 최근 일이긴 하지만, 인지신경과학의 발달이 치료 변화 과정을 보다 잘 이해하게 할 것이라고 시사되어 왔다(Tataryn, Nadel, & Jacobs, 1989). 따라서 우리는 신경과학에 대한 많은 현대 연구에 초점을 두어 기술하고 인지 변화 유도에 기여하는 신경과학의 잠재적 역할을 예상해 볼 것이다.

뇌 구조

특정 장애에 대한 인지행동치료는 장애의 기저에 있는 요인에 대한 몇 가지 지식을 가정해야 한다. 자기공명영상(MRI) 같은 뇌 영상 기법은 장애와 관련된 뇌 구조를 확인하게 해 준다. 예를 들어, 한 연구에서 우울증이 전두엽과 기저핵 손상을 포함한 다수의 다른 구조의 부피 변화와 관련된다는 것이 밝혀졌다. 게다가 뇌 대비 뇌실 비율의 이상(Videbech, 1997)과 측두엽의 비대칭(Amsterdam & Mozley, 1992)이 보고되었다. 정서장애를 적극적으로 유지시키는 구조물과 CBT가 영향을 미칠 수 있는 구조물에 관한 정보가 수집되면 생리학적 이상으로 발생하는 기능장애를 목표로 하는 보다 정확한 치료가 설계될 수 있다. 예를 들어, 편도체는 정보에 대한 정서적 유인가를 할당하고 반추 과정을 매개하는 역할을 담당한다(Siegle, Steinhauer, Thase, Stenger, & Carter, 2002). 최근 연구에서 우측 편도체가 긍정적 정보와 부정적인 정보 모두에 반응하는 반면 좌측 편도체는 오직 부정적인 정보에만 반응한다고 밝혀졌다(Davidson, 1998). 이러한 구조에서 기능적 비대칭은 정서장애의 긍정적이고 부정적인 자극의 지각에 대한 이해를 도울 수 있다. 게다가 예비 연구에서는 이러한 몇몇 구조적 이상이 항우울제의 치료 반응과 상관이 있다는 것이 시사되었는데(예, Pillay et al., 1997), 이는 인지행동치료의 반응을 예측하는 데 잠재적으로 사용될 수 있다.

뇌 활성화

양전자 방사 단층 촬영(PET)과 기능적 MRI(fMRI) 같은 뇌 영상기법과 전통적인 생리적 측정기법(예, EEG), 신경생리학적 평가기법은 뇌 활동의 국재화 측정을 가능하게 해준다. PET 스캐너는 뇌 조직에서 발생하는 방사성 동위원소의 양을 측정한다. 이때 동위원소가 뇌에서 발견되는 물질과 같은 장소에서 결합되는 것을 이용하면, 이 물질이 사용된 비율이 결정될 수 있다. PET 스캔은 포도당의 비율과 산소 대사, 뇌 혈류량, 신경전달물질이 사용되는 양의 정도를 이해하는 데 사용된다(예, Powl, 1997). fMRI는 뇌 활동과 관련하여 관찰되는 요인인 양성자 방사능 신호의 발생을 측정한다. 따라서 fMRI는 인지 과제를 수행하는 동안 상대적인 뇌 활성량을 조사하는 데 이용될 수 있다.

국재화는 인지행동치료 동안 증상 완화 이면의 기제를 이해하는 데 중요하며, 기능적으로 관련된 뇌 영역을 대상으로 하는 절차에 유용할 수 있다. 예를 들어, Schwartz(1998)가 보고한 fMRI 자료에서는 강박장애가 안와전두피질의 비정상적인 활성화를 보인다고 하였다. CBT를 받은 사람은 좌측 안와전두 활성화에 변화를 보였는데, 이는 장애가 영향을 미치는 뇌 부분에 인지치료가 직접적으로 작용할 수 있음을 나타낸다. Schwartz는 이러한 CBT 정보를 사용해서 두 가지 방식으로 전달했다. 첫째, 환자에게 치료기법을 실시하게 되면 뇌 활성화가 바뀐다는 것을 보여 주자 치료에서 특히 까다로운 문제인 치료 순응도가 개선되었다. 둘째, Schwartz는 미상-안와전두 영역을 특징적으로 다루기 위해 CBT의 기법의 일부를 수정하였다. 특히 그는 미상-안와전두 회로에서의 조정을 가능케 하는 것으로 여겨지는 기법을 통해 참을 수 없는 욕구가 올라오는 환자의 행동을 변화시켰다.

결과는 다른 장애에서도 마찬가지로 유망하다. 예를 들어, 우울증은 좌측 전두엽의 저활성화와 관련된다(예, Henriques & Davidson, 1991). 배측 전전두엽 피질이 정서 반응의 억제를 담당하는 것으로 보이기 때문에 연구는 우울증의 경우 정서 반응이 특히 억제되지 않을 것임을 시사한다. Bruder와 동료들(1997)은 신경심리 과제를 사용하여 CBT가 반구 비대칭 소실과 관련되며, 그리하여 CBT가 우울증의 영향을 상쇄시키는 정서 억제 과정을 증가시킬 수 있다고 하였다. 이런 종류의 분석을 통해 CBT의 기제를 이해하는 모델이 발달된다.

뇌 활동의 상관변인은 생리학적 평가 기법을 통해 평가할 수 있다. 예를 들어, 사건 관련 전위(ERPs)는 자극 이후 1000분의 1초의 뇌 활동을 나타낼 수 있으므로 인지치료와 관련된 변인의 시간 경과에 대한 조사를 가능하게 해 준다(예, 주의 할당의 전환). 쌍극자 국재화 기법(예, Wood, 1982)은 ERPs와 관련된 뇌 활동이 어디서 일어나는지 알아내려는 수학적 내삽법이며, 뇌 활동의 근원을 대략적으로 확인하게 해 준다. 유사하게 연구자가 관심 있는 다양한 뇌 영역에 자극이 가해지는 동안 뇌구조의 활동에서 얻어진 다른 지표에 의해 일반 인지활동이 생리학적으로 측정될 수 있다. 예를 들어, 동공 확장은 전반적인 인지 부하의 지표로 오랫동안 사용되어 왔다.

주의 양식 혹은 스트레스 같은 치료의 목표 대상이 되는 변인이 장애의 발병과 유지에 기여하는 방식은 정서적이거나 공포스러운 자극이 나타났을 때의 반응에 따른 생리학적 변인으로 측정하여 알아낼 수 있다. 따라서 이론적으로 파생된 생리학적 반응 프로파일은 치료 순응도를 예측하는 데 사용될 수 있다. 더욱이 이러한 생리학적 측정도구는 비침습적이고 경제적이기 때문에 역할 연기와 생각 도전하기 같은 기법을 사용하는 동안 인지의 양상을 측정하기 위해 치료에 포함될 수 있다.

신경화학

구조 및 국재화 정보에 더하여 뇌에서 분비되는 호르몬과 신경전달물질이 하는 역할을 아는 것은 정신병리의 이해를 돕는다. 예를 들어, McEwen, DeKloet과 Rostene(1986)는 해마 시스템이 기억 형성을 맡고 있다고 하였는데, 여기에는 스트레스 호르몬 수용기가 존재한다. Jacobs과 Nadel(1985)은 해마 시스템이 특정 자극과 스트레스를 연합되도록 하고 공포증을 야기할 것이라고 추측했다. 그들은 추정된 해마 활동에 기초한 공포증의 생리학적 치료 개발을 제안했다.

유사하게 도파민, 노르에피네프린, 세로토닌 등의 분비된 신경전달물질은 우울증(예, Klimek et al., 1997; Stockmeier, 1997), 정신분열증(예, Cohen & Servan-Schreiber,

1993), 불안(예, McCann et al., 1995)을 비롯한 많은 장애를 유지시키는 원인이다. 치료 변화에서 이런 신경화학물질의 역할을 이해하는 것은 정서 상태, 인지 기능, 신경화학적 대사 간의 관계를 조사하는 데 유용할 것이다. 이런 이유로 최근에는 자기 공명 분광(MRS)(예, Frangou & Williams, 1996)처럼 신경화학이 대사되는 비율을 실시간으로 측정하는 기법에 많은 관심이 쏠려 있다. fMRI에서 사용되는 동일한 장비를 사용해 신경화학적 농도를 측정하는 비침습적 방법인 MRS는 세포막 인지질 대사, 고에너지 인산염 대사, 세포 내 pH를 포함해 우울증에서 화학물질의 양 변화를 나타내는 데 사용된다(Kato, Inubushi, & Kato, 1998). 이와 같은 방법론은 약물이 신경화학물질의 양을 변화시킬 수 있다는 것을 이해하는 데 사용될 수 있다(예, Kato et al., 1998; Renshaw et al., 1997). MRS는 또한 사회공포증과 같은 장애에서 신진대사 항진 및 약물치료 반응을 이해하는 데 사용될 수 있다(Tupler, Davidson, Smith, & Lazeyras, 1997). 신경화학물질의 농도에 대한 CBT의 효과를 알아보기 위해 MRS를 사용한 연구는 아직 나오지 않았지만, 약물치료에서의 이런 연구는 많은 가능성을 시사한다.

인지치료와 약물치료의 비교

연구는 우울증 같은 장애에서 인지치료와 약물치료가 유사한 효능을 보일 수 있다고 시사했다(예, Hollon, De Rubeis, Evans, & Wierner, 1992). 이런 치료의 기제가 동일해서인지, 그래서 결과적으로 각각의 장기적인 치료 효과가 동등하게 되는 것인지는 아직 명확하지 않다. 신경영상 자료, 생리학적 측정 혹은 신경화학물질 대사의 분광 분석은 인지치료와 약물치료의 치료 효과를 구별하는 기제를 밝히는 데 도움이 될 수 있다. 이런 점과 관련해서 Eddington과 Strauman(2009)은 신경 변화가 각기 다른 유형의 치료에 대한 반응을 설명할 수 있을 것이라고 언급했다. 예를 들어, 배측과 복내측의 전전두 피질에서의 변화와 전측 대상 피질의 휴면 포도당 대사에서의 변화는 CBT 후에 나타났지만 약물치료에서는 그렇지 않았다(Goldapple et al., 2004; Kennedy et al., 2007). 따라서 각 치료의 기저에 있는 기제는 측정된 생리 지표의 유사점과 차이점에서 나온 것일 수 있다.

약물 기분 점화 유도

치료 후 변화와 장애 재발의 취약성 요소를 평가하기 위한 방법 중 하나는 약물 기분 점화 방법을 사용하는 것이다(예, Segal & Ingram, 1994). 사람들을 그들의 장애를 연상시키는 상태로 유도하는 경우, 그 상태의 양상에 대한 반응이 밝혀질 수 있다. 심리학적 절차가 이 같은 상태를 유발하는 데 효과적으로 사용되긴 하지만, 약리학적 변화도 다양한 장애와 관련된 상태에 관여하는 뇌 조건을 시뮬레이션하는 방식으로 유도된다. 예를 들어, 트립토판의 부족은 세로토닌의 가용성을 변화시킨다. 트립토판은 세로토닌과 상관이 있는 기분저하와 기타 심리 현상과 관련된다(Reilly, McTavish, & Young, 1998). 정신병리의 신경학적 상관변인에 대한 지속적인 탐색은 인지적 혹은 약리학적 과제에 뒤따르는 취약성을 평가하기 위해 장애의 양상을 점화하는 새롭고 유용한 방법을 찾게 해 줄 것이며, CBT의 효능의 기저에 있는 기제를 보다 잘 이해하게 해 줄 것이다.

인공지능

인공지능(Artificial Intelligence: AI)은 인간행동을 모방하여 과제를 수행하는 컴퓨터 프로그래밍이다. 대개 목표는 컴퓨터의 수행을 인간의 수행과 일치시키는 데 있다(예, Jaquette, 1993; Turing, 1936, 1950). 이 같은 목적은 두 가지 측면에서 CBT의 발전을 도왔다. 첫 번째로 AI 연구자는 인간을 매우 효율적인 컴퓨터와 유사하다고 보았고, 컴퓨터가 인간이 수행하는 방식대로 과제를 수행하도록 컴퓨터 프로그램을 짜려고 노력했다. 장애의 양상을 컴퓨터 모델의 수행으로 이해함으로써 장애를 인지적으로 치료하는 방식을 학습할 수 있다. 두 번째 측면은 사람을 치료하는 데 적극적으로 컴퓨터를 사용한 것이다. 이 부분에 대해서는 차례로 논의할 것이다.

정신병리의 유사물인 컴퓨터

정신병리의 이면 기제에 대한 이해가 증가하게 되면 이런 기제의 유사물이 컴퓨터 프로그램으로 개념화될 수 있었다. 이 같은 컴퓨터 프로그램은 장애의 기제에 대한 프로그래머의 지시에 따라 행동하지만, 프로그래머가 예상하지 못한 입력에 반응할 수 있다. 이런 절차는 통계적 공식을 이해하는 것과 유사하지만, 분석이 수행될 때까지는 특정 자료에 대한 공식이 적용된 결과인지 알 수 없다. 따라서 컴퓨터는 장애에서 인지 이론의 함의와 이론이 개념화되기 전에는 고려되지 않았던 모순점까지 나타낼 수 있다(예, Cohen & Servan-Schreiber, 1992; Siegle, 1997).

CBT와 관련된 인지 변인의 AI 모델링은 인지 이론을 검증하는 휴리스틱 기제로 쓰일 수 있다(Siegle, 1997). 프로그램이 장애가 있는 사람들과 유사한 행동(즉, 출력)을 할 수 있다면 치료적 변화 과정에 대한 유사물의 포함은 특정 개입이 행동의 확실한 변화를 만들어 냈는지 알아보는 데 사용될 수 있다. 인지의 기저에 있는 많은 시스템이 아주 복잡하고 비선형적이기 때문에 컴퓨터 프로그램에서 기법을 시뮬레이션해 보지 않고서는 예측하기 어렵다는 점에서 이런 기법은 순수 이론 이상의 이점을 가진다. 게다가 AI 시스템으로서 시행되는 장애 모델은 어떤 프로그램의 시뮬레이션된 행동에 영향을 미치는 인지변화 과정을 시뮬레이션하기 위한 수정을 함으로써 인지행동치료를 개선하는 데 사용될 수 있다.

AI 연구자는 모델화된 인지와 정서의 측면을 통해 CBT의 중심 개념에 독특한 관점을 추가할 수 있다. 예를 들어, CBT는 종종 문제해결과 관련된다. AI 모델링은 일련의 사건 계획 및 문제해결에서의 어려움을 오랫동안 다뤄 왔다(예, Charniak & McDermott, 1985). 보통 아주 간단한 수학 방정식이나 명시된 순서로 장애를 처리하여 문제를 해결하는 컴퓨터 프로그램을 통해 AI 연구자는 사람이 문제를 어떻게 해결하는지에 대해 많은 것을 알게 되었다(Newell & Simon, 1972). Webster(1995)는 이전의 문제해결의 실패에 대한 저장 및 검토와 같은 기법이 효과적으로 문제를 해결한다는 것을 입증하기 위해 시뮬레이션과 전통적인 계산적 문제해결 프로그램 모두를 사용했다. 그는 이런 과정이 정서장애에서 부정적 사고와 반추의 적응적 측면과 같다고 하였지만, 이런 적응적인 전략을 지나치게 사용하는 것은 부적응적인 문제해결 결핍을 야기할 것이라고 하였다. 이 연구는 인지행동 치료자에게 반추가 때때로 적응적일 수 있다는 것과 반추의 적절한 수준을 찾는 것이 환자에게 유용할 수 있다는 많은 함의점이 있다.

AI의 추론 모델 또한 CBT로 인한 변화를 이해하는 데 적용될 수 있다. 많은 AI 프로그램의 중심 목표는 인공지능 행위자(즉, 로봇)가 세상에서 경험할 수 있는 상황에 대해 추론하는 것이다. CBT에서 기초가 되는 도식의 개념이 이 문헌에서 공식화되었다(예, Schank & Abelson, 1977). 도식은 보통 행동 맥락과 관련된 정보가 쌓인 상태를 표상하는 효율적인 개념으로서 전통적으로 AI 연구자에게 유용하게 사용되었다. Beck의 인지치료가 우울한 사람은 스스로에 대해 부정적 도식을 갖고 있다는 개념에 기초한다는 것은 주목할 만하다.

전통적인 AI가 치료 요소를 모델화할 수 있게 하는 마지막 영역은 이론적 논리 영역이다. CBT에서 자주 세우는 목표는 비일관적인 신념을 조화롭게 하는 것이다(예, 통제하지 못했다는 믿음을 넘어 죄책감을 느끼게 하는 신념). 논리 프로그램 분야는 신념이 비일관적일 때 시스템이 어떻게 구동해야 하는지에 대한 문제를 다룬다. Grant와 Subrahmanian(1995a)은 데이터베이스를 구성하는 신념 네트워크에서 비일관적인 신념이 핵심을 이룰 때, 데이터베이스에서 결론이 도출될 가능성이 거의 없음을 밝혀냈다. 암묵적으로 사람들의 핵심 신념이 비일관적일수록 의사결정을 더 못할 수 있다(Dombeck, Siegle, & Ingram, 1996). 많은 신념이 이런 핵심 신념에 종속되어 있기 때문에 전체 네트워크를 붕괴시키지 않고서는 변화가 어렵다. Subrahmanian(Grant & Subrahmanian, 1995a, 1995b; Pradhan, Minker, & Subrahmanian, 1995)은 어떤 데이터베이스가 비일관적인 신념을 함께 고려할 수 없도록 제약을 받을 때, 그 데이터베이스가 결론을 도출하는 데 다시 사용될 수밖에 없다고 하였다. 이런 논리에 기초해서 인지치료자는 인지적 네트워크의 중심에 환자의 비일관적 신념이 있어서 쉽게 변화되지 않는 경우에 서로 간의 일관적인 신념을 고려하도록 하고, 그 상황에서 나온 신념을 우선적으로 처리하게 하는 전략을 사용할 수 있다.

인지심리학, 인공지능, 신경과학의 통합

'연결주의'는 인지심리학과 AI의 이론적 모델에 해당하는 용어로, 여기서 인지는 마디 사이에 확산되는 활성화와 관련된다고 가정된다. 예를 들어, 마디는 명제 또는 신념을 표상하며, 활성화는 각각의 신념과 관련된 기억 과정을 표상한다고 할 수 있다. 예를 들어, Bower(1981)는 정서와 인지는 이러한 시스템 내에서 연결된 마디로 표상될 수 있다고 제안하여 이들 간의 관계를 이해하는 데 의미망을 사용했다. 우울증은 의미망에서 특정한 사고와 정서 간의 강한 연결을 가질 것이다. 이런 식으로 많은 사고는 슬픈 정서를 끌어낼 수 있으며, 이것은 인지치료자가 의미망 내에서 연결을 변화시킨다는 주장을 뒷받침하는 데 사용될 수 있다.

연결주의 모델은 병렬 분산 처리 구조 안에서 생성되는데, 정보처리의 패턴은 단순한 연결 뉴런과 같은 단위의 망에서 나온 결과로 이론화된다. 이러한 '신경망' 모델은 생물학적 시스템과 유사하게 설계될 수 있기 때문에 다른 연결주의 모델 이상의 이점을 가진다. 이런 생리학적으로 영향을 받은 모델은 인지와 신경과학 연구 간의 틈을 메워 준다. 신경과학 연구에서 도출된 장애의 가능한 기제는 알려진 뇌 회로를 모방하여 설계된 신경망에서 구현될 수 있다. 신경망에서 지식은 인지심리학에서 논의된 학습 기제를 통해 습득된다. 이런 망은 간단한 계산을 수행하는 개별 의미가 없는 단위로 구성되기 때문에 컴퓨터에서 쉽게 시행될 수 있다. 이런 과정은 시뮬레이션된 시스템에 입력을 처리하고, 행동을 표상하는 출력을 만들어 내는 계산 네트워크를 가능하게 한다. 장애와 인지 변화의 기저에 있는 기제는 이와 같은 시스템에서 시뮬레이션될 수 있다(Siegle, 1997, 1999). 신경망 모델에서 도출된 치료에 관한 결론은 변화를 행동적 · 인지적 · 생리학적 관점 모두에서 바라보기 때문에 통합적이다(Tryon, 1993a).

신경망 모델은 학문 간 교류를 하지 않는 다른 모델링 기법 이상의 많은 이점을 가진다. 예를 들어, 사실상 많은 과정은 무질서한데 한 시스템의 미래 상태는 현재 상태로 예측할 수 없기 때문이다. 신경망 모델은 이론적으로 무질서한 과정의 영향을 관찰하도록 한다(Movellan & McClelland, 1994). 보다 더 상징적인 AI의 기타 모델 이상으로 정신병리를 이해하는 데 이점이 있는 신경망은 현상의 단계적 변화를 표상하며, 변인 변화의 측면을 포착할 수 있다(Caspar, Rosenfluh, & Segal, 1992).

Tryon(1993b)은 신경망의 원리가 인지적 관점과 행동적 관점 간의 틈을 메우는 방식으로 CBT에 통합될 수 있다고 보았다. Tryon은 치료가 연결 강도에 영향을 준다고 여겨질 수 있으므로(네트워크에의 입력의 활성화로 표상되는) 자극이 (네트워크의 출력 활성화의 기능으로 표상되는) 여러 가지의 결과 반응과 관련된다고 하였다. 이러한 행동 변화에 있어 인지의 역할은 자극–반응 쌍에서의 변화와 관련된 네트워크 내부에서의 변화를 검토함으로써 이해될 수 있다.

정신병리에 대한 신경망 모델이 만들어졌다. 예를 들어, Siegle(1999; Siegle & Ingram, 1997)은 환경 자극(예, '생일'이라는 단어)의 정서적 특징(예, 슬픔)과 비정서적인 특징(예, 사람이 태어난 날을 생일이라고 한다는 지식)에 대한 재인과 관련된 인지과정 모델을 개발했다. 또한 이 모델은 정보의 정서적 측면과 비정서적 측면을 표상하는 뇌 영역 간의 과도한 피드백으로 작동되는 반추를 포함시켰다. 이 모델을 이용한 컴퓨터 시뮬레이션은 우울할 때 과도한 반추가 긍정적 정보를 학습하는 능력을 방해한다고 제안한다. 이러한 결과는 치료에서 긍정적 사고를 경험하도록 돕기 전에 우울 반추를 다룰 필요가 있을 것이라고 시사한다.

Casper와 동료들(1992)은 신경망 모델 이론이 행동 반복을 특징으로 하는 쇠약한 상태인 '반복 강박' 같은 기타 임상적 현상을 치료하는 데 발전을 가져올 수 있다고 하였다. 그들은 신경망 모델이 적절하지 않은 연합을 학습할 수 있다고 생각한다. 특정 조건에서 적절한 연합이 강해질 수 있으며 이렇게 맺어진 연합은 소거되기 힘들다. 자극은 바람직한 목표의 성취 없이 반복적으로 반응과 연합될 수 있다. 이들은 반복 강박에 대한 인지치료의 변화 기제를 제안하기 위해 그 부적응적 학습의 신경망에서 벗어나게 하는 기법을 개괄적으로 언급했다.

앞선 논의는 연결주의가 인지치료에서 새로운 역할을 하고 있는 인지과학에서 중요한 기능을 할 수 있다고 제안한다. 기초 인지과학이 인지심리학, AI, 신경과학의 연구를 통합하고 있지만 인지치료의 발전과 이러한 통합은 별개였다. 통합 인지과학 분야는 연결주의 모델링 기법을 사용하여 이러한 학문에서의 직관을 결합함으로써 인지치료의 발전에 큰 획을 그을 수 있었다.

요약 및 결론

인지과학에서 나온 개념은 CBT의 기저에 있는 이론적 개념과의 견고한 관련성을 지닌다. 이 같은 관련성은 인지과학의 진화에도 이득이 될 수 있다. 예를 들어, 인지과학은 흔히 인지를 주의 '양식'에 대한 연구와 같은 고정된 현상으로 여기며 초점을 맞춰 왔다. 그에 반해 CBT는 인지 변화로 이루어지는 정서 및 행동 수정에 중점을 두었다. 예를 들어, 많은 연구자는 도식(예, Goldfried & Robins, 1983; Hollon & Kriss, 1984), 부호화(Greenberg & Safran, 1980, 1981), 인지 산출에서 다양한 정보 흐름의 통합(Teasdale & Barnard, 1993) 등 인지적 변인의 역할을 명료화하려고 노력했다. 따라서 CBT에 관한 연구는 진행 중인 인지과정에서의 역동적인 인지적 변인의 역할을 규명함으로써 기초 인지과학 연구에 기여할 것이다.

CBT에 관한 연구가 변화 과정에 대한 통찰을 어떻게 제공하는지에 대한 또 다른 일례로는 CBT에서 대인관계 과정에 대한 Safran과 Segal(1990)의 연구가 있다. 많은 인지과학 지지자는 개인의 역할을 분석하지만 Safran과 Segal은 전통적인 인지심리학의 실험에서 나온 증거를 사용하여 인지변화 과정에 관련되었을 다른 사람(예, 치료자)과의 동맹을 제안한다. 그들은 대인관계 결손이 있는 사람은 자기 혹은 타인과 관련 있는 도식이 발달할 가능성이 있다고 제안한다(또한 Ingram, Miranda, & Segal, 1998 참조). Safran과 Segal은 대인관계 도식이 '관계성을 유지하기 위한 프로그램'의 역할을 할 수 있다고 제안한다(1990, p. 68). 임상 장애는 대개 혼란된 대인관계를 수반하기 때문에 연구자는 대인관계 도식이 인지 개입의 목표가 될 수 있다고 제안한다. 인지과학에서 대인관계를 이해하는 것은 아직 걸음마 단계에 있다.

변화 과정에서 주목할 만한 것은 인지의 생물학적 기질을 변화시키는 것(예, Davidson, 1998)과 우울증 재발방지(예, Teasdale, Segal, & Williams, 1996)에 있어서 다른 문화로부터 발생한 치료(예, 마음챙김 명상)의 역할을 이해하려는 노력이다. Teasdale과 Davidson의 비교 문화 연구 프로그램은 인지 과정이 병렬적이며 분산된다는 생각에서 시작되었고, 자기에 대한 자각 같은 개념을 이해하기 위해 인지과학의 개념을 사용한다. 예를 들어, Teasdale과 동료는 명상기법이 부정적인 사고와 정서를 연결하는 순환 활성화를 끊을 수 있음을 제안하기 위해 Teasdale과 Barnard(1993)의 통합 모델을 사용했다. 실제로 이런 주장을 지지하는 연구가 시작되었다(Teasdale et al., 2002). 이 연구는 임상적 문제를 해결하기 위해 수행되었지만 이는 완전히 새로운 학문과의 통합에 인지과학을 노출시켰다.

인지 및 행동 변화는 인지 기능보다는 신경 기능을 대상으로 하는 방법으로 유발될 수 있다. Siegle과 동료들(2007)은 인지 통제를 가르치는 것으로 우울증을 치료하는 새로운 방식을 보고했다. 인지 통제훈련은 편도체 활동 증가를 억제하기 위해 전전두엽 피질을 활성화하려는 목적으로, 특히 편도체와 전전두엽 피질을 대상으로 한다. 이 치료는 처음에 Wells(2000)의 주의훈련을 사용한다. 환자는 자연 환경에서 발생한 소리에 주의를 기울이고, 그다음 소리에 주의를 기울이는 것과 소리를 세는 것 사이를 왕래한다. 이 과제를 완수하면 환자는 몇 가지 숫자를 계속 더하도록 하는 일련의 숫자 과제를 수행한다. 이 과제는 전전두엽 활동이 주의를 매개하도록 하며, 이는 일정 시간 이상 과제를 매개하는 전전두엽의 수행이 편도체 억제에 대한 전전두엽 기능을 회복시킬 것이라는 발상에서 나왔다. Siegle과 동료들(2007)이 보고한 결과는 우울증 감소에 대한 상당한 가능성과, 특히 뇌 기능을 대상으로 하는 방법이 어떻게 정서 치료 변화에 유용할지를 보여 준다. 인지는 변화될 수 있기 때문에 CBT가 이에 영향을 미칠 수 있다. 이 경우에 인지는 심리치료로 인한 것이 아니라 뇌 구조의 '재설정'으로 인해 변화되는 것이다. 이 같은 노력은 CBT와 인지과학 모두에게 변화가 어떻게 일어날 수 있는지에 대한 보다 나은 이해를 제공한다.

마지막으로, 원래 Beck의 인지치료(1967)가 최상의 인지과학을 기초로 한다는 것에 주목하고자 한다. 인지과학의 발전은 현대의 CBT의 근간을 조금 더 분명히 설명하기 위해 시작되었지만, 짐작컨대 변화 과정에 대한 새로운 통찰을 제공했을 것이다. 이번 장에서는 정신병리 및 그것의 치료와 관련된 인지 현상을 야기하는 기제를 설명하는 인지과학의 영향력에 관해 살펴보았다. MacLeod(1987)은 다음과 같이 지적한 바 있다.

> 따라서 가장 유용한 치료기법으로 구성되도록 인지치료 접근을 개선하는 우리의 궁극적 능력은 특정 장애 혹은 특정 환자의 기저에 있는 인지적 처리 편향의 정확한 특징을 확인하는 능력과 이 같은 편향을 극복하는 인지기법의 효과성을 민감하게 측정하는 능력에 달려 있다(p. 180).

우리는 인지과학 모델이 인지 시스템을 통한 정보의 흐름을 명료화하는 데 특별히 유용한 도구를 대표하고, CBT 발전의 개념적 기초를 제공해 준다고 생각한다. 즉, 명백한 인지과학 관점과 CBT의 통합은 다양한 장애의 임상적 변화에 대한 특징을 이해하는 데 이론 중심의 발판을 제공해 줄 수 있다. 이와 비슷하게 장애의 기저에 있는 뇌 기제에 대한 신경과학 자료를 사용함으로써 일부 치료 접근법은 특정 뇌 영역과 활성화 패턴을 대상으로 삼을 수 있다. 요약하면, 인지과학의 하위 학문분야뿐만 아니라 인지과학과 CBT의 관련성에 대한 충분한 이해는 CBT를 더 강력하고 철저하며 폭넓게 만들어 줄 것이며, 따라서 인간의 고통을 치료하는 데 유용하다.

참고문헌

Amsterdam, J. D., & Mozley, P. D. (1992). Temporal lobe asymmetry with iofetamine (IMP) SPECT imaging in patients with major depression. *Journal of Affective Disorders, 24*, 43-53.

Baldwin, M. W. (1992). Relational schemas and the processing of social information. *Psychological Bulletin, 112*, 461-484.

Bandrua, A. (1969). *Principles of behavior modification*. New York: Holt, Rinehart & Winston.

Beatty, J. (1982). Task-evoked pupillary responses, processing load, and the structure of processing resources. *Psychological Bulletin, 91*, 276-292.

Beck, A. T. (1967). *Depression: Clinical, experimental, and theoretical aspects*. New York: Hoeber.

Beck, A. T. (1976). *Cognitive therapy and the emotional disorders*. New York: International Universities Press.

Beck, A. T. (1996). Beyond belief: A theory of modes, personality, and psychopathology. In P. M. Salovskis (Ed.), *Frontiers of cognitive therapy* (pp. 1-25). New York: Guilford Press.

Beck, A. T., Rush, A. J., Shaw, B. F., & Emery, G. (1979). *Cognitive therapy of depression*. New York: Guilford Press.

Bedrosian, R. C., & Beck, A. T. (1980). Principles of cognitive therapy. In M. J. Mahoney (Ed.), *Psychotherapy process* (pp. 127-152). New York: Plenum Press.

Bower, G. (1981). Mood and memory. *American Psychologist, 36*, 129-148.

Bruder, G. E., Stewart, J. W., Mercier, M. A., Agosti, V., Leslie, P., Donovan, S., et al. (1997). Outcome of cognitive-behavioral therapy for depression: Relation to hemispheric dominance for verbal processing. *Journal of Abnormal Psychology, 106*, 138-144.

Caspar, F., Rosenfluh, T., & Segal, Z. (1992). The appeal of connectionism for clinical psychology. *Clinical Psychology Review, 12*, 719-762.

Charniak, E., & McDermott, D. (1985). *Introduction to artificial intelligence*. Reading, MA: Addison-Wesley.

Cohen, J. D., & Servan-Schreiber, D. (1992). Introduction to neural network models in psychiatry. *Psychiatric Annals, 22*, 113-118.

Cohen, J. D., Servan-Schreiber, D. (1993). A theory of dopamine function and its role in cognitive deficits in schizophrenia. *Schizophrenia Bulletin, 19*, 85-104.

Davidson, R. J. (1998). Affective style and affective disorders: Perspectives from affective neuroscience. *Cognition and Emotion, 12*, 307-330.

Dombeck, M., Siegle, G., & Ingram, R. E. (1996). Cognitive interference and coping strategies in vulnerability to negative affect: The threats to identity model. In I. G. Sarason, B. Sarason, & G. Pierce (Eds.), *Cognitive interference: Theories, methods, and findings* (pp. 299-323). Hillsdale, NJ: Erlbaum.

Eddington, K. M., & Strauman, T. J. (2009). Neuroimaging and psychosocial treatments for depression. In R. E. Ingram (Ed.), *International encyclopedia of depression* (pp. 410-412). New York: Springer.

Ellis, A. (1962). *Reason and emotion in psychotherapy*. New York: Lyle Stuart.

Frangou, S., & Williams, S. C. (1996). Magnetic resonance spectroscopy in psychiatry: Basic principles and applications. *British Medical Bulletin, 52*, 474-485.

Gardener, H. (1985). *The mind's new science: A history of the cognitive revolution*. New

York: Basic Books.

Gardener, H. (1987). Cognitive science characterized. In P. K. Moser & A. vander Nat (Eds.), *Human knowledge: Classical and contemporary approaches* (pp. 375-393). New York: Oxford University Press.

Goldapple, K., Segal, Z., Garson, C., Lau, M., Bieling, P., Kennedy, S., et al. (2004). *Archives of General Psychiatry, 61*, 34-41.

Goldfried, M. R., & Robins, C. (1983). Self-schema, cognitive bias, and the processing of therapeutic experiences. In P. C. Kendall (Ed.), *Advances in cognitive-behavioral research and therapy* (Vol. 2, pp. 330-380). New York: Academic Press.

Grant, J., & Subrahmanian, V. S. (1995a). Reasoning in inconsistent knowledge bases. *Transactions on Knowledge and Data Engineering, 7*, 177-189.

Grant, J., & Subrahmanian, V. S. (1995b). The optimistic and cautious semantics for inconsistent knowledge bases. *Acta Cybernetica, 12*, 37-55.

Greenberg, L. S., & Safran, J. D. (1980). Encoding, information processing and the cognitive behavioural therapies. *Canadian psychology, 21*, 59-66.

Greenberg, L. S., & Safran, J. D. (1981). Encoding and cognitive therapy: Changing what clients attend to. *Psychotherapy: Theory, Research and Practice, 18*, 163-169.

Henriques, J. B., & Davidson, R. (1991). Left frontal hypoactivation in depression. *Journal of Abnormal Psychology, 100*, 535-545.

Hollon, S. D., DeRubeis, R. J., Evans, M. D., & Wiemer, M. J. (1992). Cognitive therapy and pharmacotherapy for depression: Singly and in combination. *Archives of General Psychiatry, 49*, 774-781.

Hollon, S. D., & Kriss, M. R. (1984). Cognitive factors in clinical research and practice. *Clinical Psychology Review, 4*, 35-76.

Ingram, R. E., Hayes, A., & Scott, W. (2000). Empirically supported treatments: A critical analysis. In C. R. Snyder & R. E. Ingram (Eds.), *Handbook of psychological change: Psychology processes and practices for the 21st century* (pp. 40-60). New York: Wiley.

Ingram, R. E., & Kendall, P. C. (1986). Cognitive clinical psychology: Implications of an information processing perspective. In R. E. Ingram (Ed.), *Information processing approaches to clinical psychology* (pp. 3-21). Orlando, FL: Academic Press.

Ingram, R. E., Kendall, P. C., & Chen, A. H. (1991). Cognitive-behaviorla interventions. In C. R. Snyder & D. R. Forsyth (Eds.), *Handbook of social and clinical psychology: The health perspective* (pp. 509-522). New York: Pergamon Press.

Ingram, R. E., Miranda, J., & Segal, Z. V. (1998). *Cognitive vulnerability to depression*. New York: Guilford Press.

Jacobs, W. J., & Nadel, L. (1985). Stress-induced recovery of fears and phobias. *Psychological Review, 92*, 512-531.

Jacquette, D. (1993). Who's afraid of the Turing Test?. *Behavior and Philosophy, 20*, 63-74.

Jeffress, L. A. (1951). *Cerebral mechanisms in behavior: The Hixon Symposium*. New York: Wiley.

Kanfer, F. H., & Hagerman, S. M. (1985). Behavior therapy and the information processing paradigm. In S. Reiss & R. R. Bootzin (Eds.), *Theoretical issues in behavior therapy* (pp. 3-35). New York: Academic Press.

Kato, T., Inubushi, T., & Kato, N. (1998). Magnetic resonance spectroscopy in affective disorders. *Journal of Neuropsychiatry and Clinical Neurosciences, 10*, 133-147.

Kendall, P. C., & Hollon, S. D. (1979). *Cognitive-behavioral interventions: Theory, research, and procedures*. New York: Academic Press.

Kendall, P. C., & Hollon, S. D. (1981). *Assessment strategies for cognitive-behavioral interventions*. New York: Academic Press.

Kennedy, S. H., Kornarski, J. Z., Segal, Z. V., Lau, M., Bieling, P. J., McIntyre, R. S., et al. (2007). Differences in brain glucose metabolism between responders to CBT and venlafaxine in a 16-week randomized controlled trial. *American Journal of Psychiatry, 164*, 778-788.

Klimek, V., Stockmeier, C., Overholser, J., Meltzer, H. Y., Kalka, S., Dilley, G., et al. (1997). Reduced levels of norepinephrine transporters in the locus coeruleus in major depression. *Journal of Neuroscience, 17*, 8451-8459.

Lilienfeld, S. O. (2007). Cognitive neuroscience and depression: Legitimate versus illegitimate reductionism and five challenges. *Cognitive Therapy and Research, 31*, 263-272.

MacLeod, C. (1987). Cognitive psychology and cognitive therapy. In H. Dent (Ed.), *Clinical psychology: Research and developments* (pp. 175-181). London: Croom Helm.

Mahoney, M. J. (1974). *Cognition and behavior modification*. Cambridge, MA: Ballinger.

Mahoney, M. J. (1988). The cognitive sciences and psychotherapy: Patterns in a developing relationship. In K. S. Dobson (Ed.), *Handbook of cognitive-behavioral therapies* (pp. 357-386). New York: Guilford Press.

Mahoney, M. J. (1990). *Human change processes*. New York: Basic Books.

McCann, U. D., Thorne, D., Hall, M., Popp, K., Avery, W., Sing, H., et al. (1995). The effects of L-dihydroxyphenylalanine on alertness and mood in alpha-methyl-para-tyrosine-treated healthy humans: Further evidence for the role of catecholamines in arousal and anxiety. *Neuropsychopharmacology, 13*, 41-52.

McEwen, B. S., DeKloet, E. R., & Rostene, W. (1986). Adrenal steroid receptors and actions in the nervous system. *Physiological Review, 66*, 1121-1188.

Meichenbaum, D. (1977). *Cognitive behavior modification*. New York: Plenum Press.

Mischel, W. (1973). Toward a cognitive social learning conceptualization of personality. *Psychological Review, 80*, 252-283.

Movellan, J. R., & McClelland, J. L. (1994). *Stochastic interactive processing, channel separability, and optimal perceptual interference: An examination of Morton's law* [Technical report]. Department of Psychology, Carnegie Mellon University, Pittsburgh.

Newell, A., & Simon, H. A. (1972). *Human problem solving*. Englewood Cliffs, NJ: Prentice-Hall.

Pies, R. (1997). Maimonides and the origins of cognitive-behavioral therapy. *Journal of Cognitive Psychotherapy, 11*, 21-36.

Pillay, S. S., Yurgelun-Todd, D. A., Bonello, C. M., Lafer, B., Fava, M., & Renshaw, P. F. (1997). A quantitative magnetic resonance imaging study of cerebral and cerebellar gray matter volume in primary unipolar major depression: Relationship to treatment response and clinical severity. *Biological Psychiatry, 42*, 79-84.

Powledge, T. M. (1997). Unlocking the secrets of the brain. *Bioscience, 47*, 403-409.

Pradhan, S., Minker, J., & Subrahmanian, V. S. (1995). Combining databases with prioritized information. *Journal of Intelligent Information Systems, 4*, 231-260.

Reilly, J. G., McTavish, S. F. B., & Young, A. H. (1998). Rapid depletion of plasma tryptophan: A review of studies and experimental methodology. *Journal of Psychopharmacology, 11*, 381-392.

Renshaw, P. F., Lafer, B., Babb, S. M., Fava, M., Stoll, A. L., Christensen, J. D., et al. (1997). Basal ganglia choline levels in depression and response to fluoxetine treatment: An in vivo proton magnetic resonance spectroscopy study. *Biological Psychiatry, 41*, 837-843.

Safran, J. D., & Segal, Z. V. (1990). *Interpersonal processes in cognitive therapy*. New York: Basic Books.

Schank, R. C., & Abelson, R. P. (1977). *Scripts, plans, goals, and understanding*. Hillsdale, NJ: Erlbaum.

Schwartz, J. M. (1998). Neuroanatomical aspects of cognitive-behavior therapy response in obsessive-compulsive disorder. *British Journal of Psychiatry, 173*, 38-44.

Segal, Z. V., & Ingram, R. E. (1994). Mood priming and construct activation in tests of cognitive vulnerability to unipolar depression. *Clinical Psychology Review, 14*, 663-695.

Siegle, G. J. (1997). Why I make models (or what I learned in graduate school about validating clinical causal theories with computational models). *Behavior Therapist, 20*, 179-184.

Siegle, G. J. (1999). A neural network mode of attention biases in depression. In J. Reggia & E. Ruppin (Eds.), *Neural network models of brain and cognitive disorders* (Vol. 2, pp. 415-441). Amsterdam: Elsevier.

Siegle, G. J., Ghinassi, F., & Thase, M. (2007). Neurobehavioral therapies in the 21st century: Summary of an emerging field and an extended example of cognitive control training for depression. *Cognitive Therapy and Research, 31*, 235-262.

Siegle, G. J., & Ingram, R. E. (1997). Modeling individual differences in negative information processing biases. In G. Matthews (Ed.), *Cognitive science perspectives on personality and emotion* (pp. 302-353). Amsterdam: Elsevier.

Siegle, G. J., Steinhauer, S. R., Thase, M. E., Stenger, V. A., & Carter, C. S. (2002). Can't shake that feeling: Event-related fMRI assessment of sustained amygdala activity in response to emotional information in depressed individuals. *Biological Psychiatry, 51*, 693-707.

Stein, D. J. (1992). Clinical cognitive science: Possibilities and limitations. In D. Stein & J. Young (Eds.), *Cognitive science and clinical disorders* (pp. 3-17). San Diego: Academic Press.

Stockmeier, C. A. (1997). Neurobiology of serotonin in depression and suicide. *Annals of the New York Academy of Sciences, 836*, 220-232.

Tataryn, D. J., Nadel, L., & Jacobs, W. J. (1989). Cognitive therapy and cognitive science. In A. Freeman, K. M. Simon, L. E. Beutler, & H. Arkowitz (Eds.), *Comprehensive handbook of cognitive therapy* (pp. 83-98). New York: Plenum Press.

Teasdale, J. D., & Barnard, P. (1993). *Affect, cognition, and change: Remodeling depressive thought*. Hillsdale, NJ: Erlbaum.

Teasdale, J. D., Moore, R. G., Hayhurst, H., Pope, M., Williams, S., & Segal, Z. V. (2002). Metacognitive awareness and prevention of relapse in depression: Empirical evidence. *Journal of Consulting and Clinical Psychology, 70*, 275-287.

Teasdale, J. D., Segal, Z., & Williams, M. G. (1996). How does cognitive therapy prevent depressive relapse and why should attentional control (mindfulness) training help?. *Behaviour Research and Therapy, 33*, 25-39.

Tryon, W. W. (1993a). Neural networks: I. Theoretical unification through connectionism. *Clinical Psychology Review, 13*, 341-352.

Tryon, W. W. (1993b). Neural networks: II. Unified learning theory and behavioral psychotherapy. *Clinical Psychology Review, 13*, 353-371.

Tupler, L. A., Davidson, J. R. T., Smith, R. D., & Lazeyras, F. (1997). A repeat proton magnetic resonance spectroscopy study in social phobia. *Biological Psychiatry, 42*, 419-424.

Turing, A. M. (1936). On computable numbers, with an application to the Entscheidungs problem. *Proceedings of the London Mathematical Society, 42*, 230-265.

Turing, A. M. (1950). Computing machinery and intelligence. *Mind, 59*, 433-460.

Videbech, P. (1997). MRI findings in patients with affective disorder: A meta-analysis. *Acta Psychiatrica Scandinavica, 96*, 157-168.

Webster, C. (1995). Computer modeling of adaptive depression. *Behavioral Science, 40*, 314-330.

Wells, A. (2000). *Emotional disorders and metacognition: Innovative cognitive therapy*. New York: Wiley.

Wood, C. C. (1982). Application of dipole localization methods to source identification of human evoked potentials. *Annals of the New York Academy of Sciences, 388*, 139-155.

CHAPTER 4

인지행동치료와 심리치료 통합

T. Mark Harwood
Larry E. Beutler
Mylea Charvat

심리치료는 갈등과 변화의 역사를 지나왔다. 심리치료 이론 및 실제의 진화는 변화를 일으킨 사람들과 그 시대에 받아들여진 이론을 옹호하는 사람들 간의 경쟁과 불일치로 인해 이루어졌고 촉진되었다(Freedheim, Freudenberger, Kessler, & Messer, 1992). 초기 이론은 대부분 '대화치료' 임상가의 불일치로 인해 발전해 왔다. 프로이트 학파는 정신병리의 본질과 치료기법에서 불일치가 있었기 때문에 Freud와 분리하게 되었다. 이러한 분리 과정은 모든 새로운 분야에서 당연한 일이다. 과학적 연구결과가 부족하고 (초기 심리치료에서처럼) 새로운 발견의 주요 수단이 통제되지 않은 관찰(예, 개별 사례 분석)을 통해 이루어지게 되면, 개인적 의견 불일치와 해석상의 차이는 필연적으로 이 분야에 다양한 변화를 일으키게 된다.

특히 심리치료의 초기 발전에서 이론가와 임상가 간에 발생했던 불일치는 무엇이 진리의 근거가 되는가라는 근본적인 물음과 밀접하게 관련되어 있었다. 심리치료에 대한 이론적 입장이 신성시되면서 과학적 결과는 각 이론적 입장의 근본 원리와 맞지 않는다는 이유로 거부되었다(Beutler & Harwood, 2001). 이런 상황은 가상의 바벨탑을 세워 올리게 했으며, 1970년대의 이론은 손 쓸 틈도 없이 무분별하게 양산되었다. 1980년대에 서로 다른 이론적 관점의 확산이 절정에 이르렀으므로 주류를 형성하고 일치된 합의에 도달한 심리치료의 본질이나 효과에 대해 그 어떤 입장도 취하기가 어려워졌다.

이러한 의견 불일치가 계속된 반면 이전보다 과학적인 결과가 점점 더 받아들여졌으며, '근거 기반 시행(evidence-based practice)'은 의학 및 기타 건강 전문 분야의 표준이 되어 갔다(Harwood & Beutler, 2008; Roth & Fonagy, 1996). 과학적 방법을 통해 도출된 과학적 조사와 근거는 이 분야의 변화 요인으로서 자리매김하게 되었다. 임상가 간의 논쟁, 그리고 학회와 임상가협회 간의 논쟁은 지식 기반으로서 과학적 근거의 가치보다는 '그럴싸한' 과학을 구성하는 것에 초점을 두었다. 실제로 그들이 수용 가능하다고 본 과학적 방법은 매우 다르기는 하지만, 적어도 원칙상 대부분의 심리치료자는 과학적 탐구의 필요성을 인정한다. 그러나 이러한 발전에도 불구하고, 치료자가 새로운 방향을 설정하거나 무엇이 사실인지를 결정하기 위한 기초로서 과학적 발견을 수용하는 데는 상당한 시간이 소요되었다. 실제로 많은 임상가는 설사 적절한 과학적 방법을 통해 얻은 자료가 존재하더라도 이보다는 이론적 논리와 임상가의 관찰에서 도출된 근거에 따라 특정 심리치료의 타당성을 인정하였다(Beutler & Harwood, 2001; Beutler, Williams, & Wakefield, 1993; Beutler, Williams, Wakefield, & Entwistle, 1995).

임상가는 결과 도출에 사용한 방법과 그 결과의 강도에 따라 해당 결과를 타당하다고 받아들인다. 임상가는 무선통제 연구보다 자연적 연구를, 집단 설계보다 단일사례 연구를, 결과에 대한 집단 측정보다는 개인별 측정을 선호한다(Heppner & Anderson, 1985; Fava, 1986; Morrow-Bradley & Elliott, 1986). 게다가 대안적인 심리치료법이나 치료법 간의 동등성을 지지하는 연구보다는 그들이 시행하고 있는 치료법을 지지하는 연구를 믿는 경향도 있다. 대부분의 심리치료 연구는 이러한 가치와 불일치하기 때문에 심리치료자는 종종 자신의 이론적 체계와 불일치하는 과학적 결과를 거부하기 쉽다. 따라서 오늘날에는 과거에 비해 과학적 근거를 거부하는 이유가 조금 더 복잡해질 뿐, 그 빈도가 줄어들지 않을 것이다.

절충 · 통합적 관점의 등장

스승의 관점과 다른 입장을 취했던 이론가는 흔히 도외시되곤 했다. 그렇기에 특정 이론을 지향하는 임상가는 다른 이론적 학파의 원리나 실제를 상당히 간과하고 있음을 발견하는 것은 흔한 일이다. 이러한 이론적 고립은 치료자와 임상가가 각자의 이론적 지향에 따라 기술과 기법을 개선하고 향상시킬 수도 있지만, 동시에 그들의 시야와 관점을 심각하게 제한할 수도 있다(Safran & Messer, 1997).

1980년대 이래로 심리치료 분야는 통합 · 절충주의 등장으로 변화를 맞이하게 되었다. 이러한 변화는 부분적으로 이 분야 내의 다양한 의견과 과학적 근거의 위상에 의해 촉발된 것이다. 심리치료 분야의 400여 개의 이론으로 인해 불가피하게 도출된 결론은 정신병리나 심리치료에 절대 진리는 존재하지 않는다는 것이었다. 임상가는 이론을 의심하게 되었고 협소한 이론적 지향에 대해 극도의 불만을 드러냈다. 즉, 여러 심리치료의 우수성을 입증할 만한 확실한 과학적인 연구가 이루어지지 않았다는 것이다. 실제로 그 어떤 심리치료도 복잡하고 심각한 문제가 있는 환자를 효과적으로 치료해 낼 수 있는 종합적인 개입법을 성공적으로 고안해 내지 못했다는 증거가 있다(Goldfried, 1995). 최근에 임상가는 자신의 전반적인 임상적 효능감을 향상시키기 위한 노력의 일환으로 다양한 생각을 지닌 학파의 이론, 기법, 개입 등을 통합하였다(Safran & Messer, 1997).

1980년대에서야 절충 · 통합주의 운동이 주목을 받았지만, 이 운동의 핵심은 Thorne(1962), Goldstein과 Stein(1976)의 초기 연구에서 시작되었다. Thorne의 '절충적' 심리치료는 상담 이론의 대인관계 이론에서 유래한 것이었다. 그는 훈련이 심리치료자를 다양한 환경, 성격, 욕구를 가진 상이한 환자에게는 적합하지 않은 단일-방법론적 관점에 빠지게 한다고 언급하면서, 이는 마치 목수가 드라이버만으로 집을 지을 수 없는 것과 일맥상통하는 것이라고 주장하였다. Thorne은 절충주의에 대하여 개념적으로 주장하였지만, 직접적인 절차상의 가이드라인을 제공하지 않았다. 반면 Goldstein과 Stein은 효능이 있는 절차를 선택하는 것은 과학적 증거에 기초해야 한다고 제안했으며 근거 기반 치료의 예를 제시하였다. 그들의 과학적 취향을 고려할 때, 행동주의가 그 당시에 주요 연구 접근이었으므로 이러한 권고는 대부분 행동치료 문헌에서 유래하였다. 현대 절충주의는 보다 광범위해졌지만, '다양한 관점의 절차에 대한 Thorne의 수용'과 '이론보다는 과학적 근거가 적용방법을 좌우한다는 Goldstein과 Stein의 권고에서 유래하는 몇 가지 가치'를 여전히 포함하고 있다.

조사에 따르면 북미에 있는 대부분의 정신건강 임상가가 몇 가지 유형의 절충주의를 인정하고 있고(Lambert, Garfield, & Bergin, 2004), 또는 다양한 심리치료와 병리이론에서 나온 개념과 기법의 체계적인 적용을 의미하는 용어로서 흔히 '통합'을 인정하고 있다는 것이 밝혀졌다(Lambert & Ogles, 2004). 통합주의 운동의 성장은 심리치료통합연구회(SEPI)가 밝히고 있는 것처럼 국제적 범위로 확산되고 있다.

통합주의 운동에는 최소한 네 가지의 관점이 존재하고 있다(Goldfried, 1995; Norcross & Goldfried, 1992; Norcross, Martin, Omer, & Pinsoff, 1996): ① 공통요인 절충주의, ② 이론적 통합주의, ③ 기술적 절충주의, ④ 전략적 절충주의. 이에 더하여 많은 임상가가 고수하고 있는 '우연한 절충주의'라는 비체계적인 형태의 접근도 존재한다(예, Norcross et al., 1996). 우연한 절충주의는 절충주의 전통 내에서 조금 더 체계적인 운동의 특징이라 할 수 있는 몇 가지 일반적 신념 및 과학적 '사실', 특히 다양한 접근이 다양한 사람에게 가장 적합할 수 있다는 경험적 관찰에 기초한다. 하지만 비체계적인 절충주의는 치료를 선택하고 적용하기 위한 반복 검증이 가능한 절차나 관점을 통합하는 원리를 정의하지 못하고 있다. 이러한 절충주의 접근법은 보편화되었지만 그 효과성은 치료자에 따라 달라지기 때문에 평가하기 어려운 면이 있다. 절충주의의 효과성은 그 접근법을 적용하는 특정 치료자의 판단력 및 기술과 불가분의 관계다.

체계적인 접근 중 '공통요인 절충주의'는 여러 접근의 공통적이거나 유사한 요인을 수용한다. 심리치료에 대한 공통요인 접근은 절충주의에 대하여 사람이 일반적으로 생각하고 있는 것과는 다르다. 공통요인 절충주의에서는 차별적인 효과가 중요하지 않거나 예측할 수 없을 뿐만 아니라 모든 효과적인 심리치료는 핵심적인 기본 요소에 의존한다는 점을 수용한다. 이 접근법은 모든 성공적인 치료에서 나타난 기법이나 개입을 확인하고자 하며, 이 공통요인 또는 특성을 증진하거나 유지하는 개입과 심리치료적 상호작용을 평가해야 한다고 제안한다(Arkowitz, 1995). 이러한 입장은 효과적인 심리치료가 공통적인 개입으로 구성된다고 제안하고 있다.

공통요인 접근을 통해 작업하는 치료자는 특정 기법이나 전략보다는 서로 마음이 맞고 돌보는 관계를 형성하는 것에 더 관심을 둔다. 대부분의 관계 지향적인 치료자처럼 공통요인 치료자는 환자가 문제를 탐색할 수 있도록 수용적이고 비위협적인 분위기를 조성한다. 하지만 공통요인 치료자는 정신병리와 변화에 대한 특정 이론을 따르는 관계 지향적인 치료와 달리 치료에서 특정 유형의 관계는 필요충분조건이라 할 수 있으며 구체적인 기법이나 절차가 유용하다고 보지는 않는다(예, Garfield, 1981).

공통요인이 중요한 변화 요소이기는 하지만 특정 유형의 치료적 개입의 영향력을 지지하는 연구가 부각되고 있다(Beutler et al., 2004; Lambert, Garfield, & Bergin, 2004). 예를 들어, 커플 형식으로 이루어지는 알코올중독용으로 매뉴얼화된 인지행동 가족시스템 치료에 대한 최근 연구는 일반적인 치료 요인과 특정 개입 모두가 변화에 기여한다고 제안한다. 보다 구체적으로 말하면, 치료 구성요소는 복잡한 방식으로 독립적 또는 상호적으로 작용하는 것으로 보인다. 더욱이 공통 치료요소와 특정 치료요소의 균형은 치료 단계, 시행된 치료의 유형, 치료 후 추적 시점에 따라 증가되거나 감소되는 효과를 나타냈다(Harwood, Beutler, Castillo, & Karno, 2006).

체계적인 절충주의 이론의 강세는 권고된 치료절차의 구조 및 시스템화를 통해 환자와 치료 복잡성 및 변산성(성향 × 치료의 상호작용)을 제기하고 있는데, 이는 치료적 요인의 독특한 조합에 최대한 노출하는 것이 환자의 문제를 가장 잘 감소시킬 수 있기 때문이다(Stricker & Gold, 1996). 이러한 노력의 한쪽 극단은 '이론적 통합주의'라고 부르며, 반대 극단은 '기술적 절충주의'라 부른다. 이러한 극단의 중간은 개입 전략과 치료적 영향의 원칙의 수준에서 이론적 개념 및 기법 모두를 통합하는 전략적 절충주의다(Beutler & Clarkin, 1990; Beutler, Clarkin, & Bongar, 2000; Beutler & Harwood, 2000; Harwood & Beutler, 2008). 이 세 접근은 우연한 절충주의 혹은 공통요인 절충주의에 비해 더 체계적이다. 이러한 접근의 공통목표는 언제 누구에게 어떤 절차를 적용할지를 정해 놓음으로써 치료자를 안내하는 것이다. 이 접근은 영향력이 최대가 되는 지점을 나타내 주는 시간적 및 상황적 단서 또는 환자, 그리고 사용된 여러 절차 모두를 인정한다. 가장 넓은 수준에서 이론적 통합운동은 적어도 두 개의 이론적 관점을 통합하려고 하지만 특정 기법과 절차는 임상가의 판단에 남겨 두고 있다. 이러한 접근은 좋은 이론이란 좋은 기술을 발전시키는 길이라고 간주하며, 본질적으로 '절충적' 혹은 '전략적'이라고 부르는 접근과는 다른 것이다(Goldfried, 1995; Stricker & Gold, 1996).

'통합'이란 용어는 심리치료 이론의 교집합 이상의 의미를 갖는다. 예를 들어, 누군가 통합된 성격을 개별특성, 욕구, 바람, 지각, 가치, 정서, 충동 등이 조화롭고 소통되는 안정적인 상태라고 말한다면, 통합이라는 것은 성격의 질을 일컫는 말이다. 통합된 사람이란 전반적인 기능과 안녕감에 있어 온전한 사람이다. 심리치료의 통합은 단일한 이론을 근거로 한 심리치료를 정서적 · 인지적 · 행동적 · 체계적 접근으로 연결하고 개인, 커플, 가족치료 등에 적용하려는 작업이다. 이러한 개념은 어떤 단일 이론 또는 특정 기법을 뛰어넘는 것이며 인간의 기능에 대한 다양한 모델을 통합하는 것이다(Goldfried, 1995).

최소한 표면적으로 이론적 통합은 하나의 심리치료 시스템의 개념과 방법을 또 다른 심리치료 시스템의 언어와 절차로 바꾸는 작업을 요구한다(Stricker & Gold, 1996). 새롭게 등장하는 이론은 종종 이전 이론의 각 부분을 결합하고 있다. 그러한 이론은 효과적인 개념, 용어, 방법의 선정과 표준화를 망라하고 있으며, 도출된 이론적 개념을 연구와 적용의 토대로 삼게 된다. 통합적 프레임워크를 통해 정신역동적 · 행동적 · 인지적 접근 간의 이론적인 연계가 이루어졌다(Arkowitz & Messer, 1984; Safran & Messer, 1997; Stricker & Gold, 1996; Wachtel, 1978).

이론적 통합은 다양한 체계적 접근법을 이론적으로 가장 잘 함축한 것이다. 이론적 통합은 변화 노력에 의해 영향을 받거나 영향을 주는 개인의 환경적 · 동기적 · 인지적 · 정서적 영역을 설명할 수 있는 이론적 프레임워크 개발을 통해 다양한 이론을 연결시키려고 한다. 즉, 이론 · 통합적 접근은 성격기능, 정신병리, 심리적 변화 등에 대한 새로운 모델을 구축하기 위해 두 개 이상의 전통적 이론적 지향을 통합한다. 이러한 새로운 유형의 치료는 이상적으로 각 치료 요소의 강점만을 활용한다(Safran & Messer, 1997).

이론적 통합과 달리 기술적 절충주의와 전략적 절충주의는 종종 더 임상-지향적이며 실용적인 것이라고 간주된다. 치료에 대한 전략적 절충주의와 기술적 절충주의 접근은 이론적 통합 모델보다 덜 함축적이고 특정 기법, 절차, 원리의 사용에 더 많이 의존한다. 이러한 접근법은 다양한 전략을 정의하거나(전략적 절충주의) 이러한 절차를 낳은 이론과 독립적인 심리치료 개입의 목록을 개발한다(기술적 절충주의). 이런 유형의 통합은 변화의 이론 또는 기존 접근법을 대체하거나 대신할 상위 이론을 채택하는 것과 달리 중립적인 관점을 통해 완성된다.

기술적 절충주의와 전략적 절충주의는 일차적으로 치료 절차의 임상적 효능에 관심을 가지며 이러한 절차를 낳은 정신병리와 성격 이론의 타당성에는 그다지 주의를 기울이지 않는다. 이러한 절충주의자는 두 개 이상의 심리치료 시스템의 개입을 채택하며, 입증되었거나 가정된 임상적 효능에 기초한 지침이나 발견법(heuristic)을 사용하여 정해진 자질을 갖춘 환자에게 이 개입법을 체계적이고 성공적으로 적용한다(Beutler, 1983; Lazarus, 1996; Harwood & Beutler, 2008; Safran & Messer, 1997; Stricker & Gold, 1996). 이는 기술적 절충주의 전통의 접근법에 이론이 없음을 의미하는 것은 아니다. 이론이 활용되기는 하지만, 기술적 절충주의 접근법의 이론은 수많은 경험적 관찰과 연결된 것이므로 치료적 변화에 대한 대부분의 전통적인 이론만큼의 개념화를 필요로 하지 않는다.

최초이자 가장 잘 알려진 기술적 절충주의적 접근은 다중양식치료(multimodal therapy: MMT)다(Lazarus, 1996). MMT 치료자는 환자가 가진 증상의 상대적 중요도에 따라 상이한 이론적 접근 및 모델을 동시에 혹은 순서를 조정하여 적용한다. 또 다른 유형의 기술적 절충주의 중 처방적 맞춤(prescriptive matching)은 다양한 목록 중에서 선정된 다수의 특정 절차를 일관적이고 융통성 있는 치료로 통합하는 데 전념한다(예, Beutler, 1983).

기술적 절충주의와 전략적 절충주의의 주요한 차이점은 권고된 절차와 기법의 특수성에 있다. 기술적 절충주의는 특정 대상이나 문제에 알맞은 절차 목록을 제공한다(Beutler, 1983; Harwood & Williams, 2003; Lazarus, 1996). 반면 전략적 절충주의는 원리와 목표를 인정하지만 기법 선택은 개인 치료자의 성향에 맡긴다(Beutler & Harwood, 2000). 기술적 절충주의의 암묵적 작동원리는 모든 기법이 적용 및 사용의 범위가 한정되어 있다는 것인 데 반해, 전략적 절충주의에서는 모든 기법이 기법을 적용하는 방법과 대상에 따라 각기 다른 방식으로 상이한 목표를 지향하면서 사용될 수 있다고 가정한다.

전략적 치료는 기술적 절충주의의 기법 중심과 이론적 통합주의의 개념화 사이의 절충점을 제시한다. 이러한 접근은 일반적 개입전략을 주도하는 치료적 변화 원리를 분명히 밝히고 있다. 전략은 지침이 되는 원리를 실행하기 위해 고안되었지만, 전략의 목표는 특정 기법에만 중점을 두는 것이 아니라 원리에 충실하자는 것이다(Beutler & Clarkin, 1990; Beutler et al., 2000; Beutler & Harwood, 2000; Harwood & Beutler,

2008; Norcross et al., 1996). 이와 같이 이 접근은 특정 기법을 선택하는 데 있어 개별 치료자의 융통성을 보장한다. 또한 이 접근은 치료자가 다른 개입의 선택적 적용을 위한 믿을 만한 단서로서 환자 요인을 경시하지 않으면서도 친숙하고 숙련된 기법을 극대화시켜 사용할 수 있게 한다. 이러한 접근은 대개 대인관계 질 촉진의 지침이 되는 원리를 명확하게 정의하고 있으며 증상학적이고 구조적인 변화를 불러일으킨다. 그러므로 통합을 위한 다양한 접근법 중 이 접근법이 가장 유연하고 실용적이다. 즉, 이 접근법은 통합주의 접근만큼 복잡하거나 정교하지도 않고 기술적 절충주의만큼 단순하지도 않다.

규범적인 심리치료가 기술적 절충주의와 유사하기는 하지만(Beutler & Harwood, 2000) 변화 '원리'를 구성하고 있다는 점에서는 기술적 절충주의를 능가한다. 규범적 심리치료의 목적은 환자에 대한 종합적인 견해에 기초하여 일관되게 치료하는 것이다(Stricker, 1994). 정교한 정신병리 이론에 기반한 치료와 마찬가지로 치료법이 연구가 가능하고, 측정방법이 없는 추상적인 개념에 의존하지 않으며, 다양한 치료기법을 사용하는 데 이론적 제약을 두지 않는다면 명시적 변화원리에 기초한 치료법이 가장 유용하게 통합될 수 있다.

대부분의 체계적인 절충 심리치료가 다중 이론을 망라하고 있지만 다른 심리치료도 특정 이론의 적용을 안내하는 원리를 채택한다. 예로, 인지치료는 절충적 원리를 사용하는 것에 호의적인데, 이는 인과관계에 대한 추상적 이론보다 연구결과에 의존하고 환자의 특징, 변화, 치료과정에 대한 적절한 측정에 가치를 두기 때문이다. 인지치료는 치료의 효과성 판단에 있어서 정신병리의 본질에 대한 병식(insight)의 타당성에 의존하지 않는다. 그 대신 인지 이론은 치료 효과의 평가에 있어서 믿을 만한 관찰과 측정을 강조한다.

따라서 인지 이론에서는 이미 알려진 개입 기법을 포함하면서도 이에 제약받지 않으며, 변화원리와 전략을 통합할 수 있는 토대를 제공한다. 예를 들어, Hollon과 Beck(2004)은 정신역동치료의 요소와 체험적 치료의 요소를 포함시켜 인지행동치료(CBT)의 확장에 대해 논의했다. Stricker와 Gold의 심리치료 통합 사례집(Casebook of Psychotherapy Integration, 2006)은 인지행동 기법과 다양한 종류의 심리치료를 통합한 예시를 보여 주었다. Beitman, Soth와 Good(2006)은 동화적(assimilative) 정신역동치료(1단계), 인지적 개입(2단계), 행동적 개입(3단계)을 통합한 3단계 심리

사회치료를 기술하였다. Ryle와 McCutcheon(2006)은 정신분석, 인지치료, 구성주의치료, 행동치료, Vygotsky 등의 자료를 통합하는 인지분석치료를 기술하였다. McCullough(2000)는 Bandura(1977)의 사회학습 이론, 인지-정서 발달에 대한 Piaget(1954/1981)의 개념화, Kiesler(1996)의 대인관계 기법, 실제 생활환경을 위한 문제해결 접근법이라 할 수 있는 상황분석 등을 통합하는 심리치료의 인지행동 분석 시스템을 기술하였다(McCullough, 2000). 마지막으로 Goldfried(2006)는 경험적 개입과 대인관계적 개입을 포함한 CBT에 대한 탁월성을 기술한 바 있다.

연구와 이론에서의 최근 발전 동향

앞서 언급했듯이 지난 10여 년 동안 인지치료 모델에 상당한 영향을 받은 수많은 치료가 등장했다. 변증법적 행동치료(DBT), 수용 및 전념 치료(ACT), 마음챙김 기반 인지치료(MBCT) 등은 CT에 영향을 받은 최신 치료의 예다. Fincucane와 Mercer (2006)는 MBCT를 마음챙김 명상 수행과 전통적인 인지치료 접근을 통합한 반구조화된 모델로 정의하였다. 그들은 우울증이 재발한 과거력이 있는 환자 13명의 표본에서 마음챙김훈련이 대다수의 환자에게 수용될 만하고 효과적이었음을 발견하였다. 8주간의 과정을 끝마치고 난 후 3개월간 환자의 반 이상이 마음챙김 기법을 그들의 일상에 점차 통합시켰다. 연구 참여자들의 우울증과 불안의 평균 점수에서 전반적으로 유의미한 감소가 관찰되었다. Kenny와 Williams(2007)는 우울증을 치료하기 위해 표준적인 CT와 CBT 접근에 완전히 반응하지 못했던 환자에게서 MBCT가 우울 점수를 개선시켰음을 발견하였다. CT의 기본 가정은 인지과정에 의한 매개가 우울증의 성공적인 치료와 관련되어 있다는 것이다. 현존하는 문헌의 개관에서 Garratt, Ingram, Rand와 Sawalani(2007)는 여러 증거가 이러한 원리를 일반적으로 지지하지만 인지적 특정성과 관련한 연구결과는 혼재되어 있다는 점을 발견하였다. 즉, 여러 증거가 인지변화가 치료적 개선에 도움이 된다는 원리를 지지하였으나 인지적 변화에 대한 CT의 특정성은 아직 불분명한 채로 남아 있다.

Whitfield(2006)는 CBT의 변형인 마음챙김 개입과 합리적 정서행동치료(REBT)의 통합은 더욱더 환자-맞춤형 치료가 되어야 한다고 주장했다. 그는 통합된 임상 시행의 적용을 권고하였다. 무선통제 연구에서 Gaudiano와 Herbert(2006)는 CBT와 ACT를 통합하여 정신증 입원환자의 치료에서 통합된 치료와 향상된 통상치료(ETAU) 조건을 비교하였다. 이 연구자는 정신증 치료에서 마음챙김 기반 및 수용 기반 CBT의 임상적 유용성에 대한 예비적인 지지 증거를 제공해 주었다. 보다 구체적으로 CBT/ACT 집단은 정서 심각도, 전반적 향상, 환각과 관련된 고통, 사회 기능의 측정에서 ETAU집단에 비해 더 나은 성과를 보였다. 더욱이 CBT/ACT 집단에서 임상적으로 훨씬 유의미한 증상 감소가 있었다(Gaudiano & Herbert, 2006). 유사한 맥락에서 Barrowclough, Haddock, Fitzsimmons와 Johnson(2006)은 정신증 및 물질남용 공존이환의 치료에서 CBT와 통합 동기 면담을 평가하기 위해 무선 통제시행을 실시하였다.

변증법적 행동치료(DBT)는 인지에만 중점을 두었던 CT 및 CBT의 전통적 관점을 초월하면서도 몇몇 측면은 유지한 CT 및 CBT에 기반을 둔 치료다. Marsha Linehan과 Linda Dimeff(2001)는 DBT란 대체로 행동주의 이론을 근거로 하지만 마음챙김의 관점과 함께 CT의 측면을 포함한 치료라고 설명한다. DBT가 성격의 생물사회 이론에 기반하더라도 자기감찰과 대인관계 기술훈련과 같이 CBT의 특징을 사용한다. Linehan과 Dimeff에 따르면, DBT는 환자가 '이성적 마음'과 '정서적 마음' 간의 균형으로 정의되는 '지혜로운 마음'을 갖게 하기 위해 마음챙김 기법을 사용한다. 고통과 모호한 상황에 대한 인내력은 DBT뿐만 아니라 자동적 사고에 대한 대안을 개발한 Aaron Beck의 전통적 CBT 접근에서도 존재하는 구체적 목표다. 전통적 CBT와 DBT의 비교는 CBT가 DBT 모델을 구성하는 다른 치료 요소와 얼마나 잘 통합되는지를 보여 준다.

ACT는 인지와 주관적 경험을 강조하던 CT와 CBT의 기본 가정에서 발전해 온 것으로 본다. ACT는 때로는 DBT, 기능분석 심리치료, MBCT 등과 함께 행동치료의 '제3의 동향'으로 분류된다. 행동치료 발전협회(Association for the Advancement of Behavior Therapy: AABT) 회장단 연설에서 Hayes는 ACT를 경험적이고 원리 중심적인 접근에 기반하는 것으로 설명했다. 또한 '행동 및 인지치료의 제3의 동향'이 심리적 경험의 기능과 맥락에 민감하므로 ACT와 같은 치료에서는 더 직접적이고 지시적인 접근에 더하여 주관적 경험과 맥락에서 도출된 전략을 강조한다. 이러한 치료는 특정 진단이나 장애에 중점을 둔 증상 감소보다 환자가 폭넓고 융통성 있는 효과적인 레퍼토리를 개발하도록 돕는다. ACT나 DBT는 행동치료와 인지치료의 이전 개념을 종합하고 재구성하였으며, CT와 CBT로는 다룰 수 없었던 다른 영역(예, 정신역동, 인본주의, 게슈탈트 치료)까지 치료를 확장시켰다. ACT는 불교와 같은 여러 동양적인 접근과 주로 영적이고 종교적인 전통의 신비주의적 측면과 유사점이 있다. 하지만 ACT는 신비주의나 종교적인 운동은 아니며, 서구 과학과 철학을 통해 수십 년간 발전한 결과다. 그렇기는 하지만 ACT는 대처와 치유에 관해 많은 동양 철학과 유사한 결론에 도달하였고, 서구식 심리치료 개입의 다문화적 타당성을 고려하는 분야에 특히 적합한 대처법이자 치료법이다(Hayes & Smith, 2005; Hayes & Strosahl, 2004).

Rosner, Lyddon과 Freeman(2004)은 자동적 사고와 인지 왜곡이 꿈 내용에서 나타날 것이라는 주장을 근거로 CBT에 꿈 작업을 포함시켰다. 이 관점에서 작업하는 임상가와 환자는 회상된 사고와 신념, 궁극적으로 보다 현실기반 사고로 대치된 왜곡된 지각의 정확성을 조사할 수 있다. "인지모델은 꿈꾸는 사람을 독특한 사람으로 간주하고 그 꿈은 깨어 있는 상태일 때 동일한 인지 왜곡이 환자의 자기관, 세계관, 미래관을 극화한 것으로 여긴다."(Brink, 2005, p. 85, Freeman, White, 2004에서 인용) 이러한 접근의 요소는 구성주의 모델에 기반하며, Rosner 등이 편집한 책에서 Oscar Gonçalves와 Joao Barbosa가 꿈 작업을 위한 인지-이야기적(cognitive-narrative) 접근에 대해 자세하게 기술하였다. Brink(2005)는 이 문헌이 실제적으로나 이론적으로나 모두 가치 있는 것이라고 언급하였다.

Taylor(2006)에 따르면, CBT와 종교 간의 관계는 이해할 수도 없고 논란거리도 되지 않지만 중요하다. Andersson과 Asmundson(2006)의 연구에 대한 논평에서 Taylor는 세 가지 주제를 강조했다. ① 대다수의 개인은 과학적 지식의 교양 있는 소비자이면서도 자신의 종교적 신념을 확고하게 고수한다. ② 변화 수단으로서의 심리학은 종교적 사고를 대체했다기보다는 그것과 함께하고 있다. ③ 주요 CBT가 종교 또는 영성 관련 문제를 다루지 못하지만, 제3동향의 행동치료자는 이러한 문제를 그 정도를 달리해서 다루고 있다.

종교적이거나 영적인 신념을 고수하는 환자를 치료할 경우에는 종교적이거나 영적인 문제에 주의를 기울이는 것이 필요하다. 예로, Hawkins, Tan과 Turk(1999)는 기독교 인지행동치료(CCBT)가 입원한 기독교 성인에게 전통적인 CBT에 비해 더 효과적이었다고 결론내렸다. 이 연구는 모든 환자에게 CCBT가 특별한 효능이 있다고 말할 수는 없지만, 잠재적으로 중요한 환자의 차원을 무시한 치료에 비해 종교적 가치 차원을 고려하여 환자와 치료를 짝짓기하는 것이 치료 성과를 향상시켰음을 시사한다. 환자에게 맞는 치료에서 종교적 관점과 느낌의 중요성은 미국에서 약 96%의 성인이 신을 믿는다고 대답한 Princeton Religious Research Center(1996)의 결과에 의해 지지된다(Ano & Vasconcelles, 2005). 49개의 연구와 105개의 효과 크기를 포함한 메타분석에서 종교적 대처의 긍정적 및 부정적 형태는 상대적으로 스트레스에 대한 긍정적 및 부정적 심리학적 적응과 관련되어 있음이 반복적으로 발견되었다(Ano & Vasconcelles, 2005). McMinn과 Campbell(2007)은 CBT와 심리치료에 대한 기독교적 접근을 통합한 치료 모델을 개발했다.

CBT는 보다 종합적이고 보다 효과적일 수 있는 치료를 만들기 위해 정신역동치료의 특징을 통합하였다. 예로, Futterman, Lorente와 Silverman(2005)은 새로운 위험 감소 모델을 만들기 위해 CBT, 정신역동, 행동 이론을 통합하여 물질남용 치료 모델을 제안하였다. 이러한 통합에는 Marlatt(1998; Marlatt, Blume, & Parks, 2001)의 위험 감소 철학과 초기에 일종의 CBT 기법이었던 그의 재발방지 중심(Marlatt & Gordon, 1985)이 포함된다. 그들은 이론의 독특한 결합 혹은 '동화적 통합'이(Futterman et al., 2005)이 통찰, 행동변화, 증상 완화를 촉진하려고 가설화된 과정 중심과 함께 어떻게 종합적인 인지행동적 물질남용 이론/치료를 만들었는지를 기술했다.

CBT가 다른 심리사회적 치료와 통합한 또 다른 최근의 예는 아동 및 가족 초점 CBT(CFF-CBT)다(West, Henry, & Pavuluri, 2007). 이 모델은 급성 치료 단계와 치료의 유지 단계 모두 대인관계, CBT, 심리교육 기법, 그리고 이상적으로 약물치료를 포함하여 소아 양극성 장애에 대한 다차원적 치료 프로그램을 구성하였다. 유사한 맥락으로 Parsons, Rosof, Punzalan과 Di Maria(2005)는 HIV 양성 반응 남성과 여성에게서 약물 순응을 향상시키고 물질남용을 줄이기 위해 동기면담과 CBT를 통합하였다. 예비 연구의 결과에 기반하여 저자는 이러한 유형의 통합된 치료가 HIV 양성 반응 표집에서 HIV 약물 순응도를 향상시키고 물질 사용을 감소시키는 효과적인 개입이라고 결론지었다.

Kushner 등(2006)은 공황장애에 대한 CBT를 알코올중독과 불안장애가 공존한 환자를 대상으로 치료에서 알코올 사용 및 공황 증상의 상호작용에 초점을 맞춘 요소와 통합하였다. 이들은 통합된 치료가 알코올중독 환자에게 적합했으며, 알코올중독 단독치료 이상의 이점을 제공한다고 보고하였다. Kushner 등은 통합 CBT가 표준적인 알코올중독 치료에 대한 실제적이고 효과적인 대안인 것처럼 보인다고 결론지었다.

Choi 등(2005)은 가상현실 기법과 통합한 전통적 CBT인 공황 통제 프로그램과 광장공포증이 있는 공황장애 치료에서의 CBT를 비교하였다. 연구자는 두 치료 간에 유사한 단기적 효과가 있었으나, 장기적인 효과는 공황 통제 프로그램에서 더 컸다는 것을 발견하였다. 유사한 형태의 연구로서 Stiles, Barkham, Twigg, Mellor-Clark과 Cooper(2006)는 세 가지 향상된 치료와 전통적인 CBT를 비교했다. 이 저자는 (CBT에 통합적 · 지지적 혹은 예술 요소를 합한 것을 포함하여) 향상된 치료가 전통적인 CBT에 비해 최소한의 유의미한 효과가 있었다는 결과를 얻었다. 이 야심찬 연구는 유감스럽게도 결측치를 비롯한 다수의 제한점 때문에 분명한 결론을 내리기가 어려웠다.

심리치료기법과 CBT의 독특한 통합으로 우울증을 치료하기 위해 사이코드라마와 CBT를 혼합한 것도 있다(Hamamçi, 2006). CBT기법이 사이코드라마의 적용과 효율성을 향상시켰다는 연구결과가 있다. Kellogg(2004)는 게슈탈트의 '빈의자' 기법과 이 기법이 어떻게 CBT와 통합되었는지를 보고했다. 보다 구체적으로 Kellogg는 게슈탈트는 도식이고, 빈의자는 인지재구성을 위한 효과적인 기법이기 때문에 게슈탈트 치료와 CBT가 통합할 수 있는 양립 가능한 사상을 공유한다고 제안했다. DiGiorgio, Arnkoff, Glass, Lyhus와 Walter(2004)는 질적 연구에서 안구운동 둔감화 및 재처리(EMDR)가 CBT를 포함한 여러 이론과 어떻게 통합될 수 있는지에 대해 논의했다. 이 저자는 그들의 것과 유사한 질적 연구가 개업 임상가가 어떻게 심리치료 통합의 방대한 연구에 기여할 수 있는지를 조명할 수 있다고 제안했다.

턱관절장애(Temporomandibular disorders)는 바이오 피드백과 CBT를 통합하여 성공적으로 치료되어 왔다. Crider, Glaros와 Gevirtz(2005)는 표면 근전도검사(SEMG)훈련과 CBT의 통합이 턱관절장애에 효과적인 치료이고, 바이오 피드백 기반 이완훈련 혹은 SEMG훈련만 했을 때보다 수행이 나았음을 발견하였다. CBT는 만성 복합부위 통증증후군을 동반한 환자의 재활을 촉진시키기 위해 거울치료와도 통합되었다(Tichelaar, Geertzen, Jan, Keizer, & van Wilgen, 2007).

연구자가 CBT와 심리치료 통합에 특별히 중점을 두지 않았지만 Hwang, Wood, Lin과 Cheung(2006)는 중국 문화가 어떻게 중국인 이주민에 대한 CBT의 적용과 절차에 영향을 주었는지에 대한 이해 증진을 위해 이론, 연구, 임상 실제가 어떻게 통합될 수 있었는지에 대해 논하였다. 문화적 측면은 잠재적으로 심리사회적 치료의 요소와 상호작용하기 때문에 문화적 깊이의 수준과 문화적 속성의 범위는 다양한 치료 전략 및 기법을 적용할 때 고려해야 할 중요한 요소다. Kenny(2006)는 임상 사례 연구에서 우울증이 있는 미국인 환자를 치료할 때 통합 접근을 적용하였다. Kenny는 문화적 요인에 대한 민감성이 통합치료, 환자중심치료, 행동치료, 인지행동치료, 약물치료, 지지 집단치료의 전반에서 얼마나 중요한지에 대해 기술하였다.

이 부분에서 우리는 CBT와 심리치료 통합의 예를 제시하려고 한다. 이러한 예시는 경험적으로 지지된 치료 요소나 CBT 전략적 특징에 체계적이고 전략적으로 맞추기 위해 타협하려는 노력을 보여 주는 것도 아니고, 이러한 효과적인 치료 요소들이 환자의 특정 요구를 충족시키기 위해 어떻게 통합될 수 있는지를 보여 주는 것도 아니다. 우리는 이제 규범적인 심리치료의 기반으로서 CBT의 잠재성에 중점을 두고, CBT에 기반한 환자-치료 맞춤모델이 어떻게 긍정적인 변화의 가능성과 정도를 향상시키는지에 초점을 맞추려고 한다(우울증과 물질남용 환자 표본에 적용했을 때 놀라운 결과를 낸 환자-치료 맞춤 모델이 포함된 RCT의 결과, Beutler et al., 2003 참조).

통합 프레임워크로서의 인지치료

행동치료는 1950년대 후반에 심리장애를 치료하기 위한 공식적인 접근이었다(Wilson, 1989). 그 당시 행동치료는 네 가지 주요 영역을 망라하고 있었다. 즉, ① 관찰 가능한 행동을 중시한 행동분석, ② 고전적 및 회피 조건형성을 사용한 신행동주의의 자극-반응 모델, ③ 인지과정으로 환경적 사건의 매개를 조사한 사회학습 이론, ④ 사건에 대한 해석이 행동을 어떻게 결정하는지를 중시한 인지행동수정이다.

CT는 보다 일반적인 CBT의 일종이다. CT는 1960년대 초반에 Pennsylvania대학에서 Beck과 그의 동료들이 개발하였다. 우울증에 대한 정신역동적 이론(예, 우울증이 자기 내부로 향한 분노라는 가설)을 연구한 결과(Beck & Weishaar, 1989), Beck은 우울한 사람은 자기, 세상, 미래에 대한 가치관을 부정적으로 특징짓는 인지 패턴이 예측 가능하다는 점을 관찰하였다. 이러한 관찰을 통해 Beck은 전형적으로 정확하지 않고 검증되지 않은 가정, 오지각, 역기능적인 신념 시스템과 같은 불완전한 인지 패턴이 많은 환자의 문제를 설명함을 깨달았다. CT는 방법론적인 행동주의자의 전통에 기반하였지만, 이제 이 관점을 넘어 확장해 왔고 독립적인 접근법으로 인정되고 있다.

이론적 원리를 정립하기 위해 공식적인 연구결과를 사용한다는 점에서 인지 이론은 처음부터 경험에 기초를 두고, 다양한 관점 및 적용방식을 수용한다. 행동치료처럼 CT는 과학적 방법을 사용하였고, 환자가 새로운 것을 학습할 능력과 적응적인 기능방식 모두 강조하였다. CT는 특정 장애에 대한 인지 이론의 적용과 장애의 특징인 부적응적인 정보처리 시스템과 역기능적 신념을 수정하기 위한 기법으로 정의하는 것이 최선이다(Beck, 1993). CT는 지속적으로 발전하고 있는데, 부분적으로는 다른 치료적 견해의 주요 기법과의 통합이 이 치료의 전반적인 효과성을 종종 향상시킨다는 인식 때문이다(Dowd, 2004; Robins & Hayes, 1993). Beck(1991)은 CT가 통합적인 심리사회적 치료의 전형이라고 주장하였다. 이는 모든 효과적인 치료에 영향을 미치는 공통 요소, 즉 인지변화를 다루고 있기 때문이다. 이러한 통합은 CT 치료자가 다양한 이론적 관점에서 개입을 채택할 수 있도록 해 주었다.

CBT와 CT의 전통을 구성하는 절차와 하위 이론은 다른 심리사회적 지향의 기법과 이론적 관점을 차용했다(Norcross & Halgin, 2005). 실제로 조금 더 특정적인 CT나 CBT 어느 쪽도 폐쇄적인 시스템은 아니다. 일반적 수준의 절차를 거쳐 CBT는 다른 접근의 기법과 이론적 개념의 통합을 통해 항상 점진적으로 발전해 왔다(Hollon & Beck, 2004; McCullough, 2000; Robins & Hayes, 1993). 그 예로, 도식이라는 개념은 초기 발달상의 갈등이 이후 성격으로 드러난다는 점을 시사한다. 또한 처음부터 CBT는 행동 이론을 확장하면서 환자의 내적 삶을 고려해야 할 필요성을 인정하였다.

다양한 연구와 이론적 원리의 통합이 이루어지는 과정에서 관계치료, 행동치료, 대인관계 치료나 그 외의 치료에서 적용되는 개념과 기법을 수용하게 되었다. 역기능적인 인지-도식-행동의 개념은 인지 이론에서 여전히 핵심이며, 초기 경험과 무의식적 과정의 역할을 반영하는 다른 이론의 원리를 통합하는 역할을 한다. 최근 CT와 CBT의 통합된 요소들에는 방어과정의 역할, 치료 관계의 탐색에 대한 강조, 환자의 내적인 역동, 효과적인 각성의 촉진적 측면, 정신역동적 이론과 관련된 구조인 부적응적인 도식의 형성에서 발달상의 경험(Safran & Muran, 2000; Robins & Hayes, 1993)이 있다. 그 예로, 몇몇 학자는(예, Young, 1990) 방어 과정을 환자가 부정, 기억의 억압, 이인화를 통한 도식과 관련된 소재를 회피하도록 돕는 것으로 간주한다. 도식과 관련한 고통스러운 소재에 대한 정서적 회피는 방어적인 마비, 해리, 부정적 경험의 최소화로 나타날 수 있다. 행동적 방어에는 역기능적이거나 고통스러운 도식을 활성화시키는 상황을 물리적으로 회피하는 것이 포함될 수 있다.

CT가 적절한 치료 관계의 중요성을 오랫동안 인정해 왔다 하더라도, CBT에서 대인관계 과정에 대한 관심은 최근에서야 강조되고 있다(Ellis, 2005; Liotti, 1991; Mahoney, 1991; Robins & Hayes, 1993; Safran & Segal, 1990). 이제 대인관계 과정은 역기능적인 대인관계 도식을 탐색하고 개선하기 위한 중요한 수단으로 인식되고 있다. 또한 도식 발달에서 인생 초기의 대인관계 사건이 중대한 영향을 미친다는 이유로 몇몇 인지치료자는 치료 관계의 역동을 이해하기 위해 애착 이론(Bowlby, 1977)을 수용하였다(Robins & Hayes, 1993). 인지적 관점에서는 '역전이'를 의미하는 것이 아니지만 Safran과 Segal(1990)은 환자와의 상호작용에서 발생하는 감정과 행동에 주의를 기울이고 환자의 역기능적 대인관계 양상에 연루되는 것을 피할 필요성을 언급했다. 또한 이들은 이러한 유형의 상호작용 속에서 드러나는 사고와 감정을 치료에서 철저히 탐색할 필요가 있음을 주장하였다.

인지치료의 절충주의는 다양한 조건, 문제, 장애에서 효과를 거두고 있는 것으로 보인다(Hollon & Beck, 2004; Lambert & Ogles, 2004). CBT와 같은 통합적 치료는 보다 광범위한 효과를 가지고 치료 탈락률을 감소시키는 것으로 보이기 때문에 긍정적 성과의 가능성과 그 정도를 증가시킬 수 있다(Lambert & Ogles, 2004). 효과성의 범위는 이 기법의 유연성을 입증하고, 이 절차가 규범적이고 전략적인 구조 안에서 사용될 수 있음을 시사한다.

인지치료와 관련된 효과의 범위

다양한 심리적 문제에 관한 심리치료 성과 비교연구에서는 일반적으로 치료의 효과성이 대체로 동등하다는 결론을 내리고 있다(Shapiro, Barkham, Rees, & Hardy, 1994; Robinson, Berman, & Neimeyer, 1990; Bowers, 1990; Hogg & Deffenbacher, 1988). 하지만 연구에서 치료 간의 결과가 비슷했다고 주장하는 사람들과 달리, CT 지지자는 자신의 치료가 다른 치료보다 다양한 조건과 장애에서 보다 효과적이라고 주장해 왔다(Hollon & Beck, 2004; Lambert & Ogles, 2004; Brown, 1997; Blackburn, Jones, & Lewin, 1986).

여러 연구에서 단극성 우울증이나 주요우울증, 혹은 경미하거나 급성으로 나타나는 우울과 같은 다양한 유형의 우울증의 치료에 CT가 효과적임을 나타내고 있다(Dobson, 1989; Gitlin, 1995; Billings & Moos, 1984). 이 같은 긍정적인 발견은 심리치료로 다루기 어려운 유형인 내인성 우울증 환자를 표본으로 한 연구에서도 발견되고 있다(Simons & Thase, 1992; Thase & Simons, 1992). CT는 우울과 불안 증상을 감소시키고 집단 및 개인 치료 모두에서 주장성을 증가시키는 데 있어 효과적인 것으로 보인다(Scogin, Hamblin, & Beutler, 1987; Steur, 1984; Shaffer, Shapiro, Sark, & Coghlan, 1981). 미국 국립 정신건강연구소의 Ogles, Sawyer 그리고 Lambert(1995)의 연구는 우울증의 인지치료를 완료한 환자 중 상당수가 모든 결과 측정도구에서 신뢰로운 변화를 보임을 밝혀냈다. 더욱이 Brown과 Barlow(1995)는 CT가 신체적인 우울 증상과 알코올의존 환자의 우울 · 불안 기분을 상당히 감소시킴을 발견하였다. 이 연구에 더해 Scogin 등(1987)은 인지 독서치료가 지연치료 통제집단이나 치료 위약, 독서치료집단보다 우울증을 효과적으로 감소시킨다는 것을 밝혀냈다. 이런 발견이 일관적으로 지지되지는 않았지만(Scogin, Bowman, Jamison, Beutler, & Machado, 1994), 반복 검증에 실패한 연구에서 인지적 역기능 측정도구상에서 비교적 높은 점수를 보였던 환자는 인지적 손상에서 낮은 수준을 보였던 환자에 비해 치료 후 우울증 심각도 측정도구에서 낮은 점수를 받았다. 이러한 발견은 이들을 다루기 위한 치료 모델과는 관계없이 개인의 개선과 관련한 변화에 있어 인지적 기능의 중요성을 강력하게 시사하고 있다.

CT는 약물치료에 비해 효과적이었다. 발표된 대부분의 연구는 CT가 약물치료와 최소한 동등하거나 때론 더 우수하다는 것을 밝혀냈다(Blackburn, Jones, & Lewin, 1986, 1996). 구체적으로는 여러 연구에서 CT는 표준적인 항우울제와 비슷하거나 더 나은 효과를 나타내며(Beck & Emery, 1985) 재발률도 더 낮은 경향이 있었다(Hollon, 1996). 또한 Rush(1982), Rush, Beck, Kovacs와 Hollon(1977), Rush, Beck, Kovacs, Weissenburger와 Hollon(1982) 그리고 Murphy, Simons, Wetzel과 Lustman(1984)은 CT가 약물치료에 비해 더 많이 개선되고 치료 탈락률도 더 낮다는 것을 발견하였다. 실제로 약물치료와 CT를 각각 비교하자 약물치료 조건의 환자에게서 치료 탈락률이 더 높았다. 또한 이 연구는 무망감, 낮은 자기개념 등의 우울 증상을 개선하는 데 있어 CT가 약물치료보다 효과적인 것임을 밝혀냈다. CT가 약물치료와 결합되었을 때 환자는 약물치료 단독 조건에 비해 퇴원 시점에서 더 적은 우울 증상과 부정적 인지를 보고했다(Bowers, 1990). 이는 CT가 경도 및 일시적 우울 상태뿐만 아니라 중등도 및 중증 우울증에 연관된 인지 및 식물 증상에 상당히 효과적임을 시사한다.

또한 CT가 행동 및 대인관계를 기반으로 한 치료보다 효과적인 것으로 나타났다(Shapiro et al., 1994; Wilson, Goldin, & Charbourneau-Powis, 1983). Gaffan, Tsaousis와 Kemp-Wheeler(1995)는 Dobson(1989)의 연구를 반복 검증하면서 CT와 다른 치료를 비교하였다. 이들의 연구가 주로 치료자의 치료 충실도에 초점이 맞춰져 있었지만, CT가 행동치료를 포함한 다른 치료에 비해 더 효과적임을 보고했다. 기질적 특성과 실존적 이유로 우울증을 겪는 내담자는 행동 개입보다 CT에 더 잘 반응했다(Addis & Jacobson, 1996). 종합해 보면, 우울증 환자의 치료에 있어 CT의 가치는 꽤나 인정받고 있지만, 여전히 연구자는 이러한 효과를 일으키는 기제에 대해 명확하게 알지 못한다(Jacobson & Hollon, 1996).

CT는 다른 유형의 장애를 치료하는 데 있어서도 효과적이다. 즉, CT는 불안장애 치료에 효과적이며, 특히 특정 공포증이나 다수의 다른 불안장애에 있어서도 그러하다. Barlow, O'Brien과 Last(1984), Lent, Russell과 Zamostry (1981)는 CT가 불안을 경험하는 환자의 치료에서 행동치료보다 우수함을 발견하였다. 또한 CT는 치료 종결과 추적 시점 모두에서 알코올남용 환자에게 전반적인 금주에 도움을 주었다(Brown & Barlow, 1995). 뿐만 아니라 일부 연구는 CBT가 섭식장애 환자를 치료하는 데 효과적임을 시사한다(Hollon & Beck, 1986). Fairburn, Jones, Paveler, Hope와 O'Connor(1993)는 신경성 폭식증 환자에게 CT를 적용한 뒤, 기능의 모든 측면에서 잘 유지되는 상당한 치료 효과를 발견했다. 더욱이 Arntz와 van den Hout(1996)는 이차적 진단으로 사회불안장애나 기분장애를 받은 공황장애 환자를 대상으로 한 연구에서 CT가 응용이완에 비해 공황발작의 빈도를 감소시키는 데 있어 더 우수함을 밝혀냈다. 게다가 CT는 자기주장의 결여가 특징인 문제(Safran, Alden, & Davidon, 1980), 분노와 공격성(Schlicter & Horan, 1981), 중독장애(Woody et al., 1984)를 지닌 환자를 위한 치료에 효과적이었다.

다양한 문제와 특성을 지닌 환자에 대한 CT의 효과를 검증한 연구뿐만 아니라 많은 연구에서 CT 개입이 문제를 지속적으로 감소시키는 데 있어 효과를 나타냈다. 예를 들어, Kovacs 등(1981)에 의해 이루어진 1년 추적 연구는 자기평정된 우울증이 약물치료에서보다 CT를 완수한 집단에서 유의미하게 낮았음을 밝혀냈다. 이와 유사하게 CT나 약물치료 혹은 이 둘이 결합된 치료를 받은 환자에 대한 2년 추적 연구에서 CT는 더 낮은 재발률과 상관이 있는 것으로 나타났다(Blackburn et al., 1986). 대조적으로 약물치료 집단의 환자는 2년 추적 평가에서 가장 높은 재발률을 보였다. 따라서 CT의 어떤 측면이 다양한 환자집단에서의 향상을 가져오는지는 확실하지 않아도 CT가 효과가 있으며, 때론 다른 치료에 비해 더 효과적이라는 것은 분명하다(Hollon & Beck, 2004; Lambert & Ogles, 2004).

CT가 다른 모델에 비해 다양한 조건에서 효과가 있다는 이점이 분명히 있으며, 이런 점에서 CT는 유연하고 절충적인 개입 모델이 될 수 있다. 하지만 이것이 CT가 모든 사람에게 똑같이 효과적이라는 것을 의미하지는 않는다. 한 연구(예, Beutler, Mohr, Grawe, Engle, & MacDonald, 1991)에서 다양한 문제와 환자의 질적 특성이 CT의 효능에 차별적으로 영향을 미친다는 것이 시사된다. 환자의 대처 양식, 저항 수준, 문제의 복잡성과 심각도, 혹은 그 외의 기질적 특성이 CT의 적용 방식에 영향을 미칠 수 있다는 것이다.

CT에 대한 환자의 반응을 예측하는 것으로 밝혀진 환자 특성은 불안유발 상황에 직면했을 때 개인이 사용하는 방법이자 흔히 특질-유사 패턴으로 여겨지는 '대처 양식'이다. CT는 외향적이고 과소통제되었으며 외현적 대처 양식을 보이는 환자에게 가장 효과적인 것으로 밝혀져 왔다. 예를 들어, Kadden, Cooney와 Getter(1989)는 알코올중독 환자를 평가하고, 음주를 하게 하는 대인관계 및 개인 내적 선행사건에 대처하는 데 있어서 행동 결손을 치료하여 재발을 방지하는 절차로서 인지 기반 사회기술훈련을 시행했다. CT는 전반적으로 다른 치료와 비슷한 효과를 보이지만, 사회병질이나 충동성 측정도구에서 상대적으로 점수가 높았던 환자에 대해서는 CT가 다른 접근보다 효과가 있었다. 또한 이러한 유형의 ATI(Aptitude×Treatment Interaction, 즉 환자의 성향과 치료 간 상호작용)는 Beutler, Engle 등(1991)의 연구에서도 확인되었다. 미네소타 다면적 인성 검사(Multiphasic Personality Inventory: MMPI)의 외현화 및 충동성 측정도구에서 높은 점수를 보였던 환자는 통찰지향 치료보다 CT에 더 잘 반응했다. 이러한 양상은 우울증 입원환자와 외래환자 모두에게서 나타났다(Beutler & Mitchell, 1981; Beutler, Mohr et al., 1991). 또한 Barber와 Muenz(1996)는 CT가 비난을 외현화하여 자신의 문제를 회피하는 환자를 대상으로 한 치료 개입에 더 효과적임을 밝혔다. 게다가 Beutler, Mohr 등(1991)과 Beutler, Engle 등(1991)은 CT가 각각의 내담자중심 치료나 지지적 · 자기주도적 치료보다 외현화된 대처 양식을 가진 환자에게 상당히 강력한 효과를 발휘한다고 하였다. 반면에 내현화된 환자에게는 CT보다 내담자 중심 치료나 자기주도적 치료가 더 효과적이었다. 비슷하게 앞에서 언급한 연구에서 환자의 저항적 특질 및 경향성이 CT의 치료자주도적 절차와 다양한 환자주도적 혹은 비지시적 절차로부터 얻은 치료 이득 수준을 결정하였다.

Tasca, Russell 그리고 Busby(1994)의 연구는 방어 양식과 심리적 마음 상태 등의 환자 특성이 CT에 대한 환자의 선호도를 매개하는지 검증했다. 투사를 사용하고 분노를 다른 사람에게 돌림으로써 자신의 분노를 표현하고 외현화하는 환자는 활동 지향적 치료를 선택하는 경향이 있었다. 이와 같이 CT는 자신의 문제를 회피하는 내담자에게 효과적인데, 아마 증상 초점적 과제와 특정 행동 개입 및 기법을 통해 불안유발 상황에 직면하도록 내담자를 촉구하는 경향이 있기 때문일 것이다.

여러 증거가 복합적이거나 심각한 문제를 가진 환자를 대상으로 한 인지치료의 이점을 지지하고 있다. 그 복합성과 심각성은 공존질환, 지속되는 성격장애, 만성 상태 등의 요인과 관련이 있을 수 있다. 즉, 오래 지속된 성격장애를 지녔거나 장기간에 걸쳐 문제와 증상이 재발되고 지속되는 경향이 있는 환자는 특수한 치료가 필요할 수 있다. 물론 CT가 다양한 수준의 복합성과 심각성을 나타내는 우울 증상에 효과가 있지만 우울증의 초기 심각도는 치료 효능을 조절한다(Robinson et al., 1990). Woody 등(1984)은 CT가 아편에 중독된 정도가 낮거나 중간 정도의 사람이 다른 형식의 심리치료에 비해 동등하거나 더 나은 진전을 보임을 밝혀냈다. Knight-Law, Sugerman 그리고 Pettinati(1988)는 행동 증상에 초점을 둔 개입이 반응적이고 상황적이며 보다 복잡한 문제를 지닌 환자에게 가장 효과적임을 보여 주었다. Beutler, Sandowicz, Fisher와 Albanese(1996)는 이와 유사한 양상의 상호작용을 발견하였는데, CT는 낮은 수준의 고통(급성에 지표)을 지닌 환자에게 있어 정서중심치료에 비해 더 효과적이었다.

Brown과 Barlow(1995)는 공황장애 환자를 대상으로 CBT의 장기적인 효과를 검증했다. 결과는 CT가 증상을 감소시키는 데 장기적인 효과를 갖는다는 것을 지지하지 못했지만, 연구자는 보다 심각한 증상을 지녔던 환자가 단기적으로 치료에 반응적이었다고 주장했다. 더욱이 환자는 장기적으로 치료 이득을 덜 유지하는 것도 아니었고 증상의 현저한 기복을 더 경험하는 것도 아니었다. 이런 발견은 CT의 장기적 효과가 치료 유형과 환자 특성 간의 상호 조합과 부분적으로 관련이 있음을 시사한다. 이런 결론은 다른 연구에 의해서도 지지되고 있다. 예를 들어, Beutler, Mohr 등(1991; Beutler et al., 1993, 2003)은 CT에 적합하지 않은 개인적 특성을 지닌 환자(즉, 지시에 저항하는 이들과 내현화하는 이들)가 치료 조건에 적합한 환자보다 저조한 장기적 결과를 나타냄을 발견하였다. 대조적으로 CT에 적합한 환자는 치료 이득을 유지할 가능성이 높았고, 추적 평가 동안에 향상된 모습을 보이기도 했다. 이러한 발견은 CT에 대한 지표로서 외현적 대처와 낮은 저항 특질에 대한 잠재적인 중요성을 시사한다. 더욱이 이런 증거는 섭식장애(Sheppard et al., 1988), 신체화 증상(LaCroix, Clarke, Bock, & Doxey, 1986), 만성 요통(Tref & Yuan, 1983)을 지닌 환자의 상황 특정적 문제가 만성적이고 재발하는 문제에 비해 인지행동치료에 더 잘 반응함을 나타낸다.

CT에서의 변화는 정서적 각성을 유발하는 환경에서 촉진되는 것으로 보인다. Robins와 Hayes(1993)는 수치심 공격 연습, 심상 대화, 꿈의 사용, 핵심 어구에 대한 반복과 과장, 현재 경험하고 있는 느낌에 연관된 신체적 단서/신체 감각에 초점을 맞추는 것을 포함하여 인지치료자가 주장한 몇몇 정서 기법을 확인했다. 많은 치료자는 각성 수준이 낮은 사람의 정서를 유도하기 위한 수단으로 정서-향상 기법을 CT에 통합하였다.

마지막으로 개념상 CT는 흔히 현재에 중점을 두지만, 수정을 통해 환자 문제의 원인이 되는 과거 요소가 보다 쉽게 탐색될 수 있게 되었다(Arnkoff, 1983; Kellogg, 2004; Robins & Hayes, 1993; Young, 1990). 발달적 관점에서 인지를 탐색하는 것은 정서적 각성을 유도하는 데 도움을 주어 환자와 치료자가 부적응적인 기대를 식별하고 그것에 도전하며 회상한 사건과 관련된 잘못된 가정을 평가할 기회를 마련해 줄 것이다.

인간의 복잡성에 체계적으로 적합한 인지치료

다른 치료보다 우수성이 일관되게 입증된 그 어떤 단일 심리치료 학파도 없다는 것이 심리치료 통합의 주요 원동력이 되었다. 예를 들어, 약물남용이나 우울증과 같은 특정한 문제의 심리치료 연구에서는 모든 접근이 유사하게 평균적인 효과가 있다는 증거가 있다(예, Lambert, Shapiro, & Bergin, 1986; Beutler, Crago, & Arizmendi, 1986; Smith, Glass, & Miller, 1980). 안타깝게도 환자에 따라 치료의 각기 다른 측면이 의미 있는 차이를 나타냈다는 점보다 치료의 주 효과가 유의미하지 않았다는 점에 더 많은 관심이 맞춰졌다(Beutler et al., 2003; Harwood & Beutler, 2008).

예를 들어, 연구에서 ① 불안과 우울을 가진 환자가 초기에 자신의 상태가 변화를 필요로 할 정도로 고통스럽지 않을 경우 경험적 치료는 인지치료와 역동치료에 비해 더욱 효과적이었고(Beutler & Mitchell, 1981; Orlinsky & Howard, 1986), ② 치료 이전에 저항 수준이 높은 환자는 비지시적이며 역설적인 개입이 지시적인 치료에 비해 더욱 효과적이었으며(예, '저항 잠재성'; Beutler et al., 2003; Beutler, Mohr et al., 1991; Beutler, Engle et al., 1991; Shoham-Salomon & Hannah, 1991; Forsyth Forsyth, 1982), ③ 수반성 관리(예, Higgins, Budney, & Bickel, 1994)를 통한 인지행동적 변화를 목표로 하는 치료는 충동적인 환자나 외현화 환자에게 통찰-지향적 치료에 비해 더욱 효과적이지만, 그 효과는 외현화 대처 양식을 적게 사용하는 환자에게서는 반대인 것으로 나타났다(Beutler et al., 2003; Beutler, Mohr et al., 1991; Beutler, Engle et al., 1991; Calvert, Beutler, & Crago, 1988; Sloane, Staples, Cristol, Yorkston, & Whipple, 1975).

CT는 광범위한 문제 및 진단이 있는 환자의 욕구와 특성을 다루기 위해 적용될 수 있다. 최근 California 주립 대학교 심리치료 연구에서 다수의 주요 원리와 전략이 다양한 이론적 관점의 전략과 기법의 체계적인 적용을 담고 있음이 밝혀졌다. CT의 기법은 어떤 환자에게나 실질적으로 사용될 수 있다. 하지만 대처전략, 문제의 유형, 주관적인 스트레스, 기능적이고 사회적인 장애, 저항의 수준과 같은 환자의 차원에 따라 전략과 기법이 차별적으로 사용될 때 가장 큰 이점이 있다.

예를 들어 설명하기 위해 이 절의 나머지는 내현화나 외현화를 하는 환자, 저항하는 환자, 그리고 각성 수준의 관리에 대한 CT 기법의 적용을 안내하는 몇 가지 기법과 전략을 다룰 것이다. 환자와 치료기법을 일치시키는 차원(저항/반발 수준, 대처전략, 주관적 스트레스의 심각도, 기능장애)과 주요 원리, 전략, 기법의 선택에 대한 세부적인 논의는 다른 절에서 찾아볼 수 있다(Beutler et al., 2000, 2003; Beutler & Harwood, 2000; Harwood & Beutler, 2008).

환자의 저항이 능숙하게 다루어지지 않으면 대개 저조한 치료 효과를 낳게 된다. 일반적으로 일부 환자는 다른 환자보다 치료 과정에 저항할 가능성이 많다고 가정된다. '저항'의 주요 특징은 기질적 특질이자 치료 중에 반항적 행동(예, 화난, 성마른, 의심 많은)을 보이는 일시적인 상태다. 이것은 정신내적(자기상, 안전감, 심리적 통합)이고 대인관계적(개인 내적인 자유의 상실 혹은 타인에 의해 강요된 힘) 요소 모두를 포함한다(Beutler et al., 1996). 저항의 극단의 예인 '반발(Reactance)'은 반항적이고 비협조적인 행동으로 나타난다.

환자의 저항이나 반발 잠재성의 수준은 세 가지 가설적인 요인으로 결정된다(Beutler et al., 1996). 첫 번째 요인은 환자가 주관적 가치를 두는 특정 자유를 위협받았다고 지각하는지다. 예를 들어, 어떤 환자는 시간 약속을 고정하지 않는 것을 자유라고 여기는 반면, 다른 환자는 상대적으로 정해진 스케줄이나 일상을 더 편안하다고 느낄 수도 있다. 두 번째 요인은 자유가 어느 정도로 위협받거나 박탈되느냐다. 저항 경향성이 있고 약물을 남용하며 사회적으로 철수되어 있는 사람들을 치료할 때 다양한 자유를 박탈하거나 감소시키는 것은(예, 물질 사용을 금지하고 특정한 시간 동안 한 사건에서 사회적 상호작용을 하는 숙제를 할당) 고도의 반발심을 유발하기 쉽다. 세 번째 요인은 위협 세력 혹은 개인에게 부여된 힘과 권위의 정도다. 이 요인에 의한 저항은 다양한 전문가(임상가, 법집행 공무원 등)에 대한 환자의 선입견과 그들에게 차별적으로 부여된 권위로부터 파생된다. 게다가 정신건강 전문가와의 실제적인 상호작용은 이러한 생각을 과장하거나 감소시킬 것이다.

저항은 쉽게 인식 가능하기 때문에 저항 수준에 따라 환자에게 차별적인 치료계획을 쉽게 세울 수 있다. 그러나 계획과 성공적인 수행은 대개 별개의 문제다. 임상가의 노력에 대한 환자의 저항을 극복하는 것은 어렵다. 치료자는 환자의 반항적인 행동이 실제로 치료자로 인해 생겼을 가능성을 인식하기 위해 자신의 저항을 다루어야 한다. 정신역동 심리치료에 대한 Vanderbilt 연구에서 숙련되고 많은 훈련을 받은 치료자를 조사한 결과, 아무도 저항하는 환자와 효과적으로 작업하지 못했다(Binder & Strupp, 1997). 오히려 치료자는 환자의 저항에 대해 종종 화내고 비판적이며 거절로 반응하였는데, 이러한 반응은 문제를 탐색하려는 환자의 자발성을 감소시키는 경향이 있었다.

일반적으로 치료자는 저항이 매우 심한 환자와의 공개적인 의견 불일치는 피해야만 한다. CT에서 협력 관계는 저항에 중요한 해결책이고, 이 요소는 치료 초기부터 강조되어야만 한다. CT의 또 다른 공통 요소인 소크라테스 식 문답법이나 안내된 발견은 저항 경향성을 최소화하기 위해 신중하게 다뤄져야만 한다. 임상가는 협력적인 노력으로 이 기법을 소개하고 환자의 참여 의지를 이끌어 내야 한다. 환자가 탐색을 위한 제안이나 지시를 편안하게 생각할 수 있어야 한다. 환자의 잠재적인 저항 수준에 관한 정보는 최근 스트레스를 경험하거나 치료하는 과정에서 환자의 과거력과 행동을 통해 수집될 수 있다. 특질적 혹은 상태적 저항 잠재성이 높은 수준인 경우에 나타나는 행동에 대한 예시를 〈표 4-1〉에 제시하였다.

연구(Shoham-Salomon, Avner, & Neeman, 1989; Shoham-Salomon & Rosenthal, 1987; Horvath, 1989; Seltzer, 1986)는 비지시적 · 역설적 · 자기주도적 절차가 저항 행동을 많이 나타내는 환자에게서 성과가 더 좋았음을 시사한다. 환자가 직접 서명한 행동 계약서와 숙제 부여는 저항하는 환자를 다루는 데 도움이 되는 비지시적 개입이다. 극단적이고 지속적으로 저항하는 환자에게 증상을 처방하거나 일정 기간 동안 변화를 거부해 보도록 하는 '역설적 개입'을 고려할 수 있다. 간단히 말해, 역설적 개입은 변화를 좌절시킴으로써 변화를 유도한다(Seltzer, 1986). 비지시적이고 역설적인 개입은 환자가 증상/행동을 계속해 보도록 하거나 과장시켜 볼 것을 제안한다. 이 개입

표 4-1 저항의 행동적 특징

환자의 저항 수준	
높은 특질 저항 잠재성	높은 상태 저항 잠재성
1. 타인에 대한 분노를 자주 표출한다. 2. 타인이 나를 이용할 것 같다고 예상한다. 3. 친밀한 관계에서 통제적이고 요구적인 경향이 있다. 4. 타인의 동기를 신뢰하지 못하고 의심이 많다. 5. 타인이 가진 이득/기회를 갖지 못한 것에 대해 분개한다. 6. 종종 '규칙'을 어긴다. 7. 경쟁을 즐긴다. 8. 타인이 나를 통제하려고 하면 저항한다. 9. 규칙을 만드는 사람에게 분개한다. 10. 책임을 질 때 가장 행복하다.	1. 지시를 이해하거나 따르는 데 문제가 있다. 2. 치료자에게는 명확한 것인데도 받아들이려 하지 않는다. 3. 새로운 경험을 거부한다. 4. 어떤 제안에 수동-공격적인 방식으로 반응한다. 5. 약속에 늦게 오거나 피하기 시작한다. 6. 치료자가 자신을 이용하려 할 것 같다는 두려움을 표현한다. 7. 한 관점을 끈질기게 고수하기 시작하고, 일단 정해지면 설득할 수 없다. 8. 원한을 품고 있다. 9. 치료자에게 노골적으로 화를 낸다.

의 고전적인 예로, 불면증을 호소하는 환자에게 깨어 있도록 처방하는 것이 있다. 이러한 유형의 개입을 위해서는 수용할 만한 논리적 근거가 있어야 한다(예, "당신의 24시간 주기의 리듬은 적절하지 않습니다. 깨어 있는 것은 당신이 수면 주기를 회복하는 데 도움을 줄 것입니다."). 환자의 행동에서 저항이 없거나 저항 수준이 낮다는 것은 환자가 대개 외부 지시나 직접적인 개입과 치료자의 지침에 개방되어 있음을 나타낸다.

CT가 어떻게 환자 특성에 맞게 조정될 수 있었는지를 보여 주기 위한 예로 저항이 높은 환자와 저항이 낮은 환자 모두에게 숙제를 적용하는 방식에 대해 간단히 설명해 보도록 하겠다(〈표 4-2〉 참조: Beutler & Harwood, 2000). 세 가지 지침은 저항하는 환자에게 숙제를 사용하는 것과 저항이 낮은 환자에게 숙제를 할당하고 활용하는 것에 차이를 둔다. 첫째, 저항하는 환자에게 주는 숙제는 자기주도적인 특징이 있어야 하는데, 예를 들어 독서치료를 적용할 때 환자 스스로 자조 워크북을 참고하여 미리 제시된 목록 중에서 읽고 싶은 책을 선택할 수 있게 한다. 둘째, 저항하는 환자는 충분한 자기감찰이 이루어져야 한다(예, 자기통제 절차나 정서 평가를 기록함). 셋째, 치료자는 상대적으로 할당된 숙제를 확인하거나 모으는 데 거의 노력을 들이지 않아야 한다. 반대로, 저항하지 않는 환자에게 주는 숙제는 매우 구조화되어 있고 사회적 행동과 약물사용 패턴을 바꾸기 위해 특별히 고안된 읽기자료와 연습이 포함된다. 치료자는 이런 환자가 한 숙제를 정기적으로 검토하고 확인해야 하며, 경과를 주 간격으로 감찰해야 한다.

표 4-2 저항이 높거나 낮은 환자를 치료하기 위한 일반적 지침들

환자의 저항 수준	
높은 저항	낮은 저항
1. 자기주도적인 증진을 위한 기회를 제공한다. 2. 비지시적인 개입을 한다. 3. 역설적 개입의 사용을 고려한다. 4. 직면적인 절차 사용을 자제한다. 5. 치료자의 권위가 드러나는 절차의 사용을 자제한다.	1. 치료자의 권위를 드러내는 절차를 사용한다. 2. 치료자는 지시적 지침서를 제공할 수 있다. 3. 제안과 해석이 일반적으로 잘 받아들여진다. 4. 치료자의 안내에 따라 숙제를 부여한다. 5. 치료적 활동을 구조화하고 감찰하는 행동전략을 사용한다.

저항하는 수준에 맞게 CT를 적용하는 또 다른 방법은 치료자의 지시다. 비지시적인 치료적 개입은 저항하는 환자에게 효과적이므로 높은 수준의 반복적인 저항은 치료자의 지시, 권위주의적 자세, 직면을 감소시킬 필요성을 시사한다. 비지시적 개입에는 반영, 명료화, 질문, 지지, 역설적 개입이 있으며, 더불어 치료자는 어려운 주제에 대해 소개한 후에 상대적으로 침묵함으로써 한발 물러나는 접근-후퇴방법이 있다. 저항의 징후가 거의 없는 환자를 위해 치료자는 대체적으로 지침을 제공하고 해석을 해 줄 수 있으며, 숙제 제안과 숙제 할당을 관리할 수 있다. 연구는 저항이 낮은 환자가 비권위적인 특징을 가진 상담자보다는 권위적이고 직접 관리하는 역할을 하는 상담자와의 작업에 더 잘 반응한다는 점을 제안한다(Beutler et al., 2003; Beutler Engle, et al., 1991). 치료자는 회기 중에 저항의 징후에 민감할 필요가 있고 이에 따라 개입을 조정해야 한다(<표 4-3> 참조).

치료계획 시 환자 저항 수준의 역할은 입원 및 외래 환자를 대상으로 전체 8,000명 이상의 표본 크기를 가지고 다수의 정신과적 진단이 포함된 30개 이상의 연구에서 경험적으로 지지되었다. 심리사회적 치료 형식에는 개인, 가족, 집단, 부모훈련이 있다(Castonguay & Beutler, 2006a). 이러한 상당한 성과 연구에 다양한 심리치료와 약물개입이 포함되어 있었다(Beutler et al., 2000; Harwood & Beutler, 2008).

내현화와 외현화는 특질과 유사한 대처 양식의 양극단에 해당한다. 두 대처 양식은 불편한 경험을 감소시키기 위해 사용된다(예, 도피 혹은 회피). 어떤 환자는 두려운 환경을 직접적으로 도피하거나 회피하는 외현화된 행동으로 대처한다. 대신에 다른 환

표 4-3 지시적 개입과 비지시적 개입의 예시

개입 유형	
지시적	비지시적
1. 폐쇄형 질문하기 2. 해석하기 3. 직면 4. 말이나 행동 중단시키기 5. 정보나 지시 제공하기 6. 구조화된 숙제 7. ABC관계의 분석 8. 활동 계획하기	1. 개방형 질문하기 2. 반영 3. 감정/사고의 수동적 수용 4. 자기감찰 숙제 5. 자기주도적 치료 작업 6. 역설적 작업 7. 낮은 비율로 치료자가 주제를 소개하기

자는 불안 등의 내적 경험을 통제하는 행동(예, 자기비난, 구획화, 민감화)을 선호한다. 내현화된 환자는 전형적으로 충동을 과잉통제하거나 충동성이 낮은 것이 특징적인 반면, 외현화된 환자는 일반적으로 매우 충동적이고 과장된 행동을 보인다. 더욱이 내현화된 사람은 조금 더 통찰적이고 자기반성적이다. 일반적으로 내현화된 사람은 감정을 억제하고, 외현화된 사람에 비해 정서적인 고통을 더 잘 인내하며, 자신이 마주한 어려움의 원인을 자주 자기 탓으로 돌린다. 반대로, 외현화된 사람은 자신의 문제에 대한 원인과 해결책에 대한 개인적인 책임감을 거부하는 경향이 있고, 부적 정서를 참기 어려워하고, 외부 자극을 추구한다. 하지만 일부 환자는 내현화된 사람들과 외현화된 사람의 대처 행동 특징이 함께 나타나는 복합유형일 수 있음을 기억해야 한다.

〈표 4-4〉에는 내현화 및 외현화 대처 양식에 상응하는 환자 특징의 예시가 제시되어 있다. 예로, 자극 추구형(예, 자극의 결핍을 회피함)이거나 사회적 관계에서 예상된 결과를 회피하는 과도하게 충동적인(외현화) 환자의 경우, 치료에 지루하고 자극적이지 않은 환경에 대한 인내심을 배우는 것이 포함된다. 또한 책임감을 내적으로 재귀인하도록 촉진하기 위한 치료적 절차(Beck, Wright, Newman, & Liese, 1993)는 다른 사람들을 비난하거나 문제를 숙명론적으로 바라보는 외현화된 사람을 치료할 때 도움이 된다. 일일 사고 기록지(DTR)는 충동적 행동과 반응을 확인하는 데 도움이 된

표 4-4 외현화 및 내현화 환자의 특징

내현화 환자	외현화 환자
1. 분노보다 상처받을 가능성이 높다.	1. 사교적이고 외향적이다.
2. 사회적 모임에서 조용하다.	2. 타인에게 좋은 인상을 주려 한다.
3. 행동을 하기 전에 많이 걱정하고 반추한다.	3. 사회적 지위를 추구한다.
4. 사소한 것에 지나치게 죄책감을 느끼고, 자책하며, 부끄러워한다.	4. 새로움, 활동, 자극을 추구함으로써 지루함을 피한다.
5. 자신감이 부족하다.	5. 타인의 감정에 둔감하다.
6. 혼자 있는 것을 좋아한다.	6. 고양된 중요감을 가지고 있다.
7. 소심하다.	7. 충동적이다.
8. 분노를 직접적으로 표현하는 것을 꺼린다.	8. 좌절에 대해 분노 표현으로 반응한다.
9. 내향적이다.	9. 쉽게 좌절한다.
10. 모임에 가지 않는다.	10. 발생된 문제에 대한 책임감을 부정한다.
11. 감정을 드러내지 않으려 한다.	11. 타인에 대한 공감이 부족하다.

다. 활동 계획표는 환자가 고-자극 활동을 얼마나 선호하는지를 확인하기 위해 DTR을 보완하는 데 사용된다. 활동 계획표는 행동변화를 평가하는 데도 사용할 수 있다. 고-위험 상황을 확인하고 적응적인 대처 반응을 개발하는 것과 같은 자극통제 전략은 물질남용이나 이와 유사한 충동 관련 문제에서 회복 중인 충동적인 사람에게 유용할 수 있다.

내현화된 사람은 불편한 감정이나 친밀감 혹은 환경적 자극이나 활동을 피한다. 이런 경우, 치료 시 환자가 애정과 친밀감을 표현하거나 정서 강도를 더 높이는 것에 초점을 둔다. 치료 원리가 외현화된 사람의 원리와 동일하더라도 내현화된 사람의 치료가 더 복잡하다. 내현화된 사람의 치료적 단서는 갈등과 감정의 독특한 발달력 속에 있다. 이처럼 DTR에서 패턴을 조사하는 것은 환자와 치료자가 외현적인 증상과 간접적으로 관련된 단서를 찾는 데 효과적인 방법이다. 구체적으로 DTR은 환자와 치료자 모두가 받아들이고 싶지 않은 지식과 통찰, 즉 감정과 자각을 연결하는 데 도움이 된다. 또한 하향 화살 기법(Beck et al., 1993)은 뜨거운 인지를 끌어내며, 현저한 정서 상태에 대한 주의를 향상시키고 통찰하도록 독려한다. 그러므로 자동적 사고보다는 도식적 사고에 초점을 맞추도록 권고된다. 인지 기술 및 재구성은 환자의 역기능적 부정적 도식의 과거력상에서 원인을 찾고, 그 원인을 현재 기능과 연결시킴으로써 향상된다. 활동 계획표는 사회적 관계(접촉)의 철회/결핍이나 일상적인 활동에서의 기타 결함을 확인할 수 있으며, 이렇게 얻어진 정보는 사회적 도식을 확인하는 데 도움이 된다.

대처 양식은 미국심리학회(APA)의 29번 분과 대책위원회가 하나의 참가자 요인으로 평가 및 확인했으며, '이를 지지하는 증거가 많았기' 때문에 경험적으로 지지된 변화 원리로 간주된다(Castonguay & Beutler, 2006b, p. 634). 입원 및 외래 환자 모집단을 대상으로 한 최소 30개 이상의 연구가 경험적 근거가 되었다. 이 연구의 혼합된 표본은 총 5,600명 이상의 다양한 장애를 가진 참가자였다(Beutler et al., 2000; Harwood & Beutler, 2008).

환자의 주관적 고통 수준은 치료자가 인지기법을 차별적으로 사용하는 데 지침이 될 수 있다. 중등도이지만 심각하게 저해되지는 않은 수준의 정서적 강도나 고통은 치료 노력을 촉진한다. 즉, 높은 수준의 고통은 치료에 방해가 되지만, 낮은 수준의 정서 강도는 환자가 변화하도록 동기화시키기에 불충분하다. 그러므로 환자의 고통에 대한 평가와 관리는 대부분의 치료적인 노력에서 가장 중요한 측면이다(Orlinsky, Grawe, & Park, 1994; Frank & Frank, 1991).

뜨거운 인지를 탐색하는 데 하향 화살 기법을 사용하는 것은 정서 강도를 증가시킬 가능성이 높다. 〈표 4-5〉에는 환자가 작성한 DTR과 뒤이어 이어지는 치료 상호작용의 예시를 보여 준다. 환자가 한 마지막 진술에는 정서적 각성을 자주 동반하는 '나는 사랑받을 수 없어.'라는 핵심 도식의 특징인 뜨거운 인지가 담겨 있다. 역기능적 사고/인지적 오류에 대한 구조화된 분석은 지나치게 높은 정서적 강도를 감소시키고자 뜨거운 인지나 핵심 도식을 확인한 다음에 사용된다. '나는 이완되었고 편안하다.' 혹은 '나는 내가 느끼는 감정을 통제할 수 있다.'와 같은 사고를 하게 한 후에 직접적인 이완(예, 숨쉬기 및 근육 이완에 집중)은 각성 수준을 감소시키는 데 특히 유용할 수 있다.

주관적 고통 차원을 고려한 환자 맞춤형 치료는 총 1,250여 명의 참여자를 대상으로 최소 11개 이상의 연구에서 경험적으로 지지되었다. 이들 연구에서는 다양한 진단, 기타 심리사회적 치료와 약물치료가 사용되었다.

이와 유사하게, 환자의 손상 수준은 보다 집중적이고 장기적인 치료가 필요함을 시사한다. Beutler 등(2000)은 우울, 불안, 알코올남용, 복합 진단이 있는 환자들의 손상 수준이 부가적인 약물, 개인 치료, 치료의 기간과 시기에서의 대안을 포함하여 집중적인 치료의 적용에 대한 지표임을 발견하였다. 인지치료자는 사회적 및 대인관계의 손상 수준이 높은 환자가 표현하는 욕구를 충족시키기 위해 회기의 빈도와 간격을 선택할 수 었있고, 정신증적 장애가 있는 환자에게도 인지적 개입이 효과적이었다(Haddock & Slade, 1996; Kingdon, & Turkington, 1994). 사회적 지지와 사회적 기

표 4-5 '하향 화살' 기법의 예시

상황: 토요일 오후 집
정서: 우울(80%), 불안(60%)
자동적 사고: '나는 토요일 밤에 데이트를 해야만 해.'

치료자: 당신이 토요일 오후에 데이트를 하지 않는다는 건 무슨 의미인가요?
환 자: 토요일 밤에 집에 혼자 있다는 의미죠.
치료자: 토요일 밤에 집에 혼자 있다는 건 무엇을 의미하는 건가요?
환 자: 다른 사람들처럼 즐기기 위해 외출하지 않았다는 걸 의미하죠.
치료자: 그리고 그건 당신에게 무슨 의미인가요?
환 자: 나는 패배자이고, 날 사랑하는 사람은 아무도 없고, 난 항상 혼자라는 거죠.

능 수준이 낮은 동시에 다른 장애를 함께 겪고 있는 환자에게는 장기 개입, 잦은 회기, 부가적인 약물치료 등을 우선적으로 고려할 수 있다. 반대로 사회적 지지가 적절하고 장애의 수준이 낮으며, 축2장애를 함께 가지고 있지 않다면 시간이 한정되어 있는 인지적 개입이 성공적인 치료가 될 수 있다.

APA 제29번분과 심리치료 대책위원회에 의해 치료원칙과 예후 지표인 '기능손상(FI)'이 참가자 요인으로 확인되었으며(Castonguay & Beutler, 2006b; Beutler, Blatt, Alahohamed, Levy, & Angtuaco, 2006), 이 요인 역시 경험기반 치료 변화의 원리에 근거한 우울증 연구집단(Dysphoria Work Group on Empirically Based Principles of Therapeutic Change)에서도 확인되었다(Castonguay & Beutler, 2006a). 기능손상을 평가하고 치료를 계획할 때 이러한 정보를 사용하는 것이 45개 이상의 연구에서 경험적으로 지지되었다. 이 연구에 입원환자와 외래환자를 포함한 총 7,700명가량이 참여하였으며 이들 대부분이 주요 진단 범주에 속해 있었다. 또한 매우 다양한 심리사회적 치료가 실시되었다(Beutler et al., 2000; Harwood & Beutler, 2008).

FI와 관련하여 사회적 지지가 경험적 치료 변화의 원리에 근거한 우울증 연구집단에 의해 확인되었다(Castonguay & Beutler, 2006c). 사회적 지지를 고려한 환자 맞춤형 치료는 CBT에 매우 적합하다. 왜냐하면 인지행동 치료자는 사회적 지지 시스템을 증가시키기 위해 사용할 수 있는 다양한 기법을 가지고 있기 때문이다. 사회적 지지의 중요성은 총 7,700명 이상의 외래 및 입원 환자들의 표본 크기를 가진 최소 37개의 연구를 통해 증명되었다(Beutler et al., 2000; Harwood & Beutler, 2008). 유사한 맥락으로 문제 복잡성과 만성화(problem complexity and chronicity: PCC) 차원에서 환자와 치료를 맞추는 것은 거의 2,300명의 표본 크기를 가진 최소 23개의 연구에서 경험적으로 지지되었다. 이 표본은 다양한 정신과 진단을 받은 입원환자와 외래 환자였다. 문제 복잡성과 만성화(PCC)는 기능손상(FI)과 관련되어 있으며, PCC는 하나의 예후 지표이자 치료 강도 지표이며, 다수의 치료자 또는 폭넓은 치료가 필요한지를 알려 주는 지표이기도 하다(Beutler et al., 2000; Harwood & Beutler, 2008).

치료는 사회지향성과 자율지향성 차원에서도 다양한 환자에게 맞도록 조정될 수 있다. 사회지향성이 높은 사람은 대인관계적 욕구를 위해 타인과의 관계에 의존한다. 사회지향적인 사람은 수용, 친밀감, 지지, 도움에 높은 가치를 둔다(Blackburn, 1998). 자율지향성이 높은 사람은 외적 통제로부터의 독립과 자유뿐만 아니라 이동성

(mobility), 선택, 뛰어난 성취 수준에 높은 가치를 부여한다(Moore & Blackburn, 1996). 사회지향성 – 자율지향성 척도(SAS)(Beck, Epstein, Harrison, & Emery, 1983)는 이러한 성격 차원을 평가하기 위한 5점 리커트 척도 형식을 사용한 60문항의 자기보고 식 측정도구다. 사회지향성은 시간적 안정성을 가지고 있는 것으로 나타났고(Blackburn, 1998) SAS의 타당도도 입증되었다(Clark & Beck, 1991). 차별적인 치료결정을 적용할 때 자율지향성의 개념적 타당도는 일관적으로 입증되지 않았다(Blackburn, 1998). SAS는 추가 타당도 연구를 위한 개정 과정에 있다(Clark, Steer, Beck, & Ross, 1995).

타인으로부터 수용되고 지지받고 지도받기를 원하는 사회지향적인 사람들과 유사하게, 저항 잠재성이 낮은 사람은 타인과의 대립을 피하고 권위적 인물의 지시를 따르는 특징이 있다(Allen, Horne, & Trinder, 1996). 자율적인 사람은 또한 저항 측정에서 높은 점수를 받은 사람들과 유사점이 있는 것으로 나타났다. 저항이 높은 사람은 타인의 통제에 대한 반항과 책임지려는 욕구가 특징적이다. 이러한 특징은 자율지향적인 사람의 독립성과 이동성의 욕구와 비슷한 것처럼 보인다. 환자의 이러한 차원의 관련성을 감안하면 자율적/높은 저항 환자는 비지시적이고 환자 – 감찰적 개입으로 더 좋은 결과를 내는 반면, 사회지향적/낮은 저항 환자는 지시적 개입, 잦은 해석, 그리고 치료자로부터 직접적인 지도에 가장 잘 반응하게 된다.

요 약

절충주의적 견해는 최근 몇 년 동안 급증해 왔다. 우연한 절충주의가 흔히 시행되고 있으며 체계적 절충주의는 매우 적은 편이다. 이론적 통합주의가 폭넓게 실시되었지만 치료를 위한 분명하고 실제적인 안내를 제공하기엔 너무 함축적이었다. 체계적 절충주의 이론은 너무 협소하고 비이론적인 면이 있다. 하지만 우리는 CT의 이론적 및 실제적 기반이 전략적 절충주의 개입의 발달을 위한 틀과 기반을 제공해 준다고 주장한다.

CT는 경험적 안내를 고수하고, 타당한 측정에 기초하며, 혼란스러운 이론적 구성개념이 없는 전통이 있다. 이런 전통은 인지적 개입의 사용을 확장하고, 일반적인 개입보다 차별적으로 개입하는 적절한 환경을 제공한다. CT는 다양한 문제에 수정 가능하며 이는 CT의 절차가 갖는 특수성을 증가시킬 수 있는 기회가 된다. 이러한 통합은 치료 빈도 및 횟수(기능장애가 있는 환자와 관련된), 지시 정도(저항환자 관련), 증상이나 도식적 사고에 중점(환자의 대처 양식 관련), 뜨거운 인지에 주의(환자의 고통 수준 관련)와 같은 절차를 수정함으로써 이루어질 수 있다. 이런 수정을 통해 이미 강력한 효과가 있는 CT가 더욱 발전할 것이다.

우리는 CT와 심리치료 통합과 관련된 수많은 논문과 문헌을 요약하였다. 종합적으로 Lambert와 Ogles(2004)와 마찬가지로 상기 연구 자료는 다양한 전략 및 기법이 CBT와 통합되었을 때 치료 성과가 향상된다고 제안한다. 우리는 긍정적인 변화의 정도와 가능성을 증가시키기 위한 노력으로 임상가가 각 환자의 독특한 욕구에 맞게 CT 절차를 수정하는 데 도움이 될 수 있는 경험적으로 지지된 일반적 지침과 환자 차원에 대해 개관했다.

참고문헌

Addis, M. E., & Jacobson, N. S. (1996). Reasons for depression and the process and outcome of cognitive-behavioral psychotherapies. *Journal of Consulting and Clinical Psychology, 64*(6), 1417-1424.

Allen, N. B., Horne, D. J. L., & Trinder, J. (1996). Sociotropy, autonomy, and dysphoric emotional responses to specific classes of stress: A psychophysiological evaluation. *Journal of Abnormal Psychology, 105*, 25-33.

Andersson, G., & Asmundson, G. J. G. (2006). Editorial: CBT and religion. *Cognitive Behaviour Therapy, 35*, 1-2.

Ano, G. G., & Vasconcelles, E. B. (2005). Religious coping and psychological adjustment to stress: A meta-analysis. *Journal of Clinical Psychology, 61*, 461-480.

Arkowitz, H. (1995). Common factors of processes of change in psychotherapy?. *American Psychological Association, 2*(1), 94-100.

Arkowitz, H., & Messer, S. B. (1984). *Psychoanalytic therapy and behavior therapy: Is integration possible?*. New York: Plenum Press.

Arnkoff, D. B. (1983). Common and specific factors in cognitive therapy. In M. J. Lambert (Ed.), *Psychotherapy and patient relationships* (pp. 85-125). Homewood, IL: Dorsey.

Arntz, A., & van den Hout, M. (1996). Psychological treatments of panic disorder without agoraphobia: Cognitive therapy vs applied relaxation. *Behaviour Research and Therapy, 34*, 113-121.

Bandura, A. (1977). *Social learning theory.* Englewood Cliffs, NJ: Prentice-Hall.

Barber, J. P., & Muenz, L. R. (1986). The role of avoidance and obsessiveness in matching patients to cognitive and interpersonal psychotherapy: Empirical findings from the Treatment of Depression Collaborative Research Project. *Journal of Consulting and Clinical Psychology, 64,* 951-958.

Barlow, D. H., O'Brien, G. T., & Last, C. G. (1984). Couples treatment of agoraphobia. *Behavior Therapy, 18,* 441-448.

Barrowclough, C., Haddock, G., Fitzsimmons, M., & Johnson, R. (2006). Treatment development for psychosis and co-occurring substance misuse: A descriptive review. *Journal of Mental Health, 15,* 619-632.

Beck, A. T. (1991). Cognitive therapy as the integrative therapy. *Journal of Psychotherapy Integration, 3,* 191-198.

Beck, A. T. (1993). Cognitive therapy: Nature and relation to behavior therapy. *Journal of Psychotherapy Practice and Research, 2,* 345-356.

Beck, A. T., & Emery, G. (1985). *Anxiety disorders and phobias: A cognitive perspective.* New York: Basic Books.

Beck, A. T., Epstein, N., Harrison, R. P., & Emery, G. (1983). *Development of the Sociotropy-Autonomy Scale: A measure of personality factors in psychopathology.* Unpublished manuscript, University of Pennsylvania, Philadelphia.

Beck, A. T., & Weishaar, M. E. (2008). Cognitive therapy. In R. J. Corsini & D. Wedding (Eds.), *Current psychotherapies* (8th ed., pp. 263-294). Belmont, CA: Thomson.

Beck, A. T., Wright, F. D., Newman, C. F., & Liese, B. S. (1993). *Cognitive therapy for substance abuse.* New York: Guilford Press.

Beitman, B. D., Soth, A. M. & Good, G. E. (2006). Integrating the psychotherapies through their emphases on the future. In G. Stricker & J. Gold (Eds.), *A casebook of psychotherapy integration* (pp. 55-63). Washington, DC: American Psychological Association.

Beutler, L. E. (1983). *Eclectic psychotherapy: A systematic approach.* New York: Pergamon Press.

Beutler, L. E., & Clarkin, J. E. (1990). *Systematic treatment selection: Toward targeted therapeutic interventions.* New York: Brunner/Mazel.

Beutler, L. E., Clarkin, J. E., & Bongar, B. (2000). *Guidelines for the systematic treatment of the depressed patient.* New York: Oxford University Press.

Beutler, L. E., Crago, M., & Arizmendi, T. G. (1986). Research on therapist variables in psychotherapy. In S. L. Garfield & A. E. Bergin (Eds.), *Handbook of psychotherapy and behavior change* (3rd ed., pp. 257-310). New York: Wiley.

Beutler, L. E., Engle, D., Mohr, D., Daldrup, R. J., Bergan, J., Meredith, K., et al. (1991). Predictors of differential and self-directed psychotherapeutic procedures. *Journal of Consulting and Clinical Psychology, 59,* 333-340.

Beutler, L. E., & Harwood, T. M. (2000). *Prescriptive psychotherapy: A practical guide to systematic treatment selection.* New York: Oxford University Press.

Beutler, L. E., & Harwood, T. M. (2001). Antiscientific attitudes: What happens when scientists are unscientific?. *Journal of Clinical Psychology, 57,* 43-51.

Beutler, L. E., Blatt, S. J., Alamohamed, S., Levy, K. N., & Angtuaco, L. A. (2006). Participant factors in treating dysphoric disorders. In L. G. Castonguay & L. E. Beutler (Eds.), *Principles of therapeutic change that work* (pp. 13-63). New York: Oxford University Press.

Beutler, L. E., Malik, M., Alimohamed, S., Harwood, T. M., Talebi, H., Noble, S., et al. (2004). Therapist variables. In M. J. Lambert (Ed.), *Bergin and Garfield's handbook of psychotherapy and behavior change* (5th ed., pp. 227-306). New York: Wiley.

Beutler, L. E., & Mitchell, R. (1981). Psychotherapy outcome in depressed and impulsive patients as a function of analytic and experiential treatment procedures. *Psychiatry, 44,* 297-306.

Beutler, L. E., Moleiro, C., Malik, M., Harwood, T. M., Romanelli, R., Gallagher-Thompson, D., et al. (2003). A comparison of the Dodo, EST, and ATI factors among comorbid stimulant dependent, depressed patients. *Clinical Psychology and Psychotherapy, 10*, 69-85.

Beutler, L. E., Mohr, D. C., Grawe, K., Engle, D., & MacDonald, R. (1991). Looking for differential effects: Cross-cultural predictors of differential psychotherapy efficacy. *Journal of Psychotherapy Integration, 1*, 121-142.

Beutler, L. E., Sandowicz, M., Fisher, D., & Albanese, A. (1996). Resistance in psychotherapy: What conclusions are supported by research?. *In Session: Psychotherapy in Practice, 2*, 77-86.

Beutler, L. E., Williams, R. E., & Wakefield, P. J. (1993). Obstacles to disseminating applied psychological science. *Journal of Applied and Preventive Psychology, 2*, 53-38.

Beutler, L. E., Williams, R. E., Wakefield, P. J., & Entwistle, S. R. (1995). Bridging scientist and practitioner perspectives in clinical psychology. *American Psychologist, 50*, 984-994.

Billings, A. B., & Moos, R. H. (1984). Coping, stress, and social resources among adults with unipolar depression. *Journal of Personality and Social Psychology, 46*, 877-891.

Binder, J. L., & Strupp, H. H. (1997). Negative process: A recurrently discovered and underestimated facet of therapeutic process and outcome in the individual psychotherapy of adults. *Clinical Psychology: Science and Practice, 4*, 121-139.

Blackburn, I. M. (1998). Cognitive therapy. In A. S. Bellack & M. Hersen (Eds.), *Comprehensive clinical psychology* (Vol. 1, pp. 51-84). New York: Pergamon.

Blackburn, I. M., Jones, S., & Lewin, R. J. (1986). A two year naturalistic follow-up of depressed patients treated with cognitive therapy, pharmacotherapy, and combination of both. *Journal of Affective Disorders, 10*, 67-75.

Bowers, W. A. (1990). Treatment of depressed in-patients: Cognitive therapy plus medication, relaxation plus medication, and medication alone. *British Journal of Psychiatry, 156*, 73-78.

Bowlby, J. (1977). The making and breaking of affectional bonds: II. Some principles of psychotherapy. *British Journal of Psychiatry, 130*, 421-431.

Brink, N. E. (2005). Book review of *Cognitive Therapy and Dreams* (2004). R. I. Rosner, Lyddon, W. L. J., & Freeman, A. New York: Springer. *Dreaming, 15*, 58-62.

Brown, G. W. (1997). A psychosocial perspective and the aetiology of depression. In A. Honig & H. M. van Praag (Eds.), *Depression: Neurological, psychopathological, and therapeutic advances* (pp. 343-362). Chichester, UK: Wiley.

Brown, T. A., & Barlow, D. H. (1995). Long-term outcome in cognitive-behavioral treatment of panic disorder: Clinical predictors and alternative strategies for assessment. *Journal of Consulting and Clinical Psychology, 63*, 754-765.

Calvert, S. J., Beutler, L. E., & Crago, M. (1988). Psychotherapy outcome as a function of therapist-patient matching on selected variables. *Journal of Social and Clinical Psychology, 6*, 104-117.

Castonguay, L. G., & Beutler, L. E. (2006a). Common and unique principles of therapeutic change: What do we know and what do we need to know?. In L. G. Castonguay & L. E. Beutler (Eds.), *Principles of therapeutic change that work* (pp. 353-369). New York: Oxford University Press.

Castonguay, L. G., & Beutler, L. E. (2006b). Principles of therapeutic change: A task force on participants, relationships, and technique factors. *Journal of Clinical Psychology, 62*, 631-638.

Castonguay, L. G., & Beutler, L. E. (2006c). Therapeutic factors in dysphoric disorders. *Journal of Clinical Psychology, 62*, 639-647.

Choi, Y., vincelli, F., Riva, G., Wiederhold, B., Lee, J., & Park, K. (2005). Effects of group experiential cognitive therapy for the treatment of panic disorder with agoraphobia. *CyberPsychology and Behavior, 8*, 387-393.

Clark, D. A., & Beck, A. T. (1991). Personality in dysphoria: A psychometric refinement of Beck's Sociotropy-Autonomy Scale. *Journal of Psychopathology and Behavioral Assessment, 13*, 369-388.

Clark, D. A., Steer, R. A., Beck, A. T., & Ross, L. (1995). Psychometric characteristics of revised sociotropy and autonomy scales in college students. *Behaviour Research and Therapy, 33*, 325-334.

Crider, A., Glaros, A. G., & Gevirtz, R. (2005). Efficacy of biofeedback-based treatments for temporomandibular disorders. *Applied Psychophysiology and Bio-feedback, 30*, 333-345.

DiGiorgio, K. E., Arnkoff, D. B., Glass, C. R., Lyhus, K. E., & Walter, R. C. (2004). EMDR and theoretical orientation: A qualitative study of how therapists integrate eye movement desensitization and reprocessing into their approach to psychotherapy. *Journal of Psychotherapy Integration, 14*, 227-252.

Dobson, K. S. (1989). A meta-analysis of the efficacy of cognitive therapy for depression. *Journal of Consulting and Clinical Psychology, 57*(3), 414-419.

Dowd, T. E. (2004). Foreword. In R. I. Rosner, W. L. J. Lyddon, & A. Freeman (Eds.), *Cognitive therapy and dreams*. New York: Springer.

Ellis, A. (2005). Can rational-emotive behavior therapy (REBT) and acceptance and commitment therapy (ACT) resolve their differences and be integrated?. *Journal of Rational-Emotive and Cognitive-Behavior Therapy, 23*, 153-168.

Fairburn, C. G., Jones, R., Peveler, R. C., Hope, R. A., & O'Connor, M. (1993). Psychotherapy and bulimia nervosa: Longer-term effects of interpersonal psychotherapy, behavior therapy, and cognitive behavior therapy. *Archives of General Psychiatry, 50*, 419-428.

Fava, G. A. (1986). Psychotherapy research: Clinical trials versus clinical reality. *Psychotherapy and Psychosomatics, 46*, 6-12.

Finucane, A., & Mercer, S. W. (2006). An exploratory mixed methods study of the acceptability and effectiveness of mindfulness-based cognitive therapy for patients with active depression and anxiety in primary care. *BMC Psychiatry, 6*, 14.

Forsyth, N. L., & Forsyth, D. R. (1982). Internality, control ability, and the effectiveness of attributional interpretation in counseling. *Journal of Counseling Psychology, 29*, 140-150.

Frank, J. D., & Frank, J. B. (1991). *Persuasion and healing* (3rd ed.). Baltimore: Johns Hopkins University Press.

Freedheim, D. K., Freudenberger, H. J., Kessler, J. W., & Messer, S. B. (1992). *History of psychotherapy: A century of change*. Washington, DC: American Psychological Association.

Freeman, A., & White, B. (2004). Dreams and the dream image: Using dreams in cognitive therapy. In R. I. Rosner, W. L. J. Lyddon, & A. Freeman (Eds.), *Cognitive therapy and dreams* (pp. 69-88). New York: Springer.

Futterman, R., Lorente, M., & Silverman, S. W. (2005). Beyond harm reduction: A new-model of substance abuse treatment further integrating psychological techniques. *Journal of Psychotherapy Integration, 15*, 3-18.

Gaffan, E. A., Tsaousis, J., & Kemp-Wheeler, S. M. (1995). Researcher allegiance and meta-analysis: The case of cognitive therapy for depression. *Journal of Consulting and Clinical Psychology, 63*, 966-980.

Garfield, S. L. (1981). Evaluating the psychotherapies. *Behavior Therapy, 12*, 295-307.

Garratt, G., Ingram, R. E., Rand, K. L., & Sawalani, G. (2007). Cognitive processes in cognitive therapy: Evaluation of the mechanisms of change in the treatment of depression. *Clinical Psychology: Science and Practice, 14*, 224-239.

Gaudiano, B. A., & Herbert, J. D. (2006). Acute treatment of inpatients with psychotic symptoms using acceptance and commitment therapy: Pilot results. *Behaviour Research and Therapy, 44*, 415-437.

Gitlin, M. J. (1995). Effects of depression and antidepressants on sexual functioning. *Bulletin of the Menninger Clinic, 59*, 232-248.

Goldfried, M. R. (1995). *From cognitive-behavior therapy to psychotherapy integration*. New York: Springer.

Goldfried, M. R. (2006). Cognitive-affective relational behavior therapy. In G. Stricker & J. Gold (Eds.), *Casebook of psychotherapy integration* (pp. 153-164). Washington, DC: American Psychological Association.

Goldstein, A. P., & Stein, N. (1976). *Prescriptive psychotherapies*. New York: Pergamon Press.

Haddock, G., & Slade, P. D. (Eds.) (1996). *Cognitive behavioural interventions with psychotic disorders*. New York: Routledge.

Hamamçi, Z. (2006). Integrating psychodrama and cognitive behavior therapy to treat moderate depression. *The Arts in Psychotherapy, 33*, 199-207.

Harwood, T. M., & Beutler, L. E. (2008). EVTs, EBPs, ESRs, and RIPs: Inspecting the varieties of research based practices. In L. L'Abate (Ed.), *Toward a science of clinical psychology* (pp. 161-176). New York: Nova Science.

Harwood, T. M., Beutler, L. E., Castillo, S., & Karno, M. (2006). Common and specific effects of couples treatment for alcoholism: A test of the generic model of psychotherapy. *Psychology and Psychotherapy: Theory Research and Practice, 79*, 365-384.

Harwood, T. M., & Williams, O. B. (2003). Identifying treatment relevant assessment: Systematic treatment selection. In L. E. Beutler & G. Groth-Marnat (Eds.), *Integrative assessment of adult personality* (pp. 65-81). New York: Guilford Press.

Hawkins, R. S., Tan, S. Y., & Turk, A. A. (1999). Secular versus Christian inpatient cognitive behavioral therapy programs: Impact on depression and spiritual well-being. *Journal of Psychology and Theology, 27*, 309-331.

Hayes, S. C., & Smith, S. (2005). *Get out of your mind and into your life: The new acceptance and commitment therapy*. New Harbinger.

Hayes, S. C., & Strosahl, K. D. (2004). *A practical guide to acceptance and commitment therapy*. New York: Springer.

Hayes, S. C., Strosahl, K. D., & Wilson, K. G. (2003). *Acceptance and commitment therapy: An experiential approach to behavior change*. New York: Guilford Press.

Heppner, P. P., & Anderson, W. P. (1985). On the perceived non-utility of research in counseling. *Journal of Counseling and Development, 63*, 545-547.

Higgins, S. T., Budney, A. J., & Bickel, W. K. (1994). Applying behavioral concepts and principles to the treatment of cocaine dependence. *Drug and Alcohol Dependence, 34*, 87-97.

Hogg, J. A., & Deffenbacher, J. L. (1988). A comparison of cognitive and interpersonal process group therapies in the treatment of depression among college students. *Journal of Counseling Psychology, 35*(3), 304-310.

Hollon, S. D. (1996). The efficacy and effectiveness of psychotherapy relative to medications. *American Psychologist, 51*, 1025-1030.

Hollon, S. D., & Beck, A. T. (2004). Cognitive and cognitive behavioral therapies. In M. J. Lambert (Ed.), *Bergin and Garfield's handbook of psychotherapy and behavior change* (5th ed., pp. 447-492). New York: Wiley.

Horvath, A. (1989, June). *There are no main effects, only interactions*. Paper presented at the annual meeting of the Society for Psychotherapy Research, Toronto, Canada.

Hwang, W., Wood, J. J., Lin, K., & Cheung, F. (2006). Cognitive-behavioral therapy with Chinese Americans: Research, theory, and clinical practice. *Cognitive and Behavioral Practice, 13*, 293-303.

Jacobson, N. S., & Hollon, S. D. (1996). Cognitive-behavioral therapy versus pharmacotherapy: Now that the jury's returned its verdict, it's time to present the rest of the evidence. *Journal of Consulting and Clinical Psychology, 64*, 74-80.

Kadden, R. M., Cooney, N. L., & Getter, H. (1989). Matching alcoholics to coping skills or interactional therapy: Posttreatment results. *Journal of Consulting and Clinical Psychol-*

ogy, 56(1), 48-55.

Keisler, D. J. (1996). *Contemporary interpersonal theory and research: Personality, psychopathology, and psychotherapy.* New York: Wiley.

Kellogg, S. (2004). Dialogical encounters: Contemporary perspectives on "chairwork" in psychotherapy. *Psychotherapy: Theory, Research, Practice and Training, 41*, 310-320.

Kenny, M. A., & Williams, J. M. G. (2007). Treatment-resistant depressed patients show a good response to mindfulness-based cognitive therapy. *Behaviour Research and Therapy, 45*, 617-625.

Kenny, M. C. (2006). An integrative therapeutic approach to the treatment of a depressed American Indian client. *Clinical Case Studies, 5*, 37-52.

Kingdon, D. G., & Turkington, D. (1994). *Cognitive-behavioral therapy of schizophrenia.* New York: Guilford Press.

Knight-Law, A., Sugerman, A., & Pettinati, H. (1988). An application of an MMPI classification system for predicting outcome in a small clinical sample of alcoholics. *American Journal of Drug and Alcohol Abuse, 14*(3), 325-334.

Kovacs, M., Rush, A. J., & Beck, A. T., & Hollon, S. D. (1981). Depressed outpatients with cognitive therapy or pharmacotherapy. *Archives of General Psychiatry, 38*, 33-39.

Kushner, M. G., Donahue, C., Sletten, S., Thuras, P., Abrams, K., Peterson, J., et al. (2006). Cognitive behavioral treatment of co-morbid anxiety disorder in alcoholism treatment patients: Presentation of a prototype program and future directions. *Journal of Mental Health, 15*, 697-707.

LaCroix, M., Clarke, M., Bock, C., & Doxey, N. (1986). Physiological changes after biobeedback and relaxation training for multiple-pain tension-headache patients. *Perceptual and Motor Skills, 63*, 139-153.

Lambert, M. J., Garfield, S. L., & Bergin, A. E. (2004). Overview, trends, and future issues. In M. J. Lambert (Ed.), *Bergin and Garfield's handbook of psychotherapy and behavior change* (5th ed., pp. 805-821). New York: Wiley.

Lambert, M. J., & Ogles, B. (2004). The efficacy and effectiveness of psychotherapy. In M. J. Lambert (Ed.), *Bergin and Garfield's handbook of psychotherapy and behavior change* (5th ed., pp. 139-193). New York: Wiley.

Lambert, M. J., Shapiro, D. A., & Bergin, A. E. (1986). The effectiveness of psychotherapy. In S. L. Garfield & A. E. Bergin (Eds.), *Handbook of psychotherapy and behavior change* (3rd ed., pp. 157-211). New York: Wiley.

Lazarus, A. (1996). The utility and futility of combining treatments in psychotherapy. *Clinical Psychology: Science and Practice, 3*, 59-68.

Lent, R. W., Russell, R. K., & Zamostry, K. P. (1981). Comparison of cue-controlled desensitization, rational restructuring, and a credible placebo in the treatment of speech anxiety. *Journal of Consulting and Clinical Psychology, 49*, 608-610.

Linehan, M. M., & Dimeff, L. (2001). Dialectical behavior therapy in a nutshell. *The California Psychologist, 34*, 10-13.

Liotti, G. (1991). Patterns of attachment and the assessment of interpersonal schemata: Understanding and changing difficult patient-therapist relationships in cognitive psychotherapy. *Journal of Cognitive Psychotherapy, 5*, 105-114.

Mahoney, M. J. (1991). *Human change processes.* New York: Basic Books.

Marlatt, G. A. (Ed.) (1998). *Harm reduction: Pragmatic strategies for managing high-risk behaviors.* New York: Guilford Press.

Marlatt, G. A., Blume, A. W., & Parks, G. A. (2001). Integrating harm reduction therapy and traditional substance abuse treatment. *Journal of Psychoactive Drugs, 33*, 13-21.

Marlatt, G. A., & Gordon, J. R. (Eds.) (1985). *Relapse prevention: Maintenance strategies in the treatment of addictive behaviors.* New York: Guilford Press.

McCullough, J. P. (2000). *Treatment for chronic depression: Cognitive behavioral analysis sys-*

tem of psychotherapy (CBASP). New York: Guilford Press.

McMinn, M. R., & Campbell, C. D. (2007). *Integrative psychotherapy: Toward a comprehensive Christian approach*. Downers Grove, IL: InterVarsity Press.

Moore, R. G., & Blackburn, I. M. (1996). The stability of sociotropy and autonomy in depressed patients undergoing treatment. *Cognitive Therapy and Research, 20*, 69-80.

Morrow-Bradley, C., & Elliott, R. (1986). Utilization of psychotherapy research by practicing psychotherapists. *American Psychologist, 41*(2), 188-197.

Murphy, G. E., Simons, A. D., Wetzel, R. D., Lustman, P. J. (1984). Cognitive therapy and pharmacotherapy: Singly and together in the treatment of depression. *Archives of General Psychiatry, 38*, 33-39.

Norcross, J. C., & Halgin, R. P. (2005). Training in psychotherapy integration. In J. C. Norcross & M. R. Goldfried (Eds.), *Handbook of psychotherapy integration* (pp. 439-458). New York: Oxford University Press.

Norcross, J. C., Martin, J. R., Omer, H., & Pinsof, W. M. (1996). When and how does psychotherapy integration improve clinical effectiveness?: A roundtable. *Journal of Psychotherapy Integration, 6*, 295-332.

Norcross, J. C., & Goldfried, M. R. (1992). *Handbook of psychotherapy integration*. New York: Basic Books.

Ogles, B. M., Sawyer, J. D., & Lambert, M. J. (1995). Clinical significance of the National Institute of Mental Health Treatment of Depression Collaborative Research Program data. *Journal of Consulting and Clinical Psychology, 63*(2), 001-006.

Orlinsky, D. E., Grawe, K., & Park, B. K. (1994). Process and outcome in psychotherapy: Noch einmal. In A. E. Bergin & S. L. Garfield (Eds.), *Handbook of psychotherapy and behavior change* (4th ed., pp. 270-376). New York: Wiley.

Orlinsky, D. E., & Howard, K. I. (1986). Process and outcome in psychotherapy. In S. L. Garfield & A. E. Bergin (Eds.), *Handbook of psychotherapy and behavior change* (3rd ed., pp. 311-384). New York: Wiley.

Parsons, J. T., Rosof, E., Punzalan, J. C., & Di Maria, L. (2005). Integration of motivational interviewing and cognitive behavioral therapy to improve HIV medication adherence and reduce substance use among HIV-positive men and women: Results of a pilot project. *AIDs Patient Care and STDs, 19*, 31-39.

Piaget, J. (1981). *Intelligence and affectivity: Their relationship during child development*. Palo Alto, CA: Annual Reviews. (Original work published 1954)

The Princeton Religious Research Center. (1996). *Religion in America 1996*. Princeton, NJ: Princeton Religious Research Center.

Robins, C. J., & Hayes, A. M. (1993). An appraisal of cognitive therapy. *Journal of Consulting and Clinical Psychology, 61*, 1-10.

Robinson, L. A., Berman, J. S., & Neimeyer, R. A. (1990). Psychotherapy for the treatment of depression: A comprehensive review of controlled outcome research. *Psychological Bulletin, 108*, 30-49.

Rosner, R. I., Lyddon, W. L. J., & Freeman, A. (2004). *Cognitive therapy and dreams*. New York: Springer.

Roth, A., & Fonagy, P. (1996). *What works for whom?*. New York: Guilford Press.

Rush, A. J. (1982). Comparison of the effects of cognitive therapy and pharmacotherapy on hopelessness and self-concept. *American Journal of Psychiatry, 139*, 862-866.

Rush, A. J., Beck, A. T., & Kovacs, M., & Hollon, S. T. (1977). Comparative efficacy of cognitive therapy and pharmacotherapy in the treatment of depressed outpatients. *Cognitive Therapy and Research, 1*(1), 17-37.

Rush, A. J., Beck, A. T., Kovacs, M., Weissenburger, J., & Hollon, S. T. (1982). Comparison of the effects of cognitive therapy and pharmacotherapy on hopelessness and self-concept. *American Journal of Psychiatry, 139*, 862-866.

Ryle, A., & McCutcheon, L. (2006). Cognitive analytic therapy. In G. Stricker & J. Gold (Eds.), *Casebook of psychotherapy integration* (pp. 121-136). Washington, DC: American Psychological Association.

Safran, J., Alden, L., & Davison, P. (1980). Client anxiety level as a moderator variable in assertion training. *Cognitive Therapy and Research, 4*(2), 189-200.

Safran, J., & Messer, S. (1997). Psychotherapy integration: A postmodern critique. *American Psychologist, 4*, 140-152.

Safran, J., & Segal, Z. V. (1990). *Interpersonal process in cognitive therapy.* New York: Basic Books.

Safran, J. D., & Muran, J. C. (2000). *Negotiating the therapeutic alliance: A relational treatment guide.* New York: Guilford Press.

Schlicter, K. J., & Horan, J. J. (1981). Effects of stress inoculation on the anger and aggression management skills of institutionalized juvenile delinquents. *Cognitive Therapy and Research, 5*, 359-365.

Scogin, F., Bowman, D., Jamison, C., Beutler, L., & Machado, P. P. (1994). Effects on initial severity of dysfunctional thinking on the outcome of cognitive therapy. *Clinical Psychology and Psychotherapy, 1*(3), 179-184.

Scogin, F., Hamblin, D., & Beutler, L. E. (1987). Bibliotherapy for depressed older adults: A self-help alternative. *Gerontologist, 27*, 383-387.

Seltzer, L. F. (1986). *Paradoxical strategies in psychotherapy: A comprehensive overview and guidebook.* New York: Wiley.

Shaffer, C. S., Shapiro, J., Sark, L. I., & Coghlan, D. J. (1981). Positive changes in depression, anxiety, and assertion following individual and group cognitive behavior therapy intervention. *Cognitive Therapy and Research, 5*, 149-157.

Shapiro, D. A., Barkham, M., Rees, A., & Hardy, G. E. (1994). Effects of treatment duration and severity of depression on the effectiveness of cognitive-behavioral and psychodynamic-interpersonal psychotherapy. *Journal of Consulting and Clinical Psychology, 62*, 522-534.

Sheppard, D., Smith, G. T., & Rosenbaum, G. (1988). Use of MMPI subtypes in predicting completion of a residential alcoholism treatment program. *Journal of Consulting and Clinical Psychology, 50*, 590-596.

Shoham-Salomon, V., Avner, R., & Neeman, R. (1989). You are changed if you do and changed if you don't: Mechnisms underlying paradoxical interventions. *Journal of Consulting and Clinical Psychology, 57*, 590-598.

Shoham-Salomon, V., & Hannah, M. T. (1991). Client-treatment interactions in the study of differential change process. *Journal of Consulting and Clinical Psychology, 59*, 217-225.

Shoham-Salomon, V., & Rosenthal, R. (1987). Paradoxical interventions: A meta-analysis. *Journal of Consulting and Clinical Psychology, 55*, 22-27.

Simons, A. D., & Thase, M. E. (1992). Biological markers, treatment outcome, and 1-year follow-up in endogenous depression: Electroencephalographic sleep studies and response to cognitive therapy. *Journal of Consulting and Clinical Psychology, 60*, 392-401.

Sloane, R. B., Staples, F. R., Cristol, A. H., Yorkston, N. J., & Whipple, K. (1975). *Psychotherapy versus behavior change.* Cambridge, MA: Harvard University Press.

Smith, M. L., Glass, G. V., & Miller, T. I. (1980). *The benefits of psychotherapy.* Baltimore: Johns Hopkins University Press.

Stiles, W. B., Barkham, M., Twigg, E., Mellor-Clark, & Cooper, M. (2006). Effecftiveness of cognitive-behavioural, person-centered and psychodynamic therapies as practiced in UK National Health Service settings. *Psychological Medicine, 10*, 1-12.

Stricker, G. (1994). Reflections on psychotherapy integration. *Clinical Psychology: Science and Practice, 1*(1), 3-12.

Stricker, G., & Gold, J. (1996). Psychotherapy integration: An assimilative, psychodynamic approach. *Clinical Psychology: Science and Practice, 3*(1), 47-58.

Stricker, G., & Gold, J. (2006). *A casebook of psychotherapy integration*. Washington, DC: American Psychological Association.

Tasca, G. A., Russell, V., & Busby, K. (1994). Characteristics of patients who choose between two types of group psychotherapy. *International Journal of Group Psychotherapy, 44*(4), 499-508.

Taylor, S. (2006). The interface between cognitive behavior therapy and religion: Comment on Andersson and Asmundson (2006). *Cognitive Behaviour Therapy, 35*, 125-127.

Thase, M. E., & Simons, A. D. (1992). The applied use of psychotherapy in the study of the psychobiology of depression. *Journal of Clinical Psychiatry, 53*, 32-44.

Thorne, F. C. (1962). Self-consistency theory and psychotherapy. *Annals of the New York Academy of Sciences, 96*, 877-888.

Tichelaar, V., Geertzen, Y. I. G., Jan, H. B., Keizer, D., & van Wilgren, P. (2007). Mirror box therapy added to cognitive behavioral therapy in three chronic complex regional pain syndrome type I patients: A pilot study. *International Journal of Rehabilitation Research, 30*, 181-188.

Tref, D. M., & Yuan, H. A. (1983). The use of the MMPI in a chronic back pain rehabilitation program. *Journal of Clinical Psychology, 39*(1), 46-53.

Wachtel, P. L. (1978). On some complexities in the application of conflict theory to psychotherapy. *Journal of Nervous and Mental Disease, 166*, 457-471.

West, A. E., Henry, D. B., & Pavuluri, M. N. (2007). Maintenance model of integrated psychosocial treatment in pediatric bipolar disorder: A pilot feasibility study. *Journal of the American Academy of Child and Adolescent psychiatry, 46*, 205-212.

Whitfield, H. J. (2006). Towards case-specific applications of mindfulness-based cognitive-behavioral therapies: A mindfulness-based rational emotive behaviour therapy. *Counselling Psychology Quarterly, 19*, 205-207.

Wilson, G. T. (2008). Behavior therapy. In R. J. Corsini & D. Wedding (Eds.), *Current psychotherapies* (8th ed., pp. 223-262). Belmont, CA: Thomson.

Wilson, P. H., Goldin, J. C., & Charbouneau-Powis, M. (1983). Comparative efficacy of behavioural and cognitive treatments of depression. *Cognitive Therapy and Research, 7*, 111-124.

Woody, G. E., McClellan, A. T., Luborsky, L., & O'Brien, C. P. (1984). Sociopathy and psychotherapy outcome. *Archives of General Psychiatry, 42*, 1081-1086.

Young, J. E. (1990). *Cognitive therapy for personality disorders: A schema-focused approach*. Asrasota, FL: Professional Resource Exchange.

PART 2

Handbook of Cognitive-Behavioral Therapies

평가 시 고려사항

CHAPTER 5

인지 평가: 문제와 방법

David M. Dunkley
Kirk R. Blankstein
Zindel V. Segal

한 사람이 펜을 들고 글을 쓸 때까지 그 사람의 내면에는
자신도 알 수 없는 수천 가지 생각이 있다.

- 윌리엄 새커리, 헨리 에즈먼드 中 -

이번 장에서는 인지적 평가의 실제와 관련된 개념 및 방법론상의 문제를 다루고 있다. 기본 가정은 인간의 인지기능을 정보처리 관점에서 기술할 수 있으며 이러한 관점이 실제 임상적 평가에 유용하다는 것이다(예, Williams, Watts, MacLeod & Mathews, 1998). 이 모델에서 인간은 마음에 현실을 구성하는 동안 (내 · 외부) 정보를 능동적으로 탐색하고, 선택하며, 활용하는 존재로 묘사된다(Gardner, 1985). 이러한 활동은 인지시스템의 본질적 특징이며, 상이한 조작 수준에서 각각의 내용을 산출해 낸다. 정보가 시스템을 통과하는 모습은 합성적 · 상보적 과정으로 이해할 수 있으나 (Neisser, 1976), 문헌에서는 세 가지 분석 수준으로 나누어 구분한다. 매우 많은 저자 (예, Segal & Swallow, 1994)는 인지구조(가설상 정보처리를 주도하지만 접근이 어려운 도식), 인지과정(환경적 입력을 변형시켜 그 입력의 의미를 추론하는 수단), 인지산물 또는 인지내용(의식적 사고 및 심상)을 세상에 대한 지식을 조직화하는 틀로 인정하고 있으며

이러한 틀이 어떻게 끊임없는 정보처리를 안내하는지를 기술했으며 이 정보처리 중 가장 접근하기 쉬운 것이 인지 산물이라고 정의한 바 있다.

인지 평가 과정 및 방법

사고를 평가하는 수많은 방법에 대한 다양한 분류 시스템이 제시되었다(Glass & Arnkoff, 1982; Kendall & Hollon, 1981). Glass와 Arnkoff(1997)는 최근 연구에서 네 가지 차원[① 시간성 또는 시점(회고적 · 동시적 · 미래 사건에 대한), ② 구조의 정도(동의 또는 생성), ③ 반응 양식(서면 또는 구두), ④ 자극의 본질(일반적 사고, 심상적 상황, 비디오 상황, 역할 연기, 실제 상황)]으로 인지적 평가 방법을 체계화하였다. 우리는 사고 평가의 근원이 되는 다섯 번째 차원(응답자 또는 독립평가자)을 제안하고자 한다(Blankstein & Flett, 1990).

최종적인 도식은 동시적 평가에서 회고적 평가까지 하나의 연속선으로 평가절차를 나타낼 수 있다. [그림 5-1]은 일반적으로 흔히 사용되는 몇 가지 측정도구의 연속선상의 위치를 예시하고 있으며 각각에 대해 간략한 설명을 하고 있다. 또한 인지 평가 절차는 구조, 즉 평가가 어느 시점에서 개개인에게 고유한 한계 또는 형식이 부여되는 정도에 따라 이러한 차원상의 위치를 결정하게 된다. 구조화된 자기진술 동의식 측정방법이 가장 흔하게 사용되긴 하지만, 연구자는 질문지와 검사를 보완하기 위해 수많은 생성(production) 전략을 개발한 바 있다. 생성식의 측정방법은 참여자에게 사고를 생성해 내거나 생각을 회상하게 한다. 이러한 분류를 염두에 두고 우리는 독자에게 참여자 또는 내담자의 사고를 평가하는 다양한 방법을 소개하고자 한다.

여러 연구에서 응답자 또는 내담자의 실제 '자기 대화(self-talk)'를 평가할 목적으로 자발적인 언어를 녹취하는 방식이 채택되어 왔다. 녹취는 몰래 또는 구체적인 설명 후에 이루어질 수 있다. 녹취는 언어 행동을 나타내는 것으로서, 문자화하여 범주로 부호화할 수 있다(Kendall & Hollon, 1981). 이런 형식이 사적 언어(private speech)를 평가하는 데 가장 흔히 사용되는 방법이지만, 연구자는 피험자의 말에 국한되다 보니 침묵을 인지적 정보처리의 부재로 오해할 가능성이 있다. 생각 말하기(Think-aloud) 절차는 피험자에게 구체적인 과제 수행 중 또는 특정적인 상황에서 자신의 사고

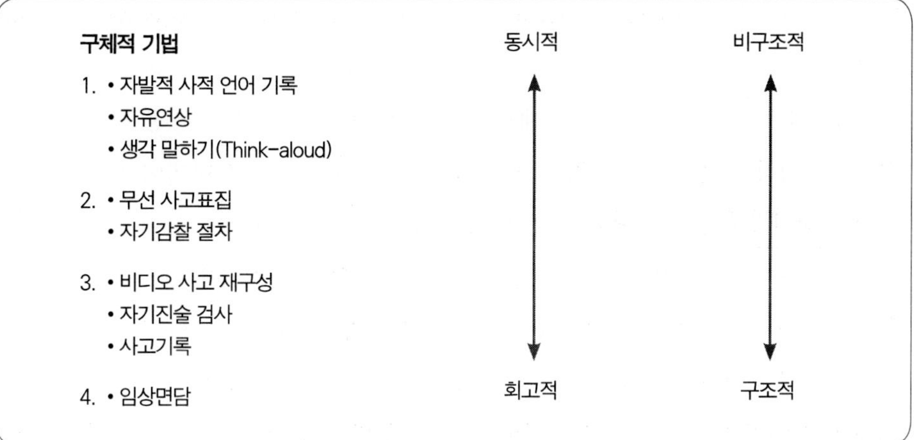

그림 5-1 인지 평가의 시기 및 구조의 연속선. Glass & Arnkoff(1992)에서 발췌.

에 대해 지속적인 독백을 하게 하는 것이다. Davison과 동료들(예, Davison, Robins, & Johnson, 1983; Davison, Vogel, & Coffman, 1997)은 시뮬레이션 상황 사고기록(Articulated Thoughts in Simulated Situations: ATSS)이라는 패러다임을 사용하였다. ATSS는 연구자 또는 임상가가 오디오 테이프로 자극상황을 통제할 수 있게 해 준다(예컨대, 사회불안과 관련된 사고를 유도하기 위해 고안된 사회적 비난 테이프). 참가자는 2~3분 동안 자극을 보고 10~15초 후에 그 상황 속에 있다고 상상하여 자신의 생각을 말하게 된다. 대부분의 인지적 생성과 마찬가지로 이러한 접근법은 특정 인지 이론에서 명시하는 범주에 따라 응답자의 내적 대화(internal dialogues)의 의미를 추론할 훈련된 평정자를 필요로 한다.

연속선상의 다음 수준에는 일상 환경에서의 무선 사고표집 방식과 자기감찰 기법이 있다. Hurlburt(1997)는 사람이 일상 환경에서 발생하는 사고를 수량화하는 두 가지 방법, 즉 '사고표집법(thought sampling)'과 '경험표집법(Experience Sampling Method: ESM)'을 검토한 바 있다. 이 절차는 피험자가 무선적 또는 준-무선적 간격으로 휴대용 기계장치(무선 호출기)에서 신호를 받았을 때 현재 자신의 생각을 기록하게 함으로써 인지 활동에 대한 비편향적 추정치를 제공하는 것이다. 피험자는 무선 호출기가 울리자마자 양적 질문지에 응답하거나 서술식 진술문을 작성함으로써 그 당시의 생각(그리고 다양한 경험 및 행동 양상)을 즉각적으로 기록하게 된다. 이 절차는 특정 상황적 사건이 발생한 시점에 국한되지 않고, 피험자의 고유한 환경 내에서 간격을 두고 비교적 장시간에 걸쳐 자료를 수집하는 것을 가능하게 한다(Hurlburt & Akhter, 2006 참조).

자기감찰(self-monitoring) 절차는 개인에게 특정 자극 상황 또는 특정 시점에서 일어나는 구체적인 생각을 기록하게 하는 것이다. 이 절차는 중요한데도 자주 발생하지 않는 상황에서 임상적 관련 정보를 수집하는 데 유용하다. 예를 들어, Westling과 Ost(1993)는 자기감찰을 통해 공황발작 중에 경험하는 고통스러운 인지와 증상의 본질과 그 관계를 전향적으로 연구하였다. 그러나 자기감찰 절차의 근본적인 문제점은 반응성, 사회적 바람직성, 평가 염려 등이 발생할 수 있다는 것이다.

Beck의 인지 이론 및 치료의 기본적인 구성요소는 개인이 어떻게 일상적인 스트레스 상황을 평가하고 반응하는지와 관련되어 있다. 일일 과정 설계(daily process design)는 일상적인 스트레스와 기분 증상을 며칠 또는 몇 주에 걸쳐 평가하는 일종의 자기감찰 절차다(Dunkley, Zuroff, & Blankstein, 2003; Gunthert, Cohen, Butler, & Beck, 2007 참조). 회고적 자기보고 질문지는 개인이 시간과 상황에 따라 자신의 스트레스와 기분을 기록하지만, 일일 과정 설계는 회고적 편향을 줄여 주고 개인이 매일 스트레스에 직면할 때 실제로 어떤 생각을 하는지를 조금 더 면밀하게 측정할 수 있게 해 준다. 개인의 일상에 대한 반복 측정은 특정 인지 평가(예, 타인의 비판에 대한 지각)가 기분 변화와 어떻게 연관되는지를 구체적으로 알게 한다(Dunkley et al., 2003; Gunthert et al., 2007 참조).

비디오 테이프 사고 재구성(Videotape thought reconstruction)은 피험자에게 실제 또는 역할 연기 식의 문제 상황을 담은 비디오 테이프를 보여 주고 가능한 한 정확하게 그 당시의 생각을 재구성하도록 하는 것이다(Genest & Turk, 1981). 이러한 생성 절차는 앞서 논의한 기법에 비해 조금 더 회고적인데, 이 방법의 목적이 그 당시의 경험을 기록하는 것이 아니라 피험자가 과거 경험을 '재경험(reliving)'하는 데 있기 때문이다. 이와 관련된 방법으로 '사고기록(thought listing)'은 피험자로 하여금 자신이 생각하고 있는(또는 생각했던) 모든 것을 기록하는 것이다. 이 생성 절차는 일반적으로 피험자가 그 상황에서 벗어났을 때 평가하기 때문에 생각 말하기(Think-aloud)에 비해 제약이 따를 수 있다. 그러나 사고기록은 흔히 회고적으로 수집되지만(예, 검사 직후 사고기록), 과제 또는 상황에 대한 예상(예, 검사 직전 사고기록), 심지어 과제 또는 상황 도중(예, 실제 시험 중 여러 시점에서 개인의 사고를 기록)에도 수집된다. 사고기록은 사고, 기대, 평가, 심상, 감정 등 개인의 인지과정에서 보고할 수 있는 인지의 산물을 수집하고 이를 분류하는 개방형 반응전략이다(Cacioppo, von Hippel, & Ernst, 1997). 사고기록의 실시 및 자료 코딩 절차와 지시에 대한 상세한 설명은 Blankstein, Toner와 Flett(1989)에서 찾아볼 수 있다.

자기보고 식 검사 또는 질문지 식의 동의방식(Endorsement method)은 의식적인 자기언어화 또는 사고를 평가하기 위해 고안된 것이다. 이러한 방법은 일반적으로 평가 상황에서 응답자가 구체적으로 긍정적 또는 부정적 사고의 경험 여부를 평가하기 위해 사전에 선정된 사고를 포함하고 있다(Glass & Arnkoff, 1997; Kendall & Hollon, 1981). 또한 자기보고 식 측정은 장기간에 걸쳐 응답자가 자신의 사고, 감정, 역기능적 태도, 귀인 그리고 관련 인지활동 등에 대해 회고적으로 평가하는 데 사용되기도 한다. 어떤 이는 질문지로 인지를 측정하는 것에 회의적이기도 하지만(예, Segal & Dobson, 1992), 이러한 방법이 임상 실제에서 가장 일반적으로 사용되고 있는 공식적인 인지 평가 수단이라는 것은 의심할 여지가 없다(Haaga, 1997). 동의식 척도 중에는 특별히 아동용으로 개발된 것도 많다(예, Ronan, Kendall, & Rowe, 1994).

또한 임상 면담도 회고적 인지평가 도구로 사용될 수 있다. 예를 들어, 임상가는 내담자에게 속상했던 상황을 회상한 후 그 당시의 생각과 느낌을 설명하라고 요청할 수 있다(Glass & Arnkoff, 1982). Mumma(2004)는 인지 사례개념화(Cognitive Case Formulation: CCF)에서 환자의 독특한 인지도식(Idiosyncratic Cognitive Schema: ICS)을 타당화하기 위한 개인 내적 경험 접근법을 기술한 바 있다. 3단계의 이 접근법은 먼저 임상적으로 중요한 사건과 상황에 대한 사고와 신념을 끌어내기 위한 반구조화 면담으로 시작한다. 두 번째 단계는 환자의 인지 적합성을 평가하고 환자의 인지를 인지 사례개념화(CCF)에 통합하게 된다. 이후 임상가는 구성개념 타당도를 통해, 즉 고통스러운 증상의 일일 변화에 대한 예측을 통해 ICS의 수렴 타당도와 변별 타당도를 평가하게 된다.

지금까지 주된 초점이 인지를 비교적 직접적으로 평가하는 접근법에 맞추어졌지만 임상 연구자는 부정적 자기도식과 같은 인지과정과 인지구조를 추론하기 위해 다수의 자기보고 및 수행 기반 접근법을 사용하고 있다(예, Segal, Gemar, Truchon, Guirguis, & Horowitz, 1995). Segal과 Cloitre(1993)는 주의력, 모호한 자극의 해석, 판단, 기억과정 등 정서장애의 인지적 측면을 연구하는 데 이용 가능한 수많은 방법론을 개관하였다. 지금부터 우리는 주로 불안과 우울의 인지 평가와 관련된 몇 가지 실험적 측정을 논의하고자 한다. 그러나 대부분의 측정법은 주로 임상적 인지 연구에서 사용되고 있으며, 임상 실제에서는 별로 사용되고 있지 않다.

다양한 자기보고 방법의 장점과 단점

사고평가를 위한 동의식 방법과 같은 구조화된 평가는 경제성, 채점과 실시의 용이성, 임상 실제에서의 사용 가능성, 표준화 연구, 규준 자료 및 심리 측정적 정보의 축적 등 여러 가지 장점이 있다(Schwartz, 1997). 하지만 이러한 방법의 단점은 이외에도 보다 풍부한 자료가 있다는 점과 예측 불가능한 관계를 밝혀낼 수 있는 연구자의 능력을 간과한다는 점이다(Davison et al., 1997). 어떤 평가의 구조화 정도를 결정하기 위해서는 진행 중인 인지활동을 어디에서 '끊을(punctuated)' 것이며 동시에 어떻게 인지활동의 흐름을 명확히게 묘사할 것인지에 대한 구체화가 필요하다. 구조화가 증가될수록 평가의 요구 특성 또한 증가하게 된다(Glass & Arnkoff, 1982). 게다가 구조화된 측정은 일반적으로 몇 가지 요약 점수만을 제공하게 된다(Glass & Arnkoff, 1997). 생각 말하기 절차와 같은 생성 방법은 피험자의 사고의 흐름을 있는 그대로 제공한다는 장점을 가지고 있다(Davison et al., 1997). 시뮬레이션 상황 사고기록(ATSS) 자료는 실험자의 관심에 따라 그 내용을 분석하려는 전략 때문에 제약이 가해지고, 실질적으로는 동일 자료에 대해 수없이 많은 부호화 방법이 사용될 수 있다. 특히 피험자에게 '생각 말하기'라는 주제에 대해 설명을 하는 것은 당연한 것인데, 이러한 설명에 따라 가지각색의 내용을 보고하게 될 수 있다.

평가에서 수렴 조작적 접근법(convergent operations approach)이 가장 적합하다는 데에는 이견이 없다(Webb, Campbell, Schwartz, & Sechrest, 1966). 이 접근법은 어떤 형식의 도구이든 단점을 줄여 주며, 서로 다른 측정법이 유사한 결과를 산출하게 될 경우 구성 타당도를 향상시키게 된다. 그러나 복합적인 인지 평가 방법, 특히 동의식(예, 질문지)과 생성식(예, 사고 기록지) 방법을 사용한 연구는 수렴적 타당도가 거의 없다고 한다(Chamberlain & Haaga, 1999 참조). 이러한 결과로 인해 둘 이상의 측정법이 서로 다른 인지적 구성개념을 평가하고 있을 가능성에 대한 우려를 낳는다. 그럼에도 불구하고, 다양한 정보가 필요한 상황에서는 단일 방법이나 측정보다는 복합적인 방법을 택하는 것이 더 유익할 수 있다. 이제부터는 심리측정 및 평가과정의 타당도를 위협하는 요인을 살펴보고자 한다.

인지 평가의 타당도 위협 요인

인지 평가의 구성 타당도와 관련된 논란은 어떤 준거에 대한 예측력 또는 어떤 검사의 내용과 세부 영역 간의 일치도가 아니라 관심을 두고 있는 해당 인지과정을 검사 그 자체로 측정할 수 있느냐에 있다(Ghiselli, Campbell, & Zedeck, 1981). 이 문제는 특히 조사 대상자에게 특정한 내용을 전달하는 질문지 또는 자기보고 형식에서 발생한다. 피험자는 인지 중에서 신념의 존재 또는 부재, 빈도 또는 정도 등 다양한 영역을 평가한다. 앞서 살펴봤듯이 이러한 형식의 대표적인 예는 가장 대중적으로 사용되고 있는 자기대화(self-talk)를 평가하기 위한 자기진술 검사다. 우리는 내용 타당도와 구성 타당도에 대한 문제를 혼동하지 말아야 한다. 왜냐하면 설문지상의 자기진술이 평가 상황에서 사람의 일반적인 생각을 반영했다는 것을 입증할 수는 있으나, 이러한 진술문 중 하나에 동의한 것이 개인에게 실제적 의미가 있는 것인지는 불분명하기 때문이다. 게다가 우리는 자기진술 검사를 시행하면서 각각에 대한 의미를 확인하거나 질문 단계를 거의 실시하지 않고(Arnkoff & Glass, 1982), 자기진술에 참여한 모든 개개인들에게 각 문항의 개인적 의미가 같다고 가정한다. 이런 점을 개선하고자 자동적 사고 질문지(Automatic Thoughts Questionnaire)(Hollon & Kendall, 1980) 등의 몇몇 검사에서는 전형적인 빈도 계산뿐만 아니라 각 진술에 대한 '믿음의 정도'를 평가할 것을 요구하고 있다.

Glass와 Arnkoff(1982, 1997)는 실제 인지와 자기진술 검사상의 인지 표상 간의 동형성(isomorphic relationship) 가정에 대한 설득력 있는 비판을 제기한 바 있다. 이들은 검사상의 항목에 동의할 때 서로 다른 과정이 반영될 수 있는 네 가지 가능성을 제시하고 있다. ① 조사 대상자가 어떤 생각에 대해 '매우 자주'라고 응답한 경우 그들에게 그 사고의 영향력 또는 중요성을 나타낸 것이지 반드시 그 빈도를 표시한 것이 아닐 수도 있다는 것이다. 이러한 우려는 대부분의 자기진술 검사에서 문제가 되는데,

이는 대개 점수가 피험자가 인정한 문항의 단순 총점을 반영하기 때문이다. ② 응답자가 그 상황에서 경험하는 특이한 또는 파편화된 사고를 검사에 제시된 문법적으로 올바른 문장으로 변형시킨다는 것이다. ③ 동의가 특정 사고에 대한 실제 경험보다는 자기관(view of oneself)과 일치하는 관점에 반응한 것일 수 있다. 예를 들어, 자신의 수학 문제를 푸는 기술이 부족하다고 생각하는 여성은 질문지상에서 '나는 어차피 수학을 못하는데 왜 시도를 해야 될까?'와 같은 문항에 동의할 수 있는데, 이는 그녀가 반드시 이런 생각을 했기 때문이 아니라 자기상에 부합하는 것이기 때문일 수 있다. ④ 응답자는 언어에 기반한 형식으로 전환된 정서 경험에 동의하는 것일 수 있다. 예를 들어, 자기진술 검사는 흥분 경험을 그 사건에 대한 언어적 표상으로 전환할 수 있다. 이 경우에 피험자는 그 당시에 반드시 흥분하지 않았었더라도 '이 일로 정말 화가 난다.'는 생각에 동의할 수 있다(Glass & Arnkoff, 1982).

어떤 문항에 동의한다는 것이 실제로 무엇을 측정하는 것인지 그리고 그 응답의 의미가 무엇인지에 대한 우려가 있기는 하지만, 수많은 질문지(다음 예시와 Glass & Arnkoff, 1997 개관 참조)는 안정적인 준거 타당도 및 예측 타당도를 가지고 있으며 인지이론 연구자들도 그 유용성을 인정하고 있다. 게다가 이 질문지는 치료 효과에 민감하기 때문에 임상 연구자는 이 질문지를 치료 성과 측정도구로 널리 사용하고 있다(Haaga, 1997). Glass와 Arnkoff(1997)는 빈도 점수에 대한 해석이 각 사고의 부가적인 측면(강도, 특출성, 신뢰성, 통제 가능성, 중요성 등)을 평가하는 데 용이할 수 있다고 주장하였다. 이렇게 평가 차원을 확장하게 되면 동의식 측정도구도 생성식 방법과 같이 융통성이 향상될 수 있다고 보았다. 그들은 나아가 현장 임상가는 내담자가 검사에서 동의한 사고의 주관적인 의미를 조사하는 것도 가능하다고 제안하였다.

평가자는 맥락적 단서에 따라 평가방법이 달라지므로 주의해야 한다. 보통 유도된 기분 상태에 의해 '점화', 즉 활성화되지 않는 한 표적 인지를 평가 맥락에서 측정하는 것이 불가능할 수 있다(Segal & Ingram, 1994). Clark(1997, p. 997)는 피험자에게 관련 인지를 유도한다고 알려진 상황 또는 맥락에서 질문지에 응답하게 하거나 표적 인지와 일치하는 기분 상태를 유도하는 방법과 같이 외부 점화 조작을 추가함으로써 인지 질문지의 정확성을 높일 수 있다고 주장하였다.

요약하자면 과거에는 심리측정적 문제에 별로 관심을 두지 않은 채 인지 평가기법이 사용되었지만, 현재는 인지 평가도구의 심리측정적 속성에 대한 관심이 증가하고 있다(Clark, 1998). 널리 사용되고 있는 동의 방법의 심리측정적 속성은 생성 방법에 비해 훨씬 더 잘 확립되어 있다. 그러나 인지 평가에서 사고기록, 생각 말하기, 사고 표집법 등에 대한 심리측정적 평가가 중요시되고 있다. 신뢰도, 내용 타당도, 준거 타당도, 구성 타당도 등의 문제와 더불어 임상적 유용성에 대한 논란을 해결하는 것도 중요하다. 이러한 측정도구가 임상 실제에서 흔히 사용되지 않고 있다는 점은 외적 타당도에 대한 의구심을 갖게 한다.

불안의 인지적 평가

불안의 현상학이 대개 인지적이라는 인식을 고려하여 다수의 이론가는 불안장애의 발달과 유지에 있어 부적응적 인지의 역할을 강조하고 있다(Beck & Emery, 1985; Mathews & MacLeod, 1994). 그러므로 인지 평가는 인지 영역에 특히 적합한 것이기는 하지만, 불안의 다른 반응 양식(행동적 · 생리적)의 특징과 통합해야만 충분한 기술이라고 볼 수 있다(Nelson, Hayes, Felton, & Jarrett, 1985).

인지산물

한동안 불안의 일반적인 인지 양상을 측정하는 질문지가 사용되어 왔다. 부정적 평가에 대한 두려움 척도(Fear of Negative Evaluation Scale: FNE)(Watson & Friend, 1969)는 30문항의 진위형 검사로 사회적 상황에서의 타인의 반감에 대한 염려의 정도를 평가하기 위해 고안되었다. 반면 사회적 회피 및 불편감 척도(Social Avoidance and Distress Scale: SAD)(Watson & Friend, 1969)는 사회적 상황에서의 불편감 및 불안감의 경험을 측정하기 위해 유사한 28개의 문항을 사용하고 있다. 두 척도 모두 양호한 내적 일치도와 검사－재검사 신뢰도를 나타내고 있다.

임상 연구자는 불안과 관련된 특정 인지 양상을 평가하는 데 다른 질문지를 사용할 수 있다. 예를 들어, '불안민감성(anxiety sensitivity)'은 불안 관련 신체감각에 대한 공포이며, 신체감각은 신체적 · 사회적 또는 심리적으로 파국적인 결과의 신호라는 믿음에 기초한 것이다. Reiss의 기대 이론(1991)에 따르면 불안민감성은 일반적인 공포감을 유발하며 공황장애 및 사회불안장애 등 다양한 유형의 불안장애를 발생시키는 위험요인으로 작용할 수 있는 개인차 변인이다(Taylor, 1999). 불안민감성은 원래 단일차원의 구성개념으로 이루어진 16문항의 불안민감성 지표(Anxiety Sensitivity Index: ASI)(Peterson & Reiss, 1992)로 평가되었다. ASI 점수는 어떤 사람이 공황-촉발 위협에 불안 반응을 보이고 공황발작 및 공황장애로 발전할 가능성이 있는지를 예측한다(Taylor, 1999). Taylor 등(2007)은 기존 연구에서 반복 검증된 3요인, 즉 신체적 염려(예컨대, '나는 흥분을 하게 되면 위장이 심각하게 아픈 것은 아닐까 하고 걱정을 한다.'), 인지적 염려(예컨대, '나는 생각이 빨라지면 내가 미쳐 버릴지 않을까 하고 걱정한다.'), 사회적 염려(예컨대, '나는 다른 사람이 내가 불안하다는 것을 알아챌까 봐 걱정한다.') 요인으로 구성된 18문항 척도 ASI-3를 개발하였다. Taylor 등은 수천 명의 국제적 비임상적 표본과 수백 명의 임상 표본에서 ASI-3의 요인 타당도 및 내적 일치도를 입증하였고, 원판 ASI와 관련된 심리측정적 속성이 향상되었음을 밝혔다.

그러나 몇 가지 기타 불안 관련 자기진술 측정도구에 주목할 필요가 있다. 불안 자기진술 질문지(Anxious Self-Statements Questionnaire: ASSQ)(Kendall & Hollon, 1989)는 불안한 사고의 빈도에 대한 32문항의 측정도구로서 탁월한 신뢰도, 공존 타당도, 집단 판별력 등을 가지고 있지만, Glass와 Arnkoff(1997)는 우울 관련 변별 타당도에 대해 의문을 제기한 바 있다. Beck, Brown, Steer, Eidelson과 Riskind(1987)가 개발한 인지 체크리스트(Cognition Checklist: CCL)는 위험과 관련되어 있고, 불안장애의 특정적인 열두 가지 인지(CCL-Anxiety)와 우울증의 특징인 상실 및 실패 중심의 열두 가지 사고(CCL-Depression)의 빈도를 평가한다. Beck과 Perkins(2001)는 열세 가지 연구에 대한 메타분석을 통해 인지 체크리스트-불안 척도가 불안 증상과 우울 증상을 변별하지 못한다는 것을 발견했다.

이러한 특정성 문제를 해결하기 위해 Woody, Taylor, McLean과 Koch(1998)는 77문항의 Columbia 대학교 인지 검사를 개발했는데, 이는 인지내용의 특정성을 최대화하고 광범위한 인지를 평가하기 위한 것이었다. 평가자들을 인지의 원형성(prototypicality)에 기초한 몇 가지 문제 영역, 즉 공황, 걱정, 신체적 집착, 사회적 공포, 우울로 분류했다. Woody 등은 이러한 분류가 공황장애 또는 우울장애 환자집단에 대한 초기 연구의 특정성 가설을 잘 지지한다고 밝혔다. Ronan 등(1994)이 개발한 부정적 자기진술 질문지(Negative Affect Self-Statement Questionnaire: NASSQ) 또한 다양한 연령의 아동의 불안 및 우울-특정적 하위 척도를 개발했다. 아동에게 사고 동의식 측정 도구를 사용하는 것에 관심이 있는 연구자 또는 임상가는 Glass와 Arnkoff(1997)의 논의를 참조하길 바란다.

다수의 자기보고 식 척도는 범불안장애, 사회불안장애, 공황장애 및 광장공포증, 강박장애, 외상후 스트레스장애(PTSD) 등 특정 불안장애의 인지적 측면을 평가하기 위해 개발되었다. 범불안장애의 인지적 측면과 관련하여 Pennsylvania 걱정 증상 질문지(PSWQ)(Meyer, Miller, Metzger, & Borkovec, 1990)는 16문항의 자기보고 식 척도로 개인의 일반적인 걱정 경향성을 평가하기 위해 널리 사용되고 있다. 문항은 지나치게, 그리고 만성적으로 걱정하는 경향성을 반영하는 것이다(예, '나는 걱정을 시작하면 멈출 수가 없다.'). PSWQ는 걱정에 대한 신뢰롭고 타당한 측정도구다(예, Startup & Erickson, 2006). PSWQ는 광범위한 진단집단에 걸쳐 유용성이 입증되었을 뿐만 아니라 범불안장애와 기타 장애를 구분하는 데 충분한 특정성이 있는 것으로 밝혀졌다. 걱정 영역 질문지(Worry Domains Questionnaire: WDQ)(Tallis, Eysenck, & Mathews, 1992)는 ① 대인관계, ② 자신감의 결여, ③ 목적 없는 미래, ④ 직업적 무능, ⑤ 재정 등 다섯 가지 일반적인 걱정 영역에 대한 측정도구로 개발되었다. WDQ는 비임상 표본(예, Startup & Erickson, 2006)과 임상 표본(McCarthy-Larzelere et al., 2001)에서 내적 일치도와 타당도가 양호한 것으로 밝혀졌다. WDQ가 PSWQ에 대한 보충척도로서 주요 개입영역에 대해 임상가를 안내할 수 있다. 최근 432명의 대학생 연구에서 Verkuil, Brosschot와 Thayer(2007)는 PSWQ와 WDQ는 6일 동안 연속 평가된 걱정의 빈도와 기간을 예측한다고 밝혔다. 그러나 이 질문지가 일상적인 걱정에 대한 많은 변량을 설명하지는 못했는데, 이는 걱정에 대한 향후 연구에서 일일 평가를 사용해야 함을 시사하는 것이다.

불안사고검사(Anxious Thoughts Inventory: AnTI)(Wells, 1994)는 걱정에 대한 건강 차원, 사회적 차원, 메타 차원(걱정에 대한 걱정) 등의 취약성을 평가한다. AnTI는 22문항으로 구성되어 있으며 내용 및 과정에 대한 측정도구로서 적절한 내적 일치도, 타당도, 치료 효과에 대한 민감도 등이 입증되었다(Wells, 2006). '불확실성에 인내력 부족(Intolerance of uncertainty)'은 인지적 구성개념으로서 불안 및 걱정을 설명하는 데 있어 중요한 역할을 할 수 있다는 경험적 증거가 증가하고 있다(예, Carleton, Sharpe, & Asmundson, 2007). 불확실성에 대한 인내력 부족 척도(Intolerance of Uncertainty

Scale)(예, Buhr & Dugas, 2002)로 측정되는 불확실성에 대한 인내력 부족이란 개인이 부정적 사건의 실제 발생 여부와 관계없이 부정적 사건의 발생을 받아들이지 못하는 경향성을 말한다. 불확실성에 대한 인내력 부족이 불안민감성과 관련성이 있지만 이 두 가지 구성개념이 공포와 불안과는 독립적이라는 연구가 있다(Carleton et al., 2007).

현재(또는 최근의) 의식적 사고에 대한 변별 평가는 사회공포증과 같은 특정 문제 영역에 특정적인 내용을 담고 있는 자기진술 검사를 통해 이루어진다. 사회적 상호작용 자기진술 검사(Social Interaction Self-Statement Test: SISST)(Glass, Merluzzi, Biever, & Larsen, 1982)는 이성과의 실제 사회적 상호작용에 참여한 후 자기진술을 평가하기 위해 고안되었다. SISST는 각각 15개의 긍정적 사고 및 부정적 사고를 포함하고 있으며, 사회공포증 환자는 사회적 상호작용 전, 중, 후에 기타 불안장애 환자에 비해 부정적 사고 하위척도에서 유의미하게 더 높은 점수를 나타냈고, 긍정적 사고 하위척도에서는 유의미하게 더 낮은 점수를 나타냈다(Becker, Namour, Zayfert, & Hegel, 2001). Beazley, Glass, Chambless와 Arnkoff(2001)는 세 가지 서로 다른 사회적 상황, 즉 동성과의 상호작용, 이성과의 상호작용, 즉석연설 등에서 사회공포증을 가진 개인의 사고를 조사했는데 모든 상황에서 SISST의 부정적 사고 하위척도의 타당도와 두 가지 사회적 상호작용 상황에서 긍정적 사고 하위척도의 타당도가 지지되었다고 밝혔다.

Telch 등(2004)은 SISST가 사회공포증의 중요한 구성요소인 관찰 가능한 불안 징후에 대한 염려를 평가하지 않는다는 약점을 거론했다. Telch 등은 사회적 걱정에 대한 평가(Appraisal of Social Concerns: ASC) 척도를 개발했는데, 이는 참가자가 사회적 위협에 대한 걱정의 정도를 평정하는 20문항의 자기보고 식 척도다. ASC는 부정적 평가, 관찰 가능한 증상, 사회적 무력감 등 세 가지 하위척도로 구성되어 있다. 이 척도는 비임상 표본에서 적절한 내적 일치도, 타당도(Telch et al., 2004)뿐만 아니라 사회불안장애 환자의 치료 효과에 대한 민감도도 적합한 것으로 나타났다(Schultz et al., 2006; Telch et al., 2004).

공황장애 및 광장공포증 자기보고 식 검사는 다섯 가지 범주로 나누어질 수 있다. 첫 번째 범주는 공황장애가 있는 개인이 공황발작 시에 역기능적 인지를 경험하는 정도를 평가한다. Chambless, Caputo, Bright와 Gallagher(1984)는 광장공포 인지 질문지(Agoraphobic Cognitions Questionnaire: ACQ)를 개발한 바 있다. 이 척도는 불안 경험의 부정적 결과와 관련된 사고를 포함하는 14문항으로 구성되어 있으며, 내담자는 불안한 상태에서 생각의 빈도를 평정하게 된다. 신뢰도 분석에서 검사-재검사 안정성은 양호한 것으로 나타난 반면, 내적 일치도는 낮은 것으로 나타났다. 타당도 분석을 통해 이 척도가 치료적 변화에 민감하며 광장공포증 표본과 정상통제 표본을 변별할 수 있는 것으로 나타났다.

45문항의 공황평가검사(Panic Appraisal Inventory: PAI)(Telch, Brouillard, Telch, Agras, & Taylor, 1987)는 광장공포증 상황에서의 공황발작에 대한 지각된 가능성(공황 예상), 파국적 결과의 가능성에 대한 염려(공황 결과), 미래 공황발작에 대한 대처 자신감(대처) 등을 평가하는 세 가지 척도로 구성되어 있다. Feske와 De Beurs(1997)는 PAI의 내적 일치도와 치료 민감도는 우수하고, 수렴 타당도와 변별 타당도도 양호하다고 밝혔다. 그들은 공황 결과 하위 척도가 불필요한 것이며 ACQ를 대체할 만한 것이 아니라고 결론을 내렸다. 그렇지만 공황 예상 및 대처 하위 척도는 다른 측정도구로 파악하지 못하는 중요한 특징을 평가하고 있다고 언급하면서 공황장애 평가에서 이 척도를 포함시킬 것을 권고했다.

두 번째 범주의 척도는 공황장애를 가진 개인이 불편한 생리적 · 심리적 감각 상황에서 공포와 불안을 경험하는 정도를 평가한다. 신체감각 질문지(Body Sensations Questionnaire: BSQ)(Chambless et al., 1984)는 ASQ와 한 쌍의 척도로서 개인이 자율각성(예, 심계항진)과 관련된 신체감각 때문에 위협감을 느끼고 걱정하는 정도를 측정한다. Khawaja와 Oei(1998)는 Chambless 등(1984)의 척도가 위험 관련 인지를 정확하게 반영하지 못한다고 언급했다. 파국적 인지 질문지-수정판(modified Catastrophic Cognitions Questionnaire: CCQ-M)(Khawaja, Oei, & Baglioni, 1994)은 위험-관련 도식을 담고 있는 21문항의 척도다. 이 척도는 파국적 인지의 차원을 담고 있는 세 가지 요인, 즉 정서적 파국, 신체적 파국, 정신적 파국으로 구성되어 있다. 그러나 CCQ-M이 공황장애에 지금까지 널리 사용되고 있지는 않다. 따라서 적합한 도구인지를 판단하기 위한 후속 연구가 필요하다.

다수의 척도가 강박사고 및 강박행동 영역을 평가하기 위해 개발되었다. Padua 검사-워싱턴 주립대학교 개정판(Padua Inventory-Washington State University Revision: PI-WSUR)(Burns, Keortge, Formea, & Sternberger, 1996)은 강박사고 및 강박행동을 평가하는 39문항 척도로서 걱정에 대한 원판 PI의 중복 문항을 줄여서 만들어진 것이다. 28문항의 강박사고 체크리스트(Obsessive Compulsive Thoughts Checklist: OCTC) (Bouvard, Mollard, Cottraux, & Guerin, 1989)는 지난 한 주간의 강박사고를 측정하는 것이다. Freeston과 Ladouceur(1993)는 여섯 가지 주제(건강, 당혹스러운 상황, 받아들일 수 없는 성적 행동 등)에 대한 (지난 한 달 동안의) 침투적 강박사고, 심상, 충동을 평가하기 위해 인지적 침투 질문지(Cognitive Intrusions Questionnaire)를 개발했다. Glass와 Arnkoff(1997)는 Purdon과 Clark(1994)의 강박적 침투 검사－개정판(Revised Obsessional Intrusions Inventory: ROII)이 침투적 강박사고, 심상, 충동의 빈도에 대한 측정도구로서 더 많은 잠재력을 가지고 있다고 제안했다. ROII는 열 가지 차원의 침투적 사고에 대한 응답자의 인지 평가 및 사고 통제 전략을 측정하는 것이다. ROII는 양호한 심리측정적 속성을 가지고 있지만, 치료 효과에 대한 민감도는 아직 보고된 바 없다.

외상후 인지검사(Posttraumatic Cognitions Inventory: PTCI)(Foa, Ehlers, Clark, Tolin, & Orsillo, 1999)는 33문항의 자기보고 척도로서 외상 관련 사고 및 신념을 평가하기 위해 개발되었다. PTCI는 세 가지 요인, 즉 자기에 대한 부정적 인지, 세상에 대한 부정적 인지, 자기비난(self-blame)으로 구성되어 있다. 초기 연구에서 PTCI의 세 가지 요인은 내적 일치도, 검사－재검사 신뢰도, 타당도 등이 모두 양호한 것으로 나타났으며, 외상을 당한 개인과 PTSD가 없는 개인을 변별했다(Foa et al., 1999). Foa 등의 PTSD 표본은 성폭행 생존자에 치중되어 있었기 때문에 J. G. Beck 등(2004)은 심각한 오토바이 사고를 당한 개인에게서 PTCI의 심리측정적 속성을 조사했다. 그 결과, 자기와 세상에 대한 부정적 사고를 평가하는 두 가지 하위척도의 심리측정적 속성이 지지되었다. 그러나 자기비난 하위척도는 잘 나타나지 않았는데, 이는 오토바이 사고가 성폭행에 비해 자기비난 반응을 초래할 가능성이 적었기 때문일 수 있다. 향후 연구에서는 PTCI의 심리측정적 속성에 영향을 미칠 수 있는 다양한 유형의 외상을 조사해야 할 것이다.

연구자와 임상가는 불안장애의 부적응적인 상위인지의 중요성을 점차 인정하고 있다. 어떤 사람의 사고에 대한 신념, 즉 상위인지적 신념은 범불안장애 및 강박장애 모두와 관련되어 있다. Cartwright-Hatton과 Wells(1997)는 상위인지 질문지(Meta-Cognitions Questionnaire: MCQ)를 개발했는데, 이 질문지는 다섯 가지 상위인지적 신념 하위척도, 즉 ① 긍정적 걱정 신념, ② 사고 통제불능 및 위험에 대한 부정적인 신념, ③ 인지적 자신감의 상실, ④ 일반적인 사고(미신, 처벌, 책임감 등의 주제)에 대한 부정적인 신념, ⑤ 인지적 자의식 등으로 구성된 65문항의 척도다. MCQ는 양호한 신뢰도와 구성 타당도가 입증되었으며, 범불안장애 또는 강박장애 환자와 공황장애 또는 사회공포증 환자를 변별하는 것으로 나타났다(Wells, 2006). Wells와 Cartwright-Hatton(2004)은 또한 30문항의 MCQ-단축형(MCQ-30)을 개발했는데, 이 척도도 원판 MCQ와 일관되게 5요인 구조인 것으로 밝혀졌으며 양호한 심리측정적 속성을 나타냈다(Wells, 2006).

사람이 걱정의 결과에 대해 가지고 있는 다양한 신념을 평가하기 위해 개발된 걱정 결과 척도(Consequences of Worrying Scale: CWS)(Davey, Tallis, & Capuzzo, 1996)는 범불안장애를 가진 개인을 평가하는 데 유용할 수 있다. CWS는 29문항의 자기보고 검사로서 부정적 결과(효과적 수행을 방해하는 걱정, 문제를 악화시키는 걱정, 정서적 고통을 초래하는 걱정)를 측정하는 3개 척도와 긍정적 결과(걱정의 동기적 영향, 분석적 사고를 돕는 걱정)를 측정하는 2개 척도로 구성되어 있다. 걱정의 결과에 대한 다섯 가지 하위척도는 내적 일치도와 타당도가 적절하다는 것이 입증되었다(Davey et al., 1996).

강박장애의 상위인지적 내용을 평가하기 위해 2개의 자기보고 척도가 개발되었다. 강박적 인지 작업집단(OCCWG, 2003)이 개발한 침투에 대한 해석(침투적 해석) 검사(Interpretation of Intrusions Inventory: III)는 원치 않는 고통스러운 침투적 사고, 심상 또는 충동 등에 대한 해석을 평가하는 31문항으로 구성되어 있다. 응답자는 최근 2주 이내에 경험한 두 가지 침투에 대한 자신의 신념 수준을 평가하게 된다. 수백 명의 강박장애 외래 환자, 강박적이지 않은 불안장애 환자, 지역사회 내의 성인, 대학생 등을 대상으로 한 연구에서 III가 강박적 인지 현상에 대한 내적 일치도와 타당도를 갖춘 측정도구라는 것이 입증되었다. 상위인지적 신념 질문지(Meta-Cognitive Beliefs Questionnaire: MCBQ)(Clark, Purdon, & Wang, 2003)는 67문항의 자기보고 측정도구로서 원치 않는 고통스러운 침투적 사고와 관련해 통제의 중요성에 대한 신념 및 부정적 결과를 평가하기 위해 개발되었다(Clark et al., 2003). 대규모 대학생 표본 연구에서 Clark 등은 MCBQ의 구성타당도가 지지되는 것을 확인했다. MCBQ에 대한 후속 연구를 통해 이러한 결과가 임상 표본에 일반화할 수 있는지를 조사할 필요가 있다.

인지과정

자기진술 검사 이외에도 다수의 사고에 대한 구조화된 측정도구가 불안의 인지적 평가에 활용되고 있다. 불안의 인지모델과 일관되게 다수의 저자는 지각된 위험 또는 개인적 위험에 대한 과잉추정 등의 구성개념을 불안의 핵심 인지과정이라고 보고 있다.

Butler와 Mathews(1983)는 피험자에게 스무 가지 위협적이면서도 모호한 시나리오를 해석해야 하는 개별 질문지에 응답하게 했다. 문항은 피험자 자신의 주관적인 비용(예, '이 일이 당신에게 얼마나 나쁜 일인가?') 측면과 주관적인 발생률 측면에서 평정되었다. 불안한 피험자는 불안하지 않은 통제집단에 비해 모호한 자극을 더 위협적으로 해석했으며 위협적인 사건에 대한 주관적인 비용을 더 높게 평정하였다. Butler와 Mathews는 이러한 결과를 불안과 '위험 도식(danger schemas)'의 가용성 간의 상호작용을 시사하는 것으로 해석했다. 이와 유사하게 Williams(1985)는 '지각된 위험성'을 특정 수행 상황에서 발생하는 부정적 사건의 확률에 대한 피험자의 지각이라고 정의하고 해당 척도를 기술하였다.

또 다른 연구는 불안과 우울 모두 또는 한 가지와 모호한 정보에 대한 해석, 부정적 및 긍정적 미래의 확률 추정, 과거 특정 상황 또는 다양한 사건에 대한 회상 간의 관계에 대해 조사했다. 예를 들어, MacLeod, Tata, Kentish, Carroll과 Hunter(1997)는 공황장애집단이 통제집단에 비해 부정적 경험을 더 많이 회상하는데 반해, 긍정적 경험은 더 적게 회상하였고, 우울증집단은 통제집단에 비해 긍정적 경험을 더 적게 회상했지만 부정적 경험을 통제집단에 비해 더 많이 회상하지는 않는다고 밝혔다. 이 연구는 불안과 우울 간의 인지가 서로 다르며, 불안한 참가자는 과거를 부정적으로 생각하지만, 대개 부정적 사고가 미래에 더 초점화되어 있음을 지지하는 것이다. 이 연구는 또한 회고적 인지와 전향적 인지에 대한 측정도구가 임상적 인지 연구에서 유용할 수 있으며 임상 실제에서의 잠재적 가치를 시사한다.

불안에 대한 덜 구조화된 방식의 인지 평가는 실제(in vivo)(Last, Barlow, & O'Brien, 1985) 또는 시뮬레이션(Davison et al., 1983) 불안-유발 상황에서 생각을 표집하는 것이다. 다수의 연구에서 사고기록(thought listing)은 실제 수행 후 즉시 피험자의 생각을 기록하게 하기 위해 사용되었다. 예를 들어, Last 등(1985)은 광장공포증 참가자에게 쇼핑몰에서 노출회기를 하는 동안 자신의 마음에 스쳐 지나가는 것이 무엇인지를 보고하게 하였다. 이와 비슷하게 Hofmann, Moscovitch, Kim과 Taylor(2004)는 사회공포증이 있는 개인에게 CBT 처치 동안에 자기지각의 변화를 조사하기 위해 사고기록을 사용했다. CBT집단은 대기자 통제집단에 비해 사회적 스트레스 상황을 예상할 때 부정적 자기초점적 사고가 더 많이 감소했다고 보고했다. Williams와 Rappoport(1983)는 광장공포증을 위한 인지 기반 치료와 노출 기반 치료를 비교하는 연구에서 사고표집법을 사용했다. 각 피험자는 호출기를 제공받았는데, 이 호출기는 간헐적으로 울리게 되어 있었고, 녹음기에 자신이 생각하고 있는 것은 무엇이든지 녹음하라는 신호를 보내는 것이었다. 이 평가방법은 운전 주행검사 중에 실시되었기 때문에 높은 생태학적 타당도를 가지고 있었다.

생각 말하기(Think-aloud) 절차는 불안 때문에 내적 대화의 정확한 내용을 파악하기 어려울 때 특히 유용할 수 있다. Molina, Borkovec, Peasley와 Person(1998)은 '중립'과 '걱정' 시기에 수집한 의식적 보고의 흐름상에서 걱정의 인지내용을 분석했다. DSM-IV의 범불안장애 진단기준을 충족하는 참가자는 사건에 대한 재앙적 해석을 시사하는 진술을 상대적으로 더 많이 사용했는데, 이러한 진술에는 경직되고 규칙에 얽매인 해석 양식 및 신체불안 단어 사용을 내포하고 있었다. Szabo와 Lovibond(2002)는 걱정이 문제해결 시도를 수반하는지를 조사함으로써 상기 연구를 확장했다. 참가자는 7일간 일기형식으로 자신의 걱정스러운 사고를 감찰하고 기록하였다. 그 결과 자연발생적인 걱정의 내용 중 대략 50%가 문제해결 과정을 반영하는 것으로 나타났지만(예컨대, 해결책은 예상 결과를 고려하여 생성되고 평가되었다), 대략 20%는 예상된 부정적 결과와 관련된 염려를 반영하는 것으로 나타났다. 이러한 결과를 통해 걱정은 비효과적인 문제해결 과정으로 개념화해야 한다는 것이 밝혀졌다.

인지구조

현재의 인지 개념화는 불안장애를 가진 개인이 장애별로 특정 부정적 인지의 기저에 있는 부적응적인 신념을 가지고 있다고 가정한다. 하지만 다양한 불안장애의 역기능적 태도 및 신념을 평가하기 위한 자기보고 식 검사는 최근 들어서야 개발되고 있다. 사회적 사고 및 신념 척도(Social Thoughts and Beliefs Scale: STABS)(Turner, Johnson,

Beidel, Heiser, & Lydiard, 2003)는 사회공포증을 가진 개인의 다양한 병리적 인지를 평가하기 위해 고안된 21문항의 자기보고 식 질문지다. 응답자가 사회적 상호작용을 예상하거나 참여하게 될 때, 특정 사고 또는 신념이 얼마나 자신의 생각을 반영하는지를 평가하게 된다. 초기 STABS 연구에서 내적 일치도 및 검사-재검사 신뢰도가 지지되었다. 또한 STABS는 사회공포증을 가진 개인과 기타 불안장애를 가진 개인 및 정상인을 변별했다(Turner et al., 2003). 공황신념 척도(Panic Beliefs Inventory: PBI)(Wenzel, Sharp, Brown, Greenberg, & Beck, 2006)는 공황장애 환자가 신체적 및 정서적 경험에 대해 파국적으로 반응할 가능성을 증가시키는 역기능적 태도 및 신념을 평가하기 위해 개발된 35문항의 자기보고 식 검사다. 예비 연구에서 PBI가 안정적인 내적 일치도, 타당도, 임상적 변화에 대한 민감도 등이 있는 것으로 나타났다(Wenzel et al., 2006). 강박신념 질문지(Obsessive Beliefs Questionnaire: OBQ)는 세계적인 연구자집단인 OCCWG(2003, 2005)가 강박장애의 결정적인 신념 영역을 반영하고 있다고 인정한 역기능적 신념(가정, 태도)을 평가하기 위해 개발되었다. 87개의 신념 문항에 대한 요인분석 연구(OCCWG, 2005)는 3요인(책임감/위협 추정, 완벽주의/확실성, 사고의 중요도 및 통제)을 지지하는 것으로 나타났다. 44문항으로 구성된 OBQ-44는 임상 표본 및 비임상 표본에서 양호한 내적 일치도와 타당도를 나타냈다(OCCWG, 2005).

이 단원에서 지금까지 다루었던 대부분의 자료는 주로 개인이 의식하고 있는 불안에 대한 인지적 측면을 측정하기 위한 노력을 반영하고 있지만, 우리는 또한 불안한 개인의 '심층'구조 표상, 즉 행동으로부터 추론되는 과정(예, Rudy, Merluzzi, & Henahan, 1982)을 평가하고자 했다. 예를 들어, Goldfried, Padawer와 Robins(1984)는 사회불안이 있는 남자 대학생 표본을 대상으로 다차원적 척도를 사용했을 때 피험자가 불안-발생 가능성과 관련해 평가기회(Chance of Being Evaluated) 차원에 가장 높은 가중치를 부여한 반면, 친밀감과 학업적 관여(Academic Relevance) 차원에는 상대적으로 낮은 가중치를 부여한다는 것을 발견했다. 하지만 일반적인 남성은 평가기회와 마찬가지로 친밀감에도 두 배 정도의 가중치를 부여하였는데, 이것은 이성과의 상호작용 기회에 직면했을 때 두 집단의 두드러지는 특이한 차이를 시사하는 것이다.

마지막으로, 몇 가지 실험과제는 불안장애를 가진 사람이 위협 단서에 대해 선택적인 정보처리를 한다는 것을 확인해 주었다(Mathews & MacLeod, 1994; 개관을 위해서는 Bar-Haim, Lamy, Pergamin, Bakermans-Kranenburg, & van IJzendoorn, 2007 참조). Mathews와 그의 동료들(Butler & Mathews, 1983; MacLeod, Mathews, & Tata, 1986; Mathews & MacLeod, 1985)은 개인적 위험 또는 기타 위협과 관련된 정보를 처리하는 데 편향된 도식의 활성화가 불안의 특징이라고 제안한 바 있다. 예를 들어, Mathews와 MacLeod는 정서적 스트룹 색깔-이름 대기 과제를 사용해 불안한 피험자가 통제군에 비해 중립적인 내용('환영' '휴가')과 달리, 위협적인('질병' '관') 단어의 색깔 이름을 대는 데 더 많은 시간이 걸린다는 것을 발견했다. 인지과학에서 유래한 또 다른 측정도구는 탐침 탐사과제(dot probe paradigm)(MacLeod et al., 1986)인데, 이는 특정 자극과 연합된 시각적 포착의 정도를 평가한다. 불안한 피험자는 정상통제집단에 비해 위협 관련 자극에 더 많은 주의를 기울이거나 이 자극과 거리를 두는 데 더 많은 어려움을 보인다는 것이 일관된 연구결과다(Bar-Haim et al., 2007). 이러한 결과는 인지적 '위험' 도식의 존재를 지지하는 것이며, 이 도식이 활성화되면 전주의 수준(preattentive level)에서 정보처리의 편향을 야기하게 된다. 사회불안장애의 맥락에서 얼굴표정 자극을 사용하는 수정된 탐침 탐사과제 연구는 시각적으로 제시되는 단어에 대한 주의를 측정하는 연구에 비해 더욱 긍정적인 결과를 나타냈다. 얼굴 표정은 사회공포증을 연구하는 맥락에서 생태학적 타당도를 높일 수 있는데, 이는 실제 사회적 위협 자극이 다른 사람의 반응, 얼굴 표정, 언어적 반응 등을 포함하고 있기 때문이다(개관을 위해 Bögels & Mansell, 2004 참조).

인지적 편향이 본질적으로 지각이든지 주의이든지 간에 각 개인의 정보처리 과정 중 후반부에 이루어지는 해석에 영향을 미치기 때문에 불안의 지속에 중요한 역할을 하게 된다. 게다가 주의편향 연구는 잠정적으로 중요한 치료적 함의를 가질 수 있다. MacLeod, Rutherford, Campbell, Ebsworthy와 Holker(2002)는 일반 학생의 위협 자극으로부터 주의 전환이 성공적으로 훈련될 수 있음을 입증하였다. 향후 연구에서는 비임상 표본에 대한 고무적인 실험 결과를 임상 모집단에 일반화할 수 있을지를 알아보는 것이 필요하다.

남아 있는 문제

이 단원을 마치고 우울에 대한 인지 평가로 넘어가기 전에 우울과 불안 두 영역에 몇 가지 공통적인 논란을 염두에 두는 것이 필요하다. 방법론적으로는 안정적인 기존의 측정도구를 정교화하고 평가하기 위한 추가 연구가 필요하다(Clark, 1997). 예를 들어, 생각 말하기 프로토콜의 사고기록에 대한 채점 기준이 좋은 예일 수 있는데, 채점 기준에서 채점 차원 또는 속성에 어느 정도 규칙을 부여한다면 여러 연구를 비교하는 것이 용이해질 수 있다. 이와 유사하게 인지구조 또는 '심층' 수준의 처리에 대해 관심이 증가하고 있다는 점은 이러한 구성개념에 대한 조작적 정의와 관련된 몇 가지 문제를 해결하는 데 효과가 있을 수 있다.

또한 독자는 불안 증상과 우울 증상 간의 밀접한 관계를 명심해야 한다(예, Clark & Watson, 1991). 대부분의 연구자는 진단시스템 또는 증상검사를 통해 불안 및 우울의 다양한 증후군을 감별하고자 했다. Mogg와 Bradley(2005)가 개관한 바로는, 범불안장애와 우울장애 간의 주의편향에서 눈에 띄는 차이가 나타났다. 범불안장애를 가진 개인은 일반인에 비해 여러 가지 사소한 외부 부정적인 단서(예, 위협적인 단어, 화난 얼굴 사진 등)에 주의편향을 나타낸다는 것이 일반적으로 지지되고 있다. 한편 우울증의 주의편향은 보다 확장된 처리가 가능한 조건에서 제시되는 부정적 자기참조적 자극에 대해 주로 나타난다(Mogg & Bradley, 2005 참조). Lim과 Kim(2005)은 의식적 지각을 어렵게 하는 (역치하 노출) 조건과 분명한 자각이 가능한 (역치상 노출) 조건을 이용한 정서적 스트룹 과제를 통해 공황장애 환자와 우울장애 환자를 비교했다. 공황장애 환자가 물리적 위협 및 부정적 단어에 대해 역치하 선택적 편향을 나타낸 반면, 우울장애 환자는 부정적 단어에 대해 역치상 선택적 주의를 나타냈다. 게다가 연구자는 최근에 들어서야 불안장애 또는 우울장애로 진단된 개인의 불안 및 우울 관련 인지의 상대적 영향력을 입증하기 위한 시도를 하고 있다(Bar-Haim et al., 2007 참조). 불안과 우울을 감별하는 인지 및 인지과정의 가치를 명확히 하기 위해서는 훨씬 더 많은 연구가 필요하다.

우울증의 인지 평가

대부분 우울증의 인지 평가 측정도구는 환자의 사고 내용 또는 기저의 태도나 신념을 파악하기 위해 고안된 지필검사다. 또한 우울증 환자의 정보, 특히 자기참조적(self-referent) 기술 또는 과제수행 피드백을 처리하는 방법을 다루기 위한 또 다른 노력이 이루어지고 있다. 특정 상황에서의 자동적 사고 또는 자기진술 등의 회상이 임상 면담 방식으로 널리 사용되고 있기는 하지만(Beck, Rush, Shaw, & Emery, 1979), 일부 연구자는 사고기록 또는 생각 말하기에 관심을 가지고 있다.

인지산물

자동적 사고 질문지(Automatic Thoughts Questionnaire: ATQ)(Hollon & Kendall, 1980)는 지난 한 주 동안 30개의 부정적인 자동적 사고가 피험자의 머리 속에 '떠오른' 빈도를 측정한다. 게다가 피험자는 각 사고에 대해 믿는 정도를 5점 척도상에서 평정하게 된다. ATQ에 포함되어 있는 30개의 사고는 우울한 피험자와 우울하지 않은 피험자에 대한 변별력에 기초해 경험적으로 밝혀진 것이다. 문항의 예로는 '나는 계속 할 수 없을 것 같다.' '아무도 나를 이해해 주지 않는다.' '가치 있게 느껴지는 것이 없다.' 등이 있다. ATQ의 내적 일치도와 구성 타당도는 다수의 연구에서 지지되었다(예, Dobson & Breiter, 1983; Hollon & Kendall, 1980). Hollon과 Kendall은 ATQ에 대해 요인분석을 실시한 결과 4요인 ① 개인적 부적응 및 변화 욕구, ② 부정적 자기개념 및 기대, ③ 낮은 자존감, ④ 무기력과 포기를 발견했는데, 이는 Beck(1967, 1976)의 우울증 이론과 일치하는 것이다.

연구자는 우울증의 부정적 사고방식뿐만 아니라 긍정적 사고방식을 평가하는 것도 중요하다고 강조하고 있다. Ingram과 Wisnicki(1988)는 긍정적 자동적 사고 질문지(Positive Automatic Thoughts Questionnaire: ATQ-P)를 개발했는데, 이는 긍정적 자동적 사고의 빈도를 평가하는 것이다. ATQ-P는 내적 일치도가 우수했으며, ATQ와 같은 다른 인지 측정도구와의 양호한 수렴 타당도 및 변별 타당도가 입증되었다(Ingram, Kendall, Siegle, Guarino, & McLaughlin, 1995). 따라서 ATQ-P는 ATQ를 보완할 수 있으며 우울증의 자동적 사고 방식을 더 종합적으로 이해할 수 있게 한다.

Flett, Hewitt, Blankstein과 Gray(1998)는 ATQ와 유사한 방식의 자동적 사고 측정도구를 개발했다. 그러나 이 척도는 완벽주의와 관련된 자동적 사고 특정적으로 초점을 맞추고 있다는 점에서 ATQ와는 다르다. 25문항의 완벽주의 대처 척도(Perfectionism Cognitions Inventory: PCI)는 비임상 표본(Flett et al., 1998) 및 임상표본(Flett, Hewitt, Whelan, & Martin, 2007) 모두에서 적절한 수준의 신뢰도와 타당도를 나타냈다. 추가 연구를 통해 빈번한 완벽주의 사고 경험이 불쾌감 및 불안과 관련되어 있고 기존의 완벽주의 기질 측정도구(Flett et al., 2007)와 대안적인 부정적 자동적 사고 척도(Flett et al., 1998)에 의해 예측되는 변량 이상을 설명한다는 것이 확인되었다.

귀인양식 질문지(Attributional Style Questionnaire: ASQ)(Peterson et al., 1982)는 수정된 우울증의 학습된 무력감 모델(Abramson, Seligman, & Teasdale, 1978)의 관점에서 개발되었으며 우울증적 귀인에 대해 가장 많이 인용되는 측정도구다. 이 척도는 피험자에게 성취 또는 대인관계와 관련된 주제를 담고 있는 12개의 가상 시나리오를 포함하고 있다. 시나리오 중 6개는 긍정적인 결과인 반면, 나머지 여섯 가지는 부정적인 결과다. 피험자는 자신이 각 상황에 처해 있다고 상상을 하고 ① 그 결과가 자기 때문인지 다른 사람 또는 상황 때문인지(즉, 내적 요인 대 외적 요인), ② 동일한 원인이 미래에도 동일한 상황에서 발생할 것인지(즉, 안정적 요인 대 불안정적인 요인), ③ 동일한 원인이 다양한 인생 상황에 영향을 미치는지(즉, 전반적 요인 대 특정적 요인)에 대해 생각하는 정도를 평가하게 된다.

내부성(Internality), 안정성(Stability), 전반성(Globality) 점수는 ASQ의 긍정적 결과와 부정적 결과(즉, 각 여섯 가지 문항에 기초한 여섯 가지 하위척도)에서 개별적으로 계산된다. 그러나 이 척도에 대한 내적 일치도가 낮기 때문에 종종 긍정적 사건과 부정적 사건 각각에 대해 두 가지 합성 '귀인양식' 점수를 계산하게 된다. 이러한 절충방법은 ASQ의 이론적 타당성을 약화시킬 수 있다. 또 다른 중요한 심리측정적 문제는 ASQ가 긍정적 사건에 대해 세 가지 귀인차원으로 구분하는 것이 불가능할 수 있으며(Peterson et al., 1982), 부정적 사건에만 적합한 것일 수 있다는 것이다. 실제로 요인분석 연구(Bagby, Atkinson, Dickens, & Gavin, 1990)는 ASQ의 요인수가 긍정적 결과-부정적 결과로 구분되는 2요인일 때 가장 적합하다는 것을 밝힌 바 있는데, 이는 결과 유인가(outcome valence)가 개인차보다는 귀인양식에 더 많은 영향을 미친다는 것을 시사하는 것이다.

이러한 문제점(특히 신뢰도와 관련한 문제점)을 보완하기 위해 확장된(Extended) ASQ가 개발되었다(EASQ)(Metalsky, Halberstadt, & Abramson, 1987). EASQ는 원판 ASQ와 형식 면에서는 비슷하지만 열두 가지 시나리오는 긍정적 사건만을 담고 있다. 실제로 이 척도에 대한 신뢰도 추정치는 ASQ에 비해 조금 더 양호한 편이다(Metalsky et al., 1987). 그러나 ASQ와 마찬가지로 중증 우울증 환자의 인지 측정도구로서의 타당성은 앞으로 검증되어야 한다(Bagby et al., 1990).

우울증에서의 귀인을 측정하는 대안적 방법은 실제 부정적 또는 고통스러운 생활 사건에 대한 개인의 귀인을 평가하는 것이다. ASQ와 마찬가지로 이러한 전략을 채택한 연구는 세 가지 귀인차원의 직교성(orthogonality)[1]을 지지하지 못했다(예, Gong-Guy & Hammen, 1980). 그러나 귀인과 우울증 간의 상관관계는 가상 시나리오보다 생활 사건에서 조금 더 강할 수 있다(Brewin & Furnham, 1986).

부정적 기대와 절망적 사고는 우울한 개인의 사고의 또 다른 핵심 주제라 할 수 있다(Beck, 1976). 무망감척도(Hopelessness Scale: HS)(Beck, Weissman, Lester, & Trexler, 1974)는 20문항의 자기보고 식 척도로서 미래에 대한 절망적인 전망에 몰두되어 있는 정도를 측정하기 위해 고안되었다. Beck 등은 HS의 내적 일치도와 타당도가 우수하다고 밝힌 바 있다. HS 점수는 궁극적으로 정신과 외래 환자의 자살을 예측하는 것으로 나타났다(Brown, Beck, Steer, & Grisham, 2000). HS의 높은 점수가 임상가에게 자기파괴적 행동의 위험을 알리는 것이기 때문에 HS는 유용한 변별 도구라 할 수 있다. 게다가 무망감 점수와 관련된 세 가지 요소(기질, 상태, 무선오차)는 자살행동과 관련되어 있다(Goldston, Reboussin, & Daniel, 2006). 임상가는 자살을 예방하기 위한 급성기 또는 단기 무망감의 감소뿐만 아니라 상대적으로 지속적인 개인의 기질적 무망감의 감소에 관심을 기울일 필요가 있다.

최근 무망감 인지(hopelessness cognition)를 평가하는 데 간접적인 방법은 피험자에게 다양한 (실제 또는 가상) 시나리오에서 긍정적 결과와 부정적 결과에 대한 확률을 평가하게 하는 것이다. Alloy와 Ahrens(1987)는 우울한 학생과 우울하지 않은 학생에게 학업 영역에서 자기와 타인 모두의 성공 또는 실패의 가능성을 평가하게 했다. 이 방법은 우울증적 비관주의를 평가하는 데 있어, 특히 다소 경미한 수준의 우울증을 보이는 개인에게는 HS에 비해 덜 불명확한 전략에 해당된다.

대부분의 인지적 설명은 우울증 현상학에서 부정적 또는 절망적 자기평가의 역할을 강조하고 있다. Beck의 자기개념 검사(Beck Self-Concept Test: BST)(Beck, Steer, Epstein, & Brown, 1990)는 Beck(1967, 1976)이 우울증의 핵심 양상이라고 보았던 부정적 자기관을 평가하기 위해 개발된 자기보고 식 측정도구다. BST는 피험자에게 성

---

1) 변인들 간의 상호 독립적인 성질.

격(예, 온화한, 이기적인), 능력(예, 아는 것이 많은, 성공적인), 적성(예, 지적, 운동적), 미덕(예, 친절한, 깔끔한), 악덕(예, 게으른, 탐욕스러운) 등 스물다섯 가지 차원에서 자신의 성취도를 평가하게 한다. Beck 등(1990)은 BST의 내적 일치도, 검사-재검사 신뢰도, 타당도가 입증되었다고 밝혔다. BST는 불안 측정도구(Beck의 불안척도)와는 관련성이 없었기 때문에 우울증에 특정적일 가능성이 시사되었다.

Beck(1967, 1976)의 우울증에 대한 개념화의 핵심 주제는 우울증 현상학이 잘못된, 즉 비합리적 사고방식에 의해 매개된다는 것이다. 인지 편향 질문지(Cognitive Bias Questionnaire: CBQ)(Hammen & Krantz, 1976; Krantz & Hammen, 1979)에는 대인관계 또는 성취와 관련된 문제 상황을 담은 여섯 가지 사례가 포함되어 있다. 피험자는 각 사례의 상황에 대해 주인공이 생각하고 느끼는 것을 가능한 한 생생하게 상상한 후, 네 가지 반응 대안 중 하나를 선택하게 된다. 반응 선택은 두 가지 이분형 차원, 즉 ① 우울 대 비우울 차원, ② 왜곡(즉, 비합리적) 대 비왜곡 차원으로 구성되어 있다. '금요일 밤에 혼자 있기'라는 상황에 대한 우울-비왜곡 반응의 예는 '화가 나고 외로움을 느낌'이다. 우울-왜곡(과잉일반화) 반응의 예는 '화가 나고 밤낮으로 혼자 있는 나를 떠오르게 함'이다(Hammen & Krantz, 1976, p. 580). CBQ 점수는 네 가지 반응 범주에 대한 각각의 사용 빈도를 의미하는 것이지만, 우울-왜곡 반응의 빈도가 가장 큰 관심거리다. CBQ는 비교적 보통 수준의 내적 일치도 및 4주와 8주 검사-재검사 신뢰도를 가지고 있다. 몇몇 연구에서 CBQ의 우울-왜곡 점수에 따라 우울한 개인과 우울하지 않은 개인을 변별하는 것으로 나타났다(예, Krantz & Hammen, 1979). 불안에 대한 CBQ의 우울-왜곡 점수의 변별 타당도와 관련해서는 혼재된 결과가 보고되고 있다(Krantz & Hammen, 1979).

인지반응검사(Cognitive Response Test: CRT)(Watkins & Rush, 1983)는 CBQ에 비해 우울증의 인지 왜곡에 대한 비구조화된 측정도구다. 36문항의 CRT는 개방형 문장완성 형식이다. 피험자는 마음속에 떠오른 첫 번째 생각으로 각 문장을 완성하게 된다. 문항 예시에는 '나의 상사가 인사 이동이 있을 것이라고 말한다. 나는 ___________라는 생각이 바로 떠올랐다.' '내가 결혼을 했다면 나의 첫 번째 생각은 ___________.' 등이 있다. 이러한 개방형 질문이 고정-선택 검사의 '투명성 문제'를 배제할 수 있다는 장점이 있기는 하지만(Rush, 1984), 채점에 많은 시간이 소비되는 경향이 있다. 표준화된 검사요강에 제시되어 있는 원칙에 기초해 반응이 합리적 · 비합리적 또는 채점불가 등으로 분류된다. 비합리적인 반응은 비합리적-우울(즉, 자기, 과거, 미래에 대한 부정적인 관점) 또는 비합리적-타인으로 추가 분류된다. Watkins와 Rush(1983)는 양호한 피험자 간 신뢰도와 반응 유형 간 신뢰도를 보고하였다. 변별 타당도 측면에서도 비합리적-우울 하위척도가 우울한 개인과 의학적 집단, 정신과집단, 정상통제 집단 등을 감별하는 것으로 나타났다.

Barton, Morley, Bloxham, Kitson과 Platts(2005)는 CRT의 길이와 구조화된 문장 형식으로 인해 참조 자유(referential freedom)가 제한되어 결국 예측 가능한 반응 양상을 초래할 수 있다고 주장했다. 우울증 문장완성검사(Sentence Completion Test for Depression: SCD)는 다양한 반응을 독려하기 위해 개발되었으며 우울증적 사고 영역을 다루는 48개의 짧은 문장을 포함하고 있다(예, '내 생각에는 __________.' '모든 일은 대개 __________.'). 완성된 문장은 매뉴얼에 따라 부정적 사고, 긍정적 사고, 중립적 사고로 부호화된다. 우울증 환자는 통제집단에 비해 부정적 사고를 더 많이 하고 긍정적인 사고를 더 적게 하는 것으로 나타났다. SCD는 개방형이지만 양호한 구성 타당도, 내적 일치도, 평정자 간 신뢰도, 민감도, 특이도 등이 입증되었다. 게다가 SCD는 CBT의 사례개념화에서 목표 문제 및 역기능적 신념을 확인하는 데 도움이 되는 독특한 정보를 끌어낸다는 점에서 참신하다고 볼 수 있다(Barton et al., 2005).

인지과정

다양한 자기조절 기제는 우울증 현상학의 발달 및 유지와 관련되어 있다. 이론가는 과도한 자기초점 주의가 정서적 자기조절 결함과 관련되어 있다고 제안했다(Carver & Scheier, 1982). 자기초점 주의에 대한 유명한 측정도구인 자기초점 문장완성과제(Self-Focused Sentence Completion task: SFSC)(Exner, 1973)는 30문항짜리 척도로 피험자가 문장을 읽고(예, '내가 바라는 것은 __________.' 또는 '내가 거울을 본다면 __________.'), 자유롭게 문장을 완성하게 된다. Exner의 채점시스템에 따라 SFSC는 총 10개의 점수를 산출하는데, 자기초점 총점(S), 긍정 자기초점, 부정 자기초점, 중립 자기초점이 포함되며 외부초점 총점(E), 긍정 외부초점, 부정 외부초점, 중립 외부초점, 양립 총점(A), 중립 총점(N)이다. Exner는 숙련된 평정자와 초보 평정자 모두에서 적절한 채점 신뢰도를 보고했다. 다수의 연구에서 경도의 우울증 개인과 임상적 우울증 개인 모두가 우울하지 않은 개인에 비해 자기초점적 반응을 더 많이 하고, 외부-초점적 반응을 더 적게 한다는 것이 밝혀졌다.

흔히 사용되는 또 다른 자기초점 주의 측정도구에는 자의식 척도(Self-Consciousness Scale: SCS)(Fenigstein, Scheier, & Buss, 1975)가 있다. SCS는 요인 분석을 통해 추출된 세 가지 하위척도인 개인적 자의식(10문항), 공적 자의식(7문항), 사회불안(6문항)으로 구성되어 있다. 개인적 자의식 하위척도(예, '나는 항상 내 자신을 알려고 한다.')는 기질적인 자기초점 주의 상태와 동일한 것이라고 볼 수 있다. 이 하위척도의 신뢰도와 타당도는 몇몇 연구에서 입증되었다(예, Fenigstein et al., 1975). 또한 다수의 연구에서 우울증과 유의미한 관련성이 있다는 것이 밝혀졌다(개관을 위해서는 Mor & Winquist, 2002 참조).

반응양식 질문지(Response Styles Questionnaire: RSQ)(Nolen-Hoeksema & Morrow, 1991)는 응답자에게 보통 우울할 때 무엇을 하는지를 물어봄으로써 우울한 기분에 대한 기질적인 반응성을 측정하기 위해 개발되었다. RSQ는 두 가지 하위척도인 21문항의 반추 반응 척도(Rumination Response Scale: RRS)와 11문항의 주의전환 반응 척도(Distraction Response Scale: DRS)로 구성되어 있다. RRS와 DRS는 각각 양호한 내적 신뢰도를 가지고 있으며 상호 독립적이다(예, Just & Alloy, 1997). 반추가 우울증의 발병, 유지, 재발 등에 영향을 미치는 믿을 만한 개인차 변인이라는 점에서 RRS의 안정성은 대단히 중요하다. RRS의 검사-재검사 신뢰도 계수는 참가자의 우울증 수준이 안정적이었던 연구(예, Nolen-Hoeksema, 2000)에서 대단히 큰 편이었지만, 우울한 기분의 수준이 달랐던 연구에서는 작은 편이었다(Kasch, Klein, & Lara, 2001; Bagby, Rector, Bacchiochi, & McBride, 2004 참조). 이로 인해 RRS 점수가 임상적 상태의 변화에 따라 유의미하게 달라질 수 있다는 우려를 낳게 되었다(Kasch et al., 2001). 그러나 Bagby 등(2004)은 주요우울장애로 치료받고 있는 환자를 대상으로 한 연구에서 RRS 점수가 관해된 우울증 환자(r=.59)와 관해되지 않은 우울증 환자(r=.62) 모두에서 비슷한 검사-재검사 신뢰도를 나타냈고 RRS의 상대적인 안정성을 지지한다고 밝혔다. RRS는 우울증 예측을 위한 타당도가 입증되었다(예, Nolen-Hoeksema, 2000; Nolen-Hoeksema & Morrow, 1991).

우울증의 CBT는 적어도 부분적으로 일상 사건에 대한 인지 평가의 변화가 성공적인 치료의 요건이라는 가정에 기초한다. 일상 과정 설계(Daily process design)는 우울한 개인의 사소한 일상 사건과 기분 간의 상호작용을 구체적으로 이해하는 데 기여할 수 있다. 예를 들어, Dunkley 등(2003)은 낮은 자기비판적 완벽주의자에 비해 높은 자기비판적 완벽주의자는 성취 관련 골칫거리가 증가하고 다른 사람의 비판을 받게 되어 자신의 대처능력에 대한 확신이 저하될 때 더 많은 부정적 정서를 경험하게 된다고 밝혔다. 반면 의존성이 낮은 개인에 비해 의존성이 높은 개인은 사회적 및 관계적 골칫거리를 경험하게 될 때 증가된 부정적인 효과를 보였다. Dunkley 등의 연구는 대학생을 대상으로 한 것이었지만 다른 연구는 임상적 우울증 표본에서 일상 과정 설계를 사용했다. 예를 들어, Gunthert 등(2007)은 높은 수준의 우울증 환자가 비대인관계적 스트레스를 경험한 날에 비해 대인관계적 스트레스를 경험한 날에 부정적 사고 및 정서가 더 많이 증가한다는 것을 밝혀냈다. 따라서 일상적인 평가 패러다임은 우울한 개인의 일상적인 인지 반응성을 더 잘 이해하는 데 상당히 유망한 수단이다.

인지구조

Beck(1967; Beck et al., 1979)은 부정적 자기도식(negative self-schema)이 우울증에서 활성화되는데, 이는 자신을 안 좋게 보게 되어 자신의 과거, 현재, 미래의 경험을 대부분 부정적으로 해석하는 경향성을 초래한다고 제안했다. 또한 활성화된 부정적 자기도식은 도식-일치적 정보의 인출을 촉진하게 된다. Beck의 개념화에 따르면 부정적 자기도식은 대개 자신의 가치 또는 인간으로서의 가치를 평가하는 비호의적인 규칙과 함께 고도로 조직화되어 저장된 개인 정보망을 포함하고 있다. 따라서 자기도식 측정은 내용 및 조직 수준 모두에서 우울증 연구자의 지속적인 도전이라 할 수 있다.

역기능적 태도 척도(Dysfunctional Attitude Scale: DAS)는 우울장애와 관련해 비교적 안정된 태도를 파악하기 위한 자기보고 식 질문지다(Weissman, 1979; Weissman & Beck, 1978). 역기능적 태도를 통해 지배적인 자기도식이 반영된다고 보기 때문에 DAS는 주요우울장애의 인지적 취약성 측정도구라고 할 수 있다(Ingram, Miranda, & Segal, 1998). DAS는 세 가지 형식으로 사용이 가능한데, 원판 100문항짜리 질문지(DAS-T)는 조사 연구에서 간헐적으로만 사용되고 있다. 40문항짜리 두 가지 형식(DAS-A와 DAS-B)은 DAS-T에서 파생된 것으로, DAS-A가 가장 흔히 사용되고 있다.

DAS 문항은 원래 타인의 인정과 관련된 수반성, 행복의 조건 또는 완벽주의적 기준 등을 담고 있다. 문항에는 '사람이 행복하려면 잘생기고 똑똑하고 돈이 많고 창의적이어야 한다.' '사람은 내가 실수하면 나를 나쁘게 생각할 것이다.' '상대방이 내 의견에 동의하지 않는 것은 아마도 나를 좋아하지 않는다는 의미다.' 등이 포함되어 있다. DAS는 우울증 환자와 정신과 통제 환자를 대상으로 널리 연구되고 있다. DAS의 두 가지 단축형 모두 양호한 내적 일치도와 시간적 안정성을 가지고 있다(Oliver & Baumgart, 1985; Weissman, 1979). DAS-A에 대한 요인분석에서 일관되게 2요인, 즉 완벽주의와 인정 욕구가 추출되었다(예, Imber et al., 1990). 이들 요인은 양호한 내적 일치도를 보유하고 있으며 서로 높은 상관을 나타내고 있다(Zuroff, Blatt, Sanislow, Bondi, & Pilkonis, 1999). DAS-A의 완벽주의는 우울증 치료에서 부정적인 결과를 예측한 반면, 인정 욕구는 그렇지 않았는데(Blatt & Zuroff, 2005), 이는 DAS-A의 완벽주의와 인정 욕구를 특정 연구 문제로서 각각 연구될 필요가 있음을 시사하는 것이다.

치료받은 우울증 환자의 표본에서 DAS점수의 안정성에 대한 논란이 보고된 바 있다. 몇몇 연구자는 DAS점수의 상대적 안정성을 보고하고 있지만, 다른 연구자는 점수가 현저하게 변화한다고 보고하기도 하였다. Zuroff 등(1999)은 주요우울장애로 치료받는 성인을 대상으로 DAS의 평균 점수가 우울 기분의 수준에 따라 변화할 뿐만 아니라 우울 증상이 감소해도 역기능적 태도의 수준이 비교적 안정적으로 유지되는 경향성이 있음을 발견했다. Zuroff 등은 역기능적 태도의 상태-특질 모델을 제안했는데, 이는 DAS점수가 어느 정도는 기분 상태-의존적일 뿐만 아니라 상당히 특질과 유사하며 시간에 따라 안정적이라고 제안했다. 이 모델은 시간에 따른 DAS점수의 변화 현상을 가장 잘 포함하고 있다(예, Otto et al., 2007).

다수의 연구에서 DAS의 공존타당도가 검증되었지만 구성타당도에 대한 평가는 거의 이루어지지 않았다. DAS는 우울 심각도 및 부정적인 자동적 사고 또는 인지 왜곡 측정도구와 중간 정도의 상관이 있는 것으로 나타났다(예, Dobson & Shaw, 1986; Hamilton & Abramson, 1983; Hollon, Kendall, & Lumry, 1986). DAS가 우울증 환자와 정신과 통제 환자를 감별하기는 하지만 우울증에만 특정적인 것은 아니다. 범불안장애, 신경성 식욕부진증, 공황장애, 기분부전장애 등의 환자도 비정상적인 DAS점수를 나타내기도 하였다(Dobson & Shaw, 1986).

DAS는 우울증의 인지치료 또는 기타 치료에서 가설적인 태도변화를 평가하기 위해 사용되었다. 다수의 연구를 통해 DAS가 임상적인 증상 개선에 민감하다는 것이 밝혀졌다. 예를 들어, Jarrett, Vitt, Doyle과 Clark(2007)는 재발성 주요우울장애 외래 환자를 대상으로 인지치료 후 역기능적 태도 변화의 강도가 크고 임상적으로도 유의미하며 2년 추적 시점에서도 유지된다는 것을 발견했다. 또한 DAS-A 점수의 변화가 제한적이라는 것은 우울증 환자가 치료 후에 부분적으로는 증상이 사라질지라도 빠른 시간 내에 우울 증상이 재발할 가능성을 예측하는 것이기도 하다(Beevers, Keitner, Ryan, & Miller, 2003).

최근 문항반응 이론 방법을 이용해 9문항의 단축형 DAS-A가 개발되었다(Beevers, Strong, Meyer, Pilkonis, & Miller, 2007). 이 단축형은 요인 간 상관이 높았고 원판 40문항 DAS-A와도 상관이 높았다(r=.91~.93). 또한 이 단축형은 DAS-A만큼이나 치료 시점별 시간적 안정성, 양호한 내적 일치도와 수렴 타당도를 나타냈고 치료 전후의 우울 심각도 및 우울증의 변화를 안정적으로 예측했다.

기존 연구에서 DAS-A의 완벽주의가 우울증의 저조한 치료 성과를 예측한다고 밝혀졌지만(Blatt & Zuroff, 2005 참조), 연구결과에 대한 해석은 최근 들어 완벽주의에 대한 다른 연구를 통해 명확해지고 있다. DAS-A의 완벽주의는 대체로 높은 수준의 개인적 기준을 반영하는 것으로 가정되고 있음에도 불구하고, 요인분석 연구에서는 완벽주의라는 상위 잠재변인을 개인적 기준과 자기비판적 평가 염려로 일관되게 구분한다(Dunkley, Blankstein, Masheb, & Grilo, 2006 참조). 그런데 가정과 달리 연구결과는 DAS-A의 완벽주의가 개인적 기준 차원보다는 자기비판적 차원을 반영하는 것으로 나타났다(Dunkley et al., 2006). 따라서 DAS-A의 완벽주의 척도가 치료 성과에 대한 부정적인 예측인자임을 입증하는 기존 결과를 해석함에 있어 임상가는 완벽주의의 개인적 기준 차원보다 자기비판적 평가 염려에 더 많은 관심을 두어야 한다.

우울증의 인지 평가에서 점화의 활용

다수의 연구(예, Miranda, Persons, & Byers, 1990)에서 우울증에 취약한 개인은 오직 부정적인 기분이 존재할 때만 DAS점수가 높아진다는 것이 밝혀지고 있다. Segal과 Ingram(1994)은 40개 이상의 연구를 개관하여 점화를 사용하지 않은 연구의 20%에서 우울증적 인지처리(depressive cognitive processing)를 확인한 반면, 점화를 사용한 연구의 80% 이상에서 우울증형 인지(depressotypic cognition)를 탐지해 낸다고 하였다. 이러한 결과는 일시적인 부정적인 기분 상태가 부정적인 자기도식을 점화하고 역기능적 태도에 대한 접근 가능성을 증가시킬 수 있음을 시사한다.

점화의 효과는 상이한 수준의 인지적 분석에 영향을 미치는 것으로 보인다(Ingram, 1990). 부정적 기분에 빠지게 되면 고위험자는 인지내용(즉, DAS점수), 정보 부호화 및 인출(형용사 회상), 주의(이원청취 과제에서 추적 오류) 등에서 역기능적 인지가 두드러지는 것으로 보인다(개관을 위해서는 Scher, Ingram, & Segal, 2005 참조). 이러한 결과는 부적응적인 인지구조/인지도식이 점화 조작에 의해 활성화되는 것이며, 더 특정적인 각각의 인지적 효과와 관련되어 조직화된 구성개념임을 시사한다. 이런 연구에서 슬픈 기분이 강력한 환경적 기폭제와 같은 역할을 하며, 이로 인해 진행 중인 정보처리에 최소한으로 관여하고 있는 인지구조를 활성화시키는 데 기여하는 것으로 보인다. 게다가 슬픈 기분의 촉발에 따라 인지적 반응성이 증가하는 것은 우울증에서 회복된 환자의 재발 및 반복을 증가시키는 것으로 나타났다(예, Segal et al., 2006).

질문지를 점화로 사용하는 것은 심각한 문제가 될 수 있다. 자기보고 식 검사가 피험자의 정신적 표상을 활성화시킬 수 있다면, 현재 사용되고 있는 다른 방법에 비해 편의성, 표준화, 시간 효용성 면에서 뛰어난 장점이 있다고 볼 수 있다. 그러나 심각한 문제는 점화 특정성이 질문지에 따라 달라져서 구성개념을 안정적으로 활성화시키지 못할 수 있다는 것이다. 예를 들어, ASQ(Peterson & Villanova, 1988), ATQ(Hollon & Kendall, 1980), CBQ(Krantz & Hammen, 1979) 등에서 활성화 정도에 영향을 미치는 여러 가지 차이점이 발견되었다. 즉, ① 피험자에게 요구한 반응의 유형, ② 문항 반응에 요구된 심상적 투입의 양, ③ 평가되고 있는 인지의 수준이다. 이러한 이유 때문에 질문지를 점화로 사용하는 데는 신중한 고려가 필요하다.

자기보고 척도 사용과 관련된 문제점을 해결하기 위해 최근에 임상 연구자는 의식적으로 통제되는 인지과정에 영향을 받지 않는 역기능적 신념을 연구할 수 있는 과제를 사용하고 있다. 관심을 끌고 있는 과제 중 하나인 암묵적 연합검사(Implicit Association Test: IAT)(Greenwald, McGhee, & Schwartz, 1998)는 우울증에 취약한 개인에게 수정된 반응시간 패러다임을 사용해 자기와 부정적 특성 형용사 간의 연합을 평가하는 것이다(Gemar, Segal, Sagrati, & Kennedy, 2001). 이전에 우울증을 경험했던 집단이 통제집단에 비해 부정적 기분 유도 후에 자기 관련 정보에서 부정적인 평가 편향을 나타냈다(Gemar et al., 2001).

자기부호화검사(Self-Referent Encoding Task: SRET)(Kuiper & Olinger, 1986)는 원래 Craik과 Lockhart(1972)가 주장한 기억의 '처리 수준' 모델을 검증하기 위해 인지심리학자가 개발한 실험패러다임을 응용한 것이다. SRET에서 피험자는 다수의 개인적 형용사(긍정과 부정)를 연속해서 제시받게 되며 각 형용사가 자신을 기술하고 있는지의 여부에 따라 범주 형식으로(즉, 예 또는 아니오) 의사결정을 하라는 지시를 받게 된다. 모든 형용사를 검토한 후 예고 없는 회상검사를 시행하게 된다.

SRET는 몇 가지 도식 관련 측정도구를 산출하게 된다. 첫째, 도식에 기초한 우울증 모델과 일치하게 비우울 통제집단은 자기진술을 더 긍정적인 형용사로 평가하는 경향성이 있는 반면, 우울증집단은 부정적인 형용사를 더 많이 선택한다(예, Dozois & Dobson, 2001a; Gotlib, Kasch et al., 2004; MacDonald & Kuiper, 1984). 둘째, 분명한 것은 아니지만 도식적 처리 지표는 피험자에게 진위형 판단을 하는 데 필요한 시간과 관련이 있다. 이론적으로 도식은 도식-일치 정보의 처리를 촉진한다. 이러한 생각이 SRET 연구에서 지지되고 있는데, 우울하지 않은 피험자는 긍정 형용사에 더 빠르게 반응하고(Kuiper & MacDonald, 1983), 우울한 피험자는 부정 형용사에 더 빠르게 반응한다는 것이 입증되었다(MacDonald & Kuiper, 1984). 그러나 다른 연구에서는 이러한 효과를 반복 검증하지 못했다(예, Dozois & Dobson, 2001a; Gotlib, Kasch et al., 2004). 셋째, SRET를 통해 산출된 자기도식 측정도구는 우연한(암묵적) 회상과 연관된다. 우울한 피험자들은 SRET 후에 부정 형용사를 더 많이 회상한 반면, 우울하지 않은 피험자들은 긍정 형용사를 더 많이 회상한 것으로 나타났다(예, Dozois & Dobson, 2001a; Gotlib, Kasch et al., 2004; Kuiper & MacDonald, 1983). SRET 패러다임은 아동의 정보처리에 대한 연구에도 응용되고 있다. 예를 들어, Timbremont와 Braet(2004)는 부정적인 기분을 유도한 후에 현재 우울한 아동 및 관해된 아동이 과거에 우울했던 적이 전혀 없는 아동에 비해 부정적인 자기진술 단어를 더 많이 선택했다. 또한 우울한 적이 없는 아동은 현재 우울한 아동 및 관해된 아동에 비해 긍정적인 자기진술 단어를 더 많이 회상했다.

정리하면 SRET를 통한 연구결과는 우울증의 부정적 자기도식의 작동 근거를 제공하고 있다. 그러나 SRET가 자기도식의 내용 및 기능의 측정도구로서 타당한지는 의문이다(개관을 위해 Segal, 1988 참조). 가장 심각한 우려 중 하나는 관찰된 우울 관련 차이가 인지적 조직의 차이라기보다 기분 일치성 효과를 반영한 것일 수 있다는 것이다. 그러나 이러한 제한점에도 불구하고 SRET는 인지심리학의 패러다임이 몇몇 우울증 관련 양상에 따른 인지적 평가에 어떻게 적용하는지를 보여 주는 좋은 예라고 할 수 있다.

심리적 거리재기 과제(Psychological Distance Scaling Task) (Dozois & Dobson, 2001a, 2001b)는 자기참조 형용사 자극 간의 거리를 계산해서 우울증에서 인지 양상의 구조 또는 상호연결성을 평가하는 것이다. Dozois와 Dobson(2001a)은 우울한 개인이 부정적 형용사 자기진술어와 긍정적 자기 관련 내용에 대한 낮은 연결성 간의 강력한 관련성이 있다고 밝혔다. 게다가 6개월 후에 증상이 관해된 우울증 참가자에서 어떤 기분이나 기타 점화가 없이도 부정적 인지구조는 여전히 상호 연결되어 있었다 (Dozois & Dobson, 2001b).

우울증의 인지 처리를 평가하기 위해 사용되고 있는 또 다른 측정도구는 정서 스트룹 색깔-이름대기 과제다. 우울증 환자는 대개 정서 스트룹 과제에서 긍정 또는 중립 단어보다 부정 단어에 제시된 색깔의 이름을 대는 데 더 많은 시간이 걸리지만(예, Gotlib & McCann, 1984), 비우울 통제집단은 단어의 유인가의 함수로서 색깔-이름대기 속도에서 차이가 나타나지 않는다. 부정 단서에 대한 우울증 환자의 높은 간섭은 자극의 의미적 내용에 대한 확장된 처리 때문인 것으로 여겨지는데, 이는 아마도 피험자가 이 단서에 쉽게 접근하게 되지만 이 자극은 색깔 이름을 바르게 대는 것을 어렵게 때문이다(Williams et al., 1998).

정서 스트룹 패러다임이 유인가가 있는 단서에 대한 의미 처리과정을 나타낼 수 있지만, 이러한 방법은 단서가 어떤 방식으로 조직화되는지 검증할 수 없다. Segal 등 (1995)은 정서 스트룹 과제에 점화 설계를 결합하여 수정했는데, 여기서는 개인의 자기관과 관련된 목표 단어의 색깔 이름대기를 피험자의 자기개념과 관련된 단어 또는 무관한 단어라고 생각되는 점화 단어 뒤에 제시하였다. 인지시스템의 한 가지 요소를 사전에 활성화시킴으로써 시스템의 상호 연결된 다른 요소가 활성화되고 이들 관련 요소의 수행에 영향을 미치게 되는 것이다. 이런 방법을 통해 자기표상에 대한 여러 요소 간의 상호 연결성이 연구될 수 있다. 이 접근법을 이용해서 Segal 등은 우울증 환자가 자기진술적이지 않은 부정적 정보에 점화될 때보다 자기 관련 부정적인 정보가 점화될 때 부정적 자기참조 단서의 간섭이 증가한다는 것을 발견했다. 이러한 결과는 우울증 환자의 자기개념에는 부정적이더라도 자기를 기술하지 않는 속성보다는 부정적 자기속성이 더 많이 자리 잡고 있음을 시사한다.

탐침과제를 통한 연구(예, Gotlib, Kasch et al., 2004; Gotlib, Krasnoperova, Yue, & Joormann, 2004)는 임상적 우울증 참가자가 슬픈 얼굴에 선택적으로 주의를 기울인다는 것을 일관적으로 밝혀냈다. 나아가 Joormann과 Gotlib(2007)은 우울삽화에서 벗어난 후에도 심지어는 점화 조작 없이도 이러한 주의편향이 지속된다는 증거를 밝혀냈다. 이와 더불어, 재발성 우울증 삽화를 경험하는 엄마를 둔 전혀 우울한 적이 없었던 아동도 기분조작 후에 부정적인 얼굴표정에 선택적으로 주의를 기울이는 것으로 나타났다(Joormann, Talbot, & Gotlib, 2007 참조). 우울증 엄마를 둔 아동이 우울증 삽화의 발생 위험이 높다는 증거가 부각되고 있는데, 이는 우울증의 위험성이 세대 간 전이와 관련된 잠정적인 기제를 시사한다.

이러한 결과는 인지 조직을 강조하는 우울증 지속 이론과 일맥상통한다. CBT는 이러한 조직의 부정적인 본질을 변화시킨다(Beck, 1967). 성공적인 치료는 개인의 인지시스템의 부정적 요소 간의 강력한 연합을 감소시키는 것으로, 이것은 점화된 스트룹 과제와 같은 과제에서 나타나는 간섭의 양에 영향을 미치게 된다. Segal과 Gemar(1997)는 CBT 후 우울증이 완화된 환자에게서 자기진술적 부정적인 정보에 대한 색깔 이름대기 간섭이 감소하는 것을 발견했다. 이 결과는 부정적인 자기정보가 우울증 환자의 인지시스템 속에 밀접하게 연결되어 있다는 견해를 지지하는 것이며 성공적인 우울증 치료를 통해 이러한 조직이 변화할 가능성을 시사한다.

남아 있는 문제

최근 우울증 연구를 통해 인지의 내용, 과정, '심층 구조'를 다루는 측정도구가 다양해졌다. 인지 변인이 우울증의 취약성 지표라는 것은 이미 알려져 있다. 임상가는 우울증 삽화 동안 다양한 방법을 통해 인지 변화를 평가하고 있다. 인지 측정도구는 특정 이론적 관심에 따라 선정되어 치료 시작, 치료 중에 그리고 치료 후에 실시된다. 게다가 여러 인지 측정도구의 규준 자료는 성인용(Dozois, Covin, & Brinker, 2003)뿐만 아니라 아동 및 청소년용(Ingram, Nelson, Steidtmann, & Bistricky, 2007)으로도 제시되어 있다. 이 자료를 통해 인지, 인지 변화, 치료 효과성 등에 대한 평가가 이루어질 수 있다.

반면에 인지행동치료가 인지 변화에 독보적인 영향을 미친다고 결론짓기는 쉽지 않다. 우울증 상태를 변화시키는 그 어떤 치료(또는 '자발적 관해')도 상당한 인지 변화를 가져올 수 있다. 인지 변화가 인지치료에 의해서만 일어나는 것인지에 대한 연구 결과는 혼재되어 있다(Garratt, Ingram, Rand, & Sawalani, 2007 참조). 그러나 인지치료가 약물치료보다 우울한 기분에 대한 인지적 반응성을 더 효과적으로 감소시킨다는 몇 가지 증거가 있다(Segal, Gemar, & Williams, 1999; Segal et al., 2006). 우울한 기분에 대한 인지적 반응성은 높은 재발률과 관련되어 있다고 밝혀졌는데(Segal et al., 1999, 2006), 이런 결과는 인지치료가 약물치료보다는 인지기능의 실질적인 변화를 일으키는 데 더 효과적이라는 것을 시사한다(Garratt et al., 2007 참조).

향후 방향

인지 평가 분야는 Kendall과 Korgeski(1979)의 영향력 있는 연구를 감안하면 거의 30년이 되어 간다. 지난 30년 동안 개념과 방법론 면에서 상당한 발전이 있었다. 하지만 Clark(1997)는 인지 평가(특히 인지적 산물) 영역에서 연구자와 임상가가 직면하게 되는 여러 가지 도전을 개관한 바 있다. 최근의 추세가 다양화를 지향한다는 것은 분명하며, 이것이 인지 평가에서 건전한 발전을 가져올 것이다. 인지 임상 연구자는 경직되고 협소한 개념화로 '수용 가능한' 평가에 머물러 있지 않고 인지, 정서, 행동 간의 관련성 연구를 위한 더 풍부하고 결정적인 평가도구를 제시하고 있다.

우리는 인지 평가 내에서의 통합과 다른 접근법과의 통합을 제안한 Clark(1997)의 의견에 동의한다. 예를 들어, Glass와 Arnkoff(1997)는 인지구조, 인지과정, 인지산물에 대한 측정도구 간의 관계를 조사한 연구가 거의 없다는 사실에 아쉬움을 표했다. 나아가 전통적인 자기보고 식 질문지(예, DAS)와 인지심리학에서 차용한 기타 접근법[예, 스트룹 색깔단어검사(Segal et al., 1995)] 간의 관련성은 더 주의 깊은 연구가 필요하며, 이것은 다양한 인지 평가 방법의 수렴 타당도에 대해 추가적인 평가를 가져올 것이다. 언어적으로 표현하기 힘들고 비교적 자동적인 인지 과정 및 도식을 평가할 때는 자기보고 식 방법으로는 불충분하다. 그렇지만 Glass와 Arnkoff(1997)는 자기진술검사의 진보와 발전을 위한 대안을 검토한 바 있으며, 사고기록 및 생각 말하기 등의 생성 방법에서는 인지의 산물과 과정에 대해 여전히 연구할 것이 많다고 하였다. 사고표집(thought sampling)은 높은 생태학적 타당도를 감안할 때 유용한 전략이다. 또한 개관 연구자(예컨대, Glass & Arnkoff, 1997; Segal & Dobson, 1992)는 검사도구 표준화로 인한 잠정적 이득을 시사하였다. 자동적 사고, 도식, 역기능적 신념 및 가정과 같은 구성개념은 측정하기가 대단히 어렵다. 하지만 표준화를 통해서 적어도 서로 다른 연구의 자료는 어떤 단일 구성개념의 평가에서 통합될 수 있다.

Segal과 Dobson(1992)은 우울증 발병과 성취 또는 대인관계 스트레스 간의 일치성 그리고 재발 예측인자에 대한 연구를 계속 진행하면서 대인관계 영역과 성취 영역에서의 스트레스와 관련된 인지 유형론이 잠재적 가치가 있다고 하였다(Segal, Shaw, Vella, & Katz, 1992). 이러한 인지 유형론은 생활사건과 관련해서 정서장애의 취약성 요인인 성격 구성개념과 생활사건 간의 일치성을 검증하는 데 유용할 수 있다.[2] 불안과 우울 등 심리장애의 발병, 유지, 재발에 영향을 미친다고 가정되는 인지구조, 인지과정, 인지산물에 대한 후속 연구가 필요하다. 예를 들어, Beck(1983)은 우울증의 취약성 지표로서 두 가지 성격유형인 사회지향성(sociotropy)과 자율지향성(autonomy)을 제안하였다. 사회지향적인 개인은 대인관계에서 지나치게 많은 투자를 하는 반면, 자율지향적인 개인은 자율성과 성취에 지나치게 많은 투자를 한다.

Gotlib과 Hammen(1992)은 우울증 분야 연구자가 인지적 측면과 대인관계적 측면을 통합해야 한다고 주장했다. Segal과 Dobson(1992)은 사회적 관계에서의 인지적 표상에 관한 평가를 확장하도록 제안하였다. Gotlib, Kurtzman과 Blehar(1997)는 연구자가 우울증 연구와 생물학적 접근의 교차점을 검증해야 한다고 제안하였다. 최근 다수의 연구에서 불안장애(예, Van den Heuvel et al., 2005) 및 우울장애(예, Booij & Van der Does, 2007)와 관련해 인지적 관점과 신경생물학적 관점 간의 관계를 입증하였다. 이런 제안이 현실화된다면 인지 평가 분야는 더욱 발전할 것이다.

---

2) 성격-사건 일치성 가설(personality-event congruency hypotheses), 즉 자율지향성이 높은 사람은 일, 경제적 또는 법적 문제, 개인적 건강문제 등의 부정적인 성취사건에 직면했을 때 우울증에 취약해지는 반면, 사회지향성이 높은 사람은 거절, 갈등 혹은 상실 등 부정적인 대인관계 사건을 경험할 때 우울증에 취약할 수 있다는 입장.

참고문헌

Abramson, K. Y., Seligman, M. E. P., & Teasdale, J. D. (1978). Learned helplessness in humans: Critique and reformulation. *Journal of Abnormal Psychology, 87*, 102-109.

Alloy, L. B., & Ahrens, A. H. (1987). Depression and pessimism for the future: Biased use of statistically relevant information in predictions for self versus others. *Journal of Personality and Social Psychology, 52*, 366-378.

Arnkoff, D. B., & Glass, C. R. (1982). Clinical cognitive constructs: Examination, evaluation, and elaboration. *Advances in cognitive behavioral research and therapy* (Vol. 1, pp. 1-34). New York: Academic Press.

Bagby, R. M., Atkinson, L., Dickens, S., & Gavin, D. (1990). Dimensional analysis of the Attributional Style Questionnaire: Attributions or outcomes and events. *Canadian Journalof Behavioral Science, 22*, 140-150.

Bagby, R. M., Rector, N. A., Bacchiochi, J. R., & McBride, C. (2004). The stability of the Response Styles Questionnaire Rumination scale in a sample of patients with major depression. *Cognitive Therapy and Research, 28*, 527-538.

Bar-Haim, Y., Lamy, D., Pergamin, L., Bakermans-Kranenburg, M. J., & van IJzendoorn, M. H. (2007). Threat-related attentional bias in anxious and nonanxious individuals: A meta-analytic study. *Psychological Bulletin, 133*, 1-24.

Barton, S., Morley, S., Bloxham, G., Kitson, C., & Platts, S. (2005). Sentence Completion Test for Depression (SCD): An idiographic measure of depressive thinking. *British Journal of Clinical Psychology, 44*, 29-46.

Beazley, M. B., Glass, C. R., Chambless, D. L., & Arnkoff, D. B. (2001). Cognitive self-statements in social phobia: A comparison across three types of social situations. *Cognitive Therapy and Research, 25*, 781-799.

Beck, A. T. (1967). *Depression: Clinical, experimental and therapeutic aspects*. New York: Harper & Row.

Beck, A. T. (1976). *Cognitive therapy and the emotional disorders*. New York: International Universities Press.

Beck, A. T. (1983). Cognitive therapy of depression: New perspectives. In P. J. Clayton & J. E. Barnett (Eds.), *Treatment of depression: Old controversies and new approaches* (pp. 265-290). New York: Raven Press.

Beck, A. T., Brown, G., Steer, R. A., Eidelson, J. L., & Riskind, J. H. (1987). Differentiating anxiety and depression: A test of the cognitive-content specificity hypothesis. *Journal of Abnormal Psychology, 96*, 179-183.

Beck, A. T., & Emery, G. (1985). *Anxiety disorders and phobias*. New York: Basic Books.

Beck, A. T., Rush, A. J., Shaw, B. F., & Emery, G. (1979). *Cognitive therapy of depression*. New York: Guilford Press.

Beck, A. T., Steer, R. A., Epstein, R. A., & Brown, G. (1990). Beck Self-Concept Test. *Psychological Assessment, 2*, 191-197.

Beck, A. T., Weissman, A., Lester, D., & Trexler, L. (1974). The measurement of pessimism: The Hopelessness Scale. *Journal of Consulting and Clinical Psychology, 42*, 861-865.

Beck, J. G., Coffey, S. F., Palyo, S. A., Gudmundsdottir, B., Miller, L. M., & Colder, C. (2004). Psychometric properties of the Posttraumatic Cognitions Inventory (PTCI): A replication with motor vehicle accident survivors. *Psychological Assessment, 16*, 289-298.

Beck, R., & Perkins, S. T. (2001). Cognitive content-specificity for anxiety and depression: A meta-analysis. *Cognitive Therapy and Research, 25*, 651-663.

Becker, C. B., Namour, N., Zayfert, C., & Hegel, M. T. (2001). Specificity of the Social Interaction Self-Statement Test in social phobia. *Cognitive Therapy and Research, 25*, 227-233.

Beevers, C. G., Keitner, G., Ryan, C., & Miller, I. W. (2003). Cognitive predictors of symptom return following depression treatment. *Journal of Abnormal Psychology, 112*, 488-496.

Beevers, C. G., Strong, D. R., Meyers, B., Pilkonis, P. A., & Miller, I. W. (2007). Efficiently assessing negative cognition in depression: An item response theory analysis of the Dysfunctional Attitude Scale. *Psychological Assessment, 19*, 199-209.

Blankstein, K. R., & Flett, G. L. (1990). Cognitive components of test anxiety: A comparison of assessment and scoring methods. *Journal of Social Behavior and Personality, 5*, 187-202.

Blankstein, K. R., Flett, G. L., Boase, P., & Toner, B. B. (1990). Thought listing and endorsement measures of self-referential thinking in test anxiety. *Anxiety Research, 2*, 103-111.

Blankstein, K. R., Toner, B. B., & Flett, G. L. (1989). Test anxiety and the contents of consciousness: Thought listing and endorsement measures. *Journal of Research in Personality, 23*, 269-286.

Blatt, S. J., & Zuroff, D. C. (2005). Empirical evaluationof the assumptions in identifying evidence based treatments in mental health. *Clinical Psychology Review, 25*, 459-486.

Bögels, S. M., & Mansell, W. (2004). Attention processes in the maintenance and treatment of social phobia: Hypervigilance, avoidance and self-focused attention. *Clinical Psychology Review, 24*, 827-856.

Booij, L., & Van der Does, A. J. W. (2007). Cognitive and serotonergic vulnerability to depression: Convergent findings. *Journal of Abnormal Psychology, 116*, 86-94.

Bouvard, M., Mollard, E., Cottraux, J., & Guerin, J. (1989). Etude preliminaire d' une liste de pensees obsedantes: Validation et analyse factorielle [A preliminary study of a list of obsessive thoughts: Validation and factor analysis]. *L'Encéphale, XV*, 351-354.

Brewin, C. R., & Furnham, A. (1986). Attributional versus preattributional variables in self-esteem and depression: A comparison and test of learned helplessness theory. *Journal of Personality and Social Psychology, 50*, 1013-1020.

Brown, G. K., Beck, A. T., Steer, R. A., & Grisham, J. R. (2000). Risk factors for suicide in psychiatric outpatients: A 20-year prospective study. *Journal of Consulting and Clinical Psychology, 68*, 371-377.

Buhr, K., & Dugas, M. J. (2002). The intolerance of uncertainty scale: Psychometric properties of the English version. *Behaviour Research and Therapy, 40*, 931-945.

Burns, G., Keortge, S. G., Formea, G. M., & Sternberger, L. G. (1996). Revision of the Padua Inventory of Obsessive Compulsive Disorder Symptoms: Distinctions between worry, obsessions and compulsions. *Behaviour Research and Therapy, 34*, 163-173.

Butler, G., & Mathews, A. (1983). Cognitive processes in anxiety. *Advances in Behaviour Research and Therapy, 5*, 51-62.

Cacioppo, J. T., von Hippel, W., & Ernst, J. M. (1997). Mapping cognitive structures and processes through verbal content: The thought listing technique. *Journal of Consulting and Clinical Psychology, 65*, 928-940.

Carleton, R. N., Sharpe, D., & Asmundson, G. J. G. (2007). Anxiety sensitivity and intolerance of uncertainty: Requisites of the fundamental fears? *Behaviour Research and Therapy, 45*, 2307-2316.

Cartwright-Hatton, S., & Wells, A. (1997). Beliefs about worry and intrusions: The Meta-Cognitions Questionnaire and its correlates. *Journal of Anxiety Disorders, 11*, 279-296.

Carver, C. G., & Scheier, M. F. (1982). Control therapy: A useful conceptual framework for personality-social, clinical, and health psychology. *Psychological Bulletin, 92*, 111-135.

Chamberlain, J., & Haaga, D. A. F. (1999). Convergent validity of cognitive assessment methods. Behavior Modification, 23, 294-315.

Chambless, D. L., Caputo, G. C., Bright, P., & Gallagher, R. (1984). Assessment of fear in agoraphobics: The body sensations questionnaire and the agoraphobic cognition questionnaire. *Journal of Consulting and Clinical Psychology, 52*, 1090-1097.

Clark, D. A. (1997). Twenty years of cognitive assessment: Current status and future directions. *Journal of Consulting and Clinical Psychology, 65*, 996-1000.

Clark, D. A. (1998). The validity of measure of cognition: A review of the literature. *Cognitive Therapy and Research, 12*, 1-20.

Clark, D. A., Purdon, C. L., & Wang, A. (2003). The Meta-Cognitive Beliefs Questionnaire: Development of a measure of obsessional beliefs. *Behaviour Research and Therapy, 41*, 655-669.

Clark, L. A., & Watson, D. (1991). Tripartite model of anxiety and depression: Psychometric evidence and taxonomic implications. *Journal of Abnormal Psychology, 100*, 316-336.

Craik, F. M., & Lockhart, R. S. (1972). Levels of processing: A framework for memory research. *Journal of Verbal Learning and Verbal Behaviour, 11*, 671-684.

Davey, G. C. L., Tallis, F., & Capuzzo, N. (1996). Beliefs about the consequences of worrying. *Cognitive Therapy and Research, 20*, 499-520.

Davison, G. C., Robins, C., & Johnston, M. K. (1983). Articulated thoughts during simulated situations: A paradigm for studying cognition in emotion and behaviour. *Cognitive Therapy and Research, 7*, 17-40.

Davison, G. C., Vogel, R. S., & Coffman, S. G. (1997). Think-aloud approaches to cognitive assessment and the articulated thoughts in simulated situations paradigm. *Journal of Consulting and Clinical Psychology, 65*, 950-958.

Dobson, K. S., & Breiter, H. J. (1983). Cognitive assessment of depression: Reliability and validity of three measures. *Journal of Abnormal Psychology, 92*, 107-109.

Dobson, K. S., & Shaw, B. F. (1986). Cognitive assessment with major depressive disorders. *Cognitive Therapy and Research, 10*, 13-29.

Dozois, D. J. A., Covin, R., & Brinker, J. K. (2003). Normative data on cognitive measures of depression. *Journal of Consulting and Clinical Psychology, 71*, 71-80.

Dozois, D. J. A., & Dobson, K. S. (2001a). Information processing and cognitive organization in unipolar depression: Specificity and comorbidity issues. *Journal of Abnormal Psychology, 110*, 236-246.

Dozois, D. J. A., & Dobson, K. S. (2001b). A longitudinal investigation of information processing and cognitive organization in clinical depression: Stability of schematic interconnectedness. *Journal of Consulting and Clinical Psychology, 69*, 914-925.

Dunkley, D. M., Blankstein, K. R., Masheb, R. M., & Grilo, C. M. (2006). Personal standards and evaluative concerns dimensions of "clinical" perfectionism: A reply to Shafran et al. (2002, 2003) and Hewitt et al. (2003). *Behaviour Research and Therapy, 44*, 63-84.

Dunkley, D. M., Zuroff, D. C., & Blankstein, K. R. (2003). Self-critical perfectionism and daily affect: Dispositional and situational influences on stress and coping. *Journal of Personality and Social Psychology, 84*, 234-252.

Exner, J. E. (1973). The self-focus sentence completion: A study of egocentricity. *Journal of Personality Assessment, 37*, 437-455.

Fenigstein, A., Scheier, M., & Buss, A. (1975). Public and private self-consciousness: Assessment and theory. *Journal of Consulting and Clinical Psychology, 37*, 522-577.

Feske, U., & De Beurs, E. (1997). The Panic Appraisal Inventory: Psychometric properties. *Behaviour Research and Therapy, 35*, 875-882.

Flett, G. L., Hewitt, P. L., Blankstein, K. R., & Gray, L. (1998). Psychological distress and the frequency of perfectionistic thinking. *Journal of Personality and Social Psychology, 75*, 1363-1381.

Flett, G. L., Hewitt, P. L., Whelan, T., & Martin, T. R. (2007). The Perfectionism Cognitions

Inventory: Psychometric properties and associations with distress and deficits in cognitive self-management. *Journal of Rational-Emotive and Cognitive-Behavior Therapy, 25*, 255-277.

Foa, E. B., Ehlers, A., Clark, D. M., Tolin, D. F., & Orsillo, S. M. (1999). The Post-traumatic Cognitions Inventory (PTCI): Development and validation. *Psychological Assessment, 11*, 303-314.

Freeston, M. H., & Ladouceur, R. (1993). Appraisal of cognitive intrusions and response style: Replication and extension. *Behaviour Research and Therapy, 31*, 185-191.

Gardner, H. (1985). *The mind's new science: A history of the cognitive revolution*. New York: Basic Books.

Garratt, G., Ingram, R. E., Rand, K. L., & Sawalani, G. (2007). Cognitive processes in cognitive therapy: Evaluation of the mechanisms of change in the treatment of depression. *Clinical Psychological Science and Practice, 14*, 224-239.

Gemar, M. C., Segal, Z. V., Sagrati, S., & Kennedy, S. J. (2001). Mood-induced changes on the Implicit Association Test in recovered depressed patients. *Journal of Abnormal Psychology, 110*, 282-289.

Genest, M., & Turk, D. C. (1981). Think- aloud approaches to cognitive assessment. In T. V. Merluzzi, C. R. Glass, & M. Genest (Eds.), *Cognitive assessment* (pp. 233-269). New York: Guilford Press.

Ghiselli, E. E. ,Campbell, J. P., & Zedeck, S. (1981). *Measurement theory for the behavioural sciences*. San Francisco: Freeman.

Glass, C. R., & Arnkoff, D. B. (1982). Think cognitively: Selected issues in cognitive assessment and therapy. In P. C. Kendall (Ed.), *Advances in cognitive-behavioral research and therapy* (Vol. 1, pp. 35-71). New York: Academic Press.

Glass, C. R., & Arnkoff, D. B. (1997). Questionnaire methods of cognitive self-statement assessment. *Journal of Consulting and Clinical Psychology, 65*, 911-927.

Glass, C. R., Merluzzi, T. V., Biever, J. L., & Larsen, K. H. (1982). Cognitive assessment of social anxiety: Development and validation of a self-statement questionnaire. *Cognitive Therapy and Research, 6*, 37-55.

Goldfried, M. R., Padawer, W., & Robins, C. (1984). Social anxiety and the semantic structure of heterosocial interactions. *Journal of Abnormal Psychology, 93*, 86-97.

Goldston, D. B., Reboussin, B. A., & Daniel, S. S. (2006). Predictors of suicide attempts: State and trait components. *Journal of Abnormal Psychology, 115*, 842-849.

Gong-Guy, E., & Hammen, C. L. (1980). Causal perceptions of stressful events in depressed and nondepressed oupatients. *Journal of Abnormal Psychology, 89*, 662-669.

Gotlib, I. H., & Hammen, C. L. (1992). *Psychological aspects of depression: Toward a cognitive-interpersonal integration*. Chichester, UK: Wiley.

Gotlib, I. H., Kasch, K. L., Traill, S., Joormann, J., Arnow, B. A., & Johnson, S. L. (2004). Coherence and specificity of information-processing biases in depression and social phobia. *Journal of Abnormal Psychology, 113*, 386-398.

Gotlib, I. H., Krasnoperova, E., Yue, D., & Joormann, J. (2004). Attentional biases for negative interpersonal stimuli in clinical depression. *Journal of Abnormal Psychology, 113*, 127-135.

Gotlib, I. H., Kurtzman, H. S., & Blehar, M. C. (1997). The cognitive psychology of depression: Introduction to the special issue. *Cognition and Emotion, 5*, 497-675.

Gotlib, I. H., & McCann, C. D. (1984). Construct accessibility and depression: An examination of cognitive and affective factors. *Journal of Personality and Social Psychology, 47*, 427-439.

Greenwald, A. G., McGhee, D. E., & Schwartz, J. L. K. (1998). Measuring individual differences in implicit cognition: The Implicit Association Test. *Journal of Personality and Social Psychology, 74*, 1464-1480.

Gunthert, K. C., Cohen, L. H., Butler, A. C., & Beck, J. S. (2007). Depression and next-day spillover of negative mood and depressive cognitions following interpersonal stressors. *Cognitive Therapy and Research, 31*, 521-532.

Haaga, D. A. (1997). Introduction to the special section on measuring cognitive products in research and practice. *Journal of Consulting and Clinical Psychology, 65*, 907-919.

Hamilton, E. W., & Abramson, L. Y. (1983). Cognitive patterns and major depressive disorder: A longitudinal study in a hospital setting. *Journal of Abnormal Psychology, 92*, 173-184.

Hammen, C. L., & Krantz, S. E. (1976). Effects of success and failure on depressive cognitions. *Journal of Abnormal Psychology, 85*, 577-586.

Hofmann, S. G., Moscovitch, D. A., Kim, H., & Taylor, A. (2004). Changes in self-perception during treatment of social phobia. *Journal of Consulting and Clinical Psychology, 72*, 588-596.

Hollon, S. D., & Kendall, P. C. (1980). Cognitive self-statements in depression: Development of an automatic thoughts questionnaire. *Cognitive Therapy and Research, 4*, 383-396.

Hollon, S. D., Kendall, P. C., & Lumry, A. (1986). Specificity of depressotypic cognitions in clinical depression. *Journal of Abnormal Psychology, 95*, 52-59.

Hurlburt, R. T. (1997). Randomly sampling thinking in the natural environment. *Journal of Consulting and Clinical Psychology, 65*, 941-948.

Hurlburt, R. T., & Akhter, S. A. (2006). The descriptive experiences sampling method. *Phenomenology and the Cognitive Sciences, 5*, 271-301.

Imber, S. D., Pilkonis, P. A., Sotsky, S. M., Elkin, I., Watkins, J. T., Collins, J. F., et al. (1990). Mode-specific effects among three treatments for depression. *Journal of Consulting and Clinical Psychology, 58*, 352-359.

Ingram, R. E. (1990). Self-focused attention in clinical disorders: Review and a conceptual model. *Psychological Bulletin, 107*, 156-176.

Ingram, R. E., Lumry, A. B., Cruet, D., & Sieber, W. (1987). Attentional processes in depressive disorders. *Cognitive Therapy and Research, 11*, 351-360.

Ingram, R. E., Miranda, J., & Segal, Z. V. (1998). *Cognitive vulnerability to depression*. New York: Guilford Press.

Ingram, R. E., Kendall, P. C., Siegle, G., Guarino, J., & McLaughlin, S. C. (1995). Psychometric properties of the Positive Automatic Thoughts Questionnaire. *Psychological Assessment, 7*, 495-507.

Ingram, R. E., Nelson, T., Steidtmann, D. K., & Bistricky, S. L. (2007). Comparative data on child and adolescent cognitive measures associated with depression. *Journal of Consulting and Clinical Psychology, 75*, 390-403.

Ingram, R. E., & Wisnicki, K. S. (1988). Assessment of positive automatic cognition. *Journal of Consulting and Clinical Psychology, 56*, 989-902.

Jarrett, R. B., Vittengl, J. R., Doyle, K., & Clark, L. A. (2007). Changes in cognitive content during and following cognitive therapy for recurrent depression: Substantial and enduring, but not predictive of change in depressive symptoms. *Journal of Consulting and Clinical Psychology, 75*, 432-446.

Joormann, J., & Gotlib, I. H. (2007). Selective attention to emotional faces following recovery from depression. *Journal of Abnormal Psychology, 116*, 80-85.

Joormann, J., Talbot, L., & Gotlib, I. H. (2007). Biased processing of emotional information in girls at risk for depression. *Journal of Abnormal Psychology, 116*, 135-143.

Just, N., & Alloy, L. B. (1997). The response theory of depression: Test and an extension for the theory. *Journal of Abnormal Psychology, 106*, 221-229.

Kasch, K. L., Klein, D. N., & Lara, M. E. (2001). A construct validation study of the Response Styles Questionnaire Rumination scale in participants with a recent-onset major depressive episode. *Psychological Assessment, 13*, 375-383.

Kendall, P. C., & Hollon, S. D. (1981). Assessing self-referent speech: Methods in the measurement of self-statements. In P. C. Kendall & S. D. Hollon (Eds.), *Assessment strategies for cognitive-behavioural interventions* (pp. 85-118). New York: Academic Press.

Kendall, P. C., & Hollon, S. D. (1989). Anxious self-talk: Development of the Anxious Self-Statements Questionnaire (ASSQ). Cognitive Therapy and Research, 13, 81-93.

Kendall, P. C., & Korgeski, G. P. (1979). Assessment and cognitive-behavioural interventions. *Cognitive Therapy and Research, 3*, 1-21.

Khawaja, N. G., & Oei, T. P. S. (1998). Catastrophic cognitions in panic disorder with and without agoraphobia. *Clinical Psychology Review, 18*, 341-365.

Khawaja, N. G., Oei, T. P. S., & Baglioni, A. (1994). Modification of the Catastrophic Cognitions Questionnaire (CCQ-M) for normals and patients: Exploratory and LISREL analyses. *Journal of Psychopathology and Behavioral Assessment, 16*, 325-342.

Krantz, S., & Hammen, C. L. (1979). Assessment of cognitive bias in depression. *Journal of Abnormal Psychology, 88*, 611-619.

Kuiper, N. A., & MacDonald, M. R. (1983). Schematic processing in depression: The self-consensus bias. *Cognitive Therapy and Research, 7*, 469-484.

Kuiper, N. A., & Olinger, L. J. (1986). Dysfunctional attitudes and a self-worth contingency model of depression. In P. C. Kendall (Ed.), *Advances in cognitive-behavioural research and therapy* (Vol. 5, pp. 115-142). New York: Academic Press.

Last, C. G., Barlow, D. H., & O'Brien, G. (1985). Assessing cognitive aspects of anxiety: Stability over time and agreement between several methods. *Behavior Modification, 9*, 72-93.

Lim, S. L., & Kim, J. H. (2005). Cognitive processing of emotional information in depression, panic, and somatoform disorder. *Journal of Abnormal Psychology, 114*, 50-61.

MacDonald, M. R., & Kuiper, N. A. (1984). Self-schema decision consistency in clinical depressives. *Journal of Social and Clinical Psychology, 2*, 264-272.

MacLeod, C., Mathews, A., & Tata, P. (1986). Attentional bias in emotional disorders. *Journal of Abnormal Psychology, 95*, 15-20.

MacLeod, C., Rutherford, E., Campbell, L., Ebsworthy, G., & Holker, L. (2002). Selective attention and emotional vulnerability: Assessing the causal basis of their association through experimental manipulation of attentional bias. *Journal of Abnormal Psychology, 111*, 107-123.

MacLeod, A. K., Tata, P., Kentish, J., Carroll, F., & Hunter, E. (1997). Anxiety, depression and explanation-based pessimism for future positive and negative events. *Clinical Psychology and Psychotherapy, 4*, 15-24.

Mathews, A., & MacLeod, C. (1985). Selective processing of threat cues to anxiety states. *Behaviour Research and Therapy, 23*, 563-569.

Mathews, A., & MacLeod, C. (1994). Cognitive approaches to emotion and emotional disorders. *Annual Review of Psychology, 45*, 25-50.

McCarthy-Larzelere, M., Diefenbach, G. J., Williamson, D. A., Netemeyer, R. G., Bentz, B. G., & Manguno-Mire, G. M. (2001). Psychometric properties and factor structure of the Worry Domains Questionnaire. *Assessment, 8*, 177-191.

Metalsky, G. I., Halberstadt, L. J., & Abramson, L. Y. (1987). Vulnerability to depressive mood reactions: Toward a more powerful test of the diathesis-stress and causal mediation components of the reformulated theory of depression. *Journal of Personality and Social Psychology, 52*, 386-393.

Meyer, T. J., Miller, M. L., Metzger, R. L., & Borkovec, T. D. (1990). Development and validation of the Penn State Worry Questionnaire. *Behaviour Research and Therapy, 26*, 169-177.

Miranda, J., Persons, J. B., & Byers, C. N. (1990). Endorsement of dysfunctional beliefs depends on current mood state. Journal of Abnormal Psychology, 99, 237-241.

Mogg, K., & Bradley, B. P. (2005). Attentional bias in generalized anxiety disorder versus depressive disorder. *Cognitive Therapy and Research, 29*, 29-45.

Molina, S., Borkovec, T. D., Peasley, C., & Person, D. (1998). Content analysis of worrisome streams of consciousness in anxious and dysphoric participants. *Cognitivie Therapy and Research, 22*, 109-123.

Mor, N., & Winquist, J. (2002). Self-focused attention and negative affect: A meta-analysis. *Psychological Bulletin, 128*, 638-662.

Mumma, G. (2004). Validation of idiosyncratic cognitive schema in cognitive case formulations: An intraindividual idiographic approach. *Psychological Assessment, 16*, 211-230.

Neisser, S. (1976). *Cognition and reality: Principles and implications of cognitive psychology.* San Francisco: Freeman.

Nelson, R. D., Hayes, S. C., Felton, J. L., & Jarrett, R. B. (1985). A comparison of data produced by different behavioural assessment technique with implications for models of social-skills inadequacy. *Behviour Research and Therapy, 23*, 1-11.

Nolen-Hoeksema, S. (2000). The role of rumination in depressive disorders and mixed anxiety/depressve symptoms. *Journal of Abnormal Psychology, 109*, 504-511.

Nolen-Hoeksema, S., & Morrow, J. (1991). A prospective study of depression and posttraumatic stress symptoms after a natural disaster: The 1989 Loma Prieta earthquake. *Journal of Personality and Social Psychology, 61*, 115-121.

Obsessive Compulsive Cognitions Working Group. (2003). Psychometric validation of the Obsessive Belief Questionnaire and the Interpretation of Intrusion Inventory: Part I. *Behaviour Research and Therapy, 41*, 863-878.

Obsessive Compulsive Cognitions Working Group. (2005). Psychometric validation of the Obsessive Belief Questionnaire and Interpretation of Intrusion Inventory: Part I. Factor analyses and testing of a brief version. *Behaviour Research and Therapy, 43*, 1527-1542.

Oliver, J. M., & Baumgart, E. P. (1985). The Dysfunctional Attitude Scale: Psychometric properties and relation to depression in an unselected adult population. *Cognitive Therapy and Research, 9*, 161-168.

Otto, M. W., Teachman, B. A., Cohen, L. S., Soares, C. N., Vitonis, A. F., & Harlow, B. L. (2007). Dysfunctional attitudes and episodes of major depression: Predictive validity and temporal stability in never-depressed, depressed, and recovered women. *Journal of Abnormal Psychology, 116*, 475-483.

Peterson, C., Semmel, A., von Baeyer, c., Abramson, L., Metalsky, G., & Seligman, M. (1982). The Attributional Style Questionnaire. *Cognitive Therapy and Research, 6*, 287-299.

Peterson, C., & Villanova, P. (1988). An expanded Attributional Style Questionnaire. *Journal of Abnormal Psychology, 97*, 87-89.

Peterson, R. A., & Reiss, S. (1992). *Anxiety sensitivity index manual* (2nd ed.). Worthington, OH: International Diagnostic Systems.

Purdon, C., & Clark, D. A. (1994). Perceived control and appraisal of obsessional and intrusive thoughts: Replication and extension. *Behavioural and Cognitive Psychotherapy, 22*, 269-285.

Reiss, S. (1991). Expectancy theory of fear, anxiety, and panic. *Clinical Psychology Review, 11*, 141-153.

Ronan, K., Kendall, P. C., & Rowe, M. (1994). Negative affectivity in children: Development and validation of a self-statement questionnaire. *Cognitive Therapy and Research, 18*, 509-528.

Rudy, T. E., Merluzzi, T., & Henahan, P. (1982). Construal of complex assertive situations: A multidimensional analysis. *Journal of Consulting and Clinical Psychology, 50*, 125-137.

Rush, A. J. (1984, March). *Measurement of the cognitive aspects of depression.* Paper presented at the NIMH Workshop on Measurement of Depression, Honolulu, HI.

Scher, C. D., Ingram, R. E., & Segal, Z. V. (2005). Cognitive reactivity and vulnerability: Empirical evaluation of construct activation and cognitive diatheses in unipolar depression. *Clinical Psychology Review, 25*, 487-510.

Schultz, L. T., Heimberg, R. G., Rodebaugh, T. L., Schneier, F. R., Liebowtiz, M. R., & Telch, M. J. (2006). The Appraisal of Social concerns Scale: Psychometric validation with a clinical sample of patients with social anxiety disorder. *Behavior Therapy, 37*, 392-405.

Schwartz, R. M. (1997). Consider the simple screw: Cognitive science, quality improvement, and psychotherapy. *Journal of Consulting and Clinical Psychology, 65*, 970-983.

Segal, Z. (1988). Appraisals of the self-schema construct in cognitive models of depression. *Psychological Bulletin, 103*, 147-162.

Segal, Z. V., & Cloitre, M. (1993). Methodologies for studying cognitive features of emotional disorder. In K. S. Dobson & P. C. Kendall (Eds.), *Psychopathology and cognition* (pp. 19-50). San Diego: Academic Press.

Segal, Z. V., & Dobson, K. S. (1992). Cognitive models of depression: Report from a consensus conference. *Psychological Inquiry, 3*, 219-224.

Segal, Z. V., & Gemar, M. (1997). Changes in cognitive organization for negative self-referent material following cognitive behavior therapy for depression: A primed Stroop study. *Cognition and Emotion, 11*, 501-516.

Segal, Z. V., Gemar, M., Truchan, C., Gurguis, M., & Hurowitz, L. M. (1995). A priming methodology for studying self-representation in major depressive disorder. *Journal of Abnormal Psychology, 104*, 205-213.

Segal, Z. V., Gemar, M., & Williams, S. (1999). Differential cognitive response to a mood challenge following successful cognitive therapy or pharmacotherapy for unipolar depression. *Journal of Abnormal Psychology, 108*, 3-10.

Segal, Z. V., & Ingram, R. E. (1994). Mood priming and construct activation in tests of cognitive vulnerability to unipolar depression. *Clinical Psychology Review, 14*, 663-695.

Segal, Z. V., Kennedy, S., Gemar, M., Hood, K., Pederson, R., & Buis, T. (2006). Cognitive reactivity to sad mood provocation and the prediction of depressive relapse. *Archives of General Psychiatry, 63*, 749-755.

Segal, Z. V., Shaw, B. F., Vella, D. D., & Katz, R. (1992). Cognitive and life stress predictors of relapse in remitted unipolar depressed patients: Test of the congruency hypothesis. *Journal of Abnormal Psychology, 101*, 26-36.

Segal, Z. V., & Swallow, S. R. (1994). Cognitive assessment of unipolar depression: Measuring products, processes and structures. *Behaviour Research and Therapy, 32*, 147-158.

Startup, H. M., & Erickson, T. M. (2006). The Penn State Worry Questionnaire. In G. C. L. Davey & A. Wells (Eds.), *Worry and its psychological disorders: Theory, assessment, and treatment* (pp. 101-119). Hoboken, NJ: Wiley.

Szabo, M., & Lovibond, P. F. (2002). The cognitive content of naturally occurring worry episodes. *Cognitive Therapy and Research, 26*, 167-177.

Tallis, F., Eysenck, M., & Mathews, A. M. (1992). A questionnaire for the measurement of nonpathological worry. *Personality and Individual Differences, 13*, 161-168.

Taylor, S. (1999). *Anxiety sensitivity: Theory, research, and treatment of the fear of anxiety.* Mahwah, NJ: Erlbaum.

Taylor, S., Zvolensky, M. J., Cox, B. J., Deacon, B., Heimberg, R. G., Ledley, D. R., et al. (2007). Robust dimensions of anxiety sensitivity: Development and initial validation of the Anxiety Sensitivity Index-3. *Psychological Assessment, 19*, 176-188.

Telch, M. J., Brouillard, M., Telch, C. F., Agras, W. S., & Taylor, C. B. (1987). Role of cognitive appraisal in panic-related avoidance. *Behaviour Research and Therapy, 27*, 373-383.

Telch, M. J., Lucas, R. A., Smits, J. A. J., Powers, M. B., Heimberg, R., & Hart, T. (2004). Appraisal of social concerns: A cognitive assessment instrument for social phobia. *Depression and Anxiety, 19*, 217-224.

Timbremont, B., & Braet, C. (2004). Cognitive vulnerability in remitted depressed children and adolescents. *Behaviour Research and Therapy, 42*, 423-437.

Turner, S. M., Johnson, M. R., Beidel, D. C., Heiser, N. A., & Lydiard, R. B. (2003). The Social Thoughts and Beliefs Scale: A new inventory for assessing cognitions in social phobia. *Psychological Assessment, 15*, 384-391.

Van den Heuvel, O. A., Veltman, D. J., Groenewegen, H. J., Witter, M. P., Merkelbach, J,. Cath, D. C., et al. (2005). Disorder-specific neuroanatomical correlates of attentional bias in obsessive-compulsive disorder, panic disorder, and hypochodriasis. *Archives of General Psychiatry, 62*, 922-933.

Verkuil, B., Brosschot, J. F., & Thayer, J. F. (2007). Capturing worry in daily life: Are trait questionnaires sufficient?. *Behaviour Research and Therapy, 45*, 1835-1844.

Watkins, J., & Rush, A. J. (1983). The Cognitive Response Test. *Cognitive Therapy and Research, 7*, 425-436.

Watson, D., & Friend, R. (1969). Measurement of social-evaluative anxiety. *Journal of Consulting and Clinical Psychology, 33*, 448-457.

Webb, E. J., Campbell, D. T., Schwartz, R. D., & Sechrest, L. (1966). *Unobtrusive measures: Non-reactive research in the social sciences.* Chicago: Rand McNally.

Weissman, A. N. (1979). *The Dysfunctional Attitude Scale: A validation study.* Unpublished dissertation, University of Pennsylvania, Philadelphia.

Weissman, A. N., & Beck, A. T. (1978). *Development and validation of the Dysfunctional Attitude Scale: A preliminary investigation.* Paper presented at the 86th annual meeting of the American Educational Research Association, Toronto, Canada.

Wells, A. (1994). A multidimensional measure of worry: Development and preliminary validation of the Anxious Thoughts Inventory. *Anxiety, Stress and Coping, 6*, 289-299.

Wells, A. (2006). The Anxious Thoughts Inventory and related measures of metacognition and worry. In G. C. L. Davey & A. Wells (Eds.), *Worry and its psychological disorders: Theory, assessment, and treatment* (pp. 121-136). Hoboken, NJ: Wiley.

Wells, A., & Cartwright-Hatton, S. (2004). A short form of the Metacognitions Questionnaire: Properties of the MCQ-30. *Behaviour Research and Therapy, 42*, 385-396.

Wenzel, A., Sharp, I., Brown, G., Greenberg, R., & Beck, A. T. (2006). Dysfunctional beliefs in panic disorder: The Panic Belief Inventory. *Behaviour Research and Therapy, 44*, 819-833.

Westling, B. E., & Ost, L.-B. (1993). Relationship between panic attack symptoms and cognitions in panic disorder patients. *Journal of Anxiety Disorders, 7*, 181-194.

Williams, J. M. G., Watts, F., MacLeod, C., & Mathews, A. (1998). *Cognitive psychology and emotional disorders.* Chichester, UK: Wiley.

Williams, S. L. (1985). On the nature and measurement of agoraphobia. In M. Hersen, R. M. Eisler, & P. M. Miller (Eds.), *Progress in behaviour modification* (Vol. 19, pp. 109-144). New York: Academic Press.

Williams, S. L., & Rappoport, A. (1983). Cognitive treatment in the natural environment for agoraphobics. *Behavior Therapy, 14*, 299-313.

Woody, S. R., Taylor, S., McLean, P. D., & Koch, W. (1998). Cognitive specificity in panic and depression: Implications for comorbidity. *Cognitive Therapy and Research, 22*, 427-443.

Zuroff, D. C., Blatt, S. J., Sanislow, C. A., Bondi, C. M., & Pilkonis, P. A. (1999). Vulnerability to depression: Reexamining state dependence and relative stability. *Journal of Abnormal Psychology, 108*, 76-89.

CHAPTER 6

인지행동 사례개념화

Jacqueline B. Persons
Joan Davidson

Hazel은 우울감과 좌절감으로 인해 치료를 받게 되었다. 그녀는 일요일에 사촌 동생 Rose의 집을 방문하려고 했지만 그렇게 하지 못했다. 이전 회기에서 치료자와 그녀는 사고기록지를 통해 작업했다. 그 당시 사고기록지에서 그녀는 조만간에 사촌의 집을 방문하는 것에 초점을 맞추었고 이 여행에 대한 생각을 떠올려 보았다. 그녀는 "전 너무 우울해요. 정말 기운이 없어요." "이런 기분으로는 Rose네 집을 방문할 수 없어요." "나중에 제 기분이 좋아지면 그때 찾아갈래요."라고 말했다. 치료자는 Hazel이 나약하고 쉽게 무너지며 무기력한 사람이라는 자기도식을 가지고 있고, 이런 신념이 그녀의 우울 증상, 특히 수동성과 비활동성의 원인이라고 개념화했다. 치료자는 이러한 개념화를 위해 Hazel과 협력적으로 작업해 나갔으며, 또한 그녀의 자기관이 사촌 집을 방문하는 것과 관련된 상황에서 그녀의 생각에 어떤 영향을 미쳤는지 설명해 주었다. 이렇게 세워진 개념화에 따라 Hazel과 치료자는 Burns 박사가 *Feeling Good*(Burns, 1999)에서 제시하고 있는 아무것도 안 하기에 맞서기(anti-do-nothingism)를 사용해 그녀의 자동적 사고에 대한 새로운 반응을 찾아내는 작업을 했다. 자동적 사고에 대한 반응으로는 "내가 기분이 안 좋더라도 이 일을 해낼 수 있어." "일단 하고 나면 내 기분이 더 좋아질 거야." "내 기분이 좋아질 때까지 기다릴 수 없어. 난 행동을 먼저 취할 필요가 있어."가 있었다.

그러나 이러한 개입은 실패했다. Hazel은 다음 회기에 왔을 때 이전에 비해 더 우울해 있었고(그녀의 BDI 점수는 예전보다 6점이나 증가해 있었다), 여행을 추진할 수 없다고 보고했다. 이러한 실패 때문에 치료자는 여행과 관련된 그녀의 개념화를 다시 생각하게 되었다. 치료자는 지금 일어나고 있는 것을 보다 명확히 하려고 평가 자료를 모았으며, Hazel에게 여러 가지 질문을 하여 여행과 관련된 부분에 대해 전에 알지 못했던 그녀의 감정과 사고를 알아냈다. Hazel은 이 여행을 몹시 싫어하고 있었고 이에 대해 죄책감도 느끼고 있었다. 그녀는 '나는 Rose에게 가고 싶지 않은데, 그녀는 아프고 또 진심으로 내가 와 주길 바라고 있어. 그래서 난 가야만 해.' '내가 이번에 가지 않는다면, 난 나쁜 친척 언니가 될 거야.'와 같은 생각을 가지고 있었다. 이런 정보를 통해 Hazel이 약하고 무력한 자기도식을 가지고 있으며, 또한 Young, Klosko와 Weishaar(2003)의 '복종(subjugation)'도식을 가지고 있음을 알 수 있었다. 이런 도식으로 인해 그녀는 스스로를 중요하지 않은 사람이고 인생에서 다른 사람의 욕구를 충족시키는 것이 자신의 역할이라고 여겼다.

이 같은 새로운 개념화 가설로 인해 Hazel과 치료자는 방향을 바꾸기로 했다. 치료자는 Hazel의 아무것도 하지 않으려는 생각을 극복하게 해서 여행을 추진하도록 작업하기보다는 Hazel이 자신의 복종 신념과 죄책감을 확인하고 극복하고 스스로의 욕구에 더 관심을 가질 수 있도록 했으며, 사촌에게 '내가 직접 방문할 수는 없지만 전화로 연락하겠다.'라고 좀 더 단호히 말할 수 있도록 도왔다. 이러한 개입은 성공적으로 이루어졌다. Hazel은 사촌에게 전화로 방문할 수 없음을 말할 수 있었다. 다음 회기에서 그녀는 전보다 덜 우울해했고 좀 더 활력을 찾았다.

이 사례는 치료과정에서 인지행동 개념화가 어떤 역할을 하는지를 잘 보여 주고 있다. 개념화는 환자의 문제를 발생시키고 유지시키는 여러 요인에 대한 하나의 가설로서 심리평가와 치료적 개입이 잘 이루어질 수 있게 한다. 이번 장은 임상적 작업에서 이루어지는 가설검증적 접근에 대한 설명으로 시작되는데, 이 가설검증적 접근에는 사례개념화도 포함된다. 우리는 사례개념화를 사용해서 치료가 더 효과적으로 이루어졌음을 나타내는 증거를 살펴보고 치료과정에서 사례개념화의 역할에 대해 논하고자 한다. 또한 우리는 인지행동 사례개념화의 요소를 기술하고 개념화를 진행하며 치료로 안내하는 데 사용하는 과정을 사례를 통해 제시하고자 한다. 우리는 인지행동 사례개념화(Persons, 2008 참조)에 대한 독자적인 접근방법을 설명하고자 한다. 그 외 접근법에는 기능분석(Haynes & O'Brien, 2000)이 있으며 Beck(1995)과 다른 여러 사람(Koerner, 2006; Kuyken, Padesky, & Dudley, 2009; Nezu, Nezu, & Lombardo, 2004; Tarrier, 2006)의 방법이 있다.

가설검증 방식의 임상적 작업으로서의 사례개념화

사례개념화는 임상적 작업에서 가설을 검증하는 경험적 유형의 구성요소이며, 이 과정은 [그림 6-1]에 제시되어 있다. 치료자는 평가를 위해서 정보를 수집하는 단계부터 시작하며 수집된 자료를 사용해 해당 사례의 첫 사례개념화를 하게 된다. 사례개념화는 특정 환자의 장애와 문제를 발생시키고 유지시키는 심리 기제와 기타 요인에 관한 하나의 가설이다. 개념화는 치료계획을 세우는 데 사용되며, 치료를 위한 동의서를 환자에게 얻을 때도 도움이 된다. 동의서를 받은 후, 치료자는 치료에 착수하게 된다. [그림 6-1]의 화살표 방향에 나와 있듯이 진행되는 치료과정 각 단계마다 치료자는 반복적으로 평가 단계로 돌아가게 된다. 이때 치료자는 치료진행과 치료과정을 감찰하기 위해 자료를 수집하며, 이렇게 수집된 자료는 치료계획의 토대가 되는 가설(개념화)을 검증하고, 필요에 따라 가설을 수정하는 데 사용된다.

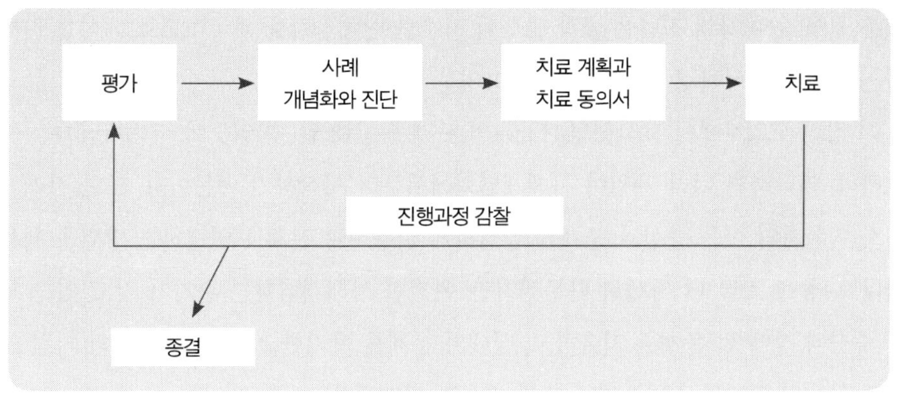

그림 6-1 사례개념화 기반 인지행동치료. 음영은 치료적 관계를 의미한다.

종합해 보면 사례개념화에 기반한 인지행동치료의 네 가지 요소는 ① 진단과 사례개념화를 위한 평가, ② 치료계획을 위한 환자의 치료 동의서 얻기와 치료 계획하기, ③ 치료, ④ 지속적인 감찰 및 가설 검증하기다. 지금부터 각 요소를 차례대로 살펴보겠다.

진단과 초기 사례개념화를 위한 평가

치료를 시작하기에 앞서 치료자는 진단을 하고 초기 사례개념화를 위해서 평가 자료를 수집한다. 치료자는 면담, 환자가 작성한 자기보고 식 자료, 가족 구성원이나 다른 임상가가 보고한 내용 등의 다양한 출처를 통해서 정보를 얻는다.

많은 임상가는 진단 평가를 하는 것을 주저한다. 임상가는 환자가 '자신의 이야기를 꺼내 놓는 것'을 방해하고 싶어 하지 않으며, 환자가 부정적인 반응을 하게 될 것을 두려워한다. 또한 그들은 진단적 분류와 인지행동 이론 및 치료가 개념적으로 조화되기 어렵다는 점을 주장하고 있다(Follette, 1996). 이런 점이 타당하고 치료에서 진단이 필수적인 것은 아니지만 분명히 유용한 정보다. 예를 들어, 단극성 기분장애와 양극성 기분장애 간의 구분은 심리치료와 약물치료를 위해 중요한 함의를 갖는다. 게다가 정신병리학, 역학, 치료 효능에 관한 문헌은 진단명에 따라 조직화되어 있으며, 유능한 임상가는 이러한 문헌을 참고한다. 사실상 치료자가 특정 장애에 대한 증거 기반 공식화와 치료 프로토콜을 사용하는 것은 개념화와 치료계획을 세우기 위한 주요 방법 중 하나다. 치료자는 진단을 통해 몇몇 개념화 가설을 바로 제시할 수 있다. 예를 들어, 공황장애 진단은 공황 증상이 사소한 신체감각을 파국적으로 해석한 결과라는 개념을 제시해 줄 수 있다(Clark, 1986).

이 장의 도입부에서 묘사했던 Hazel의 사례를 통해 알 수 있듯이 사례개념화는 중요하다. 왜냐하면 여러 개입이 사례개념화에서부터 시작하기 때문이다. 또한 사례개념화는 환자의 모든 증상과 문제를 밀접하게 결부시켜 전체로 연결하는 방법을 제공한다. 나중에 조금 더 자세히 다루겠지만, 완전한 사례개념화는 환자가 갖고 있는 모든 증상과 장애 및 문제를 기술하고, 장애와 문제를 야기한 기제와 그 기제의 기원 그리고 장애와 문제의 촉발요인에 대한 가설을 제안한다.

되도록 사례개념화는 경험적으로 지지되는 '법칙 정립적인(nomothetic)' 또는 일반적인 개념화에 기초해야 한다. 치료자가 할 일은 법칙 정립적인 지식을 개별 사례적(idiographic) 실제로 바꾸는 것이며, '개별 사례적' 공식화와 치료계획은 특정 개인이 갖고 있는 증상이나 장애의 원인을 설명하고, 특정 개인을 치료하는 계획이 기술되어야 한다. 이 장 도입부의 사례에서 Hazel은 주요우울장애 진단 기준에 부합했으며, 치료자는 우울증에 대한 Beck의 인지모델(Beck, Rush, Shaw, & Emery, 1979)이 우울증을 위한 증거 기반의 개념화 및 치료법을 제공하고 있기 때문에 이 모델에 기초해 그녀에 대한 사례개념화를 진행하였다. 치료자는 Hazel의 특정 증상과 문제를 설명하는 그녀만의 도식 가설을 제시함으로써 Beck의 법칙 정립적 개념화를 개별화했다.

치료계획과 치료 동의서 받기

치료계획은 사례개념화에 기초한다. 사례개념화에 기반한 CBT에서 치료계획의 핵심은 개입이 아니라 '기제 변화라는 치료목표'다. 치료목표는 사례개념화의 기제 가설에 직접적으로 기초한 것으로서 심리 기제의 변화에 도달하는 것이다. 예를 들어, 정적 강화의 결핍이 우울 증상을 야기한다는 개념화는 증상을 치료하기 위해 환자가 받을 정적 강화를 증가시키는 것을 목적으로 하는 치료계획으로 이어진다(Lewinsohn & Gotlib, 1995).

치료에 들어가기 전에 치료자는 환자에게 계획된 치료를 진행하기 위한 동의서를 받아야 한다. 치료 참여 동의를 받는 과정에서 치료자는 환자의 상태에 대해 진단을 내리고 사례개념화를 하면서 이와 관련된 정보를 제공하게 된다. 또한 치료자는 가능한 치료 옵션에 대해 설명하고, 하나의 치료를 추천하며, 이에 대한 자세한 설명과 이론적 근거를 제시하고, 추천한 치료계획 또는 절충한 치료계획에 대해 환자의 동의를 구하게 된다. 치료 동의서는 사례개념화에 기반한 CBT에서 특히 중요하다. 왜냐하면 치료자는 환자의 독특한 욕구를 즉시 만족시키기 위해 경험적으로 지지된 치료(Empirically Supported Treatment, EST)를 선택하거나 EST를 할 수 없는 경우에는 심지어 실험적 치료를 하기 때문이다.

치 료

사례개념화에 기반한 접근을 사용하는 치료자는 치료를 위해 한 가지 프로토콜에만 의존하지 않는다. 대신에 치료자는 치료 지침으로 사례개념화를 사용하며, 개념화와 관련된 프로토콜[예, Hazel의 사례(Beck et al., 1979)에서 가져온 예]이나 해당 환자의 장애와 기타 장애를 위한 여러 다른 증거 기반 프로토콜, 치료자와 환자가 과거에 유용하게 적용했던 치료 경험 등을 고려하여 적절한 개입을 선택하게 된다. 사례개념화에 기반한 CBT는 일종의 기술적 절충주의를 따르고, 사례개념화는 통합적인 응집성을 제공하게 된다.

감찰하기와 가설 검증

치료가 진행되면서 환자와 치료자는 사례개념화를 검증하고 치료과정과 그 결과를 감찰하기 위해 매 치료회기마다 자료를 모으게 된다. 이 자료는 환자와 치료자에게 다음과 같은 질문을 하여 얻어진다. 증상은 완화되고 있는가? 기대한 대로 기제가 변하고 있는가? 예측대로 기제(예, 인지 왜곡)와 증상(예, 무망감)이 서로 관련되어 있는가? 환자가 치료와 권고사항을 받아들이고 충실히 따르고 있는가? 치료관계에서 어떤 문제가 치료를 방해하는가? 만약 치료과정이나 결과가 만족스럽지 않다면 치료자는 환자와 함께 더 많은 자료를 수집하고, 경과를 방해하고 있는 것이 무엇인지, 또 다른 사례개념화를 통해 더 나은 결과를 얻을 수 있는 개입 계획이 세워질 수 있는지를 확인해야 한다.

매 회기마다 경과를 감찰하는 것은 중요하다. 경과를 감찰하는 것은 환자가 언제 자신의 목표를 이루었는지를 확인할 수 있고 치료를 종결해야 할 시기를 결정하는 데 도움이 된다. 감찰과정에서 치료 실패를 알게 되었을 때, 문제해결 과정을 시작해서 치료를 전환할 필요가 있음을 환자와 치료자에게 알려 줄 수 있다. 유용한 감찰도구는 Antony, Orsillo와 Roemer(2001), Fischer와 Corcoran(2007), Nezu, Ronan, Meadows와 McClure(2000)에 제시되어 있다. 감찰하는 데 사용하기 위해 Kelly Koerner, Cannon Thomas, Janie Hong과 Jacqueline Persons는 몇몇 소프트웨어를 개발했다. 이에 대한 정보는 www.practiceground.org에 게재되어 있다.

치료에서 개념화 사용하기

개념화의 수준과 개입

개념화는 세 가지 수준에서 이루어지며 다양한 수준에서의 사례개념화는 치료의 다른 측면을 안내한다. 이 세 가지 수준은 증상, 장애, 사례이며, 이들은 서로 관련되어 있다. '장애'는 여러 증상의 집합체로 이루어져 있으며, '사례'는 하나 혹은 그 이상의 장애와 문제를 포함한다. 결과적으로 사례 수준의 개념화는 일반적으로 하나 이상의 장애 수준 및 증상 수준의 개념화를 추정(extrapolation)하거나 확장하는 것으로 이루어진다.

사례 수준의 개념화는 치료계획과정에서, 특히 목표를 설정하고, 먼저 다루어야 할 문제가 무엇인지 결정하도록 돕는다. 또한 치료회기에서 의제를 설정하고 치료목표의 선택을 돕기도 한다. 대부분의 개입은 증상 수준에서 이루어지고, 증상 수준의 개념화에 의해 안내된다. 그러나 이렇게 증상을 치료하기 위해 사용되는 개입은 단순히 증상 수준의 개념화에만 의존하지 않는다. 예를 들어, Hazel의 사례에서 치료자의 증상 수준 개념화(행동 수동성)는 장애 수준의 개념화에서 가져온 도식 가설을 이용했었다. 이 사례에서 도식 가설은 우울증에 대한 Beck의 개념화의 핵심이다. 즉, '나는 무력해.'와 같은 Hazel의 핵심 도식에 대한 최초의 개념화는 치료자가 이 사고에 목표를 두고 Hazel의 수동성을 다루도록 이끌었다. '난 중요하지 않은 사람이야. 나는 다른 사람을 도와주는 역할만 있을 뿐이야.'와 같은 도식 가설은 Hazel이 자신의 바람을 확인하고 인정하는 것과 그 바람을 충족시키기 위해 적극적으로 말하지 못했다는 점을 목표로 삼아 치료자가 그녀의 수동성을 치료할 수 있게 해 주었다.

치료를 돕는 개념화 방법

개념화는 치료를 다양한 방식으로 돕는다. 개념화의 주요 역할은 개입을 안내하는 것이다. Hazel의 사례에서 설명했던 것처럼, 한 문제에 대한 여러 가지 개념화는 서로 다른 개입을 이끌어 낸다. 개념화는 꽤 까다롭고 힘든 일이지만 치료동맹을 강화시킬 수 있으며 환자가 치료계획에 순응하도록 도울 수 있다. 앞으로 이 장에서 다루게 될 Steve의 사례는 치료자가 개념화를 그와 공유함으로써 Steve가 적극적으로 치료를 이끌어 나가는 역할을 할 수 있게 되었음을 보여 준다. 치료자가 실패를 극복하는 데 개념화가 어떻게 도움이 되는지에 대한 자세한 논의는 사례와 함께 제시되어 있다(Persons & Mikami, 2002).

인지행동 사례개념화의 치료적 유용성

인지행동치료자는 사례개념화에 대해 기능적 관점을 취한다. CBT자에게 중요한 질문은 '개념화가 정확한가?' 또는 '내가 가지고 있는 환자에 대한 모든 정보가 개념화에 담겨 있는가?'가 아니라 '개념화가 치료의 효과성을 높이는가?'다. 인지행동 개념화의 기능은 결과를 증진시키는 방식으로 개입을 이끌어 가는 것이다(Hayes, Nelson, & Jarrett, 1987).

일부 문헌에서는 사례개념화의 사용이 더 나은 치료 성과를 이끌어 내는지에 대한 의문을 제기한다. 사례개념화를 기반으로 한 CBT와 표준적 CBT의 결과를 비교한 무선화된 시행은 개념화에 기반한 치료가 표준 치료와 그 효과가 동등하거나(Jacobson et al., 1989; Schulte, Kunzel, Pepping, & Schulte-Bahrenberg, 1992) 약간 더 효과적이었음을 밝혀냈다(Schneider & Byrne, 1987). 통제되지 않은 시행에서 인지행동 사례개념화와 주 단위의 경과 감찰로 진행된 치료에 참여했던 우울한 환자(Persons, Bostrom, & Bertagnolli, 1999; Persons, Burns, & Perloff, 1988)와 우울하면서 불안한 환자(Persons, Roberts, Zalecki, & Brechwald, 2006)는 무선 통제 시행에서 CBT를 받았던 환자나 약물치료와 함께 CBT를 받은 환자 모두 유사한 결과를 나타냈다. 또 다른 통제되지 않은 시행(Ghaderi, 2006)에서 기능분석으로 진행된 개인 치료에 참여했던 신경성 폭식증 환자는 표준 치료를 받았던 환자보다 몇몇 결과 척도(과식 삽화에서의 절제, 섭식 걱정과 신체형 불만족)에서 더 나은 성과를 보였지만 다른 결과 척도(자존감, 친구에 대한 지각된 사회적 지지, 우울증)에서는 그렇지 않았다. Nelson-Gray(2003), Haynes, Leisen과 Blaine(1997)의 개관 논문에서 기능 분석은 자해행동과 같은 심각한 문제행동을 지닌 사람에게서 좋은 치료 효과가 있다고 보고되고 있다. 전반적으로 사례개념화의 치료 효과, 특히 일반적인 임상 현장에서 볼 수 있는 외래 환자를 대상으로 한 치료 효과는 거의 연구된 바가 없다. 따라서 현재 인지행동 사례개념화의 치료 효과를 보여 줄 가장 강력한 경험적 지지는 치료자가 각 환자의 경과를 감찰하기 위해 수집하는 개별기술적 자료에서 나오는 것이며, 이는 개별기술적 사례개념화의 틀로 사용되는 증거 기반 법칙 정립적 개념화의 방법론적 의존 때문이다.

사례 수준의 개념화에 포함되는 요소

사례개념화는 환자가 갖고 있는 모든 장애와 문제를 설명하며, 이러한 장애와 문제를 일으키는 기제와 촉발요인, 그리고 그 기제의 기원에 대한 가설을 제시하여 이 모든 요소를 일관성 있는 전체로 통합하는 것이다.

장애와 문제

사례개념화는 환자가 겪고 있는 장애와 문제를 모두 설명한다. 종합적인 문제 목록을 수집하기 위해 치료자는 다음의 영역을 평가한다. 즉, 정신증 증상, 대인관계 영역, 직업 영역, 학업 영역, 의료 영역, 재정 영역, 주거 영역, 법 영역, 여가활동, 정신건강 문제, 의학적 치료문제 등이다. 종합 목록이 중요한 까닭은 다음의 세 가지 이유 때문이다.

첫째, 환자의 다른 문제와 진단에 따라 증상 또는 문제나 진단이 갖는 중요성이 달라진다. 예를 들어, 공황장애를 가진 사람과 해리장애를 갖고 있거나 물질남용장애를 갖고 있는 사람에게 비현실감 증상은 각기 다른 의미를 지닌다. 그 사례를 완전히 이해하기 위해 치료자는 모든 문제를 알아야 한다. 둘째, 단순히 눈에 보이는 문제에만 초점을 맞추거나 혹은 환자가 관심을 가져 주기를 바라는 영역에만 초점을 두는 치료자는 중요한 문제를 놓칠 수 있다. 환자는 종종 물질남용이나 자해행동과 같은 문제나 환자가 초점을 두고 싶어 하지 않는 문제에 대한 성공적인 치료를 방해할 수 있는 다른 문제를 무시하고 싶어 한다. 셋째, 종합 문제 목록은 문제에 영향을 미치는 공통적인 요소나 주제를 드러낸다. 이러한 주제를 인식하는 것은 초기 기제에 대한 가설을 생성하는 데 도움이 될 수 있다.

문제 목록은 DSM 진단의 축 I, II, III, IV와 상당히 중첩된다. 그러나 치료자는 문제 목록 내의 진단적 정보를 인지행동적 관점의 개념화와 개입을 촉진하는 용어로 변형시키기 시작한다. 문제 목록에서 인지행동적 치료계획을 촉진할 수 있는 방법은 DSM 축 IV에 비해 축 V의 기능상의 문제에 조금 더 우선순위를 두는 것이다. 또한 문제 목록은 환자가 현재 겪고 있는 축 I과 II 정신장애의 특정 증상을 구체화하는 것이며, 이러한 증상은 종종 CBT에서 사용하고 있는 인지행동적 용어로 기술될 수 있다.

기 제

사례 수준 개념화의 핵심은 환자의 문제와 증상을 일으키고 유지시키는 심리 기제를 기술하는 것이다. 이 개념화는 또한 생물학적 기제를 포함할 수 있지만(예, 갑상선 기능 저하가 우울 증상을 유발할 수 있음), 여기에서 우리는 주로 심리적인 기제에 초점을 맞출 것이다.

앞서 논의했듯이 치료자는 어떠한 기제 가설을 세우기 위해 EST를 기반으로 하는 법칙 정립적 개념화에 기초할 수 있다. 예를 들어, 노출 및 반응방지(ERP)를 기반으로 한 강박장애의 개념화, 혹은 행동활성화(Behavioral Activation: BA) 치료(Martell, Addis, & Jacobson, 2001)를 기반으로 한 우울증의 개념화 등이 있다. 두 번째 전략(행동활성화 치료)은 더 일반적인 심리학적 이론(예, 조작적 조건형성 이론)에 기초한 사례개념화다. 두 전략을 사용한 사례의 예시는 이 장의 후반부에 제시되어 있다.

촉발요인

인지행동 개념화는 전형적으로 '소인-스트레스' 가설이다. 즉, 여러 증상과 문제를 일으키고 유지시키는 취약성 요인이나 기제('소인')가 '스트레스원'과 어떻게 상호작용하는지를 설명한다. 스트레스원은 외적 사건(예, 부모의 사망)이거나 내적 요인(예, 내분비장애)일 수 있다. 따라서 많은 인지행동 개념화는 생물심리사회적 개념화이며, 여러 증상과 문제의 원인이 되는 기제를 유발시켰던 사건에 대해서도 설명하고 있다.

기제의 근원

환자가 문제를 야기한 기제를 어떻게 획득하게 되었는지에 대한 가설을 세우는 것은 유용하다. 환자의 과거력에서 문제의 잠정적인 근원을 이해하게 되면 사례개념화는 내적 일관성을 가질 수 있게 되며, 또한 이러한 이해를 통해 생애 초기 학습 사건과 연결되어 있는 증상에 대해 개입하는 것이 가능해진다(Padesky, 1994; Young, 1999).

모든 요소 통합하기

사례개념화는 특정한 촉발요인에 의해 활성화되는 기제의 근원을 기술하게 된다. 다시 말해, 환자의 여러 증상, 장애, 문제의 원인이면서 이런 모든 요소를 하나로 묶어 주는 기제를 발달시킨 근원이 무엇인지를 제시하는 것이다. 또한 사례개념화는 치료를 통해 변화시키고자 하는 치료목표와 그 목표 간의 관계를 확인시켜 준다. Hazel의 사례개념화에 포함된 요소는 괄호 안에 표시하였다.

Hazel은 바쁜 어머니로부터 형제자매를 돌보는 역할을 잘해 줬으면 하는 기대를 받으며 대가족의 장녀로 자랐다(근원). Hazel은 '나는 중요한 사람이 아니야.' '다른 사람이 나보다 훨씬 더 중요해.' '인생을 살면서 내가 하는 역할은 다른 사람의 욕구를 만족시키는 거야.'라는 도식을 학습하게 되었다(기제). 이러한 도식은 남편이 병에 걸려 Hazel에게 많은 돌봄을 필요로 했던 상황에서 활성화되었다(촉발요인). 그를 돌보는 데 너무 지쳐 버린 그녀는 우울증을 겪게 되었고(문제), 사회적으로 고립되기 시작했다(문제). 이런 상황은 그녀의 우울증을 악화시켰다. 그녀는 또한 남편의 욕구에 지나치게 신경을 쓰느라 정작 자신의 의학적인 문제에는 신경을 쓰지 못해 만성 고혈압과 당뇨병이 악화되었다(문제).

'Steve'의 사례개념화 및 치료에 적용하기

두 번째 저자(Joan Davidson)가 치료했던 'Steve'의 사례는 사례개념화 과정과 사

례개념화가 치료를 위해 어떻게 사용되는지를 잘 보여 주고 있다.[1]

진단과 초기 사례개념화를 위한 평가

Steve는 상담 약속을 잡기 위해 전화를 했다. 그는 현재 자신을 잘 추스르고 있지만, 이전에 받았던 CBT가 우울증 치료에 상당히 도움이 되었다는 것을 알게 되었고 '재정비'하고 싶다고 하였다. 치료자는 상담이 필요한지를 평가하기 위해 전화로 Steve와 면담을 했으며, 또한 사례 수준 개념화 요소와 관련된 정보(기원, 기제, 촉발요인들, 문제)뿐만 아니라 Steve의 현재 상태와 과거력에 대한 다른 중요한 요소에 대해 들었다. Steve는 치료자에게 자신이 16년 동안 우울증치료를 받은 적이 있었고, 두 번 입원했었다고 말했다. 그가 가장 마지막으로 치료를 받은 것은 약 5년 전이었다. 그는 최근에 한 아이를 입양했다(한 가지 가능한 촉발요인). Steve는 즐겁고 유쾌한 상태였으며 CBT를 받을 만한 사람인 것처럼 보였다. 그가 '추후'회기를 요구한 것은 꽤나 합리적인 것처럼 보였다. 하지만 정신과에 입원한 과거력에 대한 Steve의 짧은 설명은 위험신호였다. 우울증 때문에 받았던 장기 치료와 두 번의 입원 경력은 그에게 과거에 심각한 수준의 정신병리가 있었음을 시사하는 것이었고, 이러한 사실은 통화상의 그의 활기차고 밝은 목소리와는 상반되는 것이었다.

치료자는 Steve의 문제와 증상을 평가하고 이에 맞는 권고를 하기 위해 1회 이상의 상담 회기를 가져 볼 것을 제안했다. Steve는 치료자의 평가 결과와 치료적 제안이 자신에게 적절한지를 평가할 수 있을 것이며, 만약 개인 CBT가 추천된다면 Steve와 치료자는 서로 좋은 관계를 맺고 작업할 수 있는지를 평가할 수 있다. 치료자가 Steve에게 첫 상담 회기 때 작성해서 가져와야 할 질문지를 우편으로 보내도 되는지를 묻자 그는 이에 동의했다. 접수면담을 위한 설문지 세트에는 개정판 증상 체크리스트(revised Symptom Checklist-90: 이후 'SCL-90R')(Derogatis, 2000), BDI(Beck et al., 1979), Burns 불안검사(Burns Anxiety Inventory)(Burns, 1997), 기능 및 만족감 질문지(Functioning and Satisfaction Inventory: FSI)(Davidson, Martinez, & Thomas, 2006), 성인용 접수면담 기록지(Adult Intake Questionnaire: AIQ)(Persons에서 재발행, 2008)가 포함되어 있었다. AIQ는

---

1) Steve는 자신의 사례를 여기에 제시하는 것을 허락하였다. 개인정보는 사생활 보호를 위해 수정하였다.

이전 및 현재의 치료 사전치료와 병행치료, 물질남용, 외상, 가족력과 사회력, 그리고 법적 문제와 기타 가능성이 있는 문제에 관한 질문으로 구성되어 있다. 또한 접수면담 세트에는 비밀을 유지하는 데 있어서 제한점과 치료자의 운영 방침, 그리고 치료 동의서를 작성하는 데 필요한 기타 정보를 설명해 놓은 치료 및 평가 동의서(Treatment and Evaluation Agreement)가 포함되어 있었다. 치료자는 Steve에게 이 문서를 검토해 보고 특별히 불편한 점이 없다면 그 문서에 서명해서 첫 상담 회기에 가지고 오라고 했고 혹시 다른 의문점이나 걱정되는 부분이 있다면 첫 회기를 시작할 때 말해 달라고 했다.

초기 면담에서 이루어야 할 주요 목표는 문제 목록을 작성하고 몇몇 진단 가설과 초기 개념화 가설, 그리고 치료계획을 세우기 위해 Steve와 협력적으로 작업하는 것이다. 그와 좋은 작업 동맹을 맺는 것은 중요하다. 전화상의 대화는 임시 문제 목록(우울 증상)과 가능한 촉발요인(최근의 아이 입양)을 탐색하는 첫 시작점이 되었다.

Steve가 상담실에 왔을 때, 치료자는 면담을 시작하기에 앞서 약 5분 정도 접수면담 자료를 훑어 보는 시간을 가졌다. 성인용 접수면담 기록지의 인구 통계학적 부분을 통해 Steve가 첨단 기술 회사에서 선임 사업부장으로 일하고 있으며, 부모님과 최근에 입양한 아이와 함께 살고 있는 30대 초반의 동성애자임을 알게 되었다.

Steve의 BDI 점수는 21점으로 중등도 수준의 우울증을 가지고 있음을 시사한다. 증상에는 슬픔, 미래에 대한 낙담, 실패에 대한 두려움, 자기비판, 자기비난, 즐거움 결핍, 사람에 대한 관심 상실, 의사결정의 어려움, 일을 시작하지 못함, 피로감이 포함되었다. 그는 자살 사고를 보고했지만 자살을 계획하거나 시도하지는 않았다. Steve는 Burns 불안검사에서 12점을 받았는데, 이는 경도 수준의 불안을 시사하는 것이었다. 증상에는 불안감, 집중 곤란과 빠르게 스쳐 지나가는 사고뿐만 아니라 굳어지고 긴장된 근육과 피로감, 쉽게 소진되는 듯한 느낌과 약해진 느낌 같은 것이 포함되어 있었다. 하지만 그는 걱정에 대해서는 부인했다. 그는 다른 검사의 결과와 부합되게 SCL-90R 문항에 체크했다. 그는 SCL-90R의 문항, '나에게 무언가 나쁜 일이 일어날 것 같은 느낌이 든다.'에 가장 높은 점수를 주었다.

기능 및 만족도 검사(Davidson et al., 2006)에서 Steve는 직장에서 '매우 잘' 기능하고 있으며, 가족 및 친구와는 '어느 정도 잘' 관계하고 있다고 보고했다. 그는 건강관리 행동을 적절히 유지하고 있었다. 그는 자신의 생활 수준에 만족스러워했지만, 자신의 가정/이웃/공동체에는 '매우 불만족'스러워했으며 치료자는 이 점에 대해 추가 정보를 얻기 위해 기록했다. Steve는 배우자와의 관계가 매우 만족스럽다고 느끼지만, 그러한 관계에서 자신의 기능은 '조금 형편없다'고 보고하였다.

성인용 접수면담 기록지에서 Steve는 증상 및 문제와 일부 과거력에 대한 정보를 제공하였다. Steve는 매주 만취하도록 술을 마신다고 보고했다. 그는 마약 사용, 현재 또는 과거에 겪은 심각한 의학적 문제 등에 대해서는 부인하였다. Steve는 15년 전 고교 동창과 결혼을 했다가 1년 만에 이혼한 적이 있었다. 그는 12년 전에 자신이 동성연애자임을 밝혔고, 그의 동성 배우자와 5년 동안 동거했었다. Steve는 외상이나 학대 과거력에 대해 부인했다. 그는 자신이 두 번 입원한 적이 있었고, 과거 5년 동안 항우울제를 복용한 것이 도움이 되었다고 보고했다.

치료자는 면담에 들어가게 되면서 Steve가 영리하고 똑똑하며 대인관계 기술이 뛰어날 뿐만 아니라 따뜻하고 성실하며 심리적인 통찰이 있는 사람이라는 것을 알게 되었다. Steve는 CBT를 통해 스트레스 관리법을 훈련받고 싶은 자신의 바람을 한 번 더 언급했다. 그는 자신의 아이가 이제 학교에 갈 나이가 되어 좋은 학군이 있는 곳으로 새집을 얻어 이사 가야 하는 것과 자신의 배우자가 최근에 암 진단을 받은 것 때문에 스트레스를 받고 있었다. 그의 배우자는 당장 생명이 위태로운 수준은 아니었지만 추가적 검사와 치료가 필요한 상황이었다. Steve는 이러한 스트레스에 잘 대처할 수 있을지 확인받고 싶다고 했다.

Steve와 함께 문제 목록을 작성하면서 치료자는 그가 우울 증상을 언급하지 않았고 얼굴표정이나 자세 등에서 우울한 기분을 나타내지도 않았다는 점에 놀랐다. 즉, Steve의 모든 행동은 많은 우울 증상을 나타내는 BDI와 SCL-90R상의 보고와 일치하지 않는 것이었다. 치료자는 그의 이러한 불일치를 알아채기는 했지만 아직 이해할 수 없었으며 Steve의 사례개념화를 통해 이해할 필요가 있음을 알게 되었다.

Steve는 과거사를 잘 보고하는 사람이었기 때문에 치료자가 가족력을 충분히 수집하는 것이 용이했다. Steve는 부모가 소속되어 있던 극단적이고 편협한 종교집단의 영향을 받으며 양육되었다고 보고했다. 그의 부모는 그 종교를 독실하게 믿었으며, 그가 학교에서나 교회 활동에서 뛰어나게 잘하지 않거나 그에게 제시한 길(선교사가 되어 교회에서 리더의 역할을 하며 이 전통을 계속 지킬 수 있는 사람과 결혼해서 아이를 낳는 것)을 따라가지 않는다면 신과 부모와 종교집단에게 받아들여질 수 없을 것이라고 가르쳤다. 사실은 자위나 동성애적 행위와 같은 금지된 활동들 중 어느 것이라도 하게 된다면 죽어서 지옥에 가게 된다는 것이었다. Steve는 부모가 그를 위해 계획한 길을 따라가려고 노력했다. 처음에는 학교에서나 성경 공부에서 뛰어난 모습을 보이는 등 어느 정도 성공적으로 생활했다. 하지만 이러한 생활 스타일은 갈수록 자신의 목적 · 가치 · 관심과 양립할 수 없게 되었다. Steve는 자신이 동성애자이고, 교회를 위해 일하고 결혼하는 것보다 사업을 하고 싶어 한다는 것을 깨닫게 되었다. Steve가 18세가 되던 해에 문제가 발생했다. 그는 자신이 동성애자라는 것을 알게 되었고 무가치감을 느꼈고 결국 지옥에 가게 될 거라고 믿게 되었다. 그는 급성 우울 삽화에 빠져들었고 목을 매어 자살을 시도했다(하지만 그를 묶고 있던 줄이 끊어지면서 죽음을 면할 수 있었다). 그리고 한 달 정도 정신과 입원 병동에서 지내게 되었다. 자신의 입원을 돌아보며, Steve는 '전혀 종교적이지 않은 상담자와 함께 가족의 영향력에서 벗어나 있다는 것이 너무 좋았어요.'라고 보고했다. Steve는 퇴원 후 예상과는 달리 '죽음에 처해지지' 않았다는 것과 자기 자신을 '바꿔야' 한다는 것을 깨닫게 되었다. 이혼을 한 후, 다른 지역으로 이주하여 경영학을 공부하기 위해 대학에 입학했다. 그는 이러한 급격한 변화에 도움이 될 수 있는 치료, 특히 자신이 동성애자라는 사실을 받아들이는 데 도움이 될 수 있는 치료를 원했다.

28세에 두 번째 우울증 삽화와 자살시도가 있었는데, 이는 다른 동성애 남자친구와 동거를 시작하고 진지한 관계가 되면서 촉발되었다. 그는 또 다시 병원에 한 달간 입원했다. 퇴원 후, Steve는 인지행동치료자와 작업을 하면서 CBT가 '매우 도움이' 되는 것을 알게 되었다. 그는 특히 활동 계획하기, 사고기록, 긍정적 자료기록(Positive Data Logs: PDLs)을 좋아했었다.

첫 상담 회기를 마무리하면서 Steve와 치료자는 평가 및 치료계획을 마무리 짓기 위해 다시 만나자고 약속했다. Steve는 다음 회기에 오기 전에 활동 계획표, BDI, Burns 불안검사를 작성해 오는 것과 치료목표 목록을 선정해 오는 것에 동의했다.

두 번째 상담 회기에서 치료자는 그의 활동 계획표를 살펴보면서 Steve가 실제로 높은 수준의 책임과 기능을 수행하고 있음을 알게 되었다. 또한 치료자는 진단 정보를 수집했다. 치료자는 수집한 모든 정보에 기초하여 Steve가 중등도 수준의 재발성 주요우울장애와 기분부전장애의 진단 기준을 충족시키지만, 양극성장애나 불안장애에는 해당되지 않는다는 초기 진단 가설을 세웠다. 치료자는 Steve와 작성한 문제 목록을 요약했다(우울증, 스트레스 대처에 대한 걱정, 특히 그의 배우자의 질병, 이웃과 학교제도에 대한 불만족). 치료자는 Steve에게 진단 가설을 알려 주었고, 주요우울장애와 기분부전장애 진단 기준을 모두 충족한다고 알려 주었다. Steve는 이에 동의했고, 기능을 유지하면서 심각한 우울 삽화를 다시 겪지 않는 것이 자신의 치료목표라는 것을 강조했다.

치료자는 Steve와 함께 Beck의 우울증의 인지모델을 검토했고, 이 모델에 기초해 초기 개념화 가설을 세웠다. 치료자가 이 모델을 선택한 이유는 Steve가 이전 치료에서 이 모델을 사용했었고 치료자에게도 이 모델이 가장 익숙한 것이었기 때문이다. 그녀는 자신의 초기 도식 가설을 Steve와 함께 살펴보았다. 그중 자기도식은 '나는 가치 없고/나쁘고/신에게 받아들여질 수 없다.'는 것이었고, 타인도식은 거부적이고 판단적이라는 것이었다. 이 도식은 Steve의 근본주의적 종교적 양육에 그 근원이 있으며 이러한 도식이 촉발되었을 때 우울 증상이 발생되었다. 배우자의 질병, 최근에 아이 입양, 그리고 아이를 위해 좋은 학군이 있는 새로운 지역으로 이사 가야 할 필요성 등의 스트레스는 이번에 Steve의 우울증을 일으킨 촉발요인일 가능성이 높았다.

치료계획하기와 치료 동의서 받기

진단과 개념화 그리고 이전에 CBT를 통한 회복 경험과 Steve의 바람에 기초하여 치료자는 1주일에 한 번 CBT 개인치료를 하는 초기 치료계획을 제안했다. 치료자와 Steve는 서로 작업하기에 좋은 상대라고 여겼다. 치료자는 치료계획을 제안하면서 Steve에게 문제와 증상에 대한 개념화가 완성된 것이 아니며 증상과 문제의 원인을 이해하고 그에게 필요한 치료가 무엇인지 명확히 알기 위해 더 많은 시간 동안 함께 작업하고 싶다고 전했다. Steve는 이러한 제안을 받아들였다. 또한 치료자는 Steve에게 항우울제를 계속 복용할 것을 권유했으며, 그도 이에 동의했다. 그들은 우울 증상 및 기능 상실에 대한 걱정의 감소를 포함한 초기 치료목표를 설정했다. 치료회기를 진행하는 동안 치료자는 그와 함께 경과를 감찰하게 될 것이고, 만약 경과가 교착상태에 빠지게 되면 개념화와 치료계획을 수정할 수 있다고 알려 주었다. Steve는 이 사항에 대해서 동의했으며, 매 회기 전에 치료 경과를 평가하기 위해 BDI와 Burns 불안검사를 작성하는 것에 동의했다.

두 번째 회기가 끝났을 때, Steve는 숙제 계획에 PDL을 포함시켜 달라고 요청했는데, 이는 예전에 그가 이 활동을 하면서 많은 도움을 받았기 때문이다. PDL(Padesky, 1994; Tompkins, Persons, & Davidson, 2000)은 환자가 키워 나가려고 하는 건강한 도식을 지원하는 확실하고 구체적인 사례 목록이다. Steve가 다루려고 선택한 도식은 "나는 가치 있는 사람이다."이었다. 치료자는 Steve의 가족력, 주요우울 삽화의 촉발 요인, 예전에 PDL의 도움을 받았다는 점을 알고 있었기에 이번 숙제 계획이 좋은 결정이라고 여겼다. 하지만 치료자는 이 도식을 집에 가서 숙제로 다루기엔 너무 시기상조가 아닐까 염려했다. 그 이유는 그녀가 아직 Steve에 대해 잘 알지 못했고 도식을 변화시키는 개입은 보통 치료 전반부가 아니라 후반부에 적용되는 것이기 때문이었다. 하지만 Steve가 PDL을 해 보고 싶은 열의가 강하고, 이 개입이 과거에 정말 도움이 되었다고 보고했기 때문에 그녀는 이 계획에 동의했다.

치료, 경과 감찰, 가설 검증

이후 3회기에서 Steve의 사례개념화가 더욱 구체화되었고, 치료 집중도도 조금 더 높아졌다. 3회기에서 놀라운 일이 발생했다. Steve는 PDL을 잘 작성해 왔으며, 자기 자신이 가치 있다는 새로운 도식을 지지하는 인상적인 자료를 가져왔다. 치료자는 그의 인상적인 자료에 감명을 받았다. 도식을 강화시키기 위해 PDL을 사용하는 대부분의 환자는 일지를 작성하기 위해 내용을 생각해 내는 것을 많이 어려워하여 몇 구절만 적어 온다. 하지만 Steve는 크고 작은 성취와 그가 직장 동료와 상사, 공동체 리더 그리고 아이를 입양하고 기르는 것을 도와주는 사회 복지사에게 받은 긍정적인 피드백을 작성해 왔다. 그는 자신이 가치 있는 사람이라는 것을 지지하는 다양하고 구체적인 증거를 갖게 되었다. 치료자가 이 부분을 지적하자, Steve는 이에 동의했다. 그는 자신을 가치가 없고 실패했으며 지옥에 빠져 버릴 수밖에 없는 나쁜 사람이라고 여기게 하는 '상존하는 핵심 신념'과 가치 있는 사람으로서의 자기관 간의 엄청난 '불일치'를 금방 알아차리게 되었다고 보고했다. 자신을 실패한 사람으로 보는 관점은 그의 부모와 교회에서 배웠던 것에 기초하고 있었다. Steve가 보고한 부모의 기준에 의하면 자신은 실패자였다. 그는 교회를 떠난 동성연애자이며, 한마디로 죽어서 지옥에 가야만 하는 사람이었다.

Steve는 자신에 대한 오래된 신념과 새롭게 얻은 신념 간의 부조화에 대해 이야기하면서 점점 고통스러워했고 흐느껴 울기 시작했다. 치료자는 Steve가 다시 진정하기를 기다렸지만 나아지지 않아서 그를 진정시키기 위해 외상후 스트레스장애(PTSD) 치료 프로토콜에 포함되어 있는 안정화 기법(grounding technique)[2]을 사용했다. 치료자가 Steve에게 치료자를 똑바로 쳐다보라고 하자 그는 치료자의 말에 집중할 수 있었다. 그리고 치료자는 Steve에게 숨을 천천히 쉬어 본 후 방을 둘러보고 한 번에 하나의 물건이나 색깔의 이름을 말해 보도록 지시했다. 대략 10분 정도 지났을 때, Steve는 자신을 다시 조절하기 시작했다. 일어났던 일에 대해 이야기를 나누었을 때, 그는 치료자에게 이 같은 강렬한 슬픔과 고통을 경험하는 것은 자신에게 매우 두려운 것이라고 말했다. 또한 자신이 무가치하고 나쁜 사람이라는 신념을 얼마나 강하게 고수하고 있었는지를 깨닫지 못했다고 말했다. 그는 자신이 '무가치'하다는 오래된 신념과 괜찮은 사람이라는 새로운 신념 간의 부조화를 인정하게 되면 통제력을 잃을 것 같아서 무서웠고 '산산이 부서질' 것 같아서 두려워했다. 이 신념 간의 부조화를 직면할 때마다 우울했고 자살을 시도했으며 정신과 병동에 한 달 정도 입원했던 자신의 모습을 관찰하게 됨으로써 Steve의 두려움은 더욱 강화되었던 것이다. 사실 이번 회기에 일어났던 일은 Steve가 매우 두려워하고 피하고 싶었던 바로 그것이었다. 그는 통제력을 잃을 것 같은 두려움 때문에 충돌하는 두 가지 자기관 간의 불일치에 직면하는 것을 회피해 온 것이었다. PDL은 그의 이런 불일치를 직면하도록 했고, 이로 인해 그를 압도하는 감정이 활성화되었다.

정서조절 곤란에 대한 두려움은 치료자가 인지하고 있던 Steve의 활기찬 태도와 우울 관련 자기보고 척도상에서 보여 준 많은 증상 간의 불일치를 설명해 주었다. Steve는 자신이 슬픔을 느끼거나 표현하게 되면 부서져 버릴 위험에 처하게 될 것이라고 믿었기 때문에 자신의 심리적 고통을 인정하는 것을 피하려고 그의 우울 증상을 축소했다(그리고 활동 계획성에 나타난 대로 계속 바쁜 생활을 유지했던 것이었다). 치료자는 Steve와 이 문제에 대해 논의했고, Steve는 두려움이라는 강한 정서를 개념화의 기제 부분에 추가하는 것에 동의했다. 따라서 3회기에서 나타난 Steve의 정서 반응은

---

2) 현재의 정서적 고통에 몰두하는 것이 아니라 외부 세계에 집중함으로써 안전감을 경험하게 하는 일종의 '건강한 주의전환 기법'이라고 할 수 있음

사례개념화를 수정하게 했고, 치료목표를 명확히 하는 데 도움이 되었다. 치료자는 이전에 설명했던 초기 개념화에서의 주요 도식을 유지하면서 동시에 그 자신에 대한 오래된 관점과 새로운 관점 간의 불일치에 직면할 때 생기는 Steve의 두려움, 특히 이러한 직면을 할 때 강한 정서를 경험한다는 것을 개념화에 추가했다.

새로운 개념화는 Steve가 '만약 하나님의 규칙에서 벗어나면 나는 하나님에게 받아들여질 수 없으며 가치 없는 사람이 될 것'(기제)이라는 신념을 가르쳐 준 가정에서(기원) 자랐다는 것을 제안하였다. 또한 그는 연약한 자기관을 가지고 있었다. 특히 그는 '만약 쓸모없는 사람이라는 가치관과 괜찮은 사람이라는 가치관 사이의 갈등에 직면하면 나는 부서져 버릴 것이고 기능할 수 없을 것이다.'라고 믿고 있었다. 그는 또한 타인은 판단적이고, 비판적이며, 거절하고, 용서할 줄 모르며, 이 세상은 혼란스럽고, 모순으로 가득 차 있고, 미래는 불확실하고, 끔찍하다고 믿었다('내 정신건강은 연약하기 때문이다.')(기제). 이런 신념의 결과로 인해 Steve는 자신의 오래된 신념, 오래된 신념과 새로운 신념의 모순, 그리고 우울 증상을 포함한 모든 정서적 고통을 인정하는 것을 회피해 왔다(문제). 아이 입양, 새로운 집 구하기, 그리고 그의 배우자의 암투병과 같은 생활 스트레스(문제 그리고 촉발요인)는 자신이 연약한 사람이라는 자기관을 활성화시켰다(기제). 결국 그는 부적절하고 압도되는 느낌을 느끼기 시작했고 우울 증상을 겪었다(문제점).

이러한 새로운 정보에 기초하여 Steve와 치료자는 2개의 추가 치료목표를 세웠다. 첫 번째는 Steve가 부정적 정서, 특히 슬픔을 경험했을 때 자신이 부서지고 기능할 수 없게 될 것이라는 신념을 극복하고, 부정적 정서에 대한 두려움을 감소시키기 원한다는 것이었다. 두 번째로는 '가치 있고 받아들여질 만한 사람이라는 새로운 자기관과 무가치하고 수용받지 못할 사람이라는 오래된 자기관 간의 불일치를 해결하는' 균형 잡힌 도식을 개발하겠다는 목표를 추가하는 데 동의했다.

그 후로 두 번의 회기에서 Steve와 그의 치료자는 무가치하며 신에게는 '경멸적인' 존재라는 핵심 도식, 그리고 새로운 도식과 오래된 도식 간의 부조화를 입증했다. 치료자는 이러한 작업을 하는 동안에 Steve가 고통스러워할 때 정서조절을 유지하거나 회복하는 데 도움이 되는 PTSD 프로토콜의 안정화(grounding) 기법을 사용했다. 이 과정에서 Steve는 자신이 치료회기 중에 부정적 정서를 경험할 수 있지만 치료실에서 다시 평정심을 되찾을 수 있고 치료실을 나간 후에도 잘 기능할 수 있음을 알게 되었다. 조절 곤란에 대한 두려움을 극복해 나감으로써 Steve는 자신에게 부적절하게 결합시킨 신념을 다루는 숙제를 할 수 있게 되었다. 그는 부모에게 배운 '오래된 가치'의 목록과 새로운 '핵심 가치'의 목록을 자세히 작성했다. 그는 하나의 신념은 받아들이고, 나머지 다른 신념은 거부하기보다는 이 두 가치 시스템을 조화시키기로 결정했다. Steve는 이 과정이 '부담스럽긴' 하지만 그의 신념 간의 갈등을 해결하는 것에는 희망적이라고 말했다.

개념화와 치료계획을 확인하는 초기 치료회기 동안 한 가지 사건이 발생했다. 두 가치 시스템을 조화시키기 위한 작업의 일환으로 Steve는 특정 교파와 관련 없는 교회 예배에 참석하게 되었다. 설교에는 '신은 완벽하지 않은 당신의 모든 것을 사랑하신다.'라는 말씀이 포함되어 있었다. 이 말씀은 수용적인 하나님이라는 관점을 반영한 것으로서 그의 부모의 가치와는 직접적으로 반대되는 가치였다. PDL을 완성하는 동안, 이 사건은 그의 두 가치 시스템 간의 부조화를 확연히 드러냈고, 통제를 잃을 것이라는 Steve의 두려움을 촉발시켰다. Steve는 너무 불안해서 그 교회에서 도망쳤으며, 자신이 계속 거기에 있다가는 정서적으로 압도되어 부서져 버릴 것 같은 두려움을 느꼈다. 이 반응은 개념화 가설을 지지하는 하나의 근거가 되었다. 즉, 이것은 정서조절 곤란에 대한 두려움과 회피, 그리고 오래된 가치와 새로운 가치 간의 긴장이 Steve의 어려움의 핵심이었다는 가설을 지지한 반응이었다.

게다가 치료자는 Steve가 겪었던 두려움의 수준과 교회에서 도망쳤던 행동으로 인해 그에게 임상적 두려움과 공포증를 치료하는 노출 기반 치료가 도움이 될 수 있음을 알게 되었다(예, Foa, Hembree, & Rothbaum, 2007). 치료자는 Steve에게 노출 기반 치료 요소가 체계적으로 그의 정서조절 곤란 및 신념 간의 갈등에 대한 두려움에 체계적으로 직면시킬 것이라고 알려 주었다. 치료자는 Steve에게 두려운 상황에 단계적으로 노출하는 불안장애 치료 모델이란 주관적인 심리적 고통 수준(subjective units of distress: SUDS)을 평가하는 시스템을 사용해서 점진적으로 두려운 상황에 접근하고 극복하도록 도와주는 것이라고 설명하였다(Foa et al., 2007). Steve는 이전에 자신의 문제가 정서조절 곤란과 불안에 대한 공포와 관련되어 있다는 것을 생각해 본 적이 없었지만, 이 개념화가 자신에게 맞는 것 같다고 인정했다. 그는 체계적 노출 기반 치료계획을 좋아했고, 정서조절 곤란을 활성화시키는 상황과 단어에 대한 위계를 작성하는 것에 동의했다.

이후 구체적인 치료에 착수했다. Steve와 치료자는 정서적으로 활성화시키는 단어와 상황에 대한 짧은 위계를 설정했고, SUDS 수준(1부터 가장 심한 불안을 촉발하는 100까지)을 각 항목에 할당했다. 위계 항목의 예로, '신은 나의 불완전한 모습까지도 사랑하신다.'라는 구절을 글로 쓰는 것(SUDS=60)과 말하는 것(SUDS=70) 그리고 교회에서 도망치도록 했던 녹음된 설교를 듣는 것(SUDS=90)이 포함되었다. Steve는 먼저 그의 SUDS 평점이 20 아래의 수준으로 떨어질 때까지 치료회기 동안 그 구절을 쓰는 것을 연습했고, 그 이후 반복해서 말하는 것을 실시했다. 그는 샤워할 때나, 직장에서 쉬는 시간에, 그리고 집에서의 자유시간을 포함해서 하루 종일 그가 할 수 있는 한 자주 이 구절을 반복하는 계획을 시작했다. Steve는 한 주 동안 자신의 계획을 실천한 후 그의 기분이 훨씬 더 좋아짐을 알게 되면서 매우 동기가 높아졌다. 그래서 그는 설교 테이프를 주문하였고, 우편으로 도착하자마자 곧바로 그것을 듣기 시작했다. 그의 SUDS 평점은 매우 빠르게 20 아래로 떨어졌으며, 이 결과는 그의 사례개념화와 노출기반 치료계획이 순조롭게 잘 진행되고 있다는 증거였다. Steve는 자신이 정서조절의 곤란을 겪지 않고 그의 위계상에서 어려움을 촉발시키는 것과 관련된 부정적 정서를 완전히 경험할 수 있음을 학습하게 되었다. 또한 그는 초기 치료회기에서 치료자가 그에게 알려 준 안정화 기법이 더 이상 필요하지 않았다. Steve와 치료자는 통합된 도식을 지지하는 증거를 찾아내고 이에 대해 논의하게 됨으로써 '신에게 여전히 사랑받고 있고 수용되고 있다.'라는 새로운 가치를 받아들이게 되었다. 그는 '나는 불완전하지만 신은 그래도 여전히 나를 사랑하신다. 신은 있는 그대로의 나를 사랑하신다.'라는 신념을 통해 편안해졌다.

8회기가 지나자 Steve는 휴가 기간에 아들과 부모님 댁에 가서 오래 머무를 마음의 준비가 되었다. 가족과 관계를 다시 맺으려는 그의 의지는 정서조절 곤란의 가능성과 부정적 정서 그리고 갈등하고 있는 가치 시스템을 또다시 마주하게 하기 때문에 이 방문을 단행하려는 Steve의 의지는 치료 동안 진전이 이루어지고 있음을 나타내는 증거가 되었다. Steve가 부모님 댁을 방문하고 돌아왔을 때, 그는 기뻐하며 자신이 이전보다 가족에게 더 주장적인 태도를 취했고 정서적으로 어려움을 일으킬 수 있는 상황을 피하지 않았다고 말했다. 자신의 가족과 교류할 때 그는 부정적 정서를 포함한 다양한 정서를 경험했으며 그의 가치와 자식을 양육하는 것, 그리고 자신이 성취한 결과에 좋은 느낌을 갖게 되었다. 그는 자신을 둘러싸고 있었던 오래된 도식의 굴

레를 벗어나 '매우 자유로움'을 느꼈다고 말했다. 그는 치료를 종결할 마음의 준비가 된 것 같다고 이야기했다.

Steve의 치료자는 적절한 종결인지를 평가하기 위해 그의 치료목표에 대한 진전을 다시 한 번 살펴보자고 제안했고, Steve는 이 제안을 받아들였다. 그들은 첫 목표인 우울 증상을 감소시키는 것에 관한 매우 많은 자료를 가지고 있었다. 그가 치료를 시작할 때 BDI 점수는 21점이었다. 3회기 정도에 그가 PDL을 검토하면서 정서조절 곤란이 있었을 때 BDI는 11점이었다. Steve는 '3회기를 마쳤을 때' '위태롭다'('울음은 자신이 괜찮지 않음을 나타내는 것이다.')고 말하면서도 '핵심 문제를 확인하는' 긍정적인 측면인 것 같다고 했다. 4회기와 5회기에 자신의 도식 간의 부조화를 직면하고 많은 정서적 고통을 경험했을 때, 그의 BDI 점수는 15에서 16점까지 증가하게 되었다. Steve를 두렵게 했던 이러한 생각에 직면시키기 위해 회기 안과 밖에서 작업 후, 그의 증상은 눈에 띄게 개선되었다. 6회기 때 그의 BDI 점수는 8점으로 내려갔고, 10회기와 마지막 회기 때는 4점까지 떨어졌다. 스트레스원을 다룰 수 있는 능력에 대한 자신의 걱정을 감소시키려는 목표와 관련하여 그는 더 이상 '무너져 버릴 것 같은' 두려움을 느끼지 않기 때문에 자신은 현재 새로운 학군으로 이사할 수 있으며, 배우자의 암 투병도 자신이 다룰 수 있을 것이라는 확신을 가진 것 같다고 보고했다. Steve가 전에는 피했던 이사 갈 집을 알아보는 일을 지금은 배우자와 함께하기 시작했다. 그는 부정적인 정서 상태를 견딜 수 있는 능력이 있다는 근거(예, 노출 회기 동안 그가 개선된 것에서부터 부모님의 집을 방문한 것까지)를 갖게 되었으며, 자신의 오래된 가치 시스템과 새로운 가치 시스템을 조화시키는 데 있어서 상당한 진전을 이루게 되었다.

치료자와 Steve가 치료 종결을 준비하면서 치료에서 무엇을 배웠는지에 대해 다시 살펴보았다. 그는 이러한 단기 치료에서 이뤄 낸 결과에 대해 아주 기뻐했다. Steve는 과거에 자신이 심각한 우울증을 경험하고 있을 때, 그의 신념 간의 갈등과 이에 동반되는 정서적 어려움을 직면할 수 없었음을 알려 주었다. 자신이 높은 수준으로 기능하고 있는 동안 이 치료를 시작하게 된 것에 기뻐했으며, 치료자와 함께 통합된 긍정적 자기도식을 개발하는 데 있어서 존재했던 장애물(부정적 정서에 대한 두려움과 정서조절 곤란)을 성공적으로 확인했다는 것에도 만족해했다.

치료자는 Steve에게 너무 이르게 치료를 종결하는 것 같고 또 재발에 취약할 수 있을 것 같아 걱정이 된다고 말했다. 치료자의 이러한 걱정은 Steve가 자신이 괜찮지 않다는 지표로서 과거에 파국적 결과로 여겼던 정서조절 곤란, 증상 및 문제를 인정하는 것에 대한 두려움이 치료를 받게 했다는 개념화 가설과 일치한다. Steve는 치료자가 걱정하고 있는 부분에 대해 고려해 보겠다고 했지만, 자신에게 필요한 작업이 끝난 것 같고 치료를 끝낼 준비를 해야 할 것 같다고 주장했다. 또한 Steve는 그의 치료 목표를 달성했고, 매주 평가한 BDI 점수 자료는 그의 우울 증상이 완화되었음을 나타냈다. Steve와 치료자는 나중에 치료가 필요한 상황이 오게 된다면 추가적인 치료를 위해 연락을 취할 수 있다는 점에 합의했다.

추적조사

이번 장을 위해 치료자는 추적 자료를 얻으려고 치료 종결 후 1년 반 정도가 지났을 때 Steve에게 연락을 취했다. 그동안 Steve는 삶의 여유를 가지고 잘 지내고 있다고 보고했다. 그는 BDI 점수가 0점이고, Burns 불안검사 점수도 1점이라고 이야기해 줬다. 단지 SCL-90R상에서만 약간의 증상이 있다고 보고했지만, '자신에게 어떤 나쁜 일이 생길 것 같은 느낌이 든다.'는 문항에 더 이상 동의하지 않는다고 했다. 그는 또한 FSI상에서 '잘 기능하는'에서 '아주 잘 기능하는'으로 응답했으며, 대부분의 삶의 영역에 만족하고 있다고 했다. 그는 가정, 이웃, 지역사회 영역에서만 단지 '약간 만족하는'으로 응답하였다. 왜냐하면 Steve가 승진하면서 자신의 새로운 업무를 위해 현재 지내고 있는 집에서 매우 멀리 통근해야 함에 따라 그와 배우자는 이사 문제에 대해 고민하고 있었기 때문이었다. 그의 배우자의 암투병에도 차도가 있었다. 치료자는 Steve의 점수가 너무 낮은 점, 즉 Steve가 부정적 정서에 대해 가지는 자신의 두려움을 완전히 극복하지 못하면서 단지 그것을 피하고 있는 것은 아닌지 약간 걱정이 되었다. 그렇지만 그가 잘 지내고 있음을 보여 주는 Steve의 검사 점수와 보고는 치료의 결과가 지속되고 있다는 증거가 되었다. 또한 Steve가 치료자에게 보내 준 아름다운 편지는 그가 치료로부터 얻은 이득이 얼마나 많은지를 나타내는 증거가 될 수 있었다. 그는 치료가 시작되었을 때를 다시 되돌아보았고, 자신이 '자신감의 위기 속에' 있었다고 설명했다. 그는 치료 동안 '가치 시스템 간의 깊은 내적 갈등'이 해결되었다고 보고했다. 그는 다음과 같은 구절을 적어 주었다. '저는 제 오래된 신념이 지닌 파괴력을 침몰시킬 수 있었으며, 나를 있는 그대로 받아 주시는 은혜를 가진, 이전에 비해 더욱 친밀해진 자비로운 신과 새로운 가치를 조화시킬 수 있게 되었어요. 여러 가지 방식으로 제 자신에 대한 의심을 견디며 스스로에게 정직하고 진실해지는 것과 스스로를 돌보는 법을 배워야 했어요. 또한 이 과정에 최선을 다하기 위해 나 자신을 믿는 법도 배워야 했어요(그리고 저는 아무리 해도 절대로 '완벽한 인간'이 될 수 없기 때문에 이젠 괜찮아요).'

사례 요약

Steve의 사례는 몇몇 중요한 점을 제시해 준다. 첫째, Beck의 모델이 사례개념화와 치료를 위한 기초를 제공해 주지만, 이와 함께 치료자는 그녀의 개념화와 치료를 위해 다른 모델을 적용했다. 치료자는 Steve가 자신에 대한 신념 간의 부조화와 이로 인해 야기된 부정적 정서에 대한 두려움이 있음을 알게 된 후에 이 두려움을 치료하기 위한 지침으로서 불안장애의 노출 기반 치료에 입각한 학습 이론 기반 개념화를 사용했다. 그녀와 Steve는 그가 두려워했던 사고와 정서의 위계를 만들었고, 체계적으로 그 위계에 노출시켜 나갔다.

둘째, Steve의 치료자가 사용한 개념화와 개입은 다른 몇몇 인지행동 모델과 일치하였다. Steve의 개념화와 치료는 Adele Hayes와 그의 동료들(2007)이 개발한 노출 기반 인지치료(EBCT)와 일치한다. 이 이론은 우울증을 치료하기 위해 도식 중심 치료와 노출의 원리를 적용시킨 것이다. 사실 Steve의 치료 초기 BDI 점수의 상승은 치료 변화 과정에 대한 Hayes 등의 모델과 매우 일치한다.

Steve의 개념화와 치료는 또한 Ehlers와 Clark(2000)에 의해 개발된 PTSD의 개념화와 치료에 상당히 잘 들어맞았다. PTSD는 환자가 일관성 있는 자서전적 이야기 속으로 통합되지 못한 상반되는 신념 시스템(예, '세상은 안전하다.'와 같은 오래된 신념과 '세상은 위험할 수도 있다.'와 같은 새로운 신념)에 직면할 때 생기는 부정적 정서에 대한 두려움을 종종 포함한다. Ehlers와 Clark는 PTSD를 가진 사람에게 위험하지 않다는 것을 알게 하고, 명백하게 갈등하고 있는 사고를 하나의 응집력 있는 이야기로 통합하는 작업을 하기 위해서 두려운 정서에 접근해야 한다고 격려한다. Steve의 치료는 또한 수용전념치료(Hayes, Strosahl, & Wilson, 1999)의 요소, 특히 경험적 회피를 극복할 것을 강조하는 측면을 포함하고 있다고 볼 수 있다.

Steve의 치료자가 사용했던 개념화와 개입은 다양한 인지행동 모델이 개념화와 치료를 안내할 수 있다고 주장하는 몇몇 모델 및 치료와 일치한다. Steve의 치료자는 치료를 진행시켜 나가기 위해 하나 이상의 모델을 사용했다. 우리가 알고 있는 바로는 환자의 치료를 진행하는 데 다양한 모델을 사용하는 것이 공식적인 연구를 통해 받아들여지지는 않으나, 임상 현장에서는 흔히 있는 일이다.

다양한 모델을 이용할 수 있다는 것은 여러 가지 면에서 유익하지만, 다른 면에서 보면 치료자의 일을 더욱 어렵게 할 수도 있다. 치료자는 선택의 숲에서 길을 잃을 수 있다. 사례개념화는 이 숲에서 명확한 길을 제공한다. 명확한 개념화를 구성하여 다양한 자료로부터 개입을 선택하는 데 이 개념화를 사용하는 전략은 전체적으로 치료에 일관성과 명확성을 제공해 줄 수 있다.

세 번째로, Steve의 사례는 대단한 성공 사례다. 우리는 그의 중등도 수준의 증상과 그가 가진 강점, 특히 치료에서 보였던 리더십 등이 기여했다고 분석했다. 예를 들어, Steve는 자신이 매우 두려워했던 설교를 반복해서 직면하고 싶다고 자발적으로 제안했으며, 이를 위해 그가 반복해서 들어야 할 설교 녹음본을 주문하였다. Steve는 치료에 대단히 충실했던 협력자였다. 우리는 치료자가 이러한 활동을 허용하고 격려하는 데 더욱 열심히 작업한다면 많은 환자가 치료에 더 적극적인 역할을 할 수 있을 것이라고 생각한다. Miller와 Rollnick(2002)가 지적한 것처럼, 사실 환자는 자신의 문제에 전문가이며, 이를 위한 치료에 스스로가 많은 기여를 할 수 있다. 우리가 권하고 싶은 것은 치료자가 그들의 환자를 개념화와 치료과정에 완전히 개입시켜야 한다는 것이다.

최종 논의

이 장에서는 사례개념화의 중요한 요소인 개별화된 CBT를 제공하기 위한 틀에 대해 자세히 살펴봤다. 이 틀은 [그림 6-1]에 제시되어 있다. 개념화(또는 개념화들, 왜냐하면 치료자는 치료과정에 따라 다양한 수준에서 다양한 개념화를 사용하고 발전시켜 나가기 때문이다)는 치료자가 개입을 위한 지침으로 사용하는 가설이면서 동시에 치료자가 치료과정과 그 진전을 평가하기 위해 자료를 수집하여 검증하는 가설로서의 역할을 한다. McCrady와 Epstein(2003)은 물질남용 영역에서 이러한 틀이 필요한 이유에 대해 논했으며, 또한 미국심리학회(2005)에서는 이러한 틀을 심리치료에서 보다 일반적으로 사용할 필요가 있다고 설명했다. 이번 장에서 설명했던 것과 같은 틀은 새로운 치료가 아니다. 이 틀은 신중하고 체계적인 방식으로 증거 기반 치료를 사례에 손쉽게 적용하기 위한 하나의 발견법이다. 그러나 임상 장면에서 갖는 효과를 확인하기 위하여 통제 연구를 통해 더 많은 평가가 이루어져야 한다.

참고문헌

American Psychological Association. (2005). *Report of the 2005 Presidential Task Force on Evidence-Based Practice*. Washington, DC: American Psychological Association.

Antony, M. M., Orsillo, S. M., & Roemer, L. (Eds.) (2001). *Practitioner's guide to empirically based measures of anxiety*. New York: Kluwer Academic/Plenum Press.

Beck, A. T., Rush, J. A., Shaw, B. F., & Emery, G. (1979). *Cognitive therapy of depression*. New York: Guilford Press.

Beck, J. S. (1995). *Cognitive therapy: Basic and beyond*. New York: Guilford Press.

Burns, D. D. (1997). *Therapist toolkit*. Available at www.feelinggood.com.

Burns, D. D. (1999). *Feeling good: The new mood therapy*. New York: Morrow.

Clark, D. M. (1986). A cognitive approach to panic. *Behaviour Research and Therapy, 24*, 461-470.

Davidson, J., Martinez, K. A., & Thomas, C. (2006, November). *Validation of a new measure of functioning and satisfaction for use in outpatient clinical practice*. Paper presented at the meeting of the Association for Behavioral and Cognitive Therapies, Chicago, IL.

Derogatis, L. R. (2000). *SCL-90-R*. Washington, DC: American Psychological Association.

Ehlers, A., & Clark, D. M. (2000). A cognitive model of posttraumatic stress disorder. *Behaviour Research and Therapy, 38*, 319-345.

Fischer, J., & Corcoran, K. (2007). *Measures for clinical practice and research: A sourcebook: Vol. 2.* Adults. Oxford, UK: Oxford University Press.

Foa, E. B., Hembree, E., & Rothbaum, B. (2007). *Prolonged exposure therapy for PTSD: Emotional processing of traumatic experiences: Therapist Guide: Treatments that work*. New York: Oxford University Press.

Follette, W. C. (1996). Introduction to the special section on the development of theoretically coherent alternatives to the DSM system. *Journal of Consulting and Clinical Psychology, 64*, 1117-1119.

Ghaderi, A. (2006). Does individualization matter?: A randomized trial of standardized (focused) versus individualized (broad) cognitive behavior therapy for bulimia nervosa. *Behaviour Research and Therapy, 44*, 273-288.

Hayes, A. M., Feldman, G. C., Beevers, C. G., Laurenceau, J. -P., Cardaciotto, L., & Lewis-Smith, J. (2007). Discontinuities and cognitive changes in an expsoure-based cognitive therapy for depression. *Journal of Consulting and Clinical Psychology, 75*(3), 409-421.

Hayes, S. C., Nelson, R., & Jarrett, R. (1987). The treatment utility of assessment: A functional approach to evaluating assessment quality. *American Psychologist, 42*, 963-974.

Hayes, S. C., Strosahl, K. D., & Wilson, K. G. (1999). *Acceptance and commitment therapy: An experiential approach to behavior change*. New York: Guilford Press.

Haynes, S. N., Leisen, M. B. & Blaine, D. D. (1997). Design of individualized behavioral treatment programs using functional analytic clinical case models. *Psychological Assessment, 9*, 334-348.

Haynes, S. N., & O'Brien, W. H. (2000). *Principles and practice of behavioral assessment*. New York: Kluwer Academic/Plenum Press.

Jacobson, N. S., Schmaling, K. B., Holtzworth-Munroe, A., Katt, J. L., Wood, L. F., & Follette, V. M. (1989). Research-structured vs. clinically flexible versions of social learning-based marital therapy. *Behaviour Research and Therapy, 27*, 173-180.

Koerner, K. (2006). Case formulation in dialectical behavior therapy for borderline personality disorder. In T. D. Eells (Ed.), *Handbook of psychotherapy case formulation* (2nd ed., pp. 317-348). New York: Guilford Press.

Kuyken, W., Padesky, C. A., & Dudley, R. (2009). *Collaborative case conceptualization: Working effectively with clients in cognitive-behavioral therapy*. New York: Guilford Press.

Lewinsohn, P. M., & Gotlib, I. H. (1995). Behavioral theory and treatment of depression. IN E. E. Beckham & W. R. Leber (Eds.), *Handbook of depression* (2nd ed., pp. 352-375). New York: Guilford Press.

Martell, C. R., Addis, M. E., & Jacobson, N. S. (2001). *Depression in context: Strategies for guided action*. New York: Norton.

McCrady, B. S., & Epstein, E. E. (2003, November). *Treating alcohol and drug problems: Individualized treatment planning and intervention*. Paper presented at the meeting of the Association for Advancement of Behavior Therapy, Boston, MA.

Miller, W. R., & Rollnick, S. (2002). *Motivational interviewing: Preparing people for change* (2nd ed.). New York: Guilford Press.

Nelson-Gray, R. O. (2003). Treatment utility of psychological assessment. *Psychological Assessment, 15*, 521-531.

Nezu, A. M., Nezu, C. M., & Lombardo, E. (2004). *Cognitive-behavioral case formulation and treatment design: A problem-solving approach*. New York: Springer.

Nezu, A. M., Ronan, G. F., Meadows, E. A., & McClue, K. S. (Eds.) (2000). *Practioner's guide to empirically based measures of depression*. New York: Kluwer Academic.

Padesky, C. A. (1994). Schema change processes in cognitive therapy. *Clinical Psychology and Psychotherapy, 1*, 267-278.

Persons, J. B. (2008). *The case formulation approach to cognitive-behavior therapy*. New York: Guilford Press.

Persons, J. B., Bostrom, A., & Bertagnolli, A. (1999). Results of randomized controlled trials of cognitive therapy for depression generalize to private practice. *Cognitive Therapy and Research, 23*, 535-548.

Persons, J. B., Burns, D. D., & Perloff, J. M. (1988). Predictors of dropout and outcome in cognitive therapy for depression in a private practice setting. *Cognitive Therapy and Research, 12*, 557-575.

Persons, J. B., & Mikami, A. Y. (2002). Strategies for handling treatment failure successfully. *Psychotherapy: Theory, Research, Practice and Training, 39*, 139-151.

Persons, J. B., Roberts, N. A., Zalecki, C. A., & Brechwald, W. A. G. (2006). Naturalistic outcome of case formulation-driven cognitive-behavior therapy for anxious depressed outpatients. *Behaviour Research and Therapy, 44*, 1041-1051.

Schneider, B. H., & Byrne, B. M. (1987). Internationalizing social skills training for behavior-disordered children. *Journal of Consulting and Clinical Psychology, 55*, 444-445.

Schulte, D., Kunzel, R., Pepping, G., & Schulte-Bahrenberg, T. (1992). Tailor-made versus standardized therapy of phobic patients. *Advances in Behaviour Research and Therapy, 14*, 67-92.

Tarrier, N. (Ed.) (2006). *Case formulation in cognitive behaviour therapy: The treatment of challenging and complex cases*. New York: Routledge.

Tompkins, M. A., Persons, J. B., & Davidson, J. (2000). Cognitive-behavior therapy for depression: Schema change methods [Videotape]. Washington, DC: American Psychological Association.

Young, J. E. (1999). *Cognitive therapy for personality disorders: A schema-focused approach*. Sarasota, FL: Professional Resource Exchange.

Young, J. E., Klosko, J. S., & Weishaar, M. E. (2003). *Schema therapy: A practitioner's guide*. New York: Guilford Press.

PART 3

Handbook of Cognitive-Behavioral Therapies

주요 인지행동치료

CHAPTER 7

문제해결치료

Thomas J. D'Zurilla
Arthur M. Nezu

문제해결치료(Problem-solving therapy: PST)는 건설적인 문제해결 태도와 기술훈련에 초점을 맞춘 긍정적인 임상 개입이다. PST의 목표는 정신병리를 감소시키며 재발 및 새로운 임상 문제의 출현을 방지하기 위한 심리 기능과 행동 기능을 증진시키는 것뿐만 아니라 삶의 질을 극대화시키는 것이다. PST는 행동 수정 분야에서 자기 통제의 촉진과 행동변화의 일반화와 유지를 극대화하고자 인지 매개의 중요성을 부각시키던 1970년대 초기에 D'Zurilla와 Goldfried(1971)가 소개하였다(Kendall & Hollon, 1979). 이후 수년간, D'Zurilla, Nezu와 그의 동료들은 지속적으로 PST의 이론과 시행방식을 개정하면서 다양한 심리장애, 행동장애, 신체장애에 대한 PST의 효능성을 평가하였다(D'Zurilla, 1986; D'Zurilla & Nezu, 1999, 2007; Nezu, D'Zurilla, & Nezu, 2005; Nezu, Nezu, & D'Zurilla, 2007; Nezu, Nezu, Friedman, Faddis, & Houts, 1998; Nezu, Nezu, & Perri, 1989).

임상심리, 상담심리, 건강심리 분야에서 PST의 효능을 평가한 수많은 연구가 보고되었다. PST는 아동에서 성인, 노인에 이르는 방대한 집단을 대상으로 단일 치료기법이나 치료 패키지의 일부, 혹은 유지 전략, 방지 프로그램으로서 시행되어 왔다. 이러한 개입은 개인치료, 집단치료, 부부치료, 가족치료, 일차 진료 장면, 워크숍, 세미나,

학부 강의 등 다양한 임상 장면과 비임상 장면 모두에서 사용되었다. 즉, 정신분열증, 우울증, 스트레스 및 불안장애, 자살사고 및 자살행동, 물질남용, 비만, 공격행동, 관계 문제, 지적장애, 암, 혹은 그 외의 의학적 문제가 있는 사람을 대상으로 PST가 적용되기도 하였다. 이 장에서는 청소년과 성인을 대상으로 한 PST를 다루고자 한다(아동을 대상으로 한 PST 프로그램에 대한 논의는 Frauenknecht & Black, 2004 참조). 이 장은 두 가지 주요 부분으로 나뉘어져 있다. 첫 번째 부분에서는 PST의 이론과 이를 지지하는 경험적 증거에 대하여 논의할 것이다. 두 번째 부분에서는 PST의 임상 실제를 기술하고 다양한 심리장애, 행동장애, 신체장애에 대한 PST의 효능성을 지지하는 증거를 논의하겠다.

이론적 · 경험적 기초

PST는 사람이 생활 스트레스 문제를 더욱 효과적으로 대처하도록 도움을 주어 정신병리를 감소시키거나 방지하고, 긍정적 안녕감을 향상시키는 것을 목표로 하고 있다. 문제가 되는 상황의 특징에 따른 효과적인 대처법에는 상황 개선(예, 수행 목표 달성, 부정적 문제 처리, 갈등 해결), 상황으로 인한 정서적 고통의 감소(수용, 인내, 문제 개선, 신체적 긴장 감소) 등이 포함될 수 있다. PST는 두 가지 상호관계적인 개념 모델에 근거한다. ① 사회 문제해결 모델(social problem-solving model), ② 스트레스와 안녕감에 대한 관계적/문제해결 모델(relational/problem-solving model)

사회 문제해결 모델

'사회 문제해결'이란 사회 환경에서 자연히 발생하는 문제를 해결하는 것을 의미한다(D'Zurilla & Nezu, 1982). 또한 사회 문제해결은 학습과정, 일반적 대처전략, 자기통제 기법이기도 하다. 문제해결이 특정 상황에서의 수행능력을 증진하는 것이기 때문에 사회 문제해결을 일종의 학습과정이라고 할 수 있으며(Gagné, 1966), 또한 다양한 문제 상황에 대한 적응적 대처 가능성을 증진시켜 주므로 전반적이면서 복합적인 대처전략이기도 하다. 마지막으로 사회 문제해결이 자기주도적인 학습과정인 동시에 대처전략이므로, 이는 치료 효과의 유지와 일반화에 중요한 함의를 지닌 자기통제 기법이기도 하다. 다음에서 설명할 사회 문제해결 모델은 D'Zurilla와 Goldfried(1971)가 최초로 도입하였으며, 이후에 D'Zurilla, Nezu, Maydeu-Olivares 등이 개정하였다(2002; D'Zurilla & Nezu, 1982, 1990, 1999, 2007; Maydeu-Olivares & D'Zurilla, 1995, 1996).

주요 개념의 정의

사회 문제해결 이론은 세 가지 주요 개념(① 사회 문제해결, ② 문제, ③ 해결책)으로 구성되어 있다. 이러한 맥락에서 '사회 문제해결'은 개인, 커플, 집단이 일상에서 마주하는 특정 문제에 대하여 효과적인 해결책을 확인하고 발견하려는 자기주도적인 인지행동 과정으로 정의된다. 따라서 사회 문제해결은 문제 상황의 개선, 상황으로 인한 부정적 정서의 감소나 수정, 또는 이 두 가지 결과 모두를 지향하는 의식적이고 합리적이며 노력을 요하며 목적이 있는 활동이다. 그러므로 사회 문제해결을 단순한 단일 대처전략이나 활동이 아니라 스트레스 생활 사건에 대한 이해, 평가, 적응의 상위인지로 간주하는 것이 가장 적합하다. 여기에서 정의하는 것처럼, 사회 문제해결은 대인관계 문제(예, 대인 간 분쟁, 부부 갈등)뿐 아니라 대인관계 이외의 문제(예, 경제적 곤란, 재산 손실)나 개인적/개인 내적 문제(인지, 정서, 행동, 건강) 등 실생활에서 발생할 수 있는 모든 유형의 문제를 다룬다.

'문제'(혹은 문제가 있는 상황)는 적응적 요구와 이용 가능한 효과적 대처 반응 간의 불균형이나 불일치로 정의된다. 구체적으로, 문제라는 것은 개인이 효과적인 반응을 찾지 못하거나 이용 가능하지 않을 때, 효과적인 반응을 통해 목표 달성이나 갈등 해결을 하게 하는 (현재 혹은 미래의) 인생 상황이나 과제인 것이다. 문제 상황에 대한 압력은 주위 환경(예, 직업적 요구, 중요한 타인의 기대)이나 개인 내부(예, 개인적인 목표, 욕구, 관여)로부터 발생할 수 있다. 장애물에는 낯설음, 애매함, 예측 불가능함, 요구 갈등, 수행 기술 결핍, 자원 부족 등이 포함될 수 있다. 특정 문제는 단일한 시간-한정적 사건(예, 중요한 약속을 잊음, 급성 질환), 유사하거나 서로 관련이 있는 연속된 사건(예, 직장에서의 반복적인 요구, 어린 딸의 반복적인 약물 사용), 또는 만성적이면서 진행 중인 상황(예, 지속적 통증이나 외로움)일 수 있다.

'해결책'은 특정 문제 상황에 대한 문제해결 과정의 결과로서 상황 특정적 대처 반응이거나 반응 패턴을 말한다. '효과적인' 해결책이란 문제해결 목표(상황 개선 시도, 부정적 정서 감소, 긍정적 정서 증가)를 성취하면서 여러 긍정적 결과는 최대화시키고 부정적인 결과는 최소화하는 것을 의미한다. 이러한 결과에는 장기적 · 단기적 개인적 · 사회적인 성과가 포함된다.

문제해결은 해결책 실행(solution implementation)과 구별되어야 한다. 이러한 두 과정은 서로 개념적으로 다르며, 다른 유형의 기술을 필요로 한다. '문제해결'이란, 특정 문제에 대한 해결책을 발견하는 과정을 뜻하는 반면, '해결책 실행'이란 실제 문제 상황에서 그러한 해결책을 실제로 실행하는 과정을 뜻한다. 문제해결 기술은 전반적인 것이지만, 해결책 실행 기술은 상황마다 다양할 수 있으며, 문제와 해결책 유형의 영향을 받는다. 그렇지만 문제해결 기술과 해결책 실행 기술이 항상 서로 관계가 있는 것만은 아니다. 어떤 사람은 문제해결 기술이 형편없지만 해결책 실행 기술이나 그 외의 것은 훌륭할 수 있다. 두 기술 모두 적절한 기능 수준이나 사회적 능력을 필요로 하기에 PST에서는 긍정적인 결과를 최대화하기 위하여 필수적으로 문제해결 기술 훈련을 다른 사회의 행동적 수행 기술훈련과 결합할 필요가 있다(D'Zurilla & Nezu, 2007).

주요 문제해결 차원

초기의 사회 문제해결 모델(D'Zurilla & Goldfried, 1971; D'Zurilla & Nezu, 1982, 1990)에서는 문제해결 능력이 부분적으로 독립적인 두 가지 주요한 과정으로 구성되어 있다고 가정하였다. 즉, ① 문제지향, ② 문제해결 기술[이후에는 '엄밀한 의미의 문제해결'(D'Zurilla & Nezu, 1999)로, 더 근래에는 '문제해결 양식'으로 개정(D'Zurilla & Nezu, 2007; D'Zurilla et al., 2002)]. '문제지향'이란 사회 문제해결에 동기적 기능을 주로 담당하는 상위인지 과정을 말한다. 이는 일상의 문제에 대한 전반적인 인식과 평가뿐만 아니라, 문제해결 능력을 반영하는 비교적 안정적인 인지-정서 도식의 조작 기능과 관련되어 있다(예, 위협으로의 평가 대 도전으로의 평가, 자기 효능감 신념, 결과 기대). 한편 '문제해결 기술'은 일상에서 일어나는 문제를 이해하고 이를 다루는 효과적인 '해결책'이나 방법을 알아내는 활동이다. 이 모델에서는 네 가지 주요한 문제해결 기술[① 문제 정의 및 공식화, ② 대안적 해결책 생성, ③ 의사 결정, ④ 해결책 실행 및 검증(D'Zurilla & Goldfried, 1971)]이 있다. 해결책 실행 및 검증이란 해결책 실행 도중과 그 후의 자기감찰 및 해결책 평가 능력과 관련되는 것이지 해결책 실행 능력을 의미하는 것은 아니다.

이러한 이론 모델에 근거하여 D'Zurilla와 Nezu(1990)는 문제지향 척도(Problem Orientation Scale: POS)와 문제해결 기술 척도(Problem-Solving Skills Scale: PSSS)라는 두 가지 주요 척도로 구성된 사회 문제해결 검사(Social Problem-Solving Inventory: SPSI)를 개발하였다. 각 척도의 문항은 건설적인 문제해결 특징과 역기능적인 문제해결 특징 모두(인지, 정서, 행동)를 반영하고 있다. 문제지향과 문제해결 기술이 사회 문제해결 능력의 구성요소이지만 서로 다르다는 가정은 문제지향 척도(POS) 문항이 문제해결 기술 척도(PSSS)의 총점보다 문제지향 척도(POS) 총점과 더 높은 상관을 나타낸 반면, 문제해결 기술 척도(PSSS) 문항은 문제지향 척도(POS) 총점보다 문제해결 기술 척도(PSSS) 총점과 더 높은 상관을 보이는 자료를 통해 지지되었다(D'Zurilla & Nezu, 1990).

기존의 사회 문제해결 모델과 그에 뒤이은 사회 문제해결 검사(SPSI)에 대한 요인분석에 기초하여 D'Zurilla 등(2002; Maydeu-Olivares & D'Zurilla, 1995, 1996)은 차원이 서로 관련이 있으면서도 서로 다른 두 가지 문제지향 차원과 각기 다른 세 가지 문제해결 양식으로 구성되어 있는 개정된 5차원 사회 문제해결 모델을 개발하였다. 두 가지 문제지향 차원에는 긍정적 문제지향과 부정적 문제지향이 포함되고 있으며, 세 가지 문제해결 양식에는 합리적 문제해결 양식, 충동성/부주의 양식, 회피 양식이 존재한다. 긍정적 문제지향과 합리적 문제해결은 문제해결을 통한 긍정적인 결과를 산출할 가능성을 증가시키는 건설적 차원인 반면, 부정적 문제지향, 충동성/부주의 양식, 회피 양식은 효과적인 문제해결을 방해하거나 억제하는 역기능적인 차원이다.

'긍정적 문제지향'이란 ① 문제를 '도전'으로 인식하고(예, 혜택이나 이득을 얻을 수 있는 기회로 봄), ② 문제가 해결 가능한 것이라고 믿으며(긍정적 결과 예측, 혹은 '낙관주의'), ③ 문제를 성공적으로 해결할 수 있는 능력이 자신에게 있다고 생각하고, ④ 성공적인 문제해결에 시간, 노력, 인내가 필요하다는 것을 알고, ⑤ 문제를 회피하기보다는 해결하는 것에 몰두하는 전반적인 성향과 관련되어 있는 건설적인 문제해결적 인지요소를 의미한다. '부정적 문제지향'이란, ① 문제를 심리 · 사회 · 행동 · 신체적 안녕감을 심각하게 위협하는 것으로 인지하고, ② 자신의 문제해결 능력을 의심하며, ③ 일상에서 문제에 직면하게 되면 정서적으로 분노하게 되는(예, 낮은 좌절 인내력과 불확실성 인내력) 경향과 관련된 역기능적 또는 억제적인 인지–정서 요소를 의미한다.

'합리적 문제정서 해결'이란 ① 문제 정의 및 공식화, ② 대안적인 해결책 생성, ③ 의사 결정, ④ 해결책 실행과 검증이라는 네 가지 주요한 문제해결 기술을 합리적이고 신중하며 체계적으로 적용하는 것과 관련한 건설적인 문제해결 양식을 의미한다. 합리적으로 문제를 해결하는 사람은 주의 깊고 체계적으로 문제에 대한 사실과 정보를 수집하여 압력과 장애물을 확인한 뒤, 현실적인 문제해결 목표를 세우고 가능한 여러 가지 해결책을 생성하여 각각의 결과를 예상하고, 이러한 대안을 평가하며 비교한 뒤 '최적의' 해결책을 선택하여 이에 따른 결과를 주의 깊게 관찰하고 평가한다. 이러한 차원에 특정한 문제 상황에서 효과적인 문제해결 수행을 위해 필수적인 해결책 실행 기술은 포함되지 않는다.

'충동성/부주의 양식'이란 문제해결 전략과 기법을 능동적으로 시도하지만 그러한 시도에 협소하고, 충동적이고, 부주의하며, 성급하고 불완전한 특징이 있는 역기능적인 문제해결 양식을 의미한다. 이러한 문제해결 양식을 지닌 사람은 일반적으로 몇 가지 대안만을 고려하며, 흔히 맨 먼저 곧바로 떠오르는 생각을 가지고 충동적으로 행동한다. 또한 이런 사람은 대안적인 해결책과 이에 따른 결과를 재빨리 부주의하고 비체계적으로 탐색해 본 뒤, 해결책에 따른 결과를 부주의하고 부적절하게 관찰한다.

'회피 양식'이란 지연, 수동성 또는 무활동성, 의존의 특징이 있는 또 다른 역기능적 문제해결 양식을 의미한다. 회피적으로 문제를 해결하려는 사람은 즉각적으로 문제에 직면하기보다는 회피하는 것을 더 선호하며, 문제해결을 가능한 한 뒤로 미루면서 문제가 알아서 해결될 때까지 기다려 다른 사람이 자신의 문제를 해결하도록 책임을 전가하려 한다는 것이다.

문제해결에 대한 다섯 가지 차원은 개정판 사회 문제해결 질문지(Social Problem-Solving Inventory-Revised: SPSI-R)(D'Zurilla et al., 2002)로 측정한다. 이 측정도구에서 긍정적 문제지향 및 합리적 문제해결에서의 높은 점수와 부정적 문제지향, 충동성/부주의 양식 및 회피 양식에서의 낮은 점수는 효과적인 사회 문제해결 능력을 반영하며, 긍정적 문제 양식 및 합리적 문제 양식에서의 낮은 점수와 부정적 문제 양식, 충동성/부주의 양식 및 회피 양식에서의 높은 점수는 비효과적인 사회 문제해결 능력을 반영한다. SPSI-R의 5차원 모델은 젊은 성인과 청소년 표본을 통해 교차 타당화되었다(Sadowski, Moore, & Kelley, 1994). SPSI-R은 스페인어(Maydeu-Olivares,

Rodríquez-Fornells, Gómez-Benito, & D'Zurilla, 2000), 독일어(Graf, 2003), 중국어(Siu & Shek, 2005) 등으로 번안되어 교차 타당화되었다.

스트레스와 안녕감의 관계적/문제해결 모델

PST의 주요 가정은 정신병리를 불안, 우울, 낮은 자존감, 대인관계 기능의 손상 등과 같은 부정적인 심리사회적 결과를 야기하는 비효과적이고 부적응적이며 자기패배적인 대처행동으로 보며, 정신병리의 증상을 이해하고 효과적으로 예방하거나 치료할 수 있다는 것이다. 따라서 PST의 이론은 사회 문제해결의 개념이 전반적이고 다기능적인 대처전략으로서 주요한 역할을 한다고 보는 스트레스와 안녕감에 대한 관계적/문제해결 모델에 기반하고 있다. 이러한 전략을 통해 적응적 기능과 긍정적 안녕감을 함양하여 스트레스가 안녕감과 적응에 미치는 부정적인 영향을 감소시키고 예방할 수 있게 된다(D'Zurilla, 1990; D'Zurilla & Nezu, 1999, 2007; Nezu, 1987; Nezu & D'Zurilla, 1989).

관계적/문제해결 모델은 Richard Lazarus의 스트레스 관계 모델(Lazarus, 1999; Lazarus & Folkman, 1984)[1]과 앞서 제시한 사회 문제해결 모델을 통합한 것이다. Lazarus 모델에서, '스트레스'란 요구(demands)가 자신을 힘들게 하거나 자신의 대처 자원을 초과하고 있다고 스스로 평가하게 되는 사람-환경 관계(person-environment relationship)로 정의된다. 이와 같은 스트레스에 대한 정의는 사회 문제해결 이론의 '문제'에 대한 정의와 유사하다. 따라서 문제가 조금이라도 어렵고 안녕감에 영향을 미친다면, 이 또한 '스트레스 원'이라고 볼 수 있다. 이러한 관계적/문제해결 모델에서는 스트레스를 세 가지 주요 변인(① 스트레스 생활 사건, ② 정서적 스트레스/안녕감, ③ 문제해결 대처)에 대한 상호관계적 기능으로 간주하고 있다.

'스트레스 생활 사건'이란 개인적 · 사회적 · 생물학적인 재적응을 요하는 생활 경험을 의미한다(Bloom, 1985). 이 모델에서 주요한 두 가지 유형의 스트레스 생활 사건은 주요한 부정적 사건과 일상의 문제로 나뉜다. '주요한 부정적 사건'은 전면적인

1) 자극의 속성에 대한 일차적 평가와 개인의 대처 자원에 대한 이차적 평가

재적응을 요하는 주요한 부정적인 생활의 변화와 같은 광범위한 생활 경험을 말한다(예, 이혼, 사랑하는 사람의 죽음, 실직, 심각한 질환이나 부상). 대조적으로 '일상의 문제'는 좀 더 범위가 좁고 특정적인 스트레스 생활 사건을 의미한다('문제'에 대한 정의 참조). 삶에서 주요한 부정적 사건과 일상의 문제가 각각 개별적으로 일어날 수 있지만, 이들은 때로 인과성이 있다(Nezu & D'Zurilla, 1989). 예를 들어, 이혼과 같은 주요한 부정적 사건은 일반적으로 여러 가지 새로운 스트레스 문제를 초래하게 된다(예, 재정 문제, 자녀의 욕구에 대처 곤란, 새로운 사람과의 만남의 어려움). 역으로, 일상의 문제(예, 부부 갈등, 직장 문제, 과도한 알코올 섭취)가 해결되지 않은 채 쌓이면 결국 이혼에 다다르게 되거나 이에 영향을 미치게 된다.

이러한 모델에서 '정서적 스트레스'라는 개념은 인지적 평가와 대처 과정을 통해 수정되고 조절되어 변형된 스트레스 생활 사건에 대한 즉각적인 정서 반응을 의미한다. 스트레스 생활 사건의 특성(예, 혐오성, 통제 가능성), 인지적 평가, 대처 행동에 따라, 정서적 스트레스 반응은 부정적이거나(예, 불안, 분노, 우울) 긍정적일 수(예, 희망, 안심, 들뜸, 기쁨) 있다. 사람이 ① 스트레스 사건을 안녕감에 위협적이거나 해로운 것으로 평가하거나, ② 효율적으로 대처할 수 있을지에 대하여 자신의 능력을 의심하거나, ③ 대처 반응이 비효과적이거나 부적응적이거나 자기패배적일 때, 부정적인 정서가 우세해질 가능성이 높아진다. 반대로, 사람이 ① 스트레스 사건을 중대한 '도전'이나 좋은 기회인 것으로 평가하거나, ② 자신이 문제를 효과적으로 다룰 수 있는 능력이 있다고 믿거나, ③ 대처 반응이 효과적이고 적응적이거나 자기고양적(self-enhancing)일 때, 긍정적인 정서가 부정적인 정서를 상쇄시킬 수 있다.

정서적 스트레스는 인지 · 행동 · 사회 · 신체 기능을 포괄하는 '안녕감'이라는 좀 더 광범위한 구성개념의 주요 부분이다. 따라서 관계적/문제해결 모델에서는 스트레스 생활 사건, 인지적 평가, 대처 과정 등이 전반적 안녕감과 적응 상태(임상적 장애의 발달 대 긍정적인 정신 및 신체 건강)에 중대한 영향을 미치는 것으로 가정되고 있다.

관계적/문제해결 모델에서 가장 주요한 개념은 일반적인 사회 문제해결의 맥락에서 '문제해결'이 모든 인지적 평가와 대처 활동을 통합시켜 주는 과정이라는 것이다. 효과적으로 문제해결 대처전략을 사용하는 사람은 ① 스트레스 생활 사건을 도전이나 '해결될 수 있는' 문제로 지각하고, ② 자신이 문제를 성공적으로 해결할 수 있는 능력이 있다고 믿으며, ③ 문제를 주의 깊게 살펴보고 현실적인 목표를 세우며, ④ 여러 가지 대안적인 '해결책'이나 대처방법을 고안하고, ⑤ '최선' 또는 최대한 효과적인 해결책을 선택하며, ⑥ 해결책을 효과적으로 시행하고, ⑦ 이에 대한 결과를 주의 깊게 관찰하고 평가한다. 문제해결을 숙달 목표(예, 스트레스 상황에 대한 도전이나 통제)에 국한된 '문제 중심 대처'라고 보았던 Lazarus의 스트레스 관계 모델(Lazarus & Folkman, 1984)과는 달리, 여기서 말하고 있는 문제해결은 문제 상황의 특성과 이러한 문제가 어떻게 정의되고 평가되는지에 따라 문제 중심 목표(예, 상황을 더 낫게 만들기 위해 노력), 정서 중심 목표(예, 정서의 감소나 개선), 혹은 이러한 두 가지 목표 모두가 존재할 수 있다. 정서적 고통이 상당하다면 정서 중심 목표를 세울 수도 있지만, 해당 상황이 변화나 통제가 가능한 것으로 평가가 되면 문제 중심 목표가 좀 더 강조된다. 반대로, 해당 상황이 대체로 변화될 수 없다고 평가되면 정서 중심 목표가 강조된다(예, 수용, 문제로부터 긍정적인 것 찾기). 목표가 어느 쪽이든지 간에 문제해결을 통하여 적응적 대처 및 긍정적인 안녕감을 증진시키고, 안녕감과 적응에 미치는 스트레스의 부정적 영향을 감소시키는 것이 문제해결에서 기대하는 최종적인 목표다.

스트레스에 대한 관계적/문제해결 모델에서 주요 변인 간의 가설적 관계에 대하여 [그림 7-1]에 요약하였다. 예를 들어, 실직과 같은 주요한 부정적 사건은 여러 새로운 일상 문제를 초래할 가능성이 있다(예, 재정 문제, 직업 탐색). 역으로, 직장에서 해결되지 못한 일상의 문제가 축적되면(예, 수행목표 충족 실패, 동료와의 갈등, 지각) 결국 직장을 잃게 된다(예, 해고나 사직). 두 유형의 스트레스 생활 사건 모두가 문제해결을 통하여 직·간접적으로 안녕감에 부정적인 영향을 미친다고 가정한다. 스트레스 생활 사건과 안녕감 간의 관계는 분명하게 밝혀져 있다(Bloom, 1985). 또한 해결되지 못한 일상의 문제가 축적되는 경우에 다수의 주요한 부정적 사건에 비해 안녕감에 미치는 부정적인 영향이 더 클 수 있음을 여러 연구에서 시사한 바 있다(예, Burks & Martin, 1985; DeLongis, Coyne, Dakof, Folkman, & Lazarus, 1982; Nezu, 1986a; Weinberger, Hiner, & Tierney, 1987). 이러한 연구결과는 PST에서 주요한 부정적 사건 그 자체에 대처하도록 돕는 것뿐만 아니라 주요한 부정적인 사건으로 인해 만들어진 일상의 문제를 확인하고 이에 대한 문제해결에 초점을 맞추는 것이 중요함을 시사하는 것이다.

이 모델에서는 문제해결이 매개나 조절 변인으로서 스트레스 생활 사건과 안녕감 사이의 관계에 영향을 미친다고 가정한다. 이 모델에는 두 가지 다른 매개 가설이 존재한다. 첫 번째 가설은 스트레스 생활 사건(A)이 문제해결 행동(B)을 유발하여, 그

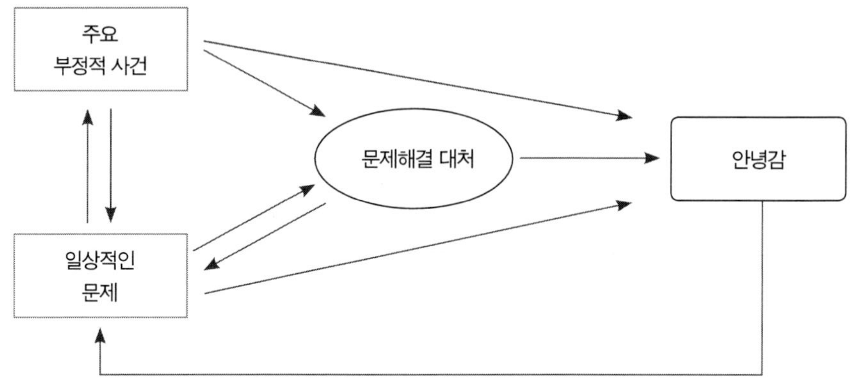

그림 7-1 스트레스와 안녕감에 대한 관계적/문제해결 모델의 주요개념 간 가설적 관계

출처: D'Zurilla, T. J. & Nezu, A. M. (2007). Springer Publishing Company에게 권한이 있으며, 허락하에 기재함.

다음 개인 및 사회적 결과(C)를 초래한 뒤, 안녕감에 영향을 미친다고 가정하는 ABC 모델에 근거한 것이다. 문제해결이 효과적이지 않다면 부정적 안녕감이 뒤따르지만(예, 불안, 우울), 문제해결이 효과적이라면 안녕감에 긍정적인 결과(예, 더 적은 부정적 정서, 더 많은 긍정적 정서)가 뒤따르게 된다. 두 번째 매개 가설은 문제해결이 인과적 연쇄의 간섭변인(intervening variable)이며, 스트레스 생활 사건이 문제해결 능력 및 수행에 부정적인 영향을 미친 후 결국 안녕감에 부정적인 효과를 미치게 된다고 가정한다. 앞서 기술한 ABC 가설과는 대조적으로, 스트레스 생활 사건에서 문제해결로 가는 경로는 촉진적 효과가 아니라 부정적 인과관계로 해석된다.

조절 가설에서는 스트레스 생활 사건이 문제해결 능력과 상호작용하여 안녕감에 영향을 미친다고 가정하고 있다. 특히 스트레스와 안녕감 간의 부적 관계는 문제해결 능력이 높은 쪽이 아닌 낮은 쪽에서 더 강력하다. 달리 말하면, 문제해결 능력이 떨어지는 경우 스트레스 생활 사건이 안녕감에 미치는 부정적인 영향이 증가하지만, 문제해결 능력이 뛰어난 경우 스트레스 생활 사건이 안녕감에 미치는 부정적인 영향을 감소시켜 주는 '완충' 역할을 한다. 이 가설에서는 스트레스 생활 사건과 문제해결 능력 사이의 인과적 관계가 반드시 존재하지는 않는다고 가정한다. 이러한 관점에서 보자면 조절 가설은 이전에 기술한 첫 번째 매개 가설과 일치한다.

[그림 7-1]에서 볼 수 있듯이, 이 모델에서는 일상의 문제와 문제해결 사이에 상호관계가 존재한다는 가설을 내세우고 있다. 특히 이 모델에서는 스트레스 사건이 문제

해결에 부정적인 영향을 미칠 수 있을 뿐만 아니라, 문제해결 또한 일상 문제의 빈도에 영향을 미칠 수 있음을 가정하고 있다. 비효과적인 문제해결이 일상의 문제를 증가시킬 수 있으나, 효과적인 문제해결은 일상의 문제를 감소시킬 수 있다. 마지막으로, 스트레스 사건과 안녕감 사이의 관계는 상호적인 것으로 간주되고 있다. 특히 이 모델에서는 스트레스 사건이 안녕감에 미치는 직접적인 효과와 간접적인 효과뿐만 아니라, 안녕감이 미래의 스트레스 사건에 영향을 미칠 가능성이 있음을 가정하고 있다. 부정적인 적응 결과(예, 불안, 우울, 사회 및 행동 기능 손상)가 일상의 문제와 주요한 부정적 사건들을 증가시키지만, 긍정적인 적응 결과(예, 희망, 자존감, 행복, 유능감)는 이러한 스트레스 사건을 감소시킬 가능성이 있다.

스트레스와 안녕감에 대한 관계적/문제해결 모델은 PST의 이론적 근거뿐만 아니라 PST 사전에 실시할 수 있는 유용한 평가 틀을 제공해 주고 있다. 평가 시 치료자는 주요한 부정적 스트레스 생활 사건, 현재의 일상 문제, 정서적 스트레스 반응, 문제지향의 결핍 및 왜곡, 문제해결 양식 결핍, 해결책 실행 기술 결핍의 여부를 확인하게 된다. 이러한 평가 자료에 기초하여 PST는 ① 긍정적인 문제지향의 증진, ② 부정적인 문제지향의 감소, ③ 합리적 문제해결 기술의 개선, ④ 충동적인/부주의한 문제해결의 감소나 방지, ⑤ 회피적 문제해결 경향성의 최소화 등에 적용된다. 다른 인지행동 기법(예, 사회 기술훈련, 노출 기법)이 효과적인 해결책 실행 기술을 학습하거나 효과적인 해결책 실행을 방해할 수도 있는 불안감을 감소시키는 데 사용될 수 있다. 이러한 목표를 달성하여 적응적인 상황 대처와 긍정적인 심리 · 사회 · 신체적 안녕감을 증진시키고 안녕감과 적응에 스트레스가 미치는 부정적 효과를 감소시키거나 방지할 수 있게 된다.

문제해결치료의 경험적 지지 증거

PST 이론의 지지 증거는 문제해결 변인과 관련한 가설관계뿐만 아니라 PST의 과정에 대한 연구로부터 유래한다. 대부분의 연구에서 사회 문제해결 능력과 안녕, 적응 사이의 관계에 초점이 맞추어져 있었지만, 어떤 연구에서는 스트레스 생활 사건과 안녕감 또는 적응 간의 관계에 문제해결의 매개나 조절 역할을 조사하기도 했다. 추가로 PST의 과정에 대한 몇몇 연구에서는 PST 이후의 적응 개선과 사회 문제해결 능력의 증가 사이의 관계를 조사하였다.

PST의 이론에 따르면 사회 문제해결은 적응 기능과 긍정적인 안녕감을 향상시키고 광범위한 스트레스 상황에서 안녕감에 미치는 스트레스의 부정적인 영향을 감소시켜 주는 전반적이고 다양한 대처전략이다. 이러한 가정에 기초하여 사회 문제해결 능력은 다양한 긍정 및 부정적 적응 결과와 관계가 있다는 가설을 세울 수 있다. 지난 30년간 방대한 연구 문헌 개관을 통하여 이러한 기본 가설에 대한 상당한 지지 증거가 나타나게 되었다(Chang, D'Zurilla, & Sanna, 2004; D'Zurilla & Nezu, 2007; Nezu, 2004 참조). 문제해결 능력이 적응적인 상황 대처전략, 행동 능력(예, 사회 기술, 학교 수행, 업무 수행), 긍정적인 심리 기능(예, 긍정적인 정서 상태, 자존감, 숙달감 및 통제감, 삶의 만족)과 정적인 상관이 있는 것으로 밝혀졌다. 추가로 문제해결 결핍은 전반적인 심리적 고통, 우울, 자살사고, 불안, 물질남용 및 중독, 공격 행동(예, 공격성, 범죄 행동), 심각한 정신병리(예, 정신분열), 신체 관련 고통, 건강에 좋지 않은 행동 등과 상관이 있는 것으로 알려져 있다. 이러한 결과는 임상 표본과 비임상 표본, 의학적 환자집단 등의 다양한 참가자를 대상으로 사회 문제해결 능력에 관한 여러 측정도구를 사용하여 밝혀진 것이다. 참가자의 연령, 국가, 민족/인종, 증상의 심각도는 상당히 다양하였다.

수많은 연구는 사회 문제해결 능력이 스트레스 생활 사건과 안녕감이나 적응 간의 관계를 매개하거나 조절하고 있다는 가설을 지지하고 있다. 특히 문제해결 능력이 주요한 부정적 사건과 우울(Nezu, Nezu, Saraydarian, Kalmar, & Ronan, 1986; Nezu, Perri, Nezu, & Mahoney, 1987; Nezu, Nezu, Faddis, DelliCarpini, & Houts, 1995) 및 불안(Nezu, 1986b; Nezu et al., 1995) 사이의 관계를 조절하는 것으로 밝혀진 바 있다. 또한 개인적 및 대인관계적 문제와 일상의 문제가 불안(Londahl, Tverskoy, & D'Zurilla, 2005), 공격성(Tverskoy, Londahl, & D'Zurilla, 2007) 그리고 내현화 및 외현화 증상(Bell & D'Zurilla, 발표 예정)과 맺는 관계도 문제해결 능력이 조절하는 것으로 밝혀진 바 있다. 문제해결 능력은 스트레스 생활 사건과 정서적 안녕감(Folkman & Lazarus, 1988), 우울(Kant, D'Zurilla, & Maydeu-Olivares, 1997; Nezu & Ronan, 1985; Nezu, Perri, & Nezu, 1987), 불안(Kant et al., 1997), 내현화 및 외현화 증상(Bell & D'Zurilla, 발표 예정) 간의 관계를 매개한다.

PST 이론에 대한 지지 증거는 PST의 과정을 조사한 다수의 연구결과에서 나타났다. PST이후 문제해결 능력 측정 점수의 상승과 심리적 스트레스(D'Zurilla & Maschka, 1988), 임상적 우울(Nezu, 1987; Nezu & Perri, 1989), 암과 관련한 불안 및 우울(Nezu, Nezu, Felgoise, McClure, & Houts, 2003a) 등의 부정적 심리 상태 측정 점수의 감소 사이에 유의미한 상관이 여러 연구결과에서 밝혀지면서 PST가 사회 문제해결 능력을 향상시켜 부적응과 정신병리를 감소시킨다는 가설이 지지되었다.

전반적으로, 이러한 결과는 스트레스 및 안녕감에 대한 관계적/문제해결 모델과 사회 문제해결 모델의 가정과 일치한다. 그러므로 우리는 PST 이론에 대한 경험적 지지 증거가 강력하다고 결론 내릴 수 있다(포괄적인 개괄을 원한다면 Chang et al., 2004; D'Zurilla & Nezu, 2007; Nezu, 2004 참조).

임상적 적용

문제해결치료의 시행: 일반적 지침과 임상적 고려사항

D'Zurilla와 Nezu(2007)는 PST 시행 방법을 위한 종합 매뉴얼을 제시했다. 환자, 연구 참여자, 일반인을 위한 '자조' 매뉴얼도 있다(Nezu et al., 2007). 이 장에서는 우리의 종합 매뉴얼에 대하여 전반적으로 개괄하고 PST의 사용을 효과적으로 촉진하는 몇 가지 임상적 고려사항과 권고사항을 제시하고자 한다.

PST가 심리 · 행동 · 건강 문제를 겪는 다양한 사람에게 효과적이므로 단일하고 표준화된 매뉴얼이 모든 이에게 동일하게 적합하지는 않을 것이다. 특정 치료 목적, 이러한 목적과 관계되어 있는 관련 문제 상황, 특정 참가자의 문제해결의 약점과 강점에 따라 문제해결 능력과 수행 기능의 강조점은 달라진다. 따라서 우리의 종합 매뉴얼은 시기와 요소보다는 사회 문제해결 능력이나 수행에 대한 각각의 측면 또는 구성요소에 초점을 맞춘 열네 가지의 훈련 모듈로 구성되어 있다. 각 모듈은 각기 다른 문제해결 목표를 가지고 있다(예, 문제해결적 자기 효능감 신념 육성, 부정적 정서 통제, 대안적 해결책 생성 능력 함양, 의사결정 능력 개선).

임상가와 연구자는 이러한 모듈을 사용하여 특정 환자의 욕구나 특정 연구 주제에 알맞게 자신의 PST 프로그램을 설계할 수 있다. 임상 장면에서 어떠한 모듈을 사용할 것인지는 치료 목적, 관련 문제 상황, 참가자의 문제해결에 대한 강점 및 약점을 종합하여 개별적으로 평가한 내용에 기초하여 선택할 수 있다. 연구 장면에서는 특정 연구 문제에 근거하여 이러한 모듈을 선택할 수 있다(예, 전체 PST 패키지를 평가할지 아니면 PST의 특정 구성요소를 평가할지를 선택).

해당 매뉴얼의 모듈에서는 각 모듈의 문제해결 목표 달성을 위하여 전반적 행동변화의 원리나 '전략'(예, 모델링, 행동 시연, 인지재구성)뿐만 아니라 다양한 특정 훈련 연습이나 '전술'을 기술하고 있다. 그러나 가장 적절하거나 효과적인 특정 훈련 활동은 프로그램에 따라 달라질 수 있으며 프로그램의 목적, 모듈 시행 유형(예, 면대면 치료, 집단치료, 전화상담), 대상의 특성(예, 연령, 교육수준, 장애유형, 문제해결 능력과 기술의 부족 정도)에 의존하기 쉽다. 예를 들어, 우리는 전반적인 행동변화 원리에 초점을 맞추지만 PST를 '정해진(prescribed)' 훈련 연습이나 특정 모듈 시행과 동일한 것으로 보지 않는다. 따라서 PST 프로그램을 특정 대상이나 연구를 위해 설계할 경우, 우리는 임상가와 연구자가 다양한 훈련과 모듈 시행 모두를 고려하여 각 모듈의 문제해결 목표를 달성하기 위한 가장 적절하거나 효과적인 방법을 선정하거나 설계하기 위해 브레인스토밍 능력을 활용하기를 권한다.

PST 훈련 모듈

일반 PST 매뉴얼에 있는 열네 가지 모듈의 목록이 〈표 7-1〉에 제시되어 있다. 모듈은 다음의 전체 문제해결치료 목표(① 긍정적 문제지향 향상, ② 부정적 문제지향 감소, ③ 합리적 문제해결 기술 증진, ④ 문제해결을 회피하려는 경향성 감소, ⑤ 충동적이고 부주의한 경향성 최소화) 달성을 위해 선택적으로 구성된다. PST로서 충분하다고 인정받으려면, 최소한 단일 개입에 모듈 1에서 13까지의 목표를 가진 훈련이 포함되어야 한다.

모집단에 따라 초기 도입 회기 이후의 훈련은 세 가지[① 이후의 각 회기는 특정 문제해결 차원에 의거하여 진행. 예를 들어, 문제지향 훈련은 2회기에서, 문제의 정의 및 공식화 훈련은 3회기에서, 대안책 고안훈련은 4회기에서 등(이러한 접근 방식에 대한 연구결과는 Nezu & Perri, 1989, Nezu et al., 2003a 참조), ② 여러 회기 동안 연습을 지도한 뒤 네 가지 합리적 문제해결 기술을 시행하고, 그다음 (혹은 한 번 더) 회기에서 문제지향 훈련을 실시, ③ 연구결

표 7-1 문제해결훈련 모듈

주제	주요 훈련 목표 및 활동
1. 초기 구조화	• 긍정적인 치료 관계 수립 • PST의 전반적인 논리와 구조를 제시하고 해당 내담자에게 어떻게 도움이 될지를 설명 • 낙관성 장려
2. 평가	• 형식적으로(예, SPSI-R 시행)나 비형식적으로(예, 인터뷰) 문제해결의 강점과 약점을 평가 • 내담자에게 스트레스를 유발하는 삶의 영역을 평가
3. 효과적인 문제해결의 장애물	• 의식적 마음의 인지적인 한계에 대해 논의(즉, 특히 스트레스 상황에서 '멀티태스킹'의 어려움) • 멀티태스킹 능력을 기르는 방법 논의: ① '구체화'(예, 아이디어를 목록으로 작성), ② '시각화'(예, 해결 계획의 시행을 마음속으로 연습), ③ '단순화'(예, 복잡한 문제를 좀 더 다루기 쉬운 하위 문제로 나누기)
4. 문제지향: 자기효능감 향상시키기	• 긍정적인 문제지향 유지의 개념과 필요성 설명 • 내담자의 자기효능감을 향상. 예를 들어, 내담자가 성공적으로 문제를 해결하는 '경험'을 할 수 있도록 시각화 연습을 시행(즉, 터널의 끝에서 '빛을 볼 수 있는' 감각 개발하기)
5. 문제지향: 문제 인식하기	• 내담자에게 문제가 발생했을 경우 이를 인식할 수 있는 능력을 육성 • 문제가 존재한다는 단서로서 감정, 비효과적인 행동, 특정 사고를 이용 • 문제에 대한 경험을 '일반화'시키기 위하여 문제 체크리스트를 사용
6. 문제지향: 문제를 도전거리로 바라보기	• 내담자의 부정적인 사고, 역기능적 태도, 제한된 사고를 확인하고 교정할 수 있는 능력을 장려 • 내담자가 가진 부적응적인 신념을 반박하는 '반대 입장 지지 역할 놀이' 시행
7. 문제지향: 감정의 사용과 통제	• 내담자가 문제해결에서 감정의 역할을 이해할 수 있도록 도움. • 내담자에게 ① 문제해결 과정의 이해를 위해 감정을 '사용하고'(예, 문제가 있음을 파악하기 위한 단서로 동기를 불러일으키기 위해), ② 부적응적인 감정을 '다룰 수 있도록' 교육함(예, 인지재구성기법과 이완훈련을 통해).
8. 문제지향: 멈추어 잠시 생각해 보기	• 충동적이거나 회피적인 경향을 억제시키기 위해 '멈추어 잠시 생각해 보기(STOP AND THINK)' 기법을 교육(즉, 정지신호나 교통신호를 시각화하여 행동을 '잠시 멈추고', 문제해결의 모드에서 생각해 볼 수 있도록 함)
9. 문제정의와 공식화	• 내담자가 문제의 본질(예, 내담자에게 그것이 어떠한 이유로 문제가 되는가?)을 더 잘 이해하고 현실적인 문제해결 목표와 목적을 설정할 수 있도록 교육
10. 대안의 생성	• 다양한 브레인스토밍 기법을 사용하여 내담자가 해당 문제에 대하여 광범위하고 다양한 잠재적인 해결책을 만들어 낼 수 있도록 도움(예, 다다익선).
11. 의사결정	• 내담자에게 효과적인 의사결정 능력을 함양하여 ① 해당 행위로 인한 가능한 결과를 좀 더 잘 파악하고, ② 그러한 행위로 인해 가능한 다양한 결과와 그에 대한 가치에 따른 손해와 이득을 분석할 수 있게 만듦.

주 제	주요 훈련 목표 및 활동
12. 해결책 시행과 검증	• 개인이 ① 해결 계획을 효과적으로 실행하고, ② 그로 인한 결과를 감찰하며, ③ 이에 대한 효과성을 평가하고, ④ 실제 결과에 대한 가능한 성공 뿐 아니라 문제해결 과정에서 스스로 강화할 수 있는 능력을 육성
13. 안내된 연습	• 문제해결 태도와 기술을 적용하는 능력을 최대화시키고, 이러한 태도와 기술을 현재와 미래의 실제 생활에서 발생할 다양한 스트레스 유발 문제에 적용 및 일반화 촉진
14. 신속한 문제해결	• 단 몇 분 만에 전반적인 모델을 적용시킬 수 있는 문제해결을 위한 일련의 질문/지침을 내담자에게 교육

과에서 문제지향 훈련이 해당 집단에게 필요한 것으로 확인된 경우라면 초기의 여러 회기에서 문제해결을 강조] 중 한 가지 방법으로 진행될 수 있다.

부가적 훈련 전략의 사용

다른 지시적인 형태의 심리치료나 상담 기법(특히 인지행동에 기반한)과 유사하게 PST의 성공 여부는 대체로 시행 후의 효과에 달려 있다. PST 치료자는 PST 시행의 효과를 증대시킬 수 있는 다음의 여러 가지 부수적 치료 전략에 능숙해져야 한다.

- 교육적 지도법(예, 특정 문제해결 원리 지도)
- 코칭(예, 문제에 대한 가능한 대안적 해결책 고안 장려)
- 모델링(예, 다양한 문제해결 원리 적용을 위한 특정 방법 시연)
- 행동조성(예, 점차 어려운 단계를 수행할 수 있도록 훈련)
- 행동시연(예, 실생활 문제에 적용할 수 있는 다양한 문제해결 기법 연습)
- 피드백(예, 교정적 평가 제공)
- 정적 강화(예, 내담자의 노력 칭찬)

이러한 기술 이상으로 알맞은 PST 시행을 위해 임상 및 연구 장면에서 주요하게 고려해야 하는 '해야 할 것과 하지 말아야 할 것'에 대한 목록을 다음에 제시하였다 (Nezu et al., 1998도 참조).

- 긍정적인 치료관계를 형성하라.
- 열정적이고 긍정적인 태도를 취하라.
- 적극적인 참여를 권하라.
- 환자나 집단에 PST를 최대한 맞추라.
- 숙제를 부여하라.
- 숙제 시행 여부를 확인하라.
- 해결책을 이행하는 데 중점을 두라.
- '문제초점적' 목표(예, 스트레스 상황의 근본적인 문제를 변화시키는 것과 관련한 목표)와 '정서초점적' 목표(예, 문제와 관련한 개인의 정서적 고통을 최소화시키는 데 중점을 둔 목표) 모두를 설정하라.
- 훈련을 위한 보조수단으로 유인물을 사용하라.
- 개인의 문제해결 능력의 강점과 약점을 평가하라.
- 너무 기계적으로 PST를 진행하지 말라.
- 표면적인 문제에만 초점을 두지 말라.

환자 매뉴얼

앞에서 언급했듯이, 우리는 스트레스에 효과적으로 대처하는 능력을 향상시키고자 하는 환자나 일반인을 위한 자조적 문제해결훈련 가이드북을 최근에 고안하였다(Nezu et al., 2007). 이 매뉴얼에는 임상가나 연구자를 위한 추천사항도 기재되어 있다. PST는 사람이 환경에 좀 더 잘 적응할 수 있도록 돕는 것이기 때문에 다음에 기술하듯이 이 접근법에서는 두음어 ADAPT를 사용하여 사람이 우리의 모델에서 다섯 가지 문제해결 단계를 기억할 수 있도록 도왔다.

A = **태도(attitude)**: 문제해결을 시도하기 전에 문제와 문제해결 능력에 대하여 긍정적이고 낙관적인 태도(예, 문제지향)를 취해야 한다.

D = **정의(define)**: 이 단계에서는 긍정적인 태도를 취한 뒤 문제와 관련한 사실을 종합하여 문제를 정의하고, 목표 달성의 방해물을 확인하여 현실적인 목표를 설정한다.

A = 대안책(alternatives): 잘 정의된 문제에 근거하여 확인된 장애물을 극복하고 문제해결 목표를 달성하기 위한 다양한 대안책을 구상한다.

P = 예측(predict): 다양한 대안책을 고안해 낸 뒤 각 대안책의 긍정적인 결과와 부정적인 결과 모두를 예측하여 손실을 최소로 하고 이득을 최대화하면서 문제해결 목표의 달성 가능성이 가장 높은 대안책(들)을 선택한다.

T = 시행(try out): 해결책을 선택하고 나면 실제 생활에서 해결책을 시도해 보고 이에 대한 효과를 관찰한다. 본인이 결과에 만족한다면 문제는 해결된 것이며, 자기 강화를 해 나가야 한다. 결과가 만족스럽지 못하다면 'A' 단계로 돌아가 좀 더 효과적인 해결책을 탐색한다.

문제해결치료의 효능: 성과 연구 개관

마지막으로 이번 절에서 우리는 PST의 효능에 대한 결과 문헌을 개관하고자 한다. 하지만 이 책의 이전 판에서(D'Zurilla & Nezu, 1999) 이미 기존의 연구를 다뤘기 때문에 우리는 불필요한 중복을 피하고자 2000년 이후에 조사된 표본만을 대상으로 하였다. 기술된 연구에는 다음의 범주를 포함하고 있다. 즉, 정신분열, 우울증, 범불안장애, 보호자, 비만, 두통, 암, 당뇨, 범죄자 등이 포함된다. 2000년 이후에 관련 연구가 발표되지는 않았지만, PST는 이미 자살, 사회공포증, 부부갈등, 부모-자녀 문제, 일차보건의료 환자, 관절염(개관을 위해서는 D'Zurilla & Nezu, 2007 참조)과 같은 문제와 환자집단에 효과적인 것으로 밝혀진 바 있다.

정신분열증 환자

Liberman, Eckman와 Marder(2001)의 연구에서는 4개월간 매주 집단 PST나 지지 집단치료 중 한 집단에 75명의 외래 정신분열증 환자를 무선할당하였다. 그 결과, 처치 후 두 집단 모두 문제 파악 능력의 향상이 나타났으며, 특히 PST집단에서 대안책 생성, 의사결정, 역할놀이 기술, 전반적 역할놀이 수행과 같은 문제해결 차원에서 유의미한 개선을 나타냈다.

Glynn 등(2002)은 병원장면에 근거한 기술훈련 접근법을 지역사회에서 시행되고 있는 매뉴얼 기반 일반화 프로그램과 비교하였다. 이 연구에서 PST훈련은 두 치료 조건 모두에 포함되어 있었으며, 세 가지 주요 기술 중 하나였다. 다른 두 가지 주요 기술은 각각 약물관리와 효과적인 생활 기술이었다. 그 결과, 지역사회 일반화 훈련이 도구적 역할기능, 사회적 관계, 전반적 적응에서 유의미한 향상을 유발한 것으로 나타났다. 또한 이러한 사회적 기능에서의 개선율은 낮은 정신과적 악화율과 관련이 있었다.

우울증

문제해결 능력의 결핍이 우울증의 원인으로서 중요한 역할을 한다는 우울증 모델에 기초하여(Nezu et al., 1989) 초기의 치료 연구에서 PST가 우울 증상의 감소에 특히 효과적임을 확인한 바 있다(예, Nezu, 1986c). 연구자는 PST가 주요우울장애를 위한 증거 기반 개입이 될 수 있음을 계속해서 확인하고 있다. 실제로 우울증을 대상으로 한 PST에 초점을 맞춘 최근의 메타분석 연구 중 하나에서 저자는 추가적인 연구가 진행될 필요가 있지만 'PST가 우울증의 치료에 효과적일 수 있다는 사실에는 의심할 여지가 없다.'(Cuijpers, van Straten, & Warmerdam, 2007, p. 9)고 결론 내린 바 있다. 또 다른 최근 메타분석에서도 처치 후와 추적 결과 모두에서 동일한 결론을 내렸다(Bell & D'Zurilla, 2009). 추가적으로 PST가 다른 심리사회적 치료나 정신과 약물 치료에 비해 더 효과적이라고 확인된 바는 없으나, 최소한 지지치료/관심 통제집단보다는 좀 더 효과적이었다. 치료 효과에 대한 유의미한 조절변인으로는 PST 프로그램의 문제지향 훈련 포함 여부, 네 가지 문제해결 기술 포함 여부, 다섯 가지 주요 구성요소(문제지향과 네 가지 문제해결 기술을 합친 것)의 포함 여부 등이었다. 유의미 경향이 있었던(p=.06) 또 다른 조절변인은 사회 문제해결 능력의 강점 및 약점을 평가하기 전에 SPSI-R(D'Zurilla et al., 2002)의 실시 여부였다.

예를 들어, Alexapoulos, Raue와 Areán(2003)의 연구에서는 실행기능의 손상을 보이는 성인우울증집단을 대상으로 PST와 지지치료(ST)를 비교하였다. 그 결과, 우울증의 관해, 처치 후 우울 증상 감소, 전반적인 신경인지 장애의 감소에 PST가 지지치료에 비해 더 효과적임이 밝혀졌다. 또 다른 연구에서 Mynors-Wallis, Gath, Day와

Baker(2000)는 일차진료 우울증 환자를 대상으로 네 가지 치료 조건[① 일반적인 임상 연구자가 실시하여 제공한 PST, ② 연구 간호사가 실시한 PST, ③ 일반적인 연구자가 제공한 항우울제(플루복사민, 혹은 파록세틴), ④ PST와 약물치료를 혼합한 패키지]을 비교하였다. 그 결과 12주의 기간 동안 네 가지 조건의 모든 참가자가 호전되었다. 병향 치료가 단독 PST나 약물 단독치료에 비해 더 효과적이지는 않았다. 추가로 의사 혹은 간호사가 시행한 PST의 결과에서는 어떠한 차이도 없었다.

PST는 일차치료 장면에서 기분부전증과 경도의 우울증치료기법으로 연구되고 있다. 치료효과 검증 프로젝트(Treatment Effectiveness Project) (Barrett et al., 1999)는 미국의 일차진료 환자를 대상으로 최초로 PST(PST for primary care patients: PST-PC)를 대규모로 평가한 것이었다. PST-PC는 가장 먼저 환자의 증상을 확인하고 그 이후에 일상에서 발생하는 다양한 문제와 이를 관련짓는 협력적 치료 접근법이다. 그 이후에는 그러한 문제를 정의하고 명확히 하여 건설적인 방식으로 이를 해결하도록 노력하게 된다(Hegel, Barrett, & Oxman, 2000). Williams 등(2000)은 일차보건의료 성인 환자 415명을 대상으로 PST-PC를 파록세틴이나 위약 조건과 비교하였다. 해당 약물을 처방받은 환자가 위약 환자보다 더 나은 증상 호전이 있었다. 처치 후에는 PST-PC와 위약 환자 간에 어떠한 차이도 존재하지 않았으나, 이후 처치 기간 동안의 위약 환자에 비하여 PST-PC 환자의 증상이 더 빠르게 호전되었다. 경도의 우울증을 가진 환자에게 있어서는 위약 조건이 아닌 파록세틴과 PST-PC 조건에서 전반적인 정신적 및 신체 기능(심신 기능)의 개선이 있었으나, 이러한 개선은 기저선 기능 측정에서 1/3 이하인 사람에게서만 나타났다. 또한 PST-PC 효과의 지역 차는 약물 처치에 비해 더욱 심했다.

범불안장애

Ladouceur, Dugas, Freeston, Gagnon와 Thibodeau(2000)의 연구에서는 불확실성에 대한 인내력 부족, 걱정에 대한 잘못된 신념, 낮은 문제지향성, 인지적 회피 등을 목표로 한 범불안장애 개입 조건과 지연된 치료 통제 조건을 비교하였다. 좀 더 큰 치료 패키지 안에 문제지향성 훈련이 포함되어 있었으며, 이 훈련을 통해 환자는 문제에 집중하면서도 이와 관련한 세부사항에는 과도한 주의를 두지 않는 법을 습득하게 된다. 문제해결로는 상황을 처리할 수 없을 것 같다는 걱정은 걱정 그 자체의 위협을 감소시키는 인지적 노출 기법으로 다루었다. 그 결과, 전반적인 치료 패키지가 처치 후 시점에서 임상적으로나 통계적으로 유의미한 차이를 야기하였으며, 그러한 효과는 6개월 및 12개월 추적 시점 모두에서 계속 유지되었다.

Dugas 등(2003)은 걱정에 대한 긍정적 믿음의 재평가, 인지적 노출, PST를 통해 불확실성에 대한 인내력 부족을 목표로 하여 범불안장애를 치료하였다. 치료는 14주의 기간 동안 2시간의 집단 회기로 구성되어 있었으며, 대기자 통제집단과 비교되었다. 인지행동 개입은 통제집단에 비해 모든 종속 측정도구(범불안장애 증상에 대한 자기보고 및 임상가의 평정, 불확실성에 대한 인내력, 불안, 우울증, 사회적 적응)에서 유의미하게 더 큰 호전을 나타냈다. 또한 처치를 받은 참가자는 2년의 추적 기간에서도 이러한 효과가 계속되었다. 범불안장애 개입에 존재하는 주요한 두 가지 치료 구성요소 각각에 대한 효능을 조사하기 위해 Provencher, Dugas와 Ladouceur(2004)는 12회기 동안 인지행동치료를 받았던 범불안장애 환자 18명을 대상으로 사례별 반복측정을 실시했다. 해당 치료는 환자의 걱정 유형에 따라 개별화되었는데, PST는 현 문제에 대한 걱정을 다루기 위해 제공되었고 인지적 노출기법은 가설적 상황(hypothetical situation)에 대한 걱정을 다루기 위해 시행되었다. 그 결과, 두 개입 전략 모두 결과 측정도구에서 유의미한 개선을 나타냈으며, 이러한 효과는 6개월 추적 시점에도 유지되었다.

보호자

의학적인 문제가 있는 사람이 가족 내에 존재하는 경우 가족 구성원이 상당한 스트레스와 부담을 경험하기 때문에 PST가 잠재적으로 중요한 개입으로서 사용될 수 있다(C. M. Nezu, Palmatier, & Nezu, 2004). 예를 들어, Gallagher-Thompson 등(2000)은 신체장애 또는 인지장애가 있는 성인과 함께 생활하는 가족의 우울과 부담감의 감소를 목적으로 즐거운 사건을 많이 만들어 낼 수 있도록 고안한 프로그램 및 PST를 통제집단과 대기자 비교하였다. 그 결과 두 처치 모두 대기자 통제집단에 비하여 유의미한 개선이 있는 것으로 밝혀졌다.

Grant, Elliott, Weaver, Bartolucci와 Giger(2002)도 뇌졸중 환자를 간병하는 74명

을 대상으로 PST, 위약 개입(sham intervention), 통제 조건을 비교하였다. 그 결과 PST훈련을 받은 보호자가 위약 개입과 통제 조건에 비해 문제해결 기술과 준비성에서는 향상을, 우울증에서는 감소를 나타냈으며, 활력, 사회 기능, 정신건강, 정서 문제와 관련한 역할 제한에 대한 측정도구에서는 유의미한 개선을 나타냈다.

Wade, Wolfe, Brown과 Pestian(2005)의 연구에서는 중등도~중증의 외상성 뇌손상이 있는 아동의 가족을 대상으로 부모와 자녀의 적응 개선을 목표로 구성한 웹 기반 가족 문제해결 개입을 시행하였다. 가족은 컴퓨터와 웹 카메라, 초고속 인터넷을 제공받았다. 치료자는 문제해결, 의사소통, 선행행동 관리전략에 대한 자조적 웹 기반 훈련을 완료한 가족을 대상으로 매주 비디오 회의를 시행하였다. 그 결과, 손상과 관련한 부담, 부모의 정신과 증상, 우울증, 양육 스트레스에서 유의미한 호전이 있었다. 아동이 보고한 우울증에서는 어떠한 유의미한 개선도 발견되지 않았으나, 뇌손상 아동의 반사회적 행동에는 유의미한 감소가 있었다.

비 만

PST는 단독치료로 평가받고 있을 뿐만 아니라, 다른 개입 전략의 효과를 증대하는 부수적인 기법으로 사용되기도 한다(Nezu & Nezu, 2006). Perri 등(2001)은 PST가 스케줄 작성 곤란, 숙제 이행, 심리적 고통의 간섭 등 치료적 장애물을 극복하는 것을 도움으로써 행동적 체중감량 개입을 촉진할 것이라고 보았다. 비만을 대상으로 한 20주간의 표준적인 행동치료 집단회기를 끝마친 뒤, 80명의 여성은 다음의 세 가지 조건[① 추후 무처치(행동치료만 시행), ② 재발방지훈련, ③ PST]에 무선할당되었다. 17개월 후에 재발방지 훈련과 추후 무처치, 재발방지 훈련과 PST 사이에는 전반적인 체중 감소에 어떠한 차이도 존재하지 않았다. 그러나 행동치료만 받은 집단보다 PST집단에서 장기적인 체중 감소폭이 유의미하게 증가했으며, 추후 무처치집단보다 PST집단에서 '임상적으로 유의미한' 체중 감소(10%나 그 이상의 감소) 비율이 더욱 증가되었다(약 35% 대 6%).

재발성 두통

재발성 두통에 대한 PST 연구는 인터넷과 이메일 등으로 재발성 두통을 겪는 사람을 모집한 뒤, 치료를 위하여 PST와 이완 기법을 결합하였다(Ström, Pettersson, & Andersson, 2000). 두통을 겪는 사람(N=102)은 치료조건이나 대기 통제조건 중 하나에 무선할당되었다. 지속적인 참여를 장려하기 위하여 매주 참가자에게 새로운 내용을 전달하면서 6주 동안 해당 개입법을 시행하였다. 처치 전과 처치 후 분석에서 통제집단보다 PST와 이완 기법의 결합이 두통에서 유의미한 감소를 나타냈으며, 그중 50%가 유의미한 감소를 경험하였다. 이 연구의 중요한 시사점은 낮은 비용의 치료기법이 임상적으로 효과적일 수 있다는 것이다.

암

암 환자와 그의 가족이 경험하는 심리적 고통이 상당함을 고려하여 연구자는 이러한 공중보건 문제를 해소하기 위하여 다양한 심리사회적 개입법의 잠재적 효능을 조사해 왔다(Nezu, Nezu, Felgoise, & Zwick, 2003b). 예를 들어, Mishel 등(2002)은 국소 전립선암으로 진단받은 남성을 대상으로 이로 인한 불안과 증상 통제를 다루기 위하여 문제해결 훈련과 인지적 재구조성 전략을 혼합하여 시행하였다. 다음 세 가지(혼합된 심리사회적 치료를 ① 환자에게만 제공하는 조건, ② 환자와 한 명의 가족 구성원에게 제공하는 조건, ③ 일반적인 치료를 제공하는 통제 조건) 실험 조건 중 하나에 참가자를 무선할당하였다. 암 치료의 부작용이 가장 심한 4개월간의 평가 기간 동안, 모든 개입 조건의 참가자에게서 유의미한 개선이 있었다. 특히 기저선 측정 이후 4개월 동안 PST와 인지적 재구조성 치료를 혼합한 조건에서 환자의 소변통제에 유의미한 개선이 있었다는 점은 주목할 만하다.

Allen 등(2002)은 유방암으로 진단받은 후 최근에 화학치료를 시작한 164명의 여성을 대상으로 무처치 통제조건과 PST 조건을 비교하여 단독 개입법으로서의 PST의 효능을 평가하였다. PST는 2회의 개인회기와 4회의 전화회기로 구성되고, 12주에 걸쳐 종양 전문 간호사가 진행하였다. 4개월 후의 평가 시점에서 참가자는 전반적으로 기저선에 비하여 불만족감이 유의미하게 감소하였고, 정신건강은 유의미하게 향상되는 경향이 있었다. 8개월 후의 평가 시점에서 두 조건 간에 차이가 드러나면서 PST 훈련의 효능이 시사되었다. 전반적으로 PST는 기분을 개선시켰고 매일의 생활 과제와 관련된 문제에 더욱 효과적으로 대처하는 데 도움을 주었다. 또한 해당 개입은 대다수의 여성이 신체적 부작용, 부부 및 성 문제, 심리적 문제를 포함한 암과 암치료로 야기될 수 있는 다양한 문제를 해결하는 데 도움이 되었다. 그러나 예상치 못한 결과가 나타났는데, 이는 기저선 점수에서 '빈약한 문제해결 능력'의 특성을 나타낸 여성은 통제 조건 참가자에 비해 암과 관련된 문제를 해결하기 어려웠을 가능성이 있기 때문이다.

Nezu 등(2003a)은 132명의 성인 암 환자를 대상으로 PST의 효능을 평가하였다. 이 연구에서는 상당한 고통(예, 우울증)을 경험하는 성인 암 환자를 다음의 세 가지 조건[① 개인 PST 조건, ② 암 환자와 환자가 지정한 중요한 타인(예, 배우자, 가족)에게 동시에 PST 제공하는 조건, ③ 일상적 치료 통제조건] 중 하나에 무선할당하였다. 다수의 자기보고 평정, 임상가 평정, 중요한 타인의 평정을 통해 처치 후의 결과는 PST가 정서적 고통의 감소와 전반적인 삶의 질 향상에 효과적임을 지지하였다. 특히 통제조건이 아닌 다른 두 처치 조건에서 유의미한 개선이 발견되었다. 처치 후 시점에서 두 처치 조건 간의 차이는 발견되지 않았다. 그러나 6개월 추적 평가 시점에서 단독으로 PST를 받은 환자에 비하여 중요한 타인과 함께 PST를 받은 환자가 지속적으로 유의미한 개선을 나타냈다. 이는 협력자를 치료에 공식적으로 포함시키는 것이 이점이 될 수 있음을 시사한다.

Sahler 등(2002)은 최근 소아암으로 진단받은 아동의 어머니 92명을 다음의 두 조건(① PST 조건, ② 통상적 심리사회적 치료 조건)에 무선할당하였다. 그 결과, 통제집단에 비하여 PST 조건의 어머니들은 처치 후 문제해결 기술이 유의미하게 향상되었고, 부정적 정서는 유의미하게 감소한 것으로 나타났다. 또한 분석 결과 문제해결 행동에 대한 자기보고에서 나타난 변화가 두 조건 사이의 기분 점수 차이를 40% 설명하면서 해당 개입법이 건설적인 문제해결 기술 향상에 가장 큰 영향을 미치는 것으로 나타났다. 이에 반해 기분 개선에는 역기능적 문제해결 행동의 감소가 가장 큰 영향을 미쳤다.

이러한 연구결과를 확장하여 Sahler 등(2005)은 영어와 스페인어를 사용하는 430명의 소아암 자녀의 어머니를 대상으로 8주간 PST와 일상적인 통제 조건을 비교

시행하여 PST의 효능을 평가하였다. 그 결과 2007년의 연구와 동일하게 PST 프로토콜을 받은 어머니들에게서 문제해결 기술의 유의미한 향상과 부정적 정서의 유의미한 감소가 나타났다. 처치 후에 치료 효과가 가장 큰 것처럼 보였으나, 다수의 차이가 3개월의 추적 시점에도 유지되었다.

당뇨병

문제해결은 만성질환 자기관리의 핵심 요인으로 밝혀진 바 있으며(Bodenheimer, Lorig, Holman, & Grumbach, 2002), 여러 성공적인 당뇨병 관리 프로그램의 구성요소이기도 하다(Glasgow, Toobert, Barrera, & Stryker, 2004). Glasgow 등은 제2형 당뇨가 있고, 관상동맥성 심장질환의 위험이 있는 폐경 후 여성을 대상으로 개발한 다중 생활양식 행동변화 프로그램(지중해 생활 양식 프로그램: Mediterranean Lifestyle Program: MLP)이 결과 개선과 관련이 있는지 조사하기 위하여 일련의 매개 분석을 실시하였다. MLP 프로그램(Toobert, Glasgow, Barrera, & Bagdade, 2002)은 식이요법, 신체 활동, 스트레스 관리, 사회적 지지에서의 변화를 다룬다. 환자는 일상적 치료 통제조건(N =116)과 MLP 프로그램(N =163) 중 하나에 무선할당되었다. 매개 분석 결과, ① 통제집단보다 MLP집단에서 문제해결이 더 유의미하게 개선되었고, ② 이러한 개선은 긍정적 결과(예, 자기효능감의 변화, 칼로리 섭취의 감소)의 부분 매개 요인인 것으로 밝혀졌다.

범죄자

지난 수십 년간, PST는 유럽과 미국 범죄자의 재범률의 감소를 위한 여러 프로그램의 구성요소였다(McMurran & McGuire, 2005). 이러한 작업은 부분적으로 사회 문제해결과 공격성(Keltikangas-Järvinen, 2005), 성격장애(Dreer, Jackson, & Elliott, 2005; McMurran, Egan, & Duggan, 2005), 성범죄(Nezu, Nezu, Dudek, Peacock, & Stoll, 2005) 사이의 관계를 확인했던 여러 경험적 연구 문헌에 근거한 것이다.

PST를 주요 치료적 개입 요소로서 상당 부분 차용한 치료 프로그램인 먼저 생각하기(Think First)는 문제해결 훈련, 자기관리 훈련, 사회적 상호작용 훈련, 가치 교육 등을 포함한다. 먼저 생각하기(Think First)의 전반적인 목표는 일상의 어려움을 다루고 향후 재범을 예방할 수 있도록 일련의 사회 문제해결과 관련된 기술을 획득, 개발, 적용하도록 돕는 것이다(McGuire, 2005). 범죄자집단을 대상으로 이러한 연구를 시행하는 것에 따르는 근본적인 문제로 인하여(예, 범죄자를 '비처치 통제 조건'에 할당하는 것에 대한 비난), 보호관찰 장면이나 교도소 장면에서 시행된 먼저 생각하기 프로그램의 경우에는 무선할당 연구가 없다. 그러나 McGuire와 Hatcher(2001)는 보호관찰 장면에서 225명의 범죄자를 대상으로 비통제 시행으로 해당 프로그램을 실시하여 처치 전후 자료를 수집하였다. 관련 문제, 범죄 태도, 충동성, 자존감, 공감에서와 유의미한 개선이 확인되었다. 또한 이와 유사한 단기 및 추적 평가 연구의 결과가 대개 긍정적이고 고무적이긴 하나, 방법론적으로 잘 통제된 연구의 맥락에서 효능을 검증한 연구는 없다.

우리는 현재 가석방된 성범죄자를 대상으로 한 PST의 무선 통제 시행의 결과를 분석하는 중이다(Nezu, Nezu, Heilbrun, Clair, & DiFrancisco, 2009). 피험자는 처음에 다음의 두 조건(① 20회기로 구성된 집단 PST, ② 대기자 통제집단) 중 하나로 할당되었다. 처치 후 이전에 PST를 받았던 범죄자를 추가 접촉이 없는 통제 프로토콜 혹은 (친구나 동료와 함께 PST를 실제로 적용하는) 유지 프로토콜 중 하나에 다시 할당하였다. 1년 후와 5년 후 추적 평가를 위해 재구속/재범 자료를 수집하고 있다. 이 연구는 범죄자 집단을 대상으로 한 개입법으로 PST의 잠재적 효능과 유지전략으로서의 사용 가능성에 대한 정보를 제공할 것이다.

요 약

이전에 다룬 내용과 유사하게, 연구결과에 관한 이번 개관은 PST가 다양한 환자 집단과 문제에 효과적이며 유연한 개입법임을 시사한다. 실제로 앞서 언급한 우울증을 대상으로 한 특정 PST 연구의 메타분석 결과가 긍정적이라는 것에 더하여(Bell & D'Zurilla, 2009; Cuijpers et al., 2007), 최근 다양한 정신 및 신체 건강 문제를 가진 총 2,895명의 참여자를 대상으로 한 32개의 연구에 대한 메타분석은 PST의 효능에 대한 강력한 양적 증거를 제공한다(Malouff, Thorsteinsson, & Schutte, 2007). 세부적으로 다른 심리사회적 치료보다 유의미하게 효과적임이 발견되지는 않았으나(d=0.22),

PST는 무처치(d=1.37)나 치료 위약(d=0.54)보다는 유의미하게 효과적이었다. 이러한 결과의 유의미한 조절 변인으로는 PST 프로토콜의 문제지향 훈련 포함 여부(Nezu, 2004; Nezu & Perri, 1989 참조), 숙제 부과 여부, PST 개발자(즉, A. M. Nezu)의 연구 참여 여부가 포함되어 있었다.

요약 및 결론

PST는 적응적 문제해결 태도 및 기술의 훈련에 초점을 맞춘 긍정적인 임상적 개입법이다. PST 이론은 스트레스 및 안녕감에 대한 관계적/문제해결 모델에 근거한 것으로서 '사회 문제해결'(즉, 실생활 문제해결) 개념이 전반적이고 다양한 대처전략으로서의 중요한 역할을 한다고 가정한다. 이 모델에 따르면 PST는 일상에서 발생하는 다양한 스트레스 문제를 효과적으로 대처할 수 있는 능력을 향상시켜 정신병리를 감소시키고 예방한다. 이 접근법에서 효과적인 대처란 ① 스트레스 상황을 더 나아지도록 변화시키고(문제 중심 대처), ② 바꾸거나 통제할 수 없는 부정적인 상황에 적응하는 것(정서 중심 대처)을 포함한다.

일반적인 PST 매뉴얼(D'Zurilla & Nezu, 2007)은 사회 문제해결 능력과 수행에 대한 각기 다른 측면이나 구성요소에 초점을 맞춘 일련의 훈련 모듈로 구성되어 있다. 모듈에서는 전반적인 행동변화의 원리나 전략, 다양한 특정 훈련기법을 기술하고 있다. 이 모듈을 사용하여 임상가와 연구자는 특정 대상이나 연구 목적에 맞는 고유한 PST 프로그램을 설치할 수 있다. 환자, 연구 참여자, 일반인을 위해 제작된 '자조' 매뉴얼도 이용 가능하다(Nezu, Nezu, & D'Zurilla, 2007).

지난 30년 동안 방대하게 축적된 연구 증거를 통하여 PST 이론의 타당성과 다양한 심리 · 행동 · 신체 장애에 대한 PST의 효능에 대하여 상당한 지지 증거가 발견되었다. 이러한 연구 증거에 기초하여 PST가 스트레스와 대처 능력의 부족이 문제 유지에 중요한 역할을 하는 모든 장애에 대하여 잠재적으로 유용하고 효과적인 개입법이라고 결론 내릴 수 있다.

참고문헌

Alexopoulus, G. S., Raue, P., Areán, P. (2003). Problem-solving therapy versus supportive therapy in geriatric major depression with executive dysfunction. *American Journal of Geriatric Psychiatry, 11*, 46-52.

Allen, S. M., Shah, A. C., Nezu, A. M., Nezu, C. M., Ciambrone, D., Hogan, J., et al. (2002). A problem-solving approach to stress reduction among younger women with breast carcinoma: A randomized controlled trial. *Cancer, 94*, 3089-3100.

Barrett, J. E., Williams, J. W., Oxman, T. E., Katon, W., Frank, E., Hegel, M. T., et al. (1999). The Treatment Effectiveness project: A comparison of the effectiveness of paroxetine, problem-solving therapy, and placebo in the treatment of minor depression and dysthymia in primary care patients: Background and research plan. *General Hospital Psychiatry, 21*, 260-273.

Bell, A. C., & D'Zurilla, T. J. (in press). The influence of social problem solving on the relationship between daily stress and adjustment. *Cognitive Therapy and Research*.

Bell, A. C., & D'Zurilla, T. J. (2009). Problem-solving therapy for depression: A meta-analysis. *Clinical Psychology Review, 29*, 348-353.

Bloom, B. L. (1985). *Stressful life event theory and research: Implications for primary prevention* [D.H.H.S. Publication No. (AMD) 85-1385]. Rockville, MD: National Institute of Mental Health.

Bodenheimer, T. S., Lorig, K., Holman, H., & Grumbach, K. (2002). Patient self-management of chronic disease in primary care. *Journal of the American Medical Association, 288*, 2469-2475.

Burks, N., & Martin, B. (1985). Everyday problems and life change events: Ongoing vs. acute sources of stress. *Journal of Human Stress, 11*, 27-35.

Chang, E. C., D'Zurilla, T. J., & Sanna, L. J. (Eds.) (2004). *Social problem sovling: Theory, research, and training*. Washington, DC: American Psychological Association.

Cuijpers, P., van Straten, A., & Warmerdam, L. (2007). Problem solving therapies for depression: A meta-analysis. *European Psychiatry, 22*, 9-15.

DeLongis, A., Coyne, J., Dakof, G., Folkman, S., & Lazarus, R. S. (1982). Relationship of daily hassles, uplifts, and major life events to health status. *Health Psychology, 1*, 119-136.

Dreer, L. E., Jackson, W. T., & Elliott, T. R. (2005). Social problem solving, personality disorder, and substance abuse. In M. McMarran & J. McGuire (Eds.), *Social problem solving and offending: Evidence, evaluation, and evolution* (pp. 67-90). Chichester, UK: Wiley.

Dugas, M. J., Ladouceur, R., Léger, E., Freeston, M. H., Langlois, F., Provencher, M. D., et al. (2003). Group cognitive-behavioral therapy for generalized anxiety disorder: Treatment outcome and long-term follow-up. *Journal of Consulting and Clinical Psychology, 71*, 821-825.

D'Zurilla, T. J. (1986). *Problem-solving therapy: A social competence approach to clinical intervention*. New York: Springer.

D'Zurilla, T. J. (1990). Problem-solving training for effective stress management and prevention. *Journal of Cognitive Psychotherapy: An International Quarterly, 4*, 327-355.

D'Zurilla, T. J., & Goldfried, M. R. (1971). Problem solving and behavior modification. *Journal of Abnormal Psychology, 78*, 107-126.

D'Zurilla, T. J., & Maschka, G. (1988, November). *Outcome of a problem-solving approach to stress management: I. Comparison with social support*. Paper presented at the Association for Advancement of Behavior Therapy Convention, New York, NY.

D'Zurilla, T. J., & Nezu, A. (1982). Social problem solving in adults. In P. C. Kendall (Ed.), *Advances in cognitive-behavioral research and therapy* (Vol. 1, pp. 202-274). New York: Academic Press.

D'Zurilla, T. J., & Nezu, A. M. (1990). Development and preliminary evaluation of the Social Problem-Solving Inventory (SPSI). *Psychological Assessment: A Journal of Consulting and Clinical Psychology, 2*, 156-163.

D'Zurilla, T. J., & Nezu, A. M. (1999). *Problem-solving therapy: A social competence approach to clinical intervention* (2nd ed.). New York: Springer.

D'Zurilla, T. J., & Nezu, A. M. (2007). *Problem-solving therapy: A positive approach to clinical intervention* (3rd ed.). New York: Springer.

D'Zurilla, T. J., Nezu, A. M., & Maydeu-Olivares, A. (2002). *Social Problem-Solving Inventory—Revised: Technical manual.* North Tonawanda, New York: Multi-Health Systems.

Folkman, S., & Lazarus, R. S. (1988). Coping as a mediator of emotion. *Journal of Personality and Social Psychology, 54*, 466-475.

Frauenknecht, M., & Black, D. R. (2004). Problem-solving training for children and adolescents. In E. C. Chang, T. J. D'Zurilla, & L. J. Sanna (Eds.), *Social problem solving: Theory, research, and training* (pp. 153-170). Washington, DC: American Psychological Association.

Gagné, R. M. (1966). Human problem solving: Internal and external events. In B. Kleinmutz (Ed.), *Problem solving: Research, method, and theory.* New York: Wiley.

Gallagher-Thompson, D., Lovett, S., Rose, J., McKibbin, C., Coon, D., Futterman, A., et al. (2000). Impact of psychoeducational interventions on distressed care-givers. *Journal of Clinical Geropsychology, 6*, 91-110.

Glasgow, R. E., Toobert, D. J., Barrera, M., & Stryker, L. A. (2004). Assessment of problem-solving: A key to successful diabetes self-management. *Journal of Behavioral Medicine, 27*, 477-490.

Glynn, S. M., Marder, S. R., Liberman, R. P., Blair, K., Wirshing, W. C., Wirshing, D. A., et al. (2002). Supplementing clinic-based skills training with manual-based community support sessions: Effects on social adjustment of patients with schizophrenia. *American Journal of Psychiatry, 159*, 829-837.

Graf, A. (2003). A psychometric test of a German version of the SPSI-R. *Zeitschrift für Differentielle und Diagnostische Psychologie, 24*, 277-291.

Grant, J. S., Elliott, T., Weaver, M., Bartolucci, A., & Giger, J. N. (2002). Telephone intervention with family caregivers of stroke survivors after rehabilitation. *Stroke, 33*, 2060-2065.

Hegel, M. T., Barrett, J. E., & Oxman, T. E. (2000). Training therapists in problem-solving treatment of depressive disorders in primary care: Lessons learned from the "Treatment Effectiveness Project." *Families, Systems, and Health, 18*, 423-435.

Kant, G. L., D'Zurilla, T. J., & Maydeu-Olivares, A. (1997). Social problem solving as a mediator of stress-related depression and anxiety in middle-aged and elderly community residents. *Cognitive Therapy and Research, 21*, 73-96.

Keltikangas-Järvinen, L. (2005). Social problem solving and the development of aggression. In M. McMurran & J. McGuire (Eds.), *Social problem solving and offending: Evidence, evaluation and evolution* (pp. 31-50). Chichester, UK: Wiley.

Kendall, P. C., & Hollon, S. D. (Eds.) (1979). *Cognitive-behavioral interventions: Theory, research, and procedures*. New York: Academic Press.

Ladouceur, R., Dugas, M. J., Freeston, M. H., Gagnon, F., & Thibodeau, N. (2000). Efficacy of a cognitive-behavioral treatment for generalized anxiety disorder: Evaluation in a controlled clinical trial. *Journal of Consulting and Clinical Psychology, 68*, 957-964.

Lazarus, R. S. (1999). *Stress and emotion: A new synthesis*. New York: Springer.

Lazarus, R. S., & Folkman, S. (1984). *Stress, appraisal, and coping*. New York: Springer.

Liberman, R. P., Eckman, T., & Marder, S. R. (2001). Training in social problem solving among persons with schizophrenia. *Psychiatric Services, 52*, 31-33.

Londahl, E. A., Tverskoy, A., & D'Zurilla, T. J. (2005). The relations of internalizing symptoms to conflict and interpersonal problem solving in close relationships. *Cognitive Therapy and Research, 29*, 445-462.

Mahoney, M. J. (1974). *Cognition and behavior modification*. Cambridge, MA: Ballinger.

Malouff, J. M., Thorsteinsson, E. B., & Schutte, N. S. (2007). The efficacy of problem solving therapy in reducing mental and physical health problems: A meta-analysis. *Clinical Psychology Review, 27*, 46-57.

Maydeu-Olivares, A., & D'Zurilla, T. J. (1995). A factor analysis of the Social Problem-Solving Inventory using polychoric correlations. *European Journal of Psychological Assessment, 11*, 98-107.

Maydeu-Olivares, A., & D'Zurilla, T. J. (1996). A factor-analytic study of the Social Problem-Solving Inventory: An integration of theory and data. *Cognitive Therapy and Research, 20*, 115-133.

Maydeu-Olivares, A., Rodríguez-Fornells, A., Gómez-Benito, J., & D'Zurilla, T. J. (2000). Psychometric properties of the Spanish adaptation of the Social Problem-Solving Inventory—Revised (SPSI-R). *Personality and Individual Differences, 29*, 699-708.

McGuire, J. (2005). The Think First programme. In M. McMurran & J. McGuire (Eds.), *Social problem solving and offending: Evidence, evaluation and evolution* (pp. 183-206). Chichester, UK: Wiley.

McGuire, J., & Hatcher, R. (2001). Offense-focused problem solving: Preliminary evaluation of a cognitive skills program. *Criminal Justice and Behavior, 28*, 564-587.

McMurran, M., Egan, V., & Duggan, C. (2005). Stop & Think!: Social problem-solving therapy with personality-disordered offenders. In M. McMurran & J. McGuire (Eds.), *Social problem solving and offending: Evidence, evaluation and evolution* (pp. 207-220). Chichester, UK: Wiley.

McMurran, M., & McGuire, J. (Eds.) (2005). *Social problem solving and offending: Evidence, evaluation and evolution*. Chichester, UK: Wiley.

Mishel, M. H., Belyea, M., Gemino, B. B., Stewart, J. L., Bailey, D. E., Robertson, C., et al. (2002). Helping patients with localized prostate carcinoma manage uncertainty and treatment side effects: Nurse delivered psychoeducational intervention over the telephone. *Cancer, 94*, 1854-1866.

Mynors-Wallis, L. M., Gath, D. H., Day, A., & Baker, F. (2000). Randomised controlled trial of problem solving treatment, antidepressant medication, and combined treatment for major depression in primary care. *British Medical Journal, 2*, 26-30.

Nezu, A. M. (1986a). Effects of stress from current problems: Comparisons to major life events. *Journal of Clinical Psychology, 42*, 847-852.

Nezu, A. M. (1986b). Negative life stress and anxiety: Problem solving as a moderator variable. *Psychological Reports, 58*, 279-283.

Nezu, A. M. (1986c). Efficacy of a social problem-solving therapy approach for unipolar depression. *Journal of Consulting and Clinical Psychology, 54*, 196-202.

Nezu, A. M. (1987). A problem-solving formulation of depression: A literature review and proposal of a pluralistic model. *Clinical Psychology Review, 7*, 121-144.

Nezu, A. M. (2004). Problem solving and behavior therapy revisited. *Behavior Therapy, 35*, 1-33.

Nezu, A. M., & D'Zurilla, T. J. (1989). Social problem solving and negative affective conditions. In P. C. Kendall & D. Watson (Eds.), *Anxiety and depression: Distinctive and overlapping features* (pp. 285-315). New York: Academic Press.

Nezu, A. M., & Nezu, C. M. (2006). Problem solving to promote treatment adherence. In W. T. O'Donohue & E. Livens (Eds.), *Promoting treatment adherence: A practical handbook for health care providers* (pp. 135-148). New York: Sage.

Nezu, A. M., Nezu, C. M., & D'Zurilla, T. J. (2007). *Solving life's problems: A 5-step guide to enhanced well-being*. New York: Springer.

Nezu, A. M., Nezu, C. M., Faddis, S., DelliCarpini, L. A., & Houts, P. S. (1995, November). *Social problem solving as a moderator of cancer-related stress*. Paper presented to the Association for Advancement of Behavior Therapy, Washington, DC.

Nezu, A. M., Nezu, C. M., Felgoise, S. H., McClure, K. S., & Houts, P. S. (2003a). Project Genesis: Assessing the efficacy of problem-solving therapy for distressed adult cancer patients. *Journal of Consulting and Clinical Psychology, 71*, 1036-1048.

Nezu, A. M., Nezu, C. M., Felgoise, S. H., & Zwick, M. L. (2003b). Psychosocial oncology. In I. B. Weiner (Editor-in-Chief) & A. M. Nezu, C. M. Nezu, & P. A. Geller (Eds.), *Handbook of psychology: Vol. 9. Health psychology* (pp. 267-292). New York: Wiley.

Nezu, A. M., Nezu, C. M., Friedman, S. H., Faddis, S., & Houts, P. S. (1998). *Helping cancer patients cope: A problem-solving approach*. Washington, DC: American Psychological Association.

Nezu, A. M., Nezu, C. M., & Perri, M. G. (1989). *Problem-solving therapy for depression: Therapy, research, and clinical guidelines*. New York: Wiley.

Nezu, A. M., Nezu, C. M., Saraydarian, L., Kalmar, K., & Ronan, G. F. (1986). Social problem solving as a moderator variable between negative life stress and depressive symptoms. *Cognitive Therapy and Research, 10*, 489-498.

Nezu, A. M., & Perri, M. G. (1989). Social problem solving therapy for unipolar depression: An initial dismantling investigation. *Journal of Consulting and Clinical Psychology, 57*, 408-413.

Nezu, A. M., Perri, M. G., & Nezu, C. M. (1987, August). *Validation of a problem-solving/stress model of depression*. Paper presented at the American Psychological Association Convention, New York, NY.

Nezu, A. M., Perri, M. G., Nezu, C. M., & Mahoney, D. J. (1987, November). *Social problem solving as a moderator of stressful events among clinically depressed individuals*. Paper presented at the Association for Advancement of Behavior Therapy Convention, Boston, MA.

Nezu, A. M., & Ronan, G. F. (1985). Life stress, current problems, problem solving, and depressive symptomatology: An integrative model. *Journal of Consulting and Clinical Psychology, 53*, 693-697.

Nezu, C. M., D'Zurilla, T. J., & Nezu, A. M. (2005). Problem-solving therapy: Theory, practice, and application to sex offenders. In M. McMurran & J. McGuire (Eds.), *Social problem solving and offenders: Evidence, evaluation and evolution* (pp. 103-123). Chichester, UK: Wiley.

Nezu, C. M., Nezu, A. M., Dudek, J. A., Peacock, M., & Stoll, J. (2005). Social problem-solving correlates of sexual deviancy and aggression among adult child molesters. *Journal of Sexual Aggression, 11*, 27-36.

Nezu, C. M., Nezu, A. M., Heilbrun, K., Clair, M., & DiFrancisco, M. (2009). *Problem-solving therapy for sexual offenders: A randomized clinical trial*. Manuscript submitted for publication.

Nezu, C. M., Palmatier, A., & Nezu, A. M. (2004). Social problem-solving training for caregivers. In E. C. Chang, T. J. D'Zurilla, & L. J. Sanna (Eds.), *Social problem solving: Theory, research, and training* (pp. 223-238). Washington, DC: American Psychological Association.

Perri, M. G., Nezu, A. M., McKelvey, W. F., Schein, R. L., Renjilian, D. A., & Viegener, B. J. (2001). Relapse prevention training and problem-solving therapy in the long-term management of obesity. *Journal of Consulting and Clinical Psychology, 69*, 722-726.

Provencher, M. D., Dugas, M. J., & Ladouceur, R. (2004). Efficacy of problem-solving training and cognitive exposure in the treatment of generalized anxiety disorder: A case replication series. *Cognitive and Behavioral Practice, 11*, 404-414.

Sadowski, C., Moore, L. A., & Kelley, M. L. (1994). Psychometric properties of the Social Problem-Solving Inventory (SPSI) with normal and emotionally disturbed adolescents. *Journal of Abnormal Child Psychology, 22*, 487-500.

Sahler, O. J. Z., Fairclough, D. L., Phipps, S., Mulhern, R. K., Dolgin, M. J., Noll, R. B., et al. (2005). Using problem-solving skills training to reduce negative affectivity in mothers of children with newly diagnosed cancer: Report of a multisite randomized trial. *Journal of Consulting and Clinical Psychology, 73*, 272-283.

Sahler, O. J. Z., Varni, J. W., Fairclough, D. L., Butler, R. W., Noll, R. B., Dolgin, M. J., et al. (2002). Problem-solving skills training for mothers of children with newly diagnosed cancer: A randomized trial. *Developmental and Behavioral Pediatrics, 23*, 77-86.

Siu, A. M. H., & Shek, D. T. L. (2005). The Chinese version of the Social Problem-Solving Inventory: Some initial results on reliability and validity. *Journal of Clinical Psychology, 61*, 347-360.

Ström, L., Petterson, R., & Andersson, G. (2000). A controlled trial of self-help treatment of recurrent headache conducted via the internet. *Journal of Consulting and Clinical Psychology, 68*, 722-727.

Toobert, D. J., Glasgow, R. E., Barrera, M., & Bagdade, J. (2002). Enhancing support for health behavior change among women at risk for structure heart disease: The Mediterranean Lifestyle Trial. *Health Education and Research, 17*, 547-585.

Tverskoy, A., Londahl, E. A., & D'Zurilla, T. J. (2007). *The role of social problem solving in the relationship between conflict and aggression in close relationships. Unpublished manuscript.* Department of Psychology, Stony Brook University, NY.

Wade, S. L., Wolfe, C., Brown, T. M., & Pestian, J. P. (2005). Putting the pieces together: Preliminary efficacy of a Web-based family intervention for children with traumatic brain injury. *Journal of Pediatric Psychology, 30*, 437-442.

Weinberger, M., Hiner, S. L., & Tierney, W. M. (1987). In support of hassles as a measure of stress in predicting health outcomes. *Journal of Behavioral Medicine, 10*, 19-31.

Williams, J. W,. Barrett, J., Oxman, T., Frank, E., Katon, W., Sullivan, M., et al. (2000). Treatment of dysthymia and minor depression in primary care: A randomized controlled trial in older adults. *Journal of the American Medical Association, 284*, 1519-1526.

CHAPTER 8

합리적 정서행동치료

Windy Dryden
Daniel David
Albert Ellis

합리적 정서행동치료(Rational Emotive Behavior Therapy: REBT)는 Ellis(1977)에 의해 1955년에 창시되었다. 이처럼 REBT는 이 책에 포함된 다른 인지행동치료처럼 오랜 역사를 갖고 있다. 당시 새로운 치료 시스템의 많은 창시자와 마찬가지로 Ellis는 효과적이고 효율적인 치료 시스템으로서 전통적 정신분석 치료에 대해 점점 더 환멸을 느끼기 시작했다. 이러한 환멸이 REBT의 창시에 일부 기여하긴 했으나 이와 관련된 다른 영향도 찾아볼 수 있다. Ellis는 오랫동안 철학에 관심을 가졌고, 특히 Epictetus와 Marcus Aurelius 같은 스토아 학파 철학자의 저서에 영향을 받았다. 자주 인용되는 Epictetus의 '사람은 사건에 의해서가 아니라 그 사건에 대한 그들의 관점 때문에 고통받는다.'라는 문구는 심리장애를 설명함에 있어 철학적 요인이 정신분석과 정신역동적 요인보다 중요하다는 Ellis의 관점을 함축하고 있다. 이러한 유명한 말의 오늘날 버전인 '사람은 대상에 대해 지니고 있는 경직되고 극단적인 신념에 의해 고통받는다.'라는 말은 정신병리의 근원을 이해하는 데 있어 REBT 이론이 경직되고 극단적인 신념에 핵심적인 역할을 부여한다는 것을 보여 준다.

Ellis의 사상에는 스토아 학파의 영향 이외에도 다른 철학자의 영향을 찾아볼 수 있다. 예를 들어, Ellis(1981a)는 특히 순수이성비판에서 주장하는 인식과 관념의 강점과 한계에 관한 Kant의 저작에 영향을 받았다. Ellis는 REBT가 과학의 논리 경험적인 방법에 기초한다고 주장했고, 이런 점에서 George Kelly(1955)와 뜻을 함께하며, REBT 치료 시스템의 철학적 사상의 핵심 요소를 만드는 데 Popper(1959, 1963)와 Reichenbach(1953)의 저작에 뚜렷한 영향을 받았음을 강조했다.

REBT는 윤리적 인본주의의 교리와 매우 일치한다(Russell, 1930, 1965). 더욱이 REBT는 분명한 실존적 근원을 따른다. Ellis는 이런 점에서 특히 Paul Tillich(1953)의 주장에 영향을 받았다고 한다. 다른 실존주의자(예, Heidegger, 1949)처럼 REBT 이론가는 인간이 '그들 세계의 중심이고(하지만 우주의 중심은 아닌), 자신의 정서적 영역에 대한 선택의 힘을 갖는다(하지만 제한 없는 선택은 아닌).'(Dryden & Ellis, 1986, p. 130)라는 데 동의한다. Ellis(1984a)는 REBT가 ① 사람이 그들의 개성, 자유, 자기관심, 자기통제 등을 극대화하는 데 도움이 되며, ② 관여하고, 전념하며, 선별적으로 사랑하며 살도록 돕는다. 그렇기 때문에 REBT는 개인 및 사회적 관심을 촉진하려고 애쓴다(p. 23)는 점에서 대단히 인간 중심적이라고 주장했다.

Ellis 자신은 무신론적 가치를 지지했으나 많은 합리적 정서행동 이론가와 임상가는 종교적 신앙심을 존중한다(예, Hauck, 1972; Powell, 1976). REBT는 종교 그 자체를 반대하지는 않는다. REBT는 심리장애의 핵심에 자리 잡고 있다고 여겨지는 교리적이고 경직된 종교적 신념, 즉 '광적 종교성'을 거부한다(Ellis, 1983a). 실상 REBT는 죄인은 용서하지만(보다 정확히 말하자면, 수용하지만) 죄는 용서하지 않는다는 기독교 철학의 관점을 공유한다.

마지막으로 Ellis의 사상은 심리적 과정이 우리가 사용하는 과잉일반화와 부주의한 언어에 의해 상당 부분 결정된다고 주장하는 일반 의미론자의 연구에 영향을 받았다. Korzybski(1933)처럼 Ellis는 우리의 사고와 언어의 오류를 수정하는 것이 정서와 행동에 막대한 영향을 미친다고 보았다.

Ellis는 REBT의 창시가 (1959년 이전의) 심리학자보다 철학자의 업적 덕분이었다고 주장했지만, 실상 그는 많은 심리학자의 저서에 영향을 받았다. Ellis는 원래 Karen Horney school에서 정신분석적 방법을 훈련받았다. '당위의 폭정(tyranny of the shoulds)'에 관한 Horney(1950) 사상의 영향은 REBT의 개념적 틀에서 분명하게 드러난다. 하지만 Horney는 이러한 사고양식이 신경증적 문제의 발생과 유지에 상당한 영향을 미친다고 보았지만 Ellis와 다르게 이러한 인지의 교리적이고 절대적인 특성을 강조하지 않았다. 더욱이 Horney는 심리장애에 대해 '당위'가 폭압적 효과를 갖는다고 보았으나 REBT 치료자와 다르게 그것에 도전하거나 그것을 변화시킴으로써 사람들을 돕기 위한 적극적이고 능동적인 입장을 취하지 않았다.

Ellis(1973)는 REBT가 생각으로부터 행동이 발생한다고 본 Adler(1927) 사상의 영향이 크다고 기술했다. 심리장애에서 열등감의 역할을 강조한 Adler의 개념은 자기평가라는 개념에 근거한 자아 불안이 인간의 근본적인 장애를 초래한다고 본 Ellis의 관점을 이끌었다. 또한 REBT는 Adler(1964)와 마찬가지로 심리적 건강에 사회적 관심이 결정적임을 강조하였다. REBT에 대한 아들러 학파의 또 다른 영향으로는 인간이 목표, 목적, 가치, 의미에 의존한다는 것을 중시한 점, 능동적 · 지시적 가르침에 대한 강조, 인지적 · 설득적 치료법 사용, 치료회기 중 청중 앞에서 주체자로서 생생한 시범을 보이는 교육 방법 등이 있다. 하지만 REBT가 심리장애를 설명하는 데 있어 생물학적 기원을 강조하긴 하나(Ellis, 1976), 초기 아동기 경험의 역할과 출생순위를 덜 강조한다는 점에서 아들러 학파 치료와 다르다. 더욱이 Adler는 인지의 여러 양식을 구별하지 않았고 심리장애에 대한 REBT 관점의 핵심 요소인 절대적 '당위(must)'에 대해 언급하지 않았다. 마지막으로 Adler가 행동적 기법을 사용하지 않았던 것과 달리, REBT는 다수의 구체적인 인지기법과 행동기법 모두를 권장한다(Dryden, 1984; Ellis, 1998).

Ellis가 1950년대 중반에 이른바 '합리적 심리치료'라는 것을 처음 발표했을 때, 그는 정신분석적 치료와의 차이를 강조하기 위해 치료의 인지적 · 철학적 측면을 중시했다. 이러한 입장은 사실과 다르게 합리적 심리치료가 내담자의 정서를 무시한다는 비판을 야기했다. 결과적으로 1961년 Ellis는 자신의 접근을 합리적 정서치료(rational emotive therapy: RET)로 이름을 바꾸고, 이 명칭을 1993년까지 사용하다가 RET가 내담자의 행동을 무시한다는 비판에 따라 '합리적 정서행동치료'라는 이름으로 다시 바뀌게 된다(Ellis, 1993a). 하지만 REBT는 능동적인 행동기법의 사용을 언제나 지지해 왔고, Ellis는 초기 행동치료의 선구자가 자신의 사상과 치료기법에 미친 영향을 인정했다. 또한 처음부터 REBT는 새롭게 습득한 치료적 통찰을 자기 삶의 상황에서 실천하도록 내담자를 격려하기 위해 숙제를 적극적이고 체계적으로 사용해 왔다. Ellis는 성 및 부부 상담가로서의 초기 작업, 여성에게 접근하는 것과 대중 앞에서 연설하는 것에 대한 자신의 초기 불안을 극복하는 과정, 숙제의 사용을 지지한 Herzberg(1945)

의 선구적 작업을 통해 숙제의 중요성을 깨달았다.

심리치료의 발달 역사를 공부하는 학생이라면 Ellis가 REBT를 창시한 비슷한 시기에 많은 다른 치료자가 각기 독립적으로 인지행동적 강조점을 지닌 치료 시스템을 개발했다는 것을 알게 되면 흥미로워할 것이다(Eric Berne, George Kelly, Abraham Low, E. Lakin Phillips와 Julian Rotter). 물론 이 책에 실려 있는 것처럼 REBT만이 오늘날 주요 CBT로 인정받고 있다.

기초 이론

REBT는 ① 인간의 본성, 심리적 건강, 그리고 심리장애, ② 심리장애의 획득, ③ 그러한 장애가 지속되는 방식에 관한 관점을 가지고 있다. 먼저 이에 대해 논의한 후 REBT의 치료적 변화 이론을 검토하고 마지막에는 REBT와 다른 CBT의 이론을 비교하고자 한다.

인간관

REBT 이론은 인간을 다양한 목표와 목적을 수립하고 그것을 추구하는 강한 경향을 지닌 복합적이고 생물학적인 유기체라고 본다. 개개인을 행복하게 하는 원인을 매우 다르다 하더라도 가치를 부여한 목표를 수립하고, 그것을 추구한다는 사실은 인간이 자신의 삶에 의미를 부여하기 위해 노력한다는 것을 보여 준다. 따라서 인간은 생존하고, 적극적으로 행복을 추구하는 것이 주요 목표인 쾌락주의자(hedonistic)라고 할 수 있다. 이러한 점에서 인간은 한층 더 자기관심과 사회적 관심 모두를 충족시키는 것과 관련된 과업을 소유한 존재로 여겨진다.

'합리적'이라는 말의 의미가 사실적이고 논리적이며, 합리적인 것이 사람의 기본적인 장기 목표와 목적을 성취하게 한다는 점에서 합리성 개념은 사람들을 이해하는 데 핵심적이다. REBT 이론은 사람이 자신의 단기 목표를 충족시키려 하지만 근본적인 목표와 목적을 성취하려 한다면 장기적 쾌락주의의 철학을 채택해야 한다고 본다. 결과적으로 '비합리적'이라는 것은 잘못되고 비논리적인 것이며, 사람이 그들의 기본적인 장기적 목표와 목적을 성취하는 것을 저해하거나 가로막는 것이다. 따라서 이러한 목표 달성을 돕거나 저해하는 것은 스스로가 처한 특정한 상황에서의 개개인에게 달려 있기 때문에 REBT 이론에서 합리성은 절대적 의미로 정의되지 않는다.

REBT 이론이 인간 기능에 있어 인지 요인의 역할을 강조하지만, 인지, 정서, 행동은 분리된 심리적 과정이 아니라 매우 상호의존적이고 상호작용하는 과정이라 할 수 있다. 따라서 '인지가 정서를 야기한다.'라는 진술은 심리학적 분리주의의 오류를 강조하는 경향이 있다. REBT의 유명한 'ABC'에서 A는 전통적으로 '선행' 사건(activating event)(즉, 한 개인의 신념을 활성화시키는 상황의 측면), B는 그러한 측면에 관해 한 개인이 지닌 신념(belief), 그리고 C는 B로부터 야기되는 정서적 · 행동적 · 인지적 결과(consequence)를 의미한다. 특정 신념을 고수하는 것은 인간의 추론과 추구하는 환경에 영향을 미치는 경향이 있다. 신념은 우리의 정서와 행동에 영향을 미치며, 우리가 느끼고 행동하는 방식은 우리의 신념에 상호적으로 영향을 미친다. 우리의 정서적 · 행동적 반응은 환경을 구성하여 그 환경에 대한 지각을 왜곡함으로써 결과적으로 정서적 · 행동적 레퍼토리를 제약한다(예, 자기충족적 예언 효과). 따라서 중첩되는 REBT 이론은 개인이 자신의 사회적 · 물리적 환경과 끊임없이 상호작용하면서 심리내적인 과정을 가지고 있다고 본다. 그렇다 하더라도 우리는 A와 C의 관계는 거의 항상 B에 의해 매개되어 의식적 및 무의식적 정보 처리/계산이 이루어진다는 것을 강조한다. 그래서 C는 후인지적(postcognitive)이다. 물론 정서(C)는 A로써 작동하므로 전인지적(precognitive)이라고 할 수도 있는데(즉, 정서는 신념 전에 나타난다), 이는 단지 오해일 뿐이다. 왜냐하면 A로 인한 정서는 그 이전 시점에서 만들어진 것이며, 정서의 발생에 연관되는 계산적 요소(즉, 의식적 혹은 무의식적 정보 처리)가 정서를 사후인지적으로 만들기 때문이다.

Ellis(1976, 1979a)는 인간이 주요한 두 가지 생물학적 경향성을 가지고 있음을 강조했다. 첫째로 인간은 비합리적으로 사고하는 강한 경향성을 갖는다. 합리적 정서행동치료에 따르면, 인간은 자신의 강렬한 선호를 헌신적인 절대적 요구로 변화시킴으로써 대단한 편안함을 느낀다(심리적 경직성, 경직된/절대적 사고). Ellis(1984a)는 사회적 영향이 이러한 과정에 작용함을 알았으나, 그는 "모두가 가장 합리적인 교육을 받아 왔다고 한들 실제적으로 모든 인간은 종종 자신의 개인적이고 사회적인 선호를 ① 그 자신, ② 다른 사람, 그리고 ③ 그를 둘러싼 우주에 대한 절대적 요구로 바꿔 놓는다."(p. 20)는 사실에 주목했다. Ellis(1976, 1979b)는 인간 비합리성의 생물학적 기반에 관한 그의 가설이 대부분 현대 진화심리학과 관련되는 다음의 증거에 의해 지지된다고 주장했다(Buss, 2001; Cosmides & Tooby, 2006).

- 실제적으로 영리하고 유능한 사람을 포함한 모든 인간은 주요한 인간 비합리성에 관한 증거를 나타낸다.
- 실제적으로 모든 장애-생성적 비합리성은 역사적이고 인류학적으로 연구된 모든 사회 · 문화적 집단에서 나타난다.
- 꾸물거림이나 자기절제의 결핍과 같은 많은 비합리적 행동은 부모, 친구, 대중매체의 가르침과는 상반되는 것이다.
- 영리하고 유능한 사람도 종종 예전 것을 버린 후에도 또 다른 비합리성을 취한다.
- 다양한 종류의 비합리적 행동에 필사적으로 저항하는 사람도 종종 이러한 비합리성의 희생자가 된다. 즉, 무신론자와 불가지론자[1]가 광신적이고 절대적인 철학을 보이고 매우 종교적인 사람이 부도덕하게 행동한다.
- 비합리적 사고와 행동에 대한 통찰은 그것을 부분적으로만 바뀌게 한다.
- 비합리적 행동 패턴을 극복하기 위해 노력했다고 하더라도 인간은 종종 제자리로 되돌아간다.
- 사람은 종종 자기향상적 행동보다 자기패배적 행동을 배우는 것이 더 쉽다는 것을 알게 된다.
- 합리성의 훌륭한 역할모델이 되어야 할 심리치료자는 종종 자신의 개인적 · 전문적 삶에서 비합리적으로 행동한다.
- 사람은 자신에게 나쁜 경험(예, 이혼, 스트레스, 다른 불행)이 일어나지 않을 것이라고 착각하고 있다.

이러한 가설 때문에 REBT가 부정적인 인간관을 가지고 있다는 인상을 줄 수도 있

1) 불가지론(不可知論, Agnosticism)은 몇몇 명제(대부분 신의 존재에 대한 신학적 명제)의 진위 여부를 알 수 없다고 보는 철학적 관점, 또는 사물의 본질은 인간에게 있어서 인식 불가능하다는 철학적 관점이다.
출처: http://ko.wikipedia.org/wiki/불가지론

다. 그러나 인간이 자신의 사고에 관해 생각할 수 있는 능력과 자신의 비합리적 사고를 변화시키는 작업을 선택할 수 있는 힘을 기르는 능력을 모두 가지고 있다는 두 번째 기본적인 생물학적 경향성의 존재를 강조한다. 즉, 사람은 결코 비합리적 사고 경향성의 노예가 아니다. 그들은 인지, 정서, 행동적 방법을 통해 그러한 사고를 변화시키기 위한 능동적 선택과 지속적 노력을 통해 비합리적 사고의 영향력을 초월하려고 한다. REBT의 전반적인 인간관은 꽤 낙관적이다.

REBT는 인간이 본래 오류에 빠지기 쉽고 대개 완벽할 수 없다고 본다. 인간은 '선천적으로' 오류를 만들고, 종종 장기 목표를 추구하는 도중에도 자신을 좌절시키고 가로막는다. 따라서 치료를 통해 오류를 범할 수 있는 자신의 특성을 수용하고, 완벽주의에 관한 자생적 요구 및 그러한 요구에 수반되는 자기비하에 도전하도록 격려한다. REBT는 인간이 또한 항상 변화무쌍한 복잡한 유기체임을 강조한다. 이처럼 REBT 이론은 인간이 생각하고 느끼고 행위하는 방식을 변화시키기 위해 자신이 직면하는 많은 기회를 활용하는 높은 잠재력을 지니고 있다고 간주한다.

REBT는 심리치료에 대한 구성주의적 접근으로서 사람의 선호가 그들의 교육과 문화에 영향을 받기는 하나 자신의 소망이 충족되지 않으면 사람은 그러한 상황 속에서 비합리적 신념을 구성하여 스스로를 고통스럽게 한다고 본다. 하지만 REBT는 모든 구성이 동등하게 생명력이 있다고 주장하는 구성주의적 접근에 반대하는데, 왜냐하면 REBT 이론은 몇몇 합리적 구성이 다른 구성보다 현실에 더 일관되고, 더 이성적이며 더 기능적이라고 보기 때문이다. REBT의 주요 목적은 비합리적 구성에 대한 선호를 합리적인 구성으로 바꾸도록 내담자를 돕는 것이다. [그림 8-1]은 Corsini(1977)가 주장한 열 가지 성격 차원에 대한 REBT의 기준을 보여 준다. 일방향 화살표(← 혹은 →)는 REBT의 이론적 기초에서 강조되는 한 극단을 가리킨다. 이러한 표시는 REBT 이론이 차원의 양 극단을 동등하게 포함하고 있음을 나타낸다.

심리장애와 심리적 건강의 특성

심리장애

REBT 이론은 실제 사건과 추론된 사건에 관한 경직된 평가적 신념(즉, 심리적 경직성)을 만들고 고수하는 인간의 경향성이 심리장애의 핵심이라는 입장이다. 이러한 신념(즉, 평가)은 '반드시' '당연히' '꼭' '마땅히'와 같은 교리적 형식으로 나타난다. Ellis(1983a)는 이러한 절대적 인지가 그가 주장한 교리적 광신의 철학적 핵심으로서, 인간의 정서적 · 행동적 장애의 중심 요소라고 주장했다. 하지만 절대적인 '당위성'이 언제나 심리장애를 야기하지는 않는데, 왜냐하면 자신이 모든 중요한 과제에서 성공해야 한다고 독실하게 믿으며, 그런 측면에서 성공할 것이라는 자신감을 갖고, 실제로 그것들에서 성공함으로써 심리장애를 경험하지 않을 수도 있기 때문이다. 하지만 그러한 개인은 장애에 여전히 취약한데, 왜냐하면 미래에 실패할 가능성은 언제나 있기 때문이다. 따라서 REBT 이론은 언제나 그런 것은 아니지만 절대적이고 경직된 철학이 빈번하게 장애를 야기한다고 주장한다. 이런 식으로 REBT는 인간의 장애의 특성에 대한 관점에 있어서는 반(反)절대적 입장을 취한다.

REBT 이론은 또한 인간이 요구(demand)의 철학 혹은 '당위성(musturbation)'을 고수하는 경우 그러한 당위(must)의 파생물이라 할 수 있는 많은 극단적 결론에 도달하게 되는 경향이 있을 것이라는 입장이다. 이러한 파생물은 비합리적인 것으로 여겨지는데, 왜냐하면 그것은 거짓이고 비논리적이며 극단적이고 개인의 기본적 목표와 목적을 방해하는 경향이 있기 때문이다. '파국화(awfulizing)'는 사건이 100% 이상으로 나쁜 것이거나 발생할 수 있는 최악—'이것은 그렇게 나쁘지 않아야 해.'라는 신념으로부터 기원하는 정말로 과장되고 마술적인 결론—이라고 평가될 때 발생한다. '낮은 좌절 인내력(low frustration tolerance: LFT)'은 발생해서는 안 되는 사건 혹은 위협이 실제로 발생할 때 자신이 그것을 견디지 못할 것이고, 그렇게 되면 어떤 행복도 전혀 경험할 수 없다고 믿는 것을 의미한다. '평가절하(depreciation)'는 하지 말아야 될 어떤 것을 한다든지 해야만 하는 것에서 실패하게 될 때 자신과 타인을 평균 이하의 인간 혹은 가치 없는 인간으로 평가하는 경향성이다. 평가절하는 개개인이 반드시 지녀야 하는 것

계산될 수 있고 셀 수 있는 명백하고 관찰 가능한 행동에 초점을 둔다.	객관적	⟶	주관적	말로 표현할 수 없는 자기에 관한, 내적인 개인적 삶에 관심을 둔다.
개인은 전체를 이루기 위해 한데 모아지는 부분, 기관, 단위, 요소로 구성된 것으로 여겨진다.	요소주의적	⟶	전체론적	개인은 명확한 통일성과 전체의 구성요소로서의 부분을 가지고 있는 것으로 여겨진다. 개인은 나누어질 수 없는 것으로 여겨진다.
비개인적 이론은 일반적(impersonal)이고 통계에 기반하며 개인보다 일반성을 고려한다. 이것은 집단 규준에 기반한다.	일반적	⟶	개인적	개인적 이론은 문자 그대로 한 사람을 다룬다.
행동의 단위에 대한 측정에 초점을 둔다.	양적	⟶	질적	행동은 정확하게 측정되기에 너무 복잡한 것으로 여겨진다.
개인은 학습자가 아니라 본능으로 충만하고 유전에 의해 결정된 일반성에 근거하는 단일 반응자로 여겨진다.	정적	⟶	역동적	개인은 행동과 의식, 의식과 무의식 간에 상호작용하는 학습자로 여겨진다.
개인은 주로 생물학적 기반을 가진다.	내생적	⟵	외생적	개인은 사회적이고 환경적인 요인에 의해 주로 영향을 받는다.
개인은 사회, 유전, 혹은 둘 모두에 의해 결정되는 존재로서 자신의 행동에 책임이 없는 것으로 여겨진다.	결정론적	⟶	비결정론적	개인은 기본적으로 자기만의 주도성을 가진 존재로 여겨진다. 통제소재는 개인 내에 있고 예측은 전적으로 불가능하다.
개인은 과거에 타고났거나 학습된 존재로 여겨진다.	과거	현재/미래	미래	개인은 미래 목표에 대한 자신의 기대에 의해 설명되는 것으로 여겨진다.
개인은 정서적 기반 위에서 움직이며, 감성이 지성을 수반하는 것으로 본다.	정서적	⟷	인지적	개인은 근본적으로 합리적이고, 지성이 감성을 수반하는 것으로 본다.
개인은 합리적이라 여겨지고 자신의 자각 범위 내 요인에 의해 영향받는다.	의식적	⟷	무의식적	개인은 자각 수준 밑에서 상당한 투자를 하는 존재로 여겨진다.

그림 8-1 열 가지 성격 차원상에서 기술된 합리적 · 정서적 치료(Corsini, 1977)

과 삶의 조건을 얻는 데 실패할 경우, 자신을 '하찮은' 존재로 평가하는 것에도 적용될 수 있다. 일부 이론가는 전반적 평가와 긍정적인 평가 모두의 문제적 측면을 나타내기 위해 '전반적 평가(global evaluation)'라는 용어를 사용한다.

Ellis(1984a)는 파국화, 낮은 좌절 인내력(LFT), 평가절하를 '당위(must)'의 철학에서 유래한다는 이유로 이차적인 비합리적 과정이라고 주장했지만, 이들이 때로는 일차적 비합리적 과정일 수도 있다. 실제로 Wessler(1984)는 그것들이 보다 일차적일 수 있고, '당위성'이 종종 그것들로부터 파생된다고 주장했다. 하지만 최근의 경험적 연구는(DiLorenzo, David, & Montgomery, 2007) 요구성(demandingness)[2]이 일차적인 비합리적 평가 과정이고, 파국화, 낮은 좌절 인내력(LFT), 평가절하는 이차적인 비합리적 평가 과정이라는 생각을 지지한다. 그럼에도 불구하고 요구성은 여전히 초기 평가에 뒤따르는 재평가 과정(즉, 메타인지)[3]의 일환으로서 다른 비합리적 과정에 뒤따를 수 있다(David, 2003; Lazarus, 1991 참조). 따라서 모든 가능한 상호의존적 과정 속의 한편에는 '당위성'의 철학이, 다른 한편에는 파국화, 낮은 좌절 인내력(LFT), 평가절하가 있어 종종 동일한 인지적 과정의 각기 다른 측면인 것처럼 보인다.

요약하면, REBT 이론은 인간의 심리장애를 자아장애(ego disturbance)와 불편감장애(discomfort disturbance) 두 가지 주요 범주로 구분한다(Ellis, 1979b, 1980a). '자아장애'란 개인이 자기, 타인, 세상에 대한 경직된 요구를 만들어 낸 결과로 스스로를 평가절하하는 것을 말한다. '불편감장애'는 개인이 요구를 만들어 내고, 그러한 요구를 편안함과 편안한 삶의 상태가 지속되어야 한다는 신념을 반영하는 것이다.

Ellis(1984a, 1985a)는 인간이 장애를 겪을 때 수많은 종류의 비논리적 가정을 만들어 낸다는 것에 주목했다. 이런 점에서 REBT는 이와 같은 인지적 왜곡이 심리장애의 특징이라는 인지치료자의 초기 주장(예, Beck, Rush, Shaw, & Emery, 1979; Burns, 1980)에 동의한다. 하지만 REBT 이론은 그러한 왜곡이 거의 항상 '당위성'으로부터

---

2) 어떤 일이 반드시 일어나거나 반드시 일어나지 않아야 한다거나, 성공이나 사랑 혹은 인정과 같은 어떤 조건이 절대적으로 필요하다는 식의 당위성을 가리킨다.

3) 자신의 인지 또는 사고에 관한 지식과 자신의 인지 또는 사고에 관한 조절 및 조정의 두 가지 측면을 포함하는 인지를 말한다. 전자는 자신의 사고상태와 내용, 능력에 대해 알고 있는 지식(초인지적 지식)을 말하며, 후자는 문제해결 과정에 있어 계획하고, 적절한 전략을 선택 · 사용하고, 과정을 점검 · 통제하고, 결과를 반성 · 평가하는 사고기능(초인지적 기능)을 말한다.
출처: http://www.cogpsych.org/dict/

발생한다고 본다(〈표 8-1〉 참조). Abelson과 Rosenberg(1958)는 평가(뜨거운)와 지식(차가운)을 구분하기 위해 '뜨거운' 인지와 '차가운' 인지라는 용어를 소개했다. '차가운 인지'라는 용어는 사람이 관련된 환경(즉, 활성화된 사건들)을 표상(즉, 정확하거나 왜곡된 추론의 서술)하는 방식을 가리키는 데 반해, '뜨거운 인지'는 사람이 차가운 인지를 평가하고/판단하는 방식을 가리킨다(David, 2003). 따라서 특정 사건이 활성화되는 동안 그 사건에 관한 차가운 인지와 뜨거운 인지의 각기 다른 네 가지 상황이 존재한다(David, 2003에 근거). 즉, ① 왜곡된 표상/부정적으로 평가되지 않은 상황, ② 왜곡되지 않은 표상/부정적으로 평가되지 않은 상황, ③ 왜곡된 표상/부정적으로 평가된 상황, ④ 왜곡되지 않은 표상/부정적으로 평가된 상황이 있을 수 있다. 과거의 연구는 차가운 인지(예, 귀인 형식의 추론)가 정서와 강력하게 연관되어 있음(예, Schachter & Singer, 1962; Weiner, 1985)을 제안했으나 이제는 차가운 인지가 평가되지 않고 남아 있는 한 정서를 일으키기에는 불충분하다는 것이 일반적으로 받아들여지고 있다(David, 2003; Lazarus, 1991). 따라서 정서적 고통은 앞서 기술한 상황 3과 4에만 연관된다. REBT 임상가는 때때로 앞서 제시된 모든 비논리성과 내담자에게서 드물게 나타나는 비논리성을 발견한다 할지라도, 정서적 장애를 야기하는 비합리적 신념의 철학적 기초를 구성하는 무조건적인 '당연히' '마땅히' '반드시'에 특히 초점을 맞춘다. REBT 임상가는 내담자가 이러한 핵심 신념을 포기하고 이러한 신념으로부터 새로운 비합리적 파생물을 만들어 내는 것을 그만두도록 돕는다. 하지만 그들은 대개 내담자가 강력하고 지속적인 바람, 소망, 선호를 가지고 있으면서 고립, 철수, 관여 결핍의 감정에서 벗어나도록 격려한다(Ellis, 1984b, 1984c, 1994, 1996a). 더욱 중요하게, REBT는 비현실적이고 비논리적인 왜곡이 그 자체로서 정서적 장애를 초래하지 못한다고 본다. 사람은 자주 실패하기 때문에 언제나 실패해 왔고 실패할 것이라고 비현실적으로 생각할 수 있다. 하지만 두 경우 모두에서 그들은 합리적인 결론을 내릴 수 있다. 예를 들어, "아, 너무 아쉽네! 내가 자주 실패하기는 하는데, 뭐 꼭 성공해야 하는 것은 아니니까. 내가 잘하고 싶지만 꼭 잘해야 하는 것은 아니지. 결국 내가 계속 실패한다 해도 얼마든지 행복할 수 있어."라고 말할 수 있다.

다시 말해 REBT는 사람의 절대적 '당위성'과 실패, 거절당함, 다른 사람의 좋지 않은 대우, 삶의 좌절과 손실에 대한 요구성이 정서적 장애의 핵심을 구성한다고 본다. 그러므로 REBT는 치료자가 특히 내담자의 교리적이고 무조건적인 '당위성'을 찾아내고, 이것을 내담자의 선호와 구별하며, '당위성'을 버리고 내담자의 선호를 유지하는 방법을 가르치도록 격려한다는 점에서 다른 CBT와 구별된다(Dryden, 2008).

표 8-1 일반적인 인지 왜곡

- **흑백논리적 사고:** "절대로 실패하지 말아야 할 중요한 과제를 실패한다면, 나는 완전한 실패자가 되는 것이고 결코 사랑받지 못할 거야!"
- **결론으로 비약하는 것과 불합리한 부정적 추론:** "그러지 말았어야 할 상황에서 내가 엄청난 실수를 한 것을 사람이 봤지. 그러니까 그들은 나를 무능한 벌레처럼 바라볼 거야."
- **예언하기:** "사람은 내가 반드시 성공했어야만 한다고 기대했는데 그렇게 하지 못해서 나를 비웃었어. 사람은 날 영원히 경멸할 거야."
- **부정적인 것에 초점 맞추기:** "무언가 잘못되는 것은 절대로 옳지 않아. 난 그렇게 되는 것을 참을 수 없어. 내 인생에서 좋은 일은 일어나지 않아."
- **긍정성 평가절하:** "사람이 내가 했던 좋은 일에 대해 칭찬을 하는 것은 단지 나에게 친절하려 했던 것일 뿐이고, 내가 절대로 하지 말았어야 하는 일들에 대해서는 잊어버린 것일 뿐이야."
- **전부와 전무:** "삶이란 건 반드시 좋아야만 하는데 실제로는 너무나 나쁘고 힘들지. 삶은 항상 이런 식으로 돌아가. 그래서 난 절대로 행복해질 수 없어."
- **축소:** "내가 성취한 것은 순전히 운이 좋았기 때문이고 실제로 중요한 것도 아니었지. 하지만 내 실수는 절대로 일어나지 말았어야 할 것이었고, 너무나 나빠서 절대로 용서받을 수 없어."
- **정서적 추론:** "반드시 잘해야 했는데 너무 못해서 완전히 멍청이가 된 느낌이 들고, 이런 느낌이 드는 건 내가 정말 쓸모없는 인간이란 걸 증명해 주는 거야."
- **명명하기와 과잉일반화:** "내가 중요한 일에서 실패하지 말았어야 했는데 실패했기 때문에 나는 전적으로 낙오자이고 실패자야!"
- **개인화:** "내가 전적으로 그렇게 했어야만 하는 것보다 한참 뒤떨어지게 행동했기 때문에 그들이 나를 보며 웃었지. 나는 그들이 나를 비웃었다고 확신해. 그건 정말 끔찍한 일이야!"
- **위선주의:** "내가 해야 하는 것보다 잘하지 못했음에도 사람이 여전히 나를 칭찬하고 받아 준다면, 나는 정말 위선자야. 곧 내 실체가 드러나서 내가 얼마나 비열한지 알게 될 거야!"
- **완벽주의:** "내가 예전에 꽤 잘했다는 건 알아. 하지만 이번 것은 정말 완벽하게 잘했어야 했어. 그러니까 난 정말 무능한 놈이야!"

* REBT 이론은 이것들이 경직된 신념으로부터 파생되는 경향이 있다고 본다.

심리적 건강

경직된 신념이 대부분 심리장애의 핵심이라면, REBT 이론은 심리적으로 건강한 사람의 핵심적 요소가 상대주의 혹은 '바람(desiring)'의 철학임을 주장한다. 이러한 철학—심리적 유연성—은 인간이 비교적 다양한 욕망, 소망, 바람, 그리고 선호를 가지고 있지만 이러한 비교리적인 가치가 과도한 교리적인 요구성으로 변화되지 않는다면 심리적인 장애가 되지 않을 것이다. 하지만 이 가치가 충족되지 못하면 슬픔, 후회, 실망과 같은 건강한 부정적 정서와 건강한 분노를 경험할 것이다. REBT를 처음 접하는 많은 사람은 선호가 경직된 신념의 특징이라고 생각한다. 하지만 선호의 비교리적인 특성이 중요하다. 예를 들어, 어떤 사람이 '나는 잘하기를 원해.'와 같은 선호를 변화시킬 수 있으나 이러한 선호가 '그러므로 나는 그렇게 해야만 해.'와 같은 경직된 신념으로 암묵적으로 변화되면 스스로를 불편하게 할 수 있다. 하지만 어떤 사람이 비교리적인 선호를 갖고 있다면 그 선호를 확고히 하되 요구성은 약화시키게 된다(즉, '나는 잘하기를 원하고 그렇게 되기 위해 최선을 다할 것이지만, 나는 잘하지 못할 수도 있다는 것을 수용할 것이며 내가 반드시 잘해야 할 필요는 없어.').

REBT 이론은 인간이 '비교리적 선호'의 철학에 따른다면 세 가지 주요한 극단적이지 않는 신념에 도달할 수 있다고 주장한다. '탈파국화(antiawfulizing)'는 개인이 그가 원하는 것을 얻지 못하고 그러한 바람이 충족되지 못했다는 것을 알더라도 그러한 결핍이 나쁘기는 하지만 '끔찍스럽지'는 않다는 것 또한 이해하는 것이다. 일반적으로 사람은 비교리적인 바람의 철학을 유지하고 있다 하더라도, 그들의 바람이 더 강력해질수록 원하는 것을 얻지 못하면 나쁨(badness)을 더 크게 평가한다. '높은 좌절 인내력(high frustration tolerance: HFT)'이란 개인이 ① 바람직하지 않은 사건이 일어났음을(혹은 일어날 수 있음을) 인정하고, ② 만약 그 사건이 일어났더라도, 경험적으로 일어나야 한다는 것을 믿고, ③ 그 사건을 견뎌 낼 수 있고 견딜 가치가 있다고 생각하고, ④ 바람직하지 않은 그 사건을 변화시키기 위해 노력하거나 그 사건을 수정할 수 없다면 '잔인한' 현실을 받아들이려고 노력하며, ⑤ 그 상황이 변화될 수 없을 때조차 다른 목표를 적극적으로 추구할 수 있음을 의미한다. 수용은 개인이 자신과 다른 사람을 실수할 수 있는 인간으로 받아들일 때 이루어진다. 수용의 철학을 지닌 사람은 세상이 복잡하고 사건이 종종 개인적 통제에서 벗어나 있다는 것을 전적으로 이해한다. 하지만 수용이 단념을 의미하는 것은 아니다. 수용의 철학은 존재하는 것은 존재해야 하지만 영원히 존재하지는 않는다는 것을 이해하는 것이다. 이러한 결론은 수용의 철학은 비극단적일 뿐만 아니라 현실과 부합하고, 분별력 있고, 사람이 자신의 목표에 도달하거나 그 목표를 달성하지 못했다 하더라도 새로운 목표를 수립하는 것을 돕는 경향이 있다는 점에서 합리적이다.

REBT는 부정적 정서를 건강한 것과 건강하지 않은 것으로 구분한다. 이와 같은 구분이 긍정적 정서에도 적용될 수 있다. 하지만 우리는 이러한 이슈를 여기서 논의하지 않는다(좀 더 자세한 사항은 Tiba & Szentagotai, 2005 참조). 건강한 부정적 정서는 합리적인 신념과 건강하지 않은 부정적 정서는 비합리적 신념과 각각 연관된다. 예를 들어, 염려(concern)는 '나는 그러한 위협이 내게 일어나지 않기를 소망하지만 나는 그 위협과 내가 해야 하는 일로부터 면제될 수 없다. 그것이 발생한다면 불운이기는 하나 끔찍하진 않다.'와 같은 신념에 연합된 정서다. 대조적으로 불안은 한 개인이 '이러한 위협은 내게 반드시 일어나지 말아야 하고, 만약 그렇게 된다면 끔찍할 것이다.'라고 믿을 때 발생한다. 건강한 분노(이른바 '성가심')는 다른 사람이 한 개인의 삶의 규칙을 무시할 때 발생한다. 이런 사람은 '나는 다른 사람이 그렇게 하지 않기를 바라고 그가 그랬던 것을 좋아하지 않지만, 내 스스로가 만든 규칙을 그가 반드시 깨지 말아야 할 이유는 없다.'라고 믿는 경향이 있다. 반면 건강하지 못한 분노는 다른 사람이 이러한 규칙을 반드시 깨지 말아야 하며, 그렇게 행동하는 것은 욕먹을 짓이라고 믿는 것이다(Ellis, 1977c). 합리적 정서행동치료자는 치료가 진행되는 동안 건강한 부정적 정서(슬픔 대 우울, 양심의 가책 대 죄책감, 실망 대 수치심)를 변화의 목표로 삼지 않는데, 이는 그러한 것을 합리적인 사고의 결과라고 보기 때문이다.

요구성(심리적 경직성)에 근거한 자아 장애와 불편감 장애가 인간의 심리적 문제에 대한 REBT의 토대라면, 바람과 수용(심리적 유연성)에 근거한 자기수용과 높은 수준의 불편감 인내력은 심리적 건강의 토대로서, 신봉적이지 않은 바람의 철학을 내포하고 있다. Ellis(1979a)는 긍정적인 정신건강에 대한 아홉 가지(① 자기관심을 잘 아는 것, ② 사회적 관심, ③ 자기주도, ④ 모호함과 불확실성에 대한 수용, ⑤ 과학적 사고, ⑥ 중요한 과제에 대한 전념과 몰두, ⑦ 유연성, ⑧ 위험 부담 평가, ⑨ 현실에 대한 수용) 준거를 제시했다.

심리장애의 획득과 영속화

REBT는 심리장애의 획득에 관한 매우 정교화된 관점을 내놓지 않는데, 인간이 비합리적으로 사고하고 행위하는 뚜렷한 생물학적 경향을 갖고 있기 때문만이 아니라 획득에 대한 이론이 반드시 치료적 개입을 제시해 주지는 않기 때문이다. Ellis는 환경적 요인이 심리장애에 기여한다는 것을 알았지만 사람이 생물학적인 토대를 갖는 스스로의 요구성을 만드는 경향이 있으므로 환경적 요인이 심리 장애의 존재를 설명하지 못한다고 주장했다(Ellis, 1979a). 따라서 Ellis(1984c)는 '부모와 문화가 대개 맹신, 금기, 편견을 고수하도록 가르치지만 맹신, 의식주의(ritualism) 및 편협한 신념을 향한 기본적 경향성을 유발하지 않는다.'(p. 209)고 말했다.

합리적 정서행동 이론은 인간이 장애에 걸릴 가능성이 다양하다고 주장한다. 어떤 사람은 무관심하거나 과잉보호적인 부모에 의해 길러져도 심리적으로 비교적 상처 입지 않는 반면, 어떤 사람은 보다 '건강한' 양육 방식에 의해 길러져도 정서적으로 손상을 입는다(Werner & Smith, 1982). 따라서 Ellis(1984c)는 '심각한 이상이 있는 사람은 그보다 덜한 사람보다 경직되고 병적인 사고를 가질 선천적인 소인이 있고, 그로 인해 이들은 진전이 적을 가능성이 있다.'(p. 223)고 주장했다. 종합하면, 심리장애의 획득에 대한 REBT 이론은 인간이 단순히 자신의 경험으로 인해 장애를 겪는 것이 아니라 장애를 겪게 하는 선천적 소인이 그러한 경험을 초래한다고 본다.

REBT 이론에서는 사람이 자신의 문제의 특성과 원인에 관해 지니고 있는 '순진한' 이론에 의해 심리적 문제를 영속화시키는 경향이 있다고 주장한다. Ellis(1979a)가 'REBT 제1통찰'이라고 한 것이 사람에게 부족할 수 있다. 즉, 심리장애는 부정적인 생활 사건에 대해 사람이 지니고 있는 경직되고 극단적인 신념에 의해 주로 결정된다. 하지만 사람은 종종 상황이 직접적으로 자신의 장애를 발생시켰다고 본다. 첫째, 사람은 자신의 문제에 대한 주요한 결정인자에 관해 부정확한 이론을 만들어 내기 때문에 결과적으로 자신의 신념보다는 활성화된 상황을 더욱 변화시키려 애쓴다. 둘째, 사람은 제1통찰을 가질 수 있으나 자신의 경직되고 극단적인 신념을 자각하게끔 하는 'REBT 제2통찰'이 부족할 수 있고, 그로 인해 장애가 지속된다. 즉, 사람은 자신의 신념에 따라 문제가 결정된다는 것을 알더라도, 현재 신념을 바꾸는 데 집중하는 것이 아니라 주의를 분산시키고 신념에 대한 역사적 선행사건을 탐색함으로써 자신의 문제를 영속화시킨다. 셋째, 사람은 앞서의 두 가지 통찰을 가질 수 있으나 'REBT 제3통찰'이 부족하기 때문에 여전히 장애를 지속할 수 있다. REBT 제3통찰은 사람이 비합리적 신념에 맞서 사고하고 느끼고 행동하기 위해 현재와 미래 속에서 열심히 작업하고 연습해야만 그 신념이 변화되고 장애를 덜 가져온다는 것이다. 이 세 가지 통찰을 모두 가진 사람은 장애의 순환 고리가 영속화되는 것을 막기 위해 자신의 합리적 선택이 명백하게 인지적 · 정서적 · 행동적으로 계속해서 그들의 신념에 도전하는 것을 안다. 신념이 비합리적이라는 것을 이해하는 것만으로는 효과적인 변화에 충분하지 않다(Ellis, 1972b).

Ellis(1979a)는 사람이 자신의 심리적 문제를 영속화시키는 주요한 이유는 낮은 좌절 인내력(LFT)의 철학을 고수하기 때문이라고 주장했다. 이러한 사람은 자신이 반드시 편안해야 한다고 믿는다. 따라서 변화를 시도하지 않는데, 왜냐하면 그러한 작업이 불편감에 연관되기 때문이다. 그들은 단기적인 쾌락주의자로서 일시적인 불편감을 수용하고 그것을 견디며 작업하는 것이 장기적인 목표에 도달하도록 도울 수 있음에도 단기적인 불편을 피하는 것에 의해 동기화된다. 이와 같은 사람은 인지적이고 행동적인 치료적 과제들을 '너무 고통스럽고', 어느 정도 내성이 있는 심리장애에 비해 훨씬 더 고통스럽다고 평가한다. 그들은 반드시 경험하지 말아야 한다고 믿는 변화와 관련된 불편에 직면하기보다 그들의 '안락한' 불편에 안주하는 것을 선호한다. Maultsby(1975)는 사람이 종종 변화로 인한 불편감에 대한 두려움 때문에 변화로부터 물러선다고 주장했다. 그는 적극적으로 내담자에게 그러한 '부자연스러움'의 느낌이 재학습의 자연스러운 부수적 결과임을 보여 준다. 낮은 좌절 인내력(LFT)의 또 다른 일반적인 형태는 불안에 대한 불안이다(즉, 이차적인 정서/메타-정서 혹은 이차적인 장애/메타-장애). 이 경우 사람은 자신이 절대 불안하지 않아야 한다고 믿고, 따라서 불안을 유발하는 상황에 자신을 노출하지 않는데, 왜냐하면 그런 상황—'끔찍스러운' 것으로서 평가될 경험—에 노출될 때 자신이 불안해지게 된다는 것을 불안해하기 때문이다.

사람이 심리적 문제를 영속화시키는 주요한 방식은 자신의 비합리적 신념과 일치하는 방식으로 행동하는 것이다. 예를 들어, 어떤 사람이 반드시 거절당하지 않아야 한다고 믿기 때문에 새로운 친구를 사귀는 것이 불안해질 때, 이런 비합리적인 신념은 다양한 역기능적 방식으로 행동하는 데 영향을 미친다. 만약 그가 실제로 그와 같은 방식으로 행동한다면, 거절에 대한 두려움을 극복하는 것을 더 힘들게 하는 자신의 비합리적 신념을 강화하게 된다. 따라서 자신의 비합리적 신념을 논박하도록 돕고자 할 때 새롭게 개발된 합리적 신념과 일치하는 방식으로 행동하도록 격려하는 것이 중요하다. 만약 인지적으로 비합리적 신념이 변화되었으나 여전히 역기능적인 방식으로 행동한다면 자신의 비합리적 신념으로 돌아가기 쉽다.

REBT 이론은 사람이 심리적 문제를 영속화시키는 방식을 설명하기 위해 인간의 방어에 대한 프로이트 학파의 관점을 끌어온다(Freud, 1937). 즉, 사람은 자신이 문제를 갖고 있다는 것을 부정하거나 그것들의 심각성을 축소시키기 위해 설계된 다양한 방어 기제(예, 합리화, 회피)를 사용한다. REBT는 자기비하(self-damnation) 경향을 모면하기 위해 이러한 방어가 사용된다고 보며, 그러한 상황하에서 사람이 자신의 문제에 대한 책임을 솔직하게 인정한다면, 자신이 문제를 지녔다는 것에 대해 심각하게 스스로를 비난할 것이라고 본다. 더욱이 그들은 불편감 불안을 예방하기 위해 방어 기제를 사용하는데, 이러한 사람은 자신의 문제를 인정하게 되면 그 문제를 '견디기 너무 어렵거나' '극복하기 어려운' 것으로 평가할 것이기 때문이다.

Ellis(1979a)는 사람이 때때로 불편감의 회피 이외에 자신의 심리적 문제에 대한 일종의 지각된 보상을 경험한다고 언급했다. 그러한 보상은 문제를 영속화시키는 데 일조한다. 따라서 꾸물대기를 극복하기 원한다고 주장하는 어떤 여성은 그러한 문제에 몰두하는 것을 피할 수 있는데, 왜냐하면 만약 그녀가 문제를 해결하는 데 성공한다면 '너무 남성적'이라고 다른 사람에게 비난받게 될 것을 두려워했기 때문이고, 이는 그녀가 견딜 수 없을 것이라고 믿는 상황이기 때문이다. 따라서 그녀의 꾸물대기는 그러한 '견딜 수 없는' 정서 상태에 대한 방어라 할 수 있다(Dryden, 1984b). 마지막으로 잘 연구된 '자기충족적 예언' 현상은 왜 사람이 자신의 심리적 문제를 영속화시키는지를 설명한다(Jones, 1977; Wachtel, 1977). 이런 사람은 종종 자신 혹은 다른 사람들로부터 자신의 초기 가설을 확증하는 방식으로 해석하게 되는 반응을 이끌어 낸다. 즉, 사회적으로 불안한 남자는 다른 사람이 '내가 얼마나 가치 없는 사람인지' 알고 싶어 하지 않는다고 믿을 수 있다. 그 다음에 그는 사교 모임에 참석하고 다른 사람은 회피함으로써 스스로가 가치 없는 사람처럼 행동한다. 그와 같은 사회적 행동으로 다른 사람이 다가오지 못하게 한 후, 그는 그 사건을 '내가 맞았어. 다른 사람은 나를 알고 싶어 하지 않아. 나는 정말 쓸모없는 사람이야.'라고 해석한다.

결론적으로 REBT 이론은 사람이 자연스럽게 자신의 문제를 영속화시키는 경향과 자기패배, 습관적 패턴을 버리지 못하는 강력한 선천적 경향을 지니며, 이런 까닭에 근본적인 변화에 저항한다고 본다. 내담자가 변화하도록 돕는 것은 REBT 임상가에게 도전을 불러일으킨다.

치료적 변화의 이론

REBT에서는 인간이 비합리적 사고와 그것의 자기패배적 효과를 변화시키는 작업을 선택할 수 있는 능력을 지녔고, 인간이 영향을 미칠 수 있는 가장 훌륭하고 장기적으로 지속되는 변화는 비합리적 신념의 철학적 재구조화와 연관된다고 본다. 이러한 수준에서의 변화는 특정적이거나 전반적일 수 있다. 특정적인 철학적 변화는 상황에 관한 경직된 요구성('반드시', 절대적 '당위')이 비교리적 선호로 변화되는 것을 의미한다. 전반적인 철학적 변화는 일반적인 생활의 사건에 대한 비교리적인 선호를 취하는 것이다. Ellis는 전반적인 수준에서 고품격의(superelegant) 철학적 변화와 준품격의(semielegant) 철학적 변화를 구분했다. 이러한 변화에 대해 논의하는 가운데 Ellis는 다음과 같이 말했다.

> 고품격이라는 말로 내가 의미하는 것은 사람들이 남은 삶의 모든 조건하에서도 실제적으로 그 어떤 것에도 동요되지 않는다는 것이다. 극소수만이 이럴 수 있는데, 왜냐하면 그렇게 하는 것은 인간의 상황에 반(反)하는 것이고, 사람은 다시 당위성에 집착하여 스스로를 괴롭힐 것이기 때문이다. 일부는 준품격의 해결책을 택할 수 있는데, 이는 대부분의 경우에 그들이 좋지 않은 상태에 처했을 때, 슬픔이나 짜증을 느끼더라도 불안하거나 우울하거나 분노하지는 않을 수 있게 하는 새로운 합리적 · 정서적 철학을 떠올릴 것임을 의미한다(Weinrach, 1980, p. 156에서 인용됨).

구체적인 또는 전반적인 수준 각각에서 철학적 변화를 가져오기 위해 사람은 다음을 행할 필요가 있다.

- 넓은 범위에서 인간은 자신의 심리장애를 만들어 낸다는 것을 인식한다. 환경적 조건이 그러한 문제에 기여할 수 있다 하더라도, 이는 변화 과정에서 일반적으로 이차적인 고려 대상이다.
- 그러한 장애를 상당히 변화시킬 수 있는 능력을 자신이 지니고 있음을 인식한다.
- 정서적 및 행동적 장애가 경직되고 극단적인 비합리적 신념으로부터 주로 발생

한다는 것을 이해한다.

- 자신의 비합리적 신념을 발견하고, 비합리적인 대안과 합리적 대안을 구별한다.
- 과학의 논리적 · 경험적 방법을 사용하여 비합리적 신념에 대해 반박한다.
- 변화에 관한 인지적 · 정서적 · 행동적 방법을 사용하여 새로운 합리적 신념의 내면화를 위해 작업하고, 자신의 행동이 그러한 합리적 신념과 일치함을 확실히 한다.
- 앞으로 살아가는 동안 비합리적인 신념에 도전하는 이러한 과정을 지속하고, 변화를 위한 다양한 방법을 사용한다.

사람이 철학 혹은 신념의 변화를 가져오면 종종 자신의 현실에 대한 왜곡된 추론(과잉일반화, 잘못된 귀인 등; Dryden, Ferguson, & Clark, 1989; Wessler & Wessler, 1980)을 수정할 수 있다. 하지만 때때로 REBT가 강조하는 것처럼 보다 직접적으로 왜곡된 추론을 변화시킬 필요가 있다(Ellis, 1973; Ellis & Harper, 1961a, 1961b; 또한 Beck et al., 1979 참조). 사람은 또한 더 나아지고 그 상태에 머무르기 위해 심오한 철학적 변화가 아닌 추론에 근거한 변화를 일으키기도 한다. 따라서 사람은 자신의 추론을 사실이라기보다 현실에 관한 직감이라 생각하여 대안적인 가설을 만들어 내고, 각각의 가설을 검증하는 증거를 찾거나 실험을 수행할 수 있다. 이후 그들은 여러 가설 중에서 '가장 확실한' 가설을 선택할 수 있다. 동료가 자신을 바보처럼 여길 것이라 생각하는 한 사람을 떠올려 보자. 이러한 가설을 검증하기 위해 그는 처음에 자신에 대한 동료의 부정적 반응을 분명하게 말할 수 있다. 이러한 것이 그가 '그들이 나를 바보로 여길 것이다.'라는 결론을 재빨리 이끌어 내는 재료가 된다. 그는 자신에 대한 부정적인 반응이라고 해석된 어떤 것이 부정적이지 않을 수 있음을 깨달을 수 있고, 그것들이 부정적으로 보이더라도 그 반응에 대해 그가 부여하는 의미를 검증하는 실험을 수행할 수 있다. 예를 들어, 그에 대한 동료의 관점을 직접 물어봄으로써 그의 예감을 검증할 수 있다. 결과적으로 이런 사람은 그의 동료가 자신을 바보 같다고 여기기보다 자신의 일부 행동을 어리석은 것으로 여겼다고 결론 내릴 수 있다. 그의 기분은 상황에 대한 그의 추론이 변화했기 때문에 좋아질 수 있으나 부정적 신념은 여전히 계속될 수 있다. 예를 들어, '사람은 나를 바보라고 생각해서는 안 돼. 사람이 나를 바보라고 생각하지 않더라도 실상 나는 바보야.' 따라서 그는 추론적인 변화는 만들어 냈으나 다음과 같은 형식의 진일보한 철학적 변화에 도달하지는 못한 것이 된다. 이를 테면, "내가 어리석게 행동을 하면, '어리석은 행동을 한 사람'이 되기는 하지만 '어리석은 사람'인 것은 아니다. 그리고 남들이 나를 완전히 멍청이라고 생각한다고 해도 그건 그들의 관점일 뿐이며, 내가 그것에 동의하지 않기로 선택할 수 있다." 합리적 정서행동치료자는 사람이 처음에 그들의 추론적 왜곡을 교정하고 나서 기저에 있는 비합리적 신념을 변화시키기보다 그들의 추론이 진실이라고 먼저 가정하고, 나중에 그들의 비합리적 신념에 도전하는 것이 상당한 철학적 변화를 가져오기 쉽다고 가정한다.

사람은 또한 그 상황을 직접적으로 변화시킬 수 있다. 이를 테면, 앞의 사례에서 그 남자는 추가적인 일을 찾아서 그것에 몰두함으로써 동료의 반응에 대한 자기관심을 끊을 수도 있고 직장을 그만둘 수 있다. 혹은 그는 동료와 접할 때마다 이완훈련을 수행함으로써 동료의 반응을 지각하는 것 대신에 자기에게로 주의를 전환할 수 있다. 추가적으로 자신을 향한 동료의 행동을 바꾸도록 지시를 내릴 수 있는 그의 상사와 논의할 수도 있다. 이와 같은 전략은 비합리적인 신념을 수정하는 것은 아니지만, 고통을 경감시키고 기분을 더 나아지게 하여 그는 더 좋아지고 그러한 상태에 머물게 된다.

어떤 사람은 자신의 행동을 변화시켜서 추론적 변화 또는 철학적 변화를 이뤄 낼 수 있다. 예를 들어, 동료가 그 자신을 바보처럼 여긴다고 생각하는 사람은 그들을 향한 자신의 행동을 변화시킬 수 있고, 이렇게 함으로써 그의 이전 추론을 재해석할 수 있도록 동료로부터 다른 반응을 이끌어 내게 된다. 하지만 동료가 자기 자신을 정말 바보로 여긴다고 확인하게 된다면 그는 적극적으로 그들을 찾아가 그 상황을 견딜 수 있고, 그들이 자신을 바보처럼 여기는 것이 그를 바보로 만들지 않는다는 것을 보여줄 수 있으므로 철학적인 변화에 영향을 미치고, 그들의 관점과 무관하게 스스로를 수용하는 것을 배우게 된다.

합리적 정서행동치료자는 더 나아지고 그러한 상태에 머무를 수 있게 내담자가 완전한 철학적 변화에 도달하도록 돕고자 하지만, 그들의 내담자가 그와 같은 변화에 도달해야 한다는 교리적 주장을 하지는 않는다. 내담자가 스스로의 비합리적 신념을 변화시킬 수 없다면, 합리적 정서행동치료자는 내담자가 (문제가 되는 상황을 피하거나 다르게 행동함으로써) A를 직접적으로 변화시키거나 그 상황에 관한 왜곡된 추론을 변화시킴으로써 기분이 나아질 수 있게 최선을 다할 것이다.

다른 인지행동적 치료와의 차이점

Ellis(1980b)는 특화된 REBT와 일반적인 REBT를 구별했다. 그는 일반적인 REBT가 넓은 범위의 CBT와 같으나 특화된 REBT는 많은 중요한 측면에서 CBT와 다르다고 주장했다.

- REBT는 다른 형식의 CBT가 빠뜨린 뚜렷한 철학적 강조점을 핵심 요소로 포함하고 있다. REBT는 인간이 ① 합리적 · 선호적 · 유연한, 수용적인 철학(즉, 철학적 유연성) 또는 ② 비합리적 · 당위적 · 경직된, 비수용적 · 절대적 철학(즉, 심리적 경직성)에 따라 자신, 타인, 세계를 평가함을 강조한다.
- REBT는 대부분의 다른 CBT 접근과 다르게 고유한 실존적 · 인본주의적 입장을 취하고 있다. REBT는 사람들을 '단지 인간이고, 살아 있기 때문에 세상에서 중요성을 갖게 되는 전체적이고 목적 지향적인 개인으로 보며, 인간의 한계에도 불구하고 인간을 무조건적으로 수용하고, 자기실현화 잠재성 등 그들의 경험과 가치에 특히 초점을 맞춘다.'(Ellis, 1980b, p. 327). REBT는 또한 신, 사물, 하등 동물에 대한 관심에 앞서 인간에 대한 관심을 강조하도록 사람들을 격려하기 때문에 윤리적 인본주의다.
- REBT는 증상 변화보다 (철학적으로 기반된) 전반적이고 장기적인 변화를 위한 노력을 선호한다.
- REBT는 자기평가를 제거하는 대신에, 무조건적인 자기수용을 격려한다. REBT는 조건적 자기평가에 근거한 자존감을 자기패배적인 것으로 간주한다(Dryden, 1998).
- REBT는 일부 심리장애를 삶을 너무 진지하게 받아들인 결과라고 본다. REBT는 해학적인 치료법을 적절히 사용하는 것을 지지한다(Ellis, 1977a, 1977b, 1981b).
- REBT는 정서적 장애의 철학적 핵심에 이르는 반(反)당위적인 기법의 사용과 보다 지엽적인 반(反)경험적 추론이 아닌 그러한 철학적 핵심의 비합리적 신념에 대한 논박을 강조한다. REBT는 내담자에게 자신에 관해 과학자가 되라고 가르

치고, 가능할 때마다 합리-지향적, 대처 자기진술의 사용을 강조하는 것에 그치지 않고 나아가 비합리적 신념에 대한 강력한 이성-경험적 논박을 사용하도록 가르친다.

- REBT는 부드러운 격려뿐만 아니라 사람의 비합리적 철학으로부터 주의를 전환하는 인지적 방법(예, 이완 방법)을 사용한다. 특화된 REBT는 이와 같은 기법이 단기적으로 내담자를 낫게 할 수 있으나 장기적인 심리적 문제의 기저에 있는 철학에의 몰두를 알아차리거나 이를 변화시키도록 그들을 격려하지는 못한다고 본다. REBT는 또한 사람이 자신의 비합리적 신념을 이해하고 변화시키도록 작업할 수 있게 가르치는 것과 함께 문제해결과 기술훈련 방법을 사용한다.
- 다른 CBT가 불편감 불안[예, '공포에 대한 두려움'(Mackay, 1984) 그리고 정서에 대한 인내력 부족(Linehan, 1993)]의 구체적 사례를 다루고 있지만, REBT는 다른 CBT보다 불편감장애에 더 많은 핵심적인 역할을 부여한다. '불편감장애'는 ① 그들의 삶 혹은 편안함이 심각하게 위협받거나 상실되고 있으며, ② 그들이 반드시 불편감을 느끼지 않아야 하고 좋게 느껴야만 하며, ③ 그들이 반드시 얻을 것이라 여겼던 무엇을 얻지 못하는 것이 끔찍하거나 가혹하다고 여길 때 나타나는 장애로 정의된다(Ellis, 1994).
- 인간은 빈번하게 자신의 원래 장애에 대한 장애를 만들어 내기 때문에(즉, 메타-장애) 합리적 정서행동치료자는 적극적으로 장애의 이차적 및 삼차적 증상을 찾고 주요 장애를 다루기 전에 이것을 극복하기 위한 작업을 하도록 내담자를 격려한다.
- REBT는 장애와 그것의 치료에 관한 명확한 이론을 가지고 있지만, 기법은 절충적 혹은 다중양식적이다. REBT는 다른 기법(예, 인지적 주의전환)에 비해 일부 기법(예, 적극적 논박)을 선호하고, 실현 가능한 명확하고 완전한 철학적 변화를 추구한다.
- REBT는 건강한 부정적 정서와 건강하지 못한 부정적 정서를 구별한다. 부정적 정서는 그것이 바람에 대한 비교리적이고 유연한 철학에 근거하며 사람의 목표와 목적을 불필요하게 방해하지 않을 때 좌절된 바람에 대한 건설적인 정서 반응이다. 파괴적인 정서는 좌절된 바람에 대한 경직된 요구에 기반한다. REBT는 파괴적인 정서가 종종 목표와 목적을 건설적으로 추구하려는 사람의 시도를 방해

하기 때문에 이를 장애의 증상으로 간주한다.

- 다른 CBT가 이러한 구별을 하지 않는 경향이 있는 데 반해, REBT는 따뜻함 혹은 인정보다 내담자에 대한 무조건적인 수용을 주장한다. REBT에서 치료자의 따뜻함과 인정은 분명히 위험할 수 있는데, 그 이유는 무심코 사랑과 인정에 대한 내담자의 욕구를 강화시킬 수 있기 때문이다. 합리적 정서행동치료자는 내담자가 무조건적으로 스스로를 수용하도록 격려한다.
- REBT는 비합리적인 철학과 행동에 맞서는 활기와 힘의 중요성을 강조한다(Dryden, 1984a; Ellis, 1994, 1996b). REBT는 인간이 생물학적으로 장애를 발생시키고 영속화시키는 데 취약하기 때문에 종종 자신의 문제에 대한 철학적 기원을 변화시키는 데 어려움을 겪는다는 것을 강조한다. 따라서 REBT는 치료자와 내담자 모두가 내담자의 비합리성을 멈추게 하는 데에 상당한 힘과 활기를 사용할 것을 강조한다. '힘'과 '활기'를 통해 우리가 의미하고자 하는 것은 침투적인 것이 아니라 적극적이고 지시적이며 공감적이고 지속적인 인지재구성 양식이다.
- REBT는 행동적 변화 방법의 사용에서 대부분의 다른 CBT에 비해 더 까다롭다. 따라서 REBT는 때때로 금연에 실패하거나 정시에 출근하는 것에 실패할 때 100달러를 불태워 버리는 것처럼 변화에 저항하는 내담자를 격려하기 위해 벌칙을 부가하는 것을 선호한다. 더욱이 REBT는 치료에서 사회적 강화물의 사용을 자제한다. REBT는 인간이 너무 강화받고 있고, 잘못된 이유로 옳은 일을 할 수 있다고 본다. REBT 치료자는 내담자가 최대로 비순응적 · 비의존적 · 개성적이 되도록 도와서 사회적 강화 기법의 사용을 줄이도록 한다. 마지막으로 REBT는 점진적 둔감화 기법보다 실제 노출을 통한 둔감화나 홍수법의 사용을 선호하는데, 후자가 좌절 인내력의 수준을 상승시키도록 내담자를 돕는 최선의 절차라고 보기 때문이다(Ellis, 1962, 1983c).
- REBT 치료자는 가능하다면 특화된 REBT의 사용을 선호하지만 반드시 사용되어야 한다고 고집하지 않는다. 그들이 일반적인 REBT를 실용적으로 사용할 때 그들의 치료적 적용은 다른 인지행동적 치료자의 적용과 다르지 않을 것이다(Ellis, 1996b).

REBT의 특징에 관한 전체적 논의는 Dryden(2008)에서 볼 수 있다.

평가 시 고려사항

이 절에서 우리는 REBT의 평가와 관련된 추가적인 고려사항들에 대해 논의할 것이다. REBT의 평가 전략은 '장애/질병분류학적 모델'과 '기능적 모델(예, 문제 목록에 근거한)' 모두에 기반한다. 두 가지 REBT 평가 모델 모두 '근거기반 평가'라는 개념을 따른다. 다음에서 평가의 각 영역을 간략하게 논의하고자 한다.

합리적 정서행동치료의 장애/질병분류학적 모델

REBT에서 이 장애 모델의 사용은 정신병리의 다른 모델에서 사용되는 것과 유사하다. 이 과정에는 전형적으로 다음과 같은 네 단계가 있다.

1단계 임상적 장애/상태 평가하기

이 단계는 DSM 진단 기준을 따르며, 종종 증상의 범주적 측정도구를 제공하는 SCID (Structured Clinical Interview for DSM-IV) 및 증상에 대한 연속적 측정도구를 제공하는 다양한 심리검사에 기반한다.

2단계 인과적 기제 평가하기

인과적 기제(즉, 심리적 요인)에 대한 평가는 증거 기반 이론 또는 필요시에는 전문가 집단의 합의에 따른 임상적 장애/상태와 관련된다. 이 단계에서 우리가 사용하는 도구는 임상적 면담과 심리검사, 엄격한 심리측정적 속성을 갖는 과제를 포함한다. 평가될 수 있는 요인으로는 다음과 관련된 인지적 취약성 요인이 포함된다. 즉, ① 설명 및 추론과 같은 일반적 인지(예, 자동적 사고, 중간 및 핵심 신념/도식), ② 비합리적 신념, ③ 건강 증진과 재발 및 반복의 예방에서 중요한 합리적 신념과 같은 인지적 탄력성이다.

임상적 상태와 인과적 기제를 연결하는 이론에 기초해서, 관심을 둘 만한 환자 관련 심리적 요인에는 대처기제 및 성격 요인, 행동적 요인, 생물심리학적 요인, 정서적 요인 등이 포함된다. 환자 관련 요인 이외에도 우리는 다른 두 요인을 평가한다.

즉, ① 심리치료 과정 동안의 성과 및 변화 기제와 ② 치료자 역량(예, REBT 역량 척도)이다.

3단계 문제 목록 작성하기

같은 임상적 상태가 실제 삶에서 각기 다른 두 사람에게 반드시 동일하게 영향을 미치지 않는다. 따라서 실제 삶에서의 문제 목록을 만드는 것이 중요하다.

4단계 인지적 및 행동적 ABC 모델(Ellis, 1994)에 따라 각각의 문제를 개념화하기

이 단계는 목록상의 특정 문제와 연관되는 ABC 모델의 각 요소(즉, 활성화 사건, 특정 신념, 정서 · 행동 · 인지적 결과)를 확인하는 것이다.

이 단계는 ① 임상적 상태의 기술, ② 치료하는 동안 목표가 되어야 하는 임상적 상태와 탄력성 기제의 주요한 인과적 기제 양상, ③ 문제 목록에 기반하여 실제 삶에서의 임상적 상태에 관한 이해, ④ 시행될 필요가 있는 치료와 그것의 가능한 효능/효과성에 관한 분명한 아이디어 등을 가능하게 한다.

합리적 정서행동치료의 기능 모델

REBT는 공식적 DSM 진단을 받은 사례뿐만 아니라 비임상 사례와 건강 증진에도 사용된다. 이러한 경우 평가 과정은 앞에서 기술한 것과 다소 다르다. 이러한 경우 평가는 보통 다음 단계를 포함한다.

1단계 문제 목록 작성하기

이 단계에서는 내담자에게 영향을 미치는 실제 생활의 문제 또는 치료를 통해 도달해야 할 특정 목표(예, 건강 증진)에 대한 종합적인 목록을 작성한다.

2단계 개입 시작하기

ABC 모델에 따라 각각의 문제를 개념화하고 개념화에 기반하여 개입을 시작한다.

앞서 언급한 근거 기반 평가를 위한 주요 조건에 더해, REBT 평가는 두 가지 범주의 인지과정에 기반한다(더 자세한 논의는 다음을 참조하시오. David, 2003; David,

Szentagotai, Kallay, & Macavei, 2005; David, Montgomery, Macavei, & Bovbjerg, 2005; David & Szentagotai, 2006). 어떤 것은 명시적이고(즉, 의식적 정보 처리), 또 다른 어떤 것은 암묵적이다(즉, 무의식적 정보 처리). 명시적 인지과정은 의식적 혹은 자동적으로 작동하고, 면담과 자기보고 측정으로 평가될 수 있다. 암묵적 인지과정은 점화 절차(문장 완성 검사, 그림 완성 검사, 모의 상황 과제에서의 자동적 사고 등)와 같은 암묵적 검사와 과제의 사용을 필요로 한다(Reber, 1993; Schacter & Tulving, 1994 참조).

임상적 적용

이 절에서 우리는 먼저 REBT의 주요 임상적 적용에 관해 논의한다. 우리는 개인 치료를 이용해서 ① 합리적 정서행동치료자가 그들의 내담자와 맺으려 노력하는 치료적 유대(bond), ② 치료 시작에서부터 종결에 이르기까지에 관한 REBT의 임상적 과정, ③ REBT에서 사용되는 주요 치료기법을 고찰하고자 한다. 마지막으로 우리는 REBT의 기타 임상적 적용을 다룰 것이다.

개인 치료

치료적 유대

다른 심리치료 시스템이 변화의 주요한 수단으로 치료적 관계를 고려하는 반면, REBT는 효과적인 치료적 유대의 수립이 중요한 요소이긴 하나 필수적인 치료적 변화의 수단은 아니라고 본다. 하지만 치료적 유대에서 특정한 문제가 발생할 때 치료자와 내담자가 REBT를 사용할 수 있는 실제적 기회가 되기 때문에 ABC 틀로 그 문제에 접근할 수 있다. Ellis(1979c)는 REBT가 보다 수동적인 치료적 양식 안에서 성공적으로 시행될 수 있음을 인정했다. 하지만 그는 또한 효과적인 REBT가 매우 능동적 · 지시적 방식 안에서 가장 잘 행해질 수 있다고 주장했다(Ellis, 1984a). REBT 치료자의 주요 목표는 내담자가 보다 합리적으로 사고하고, 궁극적으로 스스로 그러한 방법을 사용하도록 돕기 위해 내담자를 가르치는 것이기 때문에 REBT 치료자는 자신을 교육자로 간주하고 각각의 내담자를 위한 가장 적절한 학습 환경을 조성하기 위해 노력한다.

REBT 치료자는 실수할 수 있는 인간 존재로서 그들의 내담자를 무조건적으로 수용하기 위해 노력한다. 내담자의 행위가 자기패배적일 때조차 치료 내외적으로 내담자의 행위가 얼마나 나쁜지에 관계없이 REBT 치료자는 자신이 내담자를 수용하고 있음을 내담자에게 보여 준다. REBT 치료자가 그들의 내담자를 수용한다 하더라도 대부분은 주로 두 가지 이유에서 내담자와 지나치게 온정적으로 상호작용하지 않는다. 첫째, 과도한 치료자의 온정이 대부분의 인간 장애의 핵심에 있는 신념을 지속시킬 수 있는, 사랑과 인정에 대한 내담자의 욕구를 지속시킬 수 있다. 따뜻한 치료자의 내담자는 나아지면서 분명히 좋아진 것처럼 보일 수 있는데, 왜냐하면 그들의 치료자가 자신을 좋아하기 때문에 자신이 가치 있다고 믿게 되기 때문이다. 하지만 그들의 자기수용은 외부의 인정에 의존하게 되고, 그들은 자신의 인정에 대한 절박한 욕구를 충족시켜 주는 따뜻하고 사랑스러운 치료자로 인해 조건적 자기수용의 철학에 절대 도전하지 못하게 될 수 있다. 둘째, 과도한 치료자의 온정은 내담자의 낮은 좌절 인내력(LFT) 철학을 강화할 수 있다(Ellis, 1982). 그렇다 하더라도 제한된 기간 동안 치료자의 온정이 적절한 경우(예, 심각한 우울증 내담자)가 있을 수 있다.

대부분의 REBT 치료자는 그들의 내담자와 열린 방식으로 상호작용하는데, 내담자가 치료자의 개인적 정보를 악의적으로 사용할 수 있다고 판단될 때를 제외하고는 내담자가 요청할 때 자신에 관한 개인적 정보를 제공하는 것을 주저하지 않는다. 치료자는 내담자와 비슷한 문제를 경험해 보았을 때 내담자에게 자신을 노출하고, 치료자 자신이 REBT를 사용해 문제를 어떻게 해결했는지를 알려 준다. 따라서 치료자는 내담자에게 좋은 역할 모델을 제공하고, 그들의 내담자가 정서적 및 행동적 문제를 극복하는 것이 가능하다는 희망을 갖도록 고취시킨다.

REBT 치료자는 내담자를 향한 치료자의 공감이 중요하다는 Carl Rogers(1957)에 동의한다. 하지만 REBT 치료자는 정서적 공감뿐만 아니라 내담자의 정서에 근거하고 있는 기저의 철학을 이해한다는 것을 내담자에게 보여 주는 철학적 공감 또한 제공한다.

REBT 치료자는 종종 내담자와 격식을 차리지 않는 상호작용을 선호한다. 그들은 적절할 때 유머를 사용하는데, 왜냐하면 정서적 장애가 상황을 너무 진지하게 바라본 결과일 수 있기 때문이다. 따라서 유머러스한 양식은 내담자의 긴장을 완화하고 그들이 뒤로 물러나 자기 자신이 아니라 자신의 역기능적인 사고와 행동을 비웃도록 촉진한다. 자기 자신에 대해서가 아니라는 것은 하나의 일정한 전체가 아니라 항상 변화하는 무수히 많은 각기 다른 측면으로 자기가 구성되었다고 보는 REBT의 관점과 일치한다. 결과적으로 치료자의 유머는 한 개인으로서의 내담자가 아닌 내담자의 역기능 측면을 겨냥한 것이다. 실상 REBT 치료자는 종종 자신의 비합리성에 도전하는 유머를 사용하며, 그렇게 함으로써 그들이 스스로를 너무 심각하게 보지 않는다는 것을 보여 주게 된다(Ellis, 1983b).

REBT 치료자가 치료 참여 시 비격식적이고 유머러스하며 능동적인 양식을 선호하는 경향이 있다 하더라도, 그들은 이에 관해 융통성이 있으며, 내담자에게 어떤 치료적 양식이 가장 효과적일지에 관해 신경을 쓴다(Eschenroeder, 1979). 하지만 REBT에서 치료자의 치료 양식이 변화하는 것이 치료 내용이 기반하고 있는 이론적 원리로부터의 이탈을 의미하지는 않는다(Beutler, 1983; Dryden & Ellis, 1986). REBT에서 치료 양식의 적절성과 관련된 문제는 조금 더 공식적 연구를 필요로 한다.

치료과정

어떤 내담자는 REBT를 알고 있기 때문에 REBT 치료자를 찾아오는 반면, 어떤 내담자는 이러한 치료적 방법을 전혀 모를 수 있다. 어찌되었든 간에 치료 시작 시 치료에 대한 내담자의 기대를 탐색하는 것이 유용하다. Duckro, Beal과 George(1979)는 기대를 평가할 때 선호와 예상을 구별하는 것이 중요하다고 주장했다. 치료에 대한 내담자의 선호는 그들이 원하는 경험의 종류와 연관되지만 예상은 그들이 받을 것이라 생각하는 서비스와 관련된다. 일반적으로 REBT 치료과정에 대한 선호뿐만 아니라 현실적인 예상을 하는 내담자는 치료과정에 대한 비현실적 예상을 하거나 다른 치료적 경험을 선호하는 내담자에 비해 REBT에 그리 많은 안내를 필요로 하지 않는다.

안내 절차는 일반적으로 REBT가 내담자의 현재 및 미래 문제에 지향되어 있는 능동적 · 지시적인 구조화된 치료이며, 변화 과정에서 내담자가 능동적인 역할을 해야 하는 치료임을 가르치는 것이다(Dryden, 1999). 안내는 다양한 형식을 취할 수 있다. 첫째, 치료자는 치료 전 안내 절차를 사용하는데, 이는 전형적 REBT 과정을 소개하고 생산적인 내담자 행동을 설명한다(Macaskill & Macaskill, 1983). 둘째, 치료자는 REBT의 본질과 과정에 관해 치료 시작 시 짧은 강의를 할 수 있다. 셋째, 치료자는 어떻게 문제가 REBT에서 다뤄지게 되는지 설명하고, 내담자와 치료자 각각의 역할을 개괄한 내담자용 자료를 사용해 초기 치료회기에서 안내와 관련된 설명을 할 수 있다.

일부 REBT 치료자는 내담자에 관한 배경 정보를 얻는 데 거의 시간을 들이지 않는다. 발달적 문제 및 과거 경험이 비합리적 사고방식을 어떻게 야기했는지 이해하고 싶어 하는 내담자와 작업할 경우 치료자는 그러한 배경 정보를 얻기 위해 노력할 수 있다. 어떤 경우 이러한 통찰이 인지재구성에 있어 중요할 수 있다. 배경 정보가 특정 환자에게 불필요하다고 치료자가 판단한 경우 내담자에게 현재 주요 문제(들)에 관한 설명을 부탁할 수 있다. 자기 자신의 문제(들)에 관해 내담자가 설명하면 치료자는 바로 그것을 ABC 요소로 분해하기 시작한다. 내담자가 A(추론된 사건)를 설명하기 시작하면 치료자는 C(가장 흔한 내담자의 정서적 반응과 행동적 반응)를 묻는다. 하지만 내담자가 C를 설명하기 시작하면 치료자는 A를 간략히 설명하라고 요청하게 된다. A가 평가되면 합리적 정서행동치료자는 무엇이 C에서 내담자가 스스로 장애를 유발하게 했는지에 관한 가장 적절한 추론을 탐색하는 과정에서 먼저 내담자의 추론을 충분히 평가하려고 한다. 다음에 'Windy의 마법 질문'을 사용한 과정이 묘사되고 있다 (Dryden, 2001).

WD: 발표를 해야 하는 상황에서 무엇이 당신을 불안하게 만들었나요?

내담자: 잘 모르겠어요. 나는 몇 가지가 불안했어요.

WD: 이를 테면?

내담자: 사람은 내가 알지도 못하면서 떠들고 있다고 생각할 것 같았고, 나는 떨고 있었고, 상사가 나에게 나쁜 평가를 할 것 같았죠.

MD: 알겠어요. 내가 만약 당신에게 본인의 전부 또는 대부분을 없애 버릴 한 가지를 준다면, 그게 무엇일까요?

내담자: 상사가 내게 나쁜 평가를 하지 않을 것이라는 사실을 알려 주는 것이죠.

WD: 만약 당신이 그 사실을 안다면 떨리는 것과 당신이 알지도 못하면서 떠들고 있다고 생각하는 사람들에 관해 어떻게 느끼게 될까요? 더 이상 불안하지 않을까요?

내담자: 글쎄요, 그럴 일은 없겠지만 불안을 느끼지 않을 것 같아요.

C가 언어적 보고에 의해 주로 평가되기 때문에 내담자는 때때로 정서적 및 행동적 문제를 정확히 보고하는 데 있어서 어려움을 경험한다. REBT 치료자는 이런 부분에 대한 평가 과정을 촉진하기 위해 다양한 정서적 기법(예, 게슈탈트 빈의자 기법, 사이코드라마), 심상 기반 기법, 그 밖의 다른 기법(정서적 · 행동적 일기를 쓰는 것)을 사용한다(Dryden, 1999). 만약 평가를 통해 C에서의 건강하지 못한 부정적 정서와 역기능적 행동을 발견했다면 치료자는 B에서의 비합리적 신념을 내담자가 식별하도록 도울 수 있다. 비합리적 신념과 C에서의 건강하지 못한 정서 및 행동적 결과 간의 연결을 내담자가 확인할 수 있게 돕는 것이 중요하다. 일부 합리적 정서행동치료자는 이 시점에서 정서적 장애에서의 '당위성'의 역할과 선호와의 구별법에 관한 짧은 강의를 선호한다. 예를 들어, Ellis는 종종 다음과 같이 설명했다.

Ellis: 필수적이진 않으나 당신의 주머니에 항상 적어도 11달러가 있었으면 좋겠다고 상상해 보세요. 그런데 10달러밖에 없다는 것을 알았을 때, 당신은 어떨 것 같나요?

내담자: 좌절스럽겠죠.

Ellis: 맞아요. 혹은 당신은 걱정되거나 슬프다고 느끼겠죠. 하지만 자살하진 않을 거예요. 그렇죠?

내담자: 네.

Ellis: 좋아요. 이제 언제나 반드시 최소 11달러가 주머니에 있어야 한다고 상상해 보세요. 당신은 반드시 그것을 가지고 있어야 하고, 이는 필수적입니다. 당신은 반드시 최소 11달러를 가지고 있어야 하는데 주머니를 살펴 보니 가진 것이 10달러 뿐입니다. 어떨 것 같나요?

내담자: 매우 불안하겠죠.

Ellis: 맞아요. 혹은 우울하겠죠. 같은 11달러이지만 그것에 대한 신념이 다르다는 것을 기억하세요. 좋습니다. 이제 당신은 여전히 같은 신념을 갖고 있습니다. 당신은 반드시 최소 11달러를 언제나 갖고 있어야 합니다. 그것은 절대적으로 중요합니다. 하지만 이번에 당신은 주머니에 12달러가 있는 것을 발견합니다. 기분이 어떻습니까?

내담자: 마음이 놓이고 만족스러워요.

Ellis: 좋습니다. 하지만 언제나 반드시 최소 11달러를 갖고 있어야 한다는 동일한 신념이 때때로 당신을 매우 불안하게 할 것입니다. 언제 그렇게 될 것 같나요?

내담자: 2달러를 잃을 때?

Ellis: 맞습니다. 2달러를 잃을 때, 2달러를 써 버렸을 때, 2달러를 빼앗겼을 때? 좋아요. 이제 이 예시의 교훈은 부자이거나 가난하거나, 흑인이거나 백인이거나, 남자이거나 여자이거나, 젊거나 늙거나, 과거에서나 미래에서나 모든 사람에게 적용되는데, 사람은 그들이 반드시 가져야 한다고 생각하는 무엇을 갖지 못했을 때 장애를 만들어 내게 되지만 그들은 또한 반드시 가져야 하는 것을 가졌을 때도 공황 상태에 빠지게 됩니다. 반드시 가져야 하는 것을 가졌을지라도 그들은 언제나 그것을 잃을 수 있지요.

내담자: 내가 반드시 가져야 한다고 생각하는 것을 갖지 못했을 때 행복할 수 없고, 내가 그것을 가졌을 때 불안해하지 않을 가능성이 거의 없다는 말인가요?

Ellis: 맞아요! 당신의 당위성(musturbation)은 오직 당신을 우울하게 하거나 공황 상태에 빠지게 할 거예요.

REBT 평가 단계의 중요한 목표는 내담자가 일차적인 문제(예, 우울, 불안, 철수, 중독)와 그들의 일차적 문제에 관한 문제(예, 우울에 관한 우울, 불안에 관한 불안, 철수에 관한 수치심, 중독에 관한 죄책감)를 구별하도록 돕는 것이다. REBT 치료자는 내담자의 일차적 문제를 평가하기 전에 메타-문제(meta-problems)를 평가하는데, 이것이 종종 우선적으로 치료적 관심을 필요로 하기 때문이다. 예를 들어, 내담자가 불안해지는 것에 관해 자신을 심하게 비난할 때 그는 자신의 일차적 문제인 불안 자체에 초점을 맞추기 어려워진다.

메타문제는 일차적 문제와 같은 방식으로 평가된다. ABC 모델에 따라 특정 문제가 평가되고 내담자가 비합리적 신념과 역기능적인 정서적 및 행동적 결과 간의 연결을 인식하면 치료자는 논박 단계로 넘어갈 수 있다. 논박의 초기 목적은 내담자가 그들의 경직된 신념 혹은 요구성의 극단적 파생물을 지지하는 증거가 없다는 사실을 지적으로 통찰하도록 돕는 것이다. 그들이 비교리적인 선호를 가지고 있고 그러한 선호가 충족되지 않으면 유감스럽거나 '나쁜' 결과를 갖게 될 것이고, 반대로 그것이 충족되면 바람직하거나 '좋은' 결과를 갖게 될 것이라는 증거만이 존재한다. REBT에서의 지적 통찰은 비합리적 신념이 정서적 장애 및 역기능적 행동을 야기하고, 합리적 신념은 정서적 건강을 돕는다는 것을 인정하는 것이다(Ellis, 2002). REBT는 내담자가 정서적 통찰에 도달하기 위한 다양한 기법을 사용하게 하는 훈습 단계의 발판으로서 지적 통찰을 사용한다. REBT에서의 '정서적 통찰'은 비합리적 생각이 역기능적인 반면, 합리적인 생각은 유용하다는 신념을 매우 강력하고 빈번하게 고수하는 것이다(Ellis, 1963). 정서적 통찰이 달성될 때 개인은 합리적 신념에 따라 생각하고 느끼며 행동한다.

REBT 훈습 단계에서 대개 치료자는 내담자의 진전을 가로막는 방해물에 직면하게 된다. REBT에서 발생하는 세 가지 형식의 주요한 방해물이 있다. 즉, ① 관계적 방해물, ② 내담자 방해물, ③ 치료자 방해물이다. 관계적 방해물에는 기본적으로 두 가지 유형이 있다. 첫째, 치료자와 내담자가 잘 맞지 않아 생산적인 작업 관계를 발달시키는 데 실패하는 것이다. 이와 같은 상황에서 더 적합한 치료자에게 조기 의뢰하는 것을 제안한다. 둘째, 치료자와 내담자가 너무 친해져서 그 결과로 ① 불편한 주제들을 피하기 위해 결탁하고, ② 치료자는 내담자가 삶의 상황 속에서 비합리적 신념들을 변화시키기 위해 스스로를 밀어붙이도록 하는 데 실패한다. 이 경우 치료는 두 사람 모두에게 즐거운 경험이 될 수 있으나, 치료자는 자신과 내담자에게 그들 관계의 주요 목적이 내담자가 심리적 문제를 극복하고 치료 상황 밖에서 목표를 추구하게 하는 것임을 상기시켜야 한다. 치료자는 이를 끝내기 위해 자신과 내담자의 좌절 인내력 수준을 높일 필요가 있다.

내담자 진전에 대한 치료자 방해물 또한 기본적으로 두 가지 유형이 있다. 첫째, 치료자는 기술이 부족하거나 비효과적인 방식으로 REBT를 수행할 수 있다. 이 경우 슈퍼비전과 추가적인 훈련이 요구된다. 둘째, 치료자는 치료에 대해 인정받고 싶고, 성공하고 싶고, 위로받고 싶은 스스로의 욕구로 인해 내담자의 진전을 방해할 수 있다. 이런 상황 속에서 치료자는 자신에게 REBT를 사용하거나 개인치료를 찾는 것이 더 낫다(Ellis, 1983b, 1985b).

Ellis(1983d)는 내담자 스스로가 지닌 극단적 수준의 장애가 진전에 있어서 상당한 방해가 될 수 있음을 깨달았다. 그는 치료로부터 가장 큰 이득을 얻는 내담자는 장애를 가장 적게 지녔던(즉, 처음에 장애가 덜 있었던) 내담자였음을 확인했고, 그는 저항하는 내담자에게 사용하기 위한 많은 치료적 전략을 개괄했다(Ellis, 1983e, 1983f, 1984d, 1985b). 첫째, 치료자는 저항하는 내담자를 향해 매우 수용적인 태도를 유지할 필요가 있다. 둘째, 치료자는 그러한 내담자가 변화되도록 일관되게 노력해야 한다. 셋째, 내담자가 그들의 문제에 관해 작업하기를 거절한 후에 틀림없이 뒤따르게 될 부정적 결과를 내담자에게 계속 보여 주어야 한다. 넷째, 많은 치료적 유연성, 혁신, 그리고 실험 등이 저항하는 내담자와의 작업에서 필요하다(Dryden & Ellis, 1980).

REBT에서의 종결은 되도록 내담자가 상당한 진전을 이뤄 냈고, REBT의 자기변화 기법에 능숙해졌을 때 이뤄져야 한다. 종결이 가까운 내담자는 가급적 ① 자신이 건강하지 못한 부정적 정서와 역기능적 행동을 경험할 수 있음을 이해하고, ② 그러한 경험에 기저하는 비합리적 신념을 감지하고, ③ 비합리적 신념과 합리적 대안을 구별하고, ④ 비합리적 신념에 도전하며, ⑤ 다양한 행동적 자기변화 방법을 사용해서 비합리적 신념에 대응할 수 있어야 한다. 치료자가 추후 회기에 내담자를 참석시키고 다른 어떤 장애물이 있는지를 다루기 위해 내담자의 진전을 감찰함으로써 치료에서 획득한 향상은 유지된다.

주요 치료기법

지금부터는 엄청난 철학적 변화를 가져올 목적으로 특화된 REBT의 기법적 측면을 강조하면서 REBT에서 사용되는 주요 치료기법을 다루고자 한다. 일반적으로 REBT 치료자는 이 책의 다른 곳에서 충분히 다루어진 다양한 부가적 기법을 사용하고, 다른 치료 학파로부터 차용한 기법을 자유롭게 사용한다. 하지만 REBT는 "정서적 건강 및 장애에 관한 명확한 이론에 기반한다. 즉, REBT가 사용하는 많은 기법은 이론에 입각해서 사용된다."(Ellis, 1984c, p. 234) REBT 치료자는 장기적 쾌락주의를 강조하는 이론을 고수하기 때문에 단기적으로는 이득을 줄 수 있으나 장기적으로 해로운 효과가 있는 기법을 잘 사용하지 않는다. 우리가 기법의 주요 양식을 강조하기 위해 인지적 · 정서적 그리고 행동적이라고 명명하고 그 기법을 열거했다는 점을 주목해야 한다. 하지만 REBT 관점에 일치되게 인지, 정서, 행동은 실제로는 상호의존적인 과정이며, 다음에 나오는 기법 대부분은 인지적 · 정서적 · 행동적 요소를 포함한다는 것을 밝히는 바다.

인지적 기법

REBT에서 가장 흔하게 사용되는 기법은 비합리적 신념에 대한 '논박'(즉, 인지재구성)이다. Phadke(1982)는 논박 과정을 세 단계로 설명했다. 첫째, 치료자는 내담자가 자기패배적인 정서 및 행동의 기저에 있는 비합리적 신념을 알아차리게 한다. 둘째, 치료자는 ① 진실 혹은 거짓에 대해서, ② 비합리적 신념의 유용성 혹은 유용성 결여에 대해 토론 및 논의한다. 이 과정 동안 치료자는 비합리적 신념과 합리적 신념을 구분하는 세 번째 단계를 내담자가 밟아 나갈 수 있게 돕는다. 토론은 대개 '당신이 반드시 그렇게 해야 하는 증거가 뭐죠?' '원하기 때문에 반드시 가져야 한다는 생각은 도대체 어디서 나오는 건가요?' 그리고 '그런 식으로 생각하는 게 유용해요? 그것이 어떤 식으로 당신에게 도움이 된다고 생각해요?' 식의 소크라테스 식 문답법으로 이루어진다. 숙련된 REBT 치료자는 내담자에게 다양한 재구성/토론 양식을 사용한다(DiGiuseppe, 1991 참조).

다양한 유형의 쓰기 숙제는 회기 사이에 내담자 스스로가 비합리적 신념을 논박할 수 있게 한다([그림 8-2] 참조). 또한 내담자는 치료회기의 녹음 테이프를 듣고 녹음된 자신의 비합리적 신념들에 대해 논박할 수 있다. 이때 그들은 자신의 합리적 부분과 비합리적 부분 간의 대화를 시작하고 이어 나간다. 논박 과정을 너무 어렵게 느끼는 내담자에게는 작은 카드에 적을 수 있게 하고, 치료회기 간에 언제든지 스스로 되뇌일 수 있는 합리적인 자기진술을 개발하도록 격려할 수 있다. 이와 같은 진술의 한 예는 '나는 남자 친구의 사랑을 원하지만 그것이 필요한 것은 아니야!'일 것이다.

내담자가 새로운 합리적 철학을 강화하는 데 종종 제안되는 세 가지 인지적 방법은 ① 내담자가 자조서나 관련 자료를 읽는 독서치료(예, Ellis & Becker, 1982; Ellis & Harper, 1997; Young, 1974), ② 다양한 주제에 대한 REBT 강의 CD 듣기(예, Ellis, 1971b, 1972a), ③ 친구나 지인 등 타인에게 REBT를 사용하여 합리적 주장을 사용하는 연습을 해 보는 것이다.

다양한 의미론적 방법이 REBT에서 사용된다. 정의하기 기법(defining technique)은 때때로 내담자가 자기패배적인 언어를 덜 사용하게 하는 데 이용된다. 따라서 "나는 할 수 없어." 대신에 내담자는 "나는 아직 못 했어."라고 말하도록 촉구된다. 내담자가 흡연과 같은 특정 개념의 부정적 속성과 긍정적 속성 모두를 나열하게 하는 참조 기법(referenting technique)[4]도 사용된다(Danysh, 1974). 이 방법은 내담자가 해로운 습관의 긍정적 측면에 초점을 맞추고, 부정적 측면을 무시하는 경향성에 도전하기 위해 사용될 수 있다.

<table>
<tr><td colspan="2">상황 = 'A' =</td></tr>
<tr><td>'iB'(비합리적 신념) =</td><td>'rB'(합리적 신념) =</td></tr>
<tr><td>'C'(정서적 결과) =</td><td>'C'(정서적 목표) =</td></tr>
<tr><td>(행동적 결과) =</td><td>(행동적 목표) =</td></tr>
<tr><td>(사고 결과) =</td><td>(사고 목표) =</td></tr>
<tr><td colspan="2">'D'(논박) =</td></tr>
<tr><td colspan="2">재검토 'A'</td></tr>
</table>

1. 당신이 처했던 '상황'을 객관적이면서 간략하게 기술하시오.
2. 당신의 'C'를 찾으시오. – 당신의 주요한 고통스러운 정서, 당신의 역기능적 행동, 당신의 왜곡된 추후 사고
3. 당신의 'A'를 찾으시오. – 그 상황 속에서 무엇이 당신을 가장 괴롭히는가(2단계와 3단계는 순서를 맞바꾸는 것이 가능하다)
4. 정서적 · 행동적 목표와 사고 목표를 정하시오.
5. 당신의 비합리적 신념('iB', 즉 요구 + 파국화), 낮은 좌절 인내력(LFT) 신념, 혹은 비난 신념을 찾으시오.
6. 당신의 목표(즉, 비교리적인 선호 + 끔찍스럽게 여기는 것에 저항하는 신념)에 도달하게 해 줄 대안적인 합리적 신념('rB'), 높은 좌절 인내력(HFT) 신념, 수용 신념을 찾으시오.
7. 당신의 비합리적 신념이 비합리적이고, 당신의 합리적인 신념은 합리적이라는 것을 스스로에게 납득시킬 설득력 있는 주장을 개발하시오. – 'D'. 이러한 주장은 당신이 정서적 · 행동적 목표 및 사고 목표에 도달하는 것을 도울 것이다.

---

4) 어떤 행동에 대해 비용효과(cost-benefit)를 분석하는 것과 유사.

8. 'A'를 재평가하고 그것이 얼마나 현실적인지 고려하기. 모든 사실에 비추어 볼 때 'A'를 보다 현실적으로 바라볼 수 있는 증거가 있는가? 있다면 그것을 적으시오.

그림 8-2 교육을 위한 ABCD 기록지

또한 REBT 치료자는 많은 심상 기법을 사용한다. 합리적 정서적 심상(Ellis, 1993b; Maultsby & Ellis, 1974)은 내담자가 (A)에서 부정적 사건의 생생한 심상을 유지하는 동안 건강하지 못한 부정적 정서를 건강 정서(C)로 바꾸라고 격려한다. 시간 투사 심상 기법 또한 REBT에서 사용된다(Lazarus, 1984). 이를 테면, 내담자는 어떤 특정한 사건이 발생한다면 '끔찍할 것'이라고 말할 수 있다. 이 단계에서 이러한 비합리적 신념에 직접적으로 도전하기보다 치료자는 내담자가 '끔찍한' 사건 이후에 일정 시간이 흐른 시점에서 삶이 어떨 것 같은지 상상하게 할 수 있다. 이렇게 되면 내담자는 '끔찍한' 사건 이후에도 삶이 계속되고, 자신이 대개 사건으로부터 회복되며, 원래 목표를 계속 이어 가거나 다른 새로운 목표를 개발할 수 있다는 것을 알게 되어 간접적으로 비합리적 신념을 변화시킬 수 있게 된다. 이와 같은 현실화(realization)는 내담자가 자신의 비합리적 신념을 재평가하도록 돕는다. 마지막으로 일부 합리적 정서행동치료자는 최면 패러다임을 사용하기도 한다(예, Golden, 1983).

정서적 기법

REBT는 종종 심리치료의 정서적 측면을 간과한다는 잘못된 비판을 받았다. 하지만 이것은 사실과 다르다. REBT 치료자는 고통을 없애기 위해 비합리적 신념을 표적으로 삼는 인지적 및 행동적 기법을 사용한다. 즉, 인지의 변화는 그 자체가 목적이 아니라 고통과 건강하지 못한 부정적 느낌에 영향을 미치기 위한 수단이다. 더욱이 치료자는 한 개인으로서의 내담자가 아니라 내담자의 비합리적 신념을 변화시키기 위한 다양한 정서적 기법을 빈번하게 사용한다. 첫째, 내담자가 너무 진지하게 생각하지 않게 함으로써 합리적으로 사고하게 하는 다양한 유머러스한 방법이 있다(Ellis, 1977a, 1977b). 둘째, REBT 치료자는 자기노출을 통해 합리적 철학의 모델이 되어 준다. 치료자가 스스로 내담자와 비슷한 문제를 경험했다는 것을 솔직하게 인정하고 REBT를 이용해 그 문제를 극복했다는 것을 알려 준다. 따라서 Dryden은 자주 내담자에게 자기가 말을 더듬는 것에 수치심을 느꼈다고 말하면서 그가 어떻게 언어 장애를 받아들였고 발표할 기회가 생길 때마다 발표에 대한 불편감을 견디려고 애썼는지 알려 줬다. 셋째, REBT 치료자는 인지적 논박 기법에 부가적으로 이야기, 좌우명, 우화, 경구, 시, 격언을 빈번하게 사용한다(Wessler & Wessler, 1980). 넷째, Ellis(1977a, 1977b, 1981b)는 재미있고 기억하기 쉬운 형태로 합리적 철학을 제시하는 다양한 해학적인 노래를 썼다. 다음 가사는 'God Save the Queen'을 Dryden이 개작한 합리적인 해학적 노래다.

> 싫은 것으로부터 날 보호해 주세요
> 아름다운 삶을 주세요
> 그리고 만약 하는 일이 너무 힘겨워진다면
> 나는 우는 소리를 하고, 고함치고, 절규할 거예요!

Ellis(1979d)는 적용가능할 때마다 심리치료 현장에서 (내담자와 내담자의 임상적 상황에 따라) 힘과 에너지를 사용하는 것을 지지했고, 내담자의 정서에 완전히 관여하는 식의 개입을 채택하라고 강조했다. REBT 치료자는 내담자가 그들의 비합리적 신념을 활력 있게 반박함으로써 지적 통찰에서 정서적 통찰로 나아갈 수 있음을 시사한다(Ellis, 1993c). 활력은 종종 내담자가 힘차고 극적으로 자신의 합리적 자기 역할을 취하고, 비합리적 자기에 연관되는 자기패배적 신념을 논박하는 '합리적 역할 역전'에 사용된다. 또한 현재는 유명해진 REBT의 수치심-공격훈련(Ellis, 1969, 1995; Ellis & Becker, 1982)에서 힘과 에너지는 중요한 요소다. 여기서 내담자는 공공장소에서 의도적으로 '수치스럽게' 행동하게 되는데, 이는 스스로를 수용하고 수치스럽게 행동한 결과로서 발생하는 불편감을 인내하기 위함이다. 붐비는 백화점 안에서 시각을 외치거나 대중의 관심을 받기 위해 기이한 옷을 입는 것, 혹은 철물점에 가서 담배를 파는지 물어보는 것과 같은 사소한 사회적 규칙 위반이 종종 적절한 수치심-공격훈련으로 사용된다. 또한 위험-감수훈련에서 내담자는 의도적으로 스스로가 변화하기를 원하는 영역에서 계산된 위험을 억지로 감수하게 된다. 연관된 비합리적 신념들을 논박하기 위해 Ellis는 브롱크스 식물원에서 100명의 여성에게 말을 걸어봄으로써 여성에게 접근하는 것에 대한 자신의 불안을 어떤 식으로 극복했는지에 대해 설명했다. Dryden은 자신의 발표 불안을 극복하기 위한 캠페인의 일환으로 국립 지역 라디오에서 억지로 강연을 맡았다. Ellis와 Dryden 모두 이러한 위험을 감수했고, 그와 같은 경험에서 '끔찍한' 결과가 발생하지 않는다는 것을 스스로에게 입증했다.

행동적 기법

REBT는 1955년 이래로 행동적 기법의 사용을 주장해 왔다. 그 이유는 인지적 변화가 흔히 행동적 변화에 의해 촉진되기 때문이다(Emmelkamp, Kuipers, & Eggeraat, 1978). REBT 치료자가 내담자의 좌절 인내 수준을 향상시키는 것을 고민했기 때문에 그들은 내담자에게 점진적 둔감화 패러다임에 기반한 과제보다 실제 둔감화 및 홍수법에 기반한 과제를 하게 했다(Ellis, 1979e; Ellis & Abrahms, 1978; Ellis & Becker, 1982; Ellis & Grieger, 1977). 그러나 그들은 실제적으로 내담자와 상호 간의 타협점을 논의했고, 내담자의 현재 상태를 압도하지 않으면서 충분히 도전적인 과제를 내담자가 기꺼이 하게 했다(Dryden, 1985).

REBT에서 사용되는 다른 행동적 방법에는 ① 내담자가 불편한 상황 가운데 오랜 기간 머무름으로써 어떻게 불편함을 견뎌 낼 수 있는지를 배우게 하는 '그 자리에 머무르기' 활동(Grieger & Boyd, 1980), ② 내담자가 어쩔 수 없어서 과제를 미루지 않고 지금 당장 시작하게 하고 '나중에 하기 습관'을 깨는 것에 대한 불편감을 견디는 것을 배우게 되는 반(反)지연 연습, ③ 내담자가 그들의 장기 목표를 추구하는 과정에서 불편한 과제를 이행하도록 격려하기 위한 보상과 처벌의 사용(Ellis, 1979c; 1985b), ④ 변화가 가능하다는 사실을 경험할 수 있도록 내담자가 이미 합리적으로 생각하고 있는 것처럼 행동하도록 격려하는 Kelly의 '고정된 역할 치료'가 있다.

기타 행동적 기법은 특화된 REBT와 일반적 REBT 모두에 사용된다(예, 다양한 형태의 기술훈련 방법). 이 기법은 특화된 REBT에서는 철학적 변화를 촉진하기 위해 사용되지만, 일반적 REBT에서는 내담자의 레퍼토리에 없는 기술을 가르치기 위해 사용된다. 기술훈련이 특화된 REBT에서 쓰이는 경우 비합리적 신념을 논박하는 것과 함께 사용되어 후에 내담자는 어느 정도 철학적 변화를 달성하게 된다. REBT는 내담자에게 변화를 가져오는 가장 효과적인 방식은 내담자가 개발하려고 하는 합리적인 신념과 일치하는 인지적 · 정서적 · 행동적 기법을 반복적으로 사용하는 것이라고 주장한다. 이러한 기법은 특히 이전에 내담자가 괴롭다고 생각했던 역경에 직면했을 때 중요해진다.

REBT에서 기피하는 기법

REBT는 인지적 · 정서적 그리고 행동적 양식에 속한 기법의 사용을 지지하는 중다양식의 치료임이 분명하다. 하지만 REBT 이론이 치료적 기법의 선택에 영향을 미치기 때문에 많은 치료기법이 REBT의 실제에서는 기피되거나 최소한으로 사용된다(Ellis, 2002). 일부 기법은 실용적 목적에 유용할 수 있기 때문에, REBT 치료자가 다음 기법의 사용을 절대적으로 기피하는 것은 아니다(Ellis, 2002).

- 사람을 의존적이게 하는 기법(예, 강력한 강화물로서 치료자의 과도한 온정성, 전이 신경증의 유발과 분석)
- 사람을 보다 아둔하고 피암시적으로 되게 하는 기법(예, 극단적인 긍정적 사고)
- 장기적이고 비효율적인 기법(예, 일반적인 정신분석적 기법과 특히 활성화된 경험을 길게 설명하게 하는 자유연상)
- 장기적으로 사람을 나아지게 하는 것이 아니라 단기적으로 기분 좋아지게 하는 기법(예, 극적이거나 카타르시스적인 방식으로 그들의 느낌을 완전히 표현하게 하는 경험적 기법, 일부 게슈탈트 기법 및 원초적 기법)
- 내담자가 비합리적 철학을 작업하는 것을 방해하는 기법(예, 이완 기법, 요가 그리고 다른 인지적 주의전환 기법). 이러한 기법은 철학적 변화를 일으키기 위해 설계된 인지적 논박과 함께 사용될 수는 있다.
- 내담자의 낮은 좌절 인내력(LFT) 철학을 무심코 강화하는 기법(예, 점진적 둔감화)
- 비과학적 철학을 포함하는 기법(예, 신앙 치유 및 신비주의)
- 내담자에게 비합리적 신념(B)을 변화시키는 방법을 제시하기 전, 혹은 제시하지 않은 채, 활성화 사건(A)을 변화시키려고 하는 기법(예, 일부 전략적 가족 체계 기법)
- 의심스러운 타당성을 가진 타당도가 모호한 기법(예, 신경언어학적 프로그래밍)

사 례

Freda: 불안장애 사례

Freda는 40세의 이혼 여성으로 성인이 된 두 명의 자녀와 함께 살고 있다. 그녀는 18개월 전에 승객으로 자동차 사고를 당했다. 심각하게 다치진 않았지만 그녀는 그때 이후로 운전을 할 때마다 불안을 경험했다. Freda의 불안은 두 가지 수준에서 경험되는 것이었다. 첫째, 그녀는 그녀가 탄 차의 후방에서 큰 트럭이 접근할 때면 언제나 불안해졌다. 둘째, 그녀는 자신의 불안에 대해 극도로 불안해했고 극심한 공황을 경험했다. 그녀는 나(W. D.)에게 상담을 받았고, 나는 더 큰 메타 문제를 먼저 작업했다. 그녀의 비합리적 신념은 '나는 반드시 불안해서는 안 되고, 내가 불안해질 때는 끔찍하다.'라는 것이었다. 나는 이러한 신념을 논박했고, 그녀가 불안을 불편하지만 위험한 것은 아닌 것으로 보게 했다(Low, 1952). 그다음에 우리는 ① 그녀에게 '정해진 시간 전'에 죽는 것과 ② 그녀가 죽고 난 이후에 남겨질 두 아들에게 일어날 일에 대해 끔찍하게 여긴다는 것을 밝혀 내기 위해 '추론 연쇄'(Moore, 1983)를 사용해 그녀의 일차적 불안 문제를 다루었다. 첫째, 나는 그녀가 반드시 자동차 사고로 죽지 않으며, 반드시 그녀가 살게 될 날에 비해 더 오래 살아야 한다고 선언한 우주의 법칙은 없다는 것을 알도록 했다. 둘째, 나는 그녀가 아들들에 관해 상상할 수 있는 가장 최악의 운명이 무엇인지 물었다. 그녀는 특히 다소 약해 보이는 첫째 아들에 대해 걱정했다. 그녀는 또한 그녀가 '끔찍하다'고 평가한 것, 즉 첫째 아들이 스스로 대처할 수 없을 것이고 부랑자가 될까 봐 걱정했다. 나는 이러한 비합리적 신념 또한 논박했고, 첫째 아들이 부랑자가 된다면 매우 나쁘거나 비극적일 수 있으나 끔찍한 것은 아니란 걸 알게 했다. 반면에 그녀의 아들이 결코 부랑자가 되지 않을 것이라는 우주의 법칙은 없다고 말해 주었다. 나는 그에 더해 만약 그가 부랑자가 된다 하더라도 그가 약간의 행복을 느낄 수 있음을 가르쳤다. 우선 나는 그녀가 불안하더라도 운전하도록 격려했고, 그러한 경험을 '나쁘지만' '끔찍하지'는 않은 것으로서 견딜 수 있게 도왔다. 이러한 경험이 어느 정도 개선된 후에 나는 그녀가 큰 트럭에 접근해서 그것에 '둘러싸이는 것'의 불편감을 견딜 것을 촉구했다. 추가적으로 나는 이에 더해, 나는 B에서의 비합리적 신념이 ① 그녀가 죽을 가능성과 ② 자신의 사망 후 아들이 부랑자가 될 가능성을 과대평가하게 하며, 이 모든 것이 ③ 비합리적 신념의 인지적 결과라는 것을 알게 했다.

둘러싸이는 것에 대한 주제는 다른 상황에서도 발생했다. 그녀는 그녀가 관심없는 남자에게 계속해서 구애를 받고 있었다. 그녀는 이에 대해 속박당한다고 느꼈는데, 그에게 자신을 내버려 두라는 공손한 부탁에도 그는 계속해서 쫓아다니고 있었기 때문이다. 나는 그녀에게 그와 대화를 거부하는 것으로 자신의 입장을 피력하거나 태도를 확고히 하지 못하게 하는 것이 무엇이냐고 물었다. 그녀는 그런 직접적인 방법이 그를 단념시킬 것이라 생각은 했지만 그런 방식으로 그에게 상처를 준다면 그녀 스스로 죄책감을 느낄 것 같다고 말했다. 나는 그녀의 죄책감이 '내가 그에게 상처를 준다면 나는 나쁜 사람이야.'라는 신념으로부터 유래한 것임을 이해하도록 했다. 우선 나는 그 신념을 논박했고 그녀가 직접적으로 그 남자에게 상처를 준다 하더라도 나쁘게 행동하고 실수할 수 있는 인간으로서의 자신을 받아들일 수 있음을 보여 주었다. 그 다음에 나는 그녀가 그에게 잔인하게 상처를 준 것이라기보다 그를 거절한 것에 대한 책임은 있을 수 있음을 이해시켰다. 왜냐하면 그가 그녀의 거절에 상처받거나 모욕당했다 하더라고 그렇게 느끼는 것은 자기 자신의 비합리적인 가치절하에 의한 것이기 때문이었다. 다음 회기에서 그녀는 그 남자에게 자기주장을 하는 데 성공했고, 그녀의 운전 불안이 더욱 완화되었다고 보고했다. 그녀는 그녀의 사적 관계가 속박당하는 느낌이 덜해진 것이 운전할 때 둘러싸이는 느낌을 줄여 주었다고 보고했다.

추후 회기에서 Freda는 자기주장의 부족, 죄책감, 당혹감에 관한 추가적 문제를 논의했다. 나는 그녀가 이 문제 간의 연결성을 볼 수 있게 도왔고, 그녀는 자신의 비합리적 신념을 탐지하고 논박하는 데 있어 점점 더 숙달되어 갔다. 나는 그녀에게 수치심-공격 연습의 개념을 설명했고, 그녀는 다음 회기에서 그것을 이행한다고 경고했다. 수년 동안 그녀는 남자를 집으로 데려와 두 아들들에게 소개하는 것에 불안해했다. 이번 기회에 그녀는 댄스파티에서 훨씬 나이 어린 남자를 만났고, 그날 밤에 그를 집으로 데려왔다. 그녀가 그렇게 한 것은 '나의 아들들이 나를 연하남과 결혼하는 사람이라고 비웃을 것이고, 이것은 어리석은 사람임을 증명하는 것이다.'라는 그녀의 수치심-유발 신념을 논박하기 위한 것이었다. 그녀는 이런 행동이 매우 유익하다고 느꼈는데, 왜냐하면 그녀의 아들들이 몇 가지 부정적인 말을 했지만 그녀만의 방식대로 자신의 삶을 살아갈 것이라고 아들들에게 말했고, 그녀가 두 아들의 인정을 받고 싶지만 두 아들이 '타락한 늙은 여자'로 그녀를 생각하더라도 그것이 유감스러운 일이기는 해도 세상의 끝은 아니기 때문이었다.

12주에 걸친 회기 말미에 Freda는 인정과 안정에 대한 그녀의 절박한 욕구를 반박하는 데 있어 중요한 진전을 이뤄 냈다. 보다 중요한 것은, 그녀는 논박 기법을 내면화했고 그녀의 비합리적 철학에 도전하는 적극적 작업의 효과를 보았다는 점이다. 6개월 추후 평가에서 Freda는 진전을 유지하고 있었다. ① 그녀는 꽤 편안하게 운전할 수 있었다. ② 또한 그녀는 불안하지는 않았지만 여전히 그녀의 뒤에 큰 트럭이 붙는 것을 좋아하지 않았다. 그녀는 다른 사람이 부정적인 시선으로 그녀를 바라보더라도 그녀의 생각을 더욱 자유롭게 말할 수 있게 되었고 하고 싶은 대로 행동할 수 있게 되었다. 그녀는 아들들이 그녀에 대한 태도를 바꾸었다고 보고했다. 그녀는 "그들은 옛날의 나보다 '새로운 나'를 더 존경하는 것 같아요."라고 말했다.

Bob: 우울증 사례

Bob은 중증의 우울증을 겪고 있는 50세 남자다. 그는 직장을 잃은 후 우울증이 생겼고, 그 결과 성적인 문제를 경험했다. Bob이 자살하고 싶어 한다는 것을 발견한 일반의에 의해 내게(W. D.) 의뢰되었다. 첫 회기에서 나는 그가 미래에 대한 무망감을 느낀다는 것을 알게 되었는데, 왜냐하면 그가 '남자로서 끝났다.'는 것에 걱정하고 있었기 때문이다. 나는 그가 실직과 발기부전 때문에 자신을 못난 사람이라고 비난하기보다는 일시적으로 실직한 것이고 발기가 충분히 되지 않는 사람으로 생각하라고 지속적으로 알려 주었다. Bob의 기분은 회기 끝 무렵에 상당히 나아졌지만 나는 다음 회기 전에 만약 다시 자살 사고가 든다면 내게 전화하라고 말했다.

우리의 두 번째 회기에서 나는 그가 우울해지는 것과 심리치료적 도움을 구하는 것에 대해 부끄러워하고 있다는 것을 알게 되었다. 다시 한 번 "나는 반드시 스스로 내 문제를 해결해야 한다."라는 Bob의 비합리적 신념을 논박하게 했고, 문제에 관해 가장 친한 친구에게 얘기함으로써 자신의 수치심에 도전하게 했다.

세 번째 회기를 시작할 때 그는 훨씬 기분이 나아졌다고 보고했다. Bob은 문제를 친구에게 말하는 것에 수치심을 느끼지 않았고, 지난해 Bob과 비슷한 문제를 겪었다고 고백한 친한 친구로부터 공감적 반응을 받았다. 이러한 반응은 Bob이 중요하게 생각하는 것을 일부 변화시키는 것만으로도 행복해질 수 있음을 알게 함으로써 Bob에게 큰 효과가 있었다. Bob은 우정이 성취만큼 중요하다는 것을 알게 되었고, 남자가 되는 것이 의미하는 바에 대해 다시 정의하는 것이 가능해졌다.

우리의 네 번째 회기에서 나는 Bob의 성적 능력에 관한 불안유발 신념과 "남자가 되려면 반드시 발기가 되어야만 해."라는 비합리적 신념을 논박했다. Bob이 합리적 신념과 비합리적 신념 간의 차이를 명확하게 이해했음이 분명해졌다. "발기와 오르가즘이 좋긴 하지만 그것들 없이도 섹스를 즐길 수 있어."라는 신념에 따라 행동하기로 결심한 후에 그는 집으로 가서 아내와 몇 번의 성적 경험을 즐겼다. 이에 더해 Bob은 개인 병원에서 자원봉사를 하기로 결정했고, 설령 그 일이 그 어떤 만족감도 주지 않을 것이라는 예상을 하면서도 그것을 즐겼다.

Bob은 성 정체성 측면에 흥미를 보였고, 오늘날의 사회에서 남자가 되는 것에 대한 압박에 관한 몇 권의 책을 읽었다. 그는 집안일에서 좀 더 적극적인 역할을 맡기 시작했고, 7회기에서 더 이상 그것을 '여자의 일'로 여기지 않게 되었다. 8회기에서 Bob은 재발했고 다시 우울감을 느낀다고 말했다. Bob이 '왕년에 광신적 성 차별주의자'였던 것에 대해 스스로를 비난하고 있음이 드러났다. 나는 다시 한 번 그가 실수할 수 있는 인간 존재이고, 과거에 성 차별주의적 철학을 고수했고, 여전히 그것을 가지고 있다 하더라도 자신을 수용할 수 있음을 보여 주었다. 우리는 무조건적 자기수용의 개념에 대해 전반적으로 논의했고, Bob은 이러한 철학에 따라 행동하기로 결심했다.

마지막 두 회기에서 우리는 몇 가지 직업 관련 주제에 관해 논의했다. Bob은 이 논의를 통해 대학에 다니면서 사회복지 학위를 위해 공부하기로 결정했다. 마지막 회기에서 그는 자신이 어떻게 몇 가지 근본적인 태도를 변화시켜 왔는지를 생각했다.

"돌이켜 보면 저는 두 가지 차원의 남성 개념을 믿고 있었다는 것을 깨달았어요. 저는 좋은 직업을 가지고 있고 발기가 잘 될 때는 괜찮았어요. 이제 저는 그것보다 남자가 되는 데 있어 훨씬 더 많은 것이 존재한다는 것을 알았어요. 저는 당신이 내 시야를 넓힐 수 있게 저를 도와준 것 같고 이제 저는 제 자신을 전보다 훨씬 복잡한 존재로서 바라봐요. 저는 친구관계의 즐거움을 만끽하고 있고, 아내와의 섹스도 믿을 수 없을 만큼 좋아졌어요."

6개월 뒤 추후 평가에서 Bob은 대학 과정을 즐기고 있었고 우울증에서 벗어나 있었다. 치료 1회기에서 Bob의 우울 검사 점수는 42점으로 중증 범위였다. 정기적인 치료의 10회기와 마지막 회기에서 그의 우울 점수는 3점으로 떨어졌고, 6개월 후의 추후 평가에서는 1점이었다.

합리적 정서행동치료의 경험적 현황

REBT는 두 수준(① 이론의 경험적 현황, 그리고 ② 임상 전략의 경험적 현황)에서 평가되어야 한다.

합리적 정서행동 이론

지금부터 우리는 REBT 이론의 경험적 현황에 대해 우리가 아는 것과 우리가 모르는 것을 나눠서 간략히 설명하고자 한다(David, Schnur, & Belloi, 2002; David, Szentagotai et al., 2005; David, Montgomery et al., 2005에 근거함).

우리가 아는 것

- ABC 모델은 하나의 일반적인 틀로서 많은 경험적 지지를 받고 있으며(예, Lazarus, 1991), 모든 인지행동적 심리치료의 기본적인 틀이 되고 있고(예, Dobson, 2000), 임상 현장에서 널리 인정받고 있다.
- 특정 유형의 인지적 평가(뜨거운 인지)와 같은 비합리적 신념은 다양한 임상적 상태의 원인이 되는 중요한 기제로 여겨진다. 예를 들어, 파국화는 불안과 통증 모두에 연관되는 데 반해, 자기비하는 우울한 기분의 근본적인 요소다(예, David et al., 2002; David, Szentagotai et al., 2005; Solomon, Bruce, Gotlib, & Wind, 2003). 이러한 측면은 합리적 정서 이론과 현대의 주요한 동기 및 정서 이론이 서로 관련되어 있음을 보여 준다.
- 요구성(즉, 심리적 경직성/절대적 사고)은 일차적인 비합리적 인지과정/기제이고, 낮은 좌절 인내력(LFT), 파국화, 전반적인 평가/자기비하는 이차적인 비합리적 평

가 기제다(예, DiLorenzo et al., 2007 참조). 하지만 요구성이 재평가 과정의 일부로서(예, David, 2003; Lazarus, 1991 참조) 이차적인 비합리적 평가 기제에 뒤따를 수 있다.

- 비합리적 신념은 인지적 취약성 요인인데, 이는 비합리적 신념이 조금 더 혹은 조금 덜 명백한 스트레스 활성화 사건과 연합되어야만 임상적 상태를 유발한다는 의미다.
- 비합리적 신념은 왜곡된 설명과 추론을 유발한다. 예를 들어, Szentagotai와 Freeman(2007)은 주요우울장애를 지닌 환자의 우울한 기분은 비합리적 신념이 영향을 미치는 자동적 사고에 의해 결정됨을 발견했다. 우리 마음속에 활성화 사건이 표상되는 방식(즉, 설명과 추론에 의해)은 활성화 사건과 우리의 합리적 및 비합리적 신념 간의 상호작용에 달려 있다. 설명과 추론('차가운 인지')은 결과적으로 다양한 조작적 행동을 만들어 낼 수 있고, 차가운 인지와 조작적 행동은 모두 합리적 · 비합리적 방식으로 평가되어 감정과 생리적 반응을 유발할 수 있다(David, 2003; Szentagotai & Freeman, 2007 참조).
- 다양한 임상적 감정에 대한 특정 패턴의 비합리적 신념이 존재한다. 이를 테면, 분노에 대한 요구성과 낮은 좌절 인내력(LFT), 우울한 기분에 대한 요구성과 전반적 평가/평가절하, 불안에 대한 요구성과 파국화 등이 있다(예, David et al., 2002 참조).

우리가 모르는 것

- 합리적 신념은 독립적인 구성개념이라기보다 낮은 수준의 비합리적 신념으로 종종 개념화되어 왔다. 달리 말해 그것은 단일차원의 구성개념에서 양극단으로 개념화되었던 것이다. 하지만 연구를 통해 합리적 신념과 비합리적 신념이 독립적인 것으로 밝혀졌다(예, Bernard, 1998). 유감스럽게도 합리적 신념에 대한 독립적 평가 척도는 거의 없다. 따라서 우리는 건강 증진과 임상적 상태 예방에서 비합리적 신념의 역할을 명확하게 알지 못한다.
- 우리는 특정 활성화 사건 동안 합리적 신념이 기능적인 설명과 추론을 만들어 내는지를 알지 못한다.
- 우리는 합리적 신념 및 비합리적 신념의 생물학적 토대에 대해 거의 알지 못한

다. 예를 들어, 합리적 신념이 다양한 전전두엽 영역과 주로 연관되는 데 반해 비합리적 신념이 전전두 피질과 편도체 모두와 연관되는지의에 대해 흥미로운 질문을 던져 볼 수 있고, 이 질문을 하는 까닭은 비합리적 신념이 매우 정서적인 부분을 많이 포함하고 있고 변화시키기 어려우며, 또한 이 신념은 강력한 태고의 생물학적 그리고 진화론적 기반까지도 가질 수 있다고 가정되기 때문이다. 이것은 하나의 가능한 가설이고 REBT의 이론과 실제 모두에 함의를 갖는다. 예를 들어, 합리적 신념이 비합리적 신념을 대체하는가? 혹은 합리적 신념이 비합리적 신념과 비합리적 신념의 결과를 통제하는가? 이 질문에 따라 인지재구성에 대한 다양한 새로운 임상 전략이 나타날 수 있다.

- 우리는 건강한/기능적인 감정과 건강하지 않은/역기능적인 감정 간의 질적 및 양적 차이에 대해(예, 우울한 기분 대 슬픔, 불안 대 염려, 분노 대 성가심, 죄책감 대 후회) 알지 못한다. 또한 합리적 및 비합리적 신념이 이러한 차이와 어떻게 연관되는지에 대해 알지 못한다. 연구(예, David et al., 2005b)는 고통의 이원적 혹은 질적 모델을 시사하는 경향이 있으나 이러한 자료는 아직까지 설득력이 없다.

합리적 정서행동 이론에 연관된 미신과 오해

앞으로 다룰 분석은 David, Szentagotai 등(2005)의 작업에 기반한다. 비판가는 종종 REBT 이론은 '획일적'이고 경직된 치료이며, 다양한 정신병리의 기저에 있는 인지과정의 특정 양상에 대한 차별화된 이해를 제공하거나 특정 장애를 다루는 데 어려움이 있다고 설명했다(Beck et al., 1979; Padesky & Beck, 2003). 다양한 인지행동적 심리치료의 특정 인지모델에는 상당한 경험적 근거가 존재한다. 다양한 장애(예, 불안, 우울, 성격)에 대한 인지행동적 심리치료의 함의는 연구에 의해 충분히 입증되어 왔다(예, Beck & Emery, 1985; Riskind, 1999). Ellis(1994)는 특화된 REBT와 일반적인 REBT를 구분했다. 일반적인 REBT가 이러한 특정 모델을 흡수하는 반면, 특화된 REBT는 그 모델을 인정하면서도(Ellis, 1994 참조) 정신병리의 핵심에 몇 가지 기본적인 비합리적 신념이 포함되는 것으로 설명했다. 다양한 특정 장애 모델에 의해 설명되는 증상과 특정 인지(예, 자동적 사고 형식의 특정 설명 및 추론)는 이러한 핵심적인 비합리적 신념의 산물로 간주된다.

REBT에 따르면 핵심적인 비합리적 신념에 도전하는 것은 특정 모델에 의해 설명되는 증상과 인지 모두에서의 변화를 수반한다(DiGiuseppe, 1996; Dryden et al., 1989a; Dryden, Ferguson, & Hylton, 1989b; Dryden, Ferguson, & McTeague, 1989c). 이러한 '환원주의적 접근'은 정신병리의 모든 범위가 몇 가지 신경전달물질과 그것의 상호작용으로 국한된다는 신경과학적 접근과 동일하다. 하지만 우리가 신경과학에 사용되는 것과 비슷한 의미로 '환원주의'라는 꼬리표를 받아들인다 해도 REBT가 각기 다른 정서적 반응을 설명하는 데 어려움이 있다는 것은 근거 없는 오해다. 실제로 우리가 이전에 언급했듯이 David 등(2002)은 각기 다른 핵심적인 비합리적 신념이 다양한 정서적 문제를 만들어 내는 과정에서 어떻게 서로 상호작용하는지를 설명했다[예, 불안에서의 요구성 및 파국화, 분노에서의 요구성 및 낮은 좌절 인내력(LFT), 우울한 기분에서의 요구성 및 자기비하 등].

일부 인지치료 지지자(예, Padesky & Beck, 2003)는 REBT에 대한 또 다른 비판을 던졌다. 이들은 REBT가 과학적인 것이라기보다 철학적 이론 및 치료에 가깝다고 주장했다. 이것은 REBT에 대한 인식론적 오해다. 어떤 심리치료 시스템이라도 패러다임 수준(즉, 철학적 전제)과 이론적 수준(경험적으로 검증된 가설)에서 설명될 수 있으며, 또한 심리치료 모델과 개입 절차와 관련하여 설명될 수 있다. 모든 심리치료 시스템의 가정은 입증 가능하지도 또 반증 가능하지도 않는다. 가정은 대개 패러다임의 영향력 있는 창시자가 그것들을 주장했다는 이유로 단순하게 가정된다. 시스템으로서의 REBT는 주류가 작업하는 방식과 양립할 수 없으므로 완전히 이해될 수는 없는데, 왜냐하면 REBT가 전형적으로 철학적 가정을 강조하기 때문이다(예, 인간 존재의 본성에 대한 이 장의 논의를 보시오). 예를 들어, 인지치료는 잘 검증된 모델과 이론으로는 검증 불가능한 가정을 갖지만 대개 이 가정을 강조하지 않는다. REBT가 검증을 위해 REBT 이론과 모델을 제시함으로써 초기 접근을 수정한 지는 꽤 됐지만 철학적 가정은 변함이 없다. REBT 이론과 개입 모델에 대한 연구의 메타분석(예, Engels, Garnefsky, & Diekstra, 1993)은 REBT가 아마도 매우 효능이 있는 증거 기반 CBT임을 시사했다.

REBT 이론은 부당하게 비판받고 있다. 예를 들어, MacInnes(2004)는 REBT를 지지하는 증거가 부족하다고 기술하고 있다. REBT 이론을 검증하기 위해 보다 많은 연구가 필요하다 하더라도 MacInnes(2004)에 의해 사용된 기준과 방법은 우리의 관점에 비추어 볼 때 올바르지 않다. 예를 들어, 그는 다양한 실험 조건에서 참가자에 대한 무선할당과 참가자의 무선표집을 혼동했다. 다양한 집단에 참가자를 무선할당하는 것은 REBT 이론을 검증하는 데 있어 기본이 되는 데 반해 일반적 모집단으로부터 참가자를 무선표집하는 것은 REBT를 일반화하는 데 유용한 것일 수 있다. MacInnes가 무선화의 미사용을 결점으로 지적한 대부분의 REBT 연구는 사실 이 이론을 엄격하게 검증하기 위해 다양한 집단에 참가자를 무선할당했다. 대부분의 과학적 연구가 모집단을 대표하는 표본을 포함시키지 않는다는 점을 감안한다면 이러한 근본적인 문제가 왜 REBT에만 해당되는가? 다른 과학 영역에서와 비슷하게 REBT는 반복 연구를 바탕으로 일반화를 위한 근거를 제시함으로써 이러한 결점을 보완하고 있다.

합리적 정서행동치료 임상적 전략의 경험적 현황

다음의 분석은 David, Szentagotai 등(2005)의 작업에 근거한 것이다. 1970년 이전에는 REBT의 효능(즉, 무선화된 통제 시험에서 REBT가 어느 정도로 영향력을 갖게 되는지)과 효과성(즉, 실제 임상 장면에서 REBT가 어느 정도로 영향력을 갖게 되는지)에 관한 엄격한 경험적 연구가 충분히 수행되지 못했다. 1970년대 이후에 일련의 성과 연구가 출판되었고, 이러한 연구가 REBT에 대한 몇몇 질적 개관의 근거가 되었다(예, DiGiuseppe, Miller, & Trexler, 1977; Ellis, 1973; Haaga & Davidson, 1989a, 1989b; Zettle & Hayes, 1980; David, Szentagotai et al., 2005). 대체로 지지적이었지만 이 질적 개관은 몇 가지 방법론상의 문제를 갖고 있었고, 이는 REBT의 효능 및 효과성에 관한 결론을 강화하기 위한 추후 연구에서 해결되어야 한다.

성과 연구는 REBT의 효능 및 효과성을 검증하고, 이전의 REBT에 대한 질적 개관 논문에서 제기된 비판을 다루기 위한 양적 접근의 기반이 되어 왔다(Engels et al., 1993; Lyons & Woods, 1991). 양적 개관 논문은 인지행동적 심리치료에 초점을 두고 있는 일반 연구와 REBT의 효능 및 효과성에 초점을 두고 있는 특정 연구를 포함하고 있다. REBT는 일반적으로 심리치료의 양적 개관 논문에서 좋은 결과를 보이고 있는 것으로 나타나고 있다. 예를 들어, 초기 메타분석 연구에서 REBT는 열 가지 주요 심리치료 중 두 번째로 높은 평균 효과 크기를 나타냈다(Smith & Glass, 1977). 두 개의 엄격한 메타분석 연구는 REBT의 효능 및 효과성을 구체적으로 다루었다(즉, Engels et al., 1993; Lyons & Woods, 1991). REBT의 효능 및 효과성에 대한 다음 결론은 두 개의 양적 메타분석에 기반하고 있다(David, Szentagotai et al., 2005 참조).

- REBT 연구는 효능과 효과성 연구 모두에 초점을 두고 있다.
- REBT는 광범위한 임상 정신의학적 문제 및 임상적 성과에서 효과가 있었다. REBT는 치료와 직접적이고 명확하게 연관된 '높은 반응성' 측정도구(예, 비합리적 신념)에서보다 REBT 치료에 명확하게 연관되지 않는 '낮은 반응성' 성과(예, 생리적 측정도구, 환산 평점 평균)에 훨씬 더 큰 효과를 나타냈다. 이는 REBT 효과가 참가자의 순응도 혹은 과제 요구 특성에 기인하지 않는다는 것을 시사한다.
- REBT는 다양한 연령 범위(9~70세)의 임상 및 비임상 모집단, 그리고 남성 및 여성에 대해 동등하게 효과적이다.
- REBT는 집단과 개인 모두에게서 동등하게 효과적이다.
- 높은 수준의 훈련을 받은 치료자가 REBT 개입에서 임상적으로 더 나은 성과를 달성한다.
- REBT 회기 수가 증가할수록 임상적 성과가 더 나아졌다.
- 높은 질의 성과 연구는 더 좋은 REBT 효능 및 효과성을 보이고 있다.

첫째, 전망이 밝다 하더라도 치료 효능 문헌은 ① 정신병리에 대한 공식 임상 평가, ② 임상 프로토콜의 적절성과 프로토콜에 대한 순응도, ③ 변화의 임상적 유의미성에 대한 측정(예, 효과 크기, 규준 비교), ④ 추후 회기의 데이터 수집, ⑤ 치료 참여자 탈락률과 같은 일반적인 방법론적 기준(Haaga & Davidson, 1993 참조)에 더 많은 주의를 기울일 필요가 있다. 둘째, 많은 임상 시행에서의 환자가 YAVIS 유형(젊고, 매력적이고, 말을 잘하고, 지적이고, 감수성 있는)인 경향이 있고, 이들의 문제 중 일부는 준임상적이다. 따라서 임상 실제에 이 결과를 일반화할 때 이러한 한계를 염두에 두어야 한다. 셋째, REBT는 진화해 왔다. 그러므로 초기 연구는 REBT의 다른 치료에 대한 상대적 효능에 연관되는 결론을 오염시켰을 가능성이 있다. 하지만 많은 방법론적 기준을 고수하는 보다 최신의 REBT에 대한 무선화된 임상 시행 또한 REBT 효능에 대한 긍정적인 입장을 취하고 있다. 전반적으로 이 연구는 강박장애(Emmelkamp & Beens, 1991; Emmelkamp, Visser, & Hoekstra, 1988), 사회공포증(Mersch, Emmelkamp, & Lips,

1991; Mersch, Emmelkamp, Böegels, & van der Sleen, 1989), 사회불안(DiGiuseppe et al., 1990)에서 REBT가 대부분의 행동치료에 필적하는 효능을 가지고 있다는 것과 더불어 다양한 통제 조건에 비해 효과적임을 발견했다. 광장공포증에서 REBT와 자기지시훈련 모두 실제 노출보다는 덜 효과적이었다(Emmelkamp, Brilman, Kuiper, & Mersch, 1988).

주요우울장애에서 REBT와 약물치료의 결합은 약물 단독치료 처치에 비해 더 효과적인 것으로 밝혀졌다(예, Macaskill & Macaskill, 1996). 기분부전장애 환자의 경우, REBT는 약물치료만큼 효능이 있었으나 REBT와 약물치료의 결합이 훨씬 더 탁월했다(Wang et al., 1999). 또한 REBT는 정신분열증 입원환자에 대한 약물치료에 효과적인 부가적 치료로 여겨진다(예, Shelley, Battaglia, Lucely, Ellis, & Opler, 2001). David, Szentagotai, Lupu와 Cosman(2008)에 의해 실시된 최근의 무선화된 임상 시행(170명의 환자)에서 REBT는 치료 직후와 6개월 추후 평가 시 인지치료와 약물치료(즉, 플루옥세틴)만큼 효능이 있었다(6개월 추후 평가 시 우울증에 대한 두 가지 측정도구 중 하나에서 약물치료에 비해 더 효능이 있었다).

이러한 결과는 다양한 임상적 상태에 대한 REBT의 효능(내적 타당도)과 효과성(외적 타당도)에 관한 미래 임상 연구를 촉진하고 있다. REBT 성과 연구 중 일부가 준임상적 문제를 보인 비임상 표본과 실제 임상 장면(효과성 연구)에서 수행되었다는 것을 유념할 필요가 있다. REBT는 임상집단에 대해서만 유용한 이론인 것이 아니라 자조 및 개인적 발전에 관심 있는 비임상 모집단 및 준임상 모집단에 대한 함의를 가짐으로써 교육적 시스템에도 유용하다고 주장한다. 종합적으로 우리는 REBT가 임상 및 비임상적 문제에 대해 분명히 효과적인 심리치료 형식이며, 증거-지향적 치료라고 말하는 것이 적절할 것이다. 흥미롭게도 REBT의 효과성은 그것의 효능에 비해 더 많이 입증되어 있다. 일부 REBT 지지자가 REBT가 인지행동적 심리치료의 다른 형태에 비해 더 효능이 있다고 제안하였으나, 이 치료가 근본적인 평가적 핵심 신념에 초점을 맞추고 있기 때문에(예, 요구성, 심리적 경직성) 이러한 가정은 아직 명백한 경험적 지지를 받지 못했다(DiGiuseppe et al., 1990; Warren, McLellarn, & Ponzoha, 1988). 분명한 결론에 이르기 위해서는 REBT의 효능과 효과성에 대한 보다 많은 경험적 관심이 필요하다.

마지막으로 비합리적 신념이 정신병리에서 중요한 인과적 인지 요인이라 하더라도 REBT의 효능/효과성이 비합리적 신념에 도전한 결과인지는 불분명한데, 왜냐하면 REBT 이론의 이러한 측면이 충분히 연구되어 오지 않았기 때문이다. 특정한 신념을 분리시키거나 다른 결과 측정도구에서의 변화와 신념에서의 변화 간의 연관성을 검증하는 요소 설계가 REBT 이론의 기본적인 전제에 대한 중요한 증거를 제공할 것이다. 잘 통제된 무선화된 임상 시행에 근거하는 효능 연구(예, David et al., 2008 참조)와 실제 임상 현장에서 REBT를 검증하는 효과성 연구가 필요하다. 최종적으로 REBT 효능과 효과성에 대한 최근의 경험적 연구를 평가하기 위한 새로운 양적 메타분석이 요구된다.

향후 발전 방향

우리는 REBT의 다섯 가지 주요한 미래 발전 영역에 대해 간략하게 살펴볼 것이다.

통합적인 심리치료 접근 안에서의 합리적 정서행동치료

과학 분야에서는 '약물'을 논하는 게 아니라 '의학'에 대해 논한다. 역설적이게도 심리치료 분야에서 우리는 과학적 맥락에서 '심리치료'와 '심리치료 학파'에 관해 말한다. 미래에 우리는 '심리치료'에 관해 이야기할 것이고, 오늘날 우리가 '심리치료 학파'라고 부르는 것은 근거 기반 심리치료 영역 내의 임상 전략이 될 것이다. REBT도 이와 같은 길을 따르게 될 것이다. 통합된 근거 기반 심리치료에 대한 REBT의 주요 기여는 이론적인 것인 동시에 실제적인 것이 될 것이다.

이론적 수준에서 REBT는 임상 장애에서의 인과 기제인 요구성, 파국화, 낮은 좌절 인내력(LFT) 같은 비합리적 인지의 역할과 그에 상응하는 건강 증진 기제인 수용 기반적 바람, 탈파국화, 높은 좌절 인내력(HFT) 같은 합리적 인지과정의 중요성을 밝혀냈다.

실제적 수준에서 REBT에 의해 제시된 임상 전략에는 ① 인지재구성할 때 유머와 아이러니의 사용, ② 인지재구성할 때 (가능한 경우) 강한 논박, ③ (Ellis가 각각 이차적 정서와 이차적 신념이라고 부른) 메타-정서와 메타-인지에 초점을 맞추는 것이 있다. 이러한 REBT 전략은 매우 복잡하며, 환자의 유형, 환자의 문제, 치료적 유대 수준,

REBT 전략이 근간하고 있는 임상적 개념화에 대한 이해 수준 등을 고려하는 신중한 임상 평가를 시행할 수 있는 숙련된 치료자를 요구한다.

이와 함께 우리는 임상 현장에서 REBT에 관한 중요한 오해를 바로잡고 싶다. 이러한 전략이 REBT에 의해 소개된 실제적 혁신이긴 하지만, REBT 실제는 이러한 전략에만 기초하지 않는다. 임상 현장에서의 REBT의 주된 기여는 병인론적이고 건강증진적(sanogenetic) 이론인 ABC 모델과 연관된다. 이 모델에 기반해서 실제 전략이 내담자와 그들이 갖는 문제에 의거해 비합리적 신념을 변화시키고 합리적 신념을 촉진하기 위해 사용된다. 따라서 일부 경우 인지재구성을 위해 비유의 사용과 덜 직접적인 양식의 사용이 권장될 수 있는 데 반해 다른 경우에는 더욱 직접적인 접근이 권장될 수 있다. REBT에서 사용되는 인지재구성 전략은 전형적으로 다음 범주 중 하나에 해당된다. 즉, 이 범주에는 내담자와 그의 임상적 문제에 따라 ① 실용적, ② 경험적, ③ 논리적, ④ 비유적, ⑤ 목가적(pastoral), 그리고 ⑥ 기타(예, 종종 게슈탈트 치료와 같은 다양한 치료로부터 가져오는)가 포함된다.

가상현실 시대의 합리적 정서행동치료

가상현실(virtual reality: VR) 기술은 사용자가 컴퓨터로 시뮬레이션된 실제 혹은 상상된 환경과 상호작용하는 것을 가능케 한다. 시뮬레이션된 환경은 합리적 신념 및 비합리적 신념을 평가하게 하여 비합리적 신념을 검증하고 재구성하게 하는 데 중점을 둘 수 있다. VR은 또한 안전한 노출 절차로 사용될 수 있다. 예를 들어, 합리적 정서적 심상을 사용하기보다 내담자를 가상 환경 속에 있게 할 수 있고, 내담자의 이전 설명에 근거하여 치료자에 의해 완벽하게 (내담자가 두려워하는 상황이) 제어될 수 있다. 이러한 과정은 인지재구성을 하는 데 긍정적인 영향을 미치면서 집중적이고 통제된 노출 절차와 활성화된 사건에 내담자가 몰입하게 할 수 있다.

합리적 정서행동치료 및 진화심리학

Ellis(1994)의 비합리성에 대한 생물학적 경향성이 옳다면, 현대 진화심리학의 관점으로 합리적 신념 및 비합리적 신념을 이해하는 것이 중요하다(Buss, 2001 참조). 비합리성이 진화적 구조라면, 그것은 일반적 혹은 보다 지엽적인 적응인가? 이러한 함의는 이론 및 비합리성을 변화시키기 위해 수행되는 치료 모두에 있어 중대하다.

건강 증진과 자조에 있어서의 합리적 정서행동치료

REBT의 관점은 인지행동적 접근에서 강력한 호소력을 갖는다. 정신병리가 몇 가지 식별 가능하고 수정 가능한 비합리적 신념으로부터 기원한다면 이러한 비합리적 신념을 변화시키는 개입은 광범위한 정신병리 및 고통을 뚜렷하게 감소시킬 수 있을 것이다. 더욱이 이와 같은 개입은 인지적 취약성을 목표로 하는 건강 증진, 그리고 보호 요인으로 합리적 신념의 향상을 다루기 위해 설계될 수 있다. REBT는 팸플릿, 책, 오디오 및 비디오 기록물, 그리고 프로그램화된 매체를 통해 전파되어 대중적이다. 그것은 이미 심각한 장애를 가지고 있지 않지만 자기 삶을 향상시키고 실현화시키기 위한 원리로 REBT를 사용하는 많은 사람을 포함하여 대중매체에서의 노출을 통해 액면 그대로 수백만의 사람에게 알려지고 있고, 영향을 주고 있다. REBT는 비합리성을 찾고 그것의 뿌리를 뽑는 방식을 가르치는 심리교육 과정이고, 치료적 과정의 주요 일환으로서 REBT에 기반한 자조적인 숙제를 계속해 나가는 방식을 사람에게 보여주며, 단순하고 자조적인 용어로 설명될 수 있고, 많은 사람에게 가능하도록 만들어질 수 있기 때문에 우리는 REBT의 미래가 개인 및 집단 심리치료에서의 사용보다 일반 대중 교육적 과정에 놓여 있다고 믿는다.

REBT는 정치, 경제, 교육, 코칭, 양육, 커뮤니케이션, 스포츠, 종교, 그리고 주장훈련 등과 같은 많은 영역에서 유용한 함의를 갖는다. 그리고 일상생활 속 여러 측면에서 REBT가 다양한 함의를 가질 것으로 기대한다. 따라서 REBT 모델은 정신장애의 치료에서만 효능이 있고 유망한 것이 아니라 건강 증진 및 정상적인 인간 기능의 향상에 있어서도 비용-효과적이며 시간-효율적이다. REBT는 건강 증진 개입법으로서 철저한 연구가 부족했기 때문에 이러한 연구가 미래 연구의 초점이 되어야 한다.

인지과학 및 행동과학의 맥락에서의 합리적 정서행동치료

대부분의 인지행동 심리치료자는 고전적인 인지적 개념화에 근거한 행동 기법을 사용한다. 하지만 REBT는 행동적 개념화를 흡수하기 위해 ABC 모델을 확장시켰다(David, 2003 참조). 따라서 B는 그 자체의 효과(예, 강화)에 의해 유지되는 행동적 결과 (C)를 만들어 내는 명시적(의식적) 및 암묵적(무의식적) 정보 처리라고 할 수 있다. 달리 말해 현대의 ABC 모델은 B 수준에서의 인지적 무의식(즉, 암묵적 기억, 암묵적 학습, 암묵적 지각과 같은 무의식적 정보 처리)과 C 수준에서의 행동적 요소(예, 강화)를 흡수한다. 예를 들어, 음주 행동이 우울한 기분 (A) 동안 비합리적 신념 (B)(예, "나는 우울증에 대처하기 위해 술을 마셔야만 해.")에 의해 처음 만들어질 수 있다 하더라도 실제적으로 A-C의 연결은 절차적(예, 만약 A이면 이후 C다.)이고 자동적(절차적 · 암묵적 기억 시스템에서 부호화되는)이 될 수 있고, 한 번 이러한 연결이 발생되고 나면 행동은 그 자체의 결과에 의해 유지된다(예, 부적 강화-우울한 기분 탈피). 비슷하게 불안 상태는 처음에는 "나는 성공해야 해. 그렇지 않다면 끔찍해."와 같은 비합리적 신념 (B)에 의해 나타날 수 있다. 하지만 실제로 불안 (C)는 통제하에 들어가게 될 수 있고, 불수의적 반응에 대한 기대로 정의되는 '반응 기대'(Montgomery, David, DiLorenzo, & Schnur, 2007 참조)[불수의적 반응에 대한 기대로 정의되며 의식적(명시적 기억)이거나 무의식적(암묵적 기억)일 수 있는]로 알려진 종종 암묵적인 다른 유형의 신념에 의해 매개될 수 있다(Kirsch, 1999).

따라서 특정 정보의 유형들은 의식적인 접근이 불가능한 어떤 형태(예, 비언어적 연상)와 신경 기질(예, 편도체)을 통해 우리의 기억 속에 표상된다(David, 2003; Kihlstrom, 1999; Schacter & Tulving, 1994). 다른 유형의 정보는 의식적으로 접근 가능한 어떤 형태(예, 명제적 연결망)와 신경 기질(예, 전전두엽 피질)을 통해 표상된다. 실제적으로 이것은 결국 암묵적으로 기능할 것이나 필요할 때는 명시적 형태로 인출될 수 있다(자동적 사고의 경우를 보시오). 따라서 Mahoney 등(1993)과 대조되게 우리는 '인지행동치료에서의 무의식적 혁명'이 아직 일어나지 않았고(하지만 Dowd & Courchaine, 1996 참조), 이는 사실 인지적 무의식에 대해 명확히 이해하는 것을 기반으로 하여 ABC 모델에 그것을 포함시킴으로써 시작돼야 한다고 주장한다. 예를 들어, (David, 2003 에 근거하면) 무의식적 정보 처리는 활성화된 의식적 처리에 의해 저지될 수 있다. 따라서 그것들의 효과는 의식적 전략에 의해 통제될 수 있다. 또한 무의식적 정보 처리에 의해 형성된 정서는 그 자체로는 임상적 문제가 아닐 수 있으나 그것이 A가 되고 이후에 의식적으로 평가됨으로써 이차적으로 정서적 문제를 유발할 수 있다. 이는 모두 무의식적 신념과 의식적 신념이 다양한 C를 만들어 내는데, 서로 어떻게 상호작용하는지 이해하기 위해 미래 연구에서 탐색해야 할 경험적 질문이다. 이러한 확장된 ABC 모델은 지금도 계속 발전하고 있는 REBT의 현대적 기초이며, REBT를 심리치료 통합을 위한 적절한 발판으로 만든다.

참고문헌

Abelson, R., & Rosenberg, M. (1958). Symbolic psycho-logic: A model of attitudinal cognition. *Behavioral Science, 3*, 1-13.

Adler, A. (1927). *Understanding human nature*. New York: Garden City.

Adler, A. (1964). *Social interest: A challenge to mankind*. New York: Capricorn.

Beck, A. T., & Emery, G. (1985). *Anxiety disorders and phobias: A cognitive perspective*. New York: Basic Books.

Beck, A. T., Rush, A. J., Shaw, B. F., & Emery, G. (1979). *Cognitive therapy of depression*. New York: Guilford Press.

Bernard, M. E. (1998). Validations of General Attitude and Beliefs Scale. *Journal of Rational-Emotive and Cognitive-Behavior Therapy, 16*, 183-196.

Beutler, L. E. (1983). *Eclectic psychotherapy: A systematic approach*. New York: Pergamon.

Burns, D. D. (1980). *Feeling good: The new mood therapy*. New York: Morrow.

Bus, D. M. (2001). Human nature and culture: An evolutionary, psychological perspective. *Journal of Personality, 69*, 955-978.

Corsini, R. J. (Ed.) (1977). *Current personality theories*. Chicago: Wadsworth.

Cosmides, L., & Tooby, J. (2006). *Evolutionary psychology: A primer*. Available at www.psych.ucsb.edu/research/cep/primer.html.

Danysh, J. (1974). *Stop without quitting*. San Francisco: International Society for General Semantics.

David, D. (2003). Rational emotive behavior therapy (REBT): The view of cognitive psychologist. In W. Dryden (Ed.), *Rational emotive behavior therapy: Theoretical developments* (pp. 130-159). London: Brunner/Routledge.

David, D., Montgomery, G., Macavei, B., & Bovbjerg, D. (2005). An empirical investigation of Albert Ellis's binary model of distress. *Journal of Clinical Psychology, 61*, 499-516.

David, D., Schnur, J., & Belloiu, A. (2002). Another search for the "hot" cognition: Appraisal irrational beliefs, attribution, and their relation to emotion. *Journal of Rational-Emotive and Cognitive-Behavior Therapy, 20*, 93-131.

David, D., & Szentagotai, A. (2006). Cognitions in cognitive-behavioral therapies; toward an integrative model. *Clinical Psychology Review, 26*, 284-298.

David, D., Szentagotai, A., Kallay, E., & Macavei, B. (2005). A synopsis of rational-emotive behavior therapy (REBT): Fundamental and applied research. *Journal of Rational-Emotive and Cognitive-Behavior Therapy, 23*, 175-221.

David, D., Szentagotai, A., Lupu, V., & Cosman, D. (2008). Rational emotive therapy, cognitive therapy, and medication in the treatment of major depressive disorder: A randomized clinical trial, posttreatment outcomes, and six-month follow-up. *Journal of Clinical Psychology, 6*, 728-746.

DiGiuseppe, R. (1991). Comprehensive cognitive disputing in RET. In M. E. Bernard (Ed.), *Using rational-emotive therapy effectively* (pp. 173-195). New York: Plenum Press.

DiGiuseppe, R. (1996). The nature of irrational and rational beliefs: Progress in rational emotive behavior theory. *Journal of Rational-Emotive and Cognitive-Behavior Therapy, 4*, 5-28.

DiGiuseppe, R., Simon, K. S., McGowan, L., & Gardner, F. (1990). A comparative outcome study of four cognitive therapies in the treatment of social anxiety. *Journal of Rational-Emotive and Cognitive-Behavior Therapy, 8*, 129-146.

DiGiuseppe, R., Miller, N. J., & Trexler, L. D. (1977). A review of rational-emotive psychotherapy studies. *Counseling Psychologist, 7*, 64-72.

DiLorenzo, T. A., David, D., & Montgomery, G. (2007). The interrelations between irrational cognitive processes and distress in stressful academic settings. *Personality and Individual Differences, 42*, 765-776.

Dobson, K. S. (Ed.) (2000). *Handbook of cognitive-behavioral therapies* (2nd ed.). New York: Guilford Press.

Dowd, T. E., & Courchaine, E. K. (1996). Implicit learning, tacit knowledge, and implications for stasis and change in cognitive psychotherapy. *Journal of Cognitive Psychotherapy, 10*, 163-180.

Dryden, W. (1984a). *Rational-emotive therapy: Fundamentals and innovations*. London: Croom-Helm.

Dryden, W. (1984b). Rational-emotive therapy. In W. Dryden (Ed.), *Individual therapy in Britain* (pp. 235-263). London: Harper & Row.

Dryden, W. (1985). Challenging but not overwhelming: A compromise in negotiating homework assignments. *British Journal of Cognitive Psychotherapy, 3*(1), 77-80.

Dryden, W. (1998). *Developing self-acceptance*. Chichester, UK: Wiley.

Dryden, W. (1999). *Rational emotive behaviour therapy: A personal view*. Bicester, UK: Winslow Press.

Dryden, W. (2001). Reason to change: A rational emotive behaviour therapy (REBT) workbook. Hove, East Sussex, UK: Brunner/Routledge.

Dryden, W. (2008). *The distinctive features of rational emotive behavior therapy*. London: Routledge.

Dryden, W., & Ellis, A. (1986). Rational-emotive therapy. In W. Dryden & W. L. Golden (Eds.), *Cognitive-behavioural approaches to psychotherapy* (pp. 129-168). London: Harper & Row.

Dryden, W., Ferguson, J., & Clark, T. (1989a). Beliefs and inferences: a test of rational-emotive hypothesis 1: Performing in an academic seminar. *Journal of Rational-Emotive and Cognitive-Behavior Therapy, 7*, 119-129.

Dryden, W., Ferguson, J., & Hylton, B. (1989b). Beliefs and inference A of rational-emotive hypothesis 3: On expectations about enjoying a party. *British Journal of Guidance and Counselling, 17*, 68-75.

Dryden, W., Ferguson, J., & McTeague, S. (1989c). Beliefs and inferences: A test of rational-emotive hypothesis 2: On the prospect of seeing a spider. *Psychological Reports, 64*, 115-123.

Duckro, P., Beal, D., & George, C. (1979). Research on the effects of disconfirmed role expectations in psychotherapy: A critical review. *Psychological Bulletin, 86*, 260-275.

Ellis, A. (1962). *Reason and emotion in psychotherapy*. Secaucus, NJ: Lyle Stuart.

Ellis, A. (1963). Toward a more precise definition of "emotional" and "intellectual" insight.

Psychological Reports, 13, 125-126.
Ellis, A. (1969). A weekend of rational encounter. *Rational Living, 4*(2), 1-8.
Ellis, A. (1971a). *Growth through reason*. North Hollywood, CA: Wilshire Books.
Ellis, A. (1971b). *How to stubbornly refuse to be ashamed of anything* [Cassette recording]. New York: Institute for Rationa-Emotive Therapy.
Ellis, A. (Speaker) (1972a). *Solving emotional problems* [Cassette recording]. New York: Institute for Rational-Emotive Therapy.
Ellis, A. (1972b). Helping people get better: Rather than merely feel better. *Rational Living, 7*, 2-9.
Ellis, A. (1973). *Humanistic psychotherapy: The rational-emotive approach*. New York: McGraw-Hill.
Ellis, A. (1976). The biological basis of human irrationality. *Journal of Individual Psychology, 32*, 145-168.
Ellis, A. (1977a). Fun as psychotherapy. *Rational Living, 12*(1), 2-6.
Ellis, A. (Speaker) (1977b). *A garland of rational humorous songs* [Cassette recording]. New York: Institute for Rational-Emotive Therapy.
Ellis, A. (1977c). *Anger—how to live with and without it*. Secaucus, NJ: Citadel Press.
Ellis, A. (1979a). The theory of rational-emotive therapy. In A. Ellis & J. M. Whiteley (Eds.), *Theoretical and empirical foundations of rational-emotive therapy* (pp. 33-60). Monterey, CA: Brooks/Cole.
Ellis, A. (1979b). Discomfort anxiety: A new cognitive behavioral construct: Part 1. *Rational Living, 14*(2), 3-8.
Ellis, A. (1979c). The practice of rational-emotive therapy. In A. Ellis & J. M. Whiteley (Eds.), *Theoretical and empirical foundations of rational-emotive therapy* (pp. 61-100). Monterey, CA: Brooks/Cole.
Ellis, A. (1979d). The issue of force and energy in behavioral change. *Journal of Contemporary Psychotherapy, 10*, 83-97.
Ellis, A. (1979e). A note on the treatment of agoraphobics with cognitive modification versus prolonged exposure in vivo. *Behaviour Research and Therapy, 17*, 162-164.
Ellis, A. (1980a). Discomfort anxiety: a new cognitive behavioral construct: Part 2. *Rational Living, 15*(1), 25-30.
Ellis, A. (1980b). Rational-emotive therapy and cognitive behavior therapy: Similarities and differences. *Cognitive Therapy and Research, 4*, 325-340.
Ellis, A. (1981a). The place of Immanuel Kant in cognitive psychotherapy. *Rational Living, 16*, 13-16.
Ellis, A. (1981b). The use of rational humorous songs in psychotherapy. *Voices, 16*(4), 29-36.
Ellis, A. (1982). Intimacy in rational-emotive therapy. In M. Fisher & G. Striker (Eds.), *Intimacy* (pp. 203-217). New York: Plenum Press.
Ellis, A. (1983a). *The case against religiosity*. New York: Institute for Rational-Emotive Therapy.
Ellis, A. (1983b). How to deal with your most difficult client: You. *Journal of Rational-Emotive Therapy, 1*(1), 3-8. Also published 1984 in *Psychotherapy in Private Practice, 2*, 25-36.
Ellis, A. (1983c). The philosophic implications and dangers of some popular behavior therapy techniques. In M. Rosenbaum, C. M. Franks, & Y. Jaffe (Eds.), *Perspectives in behavior therapy in the eighties* (pp. 138-155). New York: Springer.
Ellis, A. (1983d). Failures in rational-emotive therapy. In E. B. Foa & P. M. G. Emmelkamp (Eds.), *Failures in behavior therapy* (pp. 159-171). New York: Wiley.
Ellis, A. (1983e). Rational-emotive therapy (RET) approaches to overcoming resistance: I. Common forms of resistance. *British Journal of Cognitive Psychotherapy, 1*, 28-38.
Ellis, A. (1983f). Rational-emotive therapy (RET) approaches to overcoming resistance: II.

How RET disputes clients' irrational resistance-creating beliefs. *British Journal of Cognitive Psychotherapy, 1*(2), 1-16.

Ellis, A. (1984a). The essence of RET. *Journal of Rational-Emotive Therapy, 2*(1), 19-25.

Ellis, A. (1984b, August). *Rational-emotive therapy and transpersonal psychology.* Paper presented at the 92nd Annual Convention of the American Psychological Association,. Toronto, Canada.

Ellis, A. (1984c). Rational-emotive therapy. In R. J. Corsini (Ed.), *Current psychotherapies* (3rd ed., pp. 196-238). Itasca, IL: Peacock.

Ellis, A. (1984d). Rational-emotive therapy (RET) approaches to overcoming resistance: III. Using emotive and behavioural techniques of overcoming resistance. *British Journal of Cognitive Psychotherapy, 2*(1), 11-26.

Ellis, A. (1985a). Expanding the ABCs of rational-emotive therapy. In M. J. Mahoney & A. Freeman (Eds.), *Cognition and psychotherapy* (pp. 313-323). New York: Plenum Press.

Ellis, A. (1985b). Rational-emotive therapy (RET) approaches to overcoming resistance: IV. Handling special kinds of clients. *British Journal of Cognitive Psychotherapy, 3*, 26-42.

Ellis, A. (1993a). Changing rational-emotive therapy (RET) to rational emotive behavior therapy (REBT). *Behavior Therapist, 16*, 257-258.

Ellis, A. (1993b). Rational-emotive imagery: RET version. In M. E. Bernard & J. L. Wolfe (Eds.), *The RET source book for practitioners* (pp. II, 8-II, 10). New York: Institute for Rational-Emotive Therapy.

Ellis, A. (1993c). Vigorous RET disputing. In M. E. Bernard & J. L. Wolfe (Eds.), *The RET resource book for practitioners* (pp. 2-7). New York: Institute for Rational-Emotive Therapy.

Ellis, A. (1994). *Reason and emotion in psychotherapy* (Rev. and updated). Secaucus, NJ: Birch Lane.

Ellis, A. (1995). Rational emotive behavior therapy. In R. Corsini & D. Wedding (Eds.), *Current psychotherapies* (5th ed., pp. 162-196). Itasca, IL: Peacock.

Ellis, A. (1996a). *Better, deeper, and more enduring brief therapy.* New York: Brunner/Mazel.

Ellis, A. (1996b). Responses to criticisms of rational emotive behavior therapy (REBT) by Ray DiGiuseppe, Frank Bond, Windy Dryden, Steve Weinrach, and Richard Wessler. *Journal of Rational-Emotive and Cognitive-Behavior Therapy, 14*, 97-121.

Ellis, A. (1997). The evolution of Albert Ellis and rational emotive behavior therapy. In J. K. Zeig (Ed.), *The evolution of psychotherapy: The third conference* (pp. 69-82). New York: Brunner/Mazel.

Ellis, A. (1998). *How to control your anxiety before it controls you.* Secaucus, NJ: Carol.

Ellis, A. (2002). *Overcoming resistance: A rational emotive behavior therapy integrated approach* (2nd ed.). New York: Springer.

Ellis, A., & & Abrahms, E. (1978). *Brief psychotherapy in medical and health practice.* New York: Springer.

Ellis, A., & Becker, I. (1982). *A guide to personal happiness.* North Hollywood, CA: Wilshire Books.

Ellis, A., & Grieger, R. (Eds.) (1977). *Handbook of rational-emotive therapy.* New York: Springer.

Ellis, A., & Harper, R. A. (1961a). *A guide to rational living.* Englewood Cliffs, NJ: Prentice-Hall.

Ellis, A., & Harper, R. A. (1961b). *A guide to successful marriage.* North Hollywood, CA: Wilshire Books.

Ellis, A., & Harper, R. A. (1997). *A guide to rational living* (3rd rev. ed.). North Hollywood, CA: Melvin Powers.

Emmelkamp, P. M., & Beens, H. (1991). Cognitive therapy with obsessive-compulsive disorder: A comparative evaluation. *Behaviour Research and Therapy, 29*, 293-300.

Emmelkamp, P. M., Brilman, E., Kuiper, H., & Mersch, P. P. (1988). The treatment of agoraphobia: A comparison of self-instructional training, rational emotive therapy, and exposure in vivo. *Behavior Modification, 10*, 37-53.

Emmelkamp, P. M. G., Kuipers, A. C. M., & Eggeraat, J. B. (1978). Cognitive modification versus prolonged exposure in vivo: A comparison with agoraphobics as subjecvts. *Behaviour Research and Therapy, 16,* 33-41.

Emmelkamp, P. M., Visser, S., & Hoekstra, R. (1988). Cognitive therapy vs. exposure in vivo on the treatment of obsessive-compulsives. *Cognitive Therapy and Research, 12*, 103-114.

Engels, G. I., Garnefsky, N., & Diekstra, F. W. (1993). Efficacy of rational-emotive therapy: A quantitative analysis. *Journal of Consulting and Clinical Psychology, 6*, 1083-1090.

Eschenroeder, C. (1979). Different therapeutic styles in rational-emotive therapy. *Rational Living, 14*(1), 3-7.

Freud, A. (1937). *The ego and the mechanisms of defense.* London: Hogarth.

Golden, W. L. (1983). Rational-emotive hypnotherapy: Principles and practice. *British Journal of Cognitive Psychotherapy, 1*(1), 47-56.

Grieger, R., & Boyd, J. (1980). *Rational-emotive therapy: A skills-based approach.* New York: Van nostrand Reinhold.

Haaga, D. A. F., & Davidson, G. C. (1989a). Slow progress in rational-emotive therapy outcome research: Etiology and treatment. *Cognitive Therapy and Research, 13*, 493-508.

Haaga, D. A. F., & Davidson, G. C. (1989b). Outcome studies of rational-emotive therapy. In M. E. Bernard & R. DiGiuseppe (Eds.), *Inside rational-emotive therapy: A critical appraisal of the theory and therapy of Albert Ellis* (pp. 155-197). New York: Academic Press.

Haaga, D. A. F., & Davidson, G. C. (1993). An appraisal of rational-emotive therapy. *Journal of Consulting and Clinical Psychology, 61*, 215-220.

Hauck, P. A. (1972). *Reason in pastoral counseling.* Philadelphia: Westminster.

Heidegger, M. (1949). *Existence and being.* Chicago: Henry Regnery.

Herzberg, A. (1945). *Active psychotherapy.* New York: Grune & Stratton.

Horney, K. (1950). *Neurosis and human growth.* New York: Norton.

Jones, R. A. (1977). *Self-fulfilling prophecies: Social, psychological and physiological effects of expectancies.* Hillsdale, NJ: Erlbaum.

Kelly, G. (1955). *The psychology of personal constructs.* New York: Norton.

Kihlstrom, J. F. (1999). The psychological unconscous. In P. A. Lawrence & O. P. John (Eds.), *Handbook of personality: Theory and research* (2nd ed., pp. 424-442). New York: Guilford Press.

Kirsch, I. (1999). *How expectancies shape experience.* Washington, DC: American Psychological Association.

Korzybski, A. (1933). *Science and sanity.* San Francisco: International Society of General Semantics.

Lazarus, A. A. (1984). *In the mind's eye: The power of imagery for personal enrichment.* New York: Guilford Press.

Lazarus, R. S. (1991). *Emotion and adaptation.* New York: Oxford University Press.

Linehan, M. M. (1993). *Cognitive-behavioral treatment of borderline personality disorder.* New York: Guilford Press.

Low, A. A. (1952). *Mental health through will-training.* West Hanover, MA: Christopher.

Lyons, L. C., & Woods, P. J. (1991). The efficacy of rational-emotive therapy: A quantitative review of the outcome research. *Clinical Psychology Review, 11*, 357-369.

Macaskill, N. D., & Macaskill, A. (1983). Preparing patients for psychotherapy. British *Journal of Clinical and Social Psychiatry, 2*, 80-84.

Macaskill, N. D., & Macaskill, A. (1996). Rational-emotive therapy plus pharmacotherapy versus pharmacotherapy alone in the treatment of high cognitive dysfunction depression. *Cognitive Therapy and Research, 20*, 575-592.

MacInnes, D. (2004). The theories underpinning rational emotive behaviour therapy: Where's the supportive evidence?. *International Journal of Nursing Studies, 41*, 685-695.

Mackay, D. (1984). Behavioural psychotherapy. In W. Dryden (Ed.), *Individual therapy in Britain* (pp. 264-294). London: Harper & Row.

Mahoney, M. J. (1993). Introduction to special section: Theoretical developments in the cognitive psychotherapies. *Journal of Consulting and Clinical Psychology, 61*, 187-194.

Maultsby, M. C., Jr. (1975). *Help yourself to happiness: Through rational self-counseling*. New York: Institute for Rational-Emotive Therapy.

Maultsby, M. C., Jr., & Ellis, A. (1974). *Technique for using rational-emotive imagery*. New York: Institute for Rational-Emotive Therapy.

Mersch, P. P., Emmelkamp, P. M., Bögels, S. M., & van der Sleen, J. (1989). Social phobia: Individual response patterns and the effects of behavioural and cognitive interventions. *Behaviour Research Therapy, 27*, 421-434.

Mersch, P. P., Emmelkamp, P. M., & Lips, C. (1991). Social phobia: Individual response patterns and the long-term effects of behavioural and cognitive interventions: A follow-up study. *Behaviour Research and Therapy, 29*, 357-362.

Montgomery, G., David, D., DiLOrenzo, T., & Schnur, J. (2007). Response expectancies and irrational beliefs predict exam-related distress. *Journal of Rational-Emotive and Cognitive-Behavior Therapy, 25*, 17-34.

Moore, R. H. (1983). Inference as "A" in RET. *British Journal of Cognitive Psychotherapy, 1*(2). 17-23.

Padesky, C. A., & Beck, A. T. (2003). Science and philosophy: comparison of cognitive therapy and rational emotive behavior therapy. *Journal of Cognitive Psychotherapy, 17*, 211-224.

Phadke, K. M. (1982). Some innovations in RET theory and practice. *Rational Living, 17*(2), 25-30.

Popper, K. R. (1959). *The logic of scientific discovery*. New York: Harper & Brothers.

Popper, K. R. (1963). *Conjectures and refutations*. New York: Harper & Brothers.

Powell, J. (1976). *Fully human, fully alive*. Niles, IL: Argus.

Reber, A. (1993). *Implicit learning and tacit knowledge: An essay on the cognitive unconscious*. New York: Oxford University Press.

Reichenbach, H. (1953). *The rise of scientific philosophy*. Berkeley: University of California Press.

Riskind, J. H. (1999). Introduction to Special Issue on Cognitive Styles and Psychopathology. *Journal of Cognitive Psychotherapy: An International Quarterly, 13*, 3-4.

Rogers, C. R. (1957). The necessary and sufficient conditions of therapeutic personality change. *Journal of Consulting Psychology, 21*, 95-103.

Russell, B. (1930). *The conquest of happiness*. New York: New American Library.

Russell, B. (1965). *The basic writings of Bertrand Russell*. New York: Simon & Schuster.

Schachter, S., & Singer, J. E. (1962). Cognitive, social and physicological determinants of emotional state. *Psychological Review, 69*, 379-399.

Schacter, D. L., & Tulving, E. (1994). *Memory systems*. Cambridge, MA: MIT Press.

Shelley, A. M., Battaglia, J., Lucely, J., Ellis, A., & Opler, A. (2001). Symptom-specific group therapy for inpatients with schizophrenia. *Einstein Quarterly Journal of Biology and Medicine, 18*, 21-28.

Smith, M. L., & Glass, G. V. (1977). Meta-analysis of psychotherapy outcome studies. *American Psychologist, 32*, 752-760.

Solomon, A., Bruce, A., Gotlib, I. H., & Wind, B. (2003). Individualized measurement of irrational beliefs in remitted depressives. *Journal of Clinical Psychology, 59*, 439-455.

Szentagotai, A., & Freeman, A. (2007). An analysis of the relationship between irrational beliefs and automatic thoughts in predicting desitress. *Journal of Cognitive and Behavioral Psychotherapies, 7*, 1-11.

Tiba, A., & Szentagotai, A. (2005). Positive emotions and irrational beliefs: Dysfunctional positive emotions in healthy individuals. *Journal of Cognitive and Behavioral Psychotherapies, 5*, 53-72.

Tillich, P. (1953). *The courage to be*. New Haven: Yale University Press.

Wachtel, P. L. (1977). *Psychoanalysis and behavior therapy: Toward an integration*. New York: Basic Books.

Wang, C., Jia, F., Fang, R., et al. (1999). Comparative study of rational-emotive therapy for 95 patients with dysthymic disorder. *Chinese Mental Health Journal, 13*, 172-183.

Warren, R., McLellarn, R. W., Ponzoha, C. (1988). Rationa-emotive therapy versus general cognitive-behavior therapy in the treatment of low self-esteem and related emotional disturbances. *Cognitive Therapy and Research, 12*, 21-37.

Weiner, B. (1985). *An attributional theory of motivation and emotion*. New York: Springer-Verlag.

Weinrach, S. G. (1980). Unconventional therapist: Albert Ellis. *Personnel and Guidance Journal, 59*(2), 152-160.

Werner, E. E., & Smith, R. S. (1982). *Vulnerable but invincible: A study of resilient children*. New York: McGraw-Hill.

Wessler, R. A., & Wessler, R. L. (1980). *The principles and practice of rational-emotive therapy*. San Francisco: Jossey-Bass.

Wessler, R. L. (1983). Alternative conceptions of rational-emotive therapy: Toward a philosophically neutral psychotherapy. In M. A. Reda & M. J. Mahoney (Eds.), *Cognitive psychotherapies: Recent developments in theory, research, and practice* (pp. 65-79). Cambridge, MA: Ballinger.

Young, H. S. (1974). *A rational counseling primer*. New York: Institute for Rational-Emotive Therapy.

Zettle, R. D., & Hayes, S. C. (1980). Conceptual and empirical status of rational-emotive therapy. *Progress in Behaviour Modification, 9*, 125-166.

CHAPTER 9

인지치료

Robert J. DeRubeis
Christian A. Webb
Tony Z. Tang
Aaron T. Beck

인지치료(Cognitive Therapy: CT)는 Aaron T. Beck이 1960년대에 소개한 후로 그 영향력이 꾸준히 성장했다. 이는 현재 임상심리학 훈련 프로그램뿐만 아니라 정신질환에 대한 증거 기반 치료교육이 필요한 사회사업학, 간호학, 정신의학 및 기타 전문분야 등 다양한 분야에서 쓰이고 있다. 이와 일관되게, CT의 이점이나 관련 기제 또는 이론에 대한 연구도 꾸준히 성장하고 있다. 이로 인해 다양한 장애에서 CT는 우울증에 대한 약물치료 등과 같이 기존의 주요 치료법보다 뛰어나지는 않더라도 가능한 대안이 될 수 있다.

CT의 첫 시작은 우울증 환자를 대상으로 한 Beck의 초기 면담에서 파생되었지만(Beck, 1963), 치료 내용은 점진적으로 발전하였다. Beck은 초기에는 고전적 프로이트 학파의 관점을 따랐지만, Freud(1917/1957)의 우울증후군(멜랑콜리아)에 대한 개념화에 몇 가지 맹점을 발견했다. 몇 차례의 체계적 연구 후에(Beck, 1961; Beck & Hurvich, 1959; Beck & Ward, 1961), Beck은 내부로 향한 분노 모델을 비판하였고, 우울한 사람의 부정적 사고의 내용에 초점을 맞추어 임상적으로 보다 납득이 가는 개념화를 선보였다. 그는 초기에 우울한 환자에게서 발견된 공통적인 부정적 편향과 왜곡을 강조했다. 이런 기술은 상대적으로 우울증에서 보이는 독특한 인지의 과정과 내용에 대한 가설로 이어졌다. 무엇보다도 그는 이런 인지적 측면이 우울증에서 보다 핵심적이며, 우울한 시기 동안 일어난다고 상정한 역동적(동기적) 과정보다 검증이 더 잘될 수 있다고 주장했다. 초기 연구는 전반적으로 이런 관점을 지지했다(Hollon & Beck, 1979의 개관 참조). 이 장에서 우리는 정신병리에 관한 인지 이론을 개괄하고 이론에 따른 치료적 절차를 기술하고자 한다. 그 후 이 치료적 접근의 효능 증거와 CT의 핵심 요소에 관한 증거를 살펴볼 것이며, CT 연구에 대한 향후 방향을 논의할 것이다.

기초 이론

우울증의 인지 이론은 우울한 사람이 왜곡된 정보 처리 방식을 보인다고 가정하는데, 이것은 자신과 미래, 세상에 대해 일관적으로 부정적인 관점을 가지게 한다. 이러한 인지내용과 인지과정이 우울증의 행동적 · 정서적 · 동기적 증상의 기저에 있다고 가정된다. 정서적 삽화나 장애의 본질을 이해하기 위해 정서장애의 인지모델은 활성화 사건에 대한 반응 또는 사고의 흐름에 대한 인지내용에 초점을 맞춘다. 인지모델의 치료적 가치는 환자가 (의식적 또는 전의식적) 정신적 사건에 비교적 쉽게 접근하여 보고하도록 훈련시킬 수 있다는 데 강조점을 두고 있다. 이것은 치료자가 확인해야 하는 정신분석치료의 특징인 '무의식적'인 동기에 의존하는 것이 아니다.

우울증 치료 기간 동안 그 환자가 보고하는 신념은 자기, 미래, 세상에 대한 관점과 관련하여 탐색된다. 이 세 가지 영역을 '인지삼제(cognitive triad)'(Beck, Rush, Shaw, & Emery, 1979)라고 하며, 치료자와 환자가 정서적 고통과 관련된 관심 영역을 확인하는 데 사용된다. 슬픔, 동기 상실, 자살소망 등은 이 세 가지 영역 중 한 가지(혹은 그 이상의)에 대한 관심과 관련된다고 가정한다. 또한 외현적 증상과 신념 간의 유사한 관계는 다른 장애에서도 작용된다고 가정한다. 예를 들어, 주로 미래의 재앙이나 불편감과 관련된 불안 상태의 인지적 측면이 불안장애 환자의 핵심이다.

치료 기제

CT는 환자의 기대, 평가(또는 귀인), 인과성 혹은 책임의 귀인 등 다양한 유형의 신념에 초점을 맞춘다(Hollon & Kriss, 1984). 환자는 자신의 인지 반응에 대한 내용에 주의를 기울일 때, 이를 사실보다는 가설로서 살펴보도록 격려받는다. 즉, 반드시 참인 명제가 아닌 가능한 명제로 보도록 하는 것이다. 신념을 가설로 구조화하는 것은 이를 보다 객관적으로 검토하기 위해 신념으로부터 자신을 분리하는 방법인 '거리두기(distancing)'라고 한다(Hollon, 1999 참조). 신념에 대한 신중한 검토와 숙고를 통해 환자는 다른 관점에 점진적으로 도달할 수 있다. 신념의 변화로 인해 정서 반응의 변화가 발생한다. 즉, 사건이나 문제에 대한 정서적으로 혼란스러운 반응의 인지적 기반의 약화를 통해 정서 반응이 완화될 것이다.

사건에 대한 환자의 반응 내용을 확인하고 질문하려는 반복된 시도는 몇 가지 효과를 발휘할 수 있다. 첫째, 환자는 더 이상 신념의 초기 문제적 측면을 갖고 있지 않기 때문에 최근 문제가 된 사건에 대한 관심이 줄어든다. 이렇게 줄어든 관심은 사건의 재회상이나 반추 중에 흔히 발생하는 부정적 정서를 제한한다. 이로 인해 정서 혹은 기분의 '기본' 수준을 낮추게 된다.

둘째, 혼란스러운 정서 반응을 이해하게 될 것이다. 인지모델을 채택함으로써 수반되는 통제감과 희망감, 편안함은 여러 종류의 심리치료에서도 공통적으로 언급된다(Frank, 1973). 일련의 조직적인 원리 혹은 일관된 세계관을 채택하여 환자가 '터널 끝에 있는 빛'을 보게 된다. 환자가 CT에서 배우는 이 간단하고 상식적인 모델은 이러한 효과를 얻는 데 특히 유용하다.

셋째, CT 방법을 성공적으로 시행한 이후에 환자는 그 방법을 일상적 어려움에 처했을 때 사용하기 시작한다. 적절히 사용하면 그 방법은 정서적 고통을 만들어 냈던 많은 관심사를 경감시킨다. CT는 굉장히 기술에 기초한 치료이기 때문에 환자가 점점 더 많은 문제를 다루면서 결국 그들 자신만의 접근법을 사용하게 된다. 가장 성공적인 경우는 환자가 공식적인 치료를 종결하고 나중에 어려운 상황과 마주했을 때 인지모델과 이 방법을 계속 사용하는 것이다.

사람은 대인관계 및 자기 관련 문제에 대해 추론할 때 대개 경솔한 면이 있는데(Nisbett & Ross, 1980), 인지치료에서 배운 사고 기법은 시급했던 문제가 사라진 후에도 적용될 수 있다. 실제로 기법 중 많은 부분이 정신건강 문제를 한 번도 겪지 않은 사람에게 사용될 수 있다. 게다가 CT는 재발 위험이 꽤 높은 대부분의 장애에서 사용된다. 치료 동안 배운 기법을 사용할 수 있는 환자는 차후 재발에 덜 위험할 것이라고 가정된다. 다음에서 다루겠지만, 여러 연구는 CT의 예방적인 효과를 시사하고 있다.

인지 오류

환자의 사고에 대한 또 다른 관점은 정서적 삽화 동안 모든 주제에서 더 자주 발생하는 사고 오류의 몇 가지 '유형'을 배우는 것으로써 논의된다. Beck 등(1979; 〈표 9-1〉 참조)은 이를 '인지 오류'라고 한다. 이런 오류에 붙여진 이름은 환자의 생각이 잘못된 것일 수 있다는 것을 색다른 방법으로 일깨워 주는 발견법적인 기능을 한다. 동기화된 환자는 그들 자신의 생각에서 오류의 예를 확인하고 기억할 것이다. 오류가 확인되었을 때, 환자는 오류와 관련된 추론을 무시하거나 추론의 타당성을 질문해 보는 보다 일반적인 분석 기법을 사용할 수 있다.

표 9-1 열한 가지 일반적인 인지 오류의 정의

- **흑백논리적 사고**: 이분법적인 범주 중의 하나로 경험의 의미를 단정짓는 것. 예를 들어, 결점이 없는 대 결점 투성인, 고결한 대 더러운, 성자 대 죄인
- **과잉일반화**: 한 번의 경험으로 일반적인 추론(예, '나는 화를 다스릴 수 없어.')을 도출하는 것
- **긍정성 평가절하**: 좋은 일이 생겨도 그건 중요한 의미가 없을 것이라고 생각하는 것
- **속단하기**: 사건을 해석하는 데 상황의 한 측면에만 초점을 두는 것(예, '지원한 회사에서 전화를 받지 못한 건 나를 뽑지 않기로 했기 때문이다.')
- **독심술**: 충분한 근거 없이 다른 사람의 마음을 가늠하는 것
- **예언하기**: 미래에 일어날 수 있는 여러 가능성은 무시한 채 미래를 단정하는 것
- **과장/축소**: 왜곡된 방식으로 부정적인 사건은 중요하게 평가하고 긍정적인 사건은 축소해서 평가하는 것
- **정서적 추론**: 어떤 것이 왠지 사실처럼 느껴진다는 이유로 그것을 사실이라고 믿는 것
- **'~해야 한다.' 식의 사고(당위적 진술)**: 하고 싶었던 일을 할 때, 그것을 해야만 하는 일이라고 스스로 생각하는 것
- **명명하기**: 어떤 행동에 대해 이름(예, 나쁜 엄마, 바보)을 붙이고, 이름이 가지는 모든 의미를 부여하는 것
- **부적절한 비난**: 그 당시에는 그것이 최선이라는 것을 알 수 없었는데도, '그랬어야만 했다.'는 식으로 뒤늦게 깨닫는 것. 조절 요인을 무시하기, 즉 부정적인 결과가 초래되는 데 영향을 미친 다른 요인을 무시하기

도식 작업

또한 CT는 다른 '깊은' 수준으로 작업하는 것을 목표로 한다. 많은 경우의 부정적인 정서 경험을 분석하여 환자와 치료자는 환자가 가지는 특정한 사고 패턴이나 '도식'을 알게 된다(Beck, 1964, 1972; J. Beck, 1995; Hollon & Kriss, 1984; Persons, 1989). 도식은 환자의 경험을 구성하는 근본적인 인지구조이므로 편향이나 왜곡의 각각에 대한 기초를 형성한다. 이러한 도식은 인지장애의 핵심을 나타낸다고 간주되며, 때때로 이러한 도식은 '핵심 신념'이라고 한다. 도식은 '만약 ~면 ~이다.'라는 가정의 형식으로 나타낼 수 있으며, Albert Ellis가 설명한 다양한 비합리적 신념(예, '만약 내가 모든 면에서 유능하지 않다면, 나는 실패자다.' Ellis & Harper, 1975 참조)과 유사하다. 개별적인 사고의 출현(소위 '자동적 사고')만큼 쉽게 접근할 수는 없지만, 이러한 도식은 자동적 사고에 만연한 일관성이나 주제를 확인함으로써 환자와 치료자에게 드러난다.

이러한 주제가 확인되면 이들의 실용성(유지로 인한 장 · 단점의 균형)이나 타당성(가용한 증거의 적합성)이 검증될 수 있다. 이런 조사가 환자의 도식을 변화하도록 돕는다면, 그들은 '핵심 신념'이 잠재적으로 혼란스러운 사건에 대한 반응에 내재되어 있다는 것을 인식할 수 있다. 즉, 환자는 대안적인 추론을 생각할 수 있게 된다. 더욱이 환자가 이런 핵심 신념과 그 필연적인 결과를 유지하는 강도는 시간에 따라 감소될 것이다. 가정컨대, 오래된 도식은 새로운 도식으로 대체된다. 그리하여 환자는 앞서 언급한 도식을 '내가 과제를 하려고 노력해서 끝냈다면, 나는 그것에 만족할 수 있었을 거야.'로 대체할 수 있다.

치료적 상호작용의 본질

CT와 다른 인지행동치료 간의 가장 큰 차이점은 치료자의 역할과 내담자의 역할이다. 협력적인 관계에서 치료자와 환자는 환자의 문제를 해결하는 데 동등한 책임감을 갖는다고 가정된다. 환자는 사건에 부여된 의미와 그 경험에 대한 전문가로 가정된다. 다시 말해, 인지치료자는 환자가 왜 특정 상황에서 특정 방식으로 반응한 이유를 알고 있다고 가정하지 않는다. 치료자는 환자에게 계속되는 사고와 심상에 대해 회상하라고 요청한다. 더욱이 인지치료자는 특정 사고가 왜 활성화되었는지를 알고 있다는 가정을 하지 않고 환자에게 물어본다.

CT는 Ellis의 합리적 정서치료(RET)(Ellis, 1984)와 Meichenbaum의 인지행동 수정(CBM)(Meichenbaum, 1972)과 달리, 환자의 사고의 의미에 대한 보고에 의존한다는 점에서 차이가 있다. 우리의 경험상 CT를 훈련받지 않은 치료자는 종종 전통적인 두 치료 중 하나로 CT의 특징을 오인하기 때문에 이들과 CT를 구별하는 것은 중요하다. RET는 합리적 정서 이론의 지식과 환자를 만난 경험에 기초해 환자의 사고 오류의 특징을 보다 쉽게 추론하는 연역적 접근을 사용한다. 활성화된 사건에서 보고하는 환자 반응의 기저에 있는 혹은 기본 신념을 알려 주는 규칙을 발견할 수 있다. Ellis는 치료자가 환자가 보고하는 사고의 의미를 제공해 주기 위해 환자보다 '한 발 앞서' 있기를 권고한다(예, Ellis, 1984, p. 221 참조). 학습 이론에서 유래된 시스템인 Meichenbaum의 CBM에서는 사고를 행동처럼 다루기 때문에 하나의 사고는 다른 것으로 대체될 수 있고, 또는 차별적으로 강화될 수 있다고 하였다. 즉, 관련된 사고의 의미는 덜 강조된다. 인지치료자는 경우에 따라 환자가 자동적 사고를 하나의 습관으로 보도록 독려하고, 치료는 이런 습관을 감소시키거나 새로운 것이나 덜 고통스러운 대안으로 교체하는 것을 목표로 삼을 수도 있으나, 이런 전략은 환자가 사고의 함의나 의미를 완전히 탐색하거나 습관적 사고의 의미가 사실이 아님을 제대로 알기 전에는 사용하지 않는다.

CT는 의미시스템이 독특하다는 것을 가정한다. 그런 이유로 환자는 자신의 치료에 적극적인 역할을 해야만 하다. 환자는 고통스러운 사건 동안 또는 그 직후에 그들의 사고에 대해 질문할 준비를 하라고 배운다. 그와 대조적으로 Meichenbaum의 자기 지시훈련(SIT)(Meichenbaum, 1972)에서는 치료자가 환자가 어려움에 직면했을 때 스스로 특정한 대처 진술문을 만들도록 돕는다. CT와 SIT의 차이를 살펴보면 CT는 그들의 추론에 질문하도록 가르치는 것인 반면에 SIT는 추론을 변화하도록 가르친다는 것이다. CT에서는 질문에 초점을 맞춤으로써 지지자가 친숙한 상황에서의 새로운 반응이나 새로운 상황에 환자가 쉽게 사용할 수 있는 보다 일반적인 접근이라고 믿게 한다. CT와 SIT 간의 이러한 구분은 CT가 환자에게 보다 책임감을 부여한다는 것을 의미한다.

새로운 정보를 수집하거나 혹은 환자의 독특한 신념을 다루는 실험을 하고자 할 때 인지치료자는 정보 수집이나 실험 계획에 환자를 참여시킨다. 치료자의 목표는 논리학자, 다른 환자, 치료자에 비해 환자 스스로가 납득할 만한 결과를 얻도록 실험을 고안하는 것이다. 즉, 환자는 치료에 적극적인 참여자이며 자신의 사례에 대해서는 전문가다. 물론 인지치료자는 인지모델에 있어서 전문가이고, 특히 치료를 시작할 때 치료의 기저에 있는 원리를 환자에게 가르칠 책임이 있다. 치료자는 또한 환자가 보고하는 신념을 검증하는 데 사용되는 분석방법에 있어서도 전문가다.

어떤 대인관계에서와 마찬가지로 치료자와 환자 간에서도 문제가 발생할 수 있다. CT에서는 치료 또는 치료자에 관해 드러나는 환자의 염려를 적극적으로 논의한다. 치료자는 피드백을 이끌어 내고, 모델에 일치되는 방식으로 피드백에 반응한다. 따라서 치료자는 치료 자체에 대해 환자의 생각에 주의를 기울이도록 하고, 그것에 대해 함께 검토한다.

임상적 적용

행동적 방법

CT는 항상 다른 능동적 · 지시적 치료 학파에서 유래한 절차나 응용된 절차를 포함한다. CT에서는 인지 변화를 촉진하기 위해 다수의 응용된 행동적 방법을 사용한다. 이번 절에서는 CT에서 사용하는 주요한 행동적 방법을 구체적으로 다루고자 한다. 이런 방법은 활동을 증가시키거나 즐거움 또는 숙달감의 경험을 제공하는 데 사용되지만, 신념의 변화에 중점을 둔다. 인지치료자는 부과된 숙제에 참여하려는 환자의 노력이 환자가 가진 가설을 검증하거나 차후에 검증될 수 있는 새로운 가설을 수립하는 배경을 제공할 것이라고 행동적 숙제에 대해 설명한다. Jacobson 등(1996)은 행동적 방법만으로 된 12주 치료과정과 CT 절차에 행동적 방법을 더한 12주 치료과정이 서로 비슷한 성과를 나타냈다고 보고했다. 따라서 이러한 방법은 전통적으로 CT의 보조치료로 고려되었지만, 치료적 영향력이 과소평가되어서는 안 된다.

자기감찰

CT 과정을 시작하는 많은 환자는 치료 초기 최소 일주일 동안 그들의 활동과 관련된 기분, 혹은 관계된 현상에 대해 시시각각으로 꼼꼼하게 기록하도록 요청받는다. 한 가지 유용한 방법으로는 0에서 100점 척도상에서 스스로의 기분을 기록하게 하는 것인데, 여기서 0은 기분이 가장 나쁜 것이고, 100은 가장 좋은 것이다. Beck 등(1979)이 제안했듯이, 환자는 기록된 활동과 관련된 숙달감 혹은 즐거움의 정도를 기록할 수 있다. 이런 기록은 환자가 시간을 쓰는 방식을 치료자에게 알린다. 이 과정에서 환자는 TV를 시청하면서 얼마나 많은 시간을 보냈는지와 같은 기록을 보고 종종 놀라곤 한다. 이러한 기록은 또한 추후 기록과 비교할 수 있는 기저선을 제공한다.

'침대에서 일어나야 할 이유가 없네요.' '저는 언제나 비참하네요. 나아진 적이 없어요.' '스케줄이 너무 빡빡해서 해야 할 일을 모두 할 수 없어요.' 등과 같은 다양한 가설이 자기감찰을 사용해 검증될 수 있다. 기억이 선택적이기 때문에 최근 사건에 대한 환자의 기억보다 작성된 기록지를 감찰하는 것이 가설을 판단하는 데 보다 나은 토대가 된다. 또한 자기감찰 기록지는 흔히 다음 회기에 논의될 수 있는 특별히 나쁘거나 좋은 사건에 대한 기록을 얻는 데 사용된다. 치료자는 질문을 통해 그 당시에 떠올랐던 사고를 회상하도록 요청할 수 있다. 마지막으로 이 기록지에서 일관성이 나타나고, 이로 인해 특정한 유형의 사건이 좋거나 나쁜 기분, 혹은 숙달감이나 즐거움에 연관되어 있다면 활동을 계획하거나 구조화하여 이러한 사건을 확인한 후 추구하거나 회피할 수 있다.

활동 계획하기

CT에서 활동을 계획하는 두 가지 목적이 있다. ① 그들이 어리석게 피하고 있는 활동에 참여할 가능성을 높여 주기 위해서이고, ② 활동 시작의 방해물을 제거하기 위해서다. 활동 계획상의 결정은 치료실에서 이뤄지거나 사전에 환자 자신이 하기 때문에 환자는 스스로가 동의한(혹은 결정한) 것을 이행하기만 하면 된다.

환자가 동의한 활동을 하지 않을 때, 이는 계속되는 치료회기 동안 해결해야 할 중요한 주제가 된다. 비순응은 치료자가 지나치게 야심적이거나 치료자로서의 역할에 대한 명료성 부족으로 야기될 수 있으며, 이런 경우 치료자에게 책임이 있으므로 적절하게 조절해야 한다. 특정 '실패'는 그 성격상 보통 환자의 문제와 유사한 경우가 있고 비현실적인 부정적 신념에 의해서 유발되기도 하는 바, 인지적 방해물에 대한 철저한 분석이 요구된다. 예를 들어, 인지치료자는 환자에게 그 가정(예, '나는 이 편지를 쓸 수 없을 거야.')을 믿는 사람은 다음 단계로 가지 못할 것임을 지적하면서, 환자를 포기하도록 하는 비관적인 사고에 관한 작업을 할 것이다. 이런 경우에는 가정에 대한 타당성이 검토될 것이고 행동실험이 뒤따른다.

활동 계획하기는 세 가지 유형이 있다. 즉, ① 자기감찰 동안 숙달감, 즐거움, 좋은 기분과 관련되는 것, ② 현재 사건에서는 회피하지만 과거에는 보상받았던 것을 회상하는 것, ③ 유용한 정보를 주거나 보상을 받을 가능성을 제시하여 환자와 치료자가 새로운 활동에 동의하는 것이다. 활동 계획을 짤 때, 인지치료자는 환자에게 활동 계획을 방해할 가능성이 있는 환경적 혹은 인지적 방해물을 예측하게 한다. 이런 방해물은 회기 동안 논의될 수 있는데, 이런 영향을 최소화하거나 방해물을 감소시키는 방식으로 계획을 세우거나 수정할 수 있다.

회기 동안 논의된 가설 검증이 활동 계획에 포함될 수도 있다. 예를 들어, 어떤 날에는 TV 시청으로 계획을 잡을 수 있고, 다른 날은 독서, 다른 날은 친구를 만나는 것으로 계획을 세울 수 있다. 환자는 이런 활동의 유용성에 대한 신념을 검증하기 위해 그들의 기분이나 각 활동에서 경험하는 즐거움과 숙달감 정도를 감찰할 수 있다. 이런 제안의 부가적인 이점은 일상생활에서 이 활동에 전념하고 있지 못한 환자가 실험이라는 말로 표현될 때 종종 활동을 보다 기꺼이 수행하려 한다는 것이다.

기타 행동적 전략

환자가 기피하는 과제는 종종 실제로 하기에 어려운 것일 수 있기 때문에 이러한 과제의 구조를 수정하는 것이 적절하다. 장기적인 과제(예, 일자리 잡기, 연설하기)는 덜 압도적이면서도 보다 구체적으로 만들기 위해 명쾌하게 작은 단위(예, 구직광고란에 표시, 연설의 요점 정리 등)로 분해한다. 이러한 개입을 '묶음(chunking)'이라고 일컫는다. 또한 '단계적 과제(Graded task)'는 큰 과제를 더 쉽게 또는 간단한 과제로 나누어서 먼저 시도하도록 구성할 수 있다. 보다 빠르고 쉬운 과제의 성공은 보다 어려운 것으로 옮겨 가도록 촉진할 것이라고 가정하기 때문에 이런 과정은 '성공치료'라고 부르기도 한다. 묶음과 단계적 과제 할당이 단순해 보일 수 있지만, 이런 과제 구조의 간단한 변화가 과제에 대한 환자의 관점과 이후 과제의 성취 가능성까지 변화시키는 방식은 환자와 치료자 모두에게 놀라운 일이다.

CT의 일반적인 행동적 측면에 대한 이 개관은 어떻게 행동적 과제가 CT로 포함될 수 있었는지와 숙제의 인지적 측면에 초점을 맞추는 것이 어떻게 치료 효과를 유발할 수 있는지를 설명해 준다. 특정 사례에 목표를 맞추는 간단한 절차의 변화는 대개 바람직한 것이며, 치료의 초점인 인지 변화에 대한 단단한 토대를 제공해 줄 수 있다.

인지적 방법

행동적 절차가 주로 환자의 행동을 변화시키기 위해 사용되는 데 반해 인지 이론은 정서와 행동의 변화가 인지변화의 결과로서 발생한다고 생각하기 때문에 많은 CT 절차는 특히 인지 변화에 목표를 둔다. 다음 내용은 인지 변화에 목표를 둔 절차에서 사용하는 기본적인 개념을 개괄한 것이다.

역기능적 사고 일일 기록지

CT에서 하는 많은 작업은 역기능적 사고 일일 기록지(DRDT)(Beck et al., 1979 참조)라는 도구의 사용에 중점을 둔다. 여기서 DRDT는 CT 접근이 담고 있는 몇 가지 원리와 옵션을 설명하기 위해 제시된다. DRDT에서 가장 중요한 네 가지 요소([그림 9-1] 참조)는 정서에 대한 인지모델의 세 가지 요점(상황, 신념, 정서적 결과)과 신념에 반대되는 반응 또는 대안(즉, 보다 '합리적' 혹은 기능적인 신념)으로 이루어진다. 초반에 환자는 불쾌하거나 당황스러운 정서적 상태를 경험할 때, DRDT를 사용해 이러한 것을 기록하도록 배운다. 따라서 인지치료자는 ① 환자가 '감정' '정서' '기분'의 의미를 이해하고, ② 각기 다른 기분을 확인할 수 있으며, ③ 이런 상태의 강도에 대한 평가를 말할 수 있을 것이라는 점에 대해 확신을 가질 필요가 있다. 또한 치료자는 환자에게 기분이 발생하는 동안의 사고의 흐름과 상황을 적도록 요청한다. 대부분의 환자는 정서 혼란 시기에 겪는 정서 상태와 상황을 쉽게 처리해 버린다(예, '그가 거절했기 때문에 난 속상했어.'). 또한 많은 환자는 상황을 정서적 반응의 직접적인 원인으로 간주하는데, '무언가'가 잘못돼 가고 있다고 추가적으로 생각하기 때문에 부적응적이거나 혼란스러운 정서 반응이 야기된다. 따라서 인지치료자는 이런 생각이 들 때에 그들의 심상과 사고에 주의를 기울이도록 가르친다. 적어도 초반에 자동적 사고는 치료자의 질문에 대한 반응에서 회고적으로 확인된다.

지시: 기분이 나빠지면 스스로 "지금 마음에 무엇이 스쳐 갔나요?"라고 물어보고, 가능한 한 곧바로 자동적 사고 칸에 그 생각이나 심상을 적어 보세요. 그리고 그 생각이 얼마나 타당하고 현실적인지 생각해 보세요.

날짜	상황	정서	자동적 사고	대안적 반응	결과
	당신을 기분 나쁘게 상황은 언제, 어디에서 어떤 일이 있었습니까? 있었습니까?	그때 당신은 어떤 감정(슬픈, 불안한, 화난 등)을 느꼈습니까?	당신 마음속에 지나갔던 사고나 심상은 무엇인가요? 당신의 신념에 대해 평정해 보세요. (0~100%)	다음의 질문을 사용해서 자동적 사고에 따른 반응을 생각해 보세요. 각각의 신념에 대해 평정해 보세요(0~100%). 그리고 있을 수 있는 왜곡에 대해 생각해 보세요.	자동적 사고에 대한 당신의 신념을 재평가해 보세요(0~100%). 그리고 느꼈던 감정의 정도를 재평정해 보세요(0~100%).

① 당신의 자동적 사고를 뒷받침하는 증거는 무엇인가? 그 사고에 반하는 증거는 무엇인가?
② 그 사건에 대한 대안적인 설명이 있는가, 그 상황을 다른 식으로 바라볼 수 있는가?
③ 자동적 사고가 맞다면 그것은 어떤 의미가 있는가? 가장 최악의 일은 무엇인가? 가장 현실적인 관점은 무엇인가? 그것에서 무엇을 할 수 있는가?

가능한 왜곡: 흑백논리적 사고, 과잉일반화, 긍정성 깎아내리기, 결론으로 넘어가기, 독심술, 예언자적 오류, 과장/축소, 정서적 추론, '~해야 한다' 식의 사고, 이름 붙이기, 부적절한 비난

그림 9-1 역기능적 사고 일일 기록지(Beck, Rush, Shaw, & Emery, 1979)

환자가 사건 당시의 기록을 통해 상황, 사고, 정서 반응을 보고하는 것이 가능하다면 개입을 시작할 수 있다. DRDT에서는 '합리적 반응'이라고 쓰지만, 환자의 신념이 항상 비합리적이거나 틀렸다는 것을 가정할 필요가 없다. 이 작업이 자동적 사고에서 '합리적 반응을 찾아내는 것'과 관련된다고 말하는 것은 CT의 목적을 대충 어림짐작한 것이다. 보다 정확하게 말하자면, 인지치료는 환자가 정서적으로 고통받을 때 이루어지고 고통의 경험에 필수적인 추론을 검증하는 것이다. 따라서 초기 사고에 대한 반응을 '합리적' '적응적' '대안적' 혹은 그 어떤 다른 말로 부르든지 간에 개입은 그들의 추론에 질문을 던지고 검증하도록 가르치는 데 초점을 둔다(Dobson & Dobson, 2009).

DRDT의 이차적 특징은 언급할 가치가 있다. 환자는 '자동적 사고'에 대한 신념 정도를 자동적 사고 검증하기 전 · 후 모두에서 기록할 수 있는데, 이는 질문의 효과를 확인하는 것이다. 자동적 사고를 믿는 정도가 높을 때는 질문이 아무리 명확하고 완벽하게 보이더라도 초기 관심사를 해결하지 못한다. 환자는 중요한 의미를 놓치거나 아니면 상황에 대하여 철저하고 정확하게 묘사한다. 후자의 경우, 치료자는 그들 사고의 중요성과 의미를 검증하도록 도울 수 있다. 이와 유사하게 정서 반응의 정도는 사고 분석 전 · 후 모두에서 기록될 수 있다. 정서에서 전혀 변화가 없거나 적다는 것은 치료자가 분석에서 중요한 요소를 놓쳤으며 따라서 추가적인 탐색이 필요하다는 의미다. 마지막으로 합리적 반응에 대한 신념의 정도를 기록할 수 있는 공란이 있다. 여기에서 반응이 진부하거나('모든 것이 나아질 거예요.') 어떤 식으로도 환자가 납득하기 어려운지를 확인할 수 있다.

DRDT는 회기 중에 작업될 수 있지만 흔히 치료가 계속되면 환자가 스스로 작성해 오고, 회기 중에는 치료자가 이를 간단히 확인해 보는 식으로 사용된다. 환자가 머지않아 종이와 펜 없이 DRDT을 하게 되더라도 치료 동안 나온 많은 관심사와 반응은 치료 후반이나 치료가 끝난 후에도 관련되기 때문에 그들이 작성한 기록을 저장해 두는 것이 유용하다. CT는 예방적 효과를 가지는데, 이는 부분적으로 환자가 치료 동안 그랬듯이 그들의 생각에 주의를 기울이고 질문하는 능력을 유지하기 때문이라고 가정된다.

환자는 그들이 기록한 신념에 대해 세 가지 종류의 질문을 하도록 배운다. 여기에 제시된 각각의 질문은 일반적인 형식이고, 환자의 상황이나 스타일에 맞춰 언제든 수정될 수 있다.

1. "믿음에 대한 지지 증거와 반대 증거는 무엇인가?"
2. "사건이나 상황의 대안적인 해석은 무엇인가?"
3. "당신의 신념이 옳다면 실제 의미는 무엇인가?"

인지 오류

세 가지 질문에 대한 대안적이고 보안적인 접근은 환자의 사고가 인지 오류 쪽으로 빠질 때, 치료자가 환자에게 이를 인식하도록 가르치는 것과 관련된다(〈표 9-1〉 참조). 이 표는 과장되거나 편향된 사고에 모든 사람이 마찬가지로 취약하다는 것을 환자에게 상기시킨다. 이때 환자는 개연성이 없거나 비논리적인 추론을 무시할 수 있고, 세 가지 질문을 사용해 추론을 분석하거나 덜 극단적인 형태로 다시 구성할 수 있다. 예를 들어, 교직에 있는 환자는 수업에서 40명의 학생 중 3명이 가끔 강의에 집중하지 않는 것을 보고, 내 강의가 형편없어서 그런 것이라 생각할 수 있다. 이후에 학생의 부주의에 대한 다른 이유가 강의의 질과 관련이 없다는 것을 쉽게 떠올릴 수 있다면(예, 강의실은 약 27도였고, 학생은 심드렁한 상태였다), 환자는 자신이 '개인화한' 것을 알아차릴 수 있다. 그 대신에 그 환자가 대부분의 학생이 강의 동안 매우 흥미를 보인 것 같았고, 몇 명의 학생이 수업이 끝난 후 심도 있는 질문을 하러 찾아 왔던 것을 떠올린다면, 환자는 자신을 '과잉일반화한' 것으로 판단할 수 있다.

소크라테스 식 질문법과 안내된 발견

CT의 가장 뚜렷한 특징이면서 동시에 치료자가 훈련받는 동안 가장 어려워하는 것은 아마도 신중하고 끈질긴 소크라테스 식 질문법일 것이다. 또한 '안내된 발견'이라는 용어는 개방형 질문을 사용하여 환자가 잘못된 신념에 도전하는 새로운 관점에 도달하도록 돕는 과정을 말한다. 소크라테스 식 질문법은 치료자가 향하고자 하는 곳으로, 환자를 이끌면서 환자에게 '자유연상'을 하도록 하는 것이다. 경험이 없는 인지치료자가 가장 흔히 하는 오류는 유도심문을 하거나 환자를 가르치는 식으로 환자가 도달해야 할 결론을 너무 서둘러 확신하는 것이다. 사실상 소크라테스 식 대화(Cooper, 1997)(특히 Euthyphro와 Crito 참조)에서 소크라테스 식 질문은 소크라테스가 질문의 방향을 정확하게 알았다는 점에서 이와 꽤 유사하다. 따라서 CT에서 바람직한 '소크라테스 식' 질문 유형은 창시자의 것에 비해 더 개방적이고 이론에 얽매이지 않는다[치료에서 소크라테스 식 질문법에 관한 논의는 Overholser(1993a, 1993b) 참조]. 효과적인 실전 연습은 치료자가 회기에서 음성 녹음을 듣고, 단정적인 진술이나 폐쇄형 질문을 할 때마다 테이프를 멈춘 후, 같은 관점이지만 가능한 한 좀 더 유익한 방식으로 소크라테스 식 질문을 만들어 보는 것이다. 소크라테스 식 질문은 치료에서 특히 생산적인데, 환자는 토론을 통해 문제와 함께 해결책에 대해 생각하는 데 최대한 몰입하기 때문이다. 더욱이 좋은 소크라테스 식 질문은 부적절한 CT에서 일어나는 흔한 문제를 예방한다. 즉, 치료자는 환자의 사고가 잘못되었다고 강하게 확신할 수 있지만, 환자는 치료자와의 토론에서 다뤄지지 않았던 독특한 의심과 관심사를 계속 유지하게 된다.

하향식 화살

처음 환자가 보고했던 사고를 분석해 보면, 보통은 타당성이 없는 편이다. 예를 들어, 한 환자는 파티에서 누군가에게 무시당했다고 지각하여 '그녀는 날 전혀 재미없어할 거야.'라고 생각할 것이다. 이런 사고가 환자에게 왜 활성화되었는지에 대해 치료자는 많은 이유를 상상할 수 있지만, 아마도 환자는 이런 추론에서 자신에게 특별히 중요한 의미나 함의를 끌어낼 것이다. 따라서 처음부터 이런 추론이 얼마나 논리적인지를 묻기보다는(예, '그녀가 흥미롭거나 흥미롭지 않다는 다른 증거를 보였나요?' '왜 그녀가 그런 식으로 행동했는지에 대한 다른 이유가 있을 수 있을까요?'), '그녀가 당신을 재미없다고 본 것이 사실이라면, 그것은 (당신에게 혹은 당신의 미래에 있어서) 어떤 의미일까요?'와 같이 물어보는 것이 좋을 것이다. 앞서 제시했던 3개의 질문 중 3번째 질문을 변형시킨 것이지만, 보고된 신념에 대한 이런 접근을 '하향식 화살' 기법이라고 한다. '하향식 화살'은 거의 대부분의 추론에서 할 수 있는 연속적인 질문법으로 각각의 대답은 또 다른 질문을 낳는다. 이런 질문은 '그것이 맞다면……?' 또는 '당신을 괴롭히는 것은 무엇이죠?'의 형식을 가진다. 각각의 질문은 CT 작업에 적합한 추론이 나올 때까지 환자의 추론에 대한 개인적인 의미를 찾는다. 이전의 예시에서 하향식 화살은 다음과 같은 반응을 나오게 할 것이다. '나는 재미없는 사람이다.' '나 같은 사람은 결코 매력적일 리가 없다.', 즉 환자에게서 핵심 추론을 내포하는 다른 의미가 나올 것이다. 치료자는 그 의미가 독특하다는 것을 깨닫는 것이 중요한데, 이는 심지어 환자를 잘 알게 된 후에도 예측하기 어려울 수 있다. 치료자가 3개의 질문 중 앞의 두 가지를 즉각적으로 물어볼 수도 있지만, 처음에 하향식 화살 기법을 사용하는 것이 보다 생산적일 때가 있다.

이런 노력은 상호배타적이지는 않지만, 대부분의 경우에 질문하는 동안 추론의 의미를 발견하기 위해 '하향'으로 진행하는 것과 하나 이상의 수준에서 3개의 질문 중 처음 두 개를 사용하는 것도 모두 가치가 있다. 그래서 앞선 예시에서 치료자는 파티에 온 동료가 환자를 재미없어 할 것이라는 신념과 그 신념이 사실이더라도, 그것에 따라오는 환자의 '재미가 없다.' 또는 '외로울 수밖에 없다.'는 생각 모두를 질문하여 환자를 격려할 수 있다.

도식 확인하기

몇 회기가 지난 후에 치료자와 환자는 환자의 정서적 혼란과 관련된 일관적인 신념을 알아차릴 수 있을 것이다. 이런 일관성은 '표면' 수준이 아니라, 개인적인 의미수준에서 드러난다. 예를 들어, 치료자와 환자는 환자의 DRDT 내용 중 대다수가 '만약 내가 최고의 X가 아니라면, X는 추구할 만한 가치가 없는 것이며, 나는 X로서 가치가 없는 것이다.' 식의 신념을 포함한다는 것을 알아차릴 것이다. 이러한 신념은 세 가지 질문을 적용하고 인지 오류를 확인하는 방식으로 검증될 수 있다. Beck(1995)의 『인지치료: 이론과 실제』는 이런 질문에 체계적으로 접근하는 데 적합한 도구인 인지 개념화 도표를 기술하고 있다.

우울증 치료 절차

치료 초기

인지치료자는 치료 초기에 몇 가지 보완적인 목표를 가진다. 그것은 ① 평가, ② 인지모델에 환자를 사회화하기, ③ 환자의 비관주의(보통은 치료에 관한) 다루기로 범주화할 수 있다. 평가는 우울 수준을 회기마다 사용할 수 있는 자기보고 식 Beck 우울

척도-II(BDI-II)(Beck, Steer, & Brown, 1996)를 통해 채점하고 관리할 수 있다. 우울 심각도를 측정하는 데 있어서 BDI-II의 타당성이 입증되었지만(Beck, Steer, & Brown, 1996), BDI-II는 치료과정 동안 환자의 개인 내적인 변화를 측정하는 데 가장 많이 사용된다.

환자와 치료자는 치료 중에 사용할 모델에 대해 공통적 이해에 도달할 필요가 있다. 이를 위해 환자는 『우울증 대처(*Coping with Depression*)』(Beck & Greenberg, 1974) 소책자 또는 우울증의 인지모델과 그 치료에 관한 설명서를 읽어 보라는 요청을 받게 된다. 치료자와 환자는 소책자 및 인지모델에 따라 최근 경험을 담은 자료에 대한 환자의 소감을 논의할 수 있다. 초기에 인지치료 모델에 환자를 '사회화(socialization)'하는 것은 교육적인 설명과 연관되는 것이지만, 환자에게 자신의 어려움에 대한 이해와 개선의 여지가 있다는 설명을 제공하는 추가적인 이점이 있다. 따라서 우울증의 공통적인 특징인 환자의 무망감이 철저하고 직접적으로 다루어진다.

치료 초기에 추가 개입은 보통 환자의 비관주의 혹은 무망감을 다룬다. 이런 개입은 환자가 처리할 수 없거나 동원할 자원이 없다고 믿고 있는 과제를 탐색하는 형태를 취할 수 있다. 치료자는 과제 수행에 대한 환자의 기대를 알아내고 기록한 뒤, 예상되는 장애물을 뛰어넘도록 환자를 안내한다. 환자가 기대한 것 이상으로 성취할 수 있을 때, 이 성공은 더 발전적인 시도를 가능케 하는 토대로 사용된다.

치료 중기

인지적 대처기술에 대한 작업은 치료 초기 단계에서 시작되지만, 중간 단계에서는 이런 기술을 견고히 하고자 한다. 환자는 회기 간에 부정적 정서를 일으키는 사고와 상황을 확인한다. 이상적으로 그들은 DRDT의 기록을 계속하고 있고, 혼란스럽거나 부적응적인 정서 삽화 동안이나 직후에 자신의 사고에 질문하기 시작한다. 치료자는 앞에서 설명한 하향식 화살 기법을 사용해서 환자의 초기 사고에 대한 반응을 '미세조정'하도록 한다. 즉, 치료자는 환자와 함께 DRDT를 검토하여 환자의 자동적 사고에 대해 대안적인 분석을 시도할 수 있는 지점을 찾는다.

또한 도식 혹은 기저에 있는 가정을 확인하는 것도 중간 단계에서 이루어진다. 도식의 발달사를 논의하는 것은 환자의 패턴에 대한 이해를 돕는다. 이런 조사 없이 환자는 세상의 사건이 '갑자기' 오는 것으로 해석하여 자신에게만 특유한 방식으로 보는 경향이 있다. 또한 설명할 수 없는 부정 정서는 환자에게 무력감을 느끼게 할 수 있고, 더 심각하게는 자신이 근본적으로 어떤 점에서 결함이 있다고 믿게 된다. CT에서 초기 경험이 추후의 태도와 염려에 미치는 영향을 이해하는 것을 목표로 한다는 점에서 '심층' 심리치료법과 유사하다. CT의 이런 측면은 특히 Beck(1995)과 Persons(1989) 잘 기술하고 있다.

치료 후기

치료의 마지막 단계에서는 개선점을 검토하고, 치료는 재발방지에 초점을 둔다. 치료자와 환자는 미래에 발생할 수 있는 환자의 대처기술을 넘어서는 어려운 상황과 문제를 예상한다. 이는 치료의 핵심적인 단계다. 환자는 학습한 기술의 중요성을 잘 모르는 것이 일반적이기 때문이다. 많은 환자는 자신의 회복이 스스로의 노력에서 왔음에도 환경의 변화에 귀인한다. 이때쯤 환자는 기분이 나아지기 때문에 곤란한 상황이 필연적으로 발생했을 때, 그들의 기술을 사용할 가능성이 증가하도록 검증하고 입증하는 것이 중요하다.

또한 이 단계 동안에 환자가 치료를 그만두어도 되겠다는 신념의 정도를 반드시 다루어야 한다. 환자는 치료를 받는 동안은 문제를 대처할 수 있지만 그들 스스로 그러한 문제를 다루기는 불가능하다고 믿을 것이다. 협력적인 작업 관계가 이미 형성되어 있다면, 치료자는 적극적인 치료자보다는 상담가가 되어 시간을 두고 환자에게 책임감을 부여할 필요가 있다. 이러한 점진적인 변화를 통해 환자가 자신의 문제를 스스로 해결하는 능력을 키우게 할 수 있다.

마지막으로 치료자와 환자는 해 왔던 작업을 점검하는 '추후 회기'를 계획한다. Jarrett 등(1998)은 우울증 CT에 따른 반응에 대해 한 달 간격으로 계획된 회기가 재발 및 재연율을 감소시킨다는 증거를 설명했다. 임상가와 환자는 더 적은 빈도(예, 일 년에 3번)의 추후 회기조차도 초기 치료 단계에서 집중적으로 매주 간격(혹은 일주일에 두 번) 회기 동안 얻어진 이득에 환자의 초점을 유지하는 데 도움이 될 수 있다고 보고했다. 다음에서 기술한 바와 같이 DeRubeis와 동료들(2005)의 연구에서 1년 동안 추후 회기 빈도가 적을수록 더 낮은 재발률을 나타냈다.

공황장애 및 광장공포증의 치료 절차

CT는 범불안장애, 강박장애, 건강염려증 등의 다양한 장애를 위해 발전되어 왔다. 모든 장애의 접근은 앞서 설명한 우울증에 대한 접근과 유사한 형식을 따른다(Clark, 1999; Salkovskis, 1996 참조). 그렇지만 각 장애집단의 현상학에 따라 치료의 강조점에는 다소 차이가 있다. 공황장애의 현상학과 치료법이 특히 잘 정립되어 있다(Beck, Emery, & Greenberg, 1985; Clark, 1996 참조).

공황발작의 발달에 대한 증상학은 거의 동일한 순서를 따른다. 첫째, 환자는 병리적이지 않다고 치부할 수 없는 불쾌하고 당황스러운 감각을 경험한다. 환자가 이전에 공황발작을 경험했었다면, 그러한 반응에 대한 전조로 이 증상을 '인식하여' 공황발작의 발생을 예상할 것이다. 어쨌든 환자가 특정 감각이나 증상을 병리적인 의미로 여기고, 이를 위험하지 않은 것으로 떨쳐 버릴 수 없다면 진행은 계속될 것이다. 환자의 의미나 해석은 그 감각과 관련이 있다는 점에서 치료자에게 '이해'될 것이다. 따라서 흉통은 심장발작으로 숨이 차거나 가쁜 것을 숨이 멈출 것이라는 징후로 해석할 수 있다. 어지러움은 의식 상실의 조짐으로, 극도의 따끔거림 또는 마비는 뇌졸중의 조짐으로, 정신혼란은 미쳐 간다는 증거로 생각된다.

흔히 환자가 의식하지 못하는 촉발 요인은 이러한 경험의 발병을 쉽게 설명할 수 있다. 즉, 사람은 의자에서 갑자기 일어서거나, 먹은 거 없이 오랜 시간 있거나, 높은 곳에서 낮은 곳을 바라볼 때 현기증을 느낄 것이다. 보통은 불쾌한(심지어 즐거운) 소식을 듣는 것이 사람들을 각성시킨다. 어떤 감각이든 이들에겐 재앙을 예고하는 징조로 해석될 수 있다. 대부분의 공황발작 환자는 과호흡을 경험하는 것으로 보인다. 예를 들어, 혼란스럽거나 숨이 찬 경험을 한 사람은 이산화탄소 '분출'의 결과로 숨을 빠르게 쉬기 시작할 것이고 '알칼리 혈증'(예, 마비, 따끔거림, 일반화된 불편감) 증상을 경험할 것이다.

어느 정도의 '인지적 경직'을 경험했던 사람은 갑작스러운 기억 착오나 추론에 문제가 생긴 자신을 심각한 정신장애가 있다고 귀인할 것이다. 아이와의 말다툼 동안 폭발적인 정서를 경험한 아버지는 이때 수반된 신체적 느낌을 통제 불능이 되어 아이를 폭행할 징후로 해석할 수 있다. 공황발작이 일어났을 때, 사람은 증상에 집중한다.

그들은 심장박동, 실신, 어지러움, 숨 가쁨을 자각한다. 그러고는 증상에 대한 재앙적인 결과를 예측하고, 계속 유지된다면 곧 죽게 될 것이라며 두려워할 것이다. 어떤 환자는 추락, 사람에게 둘러싸임, 구급차에 실려 병원에 이송되는 것과 같은 생생한 시각적 이미지를 보고한다. 때때로 높은 수준의 우울증 환자는 관에 누워 있는 자신의 시체를 상상하며 다른 사람과 고립되어 극히 외로움을 느끼는 자신을 상상할 수도 있다.

공황발작의 가장 두드러진 측면 중 하나는 환자가 발작 동안 그들의 감각을 객관적으로 보고 적절한 이름을 붙일 수 있는 능력을 상실하는 것이다. 환자는 발작 이전에 발작 증상이 생명 또는 정신적 안정에 심각한 위협이 되지 않는다고 알고 있었더라도, 그들은 발작이 시작되면 이런 정보를 사용할 능력을 상실할 것이다. 이것이 고차적인 평가 기능의 제한된 상태인지, 개인의 주의가 증상이나 (잘못된) 의미에 지나치게 집중되어 있어서 자신의 해석을 평가하는 데 인지적 용량이 남아 있지 않은 상태인 것인지는 명확하지 않다. 어느 경우든 증상의 해석에 대한 근거와 의학적 지식을 사용하지 못하는 것이 이 장애의 필수적 특징으로 보인다. 환자가 극도의 불안의 모든 특징을 가지고 있어도 그들의 증상을 객관적으로 평가하는 능력을 가지고 있다면 공황발작은 없을 것이다.

공황장애의 다음 발달 단계는 악순환의 형태를 나타낸다. 개인이 자신의 증상(심박수 증가, 호흡 곤란)을 병리적으로 해석하면서 위협감이 증가하게 되고, 결국 증상이 심해진다. 증상과 그에 대해 상상한 결과에 대한 집중이 증가함에 따라 환자는 증상에 대한 근거에 훨씬 덜 집중하게 되고, 결국 증상이 점점 악화될 것이다. 이 단계의 특징은 두려움을 피하기 위해 산책이나 주의를 전환하는 등의 일상적인 시도가 혼란을 가라앉히지 못할 것이라는 환자의 인식이다. 증상은 통제 불가능한 것으로 간주되고, 그들 환자는 재앙이 발생할 때까지 악화가 계속될 것이라고 믿기 시작한다. 그리하여 환자는 치료에서 다루어져야 하는 문제인 '안전행동'(예, 심장발작을 막기 위해 앉아 버리기)을 하게 될 것이다. 특정 환경조건의 공포증(예, 고소공포증, 폐쇄공포증)과 관련된 공황발작과는 대조적으로, 자발적인 '발작'은 일련의 내부적 조건에 대한 '공포증(두려움)'을 나타낸다.

일반적 치료 접근

공황장애에 대한 인지치료는 처음 소개된 이후로, 공황장애 등의 불안장애를 유지시키는 '안전행동'(Salkovskis, 1996)의 잠행적인(insidious) 역할에 대한 인식이 증가하면서 발전해 왔다(Salkovskis, Clark, Hackmann, Wells, & Gelder, 1999). 이 책의 초판에서 우리는 초기 공황발작을 가라앉히기 위해 이완 절차와 호흡 통제, 주의 전환을 사용하도록 환자에게 가르치기를 권고했는데, 이는 그 당시에 이러한 방법이 효과적이었기 때문이다(Beck et al., 1985; Clark, Salkovskis, & Chalkley, 1985). 현재 이런 절차가 경우에 따라 유용할 수도 있지만 치료의 충분한 효과를 차단할 수 있음이 밝혀졌다. 이러한 모순은 공황장애를 가진 환자가 이런 행동을 해야 두려운 결과가 일어나지 않을 것이라고 믿기 때문에 발생한다. 이러한 방법의 권고는 환자에게 공황발작이 통제 가능하고, 따라서 본래 무해한 것이라고 가르치기 위해 시작되었음에도 많은 환자는 공황-둔감화 절차가 그들의 안녕감에 필수적이라는 부적응적인 추론을 발달시킨다. 예를 들어, 호흡 통제를 배운 환자는 공황발작이 시작될 때 그들의 호흡을 통제하지 못한다면, 기절할 것이라고 믿게 될 것이다. 이런 믿음은 환자가 정말로 기절하지 않았기 때문에 환자가 호흡 통제를 할 때마다 (부적 강화를 통해) 강화된다. 인지치료자는 적극적으로 환자가 안전행동을 못하게 한다. 더욱이 치료자와 환자는 환자가 공황발작 동안 사용해 왔던 안전행동을 확인하고 그만두도록 노력한다. 이런 행동은 친구에게 도와 달라고 전화하기, 응급실로 가기, (쓰러지는 것을 방지하기 위해) 벽에 기대기 또는 심박률 감찰하기 등이 포함될 수 있다. 환자는 안전감을 높이기 위한 사고 혹은 행동을 만들어 내는 데 매우 창의적이기 때문에 안전행동의 개념에 대해 철저히 교육시켜야 한다. 어떤 안전행동은 환자가 회고하여 보고하지 못할 정도로 자동적이기 때문에 신중히 찾을 필요가 있다.

Oxford 인지치료 패키지(Clark, 1996)는 네 가지의 인지적 방법과 두 가지의 행동적 방법을 포함한다. 인지적 방법은 다음과 같다.

- 치료자와 환자는 함께 '악순환' 모델을 사용하여 최근의 공황발작 과정을 구체화한다.
- 이 과정에서 환자의 신념(예, '나의 심장이 뛰는 것은 심장발작을 가지고 있음을 의미

한다는 것')을 확인하고 검증한다. 환자의 신념을 검증하는 하나의 방법은 그들의 숨쉬기를 통제하거나 주의전환을 사용한다면 발작 동안 증상이 감소하는 것을 환자에게 보여 주는 것이다. 대부분의 환자는 심장발작과 생명 위협적 사건(예, 뇌졸중)이 숨쉬기나 주의전환으로 통제될 수 없다고 생각할 것이기 때문에 이런 절차는 그들의 신념이 틀렸음을 증명하는 역할을 할 수 있다. 그렇지만 앞서 언급했듯이, 이런 절차는 미래에 있을 공황발작을 방지하는 수단이 아니라 신념을 검증하는 데만 사용되어야 하며, 통제 방법이 안전행동으로 되지 않도록 해야 한다.

- 보다 현실적인 신념을 확인하고 고려한다(예, '나는 불안하다. 따라서 나의 심장은 평소에 비해 더 요동치고 있다.').
- 환자가 경험하는 심상(예, 응급차에 실려서 병원으로 이송되는 것)이 수정되고, 다음 번에 환자가 이와 같은 것이 상상될 때 불안 발작의 단계적 해결을 상상하는 것과 같이 유익한 상상을 할 수 있도록 고칠 수 있다.

Oxford 인지치료 패키지의 행동적 방법은 다음과 같다.

- 절차는 두려운 감각을 유도하기 위해 이루어진다. 환자에게 과호흡하고, 그들의 신체에 주의를 기울이거나 두려운 감각(예, 심박 고동)과 두려운 재앙(예, 심장 발작)과 짝을 이루는 단어나 구를 읽도록 가르친다. 환자는 이런 절차를 통해 두려운 재앙을 야기하지 않는 조치로도 쉽게 증상이 유발될 수 있다는 것을 알게 된다. 따라서 환자는 이런 감각이 곧 일어날 위험에 대한 믿을 만한 신호가 아님을 배우게 된다.
- 환자는 피하거나 달아나고 싶은 두려운 상황에 머물며 스스로를 노출하게 된다. 일부 환자에게 노출은 운동이나 성적 활동과 같은 신체적 노력과 관련되는 상황에서 주로 이루어진다. 어떤 환자는 북적대는 쇼핑몰과 같은 불안유발 상황에 노출하게 된다. 또 다른 환자에게는 두려운 상황과 연관된 주제가 확인되지 않을 수 있다. 이런 경우에 노출은 과거에 공황발작이 일어났던 특정 상황에서 이루어진다.

추가적인 고려사항

인지치료의 경험적 현황

우울증 인지치료의 효능: 초기 치료

지난 30년간, 몇 차례 무선 임상 시행을 통해 주요우울장애의 치료로서 CT와 약물치료의 효능이 비교되었다(Blackburn, Bishop, Glen, Whalley, & Christie, 1981; DeRubeis et al., 2005; Dimidjian et al., 2006; Elkin et al., 1989; Jarrett et al., 1999; Hollon et al., 1992; Murphy, Simons, Wetzel, & Lustman, 1984; Rush, Beck, Kovacs, & Hollon, 1977). 가장 초기의 연구(Blackburn et al., 1981; Rush et al., 1977)에서는 CT가 삼환계 항우울제보다 효과적이라는 것이 시사되었다. 그렇지만 초기 연구에서의 약물치료 조건의 시행이 대체로 부적절하다고 간주되었다(Hollon, Shelton, & Loosen, 1991; Meterissian & Bradwejn, 1989). 약물치료 조건의 시행을 개선한 이후 연구에서는 CT와 약물치료가 동등한 효능을 가진다고 밝혀냈다(Hollon et al., 1992; Murphy et al., 1984).

Dobson(1989)은 우울증에 대한 CT의 성과연구를 메타분석하였는데, 효능 연구의 결과가 '인지치료로 인한 변화는 대기자 또는 무처리 통제집단, 약물치료, 행동치료, 다른 심리치료에 비해 가장 크게 나타난다.'라고 결론지었다(p. 414). 이러한 결론은 당시 그 분야의 여러 전문가의 생각과 일치했다. 이는 우울증에 대한 인지치료가 심각한 정신장애에 경험적으로 타당화한 심리치료의 가장 좋은 예라는 것이다. 그렇지만 이런 생각은 우울증치료의 공동 연구 프로그램(TDCRP)(Elkin et al., 1989)에서 일련의 논문이 출판되면서 무너지게 되었다. 이 연구는 위약 통제집단을 포함한 3개 지역에서의 무선 통제 시행이었으며, 각 치료 조건과 인증된 통제 조건 간의 직접적인 비교가 이루어졌다. 일차 분석에서는 CT와 항우울제 약물치료 조건 간의 유의미한 결과 차이가 없었지만, 이차 분석에서는 약물치료가 CT보다 효과적인 것으로 나타났다. 하지만 중증의 우울 증상을 가진 환자에게서는 약물치료가 위약보다 유의미하게 우수하지는 않았다(Elkin et al., 1995).

TDCRP의 결과는 많은 논란을 일으켰다(*Journal of Consulting and Clinical*

Psychology 특별호 참조, Elkin, Gibbons, Shea, & Shaw, 1996; Jacobson & Hollon, 1996a, 1996b; Klein, 1996의 연구가 포함되어 있음). 3개 지역에서의 결과 불일치는 TDCRP에서 시행한 CT의 질에 대한 의문을 일으켰다(Jacobson & Hollon, 1996a). 특히 보다 중증의 우울증 환자 중 CT에 경험이 많은 지역에서는 약물치료와 CT가 동등한 효과를 보인 반면에, 다른 두 지역에서는 약물이 CT보다 우수했다(Jacobson & Hollon, 1996b 참조). 더욱이 TDCRP와 3개의 다른 유사한 시행(Hollon et al., 1992; Murphy et al., 1984; Rush et al., 1977)에서 모은 데이터를 메가분석[1]한 결과는 중증의 우울증 환자의 치료에서 CT가 약물치료만큼 효과적이라고 나타났다(DeRubeis, Gelfand, Tang, & Simons, 1999). 실제 통계적으로 유의미한 차이는 두 치료 양식 간에 나타나지 않았지만, 전체 효과 크기를 비교했을 때는 CT가 나은 경향이 있었다.

DeRubeis 등(1999)의 메가분석이 있었던 같은 해에 Jarrett 등(1999)은 주요우울장애에서 약물과 CT에 대한 또 다른 대규모의 위약 통제조건이 포함된 무선 비교에 대한 결과를 발표했다. 이 연구는 비전형 우울증 환자를 포함했고, 항우울제로서 MAOI를 사용했다. CT와 약물치료는 비전형 우울증 치료에서 동등한 효과를 보였고 둘 다 위약 조건보다 우수했다. 그렇더라도 TDCRP에서 사용한 보다 중증의 우울증을 가진 하위 표본의 분석결과는 우울증에 대한 CT 효능의 인정에 지배적으로 쓰이고 있다. 예를 들어, 미국정신과학회 치료 지침서에서는 TDCRP에서 나온 결과를 토대로 여전히 CT보다는 약물치료가 중등도에서 중증 수준의 우울증에서는 초기에 제공되도록 권고했다(2000).

대부분의 연구는 대규모의 중증 우울증을 가진 환자 표본을 포함하고 있지 않았다. 따라서 보다 중증의 우울증 환자 치료에서 항우울제와 CT의 효능 비교에 관한 모순되는 결과를 명료하게 하기 위해 DeRubeis 등(2005)은 대규모의 두 지역에서 위약 통제조건을 CT 및 항우울제 약물치료와 비교하면서, 중등도에서 중증 우울증 환자만을 연구에 포함시켰다. Pennsylvania 대학교와 Vanderbilt 대학교에서 시행한 연구 결과는 CT가 우울 증상의 완화에 약물치료만큼 효과적이었고, 두 치료 모두 위약 조건보다 우수하다는 것을 시사하였다. 흥미롭게도 이 연구에서는 지역과 치료 간의 유의미한 상호작용이 나타났다. 특히 약물치료 조건은 Vanderbilt대학에서 CT보다 우

---

1) 메타분석에 대한 메타분석.

수했던 반면, Pennsylvania대학에서는 CT의 평균 반응이 약물치료에 비해 (유의미하지는 않지만) 더 우수했다. 두 치료 효과 비교에서의 지역 차이는 두 지역에서의 인지치료자의 경험 수준에 따른 차이가 부분적으로 기인했다. TDCRP에서 관찰된 패턴과 유사하게 숙련된 치료자가 있는 지역에서의 CT가 더 나은 결과를 나타내는 경향이 있었다.

대부분의 이전 연구와는 대조적이지만 TDCRP의 결과와 일치하는 Washington대학의 결과가 항우울제 약물치료, CT, 행동활성화 치료에 대한 위약통제 비교를 통해 나왔다(Dimidjian et al., 2006). Dimidjian 등은 덜 심각한 하위 표본에서 CT와 일반적인 다른 행동활성화 치료 간의 유의미한 차이를 발견하지 못했지만, 그들은 CT가 중등도에서 중증의 하위 표본에서 행동활성화 혹은 약물치료보다 덜 효과적이라고 보고했다. 저자는 이런 결과가 CT 조건에 있던 환자가 치료 후 BDI-II(Beck et al., 1996) 점수가 30 이상을 나타내는 '극도의 무반응'을 보인 점에 원인을 두었다. 특히 치료 말에 CT 조건에 할당된 22%의 환자는 극도의 무반응을 보인 반면에 약물 환자는 5%만이 그러했고, 행동활성화 조건에서는 극도의 무반응이 나타나지 않았다.

인지치료의 효능: 재발방지

이전에 우울 삽화를 경험한 이들은 재발과 반복의 위험이 높으므로 이런 위험을 감소시키는 것이 중요한 치료적 목표가 된다. 앞에서 언급된 대부분의 연구는 CT의 초기 효과의 검증과 더불어 재발방지의 영향을 검증하는 것을 포함했다. 대부분의 연구는 추적 동안 항우울제 약물에 반응한 환자와 인지치료에 반응한 환자의 증상 심각도 및 재발률을 비교하는 형태를 취한다. 두 집단 모두 치료는 초기 시점(3~4개월)의 말에 종결되었고, 추적은 대개 1~2년 정도였다.

Rush 등(1977)의 연구에서는 1년 동안의 자연스러운 추적 중 12개월(6개월은 아니고) 추적 시점에서 CT 집단이 항우울제 약물집단보다 우울 심각도가 유의미하게 더 낮았다(Kovacs, Rush, Beck, & Hollon, 1981). 유사하게 Blackburn 등(1981)의 2년 추적 시점에서와 Blackburn, Eunson과 Bishop(1986)은 CT에 반응한 환자가 약물치료에 반응한 이들보다 재발/반복을 경험할 가능성이 더 낮다는 것을 발견했다. Simons, Murphy, Levine와 Wetzel(1986)은 Murphy 등의 연구(1984)에서 초기 치료 시기 동안 CT 치료를 받았던 환자가 초기 치료를 받은 그해에 약물치료를 받았던 환자보다 재발할 가능성이 더 낮았다고 보고했다. Evans 등(1992)은 Hollon 등(1992)의 연구 2년 추적 시점에서 초기 시점 동안 CT에 반응한 환자가 약물치료를 받은 환자보다 유의미하게 낮은 재발률을 보였다고 보고했다. TDCRP의 추적 시점에서 나온 결과는 다른 주요 연구의 결과와 비일관적이었다. CT 집단이 약물집단보다 다소 더 나았지만 그 차이가 크지 않았고, 통계적으로 유미하지도 않았다(Shea et al., 1992).

증등도에서 중증의 우울증을 가진 환자에 대한 DeRubeis 등(2005)의 연구에서는 치료 이후에 치료 반응자를 12개월 동안 추적하였다(Hollon et al., 2005). CT에 반응한 환자집단은 약물에 반응한 집단과 위약집단에 비해 추적 시점에서 유의미하게 낮은 재발률을 보였다. 이전에 CT를 받았던 이들의 재발률은 1년의 추적 동안 지속적으로 약물치료를 받아 온 집단보다 실제 수치상으로는 낮았지만, 유의미한 차이는 없었다.

이와 유사한 결과 패턴은 Dimidjian 등(2006)의 2년 추적 동안 발견되었다(Dobson et al., 2008). 추적 시기 첫해에는 이전에 CT를 받았던 환자가 이전에 약물치료를 받았던 환자와 위약 조건 환자보다 유의미하게 재발 가능성이 더 낮았다. 추적 2년째에 CT 집단의 재발률 또한 약물 중단집단에 비해 유의미하게 낮았다. 흥미롭게도 행동활성화 치료는 CT와 유사한 예방 효과를 제공하는 것으로 나타났다. 행동활성화 치료를 받은 집단은 추적 시기에 재발할 위험이 CT 집단과 유의미하게 다르지 않았다(CT가 대부분의 비교연구에서 행동활성화 치료보다 재발률이 전반적으로 적었지만 유의미하지는 않았다). 더욱이 결과는 CT나 행동활성화를 이용한 초기 치료가 약물치료를 계속 받은 환자만큼 효과적으로 증상 재발을 예방한다고 시사했다.

또한 성공적인 약물치료 후에 단기 CT를 시행한 연구는 CT의 예방 효과를 증명하였다. 성공적인 약물치료과정에 뒤따르는 10회기 정도의 비교적 단기 CT에 대한 몇 가지 연구에서 증상 재발에 대한 위험이 감소됨을 발견했다(Blackburn & Moore, 1997; Bockting et al., 2005, 2006; Fava, Grandi, Zielezny, Canestrari, & Morphy, 1994; Fava, Grandi, Zielezny, & Canestrari, 1996; Fava, Rafanelli, Grandi, Canestrari, & Morphy, 1998a; Fava, Rafanelli, Grandi, Conti, & Belluardo, 1998b; Fava, Ruini, Rafanelli, Finos, Conti, & Grandi, 2004; Paykel et al., 1999, 2005). 게다가 마음챙김 명상 원리를 CT에 접목한 8주간의 마음챙김 기반 인지치료(MBCT)는 재발 위험을 감소시키는 데 있어 그 가능성을 보여 왔다(Teasdale et al., 2000; Ma & Teasdale, 2004).

기타 정신병리에 대한 인지치료

우울증에서 CT의 치료 성공이 입증되면서 연구자와 임상가는 다른 종류의 정신병리를 치료하는 데 CT의 핵심 원리를 적용했다. Beck(2005)은 CT의 적용과 효능을 지지하는 결과에 대해 개관하였다. Deacon과 Abramowitz(2004)의 메타분석은 불안장애에 대한 성과 연구에 초점을 국한시켰다.

우리는 이전에 Oxford 기반 인지치료 패키지를 설명했었다. Clark(1996; Gould, Otto, & Pollack, 1995의 메타분석 개관 참조)는 5개의 개별 연구에 대한 개관을 통해 CT에 할당된 환자의 74~94%가 공황장애에서 벗어나고, 6~15개월의 추적 시기 동안 이런 상태가 유지됨을 밝힘으로써 CT 효능을 뒷받침했다. 더욱이 이 성과 연구의 결과는 CT가 대기자집단 조건에 비해 더 나은 결과를 낳을 뿐만 아니라 이완, 약물치료, 노출치료보다 효능이 우수함을 시사하였다.

Chambless와 Gillis(1993)는 범불안장애(GAD)(Beck et al., 1985)에 대한 CT의 효능을 평가한 9개의 임상적 시행을 개관하였다. 그들은 GAD를 치료하는 데 CT가 효능이 있다고 하였다(DeRubeis & Crits-Christoph, 1998 참조). 이 같은 결론은 Chambless와 Gillis의 개관(1993) 이후로 두 개의 추가적인 연구에서 뒷받침되었을 뿐만 아니라(Barlow, Rapee, & Brown, 1992; Durham et al., 1994) Deacon과 Abramowitz(2004)의 개관에서도 지지되었다.

강박장애(OCD)에 있어 Van Oppen 등(1995)은 CT(Beck et al., 1985; Salkovskis, 1985에 기초)가 OCD 치료에서 효능이 있다고 확인된 노출 및 반응 방지와 상응하는 효과가 있음을 발견했다. 또한 연구에서 CT가 신경성 폭식증(bulimia nervosa)에서도 효과적임을 발견했다(Compas, Haaga, Keefe, & Leitenberg, 1998의 개관 참조). 종합해 보면 이런 결과는 CT의 원리와 기초한 치료가 다양한 장애에 성공적으로 사용될 수 있음을 입증한다.

인지치료과정에 대한 연구

매우 많은 측정도구가 우울증의 인지적 구성개념을 평가하기 위해 고안되었다. 대부분의 측정도구는 우울증에 관한 학문적 호기심으로부터 개발되었다. 이번 절에서 우리는 CT의 효과를 알아보기 위해 특별히 치료자와 환자가 사용하는 측정도구에 주목한다. 다음에 설명되는 측정도구와 적용은 다음 질문의 관심에서 유래되었다. 'CT에서 치료자가 행하는 어떤 것이 중요한가(예, 치료자가 CT 기법에 충실한 정도, 이런 기법을 시행하는 질 또는 적절성)?' 'CT 이론에서 예측하는 방식대로 환자는 변화하는가?' '이런 변화는 CT에 특정적인가 아니면 다른 효과적인 치료에서와 유사하게 발생하는 변화인가?' 이런 질문은 어떤 성공적 치료 형식에서라도 수행되어야 하는 분석의 유형을 안내하며(Hollon & Kriss, 1984 참조), 이런 질문을 다루기 위해 몇몇 측정도구가 개발되었다.

치료자의 행동

인지치료 척도(CTS)(Young & Beck, 1980)와 공동연구 심리평가 척도(CSPRS)(Hollon, Evans, Auerbach et al., 1985)는 우울증에 대한 CT 연구에서 사용되는 치료자의 행동 척도다. CTS는 CT에서 치료자의 '유능성'을 측정하기 위해 개발되었다. 특히 인지치료 방법을 치료자가 충실히 이행하는지뿐만 아니라 이 방법이 시행되었을 때의 질을 평가하기 위해 만들어졌다. CTS는 효과 연구에서 CT를 시행하는 데 치료자가 '유능'한가를 결정하는 수단으로서 주로 사용된다. CTS는 11문항으로 0점에서 6점으로 채점된다. CTS는 평정자 간 편차를 막기 위해 평정자가 도구 사용법을 함께 훈련받고, 주기적으로 서로 상의할 때 좋은 신뢰도를 나타냈다. 예를 들어, Hollon, Emerson, Mandell(1982)는 .86이라는 매우 훌륭한 평정자 간 신뢰도 지수를 얻었다. 그렇지만 Jacobson 등(1996)의 성과 연구에서는 녹음된 테이프을 가지고 전문가가 한 평정이 .10으로 매우 낮은 신뢰도를 보였는데, 이는 아마도 이 전문가가 CTS 사용을 위해 함께 훈련받지도 않았고, 평정 과정 동안 서로 합의하지도 않았기 때문일 것이다.

CT에서 우울 증상의 변화와 치료자의 유능성 간의 관계를 검증하였는데(Kingdon, Tyrer, Seivewright, Ferguson, & Murphy, 1996; Kuyken & Tsivrikos, 2009; Shaw et al., 1999; Trepka, Rees, Shapiro, Hardy, & Barkham, 2004), 치료 성과와 치료자 유능성에 대한 전문가와 환자 평정 간에 유의미한 정적인 상관이 나왔으며(Kuyken & Tsivrikos, 2009), 다른 연구에서의 결과는 다양했다. 예를 들어, TDCRP 데이터를 사용한 Shaw 등(1999)은 높은 수준의 치료자 유능성이 연구에 포함된 세 가지의 결과 측정도구 중 하나에서의 보다 나은 효과와 관련이 있음을 발견했다. 더욱이 결과는 치료회기를 구조화하는 치료자의 능력을 평가하는 CTS 문항으로부터 이러한 긍정적 결과가 도출되었음을 시사했다(즉, 의제설정, 속도, 숙제 부과 및 검토). Kingdon 등(1996)은 특정 시점에 특정 측정도구를 사용했을 때, CTS상에서 '유능해 보이지 않음'으로 치료자를 범주화한 환자보다 치료자를 '유능하다'고 생각한 환자가 보다 나은 결과를 보인다고 보고했다. 보다 최근에 Trepka 등(2004)은 치료자 유능성과 성과 간의 정적 상관을 발견했다. 그렇지만 치료동맹의 질을 설명한 후에는 이런 관계가 약화되었다. CT의 성과에서 유능성이 가지는 중요성에 관한 추적 연구가 필요하며 CT에서의 변화 이론을 수정하고, CT를 보급하는 데 지침을 제공할 필요가 있다.

치료자의 유능성을 측정하는 CTS와 대조적으로 CSPRS는 치료자의 행동(예, 치료자 '충실도')의 양 또는 정도에 초점을 둔다. 또한 CTS는 전문가가 사용하도록 설계된 반면에, CSPRS는 관련 행동을 확인하도록 훈련만 받는다면 임상적 전문성이나 경험이 거의 혹은 아예 없는 관찰자가 사용할 수 있다. 평정자는 개입의 질을 평가하는 것이 아니라, 불쾌한 정서 상태 중에 경험한 사고를 환자가 처리하게 돕는 등 특정 영역에서 치료자가 쓰는 시간과 노력의 양에 초점을 맞추어야 한다. CT와 관계된 행동은 96개 CSPRS 문항 중 28개에 포함된다(다른 68문항은 대인관계 치료와 약물치료처럼 다른 치료 형식과 관련된 행동, 그리고 '촉진적인 환경'처럼 여러 치료 학파에서 공통적으로 적용될 수 있는 치료자의 행동 측면을 평가하기 위해 설계되었다). DeRubeis와 Feeley(1990)는 28개의 CT 문항을 요인 분석하여 2요인으로 나누어짐을 발견했다. 하나의 요인은 'CT – 구체성'으로 증상에 초점을 둔 적극적인 CT 방법을 나타낸다. CT – 구체성의 전형적인 문항은 치료자가 환자에게 '사고를 기록하도록 요청하는' 정도를 표시하도록 평정자에게 요청한다. 다른 요인인 'CT – 추상성'은 치료과정 및 그와 관련된 논의에 초점을 덜 둔다(예, '치료자가 인지치료의 근거를 설명했는가?' '치료자가 기저의 신념을 탐색했는가?')

두 개의 분리된 연구에서 DeRubeis와 동료들은 2회기에 관찰된 CT – 구체성의 높은 점수는 치료 말 시점(Feeley, DeRubeis, & Gelfand, 1999) 또는 12주까지(DeRubeis & Feeley, 1990) 기록된 BDI점수의 보다 큰 변화와 관련이 있었다. 이런 결과는 이론 특정적인 CT 기법이 차후 증상 변화에 중요한 역할을 한다는 가설을 지지한다. 또한 최근 연구에서 Webb 등(2009)은 3회기에 평가된 CT – 구체성 요인이 차후 증상 변화에 유의미한 예측 요인임을 발견했다.

인지

CT의 단기 및 장기 이득 둘 다를 설명하는 것으로 여겨지는 변화 이론은 기대되는 인지 및 행동 변화가 성공적인 치료 동안 발생하는지와 이 변화의 매개 역할로서 증상 감소나 재발방지와 관련이 있는지의 여부를 확인함으로써 검증될 수 있다. 실제적으로 이런 연구에서 나온 결과는 치료자가 가장 큰 치료적 이득을 얻기 위해 최대한 노력을 해야 하는 인지 또는 행동 변화의 유형을 나타냄으로써 CT를 사용하는 데 도움을 줄 수 있다.

Hollon, Evans와 DeRubeis(1985)은 CT에서 일어날 수 있고, 치료 동안 증상 감소를 설명하는 세 가지 종류의 변화를 제안했다. 처음의 두 가지 변화는 환자의 도식에서 일어나는 변화로서 비활성화와 조절이다. 우울한 도식의 변화는 환자가 잠재적으로 활성화된 사건에 대해 반응하여 우울하지 않은 도식을 사용했을 때 일어난다고 한다. 치료 초기 환자가 우울할 때, 환자의 우울 도식은 활성화된다. 예를 들어, 우울 도식이 활성화된 환자는 저녁 파티에 오지 않겠다는 동료의 메시지에 '그녀는 날 좋아하지 않아.'라고 추론하는 식으로 반응할 것이다. 도식의 비활성화나 조절이 나타나게 되면 환자는 치료 후에 이와 비슷한 소식을 듣게 될 때, "매우 아쉽군요. 그녀도 우리와 함께했다면 좋았을 텐데."라고 반응하게 될 것이다. 이런 관점에 의하면, 비활성화와 조절의 차이는 다음과 같다. 즉, 비활성화의 입장에서 볼 때 우울 도식은 단순히 억제되는 것이므로 다시 활성화되기가 쉬운 반면에, 조절의 입장에서 보면 변화하는 것은 도식 자체이며, 따라서 더 오래 지속된다.

Hollon, Evans와 DeRubeis(1985)가 설명한 변화의 세 번째 유형은 상호보완적인 기술의 개발을 말한다. 상호보완적인 기술을 획득하고 사용하는 것이 변화의 원인이 되는 한, 치료 후에 잠재적으로 혼란스러운 사건에 대한 반응으로 우울한 추론이 즉각적으로 발생하기 쉬울지라도 CT에서 배운 기술을 적용할 것이라고 기대할 수 있을 것이다. 앞서 말한 각각의 변화 과정은 CT가 만들어 내는 단기 및 장기 변화에 대한 가설화된 기제다. 그러나 도식적인 과정 대 상호보완적인 과정을 이론적으로 활용하는 측정도구를 개발하고, 치료적 변화와 관련된 연구에서 이런 측정도구를 사용하는 것에는 어려움이 있다.

치료자 유능성과 충실도에 대한 많은 비교 연구에서는 CT에서 환자의 인지과정을 검증해 왔다. 예를 들어, 현재 많은 연구는 CT가 부정적 인지 감소와 관련된다고 보고 한다(예, Barber & DeRubeis, 2001; DeRubeis et al., 1990; Jacobson et al., 1996; Jarrett, Vitt, Doyle, & Clark, 2007; Kolko, Brent, Baugher, Bridge, & Birmaher, 2000; Kwon & Oei, 2003; Oei & Sullivan, 1999; Tang & DeRubeis, 1999a; Tang, DeRubeis, Beberman, & Pham, 2005; Whisman, Miller, Norman, & Keitner, 1991). Garratt, Ingram, Rand와 Sawalani(2007)는 개관 논문에서 경험 연구는 CT가 인지 변화를 야기하고, 결과적으로 우울 증상 심각도에서의 감소를 예측한다는 가설에 전반적으로 일치된다고 결론지었다. 그렇지만 그들은 자신이 개관한 연구 중에 DeRubeis 등(1990)이 제시한 네 가지 인지매개 기준 각각을 충족하는 것은 없다고 했다. 실제로 대부분의 연구에서 CT 동안 우울 증상과 부정적 인지가 함께 감소하는지를 검증하기에 적합한 연구설계와 통계 기법을 사용하였지만, 그들은 증상과 인지 간의 인과적 관계에 대한 철저한 검증을 하지 못했다(Haaga, 2007; Kazdin, 2007; Jarrett et al., 2007 참조). 특히 환자의 인지처럼 가능한 매개변인과 증상 둘 다에 대한 다중 평가를 포함하는 연구는 비교적 적다. 다양한 시점에 걸쳐 과정 변인과 우울 증상에 대한 보다 개괄적인 검증을 하는 것은 치료과정 동안 이런 변인이 어떻게 변하고 증상 개선과 어떻게 관련되는지에 대한 보다 정확한 그림을 그릴 수 있게 할 것이다. 더욱이 구조방정식 모델과 같은 보다 정교하고 검증력 있는 다변량 통계 기법의 사용은 CT의 변화기제를 명료화하게 하고, 과정 변인과 증상 간의 기저에 있는 인과관계를 풀어 줄 수 있다. 요약하면, 지금까지 대다수의 연구에서 사용되었던 연구설계와 데이터 분석 전략을 고려해 볼 때, CT에서 치료 개설을 매개하는 인지의 역할에 관한 연구로부터 도출된 결론은 잠정적일 뿐이다.

또한 Garratt 등(2007)은 CT에서 인지변화의 '특수성'에 관한 연구를 검증했다. 그들은 CT가 다른 치료, 즉 약물치료처럼 전형적으로 '인지적이지 않은' 치료 양식에 비해 부정적 인지의 보다 큰 감소와 관련되는지를 다루는 문헌을 개관했다. 결과는 혼재된 양상인데, 저자는 연구의 설계가 인지와 증상 변화 간의 인과성을 정립하는데 제한적이라고 하였다.

CT와 약물치료를 받은 후에 부정적 인지에서 치료 간에 유사한 정도의 개선을 보고하는 연구 결과를 해석하는 몇 가지 방법이 있다(Hollon, DeRubeis, & Evans, 1987).

예를 들어, 약물치료 이후 부정적 인지의 감소는 우울 증상 개선의 원인이라기보다 결과일 가능성이 있다. 이와 반대로 CT에서 반대의 경우가 있을 수 있다. 약물치료와 다른 '비인지적' 개입에서 보이는 인지변화는 성공적인 CT에서 생겨난 변화에 비해 다소 '피상적인' 것일 수 있다. 앞서 말했듯이 실상 약물치료와 비교할 때 CT가 갖는 예방 효과는 부분적으로는 CT가 환자에게 발생시킨 보다 '깊고' 장기적인 변화의 결과일 수 있다. 앞서 말한 많은 연구에서 사용한 측정도구와 방법론은 인지변화에서의 CT와 약물치료 간의 중요한 차이를 나타내기에 적합하지 않았을 수 있다.

Miranda와 Persons(1988)는 우울 도식은 표면에 나타나지 않을 수 있기 때문에 표준적인 인지 측정도구는 우울증에서 회복된 사람의 도식 내용을 알아내지 못할 가능성이 있다고 하였다. 그들은 역기능적 태도 척도(DAS)를 시행하기 전에 주어지는 부정적 기분 유도 절차를 개발하였다. Segal, Gemar와 Williams(1999)는 우울증을 성공적으로 치료한 두 표본의 환자에게 이 방법을 사용했다. 부정적 기분 유도 다음에 약물치료를 받은 환자는 CT로 치료받은 환자보다 DAS 점수에서 보다 큰 개선을 보였는데, 이는 약물치료를 받은 환자가 CT 치료를 받은 환자보다 기저에 부정적(우울) 도식을 더 많이 지니고 있음을 나타낸다. 더욱이 Segal 등은 치료 후 30개월 동안 환자를 추적해봤을 때, 기분 유도된 DAS 점수가 재발을 예측함을 발견했다. Segal 등(2006)은 이 연구를 반복 검증하여 약물치료를 받았던 환자가 CT 치료 환자보다 유의미하게 인지적인 반응을 보였음을 확인하였다. 이와 유사하게 인지 반응 수준이 더 높은 환자는 반응 수준이 낮은 환자에 비해 재발 위험이 높았다.

DAS와 귀인 양식 질문지(ASQ)는 도식 변화의 측정도구로서 사용되고 제안되는 반면에, 보상 기술의 변화 측정도구는 덜 주목받아 왔다. '대처'라는 구성개념은 보상 기술과 아주 밀접하며, 몇 가지 타당화된 대처전략 측정도구가 있다. 그렇지만 대처전략에 대한 대부분의 측정도구와 연구는 CT 외의 다른 영역에서 발전했다. Lazarus 등은 그들의 관점에 따라 대처전략을 평가하는 일련의 측정도구를 개발하였다(Folkman & Lazarus, 1980; Lazarus & Folkman, 1984). Pearlin과 Schooler(1979)도 대처전략 측정도구를 개발하였다. 이 측정도구가 CT를 받은 우울증 환자에게서 얻어진 것은 아니지만, 환자가 CT를 받는다면 사소한 골칫거리나 '귀찮은 일'과 주요 스트레스 사건에 대한 대처방식이 변화할 것이라고 기대한다(DeLongis, Coyne, Dakof, Folkman, & Lazarus, 1982).

표준적인 대처전략은 CT 동안의 변화를 측정하는 데 사용하기에는 한계가 있다. 환자는 최근 스트레스 사건에 대한 반응으로 다양한 대처전략을 사용하는 정도를 평정한다. 특히 환자가 CT를 받았다면, '했어야' 했던 (하지만 하지 않은) 대처전략을 매우 쉽게 인식할 수 있다. 이런 이유로 주어진 상황에서 자신이 사용하는 인지적 대처기술을 인식하는 것보다는 환자가 대처기술을 만들어 내도록 하는 방법이 필요하다. 이와 같은 측정도구는 자유 반응형식으로 자유 반응을 대처전략 범주로 바꿔 주는 시스템을 사용할 필요가 있다.

Barber와 DeRubeis(1992)의 반응방식(Ways of Responding: WOR) 척도는 환자가 반응한 초기의 부정적 사고에 따르는 스트레스 상황을 제시한다. WOR은 CT에서 환자에게 가르쳐 준 보상적 혹은 메타인지기술이 발달된 정도를 평가한다. 게다가 WOR은 대안적 설명을 만들고 증거에 기초해 부정적 신념을 평가하는 것과 같은 전형적인 대처기술 목록을 평가하는 것이 아니라 CT에서 특히 권장하는 많은 인지 기법을 평가한다. 척도는 좋은 내적 일치도와 높은 평정자 간에 신뢰도를 보였다. Barber와 DeRubeis(2001)는 WOR 점수가 치료과정 동안 유의미하게 개선되었고, 이러한 변화가 우울 증상의 감소와 관련 있음을 보였다.

WOR는 환자가 인지치료자에게 배운 기술에 대한 유능감을 평가하는 것이지 그들의 일상에서 이런 기술을 실제로 사용하는 정도를 평가하지는 않는다. 이런 결함을 채우기 위해 Strunk, DeRubeis, Chui와 Alvarez(2007)는 CT의 수행전략(PCTS)을 개발하였다. 이는 환자가 CT에서 배운 인지 및 행동적 기술을 회기 간에 사용한 것을 보고하거나 회기 내에 나타났는지의 정도를 평가하기 위해 치료회기 관찰자가 사용하는 측정도구다. Strunk 등은 치료를 받고, 치료가 끝난 해에 재발 위험이 감소한 CT 환자가 WOR이나 PCTS에서 높은 점수를 받은 것을 관찰했다. 이에 더하여 DeRubeis 등(DeRubeis & Feeley, 1990; Feeley et al., 1999; Strunk et al., 2007)의 결과가 통합되었다. Webb 등(2009)은 PCTS 점수가 치료자의 CT-구체성 기술의 전달력과 이후 증상 변화 간의 관계를 매개한다는 것을 발견했다.

Tang과 DeRubeis(1999a)는 CT 회기에서 발생하는 신념의 변화를 평가하기 위해 설계된 측정도구로서, 환자의 인지변화척도(Patient Cognitive Change Scale: PCCS)를 개발하였다. 이 척도는 치료회기를 듣거나 축어록을 읽는 평정자를 활용한다. 평정자는 회기 동안 환자가 얼마나 자주 신념의 변화를 명백히 인정하는지를 체크한다. 원래

PCCS는 녹음기록을 사용하도록 설계된 것으로, 적절한 평정자 간에 신뢰도를 보였다. 그 후로 Tang 등(2005)이 평정자가 녹음기록과 함께 치료회기의 축어록을 사용하도록 하는 수정판을 개발하였고, 이는 아주 좋은 평정자 신뢰도를 보였다. PCCS의 타당도는 CT의 '결정적 회기(크고 갑작스러운 증상 개선이 나타나기 직전의 회기)'와 통제 회기를 구별해 낼 수 있는 것으로 입증되었다.

Tang과 DeRubeis(1999a)는 많은 환자의 우울 증상이 한 회기 사이에 갑작스럽게 상당히 많이 개선되는 것을 관찰했다. 그들은 이런 갑작스럽고 상당한 증상 개선을 '갑작스러운 이득'이라고 했고, 이를 확인하는 일련의 양적 기준을 개발하였다. 갑작스러운 이득은 환자의 39% 중에 발생했고, 환자의 전체 증상 개선의 50% 이상을 설명했다. 또한 갑작스러운 이득이 있은 후에 매우 드물게 다시 우울증이 재발되기 때문에 갑작스러운 이득은 안정된 단기 증상 개선을 나타내는 것으로 보인다. 게다가 갑작스러운 이득을 경험하지 않은 환자보다 경험한 환자의 결과가 18개월 추후시기 동안 3번의 평가 중 2번의 평가에서 유의미하게 더 좋았다.

갑작스러운 이득 현상은 CT와 관련된 몇 가지 뒤이은 연구에서 관찰된다(Busch, Kanter, Landes, & Kohlenberg, 2006; Gaynor et al., 2003; Hardy et al., 2005; Kelly, Roberts, & Ciesla, 2004; Stiles et al., 2003; Tang et al., 2005; Tang, DeRubeis, Hollon, Amsterdam, & Shelton, 2007; Vitt, Clark, & Jarrett, 2005). 이 연구의 결과는 전반적으로 Tang과 DeRubeis(1999a)가 최초에 보고한 것과 일치한다. 예를 들어, Tang과 DeRubeis의 연구와 비슷하게 몇몇 연구에서 갑작스러운 이득이 보다 나은 치료 후 결과를 예측함을 발견했다(Hardy et al., 2005; Tang et al., 2005; Vittengl et al., 2005). 다른 연구자도 치료 초기에 생긴 갑작스러운 이득이 보다 나은 결과를 예측한다고 하였으며(Busch et al., 2006; Kelly et al., 2004; Stiles et al., 2003), 이득의 시기가 향후 연구에서 고려할 중요한 요소임을 제안했다.

Tang 등(2007)은 최근에 갑작스러운 이득과 우울 재발률 간의 관계를 검증했다. 갑작스러운 이득이 나타난 치료 반응자는 2년의 추적 시기 동안 갑작스러운 이득이 없었던 반응자에 비해 67% 낮은 재발 위험률을 보였다. 반대로, 유사한 연구에서 Vittengl 등(2005)은 갑작스러운 이득과 갑작스러운 이득을 보이지 않은 반응자 간에 재발률의 차이가 없다고 보고했다. 그렇지만 Vittengl 등은 Tang과 DeRubeis(1999a)가 최초에 기술한 갑작스러운 이득의 기준과는 다른 기준을 사용했다. 예를 들어, 각 환자의 회기별 BDI 점수를 사용하는 대신, Vittengl 등(2008)은 연구의 첫 16회기 동안 격회기로 얻어진 BDI 점수를 사용했다. 더욱이 그들은 5회기 이전의 모든 이득을 효과적으로 배제했다. 실제로 Tang 등(2007)이 갑작스러운 이득이 재발을 강하게 예측했다고 밝힌 표본에 Vittengl 등(2005)의 기준을 사용했을 때 갑작스러운 이득이 재발을 예측하지 않는다는 것을 발견했다.

몇몇 연구에서 갑작스러운 이득을 촉발하는 요인을 탐색했다. CT 이론과 일치하게 Tang과 DeRubeis(1999a)는 갑작스러운 이득을 보이기 이전의 치료회기(이득 전 회기)에서 환자는 (PCCS로 평가된) 상당한 인지적 변화를 경험하지만, 우울 심각도를 통제하기 위해 채택된 회기 동안에는 거의 인지적 변화를 경험하지 않았다. Tang 등(2005)은 독립적인 데이터로 이런 결과를 반복 검증하였다. 게다가 Hardy 등(2005)은 갑작스러운 이득의 원인이 치료 밖의 일상 사건이 아님을 발견했다. 이와 같은 결과는 이득 전 회기에서 발생한 인지적 변화가 갑작스러운 이득을 발생시키는 것일 수 있음을 제안하며, 인지적 변화가 증상 개선에 기여하여 CT에서 중요한 역할을 한다는 의견을 지지해 준다.

치료자-환자 동맹

'치료동맹'은 치료자와 환자 간의 협력적인 관계를 말한다. 1980년대 초의 연구를 통해 치료동맹이 다양한 심리치료에서의 변화와 정적인 관련성이 밝혀졌다(Morgan, Luborsky, Crits-Christoph, Curtis, & Solomon, 1982 참조). 많은 연구에서 다양한 치료 양식과 정신건강 문제에 걸쳐 치료동맹과 치료 성과 간의 관계를 검증했다. 전반적으로 연구 개관은 강한 치료동맹이 보다 나은 치료 성과와 관련된다고 하였다(Horvath & Bedi, 2002; Martin, Garske, & Davis, 2000).

그렇지만 DeRubeis 등(DeRubeis & Feeley, 1990; Feeley et al., 1999)이 지적했듯이, 유의미한 동맹과 성과 간의 상관을 보고한 많은 연구에서는 동맹을 평가하기 이전에 증상 변화를 통계적으로 통제하지 않았다(예, Castonguay, Goldfried, Wiser, Raue, & Hayes, 1996; Gaston, Thompson, Gallagher, Cournoyer, & Gagnon, 1998). 따라서 이러한 연구에서 나타난 동맹-성과 간 유의미한 상관은 이전의 증상 개선이 치료동맹에 미친 영향을 부분적으로 반영한 것일 수 있다. 실제로 DeRubeis와 Feeley(1990), Feeley 등(1999)은 동맹이 향후 치료적 변화의 유의미한 예측인자가 아님을 발견했다. 게다가 사전 증상 호전의 양이 치료 후반의 치료동맹의 수준을 예측하는 것으로 나타났다. 다시 말해, 이 두 연구는 초기의 좋은 치료동맹이 좋은 결과를 예측하는 것은 아니지만, 초기의 좋은 결과는 이후의 좋은 치료동맹을 예측할 수 있다는 것을 밝혔다. 갑작스러운 이득에 대한 Tang과 DeRubeis(1999a)의 연구에서 이와 같은 점을 강조했다. 갑작스러운 이득 이전의 치료회기에서의 치료동맹이 통제 회기에서 관찰된 것보다 유의미하게 좋지는 않았지만, 치료동맹은 갑작스러운 이득 이후의 치료회기 동안 유의미하게 증가하였다. 이와 같은 결과는 동맹과 심리치료 성과 간의 정적 상관을 보였던 이전의 연구결과에 대해 의문을 제기한다. 이러한 연구의 대부분은 몇 회기나 모든 치료회기로부터 얻은 평균 동맹 점수를 사용했으며, 이 평균점수와 증상 변화 간의 관계를 보여 주었다. 이는 몇몇 연구에서 보고한 상관이 동맹으로 인한 증상 개선이라기보다는 좋은 결과가 동맹에 영향을 미친 결과임을 시사하는 것일 수 있다.

향후 방향

발표된 많은 연구결과가 CT의 이득을 증명했지만 ① CT 이득의 정도, ② CT가 적용 가능한 범위와 한계, ③ 치료자에 의해 학습되고 통제되지 않은 회기 밖에서 정확히 적용하도록 하는 CT의 능력, ④ CT의 핵심적인 요소와 과정에 대해 배울 것이 많이 있다. 그러므로 우리는 1970년대에 있었던 CT에 대한 첫 연구 보고서 이후로 CT에 대해 축적된 지식을 확장할 연구가 필요하다.

보다 중증의 우울증에 대한 CT의 효능에 의문을 제기한 성과 연구(Elkin et al., 1995)는 CT의 유익성에 대해 연구자와 미국의 정책담당자가 갖는 견해에 상당하고 지속된 영향을 미쳤다. 그렇지만 최근에 시행된 대규모 효능 연구(예, DeRubeis et al., 2005; Dimidjian et al., 2006; Jarrett et al., 1999)는 그 지역의 TDCRP 결과를 믿게 하는 설계 특징을 사용했다. 또한 다른 나라의 정책담당자는 현재 TDCRP가 이 분야의 주요 결과 양상과는 벗어나 있음을 인정하고 있다. 그러므로 1990년대에 TDCRP 결과에 부여한 명성을 유지할 이유가 없다.

첫 연구(Rush et al., 1977)부터 Dimidjian 등(2006)의 연구에 이르기까지 신중하게

시행된 CT 효능 연구는 최적의 조건하에서 얻어지는 CT의 이득에 대해 말하는 것이기 때문에 정신건강 클리닉 등의 환자가 기대할 수 있는 이득보다 과대평가될 수 있다고 주장할지도 모른다. 이와 반대로 이 같은 효능 연구가 일반적으로 어떤 치료로 인한 이득을 과소평가할 수도 있다는 주장도 있다(Seligman, 1995 참조). 성과 연구로는 정신건강 센터와 개인진료에서 CT의 효과를 과대평가 혹은 과소평가하는지 알 수 없기에 CT의 일반화 가능성에 관한 연구의 필요성이 심각하게 제기되었다. 이러한 움직임은 국제 정신건강 기관과 같은 기금 단체가 '효과성(effectiveness)' 연구에 앞장서면서 시작되었다. CT의 효능 연구의 특성상 CT 매뉴얼이 제공하는 지시를 따르는 높은 질의 치료 효과를 검증하려는 목표로 치료자(와 환자들)를 신중하게 선택하고, 치료자의 훈련과 감찰에 막대한 자원을 투자했다(예, Beck et al., 1979). 지금까지 시행된 효능 연구를 해석하는 한 가지 방법은 전형적인 치료자훈련 프로그램이 CT 원리에 충실한 양질의 치료를 제공하는 훈련생을 배출했을 때, 그들이 가져다 주는 미래의 연구결과를 통해 알 수 있을 것이다. 그럼에도 불구하고, 이러한 문제에 대해 실용적인 답을 얻는 것은 중요하다. 현재 정신건강 전문가가 실시하는 CT가 얼마나 잘 우울증을 동반한 문제를 감소시키고 예방하는가?

개입의 효과에 관련된 다른 질문은 CT와 비교해서 다루어져야만 한다. 특히 CT의 장기적 효과는 보다 조심스럽게 입증되어야만 한다. 지금까지의 연구는 치료 종결 후 몇 달 동안 재발을 방지하는 CT의 능력에 주로 초점을 맞춰 왔다. 재발방지(중단기)와 반복 방지(장기) 둘 다에서 CT의 효과를 제공해 주는 보다 장기적인 추적 연구가 필요하다.

정책결정자, 관리 의료 회사, 보험사는 정신건강 서비스의 시행에 있어 실용적인 문제에 관심을 갖고 고심하고 있다. CT는 효능에 대한 강력한 증거를 가진 비교적 단기 치료이기 때문에 현재 원가의식적인 풍조에 적합한 것으로 여겨진다. 이 분야에서는 CT와 더불어 보다 널리 사용되는 항우울제 약물 등의 다른 치료의 이득과 비용을 추정해 보는 대규모의 정교한 노력이 필요하다. 지금까지의 손익 분석에서 CT가 단기적으로 항우울제 약물보다 다소 더 비싸지만, 재발 및 반복에 대한 저항력을 길러 주는 잠재성을 고려한다면 치료 종결 후 단기간 내에 그만큼의 비용이 절감된다고 나타났다(Antonuccio, Thomas, & Danton, 1997; Dobson et al., 2008; Hollon et al., 2005).

CT에 대한 치료적 과정과 기제에 대한 대부분의 연구는 상관분석을 사용해 왔다(그러나 주목할 만한 예외로 Jacobson et al., 1996 참조). 하나의 변인(M)을 중요한 기제로 추정한다. 그러고 나서 특정 시점에 M을 측정하고, 결과(O)와의 상관을 계산한다. 이러한 접근은 상관분석이 가지는 통상적인 두 가지 문제, 즉 인과성의 모호함과 M과 O에 영향을 주는 제3변인의 가능성에 대한 문제를 가진다. 인과성의 모호함에 대한 문제를 해결하는 간단한 방법이 있다. 만약 M이 O보다 먼저 측정되었다면, O가 M을 야기했을 가능성을 배제할 수 있다. 이 같은 접근에 대한 예(Feeley et al., 1999)로 과정 변인이 2번째 치료회기에 평가되었다면 차후의 증상 개선과 상관이 있는 것이다.

치료 성과는 치료가 끝나자마자 바로 나타나는 것이 아니라 비교적 치료 초기부터 축적되기 시작한다(Ilardi & Craighead, 1994; Tang & DeRubeis, 1999b). 따라서 이 방법을 적용할 때, 치료가 끝나기 전에 변인 M을 측정하는 것만으로는 충분하지 않다. 오히려 의심 가는 인과 변인은 치료 초기에 평가될 필요가 있다. 그렇지만 이 해결책은 상관분석의 두 번째 문제, 즉 치료의 과정과 결과에 모두 영향을 미칠 수 있는 제3변인의 가능성 문제를 해결하지 않는다. 제3변인의 인과성은 실험과 통제 조건에 무선할당하지 않고는 해결할 수 없으나, 이것은 대개 치료 기제 연구에서도 어렵거나 불가능하다. 그렇지만 상관분석을 시행하는 데 대안적인 방법은 다른 각도에서 제3변인의 문제를 다루는 것이다. 다양한 방법이 모두 같은 인과적 관계를 가리킨다면, 한 가지 방법이 관계를 충족하지 않더라도 그 관계에 대한 우리의 확신은 보다 커질 수 있다.

그렇지만 CT의 효능에 대한 초기 검증 이래로 연구가 거의 없으며, 만약 있다면 연구에 기초한 혹은 연구로 검증된 CT의 개선이었다. 대조적으로 제약업에서 연구를 대신하고 있어 엄청난 자원이 항우울제 약물에 대한 부작용과 효능을 개선하기 위해 소비되고 있다. 머지않아 오늘날의 CT보다 유의미하게 효과적인 새로운 항우울제가 나올 수도 있다. 환자에게 보다 나은 서비스를 제공하고, CT의 발전이 대안치료와 보조를 맞추도록 하기 위해 연구자는 CT와 인지치료자의 훈련을 재정하고 개선할 필요가 있으며 그로 인해 보다 많은 환자가 CT의 이득을 볼 수 있다. 이를 위해서는 먼저 CT가 어떻게 효과를 가져오는지에 대한 보다 깊은 이해가 필요하다.

참고문헌

American Psychiatric Association. (2000). Practice guideline for the treatment of patients with major depressive disorder (revision). *American Journal of Psychiatry, 157*, 1-45.

Antonuccio, D. O., Thomas, M., & Danton, W. G. (1997). A cost-effectiveness analysis of cognitive behavior therapy and fluoxetine (Prozac) in the treatment of depression. *Behavior Therapy, 28*, 187-210.

Barber, J. P., & DeRubeis, R. J. (1992). The Ways of Responding: A scale to assess compensatory skills taught in cognitive therapy. *Behavior Assessment, 14*, 93-115.

Barber, J. P., & DeRubeis, R. J. (2001). Change in compensatory skills in cognitive therapy for depression. *Journal of Psychotherapy Practice Research, 10*, 8-13.

Barlow, D. H., Rapee, R. M., & Brown, T. A. (1992). Behavioral treatment of generalized anxiety disorder. *Behavior Therapy, 23*, 551-570.

Beck, A. T. (1961). A systematic investigation of depression. *Comprehensive Psychiatry, 2*, 305-312.

Beck, A. T. (1963). Thinking and depression. *Archives of General Psychiatry, 9*, 324-333.

Beck, A. T. (1964). Thinking and depression: 2. Theory and therapy. *Archives of General Psychiatry, 10*, 561-571.

Beck, A. T. (1972). *Depression: Causes and treatment*. Philadelphia: University of Pennsylvania Press.

Beck, A. T. (2005). The current state of cognitive therapy: A 40-year retrospective. *Archives of General Psychiatry, 62*, 953-959.

Beck, A. T., Emery, G., & Greenberg, R. L. (1985). *Anxiety disorders and phobias*. New York: Basic Books.

Beck, A. T., & Greenberg, R. L. (1974). *Coping with depression*. New York: Institute for Rational Living.

Beck, A. T., & Hurvich, M. (1959). Psychological correlates of depression. *Psychosomatic Medicine, 21*, 50-55.

Beck, A. T., Rush, A. J., Shaw, B. F., & Emery, G. (1979). *Cognitive therapy of depression*. New York: Guilford Press.

Beck, A. T., Steer, R. A., & Brown, G. K. (1996). *Manual for the Beck Depression Inventory* (2nd ed.). San Antonio, TX: Psychological Corporation.

Beck, A. T., & Ward, C. H. (1961). Dreams of depressed patients: Characteristic themes in manifest content. *Archives of General Psychiatry, 5*, 462-467.

Beck, J. (1995). *Cognitive therapy: Basics and beyond*. New York: Guilford Press.

Blackburn, I. N., Bishop, S., Glen, A. I. M., Whalley, L. J., & Christie, J. E. (1981). The efficacy of cognitive therapy in depression: A treatment trial using cognitive therapy and pharmacotherapy, each alone and in combination. *British Journal of Psychiatry, 139*, 181-189.

Blackburn, I. M., Eunson, K. M., & Bishop, S. (1986). A two-year naturalistic follow-up of depressed patients treated with cognitive therapy, pharmacotherapy and a combination of both. *Journal of Affective Disorders, 10*, 67-75.

Blackburn, I. M., & Moore, R. G. (1997). Controlled acute and follow-up trial of cognitive therapy in out-patients with recurrent depression. *British Journal of Psychiatry, 171*, 328-3347.

Bockting, C. L. H., Schene, A. H., Spinhoven, P., Koeter, M. W. J., Wounters, L. F., Huyser,

J., et al. (2005). Preventing relapse/recurrence in recurrent depression using cognitive therapy. *Journal of Consulting and Clinical Psychology, 73*, 647-657.

Bockting, C. L. H., Spinhoven, P,. Koeter, M. W. J., Wounters, L. F., Visser, I., & Schene, A. H. (2006). Differential predictors of response to preventive cognitive therapy in recurrent depression: A 2-year prospective study. *Psychotherapy and Psychosomatics, 75*, 229-236.

Busch, A. M., Kanter, J. W., Landes, S. J., & Kohlenberg, R. J. (2006). Sudden gains and outcome: A broader temporal analysis of cognitive therapy for depression. *Behavior Therapy, 37*, 61-68.

Castonguay, L. G., Goldfried, M. R., Wiser, S., Raue, P. J., & Hayes, A. M. (1996). Predicting the effect of cognitive therapy for depression: A study of unique and common factors. *Journal of Consulting and Clinical Psychology, 64*, 497-504.

Chambless, D. L., & Gillis, M. M. (1993). Cognitive therapy of anxiety disorders. *Journal of Consulting and Clinical Psychology, 61*, 248-260.

Clark, D. M. (1996). Panic disorder: From theory to therapy. In P. M. Salkovskis (Ed.), *Frontiers of cognitive therapy* (pp. 318-344). New York: Guilford Press.

Clark, D. M. (1999). Anxiety disorders: Why they persist and how to treat them. *Behaviour Research and Therapy, 37*, S5-S27.

Clark, D. M., Salkovskis, P. M., & Chalkley, A. J. (1985). Respiratory control as a treatment for panic attacks. *Journal of Behavior Therapy and Experimental Psychiatry, 16*, 23-30.

Compas, B. E., Haaga, D. A. F., Keefe, F. J., & Leitenberg, H. (1998). Sampling of empirically supported psychological treatments form health psychology: Smoking, chronic pain, cancer, and bulimia nervosa. *Journal of Consulting and Clinical Psychology, 66*, 89-112.

Cooper, J. M. (Ed.) (1997). *Plato: Complete works*. Indianapolis: Hackett.

Deacon, B. J., & Abramowitz, J. S. (2004). Cognitive and behavioral treatments for anxiety disorders: A review of meta-analytic findings. *Journal of Clinical Psychology, 60*, 429-441.

DeLongis, A., Coyne, J. C., Dakof, G., Folkman, S., & Lazarus, R. S. (1982). Relationship of daily hassles, uplifts, and major life events to health status. *Health Psychology, 1*, 119-136.

DeRubeis, R. J., & Crits-Christoph, P. (1998). Empirically supported individual and group psychological treatments for adult mental disorders. *Journal of Consulting and Clinical Psychology, 66*, 37-52.

DeRubeis, R. J., & Feeley, M. (1990). Determinants of change in cognitive therapy for depression. *Cognitive Therapy and Research, 14*, 469-482.

DeRubeis, R. J., Gelfand, L. A., Tang, T. Z., & Simons, A. (1999). Medications versus cognitive behavioral therapy for severely depressed outpatients: Mega-analysis of four randomized comparisons. *American Journal of Psychiatry, 156*, 1007-1013.

DeRubeis, R. J., Hollon, S. D., Amsterdam, J. D., Shelton, R. C., Young, P. R., Salomon, R. M., et al. (2005). Cognitive therapy vs medications in the treatment of moderate to severd depression. *Archives of General Psychiatry, 62*, 409-416.

DeRubeis, R. J., Hollon, S. D., Evans, M. D., Garvey, M. J., Grove, W. M., & Tuason, V. B. (1990). How does cognitive therapy work?: Cognitive change and symptom change in cognitive therapy and pharmacotherapy for depression. *Journal of Consulting and Clinical Psychology, 58*, 862-869.

Dimidjian, S., Hollon, S. D., Dobson, K. S., Schmaling, K. B., Kohlenberg, R. J., Addis, M., et al. (2006). Randomized trial of behavioral activation, cognitive therapy, and antidepressant medication in the acute treatment of adults with major depression. *Journal of Consulting and Clinical Psychology, 74*, 658-670.

Dobson, D. J. G., & Dobson K. S. (2009). *Evidence-based practice of cognitive-behavioral therapy*. New York: Guilford Press.

Dobson, K. S. (1989). A meta-analysis of the efficacy of cognitive therapy for depression.

Journal of Consulting and Clinical Psychology, 57, 414-419.

Dobson, K. S., Hollon, S. D., Dimidjian, S., Schmaling, K. B., Kohlenberg, R. J., Gallop, R., et al. (2008). Randomized trial of behavioral activation, cognitive therapy, and antidepressant medication in the prevention of relapse and recurrence in major depression. *Journal of Consulting and Clinical Psychology, 76,* 468-477.

Durham, R. C., Murphy, T., Allan, T., Richard, K., Treliving, L. R., & Fenton, G. W. (1994). Cognitive therapy, analytic psychotherapy, and anxiety management training for generalized anxiety disorder. *British Journal of Psychiatry, 165,* 315-323.

Elkin, I., Gibbons, R. D., Shea, M. T., & Shaw, B. F. (1996). Science is not a trial (but it can sometimes be a tribulation). *Journal of Consulting and Clinical Psychology, 64,* 92-103.

Elkin, I., Gibbons, R. D., Shea, M. T., Sotsky, S. M., Watkins, J. T., Pilkonis, P. A., et al. (1995). Initial severity and differential treatment outcome in the National Institute of Mental Health Treatment of Depression Collaborative Research Program. *Journal of Consulting and Clinical Psychology, 63,* 841-847.

Elkin, I., Shea, M. T., Watkins, J. T., Imber, S. D., Sotsky, S. M., Collins, J. F., et al. (1989). National Institute of Mental Health Treatment of Depression Collaborative Research Program: General effectiveness of treatments. *Archives of General Psychiatry, 46,* 971-982.

Ellis, A. (1984). Rational-emotive therapy. In R. J. Corsini (Ed.), *Current psychotherapies* (pp. 196-238). Itasca, IL: Peacock.

Ellis, A., & Harper, R. A. (1975). *A new guide to rational living.* North Hollywood, CA: Wilshire.

Evans, M. D., Hollon, S. D., DeRubeis, R. J., Piasecki, J., Grove, W. B., & Tuason, V. B. (1992). Differential relapse following therapy and pharmacotherapy for depression. *Archives of General Psychiatry, 49,* 802-808.

Fava, G. A., Grandi, S., Zielezny, M. C., & Canestrari, R. (1996). Four-year outcome for cognitive behavioral treatment of residual symptoms in major depression. *American Journal of Psychiatry, 153,* 945-947.

Fava, G. A., Grandi, S., Zielezny, M., Canestrari, R., & Morphy, M. A. (1994). Cognitive behavioral treatment of residual symptoms in primary major depressive disorder. *American Journal of Psychiatry, 151,* 1295-1299.

Fava, G. A., Rafanelli, C., Grandi, S., Canestrari, R., & Morphy, M. A. (1998a). Six year outcome for cognitive behavioral treatment of residual symptoms in major depression. *American Journal of Psychiatry, 155,* 1443-1445.

Fava, G. A., Rafanelli, C., Grandi, S., Conti, S., & Belluardo, P. (1998b). Prevention of recurrent depression with cognitive behavioral therapy. *Archives of General Psychiatry, 55,* 816-820.

Fava, G. A., Ruini, C., Rafanelli, C., Finos, L., Conti, S., & Grandi, S. (2004). Six-year outcome of cognitive behavior therapy for prevention of recurrent depression. *American Journal of Psychiatry, 161,* 1872-1876.

Feeley, M., DeRubeis, R. J., & Gelfand, L. (1999). The temporal relation of adherence and alliance to symptom change in cognitive therapy for depression. *Journal of Consulting and Clinical Psychology, 67,* 578-582.

Folkman, S., & Lazarus, R. S. (1980). An analysis of coping in a middle-aged community sample. *Journal of Health and Social Behavior, 21,* 219-239.

Frank, J. D. (1973). *Persuasion and healing.* Baltimore: Johns Hopkins University Press.

Freud, S. (1957). Mourning and melancholia. In J. Strachey (Ed.), *The complete psychological works of Sigmund Freud* (Vol. 14, pp. 239-258). London: Hogarth. (Original work published 1917)

Garratt, G., Ingram, R. E., Rand, K. L., & Sawalani, G. (2007). Cognitive processes in cognitive therapy: Evaluation of the mechanisms of change in the treatment of depression. *Clinical Psychology: Science and Practice, 14,* 224-239.

Gaston, L., Thompson, L., Gallagher, D., Cournoyer, L., & Gagnon, R. (1998). Alliance, technique, and their interactions in predicting outcome of behavioral, cognitive, and brief dynamic therapy. *Psychotherapy Research, 8*, 190-209.

Gaynor, S. T., Weersing, V. R., Kolko, D. J., Birmaher, B., Heo, J., & Brent, D. A. (2003). The prevalence and impact of large sudden improvements during adolescent therapy for depression. *Journal of Consulting and Clinical Psychology, 71*, 386-393.

Gould, R. A., Otto, M. W., & Pollack, M. H. (1995). A meta-analysis of treatment outcome for panic disorder. *Clinical Psychology Review, 15*, 819-844.

Haaga, D. A. F. (2007). Could we speed this up?: Accelerating progress in research on mechanisms of change in cognitive therapy of depression. *Clinical Psychology: Science and Practice, 14*, 240-243.

Hardy, G. E., Cahill, J., Stiles, W. B., Ispan, C., Macaskill, N., & Barkham, M. (2005). Sudden gains in cognitive therapy for depression: A replication and extension. *Journal of Consulting and Clinical Psychology, 73*, 59-67.

Horvath, A. O., & Bedi, R. P. (2002). The alliance. In J. C. Norcross (Ed.), *Psychotherapy relationships that work: Therapists contributions and responsiveness to patients* (pp. 37-69). New York: Oxford University Press.

Hollon, S. D. (1999). Rapid early response in cognitive behavior therapy: A commentary. *Clinical Psychology: Science and Practice, 6*, 305-309.

Hollon, S. D., & Beck, A. T. (1979). Cognitive therapy of depression. In P. E. Kendall & S. D. Hollon (Eds.), *Cognitive-behavioral interventions: Theory, research, procedures* (pp. 153-203). New York: Academic Press.

Hollon, S. D., DeRubeis, R. J., & Evans, M. D. (1987). Causal mediation of change in treatment for depression: Discriminating between nonspecificity and noncausality. *Psychological Bulletin, 202*, 139-149.

Hollon, S. D., DeRubeis, R. J., Evans, M. D., Wiemer, M. J., Garvey, M. J., Grove, W. M., et al. (1992). Cognitive therapy and pharmacotherapy for depression: Singly and in combination. *Archives of General Psychiatry, 49*, 774-781.

Hollon, S. D., DeRubeis, R. J., Shelton, R. C., Amsterdam, J. D., Salomon, R. M., O'Reardon, J. P., et al. (2005). Prevention of relapse following cognitive therapy versus medications in moderate to severe depression. *Archives of General Psychiatry, 62*, 417-422.

Hollon, S. D., Emerson, M., & Mandell, M. (1982). *Psychometric properties of the Cognitive Therapy Scale.* Unpublished manuscript, University of Minnesota and the St. Paul-Ramsey Medical Center, Minneapolis-St. Paul.

Hollon, S. D., Evans, M. D., Auerbach, A,. DeRubeis, R. J., Elkin, I., Lowery, A., et al. (1985). *Development of a system for rating therapies for depression: Differentiating cognitive therapy, interpersonal psychotherapy, and clinical management pharmacotherapy.* Unpublished manuscript, University of Minnesota and the St. Paul-Ramsey Medical Center, Minneapolis-St. Paul.

Hollon, S. D., Evans, M. D., & DeRubeis, R. J. (1985). Preventing relapse following treatment for depression: The cognitive-pharmacotherapy project. In N. Schneiderman & T. Fields (Eds.), *Stress and coping* (Vol. 2, pp. 227-243). New York: Erlbaum.

Hollon, S. D., & Kriss, M. R. (1984). Cognitive factors in clinical research and practice. *Clinical Psychology Review, 4*, 35-76.

Hollon, S. D., Shelton, R. C., & Loosen, P. T. (1991). Cognitive therapy and pharmacotherapy for depression. *Journal of Consulting and Clinical Psychology, 59*, 88-99.

Ilardi, S. S., & Craighead, W. E. (1994). The role of nonspecific factors in cognitive-behavior therapy for depression. *Clinical Psychology: Science and Practice, 1*, 138-156.

Jacobson, N. S., Dobson, K. S., Truax, P. A., Addis, M. E., Koerner, K., Gollan, J. K., et al. (1996). A component analysis of cognitive-behavioral treatment for depression. *Journal of Consulting and Clinical Psychology, 64*, 295-304.

Jacobson, N. S., & Gortner, E. T. (2000). Can depression be de-medicalized in the 21st century: Scientific revolutions, counter-revolutions and the magnetic field of normal science. *Behaviour Research and Therapy, 8*, 103-117.

Jacobson, N. S., & Hollon, S. D. (1996a). Cognitive-behavior therapy versus pharmacotherapy: Now that the jury's returned its verdict, it's time to present the rest of the evidence. *Journal of Consulting and Clinical Psychology, 64*, 74-80.

Jacobson, N. S., & Hollon, S. D. (1996b). Prospects for future comparisons between drugs and psychotherapy: Lessons from the CBT vs. pharmacotherapy exchange. *Journal of Consulting and Clinical Psychology, 64*, 104-108.

Jarrett, R. B., Basco, M. R., Risser, R., Ramanan, J., Marwill, M., Kraft, D., et al. (1998). Is there a role for continuation phase cognitive therapy for depressed out-patients?. *Journal of Consulting and Clinical Psychology, 66*, 1036-1040.

Jarrett, R. B., Schaffer, M., McIntire, D., Witt-Browder, A., Kraft, D., & Risser, R. C. (1999). Treatment of atypical depression with cognitive therapy or phenelzine. *Archives of General Psychiatry, 56*, 431-437.

Jarrett, R., Vittengl, J, Doyle, K., & Clark, L. (2007). Changes in cognitive content during and following cognitive therapy for recurrent depression: Substantial and enduring, but not predictive of change in depressive symptoms. *Journal of Consulting and Clinical Psychology, 75*, 432-446.

Kazdin, A. E. (2007). Mediators and mechanisms of change in psychotherapy research. *Annual Review of Clinical Psychology, 3*, 1-27.

Kelly, M. A. R., Roberts, J. E., & Ciesla, J. A. (2004). Sudden gains in cognitive behavioral treatment for depression: When do they occur and do they matter?. *Behaviour Research and Therapy, 43*, 703-714.

Kingdon, D., Tyrer, P., Seivewright, N., Ferguson, B., & Murphy, S. (1996). The Nottingham Study of Neurotic Disorder: Influence of cognitive therapists on outcome. *British Journal of Psychiatry, 169*, 93-97.

Klein, D. F. (1996). Preventing hung juries about therapy studies. *Journal of Consulting and Clinical Psychology, 64*, 81-87.

Kolko, D. J., Brent, D. A., Baugher, M., Bridge, M., & Birmaher, B. (2000). Cognitive and family therapies for adolescent depression: Treatment specificity, mediation, and moderation. *Journal of Consulting and Clinical Psychology, 68*, 603-614.

Kovacs, M., Rush, A. J., Beck, A. T., & Hollon, S. D. (1981). Depressed outpatients treated with cognitive therapy or pharmacotherapy: A one-year follow-up. *Archives of General Psychiatry, 38*, 33-39.

Kuyken, W., & Tsivrikos, D. (2009). Therapist competence, co-morbidity and cognitive-behavioral therapy for depression. *Psychotherapy and Psychosomatics, 78*, 42-48.

Kwon, S., & Oei, T. P. S. (2003). Cognitive change processes in a group cognitive behavior therapy of depression. *Journal of Behavior Therapy and Experimental Psychiatry, 34*, 73-85.

Lazarus, R. S., & Folkman, S. (1984). Stress, appraisal, and coping. New York: Springer.

Ma, S. H., & Teasdale, J. D. (2004). Mindfulness-based cognitive therapy for depression. *Journal of Consultant and Clinical Psychology, 72*, 31-40.

Martin, D., Garske, J. P., & Davis, K. (2000). Relation of the therapeutic alliance with outcome and other variables: A meta-analytical review. *Journal of Consulting and Clinical Psychology, 68*, 438-450.

Meichenbaum, D. (1972). *Cognitive-behavior modification*. New York: Plenum Press.

Meterissian, G. B., & Bradwejn, J. (1989). Comparative studies on the efficacy of psychotherapy, pharmacotherapy, and their combination in depression: Was adequate pharmacotherapy provided?. *Journal of Clinical Psychopharmacology, 9*, 334-339.

Miranda, J., & Persons, J. B. (1988). Dysfunctional attitudes are mood-state dependent. *Jour-*

nal of Abnormal Psychology, 97, 76-79.

Morgan, R., Luborsky, L., Crits-Christoph, P., Curtis, H., & Solomon, J. (1982). Predicting the outcomes of psychotherapy by the Penn Helping Alliance Rating Method. *Archives of General Psychiatry, 39*, 397-402.

Murphy, G. E., Simons, A. D., Wetzel, R. D., & Lustman, P. J. (1984). Cognitive therapy and pharmacotherapy: Singly and together in the treatment of depression. *Archives of General Psychiatry, 41*, 33-41.

Nisbett, R., & Ross, L. (1980). *Human inference: Strategies and shortcomings of social judgment*. Englewood Cliffs, NJ: Prentice-Hall.

Oei, T. P. S., & Sullivan, L. M. (1999). Cognitive changes following recovery from depression in a group cognitive-behaviour therapy program. *Australian and New Zealand Journal of Psychiatry, 33*, 407-415.

Overholser, J. C. (1993a). Elements of the Socratic method: I. Systematic questioning. *Psychotherapy, 30*, 67-74.

Overholser, J. C. (1993b). Elements of the Socratic method: II. Inductive reasoning. *Psychotherapy, 30*, 75-85.

Paykel, E. S., Scott, J., Cornwall, P. L., Abbott, R., Crane, C., Pope, M., et al. (2005). Duration of relapse prevention after cognitive therapy in residual depression: Follow-up of controlled trail. *Psychological Medicine, 35*, 59-68.

Paykel, E. S., Scott, J., Teasdale, J. D., Johnson, A. L., Garland, A., Moore, R., et al. (1999). Prevention of relapse in residual depression by cognitive therapy. *Archives of General Psychiatry, 56*, 829-835.

Pearlin, L. I., & Schooler, C. (1979). The structure of coping. *Journal of Health and Social Behavior, 19*, 337-356.

Persons, J. B. (1989). *Cognitive therapy in practice: A case formulation approach*. New York: Norton.

Rush, A. J., Beck, A. T., Kovacs, J. M., & Hollon, S. D. (1977). Comparative efficacy of cognitive therapy and pharmacotherapy in outpatient depressives. *Cognitive Therapy and Research, 1*, 17-37.

Salkovskis, P. M. (1985). Obsessional-compulsive problems: A cognitive behavioral analysis. *Behaviour Research and Therapy, 23*, 571-583.

Salkovskis, P. M. (1996). The cognitive approach to anxiety: Threat beliefs, safety-seeking behavior, and the special case of health anxiety and obsession. In P. M. Salkovskis (Ed.), *Frontiers of cognitive therapy* (pp. 48-74). New York: Guilford Press.

Salkovskis, P. M., Clark, D. M., Hackmann, A., Wells, A., & Gelder, M. (1999). An experimental investigation of the role of safety-seeking behaviours in the maintenance of panic disorder with agoraphobia. *Behaviour Research and Therapy, 37*, 559-574.

Segal, Z. V., Gemar, M., & Williams, S. (1999). Differential cognitive response to a mood challenge following successful cognitive therapy or pharmacotherapy for unipolar depression. *Journal of Abnormal Psychology, 108*, 3-10.

Segal, Z. V., Kennedy, S., Gemar, M., Hood, K., Pedersen, R., & Buis, T. (2006). Cognitive reactivity to sad mood provocation and the prediction of depressive relapse. *Archives of General Psychiatry, 63*, 749-755.

Seligman, M. E. P. (1995). The effectiveness of psychotherapy: The Consumer Reports study. *American Psychologist, 50*, 965-974.

Shaw, B. F., Elkin, I., Yamaguchi, J., Olmstead, M., Vallis, T. M., Dobson, K. S., et al. (1999). Therapist competence ratings in relation to clinical outcome in cognitive therapy of depression. *Journal of Consulting and Clinical Psychology, 67*, 837-846.

Shea, M. T., Elkin, I., Imber, S. D., Sotsky, S. M., Watkins, J. T., Collins, J. F., et al. (1992). Course of depressive symptoms over follow-up: Findings from the National Institute of Mental Health Treatment of Depression Collaborative Research Program. *Archives of*

General Psychiatry, 49, 782-787.

Simons, A. D., Murphy, G. E., Levine, J. L., & Wetzel, R. D. (1986). Cognitive therapy and pharmacotherapy for depression: Sustained improvement over one year. *Archives of General Psychiatry, 43*, 43-48.

Stiles, W. B., Leach, C., Barkham, M., Lucock, M., Iveson, S., Shapiro, D. A., et al. (2003). Early sudden gains in psychotherapy under routine clinic conditions: Practice-based evidence. *Journal of Consulting and Clinical Psychology, 71*, 14-21.

Strunk, D. R., DeRubeis, R. J., Chui, A., & Alvarez, J. A. (2007). Patients' competence in and performance of cognitive therapy skills: Relation to the reduction of relapse risk following treatment for depression. *Journal of Consulting and Clinical Psychology, 75*, 523-530.

Tang, T. Z., & DeRubeis, R. J. (1999a). Sudden gains and critical sessions in cognitive behavioral therapy for depression. *Journal of Consulting and Clinical Psychology, 67*, 894-904.

Tang, T. Z., & DeRubeis, R. J. (1999b). Reconsidering rapid early response in cognitive behavioral therapy for depression. *Clinical Psychology: Science and Practice, 6*, 283-288.

Tang, T. Z., & DeRubeis, R. J., Beberman, R., & Pham, T. (2005). Cognitive changes, critical sessions, and sudden gains in cognitive-behavioral therapy for depression. *Journal of Consulting and Clinical Psychology, 73*, 168-172.

Tang, T. Z., & DeRubeis, R. J., Hollon, S. D., Amsterdam, J., & Shelton, R. (2007). Sudden gains in cognitive therapy of depression and depression relapse/recurrence. *Journal of Consulting and Clinical Psychology, 75*, 404-408.

Teasdale, J. D., Segal, Z. V., Williams, J. M. G., Ridgeway, V. A., Soulsby, J. M., & Lan, M. A. (2000). Prevention of relapse/recurrence in major depression by mindfulness-based cognitive therapy. *Journal of Consultant and Clinical Psychology, 68*, 615-623.

Trepka, C., Rees, A., Shapiro, D. A., Hardy, G. E., & Barkham, M. (2004). Therapist competence and outcome of cognitive therapy for depression. *Cognitive Therapy and Research, 28*, 143-157.

Van Oppen, P., de Haan, E., Van Balkom, A. J. L. M., Spinhoven, P., Hoodguin, K., & Van Dyck, R. (1995). Cognitive therapy and exposure in vivo in the treatment of obsessive compulsive disorder. *Behaviour Research and Therapy, 33*, 379-390.

Vittengl, J. R., Clark, L. A., & Jarrett, R. B. (2005). Validity of sudden gains in acute phase treatment of depression. *Journal of Consulting and Clinical Psychology, 73*, 172-182.

Webb, C. A., DeRubeis, R. J., Gelfand, L. A., Amsterdam, J. D., Shelton, R. C., Hollon, S. D., et al. (2009). *Mechanisms of change in cognitive therapy for depression: Therapist adherence, symptom change and the mediating role of patient skills*. Manuscript in preparation.

Whisman, M. A., Miller, I. W., Norman, W. H., & Keitner, G. I. (1991). Cognitive therapy with depressed inpatients: Specific effects on dysfunctional cognitions. *Journal of Consulting and Clinical Psychology, 59*, 282-288.

Young, J., & Beck, A. T. (1980). *The development of the Cognitive Therapy Scale*. Unpublished manuscript, Center for Cognitive Therapy, Philadelphia, PA.

CHAPTER 10

도식치료

Rachel Martin
Jeffrey Young

'도식치료(Schema Therapy)'(Young, 1990)는 성격장애, 성격특성적 문제, 일부 만성적 축 1장애, 다양한 기타 개인적 문제와 부부문제를 가진 내담자를 치료하기 위해 사용되는 통합적인 치료 접근이며 이론적 틀이다. 도식치료는 Beck의 인지치료(Beck, Rush, Shaw, & Emery, 1979)에서 시작하여 인지치료, 행동치료, 대상관계, 게슈탈트 치료, 구성주의, 애착 모델, 정신분석 등의 요소를 통합하기에 이르렀다. 도식치료는 정신과적 급성 증상보다는 오히려 장애의 만성 · 성격적인 측면을 다룬다.

Young 도식질문지(Young Schema Questionnaire: YSQ)와 도식양식검사(Schema Mode Inventory: SMI)가 개발되었고, YSQ와 SMI는 각각 도식과 양식을 측정하는 도구로서 개발, 타당화되었다. 도식치료는 치료를 위해 융통성 있는 틀을 제공하며 부적응적 도식, 대처전략과 각 내담자에게 적합한 양식을 치료목표로 삼는다. 치료는 보통 중기나 장기간에 걸쳐 이루어지고 종종 다른 치료 양식과 함께 실시된다. 최근 연구는 도식치료에 대한 경험적 지지를 제시하며, 전 세계적으로 효능 연구가 지속적으로 이루어지고 있다.

도식치료의 근원

도식치료는 오랫동안 지속되고 있는 행동패턴과 정서문제를 다루기 위해 광범위한 일상 문제에 대한 접근의 필요성을 깨달은 Jeffrey Young의 인지행동적 시행과 임상 경험을 통해 개발되었다(Young, Klosko, & Weishaar, 2003). 많은 축 1장애에 효과적인 인지행동치료가 존재하지만(Barlow, 2001), 이 치료가 일부 내담자에게 효과적이지 않은 점도 있었다. CBT가 전형적으로 단기치료이면서 현재 중심적인 데 반해, 일부 내담자는 치료과정을 어렵게 하고 장기화시키는 만성적이고 지속적인 역기능이나 성격적 특성을 가지고 있다. 예를 들어, 우울증 내담자의 40% 정도는 치료에 성공적으로 반응하지 못하며, 치료에 반응했던 사람들 중 대략 30%는 1년 내에 재발한다(Young, Weinberger, & Beck, 2001).

성격장애를 가진 내담자는 전통적 CBT에 반응하지 못하는 경우가 종종 있기에(Beck, Freeman, & Associates, 1990), 전통적 CBT 작업을 하게 되면 여러 가지 다양한 문제에 직면할 수 있다. 이 같은 내담자는 대개 치료에 대해 양가적이거나 복잡한 동기를 갖게 되며, 치료 절차에 따를 수 없거나 혹은 따르지 않을 수 있다. 성격적인 문제를 가진 내담자는 습관적으로 인지적 · 정서적 · 행동적 회피를 하게 되고, 이로 인해 그들의 사고나 감정을 관찰하고 보고하지 않거나 할 수 없게 될 수 있다. 이런 내담자는 깊이 뿌리 박혀 있는 오랫동안 지속된 역기능적 사고와 행동을 위한 단기 수정기법에 필수적인 심리적 유연성이 부족할 수 있다. 경직성은 성격장애의 대표적인 특징이다(DSM-IV)(American Psychiatric Association, 1994, p. 633). 중요한 타인과의 만성적 장애는 성격장애의 또 다른 중요 특징이며(Millon, 1981), 치료동맹 형성의 곤란은 성격적으로 문제가 있는 내담자의 근본적인 대인관계 문제를 반영하는 것일 수 있다. 일부 내담자는 치료자에게 그들의 정서적 욕구를 충족시켜 주고 독립적으로 작업하지 말라고 몰아붙이는 반면, 다른 내담자는 치료자와 작업 동맹을 형성하는 데 전혀 관여하지 않거나 적대적일 수 있다. 마지막으로, 성격적 문제를 가진 내담자는 사랑이나, 직업, 혹은 즐거운 활동에서 경험하는 불만족과 관련해 모호하지만 만성적이고 만연한 문제를 보인다. 그래서 이런 주제는 일반적인 CBT 접근의 치료목표로서 구체화시켜 다루기가 어렵다.

본래 성격장애를 치료하기 위해 개발된 도식치료는 현재까지 만성 불안과 우울장애, 섭식장애, 부부문제, 만족스러운 친밀한 관계를 유지하기 어렵게 하는 오랫동안 지속된 문제와 물질 사용장애의 치료에 효과적인 것으로 밝혀졌다. 현 문제가 만성적이며 장기간 지속된 경우, 축 1장애를 가진 사람이 만성적으로 재발하거나 치료에 반응하지 않은 경우, 드러난 문제가 모호하면서도 만연해 있는 경우, 장기적인 관계 문제를 가진 경우, 내담자가 매우 회피적이고 사고와 행동에서 경직된 패턴을 보이거나 혹은 비정상적으로 애정을 갈구하거나 요구적이거나 특권의식을 가진 것으로 보일 경우에 도식치료가 적절하게 적용될 수 있다.

도식치료의 발전

도식치료는 인지치료를 기반으로 고유한 이론과 치료 접근을 가지고 등장하였다. 그러나 도식치료는 심리학적 문제의 발달적 기원, 인생 전반의 심리사회적 기능 패턴, 역기능적인 인지와 행동에 깊게 뿌리박힌 핵심 주제에 더 많은 강조를 둠으로써 전통적 CBT에서 벗어나게 되었다. 또한 도식치료는 감정 상태와 정서 중심 기법, 대처방식, 치료적 관계의 대인관계적 측면을 강조함으로써 전형적으로 CBT에서 다루는 영역을 좀 더 확장하였다. 도식치료는 인지, 행동적 측면과 대상관계, 게슈탈트, 구성주의, 애착과 정신분석적 접근을 하나의 통일된 개념모델으로 통합한 것이다. 도식치료에서 사용되는 기법은 다양하며 인지적 · 행동적 · 경험적 · 대인관계적 방법을 통합시킨 것이다.

도식치료 모델

도식치료는 초기 정신과 증상보다는 장애의 만성적이고 성격적인 측면을 다룬다. 도식치료 모델에서는 세 가지 주요 구성개념을 기술하고 있다. '도식'은 핵심적인 심리적 주제를, '대처방식'은 도식에 대한 특징적인 행동 반응을, '양식'은 특정 상황에 작동하는 도식과 대처방식을 의미한다. 정서적 문제는 주로 아동 및 청소년 발달시기에 충족되지 않은 핵심 욕구 때문에 발생한다. 이런 충족되지 않은 핵심 욕구는 부적응적 도식과 대처방식을 유발한다(Young et al., 2003).

도식

'도식'은 대처방식의 발달을 통해 외현적 행동에 영향을 미치는 내현적 현상이다. 초기 부적응적 도식(Early maladaptive schemas: EMS)은 광범위하고 자기패배적이며 만연한 패턴인데, 아동기에 시작하여 평생 반복된다. 이러한 정의에 따르면, 초기 부적응적 도식은 기억, 정서, 인지와 신체 감각으로 구성되어 있으며, 개인이 자신을 개념화하고 타인과 관계 맺는 방법을 포함한다. 또한 이것은 아동기와 청소년기 동안 발달되며 일생 동안 정교해지고, 상당할 정도로 역기능적일 수 있다. 역기능적이거나 부적응적인 도식은 실제로 도식치료의 초점이 된다. 편의상 이번 장에서 '초기 부적응적 도식'과 '도식'이라는 용어를 같은 의미로 사용했다.

초기 부적응적 도식은 차원적인 것으로, 이것의 강도, 만연한 정도와 활성화되는 빈도는 다양하다. 초기 부적응적 도식은 자율성, 연대감, 자기표현에 대한 핵심 욕구를 충족시킬 수 있는 내담자의 능력을 상당히 방해할 수 있다. 이것은 매우 높은 수준의 파괴적 감정, 극단적인 자기패배적 결과를 야기할 수 있으며, 타인에게 상당한 피해를 끼칠 수 있다. 도식치료가 초기 부적응적인 도식에 초점을 맞추고 있지만, 일부 저자는 각각의 EMS에 상응하는 적응적 도식이 존재한다고 제안하였다(Elliott의 극성 이론, Elliott & Lassen, 1997 참조). 이와 유사하게, 건강하거나 건강하지 않은 대처방식과 양식이 존재한다. '건강한 성인(Healthy Adult)'이 바로 긍정적인 양식인데, 이번 장 후반부에 다시 설명되어 있다.

최초의 핵심 도식은 전형적으로 핵가족에서 형성된다. 아동이 성숙해 감에 따라 다른 영향(예, 동료, 학교, 공동체집단, 문화)은 점점 중요해지고 도식 발달에 기여하게 된다. 그러나 이후의 도식은 일반적으로 초기 도식만큼 강력하거나 만연하지 않다. 초기 부적응적 도식의 기원은 종종 외상적이거나 조금은 파괴적이며, 그것들 중 많은 부분은 아동기와 청소년기 동안 반복적인 해로운 경험으로 인해 생긴 것이다. 반복적인 관련 경험은 해로운 효과가 축적되면서 도식의 출현을 유발한다. 가장 해로운 도식은 보통 아동기의 유기, 학대, 방임 혹은 거부의 경험과 관련되어 있다.

초기 도식은 아동기 환경의 현실 기반 표상에서 시작된다. 초기 도식은 아이의 선천적 기질과 충족되지 않은 특정한 아동기의 핵심 욕구의 상호작용으로부터 발달하게 된다. 여기에서 가정하고 있는 다섯 가지의 아동기 핵심 정서적 욕구는 ① 타인과의 안정 애착(안전, 안정, 양육과 수용 등), ② 자율성, 유능감, 정체감, ③ 정당한 욕구와 정서를 표현할 자유, ④ 자발성과 놀이, ⑤ 현실적인 한계와 자기통제 등이다.

초기 부적응적 도식의 습득을 촉진시킬 수 있는 초기 생활 경험에는 네 가지 유형이 있다. 첫 번째, '욕구의 치명적 좌절'은 초기 환경에서 아동의 경험(안정, 이해 또는 사랑)이 결핍된 경우에 발생하고 정서 박탈(Emotional Deprivation) 혹은 유기(Abandonment)의 도식을 발달시킨다. 초기 생활 경험의 두 번째 유형은 '외상'이다. 이는 아이가 고통이나 비판을 받거나, 지나치게 통제, 혹은 희생되는 경우에 발생하고 불신/학대(Mistrust/Abuse)나 결함(Defectiveness) 또는 복종(Subjugation)과 같은 도식을 발달시킨다. 세 번째 유형은 아이가 '너무 지나치게 좋은 것(적당했다면 아이에게 좋은 것일 수 있는 어떤 것)'을 받게 되는 경우에 발생하고 의존성(Dependence)이나 특권의식(Entitlement)과 같은 도식을 발전시킨다. 네 번째 유형은 아이가 부모의 생각, 기분, 경험, 도식을 선택적으로 동일시하고 내현화할 경우에 발생하며 중요한 타인에 대한 '선택적 내면화(Selective Internalization), 혹은 동일시(Identification)'라는 도식을 발전시킨다. 내면화/동일시는 대개 취약성(Vulnerability) 도식의 기원이 된다. 아동이 가진 고유한 기질은 아동이 부모의 성격을 동일시하고 내현화하는 데 주요한 결정인자다.

기질은 아동기 사건과 상호작용하여 도식을 발달시킨다. 이와 관련해 상당한 양의 문헌이 기질적 특성과 성격은 생물학적 기초가 있으며, 영아기에 나타나고 시간적 안정성이 있다는 것을 지지하고 있다(예, Kagan, Reznick, & Snidman, 1998). 선천적일 수 있고 심리치료만으로는 비교적 변화시킬 수 없는 몇 가지 정서적 기질 차원이 있다. 이 정서적 기질 차원은 불안정한 ↔ 반응이 없는, 기분부전 ↔ 낙관적인, 불안한 ↔ 차분한, 강박적인 ↔ 산만한, 수동적인 ↔ 공격적인, 성마른 ↔ 유쾌한, 수줍어하는 ↔ 사교적인 등이 포함된다. 각각의 기질은 특정 생활환경에 아동을 서로 다른 방식으로 노출시킨다. 예를 들어, 폭력적인 부모는 잠잠하고 수동적인 아이보다는 공격적인 아이를 학대할 가능성이 더 높다. 게다가 각기 다른 기질은 아이가 유사한 생활환경에 다르게 반응하도록 한다. 수줍음을 타는 아이는 점점 소극적이게 되고 방임적인 어머니에게 의존적이게 되는 반면, 똑같이 방임적인 어머니 밑에서 자라난 사교적인 아이는 독립성을 발달시키게 되고 타인과 좀 더 긍정적인 관계를 형성시킬 수 있게 된다. 기질과 초기 생활 사건과의 상호작용은 아이들에게서 각기 다른 대처방식을 만들어 낸다. 앞에서 언급한 18개 도식 목록이 〈표 10-1〉에 제시되어 있으며, 이 도식은 '도식영역'이라 부르는 다섯 가지 미충족된 정서욕구 범주로 분류되어 있다.

표 10-1 미충족된 핵심 욕구에 대한 도식 영역별 부적응적 도식

단절과 거절(Disconnection and Rejection)	
안전, 안정, 양육, 공감, 감정 공유, 수용, 존중에 대한 개인의 욕구가 안정적으로 충족되지 못할 것이라는 기대. 분리된, 냉담한, 거부적인, 억제적인, 외로운, 격정적인, 예측 불가능한 혹은 학대적인 가족 특징이 대표적인 원인이다.	
유기/불안정 (Abandonment/ Instability)	지지나 연결감을 제공해 주는 사람들에 대한 지각된 불안정성 혹은 불신. 중요한 타인이 정서적 지지, 연결감, 힘 또는 실제적인 보호를 계속해서 줄 수 없을 것이라는 느낌과 관련되어 있다. 원인으로는 중요한 타인이 정서적으로 불안정하고 예측 불가능하며(예, 분노폭발), 의지할 수 없거나, 언제 함께 있어 주는지를 예상할 수 없기 때문이다. 또는 그들이 죽음을 눈앞에 두고 있거나, 환자를 떠나 '더 좋은' 누군가에게 가 버릴 것이기 때문이다.
불신/학대 (Mistrust/Abuse)	타인은 상처를 주거나 학대하거나 모욕을 주거나 사기를 치거나 거짓말을 하거나 조종하거나 자기의 이익만을 추구하는 사람일 것이라는 기대. 손해를 보는 것이 의도적이거나 불공정하고 지나친 부주의의 결과라는 인식과 대개 관련되어 있다. 항상 속임을 당하고 있거나 타인보다 상대적으로 혜택을 받지 못하고 있다는 느낌이 있을 수 있다.
정서적 박탈 (Emotional Deprivation)	타인이 평범한 수준의 정서적 지지를 받고자 하는 개인의 욕구를 충분히 충족시켜 주지 못할 것이라는 기대. 박탈의 주된 형태는 [A] 양육의 박탈: 관심, 애정, 온정, 혹은 친교의 부재, [B] 공감의 박탈: 이해, 경청, 자기개방, 혹은 타인과 상호 감정 공유의 부재, [C] 보호의 박탈: 타인으로부터의 지지, 지도, 혹은 안내의 부재
결함/수치심 (Defectiveness/ Shame)	자신이 중요한 부분에서 결함이 있거나 나쁘거나 불필요하거나 열등하거나 나약하다는 느낌. 자신을 드러냈을 때 중요한 타인으로부터 사랑받지 못할 것이라는 느낌. 비판, 거절, 비난 등에 대한 과민성이나 타인과 있을 때 자의식, 비교, 불안감이나 지각된 개인의 결함과 관련된 수치심을 포함할 수 있다. 이러한 결함들은 개인적인 것(예, 이기심, 분노 충동, 용인될 수 없는 성적 욕망)이거나 공적인 것(예, 매력 없는 신체 외모, 사회적으로 서투른 것)일 수 있다.
사회적 고립/소외 (Social Isolation/ Alienation)	자신이 주변 세상으로부터 고립되어 있고, 다른 사람과 다르며, 어떤 집단이나 공동체의 일원이 아니라는 느낌.

손상된 자율성과 수행(Impaired Autonomy and Performance)	
분리, 생존, 독립적인 기능, 성공적인 수행을 할 수 있다고 개인이 지각한 능력과 상충되는 자신과 환경에 대한 기대. 원인이 되는 전형적인 가족의 모습은 융합되어(enmeshed) 있거나 아이의 자신감을 약화시키거나 과잉 보호적이거나 집 밖에서 유능하게 수행하려는 아이에게 강화를 주지 못한 특징이 있다.	
의존/무능 (Dependence/ Incompetence)	자신이 타인의 상당한 도움 없이는 일상의 책임을 유능하게 처리할 수 없을 것이라는 믿음(예, 자신을 돌보는 것, 일상의 문제를 해결하는 것, 좋은 판단을 내리는 것, 새로운 과제에 맞서는 것, 좋은 결정을 내리는 것). 종종 무력함을 보인다.

위험 또는 질병에 대한 취약성(Vulnerability to harm or illness)	언제든지 갑작스러운 불행이 찾아올 수 있으며, 자신은 그것을 막을 수 없을 것이라는 과도한 두려움. 다음에 제시된 것 중 하나 혹은 그 이상에 대한 두려움: [A] 의학적인 불행(예, 심장마비, 에이즈), [B] 정서적 재앙(예, 미쳐 버리는 것), [C] 외부적인 재앙(예, 엘리베이터 추락, 범죄자에게 희생당하는 것, 비행기 추락, 지진 등)
융합/미분화된 자기(Enmeshment/Undeveloped Self)	완전한 개별화나 정상적 사회성 발달을 훼손시켜 가며 한 명 혹은 그 이상의 중요한 타인(종종 부모)과의 과도한 정서적 관여와 친밀감. 조금 더 정확히 말하면 뒤엉켜 있는 사람은 타인의 지속적인 지지 없이는 행복할 수도 또는 살아남을 수도 없을 것이라는 신념과 자주 관련되어 있다. 또한 타인에 의해 압도되어 있거나 타인과 융합되어 있다는 느낌 또는 개인적 정체감이 부족하다는 느낌이 있을 수 있다. 종종 공허감과 당혹감, 방향성 상실감, 극단적인 경우 자신의 존재에 의구심 등을 경험하게 된다.
실패(Failure)	성취 영역(학업, 경력, 운동 등)에서 자신이 실패했고 앞으로도 반드시 실패할 것이며 자신의 동료에 비해 근본적으로 부족하다는 신념. 이러한 신념에는 자신이 어리석고, 서투르고, 재능 없고, 무식하고, 지위도 낮고, 타인보다 성공적이지 못한 사람이라는 신념 등이 종종 포함된다.

손상된 한계(Impaired Limits)	
내적 한계, 타인에 대한 책임감, 또는 장기 목표 지향 등의 결핍. 이러한 결핍은 타인의 권리를 존중하는 것이나 타인과 협력하는 것, 헌신하는 것 또는 현실적인 개인의 목표를 세우고 달성하는 것에 어려움을 유발한다. 원인이 되는 전형적인 가족은 적절한 직면, 훈육, 그리고 책임을 지는 것, 상호 간에 협력하는 것, 목표를 세우는 것과 관련한 한계 등이 아니라 허용, 과도한 방임, 방향제시 부족, 또는 우월감 등을 특징으로 한다. 일부 경우에서, 아이는 정상적인 수준의 불편감을 감내해 본 적이 없을 수 있고 또는 적절한 감독이나 지도 혹은 안내를 받아 본 적이 없을 수 있다.	
특권의식/과대성(Entitlement/Grandiosity)	자신이 다른 사람보다 뛰어나다는 신념이나 특별한 권리나 특혜를 받아야 한다는 신념 또는 일상적인 사회적 상호작용을 이끄는 상호성의 규칙에 얽매이지 않는다는 신념. 현실이 어떤지, 타인이 합리적이라고 여기는 것이 무엇인지 또는 타인의 희생과는 무관하게 자신이 원하는 무엇이든 할 수 있고 가질 수 있어야 한다는 집요함 또는 (일차적으로 관심이나 인정 때문이 아니라) 권력이나 통제를 성취하기 위한 우월성에 대한 과도한 집중(가장 성공적이고 유명하고 부유한 사람들 사이에 있는 것)과 종종 관련되어 있다. 때로는 타인에 대한 과도한 경쟁심 또는 지배성, 개인의 권력을 내세우거나 자신의 관점을 강요하는 것 또는 타인의 욕구나 기분에 대한 공감이나 염려 없이 자신의 욕구에 따라 타인의 행동을 통제하는 것 등을 포함한다.
불충분한 자기통제/자기훈련(Insufficient Self-control/Self-discipline)	자신의 개인적 목표를 성취하기 위해 충분한 자기통제력와 좌절에 대한 인내력를 훈련하는 것 또는 개인의 정서나 충동의 과도한 표현을 억제하는 것 등에 대한 전반적인 어려움이나 거부. 조금 더 가벼운 양상의 환자는 자신의 욕구충족, 전념 혹은 통합성을 훼손시키면서까지 불편감을 회피하는 것, 즉 고통, 갈등, 직면, 책임 혹은 몰입을 회피하는 것을 지나치게 강조한다.

타인지향성(Other-Directedness)	
사랑과 인정을 얻기 위해 혹은 연결감을 유지하거나 보복을 피하기 위해 자기 자신의 욕구를 희생하면서 타인의 욕구, 감정, 반응에 과도하게 초점을 맞추는 것. 주로 자신의 분노와 타고난 성향에 대한 인식 부족과 억제와 관련되어 있다. 전형적인 가족 기원은 조건적 수용에 기초한다. 예를 들어, 아동은 사랑, 관심, 승인을 얻기 위해서 자기 자신의 중요한 측면을 억눌러야 한다. 이와 같은 가족의 경우, 사회적 수용과 사회적 지위를 위해서는 부모의 감정적 욕구와 욕망이 각 아동의 독특한 욕구와 기분보다 우선시된다.	
복종(Subjugation)	대개 분노나 보복 혹은 유기를 피하기 위해 어쩔 수 없이 타인에게 통제권을 과도하게 양도한다. 복종의 두 가지 주요 형태는 [A] 욕구에 대한 복종, 즉 개인의 선호와 결정과 욕구를 억압하는 것과 [B] 정서에 대한 복종, 즉 정서 표현, 특히 분노를 억압하는 것이다. 대개 자신의 욕구와 의견과 기분이 다른 사람에게는 타당하지 않거나 중요하지 않다고 지각하는 것과 관련되어 있다. 흔히 덫에 걸린 것 같은 느낌에 대한 과민성과 함께 과도한 순종을 보인다. 일반적으로 부적응적인 증상(예, 수동 공격적 행동, 억제되지 않는 분노표출, 심리신체 증상, 애정 철회, 행동화, 물질남용 등)을 나타내며 분노가 누적된다.
자기희생(Self-sacrifice)	자기만의 만족을 희생시키면서까지 일상적인 상황에서 타인의 욕구를 자발적으로 충족시키는 데 과도한 초점을 두는 것. 가장 공통적인 이유는 타인에게 고통을 주지 않기 위해 또는 자신이 이기적이라는 느낌에서 오는 죄책감을 피하기 위해서 혹은 애정이 필요한 사람으로 지각된 타인과 연결감을 유지하기 위해서다. 이는 종종 타인의 고통에 대해 예리한 민감성에서 기인한다. 때로는 자신의 욕구가 적절하게 충족되지 않았다는 감각을 가질 수 있으며 돌봐 주었던 사람들에 대한 분노를 유발할 수도 있다(상호의존성이라는 개념과 중복된다).
승인추구/인정추구(Approval seeking/ Recognition seeking)	안정적이고 진실한 자기감의 발달을 희생시키면서 다른 사람에게 승인과 인정과 관심을 얻는 것 또는 타인에게 맞추는 것에 대한 지나친 중시. 개인의 자존감은 자신의 타고난 성향에 따라 결정되기보다는 주로 타인의 반응에 따라 달라진다. 때로는 (일차적으로 권력이나 통제를 위해서가 아니라) 승인, 존경, 관심을 얻기 위한 수단으로서 지위, 외모, 사회적 수용, 재정 상태 혹은 성취를 과도하게 강조하는 것을 포함한다. 중요한 인생 결정이 가식적이고 불만족스럽게 내려질 수 있으며 거절에 대한 과잉민감성을 초래하게 된다.

과잉경계와 억제(Overvigilance and Inhibition)
행복, 자기표현, 이완, 친밀한 관계 또는 건강을 종종 희생시키면서 자신의 자발적인 느낌과 충동과 선택을 억제하는 것 또는 수행과 윤리적 행동에 대한 내현화된 엄격한 규칙과 기대를 충족시키는 것을 과도하게 강조하는 것. 전형적인 가족 기원은 엄격하고 지나치게 요구적이며 때로 처벌적인 특징이 있다. 수행, 의무, 완벽주의, 규칙을 따르는 것, 감정을 숨기는 것과 실수를 피하는 것이 즐거움, 기쁨, 이완보다 우선시된다. 보통 암암리에 개인이 항상 경계하고 조심하지 않을 때 모든 것이 산산이 부서질 수 있다는 비관주의와 걱정의 기류가 흐르게 된다.

부정성/비관주의 (Negativity/ Pessimism)	전반적인 일생의 초점이 삶의 부정적 측면(고통, 죽음, 상실, 실망, 갈등, 죄책감, 분노, 미해결된 문제, 실수 가능성, 배신, 잘못될 수 있는 일 등)에 있으며, 긍정적이거나 낙관적인 측면은 최소화하거나 무시한다. 대개 여러 다양한 직업, 재정 혹은 대인관계 상황에서 결과적으로는 심각하게 잘못되어 버리거나 현재는 잘되어 가고 있는 것으로 보이는 자신의 삶의 영역도 결국 부서져 버릴 것이라고 과장되게 예상하는 것을 포함한다. 보통 재정적 파산, 상실, 굴욕 또는 나쁜 상황에 휘말리게 할 수 있는 실수를 하는 것에 대한 지나친 두려움이 관련되어 있다. 부정적 결과의 가능성을 과장하기 때문에, 이 환자는 만성적 걱정, 경계, 불평하기 또는 우유부단함 등을 주로 나타낸다.
감정억제 (Emotional inhibition)	보통 타인이 자신을 인정하지 않거나 수치심 또는 자신의 충동 통제력을 잃는 것을 피하기 위해서 자발적인 행동이나 느낌 또는 의사소통을 과도하게 억제한다. 공통적으로 보이는 억제유형에는 [A] 분노와 공격성의 억제, [B] 긍정적인 충동(예, 기쁨, 애정, 성적 흥분, 놀이) 억제, [C] 자신의 느낌과 욕구 등을 자유롭게 의사소통하거나 자신의 취약성을 드러내는 것의 어려움, [D] 감정은 무시하면서, 이성은 과도하게 강조하는 등이 포함된다.
엄격한 기준/과잉비판(Unrelenting standards/ hypercriticalness)	여기에 기저하는 신념은 개인이 주로 비판받는 것을 피하기 위해서 행동이나 수행에 관해 세운 매우 높은 내적인 기준을 충족시키기 위해 애써야만 한다는 것이다. 대부분 느긋해지는 것에 대한 어려움이나 압박감, 그리고 자신과 타인을 향해 혹독하게 비판하는 특징이 전형적으로 나타난다. 즐거움, 이완, 건강, 자존감, 성취감 또는 만족스러운 대인관계에서 상당한 결함이 있다는 점과 관련되어 있어야 한다. 이들에게 대표적으로 나타나는 확고한 기준에는 [A] 완벽주의, 세부적인 부분에 지나치게 집중하거나, 기준에 비해 자신의 수행을 과소평가하는 것, [B] 비현실적으로 높은 도덕적 · 윤리적 · 문화적 또는 종교적 규칙과 같은 생활의 많은 영역에서 적용되는 융통성 없는 규칙과 '당위성' 또는 [C] 좀 더 많은 성취를 할 수 있도록 시간과 효율에 집착하는 것이 있다.
처벌 (Punitiveness)	인간은 자신의 실수에 대해 엄격한 처벌을 받아야 한다는 신념. 개인의 기대나 기준을 충족시키지 못한 (자기 자신을 포함한) 사람에게 분노하고, 용납하지 않으며, 처벌적이고, 참지 못하는 경향성과 관련되어 있다. 참작할 만한 상황을 고려하거나 인간의 결점을 감안하거나 감정을 강조하는 것을 꺼려하기 때문에 대개 자기 자신이나 타인의 실수를 용서하지 못하는 것과 관련된다.

도식은 아동기 환경에 대한 현실 기반 표상에서 비롯되며, 이는 성인기까지 이어진다. 하지만 아동기에 만들어진 도식은 성인기에 이르러 더 이상 적합하지도 않으며 적응적이지 않을 수 있으므로 도식의 역기능성은 두드러지게 된다. 성인 도식은 치명적이었던 과거 아동기의 사건과 유사하다고 지각된 생활 사건에 의해 촉발된다. 도식이 촉발될 경우, 그 사람은 강한 부정적 정서, 예를 들어 슬픔, 수치심, 두려움 혹은 분노 같은 정서를 경험하게 된다. 따라서 심각한 도식이 수많은 상황에서 활성화될수록 대개 더욱 강하고 오래 지속되는 부정적인 감정이 일어난다. 예를 들어, 아동기에 부모로부터 극단적인 비판을 자주 들어야 했던 어떤 사람은 결함(Defectiveness) 도식을 가

질 수 있으며, 이 도식은 누구를 만나든 거의 언제나 활성화될 것이다. 이와 반대로 자신의 아버지로부터 가끔 가벼운 비판만을 경험했던 사람도 결함 도식을 가질 수 있는데, 요구적인 남성 권위 인물과 부정적인 상호작용을 할 때만 도식이 촉발될 것이다.

도식은 사람이 생각하고, 느끼고, 행동하고, 사회적으로 상호작용하는 방식을 정하는 주요한 결정인자다. 일반적으로 도식은 선험적 사실로 받아들여지고 있으며, 경험의 처리과정에 영향을 미치지만, 인식되기가 어렵다. 게다가 도식은 익숙하고 편안한 것이다. 사람은 그들의 도식을 유발하는 사람에게 끌리게 된다. 이런 현상을 '도식 합성(schema chemistry)'이라고 부른다. 심지어 그러한 도식이 실제로 고통을 초래하는 경우에라도 이를 '옳은 것'으로 인식하고 느끼게 된다.

'도식 영속화(Schema perpetuation)'란 사고, 감정, 행위, 대인관계 영역을 포함하여 하나의 도식을 유지시키기 위해 한 인간이 내적으로나 행동적으로 하는 모든 것을 일컫는다. 예를 들어, 불신/학대 도식을 가진 한 여성이 남자 친구에게 돈을 빌려 주었다고 하자. 남자 친구가 그녀에게 갚기로 한 날짜보다 돈을 늦게 돌려줬을 경우, 그녀는 그가 자신을 진실로 사랑하지 않기 때문에 자신을 의도적으로 현혹하여 이용했다고 생각할 것이다. 그래서 그녀는 모욕감을 느끼고 화가 날 것이다. 그런 그녀가 자신의 강한 감정을 표현하며, '자신을 속이려'고 했는지에 대해 그를 추궁하게 되면, 그는 그녀의 행동에 놀라게 되고 그녀와 헤어질 것이다. 결국 이 여성은 남성을 믿을 수 없다는 결론을 내리게 된다. 따라서 그녀의 인지 왜곡, 극단적인 감정적 반응, 자기 패배적 행동은 그녀의 도식을 영속시키는 역할을 하게 된 것이다. 이와 대조적으로 도식치료의 목표인 '도식 치유'과정에서는 기존 도식의 강도와 영향력을 감소시킴으로써 내담자가 부적응적인 대처 양식을 보다 적응적인 행동 패턴으로 대처하는 것을 학습하도록 돕는다.

대처방식

도식에 대처하기 위해 다양한 전략이 사용된다. 도식은 기억, 정서, 신체감각과 인지를 포함하며 대처 반응의 한 부분인 행동과는 구분된다. 대처방식은 보통 아동기에는 적응적이고 건강한 생존 기제이지만, 초기 부적응적 도식이 계속 유지된다면 대처방식은 시간이 지날수록 부적응적일 수 있고, 심지어 상황이 바뀌어서 조금 더 적응적인 대처전략이나 도식을 사용할 수 있을 때조차도 부적응적일 수 있다. 대부분의 환자는 대처반응과 반응방식을 혼용하고 있다. 도식은 시간이 지나도 안정적인 반면, 대처방식은 도식에 대처하기 위해 인생의 발달단계나 여러 상황에 따라 다양하게 적용된다. 따라서 특정 도식에 따라 고유한 대처행동이 있는 것은 아니다. 더욱이 개인은 상이한 도식에 따라 상이한 대처방식을 사용할 수 있다. 기질 또한 대처방식을 결정하는 데 중요한 역할을 한다. 수동적인 기질을 가진 사람은 아마 회피하거나 항복할 가능성이 더 높은 반면, 적극적이거나 공격적인 기질을 가진 사람은 과잉보상하는 경향이 있을 수 있다.

세 가지 기본적인 부적응적 대처방식에는 항복(Surrender), 회피(Avoidance), 과잉보상(Over Compensation)이 있다(〈표 10-2〉 참조). 개인이 도식에 항복할 경우, 직접적으로 그 도식은 진실로 받아들여진다. 이런 사람은 그 도식을 회피하거나 맞서려 하지 않게 되고, 직접적으로 그 도식의 정서적 결과를 느끼게 된다. 특정 도식 형성의 원인이 된 어린 시절의 경험이 되살아나고 때론 더 강화되면서 도식에 이끌려 다니는 패턴은 반복된다. 자신의 도식에 항복한 사람은 전형적으로 과거에 '공격적인' 부모가 그랬던 것처럼 자신을 대하는 파트너를 선택하여 상황을 악화시키는 방식으로 파트너와 관계를 맺게 될 가능성이 있다. 치료관계에서 이러한 내담자는 부모와 동일한 역할을 하는 치료자에게 그러한 도식을 재연할 수 있다. 항복 대처 양식에는 순종과 의존이 포함되어 있다.

어떤 사람은 도식이 활성화되지 않도록 그들의 삶을 조정한다. 이들은 도식과 연결되어 있는 사고, 감정, 행동을 회피하게 되는데, 회피 행동은 극단적이거나 과도할 수 있다. 예를 들어, 친밀한 관계나 직업적 도전, 혹은 심지어 자신이 취약하다고 느끼는 삶의 전 영역 등 도식을 촉발하는 모든 상황을 회피하게 된다. 이러한 내담자는 치료에 참여하는 것도 회피할 수 있는데, 과제를 해 오는 것을 '잊어버리거나', 회기에 지각하거나, 얕은 수준에서 탐색될 수 있는 피상적인 문제만을 제기하거나 치료를 조기에 종결할 수도 있다. 회피 대처방식에는 사회심리적 철회, 과도한 자율성, 강박적인 자극 추구, 중독적 자기위로, 물질 사용 또는 남용 등이 포함된다.

과잉보상 대처방식을 사용하는 사람은 극단적으로 도식에 저항한다. 도식이 촉발될 경우, 그들은 필사적으로 반격한다. 과잉보상은 도식과 싸우기 위한 건강한 충동으로 생긴 것일 수 있지만, 상황에 부적절하고 타인의 기분을 무시할 수 있으며 원하는 결과를 얻을 가능성을 저해한다. 이 대처방식은 아동기의 무력감과 취약감으로부터 벗어나려는 수단이자 그 도식의 효과에 대한 대안으로서 발달해 온 것이다. 이러한 대처 양식을 가진 성인은 도식을 획득했던 아동기의 자기와 현재 자기를 구분하려고 애쓴다. 하지만 대개 과잉보상은 과도하거나 무감각하거나 혹은 효과적이지 않은 행동을 수반하는 경직된 대처 양식을 발달시킨다. 전략에는 공격성, 적대성, 지배성, 과도한 자기주장, 인정 추구, 지위 추구, 조종, 착취, 수동-공격, 반항, 과도한 질서 정연, 강박성이 있다.

표 10-2 도식 및 대처방식과 관련된 부적응적 행동의 예

초기 부적응 도식	항복의 예	회피의 예	과잉보상의 예
유기/불안정(Abandonment/Instability)	관여하지도, 관계를 유지하지도 않는 파트너 선택	친밀한 관계를 회피하며 혼자 있을 때 음주	파트너를 떠나게 할 정도로 매달리거나 '숨 막히게 함.' 조금만 떨어져도 파트너를 맹렬히 공격
불신/학대(Mistrust/Abuse)	학대적인 파트너를 선택하고 학대를 허용	상처받는 것과 누군가를 믿는 것을 꺼려함(비밀 엄수)	타인을 이용하고 학대('사람이 자신을 착취하기 전에 먼저 착취')
정서적 박탈(Emotional deprivation)	정서적으로 박탈적인 파트너를 선택하며 욕구를 충족시켜 주기를 요청하지 않음.	친밀한 관계를 완전히 회피	배우자와 친한 친구에게 정서적으로 지나치게 요구
결함/수치심(Defectiveness/Shame)	비판적이고 거부적인 친구를 선택하며 자신을 깎아내림.	솔직한 생각과 감정을 표현하는 것을 회피하며, 타인이 먼저 다가와 주기까지 기다림.	자기 자신은 완벽하다고 생각하며, 타인을 비판하고 거부
사회적 고립(Social isolation)	친목 모임에서 타인과의 공통점보다는 차이점에만 집중	사회적 상황과 모임을 피함.	집단에 맞추기 위해 카멜레온처럼 행동
의존/무능(Dependence/Incompetence)	중요한 타인(부모, 배우자등)에게 자신의 모든 재정적 결정을 내려 주기를 요청	운전을 배우는 것과 같은 새로운 도전을 피함.	지나치게 독립적이어서 어떤 것도 남에게 요청하지 않음('역의존적').
위험과 질병에 대한 취약성(Vulnerability to harm and illness)	신문에 기재된 대참사와 관련된 기사를 강박적으로 탐독하고 이 일이 일상생활에서 일어날 것이라고 예상	완전히 '안전'하다고 여겨지지 않는 장소에 가는 것을 회피	위험에 대해 주의를 기울이지 않고 무모하게 행동('역공포적')
융합/미분화된 자기(Enmeshment/Undeveloped Self)	심지어 성인이 되어서도 자신의 어머니에게 모든 것을 말함. 파트너를 통해 살아감.	친밀감을 피하고, 동떨어져서 지냄.	모든 방면에서 중요한 타인과 반대가 되려고 노력

실패(Failure)	과제를 건성으로 또는 되는 대로 처리	직업적 도전을 완전히 피하며 과제를 미룸.	끊임없이 자신을 혹사시켜 '초과 달성자'가 되려고 함.
특권의식/과대성(Entitlement/Grandiosity)	다른 사람에게 자신의 방식대로 하라고 괴롭히면서 자신의 성취를 자랑함.	자신이 뛰어나지 않고 평범한 사람이 되는 상황을 회피	타인의 욕구에 과도하게 주의를 기울임.
불충분한 자기통제 및 자기훈련(Insufficient Self-control/Self-discipline)	일상 과제를 쉽게 포기	고용되거나 책임지는 것을 회피	과도하게 자기통제를 하거나 자기훈련을 하려고 함.
복종(Subjugation)	다른 사람이 상황을 통제하거나 선택을 하게 함.	다른 사람과 갈등이 일어날 것 같은 상황을 회피	권위에 대한 반항
자기희생(Self-sacrifice)	타인에게 많은 것을 주고도 아무것도 요구하지 않음	주고받는 상황을 회피	가능한 한 남에게 주려고 하지 않음.
승인 추구/인정 추구(Approval seeking/Recognition seeking)	타인에게 좋은 인상을 주려고 함.	승인을 갈망하는 사람들과의 상호작용을 회피	타인에게 승인을 받을 수 있는 방식과는 거리가 멀고 뒤로 물러나 있음.
부정성/비관주의(Negativity/Pessimism)	부정적인 측면에 초점을 두고 긍정적인 것은 무시함. 끊임없이 걱정을 하며 무슨 일이 있더라도 부정적인 결과를 피하려고 최선을 다함.	비관적인 기분과 불행감을 달래기 위해 술을 마심.	지나치게 낙관적이며('폴리네시안') 불쾌한 현실을 부인함.
정서 억제(Emotional Inhibition)	침착하고 정서적으로 단조로운 태도를 유지	사람이 의견을 나누거나 감정을 표현하는 상황을 회피	심지어 자신이 억지스럽고 자연스럽지 않다고 느끼는 상황에서도 '익살꾼'이 되려고 어설프게 노력
엄격한 기준(Unrelenting standards)	완벽하게 하려고 지나치게 많은 시간을 소비	수행을 평가받는 상황이나 과업에서 꾸물거리거나 회피함.	성급하고 부주의하게 일을 하며 기준을 전혀 신경쓰지 않음.
처벌(Punitiveness)	자신과 다른 사람들을 혹독하고도 처벌적으로 대함.	처벌에 대한 두려움 때문에 사람들을 피함.	지나치게 관대하게 행동

양식

'양식(mode)'이란 특정 순간에 활성화되는 도식과 대처방식을 말한다. 도식과 대처방식은 내담자의 특질인 반면, 양식은 내담자의 상태로서 상이한 도식이나 대처방식의 활성화에 따라 개인의 양식은 바뀔 수 있다. 특정 도식이나 대처반응이 압도적인 감정이나 경직된 대처방식을 유발하고 있다면 양식이 활성화된 것이다. 양식은 대개 내담자를 과민하게 만드는 일상의 상황('정서적 버튼')으로 인해 촉발된다.

양식은 경계선 성격장애(BPD)를 가진 내담자와의 작업에서 유래한 개념이다. 경계선 성격장애가 있는 사람은 일반적으로 수없이 많은 복잡하고 역동적인 도식을 가지고 있기 때문에 도식모델을 적용하기 어렵다. 도식과는 상이한 분석 단위로 개발된 '양식' 개념은 도식을 조금 더 쉽게 치료하기 위해 통합하고 분류한 것이다. 게다가 경계선 성격장애 내담자의 정서적 불안정성은 도식과 대처방식과 같은 보다 영속적인 특질 구성개념과는 달리 일차적인 구성개념으로서 양식을 포함시키는 상태모델로 더 잘 설명되는 것 같다. 양식 개념은 현재 여러 진단 분류와 다양한 기능 수준을 가진 내담자에게 적용되고 있다.

양식에는 네 가지 주요 유형이 있으며, 각각은 특정 도식과 대처방식과 관련되어 있다(〈표 10-3〉 참조). 양식은 아동 양식, 부적응적 대처 양식, 역기능적 부모 양식과 건강한 성인 양식 등 네 가지 유형으로 구성되어 있다. 아동 양식은 상처받기 쉬운 아동, 화난 아동, 충동적/훈육되지 않은 아동, 만족한 아동으로 나뉜다. 부적응적 대처 양식은 순응적인 항복자, 분리된 방어자, 과잉보상자 등 세 가지로 나뉘는데, 각각 항복 대처방식, 회피 대처방식, 과잉보상 대처방식에 상응하는 것이다. 역기능적 부모 양식은 처벌적 부모 양식과 요구적 부모 양식 두 가지로 나뉘며, 각각 경계선 성격장애와 자기애성 성격장애 내담자에서 두드러지게 나타난다.

건강한 성인 양식은 자기의 '집행자' 혹은 양육기능을 한다. 건강한 성인 양식은 ① 상처받기 쉬운 아동을 양육하고, 지지해 주고 보호하며, ② 화난 아동과 충동적/훈육되지 않은 아동의 한계를 설정하고, ③ 부적응적 대처와 역기능적 부모 양식의 악화를 방지하고 조정하는 등의 세 가지 기본적인 기능을 가지고 있다. 건강한 성인 양식의 효과성은 기능 수준에 따라 차이가 난다. 모든 사람이 건강한 성인 양식을 가지고 있지만, 이 양식은 심리적으로 건강한 사람에게서 보다 강하고 빈번하게 활성화된다. 또한 심리적으로 건강한 사람의 건강한 성인 양식은 보다 효과적으로 역기능적 양식을 조정할 수 있다. 도식치료의 양식 작업에서 무엇보다 중요한 목표는 내담자의 건강한 성인 양식을 강화시키는 것이다.

표 10-3 양식 유형별 도식 양식

아동 양식	
취약한 아동 양식	이들은 외로운, 고립된, 슬픈, 오해받는, 지지받지 못하는, 결함 있는, 불우한, 압도된, 무능한, 자기에 대한 의심, 가난한, 무력한, 절망적인, 겁먹은, 불안한, 걱정하는, 희생된, 가치 없는, 사랑받지 못하는, 사랑스럽지 않은, 헛된, 목적을 잃은, 허약한, 열등한, 약한, 패배한, 억압된, 무력한, 소외된, 배제된, 비관적인 느낌을 느낀다.
화난 아동 양식	이들은 강한 분노, 격분, 격노, 좌절과 참을 수 없음을 경험한다. 왜냐하면 상처받기 쉬운 아이의 핵심 욕구가 충족되지 않았기 때문이다.
충동적인/훈련되지 않은 아동 양식	이 사람은 자신의 마음대로 하기 위해 이기적으로 또는 통제되지 않은 방식으로 비핵심적인 욕구나 충동에 따라 행동하며, 이들은 자주 단기적인 만족을 지연하는 데 어려움을 겪는다. 또한 이들은 자신의 욕구나 충동을 충족시킬 수 없을 때 강한 분노, 격분, 격노, 좌절과 참을 수 없음을 느낀다. 이들은 '버릇없어' 보일 수 있다.
만족한(행복한) 아동 양식	이 사람은 사랑받는, 만족, 연결감, 흡족, 성취감, 보호받는 느낌, 수용감, 칭찬받는, 보람을 느끼는, 보살핌 받는, 안내 받는, 이해받는, 인정받는, 자신감 있는, 유능감, 적절한 자율감이나 자립감, 안전감, 유연한, 강한, 자신에 차 있는, 통제 가능한, 융통성 있는, 소속된, 낙관적인, 그리고 자발적이라고 느낀다.
부적응적인 대처 양식	
순응적인 항복자 양식	갈등이나 거절에 대한 두려움에서 벗어나기 위해 타인과의 관계에서 수동적인, 아부적인, 복종적인, 승인 추구적인 혹은 자기비하적인 방식으로 행동한다. 학대와 나쁜 대우를 견디며, 타인에 대한 건강한 욕구나 욕망을 표현하지 못한다. 또한 자기패배적 도식으로 야기된 패턴을 직접적으로 유지시켜 주는 사람을 선택하거나 그런 행동을 한다.
분리된 방어자 양식	이 사람은 욕구나 감정을 차단한다. 또한 사람들과 정서적으로 분리하고 타인의 도움을 거절한다. 철수된, 멍한, 산만한, 단절된, 비인격적인, 공허함과 지루함을 느낀다. 또한 주의를 분산하는, 자기위로적인 또는 자기자극적인 활동을 지나치게 또는 강박적인 방식으로 추구한다. 사람이나 활동에 시간이나 에너지를 쏟는 것을 피하기 위해 냉소적인, 냉담한 혹은 비관적인 태도를 취할 수 있다.
과잉보상자 양식	이들은 지나치게 과장하는, 공격적인, 지배적인, 경쟁적인, 거만한, 오만한, 생색내는, 평가절하하는, 과잉통제된, 통제하는, 반항적인, 조종적인, 착취적인, 관심 추구 혹은 높은 지위를 추구하는 방식으로 느끼고 행동한다. 이러한 감정이나 행동은 원래 충족되지 않은 핵심 욕구를 보상하거나 충족시키기 위해 발달된 것이다.
부적응적 부모 양식	
처벌적인 부모 양식	이들은 자기나 타인이 처벌이나 비난을 받을 만하다고 느끼며, 자주 이러한 기분에 따라 자기나 타인을 비난하거나 벌하거나 학대하는 행동을 한다. 이 양식은 규칙의 본질보다는 규칙의 형식을 부과하는 것이라고 볼 수 있다.

요구적/비판적 부모	이들은 완벽해지거나 매우 높은 수준의 성취를 이루는 것, 모든 것을 질서정연하게 맞추는 것, 높은 지위를 얻으려고 애쓰는 것, 겸손해지는 것, 자신의 욕구보다 타인의 욕구를 중시하는 것 또는 시간 낭비를 피하거나 효율적으로 시간을 사용하는 것을 이상적이며 바람직한 것이라고 느낀다. 혹은 감정을 표현하거나 자연스럽게 행동하는 것을 나쁜 것이라고 여긴다. 이 양식은 부과되는 규칙의 형식보다는 내현화된 높은 기준 및 규칙의 본질을 말하는 것이다. 이러한 규칙은 자신의 기능에 보상적이지 않다.
건강한 성인 양식	
건강한 성인 양식	이 양식은 취약한 아동 양식을 보살피고, 인정하고, 지지하며, 화난 아동 양식과 충동적인 아동 양식에 한계를 설정한다. 건강한 아동 양식을 촉진하고 지지하며, 결과적으로 부적응적인 대처 양식을 대체한다. 부적응적인 부모 양식을 상쇄하거나 조정한다. 이 양식은 일하고, 양육하며, 책임을 지고, 전념하는 것과 같은 적절한 성인의 기능을 수행한다. 또한 이 양식은 성, 지적 · 미적 그리고 문화적 관심사와 건강 유지 그리고 체육활동 등 건전하게 행복감을 주는 성인의 활동을 추구한다.

내담자는 각자 특정한 성격 양식을 드러낸다. 실제로 일부 축 2진단은 내담자가 가지고 있는 전형적인 양식으로 쉽게 설명된다(Young et al., 2003). 경계선 성격장애 내담자는 도식 때문에 고통스러운 유기된 아동, 충족되지 못한 욕구에 대해 분노를 표현하는 화난 아동, 욕구와 감정을 표현하는 아동을 처벌하는 처벌적인 부모, 사람들과 분리되고 감정을 느끼지 못하게 하는 분리된 방어자 양식 등 네 가지 양식 사이를 재빠르게 왕래한다. 자기애성 성격장애 내담자는 대개 정서 박탈과 결함 도식에 대해 과잉보상하는 특징을 보이며, 전형적으로 자기과장 양식, 분리된 자기위안 양식, 외로운 아동 양식을 나타낸다.

몇몇 성격장애는 초기 도식 모델과 대처방식으로 충분히 개념화할 수 있다(Young et al., 2003). 예를 들어, 불신/학대 도식은 편집성 성격장애와 관련이 있고, 결함 도식과 회피 대처방식은 회피 성격장애의 기초가 될 수 있다. 대조적으로 강박성 성격장애는 엄격한 기준 도식으로 설명할 수 있지만 강박적 행동과 의존성 성격장애는 의존/무능 도식과 관계가 있다. 하지만 도식, 양식, DSM-IV 성격장애 모두가 서로 일대일로 부합하는 것은 아니다. 오히려 이 초기 도식 모델은 치료 상황에서 성격장애와 성격적 문제를 개념화하여 대안적인 시스템을 제공한다. 도식 치유 과정의 부분으로서 내담자의 역기능적 양식을 건강한 양식으로 대체하도록 격려하고 지원한다.

도식치료에서의 평가

도식치료의 평가 단계에서는 내담자의 도식을 확인하고 각 도식의 발달상 기원을 이해하고자 노력한다. 그다음에는 내담자의 도식을 영속시키는 기제로서 부적응적 대처방식(항복, 도피, 반격)을 확인하고 평가하게 된다. 마지막으로는 주요 양식을 확인하고 양식 간의 변동을 관찰한다. 평가는 다차원적이고 다양한 방식으로 이루어진다. 평가 기법에는 대개 도식을 활성화시키고 현재 문제와 과거 경험 간의 정서적 연결을 분명히 하기 위해 고안된 내력 면담, 행동 관찰, 자기 보고 식 평가, 상상 활동 등이 포함된다.

도식치료에서 평가 목적은 도식-초점적 사례개념화를 완성해 나가는 것이다. 사례개념화는 축 1증상 파악이나 진단, 현재의 주요 문제, 문제의 발달적 원인, 가능한 기질이나 생물학적 요인, 아동기의 핵심 기억과 미충족된 욕구, 주요 도식과 현재 도식 유발요인, 대처행동(항복, 회피, 맞대응 방식), 주요 도식 양식, 핵심 인지 및 왜곡, 치료관계의 질 등을 통합하는 것이다.

Young 도식 질문지

Young 도식 질문지 3판(YSQ-L3)(Young & Brown, 2003a)은 232개 문항으로 된 측정도구로, 응답자는 1(전혀 아니다)~6(매우 그렇다)점 범위의 리커트 척도상에서 자기 서술적 진술문에 솔직하게 응답하게 된다. 진술문의 예로 '나의 이야기를 진심으로 들어 주거나 이해해 주거나 나의 진짜 욕구나 감정을 인식하고 맞춰 주는 사람은 없다.' '나는 뭔가를 성취해야 하고 이루어야 한다는 끊임없는 압박을 느낀다.' 등이 있다. 문항은 18개 도식 각각의 특징을 나타내고 있으며, 각 도식에 대하여 낮음, 중간, 높음, 매우 높음으로 평가한다. YSQ 3판의 단축형(YSQ-S3)(Young & Brown, 2003b)도 18개의 도식을 90개의 자기 서술적 문항으로 측정한다. YSQ는 프랑스어, 스페인어, 독일어, 포르투갈어, 이탈리아어, 네덜란드어, 터키어, 일본어, 한국어, 핀란드어와 노르웨이어 등 다양한 언어로 번안되었다.

YSQ의 심리측정적 특성을 제일 처음 연구했던 사람은 Schmidt, Joiner, Young과

Telch(1995)였는데, 이들은 YSQ가 높은 검사-재검사 신뢰도와 내적 일관성을 보였다고 보고했다. 또한 YSQ는 심리적 고통, 자존감, 우울증에 대한 인지 취약성, 성격장애 증상 등에 측정도구와의 양호한 수렴 및 변별 타당도를 보였다. 임상 집단과 비임상집단을 대상으로 하여 요인을 분석한 결과 YSQ의 도식 구조를 지지하는 결과가 나타났다. 연구자는 이 결과를 같은 모집단으로부터 얻은 또 다른 표본에서 반복 검증하였다. Lee, Taylor와 Dunn(1999)이 호주 임상 모집단을 대상으로 반복 검증한 결과, YSQ에서 제시한 도식 영역이 기존과 동일하게 지지되었다. 요인 분석 연구에서는 원래 도식치료 모델에서 제안한 16개의 도식 중 15개를 포함해 16개의 주요 구성요소가 보고되었다. 성인 애착 및 아동기 외상 측정도구와 초기 부적응적 도식 간의 상관관계도 밝혀졌다(Cecero, Nelson, & Gillie, 2004).

또한 YSQ-S3도 좋은 내적 일관성, 입증된 요인 구조, 견고한 구성 타당도를 나타냈다(Welburn, Coristine, Dagg, Pontefract, & Jordan, 2002). 미출판 연구결과에서는 YSQ-S3가 12세 이하 연령의 아동에게 사용하기에는 적절하지 않은 것으로 나타났지만, 성인과 청소년을 대상으로는 타당한 요인 구조와 좋은 내적 일관성을 나타냈다(Waller, Meyer, Beckley, Stopa, & Young, 2004). 단축판과 원판 YSQ를 비교했을 때, 이 두 버전은 비슷한 내적 일관성, 평행양식 신뢰도, 동시 타당도를 나타냈으며 단축형을 임상적 장면과 연구에 타당하게 적용할 수 있는 것으로 나타났다(Stopa, Thorns, Waters, & Preston, 2001).

도식 양식 검사

도식 양식 검사(Schema Mode Inventory: SMI)(Young et al., 2007)는 186개의 자기 보고 식 진술문으로 구성되어 있으며, 응답자는 이 진술문에 대한 자신의 의견을 1(전혀 혹은 거의 아니다)에서 6(거의 항상 그렇다)점 범위의 리커트 척도상에서 평가한다. 자기 보고 식 진술문에는 '나는 다른 사람들과 연결되어 있다고 느끼지 않는다.' '나는 내가 하는 모든 일에 최선을 다하려고 노력한다.' 등의 문항이 포함되어 있다. Arntz, Klokman과 Sieswerda(2004)는 SMI를 사용하여 경계선 성격장애를 가진 내담자의 양식을 연구했다. 정상집단과 비교했을 때, 이 내담자는 유의미하게 4개의 전형적인 경계선 양식(유기된 아이, 분리된 방어자, 화난 아이와 처벌적 부모) 전부에서 높은 점수를 받을 가능성이 더 높았다. 경계선 성격장애를 가진 내담자는 건강한 성인 양식에서 가장 낮은 점수를 보였다. 각각의 양식과 성격장애 간의 상관 연구에서 각각의 성격장애마다 독특한 양식 패턴이 있는 것으로 밝혀졌다(Lobbestael, Van Vreeswijk, & Arntz, 2008). 이 결과는 어떤 특정 양식 점수보다 양식 점수의 조합이 각각의 특정 양식을 가장 잘 나타낸다는 점을 시사한다. 양식에 대한 구성 타당도는 지지되었지만, 몇몇 성격장애 외의 다중 상관은 양식의 특정성을 증가시킬 필요가 있음을 시사하는 것일 수 있다.

도식치료에서의 치료

정서적 문제는 대부분 아동 · 청소년기 발달에서 충족되어야 할 핵심 욕구가 충족되지 못했기 때문이며, 이로 인해 부적응적인 도식과 행동 대처 패턴이 형성된다. 도식치료 모델에서는 적응적 방법으로 자신의 핵심 정서적 욕구를 충족시킬 수 있는 사람이 심리적으로 건강한 사람이라고 간주한다. 치료에서 내담자는 자신의 욕구 충족을 좌절시키는 부적응적 도식, 대처방식, 양식을 확인하고 이를 변화시킬 수 있도록 노력한다. 그러한 작업이 이루어진 뒤 내담자는 자신만의 핵심 욕구를 충족시킬 수 있는 보다 적응적인 방법을 탐색하고 선택하게 된다.

도식치료는 내담자의 욕구에 따른 도식, 대처방식, 양식 혹은 이들의 가능한 조합을 선정하기 위해 사용할 수 있는 유연한 틀을 제공한다. 도식치료에서 무엇보다 중요한 목표는 도식을 치유하는 것인데, 이는 인지, 행동, 경험, 대인관계적인 개입을 통해 이루어진다. 도식치료는 부적응적 도식과 관련된 기억, 정서, 신체 감각과 부적응적 인지의 강도를 감소시킨다. 행동변화는 도식 치유의 또 다른 요소로서 내담자가 자신들의 부적응적 대처방식을 대체할 좀 더 적응적인 행동 패턴을 습득하게 된다. 도식치유는 도식이 활성화되는 것을 방해하는 것으로, 도식의 영향을 감소시키고 부적응적 경험으로부터의 회복을 강화시킨다. 치료과정이 진행되면서 내담자는 자존감이 발달하게 되고 보다 배려 있는 대인관계를 선택하게 된다.

도식은 생애 초기에 습득되어 전 생애 동안 반복되는 매우 깊게 뿌리박힌 신념이다. 이들은 변화에 매우 저항적일 수 있다. 또한 내담자에게 예측 가능성과 안전성도 제공한다. 도식 치유에서는 치료자의 지지와 동맹에 힘입어 내담자 스스로가 기꺼이 도식과 직접 직면해야 한다. 내담자는 체계적으로 자신의 도식을 인식해 나가야 하며, 사고하고, 느끼고, 행동하는 새로운 방식을 연습해 나가야 한다. 이 과정을 위해서는 규칙적으로 연습하도록 훈련하고 전념해야 한다. 치료가 도식이나 대처방식, 혹은 양식을 목표로 삼아 나아가는 것과 별도로, 치료자–내담자의 관계는 도식치료의 기본적인 요소다. 치료적 관계에서 드러나는 내담자의 도식, 대처방식, 양식은 평가되고 다루어진다. 치료자는 내담자에게 건강한 성인 양식의 모범이 됨으로써 내담자가 부적응적 도식과 맞서 싸우고, 건강한 방법으로 정서적인 성취를 추구하는 것을 내현화할 수 있도록 돕는다. 치료자는 내담자의 도식과 대처방식에 대한 공감을 유지하면서 내담자가 변화해야 할 이유를 강조하는 '공감적 직면'의 치료적 태도를 취하게 된다. 마지막으로 치료자는 내담자의 충족되지 못한 아동기 때의 욕구를 부분적으로 충족시켜 주기 위해 적절한 치료적 경계 내에서 '한정된 재양육'을 실시하게 된다.

도식치료 작업은 내담자의 핵심 욕구와 중심 도식을 확인하고 평가하는 것에서부터 시작한다. 그러고 나서는 도식을 내담자의 현재 문제와 과거력에서 보이는 패턴과 연관시킨다. 치료자는 상상과 논의를 통해 내담자의 도식을 유발시키며, 내담자는 도식과 관련한 정서를 경험하기 시작한다. 치료 관계에서 내담자의 대처방식, 특유의 양식과 패턴을 관찰하고 확인한다. 이 단계에서 사례개념화를 하고, 내담자와 피드백을 공유해야 한다.

인지적 개입에는 도식 플래시 카드, 도식 일기, 그리고 내담자가 도식과 건강한 성인 간의 상상적 대화를 하는 '도식 대화'가 있다. 경험적 기법은 정서와 인지 변화 간의 관계를 탐색하고 증진하기 위해 상상과 대화를 사용한다. 필요한 경우에는 기억과 관련한 적절한 정서 표현을 지도하고 격려한다. 경험적 활동에는 '빈의자'라는 심상적 대화와 부모님과 중요한 타인에게 쓰는 표현식 편지 쓰기가 있다(대부분의 경우 편지는 전달되지 않지만).

행동적 개입은 내담자가 부적응적 대처 반응을 확인하고, 대안적 행동을 시연하도록 돕는다. 문제는 패턴을 확인하기 위해 평가되고, 기저에 있는 도식과 연결지어진다. 난이도에 따라 분류된 숙제는 내담자에게 여러 생활 사건과 대인관계적 상호작용을 경험하게 한다. 장애물을 극복하기 위해 플래시 카드, 상상, 수반성 관리와 도식 양식 작업을 사용할 수 있다. 마지막으로 도식치료 모델은 회복 과정에서 사랑하는 사람을 치료에 참여시키는 것이 가능하고 적절하며, 적응적이라면 그렇게 하는 것을 지지한다. 치료 종반부가 되어 부모를 용서하는 것이 가능해지면, 자기 부모의 도식과 대처방식에 대한 이해를 증진시킴으로써 용서할 수 있도록 도와주며 격려한다.

도식치료는 각각의 도식을 다루기 위하여 특정한 치료목표를 제안한다(〈표 10-4〉 참조). 도식치료에서 양식 작업의 궁극적인 목표는 내담자의 건강한 성인 양식을 강화시킴으로써 내담자의 다른 양식도 보다 적응적으로 작동할 수 있도록 하는 것이다. 초기에 치료자는 건강한 성인 역할을 하며 한계를 설정하고 내담자가 적응적 행동을 할 수 없을 경우에 적응적 행동의 모범이 되어 준다. 치료가 진행되면서 내담자는 점점 치료자의 사고, 감정, 행동을 자기 자신만의 건강한 성인 양식으로 내면화하고 그러한 역할을 받아들이게 된다.

양식 작업은 경계선 성격장애를 가진 내담자와의 임상 경험으로 인해 발전한 것이지만, 다른 장애를 가진 다양한 내담자에게도 적용할 수 있다. 내담자가 경직된 회피적 대처방식, 경직된 보상적 대처방식, 강한 자기 처벌적이고 자기 비판적인 경향성, 내적 혼란이나 명백히 해결할 수 없는 내적 갈등, 기분과 대처방식에서 빈번한 변동 등을 보일 경우 양식 작업이 필요할 수 있다.

도식치료에서 양식 작업은 내담자의 욕구에 따라 매우 다양한 형식을 취한다. 그러나 일반적으로 7단계로 이루어진다.

- 치료회기나 회기 밖의 상황에서 드러나는 내담자의 양식을 확인하고 명명한다.
- 각 양식의 기원과 기능을 탐색한다.
- 변화해야 할 이유를 제공하기 위해 부적응적 양식을 현재의 문제 및 증상과 연결시킨다.
- 만약 기존의 양식이 다른 양식으로 접근하는 것을 방해하거나 또 다른 식의 역기능을 초래한다면, 역기능적 양식을 수정하거나 단념하였을 경우에 누릴 수 있는 이점을 증명한다.
- 건강한 성인의 목소리를 제공하면서 상상을 통해, 상처받기 쉬운 아이를 만나게 한다.
- 상상 속에서 점차적으로 다른 양식을 이들의 대화로 끌어온다. 건강한 성인 양식이 양식 간의 대화에서 일어난 문제를 해결하도록 촉진시킨다.

• 내담자가 양식 작업을 통해 치료회기 밖의 일상생활을 일반화시킬 수 있도록 한다.

표 10-4 특정 도식을 다루기 위한 치료목표

초기 부적응적 도식	치료목표
유기/불안정(Abandonment/Instability)	인지적: • 타인이 결국 떠나거나 물러나거나 예상치 않게 행동할 것이라는 과장된 관점 수정하기 • 중요한 타인은 항상 일관되어야 하고 응해 줘야 한다는 비현실적인 기대 수정하기 • 파트너가 거기에 있는지 확인하는 것에 대한 과도한 초점 줄이기 경험적: • 불안정하고, 예측 불가능한 혹은 부재한 부모에 대한 기억을 재경험하기 위해 상상하기 • 불안정한 부모에게 분노 표현하기 • 내담자가 자신의 내적 유기된 아이를 돌볼 수 있도록 돕기 행동적: • 안정적이고 헌신적인 파트너 선택하기 • 파트너를 지나치게 질투하거나 의존하는 등의 방식으로 밀어붙이지 않기 • 점차적으로 혼자 있는 자신을 허용하고 안전한 환경을 받아들이는 것을 습득하기 치료 관계: • 치료자는 안전과 안정을 위한 과도기적 자원이 되어 주기 • 치료자가 내담자를 버릴 가능성에 대한 왜곡을 수정하고, 치료자가 항상 이용 가능한 사람은 아님을 받아들이게 하기
불신/학대(Mistrust/Abuse)	인지적: • 학대 또는 홀대에 대한 과잉각성 줄이기 • 타인은 나쁜 의도를 가지고 있거나 학대적 · 조종적 또는 정직하지 않은 사람이라고 보는 과장된 관점을 수정하기 • 학대의 원인을 자기로 보는 관점을 수정하기 • 학대를 정확히 파악하고 학대자를 용서하지 않기 • 학대에 대해 아무것도 할 수 없다고 보는 자기관을 수정하기 • 홀대의 스펙트럼, 즉 중립 대 옳고 그름을 가르치기 경험적: • 학대의 기억이나 굴욕적인 기억 회상하기 • 언어나 신체적으로 분노 표현하기 또는 상상으로 학대자에게 대항하기 • 학대자로부터 떨어진 안전한 장소 찾기 행동적: • 친밀감을 증가시켜 점점 사람들을 신뢰하기 • 다른 희생자가 있는 지지집단에 참여하고 '비밀'과 기억을 공유하기 • 비학대적인 파트너를 선택하기

	• 타인을 학대하지 않기 • 학대적인 사람에 대한 한계를 설정하기 • 타인의 실수에 대한 처벌을 줄이기 치료 관계: • 치료자는 내담자에게 완전히 정직하고 진실하기 • 회기 동안 치료자에 대한 신뢰감, 친밀감, 경계심에 대해 규칙적으로 질문하기 • 필요하다면 신뢰를 형성하는 동안에는 경험적 작업을 피하기
정서적 박탈 (Emotional deprivation)	인지적: • 모든 사람은 이기적으로 행동하거나 내담자를 착취하려고 든다는 과장된 인식을 변화시키기 • 박탈의 여러 수준에서 중립 가르치기 • 충족되지 않은 정서적 욕구가 무엇인지 학습하기 경험적: • 심상을 통해 박탈적인 부모에게 분노와 고통을 표현하기 • 심상을 통해 부모에게 욕구를 충족시켜 달라고 요청하기 행동적: • 배려 있는 파트너 선택하기 • 파트너에게 욕구를 충족시켜 달라고 적절하게 요청하기 • 분노로 박탈에 반응하지 않기 • 타인에게 상처받았을 때 자신을 철회하거나 고립시키지 않기 치료 관계: • 치료자는 공감, 안내와 관심을 제공하면서 양육적인 분위기 제공하기 • 내담자가 박탈감에 과잉반응하거나 침묵하지 않고 수용할 수 있도록 도와주기 • 내담자가 자신이 받은 돌봄에 감사하면서도 치료자의 한계를 받아들일 수 있도록 도와주기 • 초기 기억 간의 관계를 연결시키기
결함/수치심 (Defectiveness/Shame)	인지적: • 자신이 가진 강점에 초점을 맞추고 결함을 최소화시켜 봄으로써 나쁜, 또는 사랑스럽지 않거나 흠이 있다는 자기관을 변화시키기 경험적: • 심상을 통해 비판적 부모에게 분노를 분출하게 하고 비판적 도식과 대화하기 행동적: • 수용적인 파트너 선택하기 • 비판에 과잉반응하지 않기 • 수치심를 극복하기 위해 자기 공개를 더 많이 하기 • 과잉보상(예, 높은 지위를 과도히 강조하는 것)을 하지 않기

	치료 관계: • 치료자는 비판단적이고 수용적인 환경을 조성하기 • 치료자의 사소한 약점 공유하기 • 적절하게 내담자를 칭찬하기
사회적 고립 및 소외 (Social isolation/Alienation)	인지적: • 강점에 초점을 두게 하여 사회적으로 매력이 없다는 자기관을 변화시키고 자신의 외모와 사회적 기술을 과도하게 부정적으로 보는 관점 변화시키기 • 다른 사람과의 차이점을 최소화하고 공통점을 강화하기 경험적: • 심상을 통해 거절이나 소외당한 기억을 떠올리고 자신을 거절했던 집단을 향해 감정을 표현하기 • 심상을 통해 수용적인 성인집단을 떠올려 보기 행동적: • 회피 극복하기 • 집단 치료에 참여하기 • 사회적 기술을 향상시키기 • 점차적으로 친구집단을 늘려 나가고 공동체에 의지하기 치료 관계: • 사회적 상황을 회피하고자 하는 것을 직면시키고 긍정적인 사회적 자질들에 대해 칭찬하기
의존/무능 (Dependence/Incompetence)	인지적: • 내담자가 타인의 지속적인 도움 없이 기능할 수 없다고 보는 관점을 변화시키기 • 내담자가 일상 상황에서 내린 결정이나 판단을 신뢰할 수 없다고 보는 관점을 변화시키기 경험적: • 심상을 통해 내담자를 과잉보호하고 내담자의 판단력을 약화시켰던 부모에게 화를 표현하기 행동적: • 타인의 도움 없이 일상적 과업을 혼자서도 처리할 수 있도록 하기 위해 과업의 위계를 설정하여 점진적 노출을 사용하기 치료 관계: • 치료자는 내담자가 의존적인 역할을 하려는 시도를 저지하기 • 내담자가 스스로 결정과 선택을 할 수 있도록 격려하고, 판단과 개선을 칭찬하기
위험과 질병에 대한 취약성(Vulnerability to harm and illness)	인지적: • 범죄 위험, 파산, 신체 질병과 정신적 질병 같은 손해와 위험을 당할 것이라는 과도한 지각에 도전하기 경험적: • 심상을 통해 두려움이 많고 과잉보호적인 부모와 대화하기 • 일상 상황에서 안전한 결과를 떠올려 보게 하기

	행동적: • 두렵고 회피하고 싶은 상황에 대한 위계를 설정하고 여기에 점진적 노출 적용하기 치료 관계: • 회피에 직면하게 하고 침착하고 합리적으로 안심시키기
융합/미분화된 자기(Enmeshment/Undeveloped Self)	인지적: • 내담자 또는 부모가 타인과의 지속적인 접촉 없이는 살아갈 수 없다는 관점을 변화시키기 경험적: • 심상을 통해 부모로부터 분리하는 것을 떠올리기 • 분리된 정체감을 확립하는 데 있어 장애물을 극복하기 위해 심상을 통해 양쪽과 대화하기 행동적: • 타인의 기대로부터 벗어나고 자신만의 선호에 따라 행동하기 위해 일상 상황에서 타고난 성향과 개인적 선호를 확인하기 • 결합 또는 융합을 조장하지 않는 적절한 파트너 선택하기 치료 관계: • 너무 가깝거나 너무 멀지 않은 적절한 경계를 설정하기
실패(Failure)	인지적: • 내담자가 자신을 선천적으로 능력이 없거나 어리석은 사람으로 보는 관점에 도전하고 도식을 유지시키는 실패의 출처를 다시 확인하기 • 성공과 기술을 강조하기 • 현실적인 기대를 설정하기 경험적: • 비판적이거나 지지적이지 않은 성인에 대한 기억이나 형제간에 비교당했던 기억 혹은 비현실적인 기대에 대한 기억에 접근하기 • 수행/성취에 대한 회피를 극복하는 상상하기 행동적: • 새로운 도전을 위계적으로 나누어 점진적으로 노출시키기 • 한계를 설정하고, 미루는 것을 극복하고, 자기훈련을 가르치기 위한 구조를 확립하기 치료 관계: • 성공을 지지하기 • 현실적인 기대를 설정하기 • 구조와 한계를 제공하기
특권의식/과대성(Entitlement/Grandiosity)	인지적: • 특권을 가진 특별한 존재라고 보는 자기관에 도전하기 • 타인을 향한 공감을 격려하고 상호성에 대해 생각하기 • 특권의식이나 과대성의 부정적인 결과를 강조하기 경험적: • 취약성과 기저 도식에 접근하기

	행동적: • 특권을 가진 태도로 행동하는 것을 금지시키기 • 자신의 욕구와 타인의 욕구의 조화를 이루는 방법을 배우기 • 규칙을 따르게 하기 치료 관계: • 특권의식을 직면시키고 한계를 설정하기 • 취약성을 지지하는 반면, 지위/과대성 등을 지지하지 않기
불충분한 자기통제 및 자기훈련 (Insufficient Self-control/ Self-discipline)	인지적: • 장기적인 만족 대 단기적인 만족의 가치에 대해 가르치기 경험적: • 심상을 통해 심층적인 도식과 정서를 탐색하기 행동적: • 구조화된 과제를 통해 자기훈련을 가르치기 • 감정에 대한 자기통제 기법을 가르치기 치료 관계: • 확고한 태도와 한계를 설정하기
복종(Subjugation)	인지적: • 욕구 표현의 부정적인 결과를 과장하는 것에 도전하기 경험적: • 심상을 통해 통제적인 부모에게 화를 표현하고, 자신의 권리를 주장하기 행동적: • 비통제적인 파트너 선택하기 • 점진적으로 타인에게 자신의 욕구 주장하기 • 타고난 성향을 자각하게 하고, 그에 따라 행동하기 치료 관계: • 과잉 통제하지 않기 • 내담자가 선택할 수 있도록 격려하기 • 공손한 선택을 지적하고 분노를 확인하기
자기희생(Self-sacrifice)	인지적: • 타인의 어려움에 대한 과장된 지각을 변화시키기 • 자기 자신의 욕구에 대한 인식을 증진하기 • 투자-보상 비율의 불균형을 강조하기 경험적: • 심상을 통해 부모로부터의 정서적 박탈과 부모와의 불균형적 관계로 인한 분노에 접근하기 행동적: • 자신의 욕구 충족을 요구하기

	• 애정에 굶주려 있는 파트너를 선택하지 않기 • 타인에게 베푸는 것에 대해 한계를 정하기 치료 관계: • 치료자는 스스로의 욕구에 대한 적절한 경계와 권리에 대한 모델이 되어 주기 • 내담자가 치료자를 돌보지 못하게 하기 • 치료자에게 의지할 수 있도록 내담자를 격려하고 의존 욕구를 인정해 주기
승인 추구/인정 추구(Approval seeking/ Recognition seeking)	인지적: • 진술한 행동의 부정적 결과에 대한 지각을 탐색하기 • 다른 사람을 기쁘게 하기 위해 지나치게 열심히 일하는 것의 부작용을 확인하기 경험적: • 내담자가 승인이나 인정을 얻으려고 애썼던 중요한 타인과 대화하기 • 내담자가 직접적이고 정직하게 자신의 욕구를 표현했을 때의 타인의 반응을 떠올려 보기 행동적: • 남들에게 거짓 없이 진심으로 행동하는 실습하기 치료 관계: • 내담자가 치료자의 반응과 승인에 너무 초점을 맞추고 있거나 치료자를 '매우 기쁘게 하려고' 하는 것처럼 보일 때 치료자가 공감적으로 내담자를 직면시키기
부정성/비관주의(Negativity/ Pessimism)	인지적: • 부정적인 것을 과장하지 않고 대신에 삶의 긍정적인 측면에 초점을 맞추게 하기 • 착각적 기쁨 대 우울한 현실주의를 비교해 보기 경험적: • 부정적인 부모와 대화하기 • 부정적 측면의 자기와 긍정적 측면의 자기와 대화하기 • 일어날 수 있는 정서적 박탈, 분노, 또는 상실에 접근하기 행동적: • 대인관계에서 욕구를 들어 달라고 요구하기 • 즐겁고 재미있는 일하기 치료 관계: • 치료자는 내담자가 '폴리아나'의 역할로 빠지지 않게 하면서 긍정적인 역할을 할 수 있도록 격려하기
정서 억제(Emotional Inhibition)	인지적: • 정서 표현의 장점을 강조하기 • 감정적 · 충동적 행동의 결과에 대한 두려움 최소화시키기 경험적: • 심상을 통해 인식하지 못했던 감정에 접근하고 표현하기 • 심상을 통해 억제된 부모와 대화하기

정서 억제(Emotional Inhibition)	행동적: • 자신의 감정에 대해 좀 더 논의하고 표현하기 • 더 자발적으로 살기: 춤, 성관계, 공격성 등 • 통제를 내려 놓는 위계적 과제들에 점진적으로 노출하기 치료 관계: • 감정과 자발성을 좀 더 표현하도록 모델이 되어 주고 격려하기
엄격한 기준/과잉 비판(Unrelenting standards/Hypercriticalness)	인지적: • 기준이 연속선상에 있음을 가르치고 비용-효과 분석을 사용하여 비현실적인 기준을 감소시키기 • 엄격한 기준이 갖는 장점과 단점을 강조하기 • 완벽하지 않은 것에 대한 지각된 위험을 감소시키기 경험적: • 높은 기대를 가진 부모와 대화하기 행동적: • 점차적으로 기준을 줄여 나가기 • 즐거운 활동에 참여하거나 휴식 시간 늘리기 치료 관계: • 치료와 자신의 인생에 대한 접근에 있어서 균형 잡힌 기준을 가진 사람으로 모델이 되어 주기
처벌(Punitiveness)	인지적: • 처벌적인 방식으로 자기와 타인을 대하는 것의 장점과 단점을 비교하기 • 행동을 변화시키는 데 처벌이 효과적인 장기적 전략이 아니라는 점에 대해 논의하기 경험적: • 심상을 통해 처벌적 부모에게 화내기 • 처벌적 부모 양식과 건강한 성인 양식 간의 대화를 연습하기 행동적: • 자기와 타인에게 용서하는 태도로 말하고 행동하는 연습하기 치료 관계: • 치료자는 내담자가 회기 동안 처벌적인 태도로 행동했을 경우 용서하는 반응을 보여 주는 모델이 되어 주기

경계선 성격장애의 도식치료

경계선 성격장애를 위한 도식치료는 치료자를 모델로 한 건강한 성인 양식을 내담자가 개발하고 강화하도록 돕는다. 먼저 내담자 도식, 대처방식과 특정 양식을 확인하고 그것의 기원과 기능을 탐색한다. 치료자는 현재 내담자가 가지고 있는 문제를 공감해 주며 치료목표와 근거들에 대한 윤곽을 그려 보고 내담자에게 도식, 대처방식과 양식에 대해 교육시킨다.

경계선 성격장애를 가진 내담자는 자주 그리고 빠르게 몇몇 도식, 양식 사이를 왔다 갔다 한다. 널을 뛰는 양식 현상은 정서적 대인관계적 불안정성 및 반응성과 같은 경계선의 결정적 특징과 관련되어 있다. 경계선 성격장애의 독특한 양식은 유기된 아이, 분리된 방어자, 처벌적 부모, 화난 아이, 충동적인 아이와 건강한 성인이다. 내담자가 양식 사이를 왕래하는 경향을 보이면, 도식치료자는 적절한 한계와 경계를 부과할지를 고려해야 한다. 치료는 제한된 재양육을 촉진시킬 공감적이고 양육적인 치료적 관계를 확립하기 위해 치료자와 내담자의 긴밀한 유대를 형성하는 것부터 시작한다. 유기된 아이 양식은 제한된 재양육, 욕구와 감정에 대한 타당화, 양육적이고 안정적인 기반 발달, 그리고 직접적인 칭찬를 통한 신뢰 구축으로 치료된다. 분리된 방어자는 경험적 관찰과 상상적 대화를 통해 극복된다.

내담자가 대처기술을 습득하기 시작하면 플래시 카드, 도식 일기와 주장 기술 등의 기법이 적용된다. 처음에는 처벌적 부모 양식에 강력히 대항하기 위해 교육, 인지적 재귀인, 자존감 확립과 경험적 기법을 사용하여 도식 양식을 변화시킨다. 그다음에는 화난 아이와 충동적 아이 양식으로 돌아와서 자신의 분노가 부모 역할을 하는 대상으로 향하도록 한다. 내담자는 적절한 주장과 정서 표현을 연습하게 된다. 내담자는 극단적 정서 표현, 외부의 치료적 접촉의 정도, 자살 위기 관리와 파괴적 충동 행동과 관련한 한계를 탐색하게 된다.

경계선 성격장애를 위한 도식치료의 마지막 단계에서는 내담자의 자율성에 초점을 맞춘다. 건강한 친밀감과 개별화를 발달시키기 위해서는 치료와 실제 생활에서 공감적 직면, 상상, 그리고 행동 시연이 촉진되어야 한다. 내담자는 그들의 선천적인 성향을 발견하여 안정적이고 적절한 대인관계를 선택하게 된다. 시간이 갈수록 치료 접촉의 빈도는 감소되고, 내담자는 점차 독립해 나아간다.

도식치료에 대한 경험적 지지

도식치료의 효과성에 대한 경험적 지지는 계속 축적되고 있다. 네덜란드에서 실시된 다기관 연구(Giesen-Bloo et al., 2006)에서는 경계선 성격장애를 가진 88명의 내담자를 대상으로 3년 동안 격주로 도식 중심 치료(SFT)나 정신역동에 기반한 전이 초점 치료(TFT)를 실시하였다. 치료의 효과성을 평가하기 위해 DSM-IV의 경계선 성격장애 진단 기준에 근거해 타당화되고 반구조화된 임상 면담을 포함한 여러 측정도구가 사용되었다. 그 밖의 측정도구로 삶의 질 질문지와 일반 심리치료, 사회 기능, 치료 관계, 정보처리 편향 등 관련 구성개념을 측정하는 기타 다양한 측정도구도 사용되었다. 그 결과, 두 치료 접근 모두 정신병리와 역기능을 감소시키고 삶의 질을 향상시키는 데 효과가 있는 것으로 나타났다. 특히 도식치료는 모든 측정도구에서 전이 초점 치료보다 효과적이었으며 치료과정 동안 탈락 위험을 유의미하게 감소시켰다. 추가 경제적 분석에서 도식치료가 전이 초점 치료보다 비용 효율 측면에서 더 나은 것으로 밝혀졌다(Van Asselt et al., 2008).

Giesen-Bloo 등의 연구(2006)에서의 결과는 긍정적이었지만, 도식치료의 효과성을 평가하기 위해서는 더 많은 연구가 필요하다. 전 세계적으로 더 많은 성과 연구가 진행 중이며, 도식치료의 효과성 측면에 있어서 이들 연구가 좋은 정보를 제공할 것으로 보인다. 도식치료와 관련된 연구를 진행해야 하는 또 다른 이유는 치료에 영향을 주는 실제적인 기제를 평가하고 결과를 내는 치료 방법을 설명하기 위해서다. 이 연구가 계속 진전됨에 따라 개입의 대상이 되는 장애에 대한 다른 접근과 도식치료 간의 상대적 효능을 평가하는 것 또한 가능해질 수 있다.

결 론

이 장은 인지치료, 행동치료, 경험적 치료, 게슈탈트, 정신역동 학파를 하나의 이론과 치료법으로 통합시킨 도식치료(Young, 1990)의 개념적 틀, 주요 방법, 초기 지지를 다루었다. 도식치료는 성격장애, 만성 우울증과 불안, 기타 어려운 문제와 같은 만성화된 장애 및 기저의 성격 문제를 가진 내담자를 치료하는 데 사용되고 있다. 이 치료는 현재 나타나는 문제의 만성적이고 성격적인 측면을 대상으로 기타 치료 형식을 동시에 사용할 수 있는 치료다. 도식치료 모델은 3개의 주요 구성개념으로 구성되어 있다. '도식'은 핵심 심리적 주제이고, '대처방식'은 도식에 대한 특징적인 행동반응이며 '양식'은 특정 상황에서 작동하는 도식과 대처방식이다. 도식치료는 필요에 따라 부적응적 도식, 대처전략과 양식을 대상으로 하는 유연한 치료 틀이다(Young et al., 2003). 도식치료 연구에서 혁신적인 접근이 계속되고 있으며 이에 따라 이 치료에 대한 경험적 지지가 급부상하고 있다.

참고문헌

American Psychiatric Association. (1994). *Diagnostic and statistical manual of mental disorders* (4th ed.). Washington, DC: Author.

Arntz, A., Klokman, J., & Sieswerda, S. (2004). An experimental test of the schema mode model of borderline personality disorder. *Journal of Behavior Therapy and Experimental Psychiatry, 36*, 226-239.

Barlow, D. H. (Ed.) (2001). *Clinical handbook of psychological disorders: A step-by-step treatment manual* (3rd ed.). New York: Guilford Press.

Beck, A. T., Freeman, A., & Associates. (1990). *Cognitive therapy of personality disorders*. New York: Guilford Press.

Beck, A. T., Rush, A. J., Shaw, B. F., & Emery, G. (1979). *Cognitive therapy of depression*. New York: Guilford Press.

Cecero, J. J., Nelson, J. D., & Gillie, J. M. (2004). Tools and tenets of schema therapy: Toward the construct validity of the Early Maladaptive Schema Questionnaire—Research Version (EMSQ-R). *Clinical Psychology and Psychotherapy, 11*, 344-357.

Elliott, C. H., & Lassen, M. K. (1997). A schema polarity model for case conceptualization, intervention, and research. *Clinical Psychology: Science and Practice, 4*, 12-28.

Giesen-Bloo, J., van Dyck, R., Spinhoven, P., van Tilburg, W., Dirksen, C., Van Asselt, T., et al. (2006). Outpatient psychotherapy for borderline personality disorder: Randomized trial of schema-focused therapy vs transference-focused psychotherapy. *Archives of General Psychiatry, 63*, 649-658.

Kagan, J, Reznick, J. S., & Snidman, N. (1988). Biological bases of childhood shyness. *Science, 240*, 167-171.

Lee, C. W., Taylor, G., & Dunn, J. (1999). Factor structures of the Schema Questionnaire in a large clinical sample. *Cognitive Therapy and Research, 23*, 421-451.

Lobbestael, J., Van Vreeswijk, M. F., & Arntz, A. (2008). An empirical test of schema mood conceptualizations in personality disorders. *Behaviour Research and Therapy, 46*, 854-860.

Millon, T. (1981). *Disorders of personality.* New York: Wiley.

Schmidt, N. B., Joiner, T. E., Young, J. E., & Telch, M. J. (1995). The Schema Questionnaire: Investigation of psychometric properties and the hierarchical structure of a measure of maladaptive schemata. *Cognitive Therapy and Research, 19*, 295-312.

Stopa, L., Thorns, P., Waters, A., & Preston, J. (2001). Are the short and long forms of the Young Schema Questionnaire comparable and how well does each version predict psychopathology scores?. *Journal of Cognitive Psychotherapy, 15*, 253-272.

Van Asselt, A. D. I., Dirksen, C. D., Arntz, A., Giesen-Bloo, J. H., van Dyck, R., Spinhoven, P., et al. (2008). Outpatient psychotherapy for borderline personality disorder: Cost-effectiveness of schema-focused therapy v. transference-vocused psychotherapy. *British Journal of Psychiatry, 192*, 450-457.

Waller, G., Meyer, D., Beckley, R., Stopa, L., & Young, J. E. (2004). *Psychometric validation of the short form of the Young Schema Questionnaire and norms for non-clinical adolescents and adults.* Unpublished manuscript, University of Southhampton, UK.

Welburn, K., Coristine, M., Dagg, P., Pontefract, A., & Jordan, S. (2002). The Schema Questionnaire—Short Form: Factor analysis and relationship between schemas and symptoms. *Cognitive Therapy and Research, 26*, 519-530.

Young, J. E. (1990). *Cognitive Therapy for Personality Disorders.* Sarasota, FL: Professional Resources Press.

Young, J. E., Arntz, A., Atkinson, T., Lobbestael, J., Weishaar, M. E., van Vreeswijk, M. F., et al. (2007). *The Schema Mode Inventory.* New York: Schema Therapy Institute.

Young, J. E., & Brwon, G. (2003a). The Young Schema Questionnaire—Long Form. *Retrieved January 27*, 2009, from www.schematherapy.com/id53.htm.

Young, J. E., & Brwon, G. (2003b). The Young Schema Questionnaire—Short Form. *Retrieved January 27*, 2009, from www.schematherapy.com/id55.htm.

Young, J. E., Klosko, J., & Weishaar, M. E. (2003). *Schema therapy: A Practitioner's guide.* New York: Guilford Press.

Young, J. E., Weinberger, A. D., & Beck, A. T. (2001). Cognitive therapy for depression. In D. Barlow (Ed.), *Clinical handbook of psychological disorders: A step-by-step treatment manual* (3rd ed., pp. 264-308). New York: Guilford Press.

CHAPTER 11

인지행동치료에서의 마음챙김과 수용 개입

Alan E. Fruzzetti
Karen R. Erikson

최근 인지행동치료(CBT)에서 수용과 마음챙김 개입의 사용이 흔해지고 있고 지속적으로 확장되고 있다(Baer, 2003; Dimidjian & Linehan, 2003; Roemer & Orsillo, 2003; Kabat-Zinn, 2003). 더욱이 치료 상황에 이 개념을 포함시키는 것뿐만 아니라 임상적 응용 프로그램으로서의 마음챙김과 수용의 본질에 대한 연구 관심이 증가하면서 마음챙김과 수용이 CBT의 경험적 전통에 포함되었다. 이 장에서 수용과 마음챙김의 개념 및 정의를 제시하고, CBT와 마음챙김 및 수용 개입을 통합하는 방식에 대해 논의할 것이다. 주요 접근법에는 변증법적 행동치료, 마음챙김 기반 재발방지, 수용 및 전념 치료, 마음챙김 기반 인지치료, 마음챙김 기반 스트레스 감소, 통합 행동적 부부치료 등이 있는데, 이들 모두는 본질적으로 마음챙김과 수용 전략을 포함하고 있고 경험적 자료를 통해 이들의 유용성이 지지되고 있다. 끝으로 간략한 임상 사례를 통해 몇 가지 핵심적인 임상적 마음챙김과 수용 전략 및 개입법에 대해 기술하고자 한다.

마음챙김과 수용의 정의와 개념화

'마음챙김'과 '수용'이라는 용어를 정의하고 이들이 CBT에서 어떤 식으로 사용되고 있는지를 살펴보는 것은 중요하다. '마음챙김'과 '수용'이라는 용어는 종종 합성어로 사용되거나 심지어는 혼용되기도 한다. 마음챙김이란 '순간순간의 현재 경험에 자신의 주의를 온전히 기울이는 것'(Marlatt & Kristeller, 1999, p. 68) 그리고 '현재 순간에 의도적 · 비판단적으로 순간순간 전개되는 경험에 주의를 기울이는 것을 통해 발생하는 자각'(Kabat-Zinn, 2003)이라고 한다. Baer(2003)는 마음챙김이 사고, 느낌, 혹은 신체 감각 같은 내적 경험이나 소리와 같은 외부 환경에 주의를 두는 것을 포함할 수 있다고 제안한다. 따라서 마음챙김은 자각하는 것, 비판단적으로 되는 것, 그리고 현재 경험을 수용하는 것을 포함한다. 게다가 '수용'은 경험에 개방적으로 되는 것, 혹은 현재 순간의 현실을 기꺼이 경험하는 것으로 정의되어 왔다(Roemer & Orsillo, 2002). 이러한 정의는 비판단적 자각으로서의 '마음챙김' 정의와 유사하고, 발생하는 경험(사고, 정서, 바람, 충동, 감각, 기타 등등)을 차단하거나 억압하지 않고 적극적 혹은 의도적으로 허용하는 것을 포함한다. 비슷하게 Hayes와 Wilson(2003)은 수용이란 이전에는 회피되었던 개인적 사건에 '접촉'을 증진하는 것에 집중하는 것이고, 그만큼 경험에 대한 자각의 근본적 역할에 중점을 두고 있음을 강조한다. 확실히 마음챙김과 수용은 CBT의 구성개념과 중복된다.

CBT에서의 많은 개입은 상황의 변화 또는 상황에 대한 내담자의 반응 변화에 초점을 맞춘다. 대부분의 CBT 접근법은 문제 목록을 작성하고, 치료과정에서 이런 문제를 해결하기 위해 변화를 시도하는 것에 중점을 둔다. 수용은 굉장히 원하는 변화가 곤란하거나 불가능하거나 별로 긴박하지 않은 CBT 맥락에 적합하다. 변화는 매우 간절한 것이기 때문에 변화에 에너지를 투여하지 않는 수용의 첫 단계는 반드시 쉽거나 명백한 대안인 것은 아니며, 내담자는 바라던 결과를 포기하는 것(수용)에 저항하기 쉽다. 변화나 수용이 모두 발생하지 않기 때문에 내담자는 '비수용/비변화'의 상황에 갇혔다고 생각할 수 있다. 실제적 변화이든, 가까운 미래에 변화가 발생하지 않을 현실의 수용이든 고통의 감소와 함께 내담자를 해방시키고 움직일 수 있는 길을 제공한다. 수용과 마음챙김 개입은 고통 감소를 위한 대안적인 방법을 제공하고, 당장 변화가 가능하지 않다면 내담자가 '갇힌' 상황을 그냥 내버려 두게 한다.

마음챙김과 수용은 역기능적 행동을 대체하는 적응적 반응 혹은 기술로 간주될 수 있다. 이 상황에서 마음챙김 활동과 기술은 고통 감소에 의해 부적으로 강화되는 행동(operant)이다. 한편 마음챙김과 수용-지향적 활동은 자극 통제 전략으로 간주될 수 있다. 즉, 변화가 바람직하지 않거나 불가능할 때 상황 그 자체를 변화시키기보다 상황의 자극 속성을 유의미하게 변화시켜 상황에 대한 새로운 의미를 창조하고 새로운 인지 · 정서 · 외현적 반응을 발생시킬 수 있게 된다. 이 두 가지 방식 모두에서 마음챙김은 노출을 증대시키는 기능을 하거나(습관화, 소거), 노출 전략(자극 통제의 하위유형)으로 간주된다. 때때로 마음챙김이 재평가(예, '그 상황이 끔찍스럽다.'라기보다 '그 상황은 그 상황일 뿐이다.')를 포함한다는 점에서 이러한 전략은 인지재구성 전략 혹은 기술의 일환으로 간주될 수 있다.

마음챙김은 동양의 종교적 전통과 서양의 영적 · 철학적 · 심리학적 수련 모두에 뿌리를 두고 있다. Kabat-Zinn(2003)은 마음챙김의 영적 기초에 대해 개관하면서 마음챙김이 2,500년에 달하는 불교 전통 내에서 발전해 왔음을 언급했다. 종종 마음챙김이 불교 명상의 '진수'라고도 한다. 이러한 전통 내에서 마음챙김은 지금까지 '독립적인(stand-alone)' 수련인 적이 없었으며, 오히려 무해(nonharm)를 지향하는 보다 큰 틀 안에 포함되어 있다. Teasdale, Segal과 Williams(2003)는 마음챙김이 언제나 훨씬 더 넓은 경로의 수많은 구성요소 가운데 하나일 뿐임을 강조했다.

일부 서양의 명상 수련 또한 마음챙김의 요소를 채택하고 있고, 20세기 유럽에서 발전된 실존주의 철학 및 심리학도 마음챙김 수련의 핵심적 요소를 포함하고 있다. 예를 들어, Binswanger(1963)는 '세계에 존재하기(Being-In-the-World)'를 세 가지 요소, 즉 ① 자연적 혹은 물리적 세계(umwelt)에 존재하기, ② 관계적 세계(the 'with world' or mitwelt)에 존재하기, ③ 자기 세계('I world' or eigenwelt)에 존재하기가 포함된다고 기술했다. 각각의 공통적인 강조점은 세계 안에, 순간 속에, 완전한 자각과 참여를 통한 마음챙김적 관여에 있다.

최근 수년간에 걸친 CBT와 마음챙김의 통합은 종교적 기원과 무관하다 하더라도 대개 동양의 영향을 받았다(Baer, 2003). 마음챙김의 저변화는 가능한 한 많은 사람에게 접근 가능한 치료가 되도록 했다는 점에서 실용적이었다(Dimidjian & Linehan, 2003). CBT에서 마음챙김 훈련의 목표는 불교를 가르치는 것이 아니며, 마음챙김 개입은 문화적 · 종교적 · 그리고 이념적 요인으로부터 자유로워야만 한다(Kabat-Zinn, 2003). 하지만 Dimidjian과 Linehan(2003)은 마음챙김이 그 뿌리로부터 멀어지게 되면 무언가를 잃게 될 것이라고 주장하고 있다. 또한 이들은 마음챙김 개입의 통합성을 유지하기 위해 서양의 연구자가 마음챙김의 영적 스승과 계속 대화를 함으로써 '쓸데없이 시간을 낭비'하는 것을 방지하고, 연구자가 '치료자 역량의 핵심 특성을 확인'(p. 167)하기 위해 노력하도록 안내할 수 있다고 주장한다. 실제로 마음챙김과 수용을 포함하는 주요 CBT 접근 중 몇몇은 마음챙김의 영적 기원을 설명해 왔다.

과거의 영적 혹은 종교적인 실천과 과학적 실천을 통합하는 데 있어 근본적인 어려움이 존재한다. Hayes와 Wilson(2003)은 마음챙김과 수용이 영적 및 종교적 기원을 갖기 때문에 '과학 이전'에 시작되었다고 주장한다. 그러나 마음챙김과 수용은 통합된 치료로 구체화되고 평가받아야 하며, 이로 인해 과학의 영역으로 통합되어야 한다.

'과학 이전에' 시작해서 마음챙김과 수용이 심리치료 장면에 포함된 후 초기에 나타난 한 가지 결과는 현재도 계속되고 있는 다양한 정의 및 개념화로 인한 일치성의 결여다. Dimidjian와 Linehan(2003)은 조작적 정의에서의 명확성 및 일치성의 결여로 인해 이 분야가 모호해지고 있고 연구가 어려워지고 있다고 제안했다. 또한 Bishop 등(2004)은 조작적 정의 없이 마음챙김의 작동 기제를 조사하는 것은 불가능하다고 언급했다. 실상 마음챙김은 어떤 때는 기술 혹은 전략, 또 다른 어떤 때는 기술 혹은 전략의 집합, 특정 결과를 낳는 심리적 변화 과정 혹은 기제, 개입을 통해 원하는 성과 등으로 간주된다. 예를 들어, Bishop과 동료들(2004)은 마음챙김이 심리과정임을 강조하며 마음챙김을 자각 양식(mode of awareness)으로 보았다. 하지만 이들은 통찰과 자각 등 기타 관련 구성개념이 마음챙김 수련의 결과를 반영하는 것일 수 있음을 인정했다. Teasdale 등(2003)은 마음챙김이 '그 자체가 목적이라고 할 수 없으며 분명하게 개념화된 문제를 해결하기 위한 포괄적이고 다양한 측면의 방식 중 일부'(p. 158)라고 언급했다. 마음챙김이 정의되고 적용되는 방식에 비추어 보면, 이들 접근법의 각각은 맥락에 따라 상당히 다를 수 있다.

마음챙김의 정의 및 개념화의 모호성을 해결하기 위해 Bishop과 동료들(2004)은 한 가지 합의점, 즉 두 요인의 조작적 정의를 제안하였다. 그들은 마음챙김의 정의적 특성을 '① 현재 경험에 대한 비판단적 자각 능력과 ② 호기심, 경험적 개방성, 수용 등을 지향하면서 자신의 경험에 관여하는 능력을 배양하기 위한 주의조절 과정'(p. 234)이라고 했다. 따라서 이러한 정의는 마음챙김의 주의통제 요소와 비반응적 또는 수용적 자각 요소 모두를 강조하는 것이다. 이는 의도적인 주의 통제와 현재 순간 속에서 현실에 대한 폭넓은 자각을 강조하는 Brown과 Ryan(2003)의 정의와 유사하다. 일관된 조작적 정의의 적용은 마음챙김에 대한 연구를 촉진할 것이다.

하지만 마음챙김에 대한 일관된 혹은 합의된 조작적 정의가 이루어진다고 하더라도 마음챙김이 정신병리를 예방, 개선, 경감하는 데 연관되는지의 여부 혹은 연관된다면 어떤 식으로 연관되는지에 대해서는 명확하지 않다. Hayes와 Wilson(2003)은 변화의 기제에 대한 철저한 검증을 제안한다. 일상적으로 적용될 수 있는 절차로는 충분하지 않다. 즉, 해당 절차를 통해 정신병리와 그것의 개선을 과학적으로 설명할 수 있어야 한다. 달리 말해, 마음챙김과 수용의 증진이 합당한 변화기제인가? Roemer와 Orsillo(2003)는 마음챙김이 다양한 측면을 가지며, 마음챙김의 모든 요소가 혹은 어떠한 요소라도 그것의 임상적 효과성에 기여할 수 있을 것이라 주장했다. 이와 비슷하게 Baer(2003)는 노출, 인지변화, 자기관리, 이완, 수용 등과 같은 마음챙김과 관련된 잠정적 변화기제를 포괄적으로 정리한 바 있다. 이러한 잠정적 변화기제는 다음에 간략하게 개관되어 있다.

Baer(2003)는 마음챙김 태도가 내적인 정서적 및 심리적 상태에 대한 노출 및 반응 방지(ERP)를 촉진한다고 주장했다. 이와 비슷하게 Linehan(1993a)은 마음챙김 수련이 자신의 정서를 두려워하는 사람에게 도움이 될 것이라고 제안했다. 그녀는 "전반적으로 마음챙김은 자연스럽게 떠오르는 사고, 느낌, 그리고 감각에 대한 노출의 일종이다."(p. 354)라고 말했고, 이러한 감각이 오가는 것을 관찰하는 과정을 통해 정서에 대한 두려움이 감소될 수 있다고 말했다. 이러한 과정은 변증법적이다. 즉, 수용은 이전의 '비수용(도주, 회피, 심각한 반응성, 기타 등등)'의 상황을 변화시키게 되며, 노출로 인해 각성이 감소됨에 따라 이러한 변화는 이후의 수용을 유도하게 된다. 많은 상황 속에서 수용은 변화이며, 고통을 경감시킬 수도 있다(Fruzzetti & Fruzzetti, 2008). Baer(2003)는 마음챙김 기반 스트레스 감소(MBSR)(Kabat-Zinn, 1982)의 유익한 효과가 노출에 기인하는 것일 수 있다고 주장했다. 구체적으로 파국적인 결과가 일어나지 않는 통증에의 노출은 둔감화, 만성 통증과 연관된 괴로움과 고통의 감소, 삶의 기능 및 질의 향상 등을 가져올 수 있다.

전통적인 인지치료의 주요 초점은 대개 비합리적 사고의 내용을 식별하고 수정하는 것이다. 하지만 마음챙김 접근에서 생각일 뿐인 생각을 관찰하거나 그 생각을 야기하는 특정 자극을 관찰하는 것, 혹은 자극이나 사고 각각(혹은 둘 모두)에 연관된 정서를 관찰하는 것 모두가 상황과 사고에 대한 정서적 반응성을 감소시키는 데 도움이 된다(Fruzzetti, Crook, Erikson, Lee, & Worrall, 2008). 더욱이 마음챙김의 수련은 자신의 생각에 대한 태도에서의 변화를 낳을 수 있다(Baer, 2003). Roemer와 Orsillo(2003)는 이러한 차이점을 다음과 같이 요약했다. "인지치료는 전형적으로 인지의 내용을 변화시키는 것에 초점을 둔다. 그러나 마음챙김 접근은 자신의 생각과 느낌의 관계를 변화시키고 생각을 현실이라기보다 생각일 뿐이라고 바라보도록 격려하는 것에 초점을 둔다."(p. 173) 비슷하게 Segal, Teasdale과 Williams(2004)는 마음챙김 기반 인지치료(MBCT)가 마음챙김의 '탈중심화' 효과에 기인하여 우울증의 재발을 효과적으로 방지할 것이라 주장했다. 즉, 환자는 자신의 사고와 느낌이 현실에 적합하게 반영된 것이 아니라 '지나가는 사건'으로서 바라보게 된다. 이러한 개념은 '탈문자화된' 사고[1]를 치료적 요소로 중시하는 수용 전념 치료(ACT)(Hayes, Strosahl, & Wilson, 1999)에서도 비슷하다. 또한 '관찰하기'와 '기술하기' 마음챙김 기술은 어떤 생각에 대한 '사실'(즉, 그 사람이 그것을 생각하고 있고, 그것을 생각하는 것은 특정한 정서적 반응이나 행동 충동과 연합되어 있음)과 실재하거나 아닐지도 모르는 그 생각의 내용이 가지는 해석 사이를 구분하게 하는 변증법적 행동치료(DBT)(Linehan, 1993b)와도 유사하다.

마음챙김이 이완 혹은 기분관리 기법으로 사용될 수 있다 하더라도 마음챙김 접근은 이러한 기법 그 자체가 아니다(Bishop et al., 2004; Fruzzetti et al., 2008). 실제로 마음챙김 수련이 통증, 스트레스, 불안, 우울 재발, 섭식장애 등 많은 영역에서의 개선을 낳을 수 있다는 주장의 증거가 있다(Baer, 2003). 이러한 인상적인 결과에 비추어 볼 때 기법으로서의 마음챙김은 다양한 임상적 문제에 적용될 수 있다. 하지만 Teasdale 등(2003)은 다양한 장애에 걸쳐 적용된 일반적인 기법으로 마음챙김을 사용하는 것을 경계해야 한다고 주장했다. 이들은 '단순히 일반적인 목적의 기술인 것처럼'(p. 157) 분별없이 마음챙김 수련을 적용하려는 시도가 긍정적인 결과를 낳기 어렵다

1) 생각이 말하는 대로가 아니라 생각을 생각으로 볼 수 있게 되는 사고를 가리킴.

고 말했다. 그보다 마음챙김은 '그들이 치료하려고 하는 장애에 대한 관점과 마음챙김 수련이 그러한 장애를 지닌 내담자에게 도움이 되는 방법을 충분히 알고 있는'(p. 157) 임상가에게 가장 유용하다. 과학적 관점에서 특정 문제에 대한 마음챙김의 적절성은 완전하게 개념화되어야 한다.

더욱이 Teasdale 등(2003)은 마음챙김과 수용이 노출, 인지수정, 자기관리, 이완과 같은 보다 전통적인 CBT 전략과 함께 변화기제를 뒷받침할 수 있을 것이라 주장한다. 이들은 각기 다른 구성요소를 상대적으로 강조하면서 그들이 목표로 삼는 정신병리적 과정의 상대적인 중요성을 반영한다면 마음챙김 수련의 효과가 향상될 수 있다고 말한다. 따라서 연구자와 임상가는 마음챙김과 수용이 정신병리 및 그것의 개선에 대한 개념화와 어떻게 연관되는지에 대해 명확하게 이해할 필요가 있다.

인지행동치료에서의 마음챙김과 수용 개입의 역사 및 임상적 기원

Hayes(2004)는 인지행동치료가 두 '세대'를 경험했고, 3세대 혹은 '제3의 물결' 속으로 발전 중이라고 주장했다. 1세대는 당시 지배적이었던 임상 이론 및 실습, 특히 정신역동적 이론을 거부했다. 인지행동치료는 제일 처음에 치료목표와 성과 모두로서 외현적 행동을 강조하는 직접적 변화 전략을 사용한다. 이후 1세대에 인지적 개입방법이 더해지면서 2세대로 바뀌고 '인지혁명'이 일어났다. 이러한 혁명은 인지내용의 변화를 우선시하면서도 인지 및 행동변화 전략의 결합을 통해 고통의 완화를 가능케 했다. 3세대 인지행동치료는 변화를 우선시하는 것을 폐기하고 '변화를 우선시하는 전략을 일반적으로 사용하는 것에 도전'하는 '온전한 성장(radical additions)'으로서 마음챙김과 수용을 사용했다(Hayes, 2004, p. 5). 다시 말해, 문제가 되는 행동 그 자체 이외의 목표를 설정하는 것으로 행동적 변화를 달성할 수 있다는 것이다. 이러한 접근에서 행동의 기능을 변화시키는 것이 치료목표가 될 수 있다.

CBT 내에서 '제3의 물결'이 행동, 행동변화, 임상적 개입에 대한 모델을 포함하는 인식론과 정말 다른 것인지 혹은 전통적인 변화 전략에 수용과 마음챙김 전략을 통합시킬 수 있는 느리고 동화적인 과정의 결과일 뿐인지에 대해 불일치가 존재한다. 예를 들어, Hofmann과 Asmundson(2008)은 수용 전략이 반응-초점적 정서조절 전략인 데 반해, 전통적 CBT 전략은 보다 선행사건 초점적이라고 주장했다. 그러나 둘 모두 정서의 조절 및 삶의 질 향상과 같은 공통적인 궁극적 변화 목표를 가지고 있다. 이에 더해 그들은 Marsha Linehan과 Adrian Wells 같은 수용지향적 치료의 핵심 개발자가 그들의 치료를 상이한 '제3의 물결'의 일부라기보다는 완전히 CBT에 속하는 것으로 보고 있음을 강조했다.

마음챙김 및 수용과 관련된 발전이 제3의 물결이라 부를 만큼 심오한 것이든, 장구한 역사를 통해 지속되어 온 통합과 진화의 결과이든 간에 이제는 인식론과 임상적 강조점 측면에서 중요한 변화가 인식되고 있다. 이들이 최근까지 주류가 되지 못했다 하더라도 과학적 심리학과 CBT에서 마음챙김과 수용의 기원은 오래되었다. 예를 들어, Melbourne Academic Mindfulness Group(2006)은 Wallace와 Benson의 오래된 논문 '명상의 생리학'(1972)과 같은 작업을 통해 1970년대부터 시작된 과학적 집단 안에서의 명상 수련에 대한 관심을 언급했다. Wallace와 Benson은 초월명상(transcendental meditation: 일반적으로 TM이라고 부름)을 수련하고 있는 피험자를 기술하면서 '각성-저대사 상태(wakeful hypometabolic state)'라는 문구를 새로 만들었다(Wright, 2006). Wright는 초월명상을 단순한 만트라 명상으로 설명했다. 반대로 실질적으로 CBT에서 사용되는 모든 명상은 만트라보다는 집중적 자각을 사용한다. Marlatt 등(2004)은 마음챙김을 수련하고 개발하는 방법으로서 다양한 명상 수련을 기술하고 있다. 명상은 영적 수련 혹은 보다 심리적이거나 행동적인 수련이 될 수 있다. 즉, 명상 수련은 병리적 과정에 대한 역조건화로 작용하는 일종의 '전반적 둔감화'라 할 수 있다(Marlattp et al., 2004).

다양한 마음챙김 및 수용 전략

제2차 세계대전 이후 인본주의 치료에 마음챙김과 수용 수련이 적용되었음에도 불구하고, 수용과 마음챙김에 대한 동양의 불교와 서양의 실존주의의 영향(예, Binswanger, 1956; 1963)이 CBT에 큰 영향력을 발휘하기까지 오랜 시간이 걸렸다(Dryden & Still, 2006). 더욱이 이들이 부분적으로는 각기 다른 기원으로부터 발전되었기 때문에 마음챙김과 수용 전략 및 개념은 광범위하게 다양한 형태의 CBT로 통합되었다. 우리는 이제 전통적 변화 전략과 매우 다양한 마음챙김과 수용 전략을 통합해 온 인지행동치료에서 마음챙김과 수용의 역할을 분석함으로써 마음챙김과 수용의 각기 다른 측면을 살펴볼 것이다.

합리적 정서행동치료

Albert Ellis는 합리적 정서치료와 이후 합리적 정서행동치료(REBT)(Ellis, 1961, 1962)에서 서양 심리치료에 수용을 도입하는 데 큰 영향을 미쳤다. REBT가 공식적인 마음챙김 혹은 명상 수련을 사용하지 않는다 하더라도 문자적 사고가 아닌 관찰과 현실에 대한 합리적 수용을 강조한다는 점에서 공식적인 마음챙김 접근과 유사한 방식으로 생각에 주의를 기울인다(Ellis, 2006). REBT는 비합리적 사고가 개인에게 고통을 유발하고(Ellis, 2006), 정서적 · 행동적 역기능이 유연한 선호보다는 엄격하고 경직된 단집착과 강한 상관을 보인다고 주장했다(Ellis, 2005).

Ellis(2006)는 REBT를 통해 '사고, 느낌, 행동적 왜곡을 ① 자각하고 ② 변화시키도록'(pp. 66~67) 내담자를 돕고자 한다고 기술했다. 전통적 CBT가 다른 수용 기반 접근보다 사고 내용의 변화에 조금 더 일관되게 초점이 맞춰져 있다 하더라도 REBT 또한 수용에 상당한 초점을 두고 있다. Ellis는 "REBT가 특히 무엇보다도 비판단, 인내, 강박적이지 않은 노력, 수용 등을 내담자에게 가르치고 있는데, 1950년대부터 그렇게 해 왔다."(p. 68)라고 한다. 구체적으로 REBT는 목표지향적이며 가치 있는 방향으로의 변화에 전념한다는 맥락에서 무조건적 자기 수용, 타인 수용, 그리고 삶의 수용을 촉진한다(Ellis, 2006). Ellis는 "당신이 중요한 과제에서 성공했든 못했든, 중요한 사람에게서 인정을 받았든 못 받았든 간에 당신은 자신을 전적으로 수용할 수 있다……. 당신은 공정하고 능숙하게 행동하든 안 하든 다른 모든 사람을 (반드시 좋아할 필요는 없지만) 전적으로 수용할 수 있다……. 당신은 행운이 따르든 불운이 따르든지 간에 당신의 삶을 전적으로 수용할 수 있다."(2005, p. 158)라고 말했다. 따라서 REBT가 사고의 내용을 변화시키는 것에 초점을 맞추고 있기는 하지만, 분명히 수용을 강조하고 있고, 이는 최근의 '제3의 물결' 접근과 유사하다.

하지만 REBT에서의 수용은 종종 수용 및 비반응성을 촉진함에 있어 합리성을 중시한다. 예를 들어, REBT는 '삶은 공정하지 않아.'와 '삶이 공정하지 않으면 어때?'와 같은 진술을 통해 앞서 언급했던 것처럼, 강력한 부정적 반응을 야기하는 인지적 자극에 부분적으로 노출시켜 현실의 수용을 촉진한다. Ellis(2006)는 마음챙김 기반 개입, 특히 마음챙김 기반 스트레스 감소법(MBSR)이 '많은 측면에서 REBT 이론 및 실제와 상당히 밀접한데, 그 이유는 두 체계가 멀리 떨어진 것처럼 보이지만 각각의 방식을 통해 가르치는 철학에는 많은 공통점이 있기 때문'(p. 78) 이라고 제안했다.

마음챙김 기반 스트레스 감소법

Jon Kabat-Zinn은 '미국에서 가장 영향력 있는 마음챙김 명상의 스승'(Ellis, 2006, p. 63)이라고 부르며, 그의 영향력은 마음챙김에 기반한 다양한 치료에서 발견할 수 있다(Ellis, 2006; Teasdale, Segal, & Williams, 1995). Melbourne Academic Mindfulness Group(2006)은 Kabat-Zinn의 작업이 '마음챙김의 임상 심리치료적 적용에 대한 관심을 불러일으켰다.'(p. 286)라고 기술했다. 마음챙김 기반 스트레스 감소법(MBSR)(Kabat-Zinn, 1982)은 만성 통증과 스트레스 관련 장애를 겪고 있는 환자를 치료하는 행동의학적 장면 안에서 개발되었고 경험적으로도 상당히 지지되었다(Baer, 2003). MBSR 개발의 목적은 두 가지였는데, 첫 번째 목적은 비교적 집중적인 마음챙김 명상을 통해 의학적 문제를 가진 환자를 위한 효과적인 훈련법을 개발하고, 이를 스트레스, 통증, 질병 등에 즉각적으로 적용하는 것이다. 두 번째 목적은 다른 병원 및 의료원을 위한 하나의 모델을 제공하는 것이었다(Kabat-Zinn, 2003). 이 프로그램은 원래 의사가 전통적 치료에 반응하지 않는다는 이유로 의뢰한 환자를 위해 설계되었고, 의학적 치료를 보완하려는 의도가 있었다(Kabat-Zinn, 2003). 마음챙김훈련은 환자가 '주의를 기울여 경험의 상이한 요소 간의 상호연결성을 심도 있게 알아보고 느끼는 선천적 능력을 함양하고 정교화함으로써 자기만의 안녕감에 책임을 지게 하며, 더 나은 건강을 향한 자신만의 변화에 더 완전하게 참여하도록' 하는 것이다(Kabat-Zinn, 2003, p. 149).

MBSR에서 마음챙김은 불교적 접근에 일치되게 '어디에 도달하는 것(getting anywhere)' 또는 '무언가를 고치려 하는 것(fixing anything)'이 아니다(cf. Nhat Hanh, 2007). 오히려 마음챙김은 '누군가 이미 있는 곳에 자신이 존재하고, 그 순간 직접 경험하는 것의 다양한 측면을 알게 하도록 초대하는 것'이다(Kabat-Zinn, 2003, p. 148). 내담자가 종종 특정 치료목표를 가지고 치료를 받으러 오게 될 때, 이러한 초대는 모순을 야기하게 된다. Kabat-Zinn은 명상지도자는 내담자의 목표와 애쓰지도 않고(nonstriving) 행하지도 않는(nondoing) 마음챙김적 입장을 조화시켜야 한다고 말한다. 이것은 단순한 작업이 아니기 때문에 MBSR은 명상지도자는 기본적으로 개인적인 수련을 해야 함을 강조한다.

MBSR은 부동자세(motionless sitting)를 포함하는 전통적 명상 수련에 기초하고 있다. 이 수련은 고통스러운 감각이 발생하더라도 그 자세를 유지하는 것을 포함한다. 참가자는 그러한 감각을 알아차리고 그것을 비판단적으로 관찰하는 것을 배운다. 중요한 점은 경험 수용, 인내, 주의 방향 바꾸기, 그리고 통증으로 인해 활동에 참여하지 못하는 것이 아니라 통증에도 불구하고 다른 일들에 초점을 맞출 수 있는 능력 등이다. 판단하거나 그것으로부터 벗어나려는 시도 없이 통증을 알아차릴 수 있는 능력은 통증과 연관된 인지적 및 정서적 반응성 모두를 감소시킬 것이고, 따라서 통증과 연관된 고통을 줄여 줄 수 있다. 그러므로 한 사람이 통증과 맺고 있는 '관계'가 변화되고, 이런 점에서 MBSR의 기능은 부분적으로 노출 효과로 인한 것일 수 있다(Baer, 2003).

재발방지

재발방지는 1980년대에 Alan Marlatt과 동료들(Marlatt & Gordon, 1985; Marlatt & Donovan, 2005)이 물질남용 재발을 방지하기 위한 인지행동치료로서 개발한 것이었다. 이 프로그램은 중독의 인지행동 모델을 기초로(Witkiewitz, Marlatt, & Walker, 2005), 상황적 · 사회적 · 정서적 · 인지적 촉발요인 및 단서를 포함하는 물질 사용의 촉발요인에 초점을 맞추는 것을 포함한다. 이 재발 모델은 고위험 상황에서의 반응의 선형적 발달에 기반한다(Witkiewitz et al., 2005). 효과적인 대처란 자기효능감을 증진시켜서 단서에 대한 반응을 감소시키고, 최종적으로 물질 사용을 감소시키는 것이다. 물질 사용 혹은 재발은 향후 물질 남용 및 재발을 증가시키거나 감소시킬 수 있는 물질의 효과에 대한 지각 및 귀인(attribution)을 낳게 된다. 예를 들어, 누군가가 과거의 물질 사용을 학습 기회로 간주한다면 향후 물질을 사용할 가능성은 낮아진다. 반면 '금

주위반 효과(abstinence violation effect)'[2]는 한 개인이 물질 사용을 통제 불가능하고 실패한 것으로 간주하게 하여 다시 물질을 사용할 가능성을 높인다는 것이다. 그러므로 재발방지 모델에서 재발의 중요한 예측인자는 고위험 상황에 대처하는 효과적 대처전략을 사용하느냐다(Marlatt & Donovan, 2005; Witkiewitz et al., 2005).

재발방지는 수용 전략을 포함하는 인지적 개입과 행동적 기술훈련을 병행한다(Marlatt & Donovan, 2005). 마음챙김은 물질을 사용하려는 갈망에 대처하는 핵심 기술이다. 예를 들어, 내담자는 그들의 충동을 커졌다가 점점 작아지는 파도로 상상하여 '갈망-파도타기'를 배운다. Marlatt(1994)은 현재 순간의 경험이 끊임없이 변화하는 것을 수용하는 것은 마음챙김과 관련이 있다고 기술했다. 대조적으로 중독은 현재 순간을 수용하는 데 있어서의 무능력으로 이해될 수 있고, 개인은 다음 번의 '갈망 상승'에서 지속적으로 현실에서 도망치고 회피하려고 한다. 갈망 경험은 부적응적 갈망을 재구조화하거나 수용하도록 내담자를 도움으로써 성공적으로 다뤄질 수 있다. 더욱이 자기감찰 기법은 자각을 높이고 혹은 현재 순간에 대한 자각을 증가시킨다. 스스로의 갈망과 갈망의 단서를 잘 알아차리게 되면 효과적인 방식으로 반응(수용 또는 변화)할 기회가 많아지고, 재발 가능성은 낮아진다.

Marlatt(2002)은 특히 '방편(方便, skillful mean)'[3]이라는 불교 개념에 기반해 물질 사용 충동에 대한 대처를 제안했으나, 이는 부적 강화라는 행동주의 용어로 설명될 수 있다. '갈망이 최고조에 달했을 때 그것을 충족시키는 것은 이후의 중독 행동을 강화할 뿐이다. 하지만 충동에 따라 행동하지 않는 것은 중독의 조건형성을 약화시키고 수용과 자기효능감을 강화한다.'(p. 47) Marlatt 등(2004, p. 269)은 중독 치료에서 마음챙김 명상을 사용하는 이론적 근거를 확장했다.

> 중독에서 흔한 갈망 반응은 환경적 단서와 경직된 인지적 반응(갈망에 대한 주관적 경험)으로 구성된 복합 시스템을 만들어 내고, 물질의 효과에 관한 결과 기대를 증가시키거나(정적 강화) 부정적 정서 혹은 금단 증상을 감소시키기 위한(부적 강화) 중독 행동에 참여하려는 동기를 증가시킨다. 마음챙김 명상은 판단, 분석, 반

---

2) 예를 들어, 알코올 중독자가 술을 끊었다가 다시 술을 마시게 되었을 때 순간 떠오르는 '나는 역시 안 돼!'라는 생각으로 인해 금주 이전의 상태로 되돌아가는 것

3) 불교 용어로 진리를 깨닫기 위한 수행 또는 그 수행의 수단, 즉 수행법

응 없이 초기 갈망 반응에 대한 자각과 수용을 증대시킴으로써 이러한 시스템을 차단할 수 있다. 이런 식으로 기존 시스템을 차단함으로써 명상은 메타인지적 자각 상태와 이완이 중독 행동에 연관되었던 이전의 정적 및 부적 강화를 대체하게 되는 일종의 역조건 형성으로 작용할 수 있다. 이런 의미에서 마음챙김은 '긍정적 중독(positive addiction)'[4]으로 기능할 수 있다(Glasser, 1976). 그러므로 마음챙김은 갈망과 유혹을 다루는 대처전략을 뛰어넘는 것이다. 즉, 마음챙김은 중독 행동에 대한 만족스러운 대체물이 될 수 있다.

Witkiewitz 등(2005)은 마음챙김 기반 재발방지(MBRP)가 물질 사용 장애에 대한 '새로운' 인지행동 개입이 될 수 있다고 주장했고, 초기 수용지향적 재발방지 접근으로부터 현존하는 데이터를 보완하는 초기 데이터를 제공했다. MBRP의 목표는 마음챙김을 통해 사고, 느낌, 감각의 자각과 수용을 개발하는 것이고, 고위험 상황에 직면했을 때 이러한 대처기술을 사용하는 것이다. 내담자는 마음챙김과 재발방지 기술의 적용 간의 연합을 형성하게 된다. 마음챙김은 내담자가 상황적 단서를 처리하고 환경적 유관성에 대한 그 자신의 반응을 감찰하는 새로운 방식을 제공하는데(Baer, 2003) 이는 마음챙김을 광의의 자극 통제 전략으로 간주할 수 있는 또 다른 이유를 제공한다. 전통적 CBT 안에서 자극 통제는 매우 자주 자극에의 접촉을 통제하는 것과 관련되고, 때때로 자극을 재조건화하는 것과 관련된다. 마음챙김에서는 이러한 자극의 속성을 재조건 형성하지 않는다. 즉, 자극과 이전에 학습된 반응 간 관계는 마음챙김을 수련함으로써 바뀐다. 구체적으로 물질 사용 단서가 나타나면 마음챙김은 물질 사용을 위한 단서만을 포함하는 좁아진 자각이 아닌 맥락, 목표, 그리고 다른 단서를 포함하기 위해 넓어진 자각을 낳는다.

변증법적 행동치료

DBT는 자살시도, 자해, 경계선 성격장애(BPD)(Linehan, 1993a, 1993b)를 위한 치료로서 1970년대에 개발되었다. Robins, Schmidt와 Linehan(2004)은 DBT를 여러 번

4) 습관은 제거되지 않으나 다른 습관으로 대체될 수 있다는 행동주의 원리가 반영된 것

자살을 시도한 사람을 위한 표준적인 행동치료를 응용한 것이라고 설명했다. 이 치료의 목적은 살아 볼 만한 인생을 만들어 가는 것이다. 시간이 지나고 나면 변화 혹은 수용에 초점을 둔 각각의 치료가 효과가 없을 것이라는 점이 명백해졌다. 즉, "변화 또는 수용에 대한 배타적으로 중점을 두는 각 치료적 입장에서 내담자는 치료자를 특정 행동뿐만 아니라 내담자 전체를 비수인(invalidating)하는 것으로 경험했다."(Robins et al., 2004, p. 31). 보다 최근에는 DBT가 우울, 물질남용, 섭식장애, 커플 및 가족 문제를 비롯해 다양한 문제에 성공적으로 적용되고 있다(Feigenbaum, 2007; Robins & Chapman, 2004).

DBT는 변화와 진화의 지속적인 과정에서 명백한 반대항(명제와 반명제)이 받아들여지고, 결국 새로운 합으로 통합되는 변증법적 세계관에 기반을 둔다(Fruzzetti & Fruzzetti, 2008). DBT에서의 근본적인 변증법은 수용과 변화 간에 존재한다. 즉, 변화를 촉진하기 위해 내담자는 문제와 연관된 고통을 자각하고 그것을 견딜 수 있어야 한다(Fruzzetti et al., 2008). 이와 달리 문제, 경험, 상황 등을 수용하지 못하는 것은 변화를 저해하게 된다.

DBT에서 수용은 결과이자 활동이며(Robins et al., 2004), 핵심적 치료 전략이다. 수용은 온전한 진리에 비유될 수 있다. 즉, "수용은 원하는 것이나 원하지 않는 것에 사로잡히지 않고 무엇인가를 경험하는 것이다."(p. 39) 따라서 수용은 충동적이고 예민하며, 반응적인 내담자와의 작업에서 중요하다. 그리고 수용은 현재 순간에 초점을 맞추고 '망상' 없이 현실을 바라보며, 판단 없이 현실을 수용하는 것이다.

DBT는 BPD가 주로 정서조절 시스템의 문제라고 보는 생물사회적 이론이나 교류분석 모델에 기초한다(Fruzzetti, Shenk, & Hoffman, 2005; Linehan, 1993a). 정서 조절 곤란은 높은 정서적 취약성의 결과이며, 수인해 주지 않는 사회 및 가족의 반응뿐 아니라 정서적 자극, 정서적 강도, 기저선으로의 더딘 회복 등에 대한 과민성 등을 특징으로 한다. DBT는 내담자에게 정서적 반응을 조절하고 문제를 해결하며, 고통을 견뎌 내는 기술을 가르치고, 이후에 (정서적 고통의 유무와 관계없이) 비판단적 자각을 증진하고 관계를 개선하며, 중요한 활동에 참여할 수 있도록 그러한 기술을 일반화하는 것이다.

마음챙김은 DBT에서 핵심 기술이고(Linehan, 1993b), 정서 조절, 고통 인내, 효과적인 대인관계 기술의 밑바탕이 된다. 따라서 마음챙김은 일련의 심리적 기술로 개념화되며, 비판단적인 방식으로 현재에 머무르는 데 사용되는 의도적 과정을 포함한다. 구체적으로 마음챙김(관찰하기, 기술하기, 참여하기)을 할 때 하는 '무엇'은 수련하는 것이며, 해리, 주의분산, 반응하기와 같이 비마음챙김적 대안과는 전혀 다른 것이다. 유사하게 '어떻게' 마음챙김을 수련하는지도 중요한데, 수련은 이상적으로는 비판단적인 것이며, 한 번에 하나씩 해야 하며, 장기적인 목표를 성취하기 위해 효과적인 것에 집중하는 것이기 때문이다(Linehan, 1993b).

DBT에서는 마음챙김을 내담자에게 기술로만 가르치지 않는다. 마음챙김은 치료 회기뿐만 아니라 일상생활에서 강화되고 일반화되며 내담자, 치료자, 치료진도 사용하게 된다. 문제 해결은 내담자가 마음챙김적이지 않은 행동, 반응적이고 판단적인 행동, 기타 문제 행동 등을 조금 더 마음챙김적인 행동으로 대체하도록 돕는 것이다. 자기판단은 수치심을 야기하고 타인에 대한 판단은 분노를 촉발하기 때문에(BPD가 있는 사람은 과도한 수치심과 분노가 일반적임), 내담자가 자각, 기술, 비판단을 증진하도록 돕는 것은 DBT에서 전반적으로 마음챙김이 어떻게 사용되고 있는지를 보여 주는 것이다.

마음챙김은 DBT에서 자기관리를 증진하기 위한 일종의 노출로 사용할 수 있다. 그러나 마음챙김은 다른 기술을 배우고, 보다 적응적인 양상을 개발하는 데 도움이 되는 맥락을 만들어 내는 데 사용된다. 예를 들어, 정서에 대한 노출은 내담자의 고통스러운 정서가 일시적이고 그 자체가 파국적이지 않다는 것을 보여 줄 수 있는데, 이는 내담자가 이러한 감정을 조절하는 기술을 학습하거나, 상황을 개선하는 문제해결 기술을 배우는 것을 도울 수 있다. 그 결과 내담자는 고통스러운 부정적 정서를 덜 유발하게 된다. 나아가 중요한 장기 목표에 대한 자각과 수용이 단기적인 불편감을 견디고 그것에 반응하지 않는 능력과 결합되며, 이 자각과 수용이 변화를 이끌어 낼 수 있다. 따라서 DBT에서 마음챙김과 수련은 수용과 변화를 통합해서 더 높은 질의 삶을 살아가는 데 완전히 관여하도록 촉진하는 것이다.

수용 및 전념 치료

수용 및 전념 치료(ACT)(Hayes et al., 1999)는 행동분석에서 파생되었고 맥락주의 및 행동주의에 뿌리를 두고 있다(Hayes, 2004). '맥락주의'는 심리적 사건을 유기체와 역사적 및 상황적으로 정의된 맥락 간의 일련의 지속적인 상호작용으로 개념화한다. 전통적인 행동치료와 마찬가지로 맥락주의는 근본적으로 행동의 기능에 관심을 둔다. 즉, ACT에서는 "심리적 사건이 대개 '부정적' '비합리적' 혹은 '정신증적'일 때조차 그것을 향한 개방성 및 수용에 대한 의식적 태도가 가능하다. 어떤 사건이 변화의 목표가 되는지를 결정하는 것은 형식이 아니라 기능이다."(Hayes, 2004, p. 9)

ACT는 또한 관계 구성 이론(Relational Frame Theory: RFT)이라는 언어 및 인지 이론에 기초한다. 관계 구성 이론이란 언어의 파생물 및 관계성과 관련되며, "왜 정상적 언어/인지과정이 '현재 순간에 주의를 기울이는 것'과 '수용적 태도'를 갖는 것을 저해하는지에 관한 맥락 중심적 설명"(Hayes & Shenk, 2004, p. 251)을 가능하게 한다. RFT는 언어의 과정이 수많은 인간의 고통을 만드는 직접적 경험을 지배한다고 본다(Hayes & Wilson, 2003). 예를 들어, 심리적 고통을 피하는 것이 중요하고 정당하다고 생각하는 것은 인간 언어의 정상적 기능이고, 이러한 회피 과정이 위험을 초래할 수 있다(Hayes & Shenk, 2004). 구체적으로 ACT는 수많은 형태의 정신병리를 경험 회피의 일종으로 볼 수 있다고 제안한다. "경험 회피 현상은 특정한 사적 경험(예, 신체 감각, 정서, 사고, 기억, 행동적 경향)에 접촉하지 않으려고 할 때와 그들에게 발생한 이러한 사건과 맥락의 형태 또는 빈도를 바꾸려고 할 때 발생한다. 이렇게 할 때 사건은 삶에 위험을 야기할 수 있다."(Hayes & Wilson, 2003, p. 162) 게다가 문자적이고 평가적인 언어 전략(ACT에서 '인지적 융합'이라 말하는)은 인간의 행동을 지배하기 때문에 일부 영역에서 경직성이 발달하고, 이러한 경직성은 결과적으로 한 개인이 보다 효과적인 행동에 관여하는 것을 방해하게 된다.

ACT의 주요 목표는 심리적 유연성을 배양하는 것인데, 이는(DBT에서의 수용 및 변화 변증법과 유사하게) 수용 및 마음챙김 기술과 전념 및 행동변화 기술을 통해 이루어진다. 수용은 인내와 달리 '주어진 것을 받아들이는 것' 또는 '적극적으로 지금 여기에서의 경험을 비판단적으로 포용하는 것'을 의미한다. 수용은 "사고, 감정, 신체감각을 있는 그대로 직접 경험하는 비방어적 '노출'에 해당한다."(Hayes, 2004, p. 21). CBT에서의 다른 수용 및 마음챙김 접근에서와 같이 생각을 생각으로서 바라보는 마음챙김 자각이 근본적이다. 마음챙김은 현재 순간에서 개인이 자신의 경험에 의도적 · 비판단적 · 비평가적으로 관여하는 것을 촉진한다. 따라서 마음챙김은 ACT에서 핵심적인 역할을 맡는다.

마음챙김과 수용 지향적 반응 양식이 증가함에 따라 개인은 이전에 회피했던 자신의 사적 사건과 경험에 접촉할 수 있게 된다. 지금 여기에 머무를 수 있는 능력의 발달은 결과적으로 언어의 문자적 · 평가적인 기능을 감소시킨다(Hayes & Wilson, 2003). 하지만 ACT에 따르면 중요한 과정 · 결과는 언어 그 자체의 문자적이고 평가적인 기능이 감소하는 것이 아니라 반응의 범위와 유연성이 결과적으로 증가하는 것이다(Hayes, Luoma, Bond, Masuda, & Lillis, 2006 참조). 현재 순간에 집중하는 것은 현재 상황에 기반하지 않고 별로 적응적이지도 않은 경직되고 규칙-지배적 행동과 달리, 적응적이고 유연한 반응을 촉진할 수 있다(Hayes et al., 1999). 게다가 명상은 일시적으로 언어의 문자적 · 시간적 · 평가적인 기능을 소거하며, 자극 사건의 범위가 확장되면서 자각에 접어들고 서로 연결되는 맥락을 형성하게 된다.

마음챙김 기반 인지치료

MBCT는 Teasdale, Segal과 Williams(1995)가 개발한 것으로서 CBT와 수용 기반 접근을 통합한 것이다. MBCT는 우울증에 대한 CBT의 성공적 시행 이후에 재발의 위험을 감소시키고자 개발되었다(Segal, Williams, & Teasdale, 2001). 치료 구성요소는 순차적으로 시행되며, 개입은 전통적인 CBT의 요소뿐만 아니라 DBT, MBSR, ACT의 요소를 포함한다. MBCT는 사고, 감정, 그리고 신체 감각과 맺는 관계와 이에 대한 자각을 변화시키는 것에 초점을 둔다. 이러한 과정은 CBT에서 사용되는 여러 '탈중심화' 접근을 포함한다(Segal et al., 2001, 2004). MBCT가 성공적임을 시사하는 증거가 증가하고 있다(예, Teasdale et al., 2003).

Segal과 동료들(2001)에 따르면 우울증 재발은 주요우울장애의 특징인 부정적이고 자기비판적이며 절망적인 사고의 재활성화로 인한 것이다. 이러한 양상의 재활성화는 불쾌감에 의해 촉발되고, 개인은 반추적인 인지 처리의 순환을 통해 불쾌감을 유지하고 극대화시킨다. 그러므로 재발방지의 주요 초점은 재발에 취약할 수 있는 시기에 이러한 반추적 양상을 방지하는 것이다. 이 모델에서는 "우울증에 취약한 개인을 불쾌한 상태로 되돌아가게 하는 것이 바로 전체적이고 통합적인 형태의 정보처리, 즉 '마음양식(mode of mind)'이라는 것"이다. 이러한 양식은 부정적인 인지내용과 부적응적인 인지과정(반추적 사고 양상) 모두를 반영하는 것이다(Teasdale, 1997, p. 50;

Segal et al., 2004 재인용). 더욱이 우울한 개인은 문제를 해결하기 위해 자기나 상황에 대한 부정적인 측면을 생각할 수 있다. 하지만 이러한 생각은 우울한 상태를 영속화시키기 쉽다. 마음챙김 수련은 이러한 반추 과정을 감소시킨다. 반추사고는 주의 자원을 요구하기 때문에 "마음챙김의 주요 특징이라고 할 수 있는 의도적인 의식적 자각은 한정된 주의 자원을 필요로 할 것이고, 이는 재발 과정을 촉진할 수 있는 전체적인 형태의 정보 처리에 대한 주의 자원의 가용성을 감소시킬 것이다."(Segal et al., 2004, p. 52)

반추사고는 또한 우울한 상태를 감소시켜야 한다는 목표를 지니는 '행동하기' 양식이라고 할 수 있다. 이와 달리, 마음챙김은 '존재하기' 양식이라고 할 수 있는 상이한 인지 양식을 수립할 수 있다(Segal et al., 2004). 마음챙김은 개인이 목표에 기반한 처리로부터 본질적으로 목표에 기반하지 않은 대안적 처리 양식으로 전환하는 것을 가능하게 한다(Teasdale et al., 2003). 마지막으로 마음챙김은 정서 회피 및 경험 회피를 극복하는 방법이라고 할 수 있다. 사람은 초기 재발 징후가 고통을 야기하기 때문에 (또한 이 감각은 '부정적' 정서를 포함하고 있고, 더 심각한 우울 상태와 연관될 수 있기 때문에) 이 감각으로부터 주의를 돌리려 할 수 있다. 그러나 유감스럽게도 회피는 우울증의 악화를 완화시킬 수 있는 효과적인 행동을 초기에 취하지 못하게 한다. 마음챙김 수련은 회피를 감소시키고 초기 우울 단서에 대한 자각을 증가시킬 수 있는 반응 목록을 제공하여 재발을 효과적으로 방지할 수 있는 기회를 증가시킨다.

통합 행동적 부부치료

통합 행동적 부부치료(integrative behavioral couple therapy: IBCT)(Jacobson & Christensen, 1996)는 전통적인 행동적 부부치료(traditional behavioral couple therapy: TBCT)의 대안으로서 개발되었다. TBCT가 관계의 고통에 기여하는 행동을 의도적으로 변화시키는 데 초점을 둔 데 반해, IBCT는 이전에는 수용할 수 없다고 생각했던 배우자의 어떤 측면을 수용하도록 돕는다. IBCT는 관계의 맥락에서 마음챙김과 수용을 강조한다(Christensen, Sevier, Simpson, & Gattis, 2004). 연구결과는 IBCT가 TBCT의 치료 성과에 비해 뛰어나다는 것을 시사한다(Jacobson, Christensen, Prince, Cordova, & Eldridge, 2000; Christensen, Atkins, et al., 2004). TBCT는 특정 행동에 비추어 관

계 문제를 개념화한다. 대조적으로 IBCT는 보다 넓은 분석 단위에 초점을 맞춘다(Christensen, Sevier et al., 2004). 예를 들어, 배우자를 기쁘게 하기 위해 무엇을 하는 것과 같은 특정 행동변화에 초점을 맞추는 대신 IBCT는 더 넓은 반응 군집(즉, 친밀감을 증대시키는 것)에 초점을 맞출 수 있다. IBCT는 또한 치료목표 면에서 TBCT와 다르다. TBCT가 행동변화를 기본적인 목표로 삼는 데 반해 IBCT는 수용을 강조한다. IBCT에서 수용 목표는 상대방에 대한 서로의 정서적 반응과 그것을 유발하는 조건, 그리고 그러한 정서가 갖는 영향과 관련된다(Christensen, Sevier et al., 2004). 정서적 반응은 자기 자신과 배우자 반응에 대해 조금 더 마음챙김하는 것을 돕고 결과적으로 관계 안에서 덜 부정적인 반응을 발달시키기 위해 비판단적이고 공감적인 방식이라 할 수 있다. 이러한 과정은 또한 파트너의 행위에 대한 인지적 해석을 변화시키는 것을 도울 수 있다(Christensen, Sevier et al., 2004). 관계 맥락 안에서의 수용은 배우자에 대한 자신의 정서적 반응에 대한 수용을 포함한다(Fruzzetti, 2006). 따라서 부부치료 맥락 안에서의 바람직하지 않은 배우자의 행동 수용은 어떤 점에서 수용의 특별한 사례를 제공하고, CBT에서 사용되는 다른 모든 마음챙김과 수용 전략 또한 부부의 맥락에서 사용될 수 있다. 물론 신체적 폭력이나 물질남용 등 위험하고 파괴적인 행동은 수용 개입의 초점이 되어서는 안 된다.

인지행동치료에서의 다른 수용 및 마음챙김 접근

마음챙김과 수용 개념이 포함된 CBT의 보급률은 앞에서 언급했던 치료의 보급률보다 훨씬 더 높으며 경험적 지지 또한 받고 있다. 예를 들어, 섭식장애(Wilson, 2004), 불안장애(Borkovec & Sharpless, 2004; Orsillo, Roemer, Block Lerner, & Tull, 2004; Roemer & Orsillo, 2002), 외상(Follette, Palm, & Rasmussen Hall, 2004), 그리고 부부 및 가족 문제(Carson, Carson, Gil, & Baucom, 2004; Fruzzetti & Iverson, 2004; Hoffman, Fruzzetti, & Buteau, 2007)를 치료하기 위해 마음챙김과 수용의 개념이 CBT로 통합되어 왔다. 각각의 적용이 새롭긴 하지만 사용되는 개입은 앞서 언급한 것들과 비슷하다. 따라서 마음챙김과 수용을 적용하고 있는 것을 모두 검토하는 대신, CBT 안에서 이들 개념과 전략이 어떻게 사용되고 있는지 소개하고자 한다. 우리는 CBT 내에 마음챙김과 수용을 적용하고 몇 가지 임상적 전략을 정교화하는 데 초점을 맞출 것이다.

마음챙김과 수용의 임상적 적용

다양한 구체적 프로토콜이 몇 가지 상이한 유형의 CBT에 마음챙김과 수용 전략을 채택하고 있는데, 여기에는 공통되는 주제가 있다. 우리는 마음챙김과 수용의 핵심 개입 전략을 설명하고자 한다. 일부 전략 혹은 수련은 다른 치료에 비해 몇몇 치료에서 조금 더 특징적이거나 보편적이지만, 이들은 모두 상호관계를 맺고 있으며, 모든 전략은 핵심적인 마음챙김과 수용을 변형시킨 비판단적 자각, 주의 통제, 현재를 경험하기 등으로 구성된다.

마음챙김 기술

Linehan은 심리적 수련으로서 마음챙김의 요소와 기술로서 이 요소를 가르치는 방법을 세분화했다(Linehan, 1993b). Thich Nhat Hanh(1975)의 마음챙김 작업에 기초하여 DBT에서 마음챙김 기술은 다양한 CBT 접근에서 사용하는 구성요소를 포함한다. Linehan은 이 기술을 두 가지 부분으로 나누었다. 첫 번째 마음챙김 기술은 마음챙김 상태에서 하는 활동과 관련되며 관찰하기, 기술하기, 참여하기로 구성되어 있다. 어떤 때라도 사람이 이것 중 하나, 즉 관찰하기, 기술하기, 활동에 참여하기 중 하나를 할 수 있다는 것이다. 두 번째 마음챙김 기술은 그러한 활동에 관여하는 방식과 관련되며 비판단적인 태도로 (인지적 · 정서적 · 혹은 외현적) 활동에 참여하기, 현재 이 순간에 한 가지 일을 하기, 더 나은 삶에 효과적으로 도달할 수 있게 하는 활동을 선택하기 등으로 구성되어 있다(Linehan, 1993b). 개인은 이 모든 것을 동시적으로 할 수 있다고 보는 것이다.

관찰하기

관찰은 자각의 기초가 된다. 관찰하기, 즉 단지 알아차리는 것은 자각하게 되는 행위이고, 자의식적인 자각을 포함한다. 무엇을 관찰할 것인지 또는 알아차릴 것인지는 선택의 여지가 많다. 따라서 이 기술은 명백하게 알 수 있는 것이 아니라 더 복잡한 것이다. 예를 들어, 대화 속에서 마음챙김하는 것은 다른 사람이 무엇을 말하고 있고, 그가 말하고 있는 것의 이면, 대화의 맥락, 다른 사람이 말하거나 행동하는 것이 어떻게 자기 자신(사고, 소망, 정서, 갈망)에게 영향을 주고 있는지 등을 알아차리거나 관찰하는 것이다. 더욱이 초기 자각은 종종 다른 행동도 마음챙김적일 수 있게 한다. 예를 들어, 내가 제공하기를 원치 않는 어떤 것을 다른 사람이 원하고 있다는 것에 대한 자각은 불안 혹은 두려움에 대한 자각 혹은 다른 사람에 대한 판단을 야기할 것이다. 관찰하기의 또 다른 측면은 주의 통제와 연관된다. 주의 통제는 무언가를 알아차리기 위해 주의를 개방하는 것을 필요로 하는데, 특히 자극 속성이 강력한 반응을 야기하지 못할 때 그러하다. 주의는 자각과 관련되지만, 어떤 자극을 자각하기 위해 집중하는 능력을 포함한다.

기술하기

기술하기는 사건, 사물, 상황에 대해 비판단적으로 말하는 과정이다. 마음챙김 세계에는 좋거나 나쁜 스웨터 혹은 자동차 혹은 사람이 없다. 마음챙김 세계에는 우리가 좋아하거나 좋아하지 않는 스웨터, 차, 사람이 존재하며, 빨갛거나 구멍 난 스웨터 혹은 편안하게 잘 맞거나 불편한 스웨터, 수리가 필요하거나 고장 난 자동차 혹은 좋은 에너지 효율을 가졌거나 좋지 않은 효율을 지닌 자동차 등이 존재한다. 기술하기란 틀에 박히지 않은 판단을 내리는 것이기 때문에 그것은 마음챙김과 수용의 또 다른 핵심 요소인 비반응성에 기여할 수 있다. 기술하기는 또한 주의 통제 요소를 포함한다. 즉, 초점화된 주의가 없을 때 기술하기는 매우 제한되거나 피상적인 기술적 속성만을 가진다.

참여하기

마음챙김은 협소한 자각과 수많은 언어 및 인지적 활동 대신에 많은 생각을 하지 않으면서 깊이 있는 자각을 통해 가능해진다. 예를 들어, 대부분의 사람은 노래하거나 스포츠를 하거나 춤을 추거나 악기를 연주하거나 등산을 하는 중에 '자기를 잃어버리는' 경험을 할 수 있다. 이런 경우가 깊고 비인지적 주의 및 자각인 것이다. 스포츠에서 사람은 어떤 선수는 '무의식적'이기 때문에 자신의 수행이 자의식적인 자각이나 평가에 영향을 받지 않았다는 것을 깨닫게 된다. 선수는 잠시 동안 그야말로 활동 그 자체인 것이다. 따라서 참여하기는 생각, 문제해결, 심지어는 자기자각 등의 경쟁적인 자의식적 활동 없이 어떤 활동에 충분히 관여한다는 것을 포함한다.

비판단적인 태도

판단이란 매우 보편적인 활동이지만 많은 내담자는 처음에는 이와 같은 자신의 판단을 식별하는 것을 어려워한다. 예를 들어, 특정 예술 작품이 아름답거나 추하다고 받아들일 때처럼(이 역시 판단이다) 판단이 사실인 것처럼 받아들이는 일은 흔하다. 마음챙김적 관점에서 우리는 그 작품을 보는 것을 즐긴다고 말하거나 그것으로부터 미학적인 기쁨을 발견했다고 말하는 것이 나을 것이다. 이를 통해 그 작품에 내재되어 있는 예술적 특징(특정 질감, 색, 형식, 패턴 등)이 이해되고, 그 작품에 대한 반응(아름답다, 추하다 등)이라는 것이 정확히 보는 사람에게 내재되어 있는 것임을 알게 된다.

이는 임상적으로 내담자가 자기 자신과 타인을 어떻게 대하는지와 관련된다. 그리고 내담자가 자신을 대하는 과정과 타인을 대하는 과정은 동일하다. 개인의 행동은 좋거나 나쁜 것이 아니다. 개인이 한 행동은 기술될 수 있고, 그 행동에 반응하는 방식 또한 기술될 수 있다. 따라서 한 개인은 다른 사람이 좋아하지 않거나 다른 사람의 가치에 반하는 행동(예, 배우자에게 매몰차게 구는 것, 게임에서 속임수를 쓰는 것, 의도적으로 다른 사람을 희생시키고서 자신이 바라던 무언가를 가지려는 것)을 할 수 있다. 물론 우리 스스로의 행동과 이 행동에 대한 반응을 알아차리고 기술할 수 있다. 현실은 객관적으로 기술될 수 있기 때문에 이런 비판단적인 관점은 현실의 본질에 대한 자각을 촉진하지만, 판단은 주관적이기 때문에 똑같이 '현실적인(real)' 것이 아니다. 내담자가 판단적 사고를 하고 있다는 것을 알아차리면 그들은 대안적인 레퍼토리를 개발할 수 있다. 내담자가 자신 혹은 타인을 판단하고 있음을 깨닫게 될 때 기술하기는 판단적 사고에 대해 그들이 사용할 수 있는 중요한 교정 수단이 된다.

한 번에 한 가지 마음챙김적인 관여

한 번에 한 가지를 하는 것은 멀티태스킹 문화에서 그 가치가 떨어지는 것일 수 있다. 하지만 현재 순간에 한 번에 하나씩 하는 능력은 문제해결, 관계 형성, 안전 운전, 신기술 습득 등 다양한 활동을 능숙하게 해내는 데 필수적일 수 있다. 한 번에 한 가지에 마음챙김하는 관여가 자각을 유발하지만, 이러한 마음챙김의 속성은 근본적으로 주의 통제와 관련된다.

효과적으로 존재하기

어떤 점에서 효과적으로 존재하기는 다른 마음챙김 기술에 내포되어 있다. 하지만 마음챙김의 기준으로 효과성을 명시적으로 포함시키는 것은 내담자가 판단 없이 완전한 주의와 자각 상태에 있다 하더라도, 위험하거나 비생산적일 수 있는 행동을 배제할 수 있다. 예를 들어, 내담자가 관여하는 자해 및 타인에 대한 공격성과 폭력성은 마음챙김하고 있다고 생각하며, 관여할 수 있는 활동이다. 하지만 그러한 활동이 실제적으로 언제나 문제가 된다면 실상 그것은 마음챙김하는 것이 아니다.

앞서 논의한 기술은 CBT에서 흔하게 사용되는 방식으로 학습될 수 있다. 이 방법은 습득 단계, 즉 기술의 기본 원리 및 이론적 근거를 가르치고 지시에 따라 초기 연습을 해 보는 것을 포함한다. 그런 다음에 지속적인 연습과 피드백을 통해 이 기술은 숙달될 것이다. 마지막으로 내담자는 이 기술을 사용해서 그들의 삶 속에서 역기능적인 행동을 대체하게 되고, 이렇게 함으로써 성과가 향상될 때 마음챙김이 일반화되는 것이다(Linehan, 1993b). 즉, 마음챙김 수련이 일상에서 더 마음챙김적이게 할 수 있다는 입장이다. 역설적으로 일상에서 더 많이 '수련'할수록 수련 그 자체는 줄어들고 자신의 삶에 쉽게 마음챙김하며 관여하게 된다. 수련은 마음챙김적 삶의 일부이며, 마음챙김적 삶은 강도 높은 수련이다.

사고에 대한 정서적 반응성 감소시키기: 사고를 사고로서 관찰하기

마음챙김의 개발에서 내담자의 핵심 문제 중 하나는 강력한 부정적인 정서 반응을 유발하는 특정 사고다. 판단(예, '나는 나쁜 사람이다.')은 강력한 부정적 정서 반응뿐만 아니라 평가(예, '나는 인터뷰를 잘하지 못했다.')와 같은 다른 유형의 사고에까지도 연관될 수 있고, 심지어는 기술적인(descriptive) 사고(예, '내 아내는 이혼을 원한다.')조차 특정 정서적 반응과 연관될 수 있다. 이러한 모든 반응이 문제인 것은 아니며, 어떤 정서적 반응은 유용하고 적응적이다. 하지만 지속적으로 강력하고 고통스러운 부정적 정서가 과잉 학습될 때 그것의 선행 사고로부터 정서적 반응을 분리시키는 것이 유익할 수 있다.

문제가 되는 이러한 정서적 반응으로부터 분리되고, 그것을 감소시키는 한 가지 방법은 생각을 하나의 생각일 뿐이라고 관찰하는 것이다. 즉, 사고는 생물학적으로 뇌의 산물이고, 어떤 과거와 특정 상황의 산물이다. 사고의 내용은 객관적 현실일 수도 있고(예, '나는 주차된 내 차를 찾을 수 없다.'), 혹은 아닐 수도 있다(예, '나 같은 바보는 없을 거야……. 나는 심지어 내 차를 찾지도 못해.' 혹은 '내가 쇼핑몰에 있는 동안 누군가 내 차를 훔쳐 간 게 분명해.'). 하지만 생각이 단순히 생각일 뿐이라는 관찰은 그런 유형의 사고가 생기기 쉬운 맥락이나 상황을 자각하게 할 수 있다. 예를 들어, 좌절을 알아차리고 인내하는 것은 자신이 미친 듯이 차를 찾고 있다는 것과 마음챙김하고 있지 못하다는 것, 그렇게 허둥지둥하는 행동이 역효과라는 것을 인식하도록 도울 수 있다. 그 이후에 그 사람은 현재 상황에 대해 더 자각할 수 있고, 자신이 왔던 길을 되짚어 볼 수 있으며, 차를 주차해 두었던 층을 회상할 수 있을 것이다.

마음챙김의 핵심은 사고에 대한 전반적 반응을 변화시키는 것이고, 역기능적인 인지-정서적 행위 패턴을 늦춰서 중단시키는 것이다. 각기 다른 치료는 내담자에게 이러한 과정을 가르치기 위해 각기 다른 수련법을 사용한다. 예를 들어, DBT를 받는 내담자는 구체적 수련에서 생각 관찰하기와 같은 지시를 받는다. 허튼소리하기(Irreverence)는 이러한 유형의 연습을 촉진하기 위해 사용될 수 있다. 즉, 치료자는 객관적 현실을 반영하지 않는 생각을 할 수 있다는 것을 내담자에게 보여 주기 위해 내담자에게 명백하게 잘못되었거나 우스꽝스럽고 바보 같은 생각을 말해 보도록 요청할 수 있다. 예를 들어, '나는 올림픽 농구팀의 스타다.' 혹은 '나는 내 친구가 나를 존중해 주든지 말든지 전혀 신경 쓰지 않는다.' ACT에서 많은 비유가 사고를 '탈문자화' 하는 것을 돕기 위해 사용되고, 다양한 CBT 접근에서 기본적인 노출이 사용될 수 있다. 예를 들어, 혼란스러운 생각을 반복하여 그것의 인지-정서적 행위 패턴으로부터 불안한 생각을 분리시키는 것은 강박 사고에서 흔한 전략이다.

정서적 경험과 그 맥락을 관찰하기

다양한 심리적 고통의 요소 중 하나는 이차적인 정서 반응과 연합된 괴로움이다

(Fruzzetti et al., 2008). 본질적으로 '일차' 정서는 주어진 상황에 대한 더 보편적이고 자연스러우며 타고났고 진정한 반응이다. 그리고 그것은 해석이나 판단에 얽매이지 않는다(Greenberg & Safran, 1989). 예를 들어, 상실 상황에서 일차 정서는 슬픔, 실망, 비탄이다. 우리는 자기, 사랑하는 사람들, 또는 우리 삶의 중요한 측면에 위협적일 수 있는 상황처럼 불확실하고 아마도 바람직하지 않은 결과에 직면했을 때 불안이나 공포를 느끼게 된다. 우리의 가치와 어긋나게 행동하게 되거나 그런 행동을 하고 싶은 갈망을 가지고 있을 때 우리는 죄책감이나 수치심을 느낀다. 하지만 우리는 때때로 우리 자신의 일차적 정서에 반응하기, 즉 반응에 반응하기를 배울 수 있는데, 이러한 '이차적' 정서는 주어진 상황에 대한 주요 반응이 된다. 예를 들어, 우리가 좋아하던 사람으로부터 창피당했을 때 마음이 아프거나 슬픈 느낌을 느끼는 대신 수치심이나 분노를 느낄 수 있는데, 이는 실제로 마음이 아프게 되는 일차적 정서 반응에 대한 이차적 반응이다. 일차적 정서는 이차적 정서에 비해 더 적응적이고 건강한데, 이는 이차적 정서가 진정한 정서적 반응이 부족한 것이기 때문이다. 이차적 정서의 표현은 또한 다른 사람을 혼란스럽게 할 수 있는데, 상황 또는 자극과 정서적 반응 간의 자연적인 연결이 언제나 명확한 것은 아니기 때문이다.

마음챙김의 관점에서 판단과 현재에 대한 자각 결여는 이차적 정서 반응의 주요 원인이다. 우리 자신에 대한 판단은 대개 수치심을 야기하는 데 반해, 타인에 대한 판단은 대개 분노를 야기한다. 비슷하게 어떤 상황과 그것에 수반된 일차적 정서를 견디는 것을 원하지 않거나 그것들을 견딜 수 없다는 것은 도피 조건형성(escape conditioning), 즉 이차적 정서 반응을 초래할 수 있다. 이와 달리 상황을 자각하는 것은 자연스럽게 진정한 일차적 정서로서 반응하게 한다. 이러한 반응은 대개 다른 사람에게 쉽게 이해될 수 있는 것이고, 타인의 위로, 지지, 수인 반응을 촉진할 수 있다(Fruzzetti et al., 2008). 따라서 어떤 사람이 그 상황적 현실과 자신의 일차적 반응 모두를 수용하면 비슷하게 다른 사람도 그를 쉽게 수용하게 된다.

이차적 정서 반응에서 일차적 정서 반응으로 전환하는 것은 마음챙김 수련에 의해 촉진될 수 있다. 예를 들어, 부정적 정서나 판단적인 사고를 알아차리는 것은 잠시 멈춘 후 주의를 상황으로 되돌리고 일차적 정서 반응을 자각하기 위해 관찰하고 기술하는 기술을 사용하라는 단서가 될 수 있다. 이런 식으로, 발생하려고 하는 이차적 정서는 그러한 반응에 '참여하는 것'을 멈추고 그 대신 주의를 상황으로 되돌리라는 신호가 될 수 있고, 따라서 상황에 대한 자각에 의해 더 진정한 정서가 발생하는 것이 가능하게 된다. 일차적 정서에 대한 자각과 수용은 회피 또는 도피 상황 및 정서와는 대비되는 것이다. 극단적으로 회피 또는 도주에는 물질 사용, 자해, 철수, 공격성 등의 역기능적 행동이 포함된다.

허용하기: 고통스러운 경험을 수용하고 인내하기

극심한 괴로움이나 고통에 직면했을 때 대부분의 사람은 변화를 갈망한다. 마음챙김은 고통에 대한 초기의 자각, 특정 상황이나 행동과 고통스러운 결과가 발생할 가능성 간의 연관에 대한 자각, 다른 사람에 대한 공감의 자각을 포함하는 등 다양한 방식으로 변화를 촉진할 수 있다. 하지만 고통과 괴로움이 항상 완화되는 것은 아니며, 분명히 많은 상황에서 빠르게 완화되지 않을 수 있다. 건강하고 적응적인 방법을 통해 즉각적으로 변화가 가능하지 않을 때 어떤 사람은 충동적으로 행동하고 장기적인 결과를 생각하지 않고 괴로움을 단기적으로 감소시키려 한다. 물질 사용, 자살, 충동적 행동, 폭식이나 설사제 사용, 그리고 다른 많은 심각한 임상적 문제는 도피 행동을 통한 고통스러운 정서의 회피라는 공통된 주제를 갖는다. 사람은 고통이 사라지면 그러한 역기능적 행동을 멈출 수 있다고 주장하지만 도피 행동은 역설적으로 고통에 상당 부분 기여하고, 그렇기 때문에 도피 행동이라는 대안은 유효하지 않다. 오히려 점점 더 역기능적 도피가 뒤따르고, 이로 인해 고통은 증가하고 삶의 만족은 감소하게 된다.

있는 그대로 경험을 받아들이고 현재 실제로부터 회피하거나 도피하지 않으며 그것을 자연스럽게 내버려 두는 능력은 마음챙김의 핵심적 요소이고 충동적이고, 파괴적인 행동을 감소시키기 위한 초석이다. 이러한 과정은 ① 최소한 일시적으로, 그리고 때때로 긴 시간 동안 고통스러운 경험을 인내하고(Linehan, 1993b, 'distress tolerance' 참조), ② 장기적인 목표를 마음챙김하여 자각하고, 도피와 회피에 연관되는 일시적 안도로부터 목표와 가치에 일치하는 삶과 연관된 만족과 기쁨으로 의도적인 주의 전환을 하며, ③ 괴로움의 의미를 재맥락화할 수 있는 능력, 즉 '나는 이것을 견딜 수 없어.' 혹은 '이것은 끔찍해.'라고 생각하기보다 그 상황이 어쩔 수 없이 고통에 연관됨을 인식하고, 고통을 인내하거나 차라리 고통을 기꺼이 받아들여, 진정하고 가치 있고 만족스러운 방식으로 삶과 고통을 통합하는 것이다.

어떤 자극에 대한 진정한 마음챙김 자각은 심지어 그 자극에 대해 학습한 이차적 정서 반응을 견디면서 이루어지는 둔감화, 노출, 반응방지 전략의 핵심이다. 자극을 피하거나 그것에 마비되지 않는 반응을 할 수 있는 능력은 만족스러운 삶을 이룩하기 위해 의미 있게 활동을 선택하고 다른 의미 없는 활동은 중지할 수 있게 한다. 상황에 대한 마음챙김 자각은 또한 상황이 이전에 학습한 '부정적' 자극 속성을 갖는지 혹은 새로운 상황인지에 관계없이 유용할 수 있는 '긍정적'이고 즐겁고 만족스러운 정서 반응에 대한 자각을 촉진할 수 있다. 따라서 회피하거나 충동적인 행동을 하거나 도피하기보다 발생할 수 있는 어떤 반응이라도 인정하는 것과 마음챙김하는 것은 성공적인 행동활성화의 핵심 요소이기도 하다(Fruzzetti et al., 2008).

자기 및 타인에 대한 수용과 수인

다른 사람들은 우리의 일상에서 핵심적 '자극'이고, 특정한 잠재적 정서 반응을 막거나 회피하는 방식으로 다른 사람에 대한 반응을 학습할 수 있다. 하지만 관계에서의 마음챙김은 다른 사람의 활동이 상황 혹은 자극의 본질인 구체적 사례에 대해 그저 이전에 언급된 마음챙김과 수용 전략을 적용할 뿐이다(Fruzzetti & Iverson, 2004). 그렇게 다른 사람에 대해 자각하는 것은 깊은 이해를 낳고 그 사람을 수용하는 근간을 형성한다. 이러한 과정은 자각과 자기수용을 요구하며, 특히 한 사람이 경험하는 어떤 일차적 정서에 대해서라도 그러하다. 다른 사람들에 대한 이러한 이해와 수용을 명확히 표현하는 것은 다른 사람들을 수인(validation)하고, 그들의 마음을 누그러뜨리며 그들을 지지하도록 돕는다. 그리고 결과적으로 스스로가 보다 기술적이 되고 타인을 그 자체로서 받아들이게 된다(Fruzzetti, 2006). 이러한 과정은 모든 친밀한 관계에서 핵심이고 효과적인 치료 관계를 발전시키는 데 있어서도 유익하다.

온전한 수용

수용은 즐거울 때는 비교적 쉽다. '온전한 수용(Radical acceptance)'은 삶이 힘들고 불쾌할 때 혹은 믿을 수 없을 만큼 명백히 고통스러울 때조차 우리의 경험을 기꺼이 받아들이는 능력이다. 만약 이것이 쉽다면 '온전'할 수 없다. 이러한 생각은 우리가 이전에 다루었던 모든 마음챙김과 수용 전략이 극심한 괴로움이나 매우 해로운 환경에 직면한 가운데서 이용될 수 있다는 것이다. 해롭거나 고통스러운 상황의 측면에 초점을 맞추기보다 덜 바람직하거나 고통스러운 부분이라 하더라도 삶의 일부로서 그 경험을 포용할 수 있다. 따라서 현실은 판단과 도피, 망상, 합리화 없이, 그리고 비현실이나 소망적 사고에 대한 경직된 애착과 현재 순간 속에서 현실을 바꾸려는 시도 없이, 진실로 온전히 포용되고 환영되기까지 한다. '사물을 있는 그대로 두라.'라는 말은 현실이 불가피하고 일어나야 할 무엇은 일어나게 마련이라는 것을 의미한다. 이것은 도덕이나 충고적인 '당위'가 아니라 현재 순간 속에 현실이 존재한다는 인식에 대한 반영이다. 현재 순간은 진행 중인 과정의 필수적인 부분이고, 무슨 일이 발생해야 한다면 그것은 반드시 꼭 일어나게 마련이다. 이는 예전에도 일어날 일은 일어났기 때문이다. 온전한 수용은 과거에 대한 비탄과 현재 실제로부터 도피하려는 시도와 덜 연관되므로 현재 속에서 의미 있는 삶을 사는 데 있어 보다 성공적일 수 있고, 보다 가치 있고 만족스러운 미래에 이르게 될 수 있다.

치료자의 마음챙김과 수용

이처럼 다양한 마음챙김과 수용 전략이 내담자에게 맞춰져 있다 하더라도 치료자 역시 효과적으로 내담자를 돕기 위해 마음챙김과 수용 수련을 할 필요가 있다. 각 치료마다 치료자가 마음챙김을 하는 정도는 꽤 상이하다. 예를 들어, MBCT와 MBSR는 치료자에게 날마다 마음챙김 명상을 수련하라고 하지만, 앞에서 언급된 대부분의 다른 치료자에게서는 그렇지 않다. 치료자는 내담자와 동일한 수련을 시연하고 가르치기 때문에, 일반적으로 치료자가 하는 수련이 치료에서 내담자에게 처방되는 수련을 반영하고 있는 것은 당연하다. 마음챙김과 수용은 경험적 수련이고, 그러므로 치료자의 경험적 수련이 요구된다. 지적인 이해로는 충분하지 않을 수 있다.

결론

지난 30~40년에 걸친 장기간의 개발 과정 이후 CBT에서 마음챙김과 수용 개입은 주류가 되어 왔다. 형식에 있어 상이하다 하더라도 CBT에서 마음챙김과 수용 수련에 대한 다양한 접근은 동일한 토대를 공유하고 실용적인 수련에서도 중첩된다. 실질적으로 마음챙김과 수용에 관한 모든 CBT 응용법은 현실의 수용, 비판단적 자각, 현재 순간에 머무르기, 자연스럽게 발생하고 전개되는 경험을 받아들이기, 작용하고 있으며 효과적인 것에 주의를 집중할 수 있는 능력을 사용한다. 많은 마음챙김과 수용 개입들의 변화 기제가 충분히 밝혀지지 않았고, CBT에서 이를 어떻게 최적으로 사용할 것인지에 대한 이해가 부족하긴 하지만 연구결과는 마음챙김과 수용 개입이 치료 성과와 재발방지 모두에서 유익한 효과를 갖는다는 것을 시사한다. 심리치료의 주변부에 위치해 있던 수십 년이 지나고, 이제 마음챙김과 수용은 CBT의 경험적 전통의 일부가 되었다. 우리는 향후 연구를 통해 마음챙김과 수용이 안녕감에 미치는 심리학적 영향과 효과적인 CBT 개입의 일환으로서 마음챙김과 수용을 사용하는 최선의 방법을 이해할 수 있을 것이라 기대한다.

참고문헌

Baer, R. (2003). Mindfulness training as a clinical intervention: A conceptual and empirical review. *Clinical Psychology: Science and Practice, 10*, 125-143.

Binswanger, L. (1956). Existential analysis and psychotherapy. In E. Fromm-Reichmann & J. L. Moreno (Eds.), *Progress in psychotherapy* (pp. 144-168). New York: Grune & Stratton.

Binswanger, L. (1963). *Being-in-the-world: Selected papers of Ludwig Binswanger* (J. Needleman, Trans.). New York: Basic Books.

Bishop, S., Lau, M., Shapiro, S., Carlson, L., Anderson, N., Carmody, J., et al. (2004). Mindfulness: A propsed operational definition. *Clinical Psychology: Science and Practice, 11*, 230-241.

Borkovec, T. D., & Sharpless, B. (2004). Generalized anxiety disorder: Bringing cognitive-behavioral therapy into the valued present. In S. C. Hayes, V. M. Follette, & M. M. Linehan (Eds.), *Mindfulness and acceptance: Expanding the cognitive-behavioral tradition* (pp. 209-242). New York: Guilford Press.

Brown, K. W., & Ryan, R. M. (2003). The benefits of being present: Mindfulness and its role in psychological well-being. *Psychological Science, 14*, 822-848.

Carson, J. W., Carson, K. M., Gil, K. M., & Baucom, D. H. (2004). Mindfulness-based relationship enhancement. *Behavior Therapy, 35*, 471-494.

Christensen, A., Atkins, D. C., Berns, S., Wheeler, J., Baucom, D. H., & Simpson, L. E. (2004). Traditional versus integrative behavioral couple therapy for significantly and chronically distressed married couples. *Journal of Consulting and Clinical Psychology, 72*, 176-191.

Christensen, A., Sevier, M., Simpson, L., & Gattis, K. (2004). Acceptance, mindfulness, and change in couple therapy. In S. C. Hayes, V. M. Follette, & M. M. Linehan (Eds.), *Mindfulness and acceptance: Expanding the cognitive-behavioral tradition* (pp. 288-309). New York: Guilford Press.

Dimidjian, S., & Linehan, M. (2003). Defining an agenda for future research on the clinical application of mindfulness practice. *Clinical Psychology: Science and Practice, 10*, 166-171.

Dryden, W., & Still, A. (2006). Historical aspect of mindfulness and self-acceptance in psychotherapy. *Journal of Rational-Emotive and Cognitive-Behavior Therapy, 24*, 3-28.

Ellis, A. (2006). Rational emotive behavior therapy and the mindfulness based stress reduction training of Jon Kabat-Zinn. *Journal of Rational-Emotive and Cognitive-Behavior Therapy, 24*, 63-78.

Ellis, A. (2005). Can rational-emotive behavior therapy (REBT) and acceptance and commitment therapy (ACT) resolve their differences and be integrated?. *Journal of Rationa-Emotive and Cognitive-Behavior Therapy, 23*, 153-168.

Ellis, A. (1961). *A guide to rational living*. Englewood Cliffs, NJ: Prentice-Hall.

Ellis, A. (1962). *Reason and emotion in psychotherapy*. Secaucus, NJ: Citadel.

Feigenbaum, J. (2007). Dialectical behavior therapy: An increasing evidence base. *Journal of Mental Health, 16*, 51-68.

Follette, V. M., Palm, K. M., & Rasmussen Hall, M. L. (2004). Acceptance, mindfulness, and trauma. In S. C. Hayes, V. M. Follette, & M. M. Linehan (Eds.), *Mindfulness and acceptance: Expanding the cognitive-behavioral tradition* (pp. 192-208). New York: Guilford Press.

Fruzzetti, A. E. (2006). *The high conflict couple: A dialectical behavior therapy guide to finding peace, intimacy, and validation*. Oakland, CA: New Harbinger Press.

Fruzzetti, A. E., Crook, W., Erikson, K., Lee, J., & Worrall, J. M. (2008). Emotion regulation. In W. T. O'Donohue & J. E. Fisher (Eds.), *Cognitive behavior therapy: Applying empirically supported techniques in your practice* (2nd ed.). New York: Wiley.

Fruzzetti, A. R., & Fruzzetti, A. E. (2008). Dialectics. In W. T. O'Donohue & J. E. Fisher (Eds.), *Cognitive behavior therapy: Applying empirically supported techniques in your practice* (2nd ed.). New York: Wiley.

Fruzzetti, A. E., & Iverson, K. M. (2004). Mindfulness, acceptance, validation and "individual" psychopathology in couples. In s. C. Hayes, V. M. Follette, & M. M. Linehan (Eds.), *Mindfulness and acceptance: Expanding the cognitive-behavioral tradition* (pp. 168-191). New York: Guilford Press.

Fruzzetti, A. E., Shenk, C., & Hoffman, P. D. (2005). Family interaction and the development of borderline personality disorder: A transactional model. *Development and Psychopathology, 17*, 1007-1030.

Greenberg, L. S., & Safran, J. D. (1989). Emotion in psychotherapy. *American Psychologist, 44*, 19-29.

Hayes, S. (2004). Acceptance and commitment therapy and the new behavior therapies:

Mindfulness, acceptance, and relationship. In S. C. Hayes, V. M. Follette, & M. M. Linehan (Eds.), *Mindfulness and acceptance: Expanding the cognitive-behavioral tradition* (pp. 1-29). New York: Guilford Press.

Hayes, S. C., Luoma, J. B., Bond, F. W., Masuda, A., & Lillis, J. (2006). Acceptance and commitment therapy: Model, processes and outcomes. *Behaviour Research and Therapy, 44*, 1-25.

Hayes, S. C., & Shenk, C. (2004). Operationalizing mindfulness without unnecessary attachments. *Clinical Psychology: Science and Practice, 11*, 249-254.

Hayes, S. C., Strosahl, K. D., & Wilson, K. G. (1999). *Acceptance and commitment therapy: An experiential approach to behavior change.* New York: Guilford Press.

Hayes, S. C., & Wilson, K. (2003). Mindfulness: Method and process. *Clinical Psychology: Science and Practice, 10*, 161-165.

Hoffman, P. D., Fruzzetti, A. E., & Buteau, E. (2007). Understanding and engaging families: An education, skills and support program for relatives impacted by borderline personality disorder. *Journal of Mental Health, 16*, 69-82.

Hoffman, S., & Asmundson, G. (2008). Acceptance and mindfulness-based therapy: New wave or old hat?. *Clinical Psychology Review, 28*, 1-16.

Jacobson, N., & Christensen, A. (1996). *Acceptance and change in couple therapy: A therapist's guide to transforming relationships.* New York: Norton.

Jacobson, N. S., Christensen, A., Prince, S. E., Cordova, J., & Eldridge, K. (2000). Integrative behavioral couple therapy: An acceptance-based, promising new treatment for couple discord. *Journal of Consulting and Clinical Psychology, 68*, 351-355.

Kabat-Zinn, J. (1982). An outpatient program in behavioral medicine for chronic pain patients based on the practice of mindfulness meditation: Theoretical considerations and preliminary results. *General Hospital Psychiatry, 4*, 33-47.

Kabat-Zinn, J. (2003). Mindfulness-based interventions in context: Past, present and future. *Clinical Psychology: Science and Practice, 10*, 144-156.

Linehan, M. M. (1993a). *Cognitive-behavioral treatment of borderline personality disorder.* New York: Guilford Press.

Linehan, M. M. (1993b). *Skills training manual for treating borderline personality disorder.* New York: Guilford Press.

Marlatt, G. A. (1994). Addiction, mindfulness, and acceptance. In s. c. Hayes, N. S. Jacobson, V. M. Follette, & M. J. Dougher (Eds.), *Acceptance and change: Content and context in psychotherapy* (pp. 175-197). Reno, NV: Context Press.

Marlatt, G. A. (2002). Buddhist psychology and the treatment of addictive behavior. *Cognitive and Behavioral Practice, 9*, 44-49.

Marlatt, G. A., & Donovan, D. M. (2005). *Relapse prevention: Maintenance strategies e treatment of addictive behaviors* (2nd ed.). New York: Guilford Press.

Marlatt, G. A., & Gordon, J. R. (1985). *Relapse prevention: Maintenance strategies in the treatment of addictive behaviors.* New York: Guilford Press.

Marlatt, G. A., & Kristeller, J. (1999). Mindfulness and meditation. In W. R. Miller (Ed.), *Integrating spirituality into treatment* (pp. 67-84). Washington, DC: American Psychological Association.

Marlatt, G. A., Witkiewitz, K., Dillworth, T. M., Bowen, S. W., Parks, G. A., Macpherson, L. M., et al. (2004). Vipassana meditation as a treatment for alcohol and drug use disorders. In S. C. Hayes, V. M. Follette, & M. M. Linehan (Eds.), *Mindfulness and acceptance: Expanding the cognitive-behavioral tradition* (pp. 261-287). New York: Guilford Press.

Melbourne Academic Mindfulness Group. (2006). Mindfulness-based psychotherapies: A review of conceptual foundations, empirical evidence and practical considerations. *Australian and New Zealand Journal of Psychiatry, 40*, 285-294.

Nhat Hanh, T. (1975). *The miracle of mindfulness: A manual on meditation.* Boston: Beacon

Press.

Nhat Hanh, T. (2007). *Nothing to do, nowhere to go: Waking up to who you are.* Berkeley, CA: Parallax Press.

Orsillo, S. M., Roemer, L., Block Lerner, J. B., & Tull, M. T. (2004). Acceptance, mindfulness, and cognitive-behavioral therapy: Comparisons, contrasts, and application to anxiety. In S. C. Hayes, V. M. Follette, & M. M. Linehan (Eds.), *Mindfulness and acceptance: Expanding the cognitive-behavioral tradition* (pp. 66-95). New York: Guilford Press.

Robins, C. J., & Chapman, A. L. (2004). Dialectical behavior therapy: Current status, recent developments, and future directions. *Journal of Personality Disorders, 18*, 73-89.

Robins, C. J., Schmidt, H., & Linehan, M. M. (2004). Dialectical behavior therapy: Synthesizing radical acceptance with skillful means. In S. C. Hayes, V. M. Follette, & M. M. Linehan (Eds.), *Mindfulness and acceptance: Expanding the cognitive-behavioral tradition* (pp. 30-44). New York: Guilford Press.

Roemer, L., & Orsillo, S. (2002). Expanding our conceptualization of and treatment for generalized anxiety disorder: Integrating mindfulness/acceptance-based approaches with existing cognitive-behavioral models. *Clinical Psychology: Science and Practice, 9*, 54-68.

Roemer, L., & Orsillo, S. (2003). Mindfulness: A promising intervention strategy in need of further study. *Clinical Psychology: Science and Practice, 10*, 172-178.

Segal, Z. V., Teasdale, J. D., & Williams, J. M. G. (2004). Mindfulness-based cognitive therapy: Theoretical rationale and empirical status. In S. C. Hayes, V. M. Follette, & M. M. Linehan (Eds.), *Mindfulness and acceptance: Expanding the cognitive-behavioral tradition* (pp. 45-65). New York: Guilford Press.

Segal, Z. V., Williams, J. M. G., & Teasdale, J. D. (2001). Mindfulness-based cognitive therapy for depression: A new approach to preventing relapse. New York: Guilford Press.

Teasdale, J. D. (1997). The relationship between cognition and emotion: The mind-inplace in mood disorders. In D. M. Clark & G. C. Fairburn (Eds.), *Science and practice of cognitive behavior therapy* (pp. 67-93). Oxford, UK: Oxford University Press.

Teasdale, J. D., Segal, Z. V., & Williams, J. M. G. (1995). How does cognitive therapy prevent depressive relapse and why should attentional control (mindfulness) training help? *Behaviour Research and Therapy, 33*, 25-39.

Teasdale, J. D., Segal, Z. V., & Williams, J. M. G. (2003). Mindfulness training and problem formulation. *Clinical Psychology: Science and Practice, 10*, 157-160.

Wallace, R., & Benson, H. (1972). The physiology of meditation. *Scientific American, 226*, 84-90.

Wilson, G. T. (2004). Acceptance and change in the treatment of eating disorders: The evolution of manual-based cognitive-behavioral therapy. In S. C. Hayes, V. M. Follette, & M. M. Linehan (Eds.), *Mindfulness and acceptance: Expanding the cognitive-behavioral tradition* (pp. 243-260). New York: Guilford Press.

Witkiewitz, K., Marlatt, G., & Walker, D. (2005). Mindfulness-based relapse prevention for alcohol and substance use disorders. *Journal of Cognitive Psychotherapy: An International Quarterly, 19*, 211-228.

Wright, L. (2006). Meditation: A new role for an old friend. *American Journal of Hospice and Palliative Medicine, 23*, 323-327.

PART 4

Handbook of Cognitive-Behavioral Therapies

특정 집단에 대한 적용

CHAPTER 12

아동 · 청소년 인지행동치료

Sarah A. Crawley
Jennifer L. Podell
Rinad S. Beidas
Lauren Braswell
Philip C. Kendall

아동 · 청소년 인지행동치료는 사고 · 감정 · 행동의 변화를 위한 인지적 개입뿐만 아니라 행동적(enactive), 즉 수행 기반 절차를 사용한다. 다양한 유형의 CBT의 공통적인 목표는 아동이 건설적인 세계관과 문제해결적 태도를 개발하게 하는 것이다. 문제해결 지향은 또한 일종의 '대처 양식(coping template)'이라고도 할 수 있다. CBT에서 신중하게 계획된 경험을 제공함으로써 아동과 가족은 적응적인 문제해결적 관점을 구축하게 된다.

아동 및 청소년 CBT는 계속해서 확장되고 정교화되고 있다. 다수의 교재, 메타분석, 치료 매뉴얼, 조사 연구를 통해 독자에게 아동 · 청소년용 CBT와 관련된 잠정적으로 유익한 성과가 전해지고 있다(예, Hibbs & Jensen, 2005; Kendall, 2006; Weisz, McCarty, & Valeri, 2006; Kendall & Hedtke, 2006a, 2006b; Pediatric OCD Treatment Study Team, 2004). 아동 · 청소년 CBT의 성과와 관련된 문헌은 방대하며 계속해서 성장하고 있다(예, Kendall, Choudhury, Hudson, & Webb, 2002). 하지만 이러한 뛰어난 성장에도 불구하고, 의문은 계속되고 있다. 만약 이 분야가 임상 실제를 위해 더 적절한 증거 기반 접근법으로 발전하기 위해서는 아동을 대상으로 성과 연구를 신중하게 실시할 필요가 있다. 다음 절에서 청소년 및 성인과 작업 시 차이점을 다루고자 한다.

그다음으로는 아동 CBT의 주요 구성요소를 기술하고, 특정 아동기 장애에 대한 CBT의 적용을 논의할 것이다. 마지막에는 특수집단을 위한 CBT에서의 유의사항, 최근의 연구주제, 그리고 향후 연구문제를 다룰 것이다.

치료에서의 발달적 차이점

성인에 비해 아동 및 청소년에 대한 치료 시 고려해야 하는 차이점이 있다. 치료가 효과적이기 위해서는 발달 수준에 적합한 방식으로 치료가 이루어져야만 한다. 특히 어떻게 아동 · 청소년 CBT를 진행할 것인지와 관련된 요인에는 ① 어린 내담자가 어떻게 해서 치료에 오게 되었는지에 대한 이해, ② 연령에 적합한 전달방식의 사용, ③ 내담자의 인지 및 정서 발달에 대한 민감성, ④ 청소년이 처한 사회적 맥락에 대한 인식, ⑤ 치료자의 역할 및 치료에서 치료자가 기대하는 바에 관한 명확성 등이 포함되어 있다.

치료 참가

의뢰 사유는 중요한 임상적 함의를 갖는데, 왜냐하면 스스로 도움을 구하는 것과 다른 사람에 의해 서비스에 보내지는 것이 매우 다르기 때문이다. 일반적으로 부모나 교사 등의 타인이 아동 및 청소년을 심리학적 서비스에 보내게 된다. 아동과 청소년은 앉아서 어른과 함께 문제와 관련된 대화를 나누겠다는 열정커녕 의지조차도 없다. 그 반대의 경우가 당연한 것일 수 있다. 즉, 아동과 청소년은 충동적이고 자기반성이 제한적이며, 나이 많은 사람과 대화할 때 자신을 개방하지 않을 수 있다. 따라서 즐거운 정서적 환경을 만들도록 노력해야 하며, 그래야만 아동과 청소년이 이러한 상황을 즐기고 치료에 참가하고 싶어질 것이다.

연령에 적합한 전달 방식의 가치

아동 · 청소년과의 언어적 교류, 학습, 작업동맹, 정서적 경험의 공유 등을 포함한 심리치료를 수행하는 한 가지 방법은 치료 중에 놀이와 관련된 활동을 활용하는 것이다. Kendall, Chu, Gifford, Hayes와 Nauta(1998)가 언급했듯이 효과적인 치료자는 놀이를 통해 가르칠 수 있고, 가르치면서 놀이를 할 수 있다. 연령에 적합한 놀이 활동을 노련하게 사용할 수 있다는 것은 다음의 세 가지 중요한 이점을 갖는다. ① 놀이 활동은 긍정적인 치료적 관계를 촉진한다. ② 놀이 활동은 아동이 자신의 기대와 신념을 다루는 것을 직접적으로 관찰하기 위한 창을 만들어 준다. ③ 놀이 활동은 아동을 괴롭히는 문제에 대해 적응적인 행동과 건설적인 사고를 소개하고 발달시키는 수단이 될 수 있다. 실제로 이러한 작업은 역할 연기, 단어 맞추기 게임, 다양한 미술 활동, 엄선된 보드게임 등과 같이 게임과 즐거운 활동을 치료에 통합함으로써 가능해진다. 어린 아동을 대상으로 하는 경우, 목표 상황에서 직접적으로 극적인 역할을 수행할 수 있도록 유도하기에 앞서 꼭두각시나 인형을 활용하는 것이 유용할 수 있다.

인지, 정서 및 사회성 발달 수준에 대한 관심

놀이 기법의 경우에는 내담자의 발달에 알맞게 시행해야 할 뿐만 아니라, 기억 및 주의 역량, 언어적 유창성 및 이해력, 개념적 추론 능력 등 아동·청소년의 인지 및 정서 발달을 고려해야만 한다. 아동·청소년 내담자는 성인 내담자에게 적합할 수 있는 인지적 전략을 충분히 이해하고 다루는 것이 어려울 수 있으므로 자료를 발달 수준에 따라 적절히 제시하는 것은 기본이다. 예를 들어, 아동이 합리적 사고와 비합리적 사고를 구분할 만큼 인지적으로 성숙하지는 못하더라도, 특정 사건이 일어날 가능성이 있음을 이해하는 것은 어느 정도 가능할 수도 있다. 아동은 자신이 생각하고 있는 사건이 실제로 일어날 가능성에 대한 증거를 수집하도록 지도를 받을 수 있다. 그들은 이러한 연습을 통해 사건이 일어날 가능성을 판단할 수 있게 되어 결과적으로 합리적 사고와 비합리적 사고의 차이를 개념적으로 이해할 수 있게 된다.

인지적 처리와 관련된 핵심적인 문제는 처리 과정에서 인지적 결함과 인지적 왜곡을 구분하는 것이다. 처리 '결함'이란 생각의 부재(즉, 신중한 정보 처리가 이로운 상황에서 그것이 결여되는 것)인 반면, 처리 '왜곡'이란 역기능적 사고라 할 수 있다. 외현화 문제가 있는 아동·청소년은 처리 결함을 보이는 반면, 내현화 문제가 있는 아동·청소년은 부적응적으로 왜곡된 처리를 나타내는 경향성이 있다. 이러한 구분을 통해 임상가는 특징적인 역기능성을 목표로 삼거나 왜곡을 확인하기 위해 작업하는 것이 가능해진다. 정서와 행동 패턴의 발달 과정에서 기대, 귀인, 자기진술, 신념, 도식 등과 같은 인지과정의 역할을 인식하는 것도 중요하다. 아동 및 청소년을 위한 효과적인 프로그램은 참가자의 사전과 사후의 인지적 활동에 관심을 두면서도 강한 긍정 정서적 관여를 통한 행동적 체험을 하도록 의도적으로 계획하고 이를 활용한다. 치료자는 아동의 이전 행동 및 정서에 대한 귀인방식과 향후 행동 및 정서에 대한 기대에 대하여 설명하며, 이를 통해 아동은 향후 사건에 대한 인지구조를 획득할 수 있게 된다.

아동 및 청소년은 서로 다른 문제에 직면해 있기 때문에 심리사회적 발달을 인식하는 것이 중요하다. 학업문제는 청소년에게 중요시되면서 스트레스를 주게 되며, 이성교제 및 대인관계는 그 중요성이 증가하고 있다. 이러한 주제는 10대에서 증가하는 부모로부터의 자율성의 욕구를 다루기 위해 치료에 포함되어야만 한다. 치료 프로그램은 그에 부합하여 설계되어야 한다.

치료자의 역할과 기대

아동과 작업하는 인지행동 치료자는 종종 아동과 부모 모두에게 진단가, 자문가, 교육자 등 다양한 역할을 수행한다(Kendall, 2000). 진단가로서의 치료자는 어떤 문제를 개념화하기 위해 특정 내담자에 대한 다양한 출처로부터 얻은 자료를 통합하고, 이 정보와 정상적 아동 발달과정 및 정신병리에 대한 지식을 통합한다. 자문가로서의 치료자는 치료목표의 우선순위를 정하고, 치료 전략을 선택하기 위해 문제 개념화와 다양한 치료적 대안의 비용 및 기대된 효과에 대한 지식을 가족과 공유하게 된다. 그런 다음 치료자는 선택된 치료 전략에 따라 아동의 장애에 대해 교육하고 아동 및 부모에게 필요한 기술 영역을 훈련시키게 된다. 일반적으로 인지행동 치료자는 아동 및 부모에게 '감독(coach)'으로 비유될 수 있다(Kendall, 2000). 감독이라는 비유는 치료자가 주어진 시간 동안 아동에게 자신과 끈끈하게 관계를 맺을 수 있으며, 특이한 경우를 제외하면 수년 동안 가족의 지지 체계가 해 왔던 것과는 다를 수 있음을 이해시킬 수 있다.

치료자의 역할과 관련된 아동의 기대를 다루는 것과 더불어, 아동 · 청소년과 작업하는 치료자는 자기만의 치료 기대를 특별히 다루어야만 한다. 합리적인 치료자는 개입을 통해 아동이 성공적인 적응으로 나아가도록 도울 것이며, 치료에서 기술을 습득한 아동은 언젠가는 이러한 기술의 이득을 경험하게 될 것이라고 기대할 수 있다. 어떤 문제를 가진 아동일지라도 CBT나 기타 심리치료를 통해 '고쳐질' 것이라고 기대하는 것은 합리적이지 않다. 치료자는 치료가 부적응을 '치료하는 것'이 아니라 정신병리를 관리하도록 돕는 것임을 받아들이는 것이 합리적이다. 또한 아동 내담자는 항상 새로 습득한 기술을 바로 드러내지는 않는다. 때때로 아동은 마치 그들이 오랫동안 옳았던 것처럼 행동하며, 그들이 치료적 상호작용을 통해 배웠다거나 치료를 통해 이득을 얻었다는 것을 치료자가 알기를 원하지 않는다. 치료자는 이 행동이 발달적으로 적절한 것일 수 있음을 인정하는 것이 중요하다.

치료의 사회적 맥락의 인식

모든 내담자는 사회적 맥락에서 기능하는데, 아동 및 청소년은 완전히 독립적일 수 없기 때문에 그들의 맥락적 영향을 고려하는 것이 필수적이다. 청소년 내담자의 성공적인 치료를 위해서 아동의 생활에서 부모와 기타 영향력 있는 사람의 역할에 대한 인식, 그리고 개입 과정의 몇 가지 측면에서 이 사람들을 포함시키는 것은 종종 결정적인 역할을 한다. 부모가 아동의 행동에 대한 정보를 제공할 때는 '자문가'로, 프로그램 필수사항의 실행을 지원할 때는 '협력자'로 역할을 하게 되며, 부모가 종종 아동 문제의 어떤 측면에 기여하거나 그것을 유지시키고 있다면 치료에 '공동 내담자'로도 참여할 수 있다(Kendall, 2000).

행동 및 정서적 문제를 가지고 있는 아동 · 청소년의 치료과정에서 부모를 포함시키는 것의 본질과 이점은 아동 문제 및 발달에 따라 다양하다. 품행장애 청소년의 부모는 종종 아동의 활동에 지나치게 주의를 기울이는 반면, 불안한 청소년의 부모는 자신의 아이에게 상대적으로 주의를 덜 기울이는 편이다. 아동의 적응 및 증상 개선은 부모가 회기에 참여할 때, 또는 부모가 아동으로부터 의도적으로 분리되어 있을 때 증가될 수 있다(Barmish & Kendall, 2005). 어린 아동은 부모가 치료의 일부로서 참여할 때 더 효과적인 반면, 청소년은 부모가 치료회기에 참여하지 않을 때 더욱 효과적일 수 있다. 부모의 이상적인 참여에 대한 정보를 제공하고 아동의 연령 및 주요 장애와 같은 요인과 관련해서 상이한 부모의 역할을 검증하기 위해서는 향후 연구가 필요하다.

치료의 공통요소

CBT는 아동의 연령과 드러난 문제에 따라 달라지지만, 치료적 접근에서는 공통적인 몇 가지 전략이 있다(Kendall, 1993). 다음 부분에서 우리는 문제해결, 인지재구성, 정서교육, 이완훈련, 모델링/역할연기, 행동적 수반성 등을 논의하고자 한다. 이러한 논의 후에 우리는 특정 아동기 장애에 적용할 수 있는 전략을 검토하고자 한다.

문제해결

CBT의 주요 요소인 문제해결은 다양한 유형의 아동기 장애에 걸쳐 공통적으로 적용된다. 문제해결훈련은 아동 및 성인을 대상으로 이미 다양하게 적용된 역사가 있다. 1970년대에 문제해결을 임상적 목표를 위한 일련의 관련 기술로서 개념화하려는 시도가 극적으로 증가했다(예, D'Zurilla & Goldfried, 1971; Mahoney, 1977; D'Zurilla & Nezu, 1999). Spivack, Platt와 Shure(1976)는 효과적인 대인관계적 · 인지적 문제해결은 인간의 문제에 대한 민감성, 대안적인 해결책을 생성할 수 있는 능력, 개념화 능력, 특정 해결책을 성취할 수 있는 수단, 그리고 인간의 행동의 결과 및 인과 관계에 대한 민감성을 요한다고 가정했다(Shure & Spivack, 1978; Spivack et al., 1976).

문제해결 방법을 가르침으로써 아동은 언젠가 자신을 절망스럽게 했던 일상적인 문제해결 능력에 대한 자신감을 획득할 수 있다. 예를 들어, ([그림 12-1] 참조) 불안한 아동과의 문제해결 1단계는 아침에 학교에 가기 전에 신발을 찾지 못하는 것과 같이 불안을 유발하지 않는 상황을 조사하는 것이다. 이 아동은 치료자와의 작업을 통해 여러 해결책을 찾아내게 된다(예, 맨발로 학교 가기, 물구나무를 서서 학교까지 가기, 슬리퍼를 신기). 그런 다음 아동은 하나를 고르기 전에 각 선택사항을 평가할 수 있다. 만약 아동이 불안을 유발하지 않는 상황에 대한 문제해결 기술을 수행할 수 있다면, 그 아동은 공포 상황(예컨대, 사회공포증 아동 · 청소년을 위한 대중 연설)을 위한 문제해결을 연습할 수 있다.

먼저 당신이 할 수 있는 일을 기록해 보십시오. 그리고 자신에게 질문해 보십시오.

'내가 이 상황을 덜 두렵게 할 수 있는 것이 무엇일까?'

1. ______________________________

2. ______________________________

3. ______________________________

이번에는 당신에게 가장 좋은 생각을 선택해 보십시오. 각각의 가능성에 대해 생각해 보십시오. 그리고 스스로에게 다음을 질문해 보십시오:

'첫 번째 생각을 선택하면 무슨 일이 벌어질까?'

____

____

____

'나는 어떤 느낌을 받을까?'

____

____

____

이제 두 번째와 세 번째 가능성을 가지고 같은 방식으로 진행해 보십시오. 그리고 자신에게 질문해 보십시오.

'두 번째 생각을 선택하면 무슨 일이 벌어질까?'

____

____

____

'나는 어떤 느낌을 받을까?'

____

____

____

자신에게 질문해 보십시오: '세 번째 생각을 선택하면 무슨 일이 벌어질까?'

____

____

____

'나는 어떤 느낌을 받을까?'

____

____

____

지금까지 각각의 가능성에 대해 생각해 보았습니다. 당신은 이들 중 어떤 것이 가장 좋다고 생각하십니까?

____

____

____

그림 12-1 문제해결 작업표(Kendall & Hedtke, 2006b).

문제해결훈련법은 아동 및 청소년이 경험하는 불안 등의 어려움을 치료하는 과정에서 하나의 구성요소로 사용될 때 긍정적인 성과를 나타냈다(Kleiner, Marshall, & Spevack, 1987). 공격성을 드러내는 아동에 대한 문제해결은 분노를 표현하고, 친사회적인 방식으로 타인으로부터 원하는 목표를 얻어 내는 적절한 방법을 선택하는 데 집중되었다(Lochman, Powell, Whidby, & Fitzgerald, 2006). 우울한 아동에 대한 문제해결훈련은 불쾌한 정서를 유발하는 고통스러운 상황을 변화시키기 위한 행동을 취하도록 하는 데 유용할 수 있다(Stark et al., 2006).

상이한 장애를 드러내는 아동이 경험하는 문제는 서로 다를 뿐만 아니라, 각 장애는 문제해결 과정에서 이미 고유한 문제가 드러난다. 예를 들어, 공격적이거나 행동화 문제를 나타내는 아동은 타인의 의도를 오지각하고 사회적 환경의 적대감을 과잉지각하는 경향성을 가지고 있으므로 문제개념화 시기에는 훈련과 지지가 필요할 수 있다(Dodge, 1985). 또한 대안생성(alternative generation) 시기에는 문제상황 해결을 위한 비공격적 대안을 생성할 수 있도록 이완시켜야 할 수도 있다. 우울한 아동은 문제해결을 사용하도록 특별한 격려가 필요한데, 이는 부정적인 생각이 문제해결 기술을 적용하는 것을 방해할 수 있기 때문이다(예컨대, '어차피 변하는 것은 아무것도 없는데 왜 이것을 해야 되죠?'). 문제해결훈련은 각 내담자와 그의 가족의 욕구에 쉽게 적용할 수 있는 유연한 장치라고 할 수 있다.

인지재구성

여러 연구에서 정서와 행동을 걱정하는 아동은 자기에 대한 다양한 유형의 부정적인 인지에 몰두되어 있음이 밝혀졌다(Crick & Dodge, 1994; Kendall, Stark, & Adam, 1990; Rabian, Peterson, Richters, & Jensen, 1993). 인지에 기반한 치료의 목표는 부적응적인 사고를 확인하고 검증함으로써 이들의 부정적인 인지를 개선하는 것이다. 인지재구성 방법(예, Beck, Rush, Shaw, & Emery, 1979; Ellis & Harper, 1975)은 기대, 신념, 자기진술 등 성인의 부정적인 인지적 표상을 다루기 위해 개발되었다. 이 기법을 사용할 때, 치료자는 무엇보다도 자기, 세상, 미래에 대한 쓸모없는 사고방식을 반영하는 자기진술, 기대, 신념 등을 내담자가 인식하게 해서 부정적인 사고와 내담자의 정서적 경험 간의 관계를 고려하도록 안내한다. 마지막으로 치료자와 내담자는 보다 적응적인 사고방식을 확인, 생성, 검증하기 위해 다양한 방식으로 협력한다.

아동 또는 청소년과 작업할 때, 인지적 재구조화의 기본 요소는 성인 내담자에게 사용하는 것과 유사하지만, 아동의 발달 수준에 대한 주의 깊은 고려가 필요하다. Harter(1982)는 "5~6세 이하의 아동이 대개 자신의 생각이나 사고과정에 대한 숙고, 즉 메타인지에 대한 흥미와 능력도 없다."고 언급했다. 학령기에 접어들면서 이러한 자기숙고 능력이 발달하게 되는데, 이때 아동은 자신의 삶 속에서 굉장히 두드러지고 현존하는 문제에 대한 생각을 살펴보게 되기 때문이다. 하지만 생각이라는 것이 오랜 시간에 걸쳐 발전하는 더 넓은 도식의 예이자 특정 경험의 결과라는 것을 내담자가 충분히 파악하게 되는 것은 아마도 청소년기가 되어서야 가능할 것이다.

아동에게 인지재구성을 시행하는 경우, 치료자는 다양한 상황에 처한 만화 캐릭터의 머리 위에 빈칸으로 남겨진 '생각 구름'을 아동이 채워 보게 함으로써 자신의 생각을 탐색하는 방법을 소개하기도 한다(예컨대, 방금 전에 점심 식판을 엎지른 만화 속 아이의 생각 채우기)(Kendall & Hedtke, 2006a, 2006b 참조, [그림 12-2] 참조). 아동이 사고가 행위와 감정 상태를 동반한다는 것을 이해하게 되면, 치료자는 특정한 생각을 간단한 일기로 작성하게 할 수 있는데, 아동이 표현하고 있는 걱정과 관련된 자기 보고식 또는 기타 유형의 부정적인 자기진술이 그 예가 될 수 있다. 그런 후에 치료자는 아동이 이러한 부정적인 사고와 불쾌한 감정 간의 연결성을 고려하도록 유도하며, 가능하다면 아동에게 자신의 사고감찰과 연관시켜 기분을 평정하게 한다. 그 후 임상가

그림 12-2 생각 구름의 예(Kendall & Hedtke, 2006b).

는 안내된 질문, 행동실험의 설계 및 수행 등을 통해 '누군가는 당면한 문제를 다르게 생각하기'를 선택할 수 있고, 다르게 생각하는 것이 다른 감정을 느끼게 할 수 있음을 소개한다. 이 과정은 아동이 부정적인 생각, 또는 '사고 배설물(thought muck)'(Stark et al., 2006)에서 빠져나올 수 있게 해 준다.

아동 중심의 인지재구성의 예뿐 아니라 Beck의 우울증 인지치료와 관련된 시도도 아동 및 청소년에게 적용되고 있다(Dudley, 1997; Stark, 1990; Wilkes, Belsher, Rush, & Frank, 1994). 치료자가 다양한 방식으로 부정적인 자기진술을 끌어내면 아동과 치료자는 이러한 부정적인 해석을 지지하거나 반박하는 증거를 조사하기 위해 함께 작업한다. '이 생각을 지지하는 증거는 무엇인가?'라는 질문은 인지재구성의 기본적인 도구다. '이러한 관찰을 다르게 바라볼 수 있는 방법이 있는가?'라는 두 번째 질문을 통해 치료자는 아동이 자신의 잘못된 관찰방식(예컨대, 한 친구가 복도에서 인사를 하지 않았다)을 해명할 수 있는 대안적인 설명을 탐색하게 한다. 인지재구성에서 사용되는 세 번째 질문은 '만약에 ……라면 어떻게 될까(What if……).' 또는 다른 말로, '설령 이 관찰이 사실이고 대안적인 설명이 없다고 하더라도 이것이 정말 그렇게 끔찍한 것인가?'(예, "네 친구가 인사하지 않았어. 그 애가 너한테 화가 났지. 그런데 그게 그렇게 끔찍한 거니?")(Stark et al., 2006)라고 묻는 것이다. 치료자는 또한 표준적인 질문뿐만 아니라 아동이 특정 관점을 지지하거나 반대하는 증거를 수집하도록 행동실험을 설계하게 한다. 예를 들어, 어떤 아동이 다른 아이들이 자신을 놀렸다고 걱정하고 있을 때, 이 아이는 자기만 놀림의 대상자라는 신념을 검증하기 위해 다른 사람을 조사할 수 있다. 인지재구성의 목표는 아동이 나타내는 장애에 따라 달라지는 경향이 있다. 예를 들어, 불안장애에서 치료자는 환경적인 사건에 대한 오해를 제거하고 대처전략을 개발하려는 목표를 가지고 다가올 사건과 관련된 부적응적인 기대나 걱정을 탐색할 수 있다. 이러한 목표는 청소년에게 기존의 오지각이 아니라 대처전략의 관점에서 예전의 고통스러운 상황을 바라보게 한다(Kendall & Suveg, 2006). 우울한 내담자는 과거 사건에 대해 더 많이 반추하고 잘못 귀인하는 경향성이 있다. 따라서 치료자는 아동이 스스로 핵심 신념을 확인하고 직 · 간접적으로 부정적인 사고에 도전하여 이를 더 현실적이고 긍정적인 사고로 대체할 수 있도록 도와야 한다(Stark et al., 2006).

정서교육

정서교육은 암묵적으로 대부분의 CBT 프로그램의 일부로 포함되어 있었지만, 최근에는 점차 아동 및 성인의 정신병리 치료에서 감정의 역할이 명시적으로 강조되고 있다(Kendall & Suveg, 2007 참조). 그러므로 아동 및 청소년이 감정적 경험을 정확하게 인식하고 명명하며 표현하는 방법을 배우는 것은 CBT의 중요한 구성요소다. 청소년을 위한 CBT의 예방 및 치료 프로그램에 직접적인 정서교육을 포함시키는 것이 유용하다(Suveg, Southam-Gerow, Goodman, & Kendall, 2007). 어떤 아동은 자신의 감정상태를 예리하게 인식하기도 하지만, 이러한 경험을 논의할 수 있는 어휘력을 개발하기 위해서는 도움이 필요하다. 즉, Southam-Gerow과 Kendall(2000)이 밝혔듯이, 감정이 수정 가능한 것이라는 것을 인식하는 데는 도움이 필요하다. 또한 아동은 강렬한 감정적 경험에 동반되는 생리적 증상을 이해하고 정상화하는 데 정보를 필요로 할 수도 있다. 또 다른 아동은 정서표현의 범위와 강도를 이해하는 데 도움이 필요하다. 이 아동은 종종 감정적 고통에 대한 초기 생리학적 단서를 인식하는 것을 배울 필요가 있고, 이를 통해 감정적 '붕괴(meltdown)' 상태를 경험할 때까지 기다리는 것이 아니라 그들의 감정이 비교적 낮은 강도일 때 고통을 유발하는 문제에 반응할 수 있다.

여전히 다른 아동은 사고와 감정 간의 연결성을 이해하는 데 도움이 필요하며, 자기대화(self-talk)가 어떻게 자신의 감정적 반응의 강도를 증가 또는 감소시킬 가능성이 있는지를 이해하는 것이 유익할 수 있다.

정서교육의 일환으로서 인지행동 치료자는 강렬한 감정은 아동과 성인 모두에게 생각을 붕괴시키는 효과가 있음을 설명한다. 즉, 행동적 반응이 잘 수행되지 않는다면 새로운 학습 또는 행동 양식을 보이는 것이 어렵게 된다. 이상적으로 첫 연습은 치료 장면에서와 같이 새로운 행동의 시도를 지지해 주는 위협적이지 않은 맥락에서 이루어진 다음에 도전적인 환경에서 이루어진다. 스포츠나 코칭과 유사한 것이 이러한 개념을 전달하는 데 유용할 수 있다. 치료자는 새로운 자기관리 기술을 배우는 것이 새로운 축구, 농구 동작을 시도하는 것과 매우 비슷하다는 것을 설명할 수 있다. 가장 먼저 아동은 기술을 연습하면서 수많은 코칭을 받아야 하며, 그런 후에는 연습 경기에서 그러한 동작을 시도해야 하고, 마지막에는 실제 경기 상황에서 그 동작이 이루어져야 한다.

이완훈련

이완훈련은 아동의 내현화장애에 대한 행동치료에서 중요한 요소이고(Barrios & O'Dell, 1989; Morris & Kratochwill, 1983), 아동에게 더 효과적인 이완법을 가르치는 것은 다양한 아동기 문제에 대한 인지행동치료의 주요 구성요소다. 그러나 인지행동 치료자는 이완을 대안적인 조건화된 반응이라고 간주하기보다는 필요할 때 언제든지 개발되고 의도적으로 구현되는 대처기술이라고 말한다. 이완훈련은 분노관리에 문제가 있는 아동 및 청소년의 치료에서 중요한 요소다(Feindler & Ecton, 1986; Lochman, White, & Wayland, 1991). Stark(1990)는 아동이 성인 내담자와 마찬가지로 이완훈련의 논리적 근거를 이해하지 못할 수 있음을 강조했다. 아동은 이 절차를 두려워할 수 있기 때문에 임상가는 이완 방법의 목적과 적절한 사용에 대해 부모와 아동 모두에게 적합한 정보를 제공하는 것이 필요하다.

이완훈련은 다양한 형식으로 진행되어 왔다. Stark(1990)와 Kendall 등(1992)은 Ollendick과 Cerny(1981)가 수정한 깊은 근육 이완훈련을 사용할 것을 제안한 바 있다. 이 훈련은 아동이 다양한 근육을 긴장시키고 이완시키는 것을 배워서 근육 긴장의 생리적 지표를 지각하는 데 능숙해질 수 있도록 돕는 것이다. 아동은 이러한 자각을 통해 근육 긴장의 초기 단서에 반응하고, 자기만의 이완 절차를 고안해 낼 수 있다. Koeppen(1974)은 학령기 아동에게 다양한 근육을 긴장시키고 이완시키도록 하기 위해 일련의 안내된 심상을 개발하였으며, 특별한 욕구를 가진 아동을 위해 수정된 이완절차도 개발한 바 있다(Cautela & Groden, 1978).

임상가가 미취학 및 학령기 아동에게 사용할 수 있는 간편한 이완훈련 절차는 수없이 많다. 예를 들어, Kendall과 Braswell(1993)은 로봇-봉제인형 게임이라는 것을 기술하였는데, 이는 치료자와 아동이 먼저 로봇처럼 방을 돌아다니면서 자신의 팔과 다리를 매우 뻣뻣하고 긴장하게 한다. 치료자의 신호를 받자마자 아동은 의자 주변에 부드럽게 주저 앉으라는 지시를 받고 자신의 팔과 다리를 이완해 늘어지게 한다. 그런 다음 치료자는 이 두 가지 신체 상태를 비교하게 된다. 아동에게도 마치 양초처럼 자신의 집게손가락을 입에 갖다 대는 식으로 느린 심호흡에 대한 단기 유도를 가르칠 수 있다. 아동에게 심호흡을 한 후 한참 후에 천천히 숨을 내쉬어 자신의 손가락 끝에 있는 상상의 촛불이 깜빡거리지만 꺼지지는 않게 하라고 말한다. 또 다른 방법에는 거꾸로 숫자세기 또는 조용한 자기 대화하기 등이 있다. 이완을 위해 다양한 선택사항을 제시한 후 아동이 자기가 선호하는 방법을 선택해서 연습하게 하는 것이 일반적인 권고사항이다. 치료자는 회기 중에 이완기술을 가르치고 연습하게 한 후 아동이 선호하는 방법을 집에서 사용할 수 있도록 음성을 녹음하여 테이프로 제공할 수 있다. 이완훈련이 일반적으로 다면적인 치료계획 중 하나의 요소로 채택되지만, Kahn, Kehle, Jenson과 Clark(1990)은 이완훈련만으로도 우울 증상의 감소와 자존감 향상을 위해 자기감찰, 인지재구성, 문제해결 등을 포함시킨 인지행동치료만큼의 효과가 있음을 보고했다.

모델링/역할연기

아동·청소년 CBT에서 두 가지 중요한 구성요소는 모델링과 역할연기다. 인간은 종종 타인을 관찰함으로써 배우게 되는데, 이를 '관찰학습' 또는 '모델링'이라고 한다. 모델링의 개념적 뿌리는 사회학습 패러다임(Bandura, 1969, 1986)으로부터 유래한 것인데, 이는 아동에게 적절한 반응의 예를 들어 설명해 주기 위해 어떤 상황에서 특정 행동에 대해 시범을 보여 주는 것이다. 모델링은 행동결핍과 과도한 공포를 감소시키고, 사회적 행동을 촉진하기 위해(Bandura, 1969, 1971; Rosenthal & Bandura, 1978), 그리고 원하는 대처기술을 가르치기 위해 사용되어 왔다. 모델링에는 영상 모델링, 실제 모델링, 참여자 모델링 등이 있다. 예를 들어, 영상 모델링에서 불안한 아동은 어떤 모델이 불안한 상황에 대처하는 비디오 테이프를 시청할 수 있다. 참가자 모델링에서 모델(치료자)은 아동과 상호작용하면서 공포 자극에 접근하는 법을 안내한다. 아동이 모델의 수행을 따라가게 하는 데는 모델의 노력과 성공에 대한 정기적인 교정적 피드백과 강화가 필요하다(Ollendick & Francis, 1988).

모델링은 연구 주제로 굉장한 관심을 받고 있다. 모델링에 대한 학습자의 반응은 적어도 세 가지 요인, 즉 모델의 특징, 학습자의 특징, 모델화된 행동과 관련된 결과에 의해 영향을 받을 수 있다(Goldstein, 1995). 예를 들어, 행동에 참여할 때 자신의 생각과 행위를 언어화하는 모델은 언어화하지 않는 모델에 비해 뛰어난 학습을 하게 된다(Meichenbaum, 1971). 언어화는 학습자가 특정 상황에 대해 어떻게 생각할 수 있는지를 드러내 주며, 청각 및 시각적 단서 모두를 제공한다. 행위에 대해 이름을 붙이는 것은 특히 중요할 수 있는데, 그 이유는 어린 아동이 핵심 정보와 지엽적 정보를 변별하는 것에 많은 어려움을 겪는 경향이 있고, 그들이 중요한 맥락적 단서를 놓칠 수 있기 때문이다. 성인과 마찬가지로 아동은 유사한 모델, 또는 자신이 숭배하고 존경하는 누군가의 행동을 더 많이 모방하는 경향이 있다. 또한 청소년이 자기만의 모델을 만들도록 할 수도 있다. Kendall, Chu, Pimentel과 Choudhury(2000)는 불안한 청소년에 대한 치료의 일환으로 이들이 좋아하는 만화나 영화 주인공이 공포 상황에 어떻게 대처하는지를 상상하도록 하는 것을 제안했다.

몇몇 유형의 학습의 경우 '대처 모델'이 '숙달(mastery) 모델'보다 훨씬 더 나을 수 있다. 대처 모델은 실수를 포함하는 과제수행을 보여 주게 된다. 이 모델은 약간의 불편감 또는 고통을 드러낼 수 있지만, 개인의 지속적인 노력을 통해 과제를 수행할 수 있게 된다. 대처 모델은 내담자에게 필요한 행동을 어떻게 집행하는지를 보여 주며, 과제 수행을 방해하는 생각, 감정, 행동을 어떻게 다루는지도 보여 주게 된다. 반대로 숙달 모델은 불안 또는 곤란에 대한 지표 없이 성공적인 수행을 보여 주게 된다. CBT 임상가는 또한 부모와 교사와 작업을 해서 어린 내담자가 개발하기를 원하는 기술에 대한 더 의식적인 모델이 되도록 할 수 있다.

모델링과 마찬가지로 역할연기도 내담자에게 수행 기반 학습 경험을 제공하기 위한 수단으로써 CBT에서 사용된다. 역할연기는 또한 내담자가 새롭게 배운 기술을 발휘하는 정도를 평가하기 위한 도구가 될 수 있다. 회기에서 역할연기는 주로 내담자와 치료자가 문제 상황에 대한 다양한 반응을 연기하게 되는데, 이는 아동이 회기에 능동적으로 참여하게 할 수 있도록 하며, 대처 행동을 배울 수 있는 기회를 제공하게 된다. 어린 내담자가 고통스러운 상황에 처하고 새롭게 습득한 기술을 사용해야만 하는 경우에도 역할연기는 노출을 연습할 수 있는 좋은 기회가 된다.

행동적 수반성/수반적 강화

조형, 정적 강화, 소거 등은 가장 흔히 사용되는 수반성 관리 절차다. CBT에서 행동적 수반성은 청소년의 장애와 발달 단계를 고려하여 선택된 것일 때 효과적이다. 아동의 연령이 낮을수록 물질적인 보상이 적절한 경향이 있고, 이러한 보상에는 사회적 승인의 의미가 내포되어 있다. 보상이 특정 목적을 달성하였음을 나타내는 경우와 같이 숙달에 따른 혜택은 연령이 높은 아동일수록 효과적이다. 또한 아동의 연령이 낮을수록 물질적인 보상을 더 자주 요구하지만, 아동의 연령이 높을수록 더 큰 보상을 얻기 위해 점수를 획득하려 한다. 보상과 수반성은 또한 아동의 장애의 특징에 민감해야 한다. 예를 들어, 주의력 결핍 및 과잉행동장애(ADHD) 청소년은 직접 행동해 보거나 즉각적인 보상을 원하는 경향이 있으므로 이런 청소년은 잦은 보상을 통한 보상 조건에서 가장 잘 반응하는 경향성이 있다(Zentall, 1995).

치료자의 사무실에서 벗어난 보상과 그 외의 수반성에 대하여 고심해야 할 필요가 있다. 부모는 가정에서 일관된 방식으로 보상을 제공해야 한다. 그들은 아동에게 정말로 보상이 되는 것이 무엇인가에 대해 파악하고 있어야 한다. 예를 들어, 많은 부모는 관심을 주는 것이 행동을 강화할 수 있다는 것을 알지 못한다. 어떤 부모는 아동이 행동화했을 때 자기들이 소리를 지르게 되면 이러한 부정적인 관심이 실제로 아동의 행동을 강화할 수 있다는 것을 깨닫지 못한다. 부모의 관심을 통해 보다 바람직한 행동을 장려할 수 있다는 점을 교육할 수 있다. 차트와 그래프는 아동과 부모 모두에게 변화를 도모하기 위한 행동적 방법을 실행하도록 안내할 수 있다.

아동기 특정 장애에 대한 적용

공통적인 요소가 CBT의 적용에 있어 한결같아야 한다는 점을 시사하지만, 실제로는 그렇지 않다. 치료는 특정 장애를 위해 설계되며, 전략은 장애의 본질과 아동의 독특한 욕구와 일관되도록 차별적으로 사용된다. 이 단락에서 몇 가지 장애 특정적 프로그램 및 관련 연구결과를 다루고자 한다.

불안장애

공포와 불안을 경험하는 것은 많은 아동의 정상적인 발달과정에서 대부분 나타난다. 아동이 성장하면서 겪는 불안과 공포의 내용은 현실에 대한 지각의 변화가 반영되는 경향이 있다. 아동의 공포는 전반적이거나 심상적이거나 통제 불가능한 강력한 내용(예컨대, 어둠 속에 숨어 있는 '귀신')으로 시작하지만, 시간이 지날수록 보다 구체화되고 차별화되며 현실에 가까워진다(예, 또래의 수용과 학교 수행에 대한 걱정)(Bauer, 1976). 불안은 특정 상황에서 기대된 것 이상으로 경험이 극대화될 때, 또는 이 경험이 아동 · 청소년의 기능을 방해하게 될 때 장애가 된다. 심각하고 만성화된 공포로 인해 아동이 주요 발달 과제, 즉 친구 사귀기, 입학, 연령에 적절한 분리에 대한 인내 등을 성취하지 못하고 있을 때 치료가 필요할 수 있다. 치료를 하지 않는다면 아동 및 청소년기의 불안장애는 만성화되며 성인기 공존이환의 정신병리(불안, 우울, 물질 사용)(Aschenbrand, Kendall, Webb, Safford, & Flannery-Schroeder, 2003; Woodward & Fergusson, 2001)와 상관을 나타낸다.

아동 · 청소년의 불안장애에 대한 CBT는 행동적 접근(예컨대, 노출, 이완훈련, 역할연기)의 증명된 효율성과 각 개인의 불안과 연관된 인지적 정보처리 요인에 대한 추가적인 강조를 통합하는 것이다. 치료목표는 아동이 불안각성의 징후를 인식하고, 이러한 징후를 불안 관리기법을 사용해야 하는 단서로 활용하도록 가르치는 것이다. 일명 'Coping Cat Program(또는 청소년용 C.A.T. 프로젝트)(Kendall, 1992)'이라고 하는 불안장애 아동 · 청소년용 16회기 아동 중심 매뉴얼화된 치료 프로그램은 여러 언어로 번역되어 있다. 이 프로그램은 두 가지 부분, 즉 기술훈련(첫 8회기)과 기술연습(마지막

8회기)으로 나누어진다. 기술훈련 회기는 네 가지 기본적인 기술 영역, 즉 ① 감정에 대한 신체적 반응과 불안에 특징적인 신체 증상에 대한 자각, ② 불안한 '자기 대화'에 대한 인식과 평가, ③ 문제해결 기술, ④ 불안한 자기대화의 수정과 대처 계획의 개발, 자기평가와 보상 등을 포함하는 문제해결 기술(〈표 12-1〉 참조)을 구축하는 데 초점을 두고 있다. 청소년은 기술연습 동안에 실제 불안 유발 상황에서 학습한 기술을 연습하게 된다.

표 12-1 청소년 및 부모를 위한 문제해결 단계

1. 문제 정의하기
   - 서로 자신을 피곤하게 하는 상대의 행동과 그 이유를 말해 보라.
     - 간단하게
     - 비난하지 않고 긍정적으로
   - 서로 상대가 말한 것을 이해하였는가를 확인하기 위해 그 문제에 대한 상대방의 진술을 그대로 따라해 보라.
2. 대안적인 해결책 만들기
   - 가능한 해결책을 기록해 보라.
   - 해결책을 기록할 때 다음의 세 가지 규칙을 따른다.
     - 가능한 한 많은 생각을 기록할 것
     - 그 생각을 평가하지 말 것
     - 창의적으로 할 것(설령 엉뚱한 생각이더라도)
   - 말했다고 해서 반드시 그것을 할 필요는 없다.
3. 최선의 생각을 평가하고 결정하기
   - 각각의 생각을 평가해 보라.
     - 이 생각이 당신의 문제를 해결할 수 있는가?
     - 이 생각이 상대의 문제를 해결할 수 있는가?
     - 기록지에 + 또는 – 로 평정해 보라.
   - 최선의 생각을 선택하라.
     - 전부 +라고 평가한 생각을 찾아보라.
       ① 그 생각을 선택하라.
       ② 여러 가지 생각을 조합해 보라.
     - 만약 전혀 +인 것이 없다면 가장 동의할 수 있는 부분을 찾아보고 협상을 해 보라. 만약 부모님이 모두 참여했다면 부모님 중 한 명과 아이가 +로 평가한 것을 찾아보라.
4. 선택한 해결책을 수행할 계획 짜기
   - 누가, 언제, 어디서, 무엇을, 어떻게 할지를 결정하라.
   - 과제 완수를 잊지 않도록 계획하라.
   - 순응 또는 불순응의 결과를 계획하라.

* A. L. Robin(personal communication, January 5, 2000)에서 발췌.

이러한 CBT 프로그램을 통해 약자로 FEAR를 이용하는 불안관리의 주요 원리를 소개하고자 한다(〈표 12-2〉 참조). 이 원리에는 ① 불안으로 인한 신체 증상을 인식하기(예, F: 겁이 나는가?), ② 불안한 인지 확인하기(예, E: 나쁜 일이 일어날 것을 예상하는 것), ③ 대처전략의 레퍼토리 개발하기(예, A: 도움이 되는 행동과 태도), ④ 결과와 보상(예, R: 수반성 관리)이 포함된다. 아동은 치료 중 기술훈련 부분에서 FEAR 계획을 배우고, 기술 연습 부분에서 이 단계를 적용하게 된다(〈표 12-3〉 참조).

Kendall의 아동 중심적 CBT를 변형한 것으로는 집단(Flannery-Schroeder & Kendall, 2000; Mendlowitz et al., 1999), 가족(Howard, Chu, Krain, Marrs-Garcia, & Kendall, 2000), 집단 학교 기반 치료(Masia-Warner, Nangle, & Hansen, 2006) 등이 있다. Albano와 Barlow(1996)는 또한 사회불안 청소년을 위한 CBT 그룹을 개발한 바 있다(Heimberg et al., 1990 참조). 이 프로그램의 구성요소에는 불안을 지속시키는 인지 왜곡을 확인하고 변화시키기 위한 인지재구성, 결핍 영역을 해결하기 위한 사회기술훈련, 문제해결훈련 등이 포함된다. Silverman, Ginsburg와 Kurtines(1995)는 공포증 및 기타 불안장애 아동을 위한 CBT 접근을 개발했는데, 이는 Kendall 등(1992)이 제시한 접근법과 유사하지만 아동 및 부모에 대한 개별, 동반 회기가 포함되어 있다. 최근에 연구자는 아동 중심 치료에 부모와 가족의 참여를 늘려 가고 있지만(Barrett, Dadds, & Rapee, 1996; Cobham, Dadds, & Spence, 1998; Wood, Piacentini, Southam-Gerow, Chu, & Sigman, 2006), 아동 초점적 CBT에 비해 부모의 참여가 도움이 되는지는 의견이 분분하다. 이 영역에 대한 향후 연구가 필요하다.

표 12-2 불안장애 아동 · 청소년용 FEAR 계획

1. (F) 겁이 나나요?
   겁을 먹고 있나요? 어떻게 알지요?
2. (E) 나쁜 일이 일어날 것 같은가요?
   자신과 대화해 보세요. 이 상황에서 무엇이 당신을 걱정스럽게 하나요?
3. (A) 도움이 되는 태도와 행동
   이 상황에 대해 다르게 생각할 수 있는 것은 무엇일까요? 이 상황을 더 나아지게 할 수 있는 행동에는 어떤 것이 있을까요?
4. (R) 결과와 보상
   내가 어떻게 한 거지? 내가 스스로 실행해서 기분이 나아지게 할 수 있었던 거네? 잘했어!

* Kendall, P. C. (1992). 허가하에 수록함.

표 12-3 FEAR 계획의 예

상황: 식당에서 스스로 주문하기

1. (F) 겁이 나나요? 손에 땀이 나고 속이 쓰리다.
2. (E) 나쁜 일이 일어날 것 같은가요? 내가 할 말을 잊어버리면 어쩌지? 종업원이 나를 비웃으면 어쩌지?
3. (A) 도움이 되는 태도와 행동
   나는 할 수 있어. 종업원은 좋은 사람 같고 나를 비웃지 않을 것 같은데. 그리고 나빠 봐야 얼마나 나쁘겠어?
4. (R) 결과와 보상
   내가 해냈어! 내가 직접 피자를 주문했어. 와, 정말 맛있네. 아빠가 나를 아주 자랑스러워하실 거야.

문헌을 통해 아동 · 청소년 불안장애에 대한 CBT의 효능이 지지되고 있다. 연구자(예, Kazdin & Weisz, 1998; Ollendick & King, 1998)는 경험적으로 지지된 치료(Chambless & Hollon, 1998)의 준거를 사용하여 CBT의 효능을 검증하였다. 변화와 관련된 잠정적인 기전을 연구하는 문헌도 굉장한 주목을 받고 있다. Kendall과 Treadwell(2007)은 아동의 불안하고, 긍정적이지 않거나 우울한 자기진술이 아동의 불안을 예측하며 치료 성과를 매개한다는 것을 발견했다. 연구 프로그램은 불안장애를 경험하는 아동의 자기 대화, 자기지각, 대처능력, 치료 만족도의 수준 등을 평가할 수 있는 보다 포괄적인 평가 도구를 사용하고 있다.

강박장애

아동 · 청소년 강박장애(OCD) 치료를 위한 CBT와 약물치료의 효능에 대한 새로운 문헌이 있다. 아동을 대상으로 CBT와 약물치료를 비교한 연구결과(de Haan, Hoogduin, Buitelaar, & Kejers, 1998; Pediatric OCD Treatment Study Team, 2004)는 효능, 안전성, 반응 지속성에 있어 CBT가 전 연령에 걸쳐 OCD의 초기 치료로 고려되어야 한다는 결론을 이끌어 냈다(Albano, March, & Piacentini, 1999; March, Frances, Carpernter, & Kahn, 1997).

OCD 아동 · 청소년을 위한 효능적인 인지행동치료는 March와 동료들(March, 1995; March & Mulle, 1998; March, Mulle, & Herbel, 1994)에 의해 개발되었다. 이 프로그램은 노출, 반응예방, 소거 등 전통적인 행동기법을 사용하고 있으며, 이완과 인지재구성을 포함하는 불안관리 요소를 접목하고 있다. OCD에 대한 행동적 개념화에서 강박사고는 불안을 급격하게 증가시키는 침투적이며 원치 않는 사고, 심상, 또는 충동으로 간주하고, 강박행동은 이러한 부정적인 감정을 감소시키기 위해 설계된 외현적 행동 또는 인지라고 본다(Albano et al., 1999). 학습 이론에 따르면 강박행동은 시간에 따라 강박사고-촉발적 스트레스를 감소시키는 그들의 능력에 의해 부적으로 강화된다. 강박행동이 불쾌감을 성공적으로 줄여 줄수록 강박행동은 더욱 강화된다. 아동이 강박행동을 할 때마다 불쾌감의 감소로 인해 강박행동은 강화되는 것이다.

March와 동료들의 OCD 아동 · 청소년을 위한 CBT 프로그램은 심리교육, 증상 위계 작성, 노출과 반응예방(ERP), 강박사고 다루기, 수반성 관리 등 다양한 치료전략을 포함하고 있다(March & Mulle, 1998). 심리교육 기간에는 치료자가 인지행동적 개념화 내에서 OCD에 대해 환자와 가족을 가르친다. 증상 위계 작성은 개별 노출과제를 계획하고 실행 순서를 정하기 위한 견본(template)을 제공한다. ERP 동안에 아동은 공포 자극과 접촉한 채로 관련 의식행위 또는 기타 불안감소 행위에 저항하게 된다. 치료자는 예기불안을 줄여 주고, ERP를 시행하기 전과 시행 중간에 자기 대화에 대처하는 방법을 향상시키기 위한 적응적 대처전략의 모범이 되어 준다. 가족 요인 또한 청소년의 OCD 치료에서 중요하다. 최근 연구에서든, 임상 장면으로부터의 경험적 관찰을 통해서든 가족 맥락과 기능이 OCD 발현과 증상에 영향을 미치고 있음이 확인되고 있다(Piacentini & Langely, 2004; Waters & Barrett, 2000). OCD 치료에 의뢰된 청소년에게는 대개 비슷한 증상을 가진 부모나 직계 가족이 있을 수 있다. 가족 기능 또한 치료 초기 반응과 장기적인 결과에 대한 중요한 예측인자가 될 수 있다. OCD에 대한 과도한 정서적 반응성과 가족의 부정적인 지각은 성인의 악화되는 치료반응과 상관이 있는데, 향후 연구를 통해 이것이 청소년에게도 적용될 수 있는지를 검증해 볼 필요가 있다(Livingston-Van Noppen, Rasmussen, Eisen, & McCartney, 1990).

공격행동

공격행동은 다른 사람에게 파괴적이며, 심각하고 만성적이면서 빈번한 대인 상호작용(예, 언어적 및 비언어적 행동) 패턴이다(Bandura, 1971). 아동 및 청소년의 이러한 행동 패턴은 미국의 정신건강 센터의 주요 의뢰 사유다(Achenbach & Howell, 1993;

Lochman et al., 2006). 만성적이고 심각하고 빈번한 공격행동을 보이는 아동은 흔히 반항성 장애와 품행장애로 진단된다.

사회인지모델은 공격적인 아동의 부적응적인 행동이 아동의 지각 및 스트레스 사건에 대한 평가에서 기인하는 것이라고 제안한다(Crick & Dodge, 1994). 특히 이러한 청소년은 의도에 대한 오귀인을 경험하는데, 예를 들어 공격적인 아동 · 청소년은 타인과 관련된 모호한 상황에 대한 부정적인 결과를 의도적이고 도발적인 것으로 간주하기 때문에 보복을 정당화한다(Dodge, 1985). 이 모델의 세 가지 구성요소인 지각 및 평가, 각성, 사회 문제해결은 아동의 공격적인 반응의 원인이 된다(Lochman et al., 2006). 공격적인 아동을 위한 CBT의 목적은 이러한 왜곡된 지각, 의도에 대한 오귀인, 비언어적 해결책에 대한 과잉 의존, 언어적 해결책에 대한 과소 의존 등을 해결하는 것이다(Lochman et al., 2006). 한 개관 문헌에 따르면 공격적인 아동은 CBT 개입에 반응하며, 공격적인 행동을 보이는 아동을 위한 학교와 진료실에 기반한 개입도 성공을 거두고 있다.

학교 기반 치료는 오랜 전통을 가지고 있는데, 이 중 '거북 기법(Turtle technique)'이 있다(Robin & Schneider, 1974; Robin, Schneider, & Dolnick, 1976). Lochman 집단프로그램(Lochman et al., 2006; Lochman, Burch, Curry, & Lampron, 1984; Lochman & Curry, 1986; Lochman, Lampron, Gemmer, Harris, & Wyckoff, 1989)은 도발상황에서 문제해결 단계를 사용한 훈련과 실습, 흥분의 생리적 단서에 대한 인식훈련, 자가안정화 대화법(self-calming talk) 연습 등을 포함하고 있다. 행동적 목표 설정을 추가함으로써 치료 성과가 더욱 향상되었다. 이러한 상황에서 목표 설정은 아동이 집단 내에서 어떤 목표를 말하게 하는 것이며, 교사는 성공적인 목표 성취에 대한 수반성 강화를 통해 매일 그 목표에 대한 경과를 감찰한다. 분노대처 프로그램에서 치료를 받은 소년을 3년간 추적한 Lochman(1992)은 이들이 치료받지 않은 통제집단에 비해 약물 및 알코올에 연루되는 비율이 더 낮고 사회 문제해결 기술과 자존감은 더 높았다고 보고했다. 그러나 이 집단에서 보고된 비행행동의 비율은 동일했기에 Lochman은 부모의 더 많은 참여를 허용하게 하는 더 강도 높은 개입이 필요하다고 주장하였다.

대처 능력 프로그램(Coping Power Program)은 Lochman의 분노 대처 프로그램을 응용한 것이다(Lochman, Wells, & Murray, 2007 참조). 4~6학년 학생을 대상으로 한 학교 기반 치료는 아동에게 34회기의 집단치료와 함께 16회기의 부모 회기를 포함하고 있다. 프로그램은 공격적인 아동 · 청소년의 사회-인지적 어려움에 초점을 맞춘다(Lochman et al., 2006). 이 치료는 초기에 언급된 요소들에 더해 상호관계를 개선하고 효과적인 훈육을 가르치는 데 도움이 되도록 부모 회기를 포함하고 있다(Lochman et al., 2006). 치료의 다른 중요한 요소에는 자기통제 연습과 사회적 조망수용 기술이 포함된다. 자기통제 연습은 아동에게 통제되고 지지적인 환경에서 분노 유발 상황에 참여하게 하는 것인 반면, 사회적 조망 수용 기술은 아동이 타인의 인지적 조망과 정서적 조망에 참여하게 하는 것이다(Lochman et al., 2006). 개입을 받은 청소년을 대상으로 1년 추적한 결과 특히 부모와 아동 회기를 포함한 치료를 받은 청소년은 자신이 보고한 비행, 부모가 보고한 약물 사용, 교사가 보고한 행동문제에서 유의미한 감소를 나타냈는데, 이 연구결과의 증거는 아동의 사회 정보처리와 부모 실습 프로그램의 효능을 지지한다(Lochman & Wells, 2004).

인지행동적 개입은 또한 더욱 심각하게 손상된 표본에서 성공적이었는데, 심각한 공격적 · 파괴적 행동으로 인해 입원한 7~13세 아동을 대상으로 한 Kazdin과 동료들의 연구를 예로 들 수 있다(Kazdin, 2005; Kazdin, Bass, Siegel, & Thomas, 1989; Kazdin, Esveldt-Dawson, French, & Unis, 1987a, 1987b; Kazdin, Siegel, & Bass, 1992). 인지행동치료는 문제해결훈련을 강조했으며, 실제 기술 실습의 기회를 더 많이 추가하고 부모를 대상으로 한 행동적 아동관리훈련이 이루어지자 치료 효과가 개선되었다. 평정척도로 평가해 본 결과, 문제해결훈련과 부모 관리훈련의 조합이 아동을 임상적인 수준에서 정상 수준의 기능으로 전환시키는 데 가장 성공적이었다. Kazdin과 Crowley(1997)는 다양하고 상이한 진단적 범주에 걸쳐 더 심한 학습장애와 더 많은 증상을 가진 아동에게는 연구 종결 시에 CBT가 유익하지 않음을 발견했다. 게다가 부모, 가족, 경제적 불이익, 부모의 반사회적 행동 과거력, 아동 양육훈련의 부족 등의 맥락적 요인은 부정적인 결과와 상관을 나타냈다. Kazdin과 Whitley(2006)는 파괴적 행동 때문에 의뢰된 아동 · 청소년의 치료 성과에 대한 공존이환과 사례 복잡성의 효과를 조사했다. 저자는 공존이환이나 사례 복잡성 모두 치료 성과 면에서 유의미한 차이가 없음을 발견했다. 이 성과는 이 치료가 파괴적 행동의 복잡성 및 공존이환을 교정해 준 것임을 시사한다.

고위험 아동의 공격행동을 예방하기 위해 개발된 인지행동치료 개입은 2년 여 추적 시점에도 효과적이라는 것이 밝혀졌다(Families and Schools Together: FAST)(McDonald,

1993; McDonald et al., 2006). 가족, 아동 · 청소년, 학교를 위한 학교 기반 협력 프로그램은 교사가 지목한 문제행동 초등학생에게 접근하기 위한 노력의 일환이다.

주의력 결핍 및 과잉행동장애

주의력결핍 및 과잉행동장애('ADHD')의 치료에 있어 CBT의 유용성에 대한 사고의 진화는 과학의 순환에서 흥미로운 예라고 할 수 있다(Braswell, 2007; Hinshaw, 2006). 종종 새로운 접근은 열광적인 환영을 받으며 폭넓게 응용되지만, 그러고 나선 처음에 생각했던 것보다 유익하지 못하다는 것이 밝혀지는 경우가 있다. ADHD 진단을 받은 아동은 연령 및 인지적 수준에 비해 정상 기준을 벗어나는 부주의, 충동성, 어떤 경우에는 과잉활동을 나타낸다. 인지적 결핍은 ADHD 하위유형 행동과 연관이 있기 때문에(August, 1987; Kendall & McDonald, 1993 참조) 문제해결 접근 등의 특정 CBT의 목표와 ADHD 아동의 욕구가 서로 일치하는 면이 있다. 충동적인 아동에 대한 인지행동적 성과의 메타분석적 개관을 통해 Baer와 Nietzel(1991)은 CBT가 치료를 받지 않은 통제군에 비해 표준편차와 대략 1/3~3/4 정도의 개선이 있었지만, 해당 집단은 치료 전후 모두에서 비교집단의 평균과 거의 비슷한 점수를 나타낸다는 결론을 내렸다. 따라서 이러한 아동의 행동문제의 심각도가 의문시될 수 있으며, 충동성에 대한 CBT의 효능은 ADHD 아동 · 청소년에게 일반화되지 못할 수 있다.

효능에 대한 우려와 일관되게 ADHD 진단기준을 충족하는 (또는 각 연구 시기에 진단적으로 동등한) 아동에게 개입을 실시한 연구자는 일반적으로 사회적 또는 학업적 성과 측정도구에서 성공적이지 못했다(Abikoff, 1985, 1991; Kendall & Braswell, 1993의 개관 참조). 게다가 CBT가 정신자극제 약물치료와 병행되었을 때, 약물치료만 해서 얻어진 효과를 뛰어넘는다는 증거는 거의 없다(Abikoff et al., 1988; Brown, Borden, Wynne, Schleser, & Clingerman, 1986; Brown, Wynne, & Medenis, 1985). Braswell 등(1997)은 2년간 파괴적 행동을 기준으로 부모와 교사에 의해 선발된 아동을 대상으로 한 학교 기반 아동집단훈련 프로그램의 효과를 평가한 바 있다. 이 표본의 2/3는 DSM-III-R의 ADHD 진단기준을 충족했다. 치료된 아동은 2년간 28개의 훈련집단에 참여했고, 그들의 부모와 교사는 정보 및 행동관리집단에 참여했다. 이런 다중요소 개입의 결과 부모와 교사는 정보를 얻지만 아동은 직접적인 서비스를 받지 않은 통제 조건과 비교되었다. 두 조건 모두 사후검사에서 개선을 나타냈지만, 향후 추적 자료는 두 집단의 기능상의 차이가 유의미하지 않음을 시사했다. 따라서 이러한 방법을 사용하고자 하는 초기 열정에도 불구하고, 다른 팀과 우리 팀의 결과는 문제해결 훈련 노력이 ADHD의 주요 증상에 대한 치료법이라고 고려되어서는 안 된다는 결론을 도출하도록 만들었다. ADHD 아동은 한 가지 상황에서 기술을 훈련시키고 목표 환경에서 기술 사용을 위한 촉발자극과 보상을 제공하는 개입법이 더 적절한 것 같다(Goldstein & Goldstein, 1998).

인지적 문제해결 접근이 ADHD의 주요 증상에 대한 가장 적절한 개입일 수는 없지만, 이러한 접근은 부모-아동 갈등 등 부가적인 문제, 공격행동, 불안, 우울 등 공존하는 문제에 대해서는 적합할 수 있다. ADHD 아동용 다중양식 치료 연구(MTA 협력단, 1999a)는 14개월간의 무선화된 실험을 통해 신중한 적정 용량의 약물은 ADHD의 핵심 증상에 대단히 뛰어난 긍정적인 영향을 미치는 반면, 약물치료와 집중적인 행동적 개입의 병행은 반항성 장애(oppositional and defiant disorder behavior: ODD) 행동, 내현화 증상, 부모-아동 관계 문제 등 공존하는 문제에 대해 추가적으로 긍정적인 효과를 나타냄을 밝혔다. 약물치료를 시행하지 않은 행동치료 조건은 오직 ADHD와 불안증상을 보이는 아동을 위한 지역사회 관리 조건보다 나을 뿐이었다(MTA 협력단, 1999b). 이 연구는 약물치료가 ADHD에 대한 행동적 개입보다 우수할 수 있음을 시사한다.

이런 간략한 개관은 ADHD 치료에서 CBT의 역할에 대한 의문을 제기하게 된다. Hinshaw(2006)는 인지적 개입이 ADHD 임상 사례에서 의미 있는 변화를 제공하지 못했지만, 약물치료는 단기적이며 치유력이 없다고 주장한 바 있다. 심리사회적 치료와 약물치료를 병행하는 것이 때로는 약물치료만 한 것에 비해 더 뛰어난 변화를 나타냈다(Hinshaw, Klein, & Abikoff, 2002, Swanson, Kraemer, & Hinshaw, 2001). 따라서 ADHD에 대한 다중양식 치료에서 CBT가 개입할 여지는 있다(Hinshaw, 2006). Hinshaw는 언어적 개입을 위한 인지치료와 수반성 및 행동시연 등을 병행하는 것이 향후 연구를 위한 길이라고 제안한다.

우울증

CBT는 우울한 아동에게 '잠정적으로 효능이 있으며' 우울한 청소년에게 '잠정적으로 효능이 있는 것'으로 알려져 있다(Kazdin & Weisz, 1998). 보다 통제된 성과연구가 발표되기는 했지만, 어린 아동을 조사한 연구는 극소수이며 지금까지 조사된 CBT 접근과 관련된 연구는 상당히 다양하다.

Lewinsohn과 동료들(Clarke et al., 2001; Lewinsohn, Clarke, Hops, & Andrews, 1990; Lewinsohn, Clarke, & Rohde, 1994; Lewinsohn, Clarke, Rohde, Hops, & Seeley, 1996)이 심각하게 우울한 청소년을 대상으로 인지행동치료에 대한 두 가지 무선화된 임상적 연구를 수행한 결과, 변화에 대한 증거가 발견되었다. 청소년 우울증 대처(CWD-A) 집단프로그램은 우울증적 사고양식을 인식하는 것을 배워 건설적인 인지로 대체하기 등의 우울증의 인지적 공식을 강조하는 기술과 함께 환경으로부터 정적 강화를 끌어내고, 부적 강화에서 벗어나도록 내담자의 행동을 증가시키는 더 행동적인 공식과 관련된 기술을 훈련시킨다. 강화 양식의 변화는 종종 역할연기, 숙제 부여, 보상 및 계약 등을 강조하는 구조화된 집단 회기를 통해 사회기술과 기타 대처기술에 대한 훈련을 필요로 한다. 우울증 청소년을 자녀로 둔 부모를 대상으로 비교집단의 교육 프로그램 또한 개발되었다(Lewinsohn, Rohde, Hops, & Clarke, 1991). 흥미롭게도 부모의 집단 참여를 추가하는 것은 프로그램에 청소년만 참가했을 때에 비해 유의미하게 더 나은 성과를 보이지는 않았다(Lewinsohn et al., 1990). 또한 집단 종결 후 추후 회기의 최상의 효과성을 규명하기 위한 시도 역시 다른 것에 비해 더 나은 결과를 보이지 않았다(Lewinsohn et al., 1994). Clarke, Rohde, Lewinsohn, Hops와 Seeley(1999)는 또한 대기자 통제집단에 비해 CBT집단치료의 효과를 검증했지만, 청소년만 참가한 조건과 청소년과 부모가 모두 참가한 조건 간의 호전율은 유의미하게 다르지 않았다.

Brent와 동료들(Birmaher et al., 2000; Brent et al., 1997, 1998; Brent, Kolko, Birmaher, Baugher, & Bridge, 1999)은 우울증 청소년을 대상으로 체계적 · 행동적 가족치료, 비지시적 지지치료와 CBT의 효과성을 비교했다. CBT는 12주 초기 치료 종결 시, 다른 두 가지 치료에 비해 우울 증상을 더 빠르고 완전하게 완화시키는 것으로 나타났으며(Brent et al., 1997), 불안이 공존이환된 우울증 환자에게 특히 치료적 이득이 있었다(Brent et al., 1998). 그러나 CBT의 상대적인 효능은 어머니가 우울증이 있는 경우에 감소했다. CBT는 초기 단계에서 우수한 결과를 보이지만, 24개월 추후에는 모든 조건의 환자가 추가적인 치료를 받을 가능성이 동등해졌다(Brent et al., 1999). 추후 치료에 대한 필요성은 초기치료 종결 시에 우울 증상의 심각도 지속, 그리고 파괴적 행동과 가족문제의 유무에 의해 가장 잘 예측되었다. Brent 등은 CBT가 초기 증상 감소에는 탁월할 수 있지만, 몇 가지 가족 참여적인 접근법이 남아 있는 파괴적 행동과 계속되는 가족갈등을 해결하는 데 더 유익할 수 있다고 하였다.

CBT의 효능은 우울한 아동 · 청소년을 대상으로 한 대규모 연구, 즉 우울증 청소년 치료 연구(Treatment for Adolescents with Depression Study: TADS)(March, 2004)에서 평가되었다. 이 연구에서는 351명의 중등도~중증 주요우울장애 청소년을 대상으로 약물치료[Fluoxetine: 항우울제 중 선택적 세로토닌 재흡수 억제제로서 '프로작(Prozac)'이라는 상품으로 잘 알려져 있음], CBT, 약물치료와 CBT 병행, 위약 등을 비교하였다. TADS CBT 프로그램은 심리교육, 목표 설정, 기분 감찰, 활동 증진, 사회 문제해결, 인지재구성 등으로 구성된 12주간의 치료였다. 또한 이 프로그램에는 사회기술과 심리교육 및 부모-청소년 관계 문제 관련 가족회기에 중점을 두는 모듈이 포함되어 있었다. 이 연구에서 증상 감소에 플루옥세틴의 단독 사용이 효과적이라는 것이 밝혀졌지만, CBT와 플루옥세틴의 병행이 가장 효과적인 것으로 나타났다. TADS에서 CBT가 치료 후에 이전의 연구결과에서만큼 효과적이지는 않았지만, CBT에 따른 긍정적인 반응은 추후에 관찰되었다(TADS 팀, 2007). 치료 18개월 후에는 단독 CBT에 대한 반응률은 단독 플루옥세틴의 반응률과 동등했으며(둘 다 효과적이었으며), 추후 3년에는 단독 CBT에 대한 반응이 CBT와 플루옥세틴의 병행과 동등했다. TADS 연구 팀은 단독 CBT를 받았거나 플루옥세틴과 병행하여 CBT를 받은 청소년들이 2년 추후 치료에서 자살사고 및 자살시도의 비율이 더 낮았다고 밝혔다.

우울증에 대한 다른 치료 프로그램들은 개발되고 있지만, 이런 프로그램에 대한 경험적 자료가 더욱 필요한 상태다. ACTION은 개별 사례개념화에 의한 매뉴얼 기반 치료 프로그램인데(Stark et al., 2006), 이 프로그램은 아동에게 대처기술, 문제해결 기술, 인지재구성 기술 등을 교육한다. ACTION에는 부모훈련과 교사 자문 회기가 포함되는데, 아동이 새로운 기술을 쓸 수 있도록 부모와 교사가 환경을 개선하는 것을 돕게 된다. 이와 같은 연구는 여전히 진행 중이지만, 예비적인 결과는 이러한 개입이 효과적임을 시사하고 있다(Stark et al., 2006).

아동 및 청소년을 대상으로 작업할 때는 성공적인 치료 후에 우울증이 재발 또는 반복되는 위험을 예방하고 감소시키는 것이 중요한 관심사다. Kroll, Harrington, Jayson, Fraser와 Gowers(1996)는 주요우울장애로부터 관해된 청소년을 대상으로 유지관리 CBT에 대한 파일럿 연구를 수행했다. 유지관리 CBT 조건의 청소년은 통제집단에 비해 6개월 후 재발에 대한 더 낮은 누적 위험도를 나타냈다(0.2 대 0.5). 반면 Clarke 등(1999)은 24개월 추적 시에 추후 회기가 재발률을 감소시켰지만, 재발률은 모든 조건에서 낮은 편이었다. 그러나 추후 회기는 초기 치료 종결 시에 우울 증상이 지속되고 있던 청소년의 회복을 향상시키는 것으로 보인다.

Clarke 등(1995)은 학교 기반 예방적 접근을 통해 9학년 학생에 대한 자기보고 측정도구와 추후 구조화된 진단 면담에서 우울삽화의 위험성이 있기는 하지만 아직은 삽화를 경험하지 않고 있음을 확인했다. 이 학생은 15회기 45분짜리 방과 후 집단에 참여했는데, 여기에서 학생은 우울감을 증가시킬 수 있는 쓸데없는 생각을 확인하고 이에 도전하는 인지적 기법을 배웠다. 연구자는 생존분석을 통해 주요우울장애 또는 기분부전장애가 학교 기반 예방 치료집단과 일상적인 관리 통제집단에서 얼마나 많이 발현되는지를 조사했다. 12개월 추적 평가에서 우울증의 비율은 치료집단이 14.5%인데 비해, 통제집단은 25.7%였다.

이 연구가 시사하는 바와 같이 CBT는 우울증 아동 · 청소년에게 유망한 치료방법이다. 그러나 이 분야의 치료 패키지와 치료 구성요소는 이 접근법의 개발자와 무관한 연구팀에 의해 주의 깊게 평가되어야 할 필요가 있다.

기타 장애

앞서 논의한 치료영역에서의 연구에 더해 CBT를 검증하는 추가적인 효능 연구가 출판되었다. 예를 들어, 연구자는 외상 또는 외상후 스트레스장애, 등교 거부, 청소년 자살, 섭식장애 등에서 CBT에 관한 성과를 보고한 바 있다(특정 장애에 대해서는 Kendall, 2006 참조).

특별한 문제

확산/보급

경험적으로 지지된 모든 개입은 보급과 실행이라는 두 가지 쟁점을 가진다. 심리학계는 과학적으로 평가되고(예, 무선통제 시험) Chambless와 Hollon(1998)의 기준을 충족하는 심리학적 개입, 즉 '경험적으로 지지된 치료(EST)'의 사용을 확산시키려는 활동을 해 왔다(Kendall & Beidas, 2007). 아동 및 청소년을 대상으로 한 EST의 예는 ① 각종 도서(예, Hibbs & Jensen, 2005; Kazdin & Weisz, 2003; Kendall, 2006; Weisz, 2004; Chambless & Ollendick, 2001), ② 웹 기반 자료에 대한 개관 결과[MANILA 자문단의 지원을 받은 물질남용 및 정신건강 서비스 부처(SAMHSA)에서 이용 가능], ③ 전문가 협회가 제정한 목록(예, Kettlewell, Morford, & Hoover, 2005), ④ 저널(예, Herschell, McNeil, & McNeil, 2004; Kendall & Chambless, 1998, Lonigan & Ebert, 1998)에서 찾아볼 수 있다. 청소년을 대상으로 한 많은 EST 목록에 CBT 접근법이 포함되어 있다. 다양한 정신장애에 대한 EST의 대표적인 예는 청소년의 외현화 행동에 대한 다중-체계적 가족치료(Henggeler & Borduin, 1990), 부모-아동 상호작용 치료(Brinkmeyer & Eyberg, 2003), 대처능력(Lochman et al., 2006), 부모 관리훈련(Kazdin, 2005) 등이다. 우울증 아동 · 청소년에 대한 EST는 ACTION 프로그램(Taking Action Program) (Stark et al., 2006)이 있다. 불안한 청소년에 대한 EST는 Coping Cat 프로그램(Kendall et al., 1997)과 강박장애를 위한 CBT(Pediatric OCD Team, 2004)다. 모든 아동기 장애를 망라한 EST에 대해 요약한 장과 논문도 이용 가능하다(예, Ollendick, King, & Chorpita al., 2006; Herschell et al., 2004).

대다수의 EST는 실행을 안내하고 치료 정확도(즉, 치료 일관성)를 확립하는 데 도움을 주는 치료 매뉴얼을 사용한다. 치료 매뉴얼은 너무 기계적인 연구 장면 이외에는 적용이 어렵고, 치료용 요리책이며, 임상가를 기술자로 전락시킨다는 등의 비판을 받았다(Duncan & Miller, 2006; Lambert, 1998; Bohart, O'Hara, & Leitner, 1998; Westen, Novotny, & Thompson-Brenner, 2004). 그러나 우리는 치료 매뉴얼이 유연하게(정확성 내의 융통성) 사용된다면 문제가 되지 않는다고 본다(Kendall & Beidas, 2007). 일례로 불안한 아동 · 청소년을 위한 EST 중 하나인 Coping Cat 프로그램(Kendall & Hedtke, 2006a)은 유연하면서도 충실하게 실시되어 왔다(Kendall & Chu, 2000). 이 프로그램의 구성요소에는 불안유발 자극에 직면하게 하는 노출과제가 포함되어 있다. Coping Cat 프로그램에 참여한 모든 청소년은 개별적으로 노출과제를 수행했다. 교실에서의 사회적 거절 또는 안전 염려에 대한 일반적인 걱정을 치료하기 위해서는 현재 문제에 특정적인 노출과제가 필요하다(Kendall et al., 2005). 예를 들어, 사회불안을 위한 노출과제는 아동이 자신의 행동을 조사하거나 자신의 교실행동에 대해 다른 아이에게 질문하는 것을 포함할 수 있다. 안전 염려에 대한 일반적인 고통에는 건강문제에 대한 공개 논의와 질문이 있을 때 전문가에게 전화하기 등의 노출 과제에 초점을 맞출 수 있다.

보급과 실행 모두에 있어 컴퓨터가 점차 중요시되고 있다. 불안한 아동 · 청소년을 위한 CBT에 관한 일명 CBT4CBT(인지행동 치료자가 되기 위한 컴퓨터 기반 훈련)라는 보급용 DVD가 있다. CBT4CBT(Kendall & Khanna, 2008a)는 회기별 실행 지침이 모듈로 구성되어 있다. 이 DVD에는 치료회기용 비디오 클립, 노출과제를 위한 비디오 예시, 경험 많은 치료자의 '팁', 치료용 자료 접속권한 등이 포함되어 있다. 사용자는 다음 모듈 진행 전에 각 모듈을 실시한 후 '지식 점검'을 작성하게 된다.

또한 컴퓨터는 불안한 아동 · 청소년용 CBT 실시에 유용하게 사용되고 있다. Camp Cope-A-Lot(Kendall & Khanna, 2008b)이라고 하는 컴퓨터 기반 프로그램이 있다. 이 프로그램은 경험적으로 지지된 불안장애 아동 · 청소년용 Coping Cat 프로그램을 12회기 컴퓨터용 대화형 응용프로그램으로 만든 것이다. 사용자는 컴퓨터상에서 Camp Cope-A-Lot의 다른 방문객과 함께 놀이공원에 갈 수도 있고, 장기자랑에 참여하기도 하고, 새로운 사람을 만나기도 하며 대중 연설을 하게 되고, 자신감을 갖게 하고, 불안을 조절하는 방법을 배울 수 있는 여러 가지 모험을 경험하게 된다.

Kazdin과 Kendall(1998)이 논의했듯이, CBT의 효능을 검증하는 것이 최우선이다. 증거 기반 개입이 '가장 이용 가능한 연구와 임상적 전문성의 통합'(American Psychological Association, 2005, p. 5)이듯이, 보급과 실행은 CBT를 지역사회로 전파하도록 하는 다음 단계에 해당한다. 그러나 CBT가 환경, 치료자, 내담자 등의 특성이 상당히 다른 지역사회 기반 클리닉에서 동등한 성과를 보일지는 미지수다. 이러한 문제를 고려하여 지역사회 기반 장면에서 볼 수 있는 내담자와 유사한 장애의 심각도 및 문화적 배경을 가진 내담자를 대상으로 치료 효과성 연구 및 실험적 시행을 진행할 필요가 있다.

공존이환

대부분은 아닐지라도 많은 CBT법은 원래 특정 장애 또는 다양한 장애를 치료하기 위해 개발되었다(Flannery-Schroeder, Suveg, Safford, Kendall, & Webb, 2004; Nock, Kazdin, Hiripi, & Kessler, 2007; Seligman & Ollendick, 1998). 과거에 몇 가지 예외[특히 Coping Cat(Kendall & Hedke, 2006a)과 같은 다양한 유사 장애를 치료하기 위해 고안된 치료]가 있기는 했었지만, 공존이환을 다루기 위한 접근법은 주요 장애용 치료법을 이들 추가 진단에 맞게 약간 수정한 것이었다. 보다 최근에는 이러한 문제를 해결하고 EST를 보급하기 위해 모듈식 접근이 개발되고 있다(Chorpita, 2007; Chorpita, Daleiden, & Weiz, 2005). '모듈식 접근'이란 특정 내담자의 문제에 개별화된 EST라 할 수 있으며, CBT의 핵심 원리를 융통성 있게 실행하기를 권장하고 있다. 다수의 모듈은 치료의 핵심이지만, 이 모듈은 선택적인 것이며 각 아동에게 다양한 순서로 제시될 수 있다. 이러한 접근법은 아동의 맥락적 요인과 아동의 환경(예컨대, 가족, 학교)(Chorpita, 2007)을 고려하는 융통성을 제공한다. 이와 동시에 절차가 매뉴얼 안에 명시되어 있어 일관되게 실행할 수 있기 때문에 구조는 여전히 남아 있다(Chorpita, 2007).

모듈식 치료법(즉, Chorpita, 2007)과 표준 매뉴얼식의 치료법(즉, Kendall & Hedtke, 2006a) 간에는 몇 가지 차이점이 있다. 횟수, 부모 참여, 회기의 길이, 속도, 환경, 학습된 기술 등은 모두 아동 중심적이며, 이 요소는 표준화된 프로토콜에 비해 가변적이다(Chorpita, 2007). 예를 들어, 일차성 분리불안장애와 함께 공존이환된 파괴적 장애를 보이는 아동에게는 불안에 대한 학습, 실제 노출, 인지적 재구조화, 그리고 적극적 무시하기, 보상, 타임아웃에 대해 부모와 작업하기 등 아동이 보이는 문제에 맞춘 특정 모듈만이 필요하다(Chorpita, 2007). 이러한 특정 아동의 문제에 사회기술 학습이 필수적이지 않을 수 있다. 반면 사회공포증만을 가진 아동에게는 사회기술 모듈이 필수적일 수 있으며 파괴적 행동과 관련된 나머지 모듈은 필요 없을 수 있다. 모듈식 치료는 각각의 아동을 위해 프로토콜을 개별화하는 등 가변적이면서도 아동 중심적인 접근이 가능하다.

문화적 고려사항

아동 · 청소년을 위한 인지행동치료의 효능 연구는 주로 유럽계 미국인 내담자를 대상으로 이루어졌다. 지금까지 타인종 및 소수집단에 대한 치료적 개입을 적용하고 응용하거나 이러한 응용을 광범위하게 실행하기 위한 단일한 방법론이나 프레임워크가 없는 실정이다(Hwang, Wood, & Lin, 2006). 문화는 증상 발현, 장애에 대한 지각 및 병인론, 치료동맹, 치료 순응도 등에 영향을 미칠 수 있다. 또한 문화는 어떤 가족이 치료를 원하는 이유와 시기에 영향을 미칠 수 있으며 가족 구조에도 영향을 미칠 수 있는데, 이는 결국 누가 치료에 참여할지에 영향을 미치게 된다.

연구를 통해 아동기에 상이하게 발달하는 장애 간의 공통점이 많이 발견되었지만, 문화적 차이 또한 존재한다. 특히 이것은 어떻게 아이들이 증상을 보고하고 치료에 반응하며 심지어 치료자에게 어떤 식으로 반응하는지에 영향을 미친다(Ginsburg & Silverman, 1996). 이러한 차이점에 대한 민감성은 평가 및 치료 전략을 안내하고 다양한 배경의 아동 및 가족과의 작업을 최적화하는 데 매우 중요하다. 인지행동적 심리학적 개입에서 문화적 민감성은 문화-특정적 의례(ritual)와 맥락적 요인을 조사하는 등 문화-특정적 평가방법을 통해 내담자의 세계관을 평가함으로써 높아질 수 있다. EST를 문화적으로 민감하게 적용하는 것에 관한 연구가 점차 부각되고 있다.

결론 및 향후 방향

아동 치료 분야는 우리가 아동에게 제공할 수 있는 모든 것이 단지 좋은 의도를 가진 선의의 치료자밖에 없었던 시대 이후로, 많은 진전이 있었다. 하지만 이제는 몇몇 특정 인지행동치료를 7~13세의 공격적인 아동 · 청소년, 불안하거나 우울한 아동 및 청소년 등에게 효능이 있는 치료로서 자신 있게 추천할 수 있게 되었다. 또한 또 다른 개관 연구에서도 다수의 CBT법이 잠정적으로 효능이 있다고 밝혀졌다(Brestan & Eyberg, 1998; Kaslow & Thompson, 1998; Ollendick & King, 1998). 그러나 여전히 연구 문제와 실용성에 대한 우려는 남아 있다. 특정 치료법의 효능에 대한 검증은 더 높은 특정성, 연구 방법의 개선, 관련 분야의 지식 통합 등을 필요로 한다. 향후 치료 성과 연구 및 적용은 아동발달학, 교육학, 정신병리학, 비교-문화 심리학 등 다양한 분야의 기존 및 최근 지식과 통합될 필요가 있다.

참고문헌

Abikoff, H. (1985). Efficacy of cognitive training interventions in hyperactive children: A critical review. *Clinical Psychology Review, 5*, 479-512.

Abikoff, H. (1991). Cognitive training in ADHD children: Less to it than meets the eye. *Journal of Learning Disabilities, 24*, 205-209.

Abikoff, H., Ganales, D., Reiter, G., Blum, C., Foley, C., & Klein, R. G. (1988). Cognitive training in academically deficient ADHD boys receiving stimulant medication. *Journal of Abnormal Child Psychology, 16*, 411-432.

Achenbach, T. M., & Howell, C. T. (1993). Are American children's problems getting worse?: A 13-year comparison. *Journal of the American Academy of Child and Adolescent Psychiatry, 32*, 1145-1154.

Albano, A. M., & Barlow, D. H. (1996). Breaking the vicious cycle: Cognitive-behavioral group treatment for socially anxious youth. In E. D. Hibbs & P. S. Jensen (Eds.), *Psychosocial treatments for child and adolescent disorders: Empirically based strategies for clinical practice* (pp. 43-62). Washington, DC: American Psychological Association.

Albano, A. M., March, J. S., & Piacentini, J. C. (1999). Obsessive-compulsive disorder. In R. T. Ammerman, M. Hersen, & C. G. Last (Eds.), *Handbook of prescriptive treatments for children and adolescents* (2nd ed., pp. 193-213). Needham Heights, MA: Allyn & Bacon.

American Psychological Association. (2005, August). *American Psychological Association policy statement on evidence-based practice in psychology.* Retrieved March 6th, 2006 from www.apa.org/practice/ebpreport.pdf.

Aschenbrand, S. G., Kendall, P. C., Webb, A., Safford, S. M., & Flannery-Schroeder, E. C. (2003). Is childhood separation anxiety disorder a predictor of adult panic disorder and agoraphobia?: A seven-year longitudinal study. *Journal of the American Academy of Child and Adolescent Psychiatry, 42*, 1478-1485.

August, G. (1987). Production deficiencies in free recall: A comparison of hyperactivity learning-disabled and normal children. *Journal of Abnormal Child Psychology, 15*, 429-440.

Baer, R. A., & Nietzel, M. T. (1991). Cognitive and behavioral treatment of impulsivity in children: A meta-analytic review of the outcome literature. *Journal of Clinical Child Psychology, 20*, 400-412.

Bandura, A. (1969). *Principles of behavior modification*. New York: Holt, Rinehart & Winston.

Bandura, A. (1971). Psychotherapy based upon modeling procedures. In A. Bergin & S. Garfield (Eds.), *Handbook of psychotherapy and behavior change*. New York: Wiley.

Bandura, A. (1986). Fearful expectations and avoidant actions as co-effects of perceived self-inefficacy. *American Psychologist, 41*, 1389-1391.

Barmish, A. J., & Kendall, P. C. (2005). Should parents be co-clients in cognitive-behavioral therapy for anxious youth?. *Journal of Clinical Child and Adolescent Psychology, 34*, 569-581.

Barrett, P. M., Dadds, M. M., & Rapee, R. M. (1996). Family treatment of childhood anxiety: A controlled trial. *Journal of Consulting and Clinical Psychology, 64*, 333-342.

Barrios, B. A., & O'Dell, S. L. (1989). Fears and anxieties. In E. J. Mash & R. A. Barkley (Eds.), *Treatment of childhood disorders* (pp. 167-221). New York: Guilford Press.

Bauer, D. H. (1976). An exploratory study of developmental changes in children's fears. *Journal of Child Psychology and Psychiatry, 17*, 69-74.

Beck, A. T., Rush, A. J., Shaw, B. F., & Emery, G. (1979). *Cognitive therapy of depression*. New York: Guilford Press.

Birmaher, B., Brent, D. A., Kolko, D., Baugher, M., Bridge, J., Holder, D., et al. (2000). Clinical outcome after short-term psychotherapy for adolescents with major depressive disorder. *Archives of General Psychiatry, 54*, 877-885.

Bohart, A., O'Hara, M., & Leitner, L. (1998). Empirically violated treatments: Disenfranchisement of humanistic and other psychotherapies. *Psychotherapy Research, 8*, 141-157.

Braswell, L. (2007). Meeting the treatment needs of children with ADHD: Can cognitive strategies make a contribution? In R. W. Christner, J. L. Stewart, & A. Freeman (Eds.), *Handbook of cognitive behavior group therapy with children and adolescents: Specific settings and presenting problems* (pp. 317-322). New York: Routledge/Taylor & Francis.

Braswell, L., August, G., Bloomquist, M. L., Realmuto, G. M., Skare, S., & Crosby, R. (1997). School-based secondary prevention for children with disruptive behavior: Initial outcomes. *Journal of Abnormal Child Psychology, 25*, 197-208.

Brent, D. A., Holder, D., Kolko, D. A., Birmaher, B., Baugher, M., & Bridge, J. (1997). A clinical psychotherapy trial for adolescent depression comparing cognitive, family, and supportive treatments. *Archives of General Psychiatry, 54*, 877-885.

Brent, D. A., Kolko, D. J., Birmaher, B., Baugher, M., & Bridge, J. (1999). A clinical trial for adolescent depression: Predictors of additional treatment in the acute and follow-up phases of the trial. *Journal of the American Academy of Child and Adolescent Psychiatry, 38*, 263-271.

Brent, D. A., Kolko, D. J., Birmaher, B., Baugher, M., Bridge, J., Roth, C., et al. (1998). Predictors of treatment efficacy in a clinical trial of three psychosocial treatments for adolescent depression. *Journal of the American Academy of Child and Adolescent Psychiatry, 37*, 906-914.

Brestan, E. V., & Eyberg, S. M. (1998). Effective psychosocial treatments of conduct disordered children and adolescents: 29 years, 82 studies, and 5,272 kids. *Journal of Clinical Child Psychology, 27*, 180-189.

Brinkmeyer, M. Y., & Eyberg, S. M. (2003). Parent-child interaction therapy for oppositional children. In A. E. Kazdin & J. R. Weisz (Eds.), *Evidence-based psychotherapies for children and adolescents*. New York: Guilford Press.

Brown, R. T., Borden, K. A., Wynne, M. E., Schleser, R., & Clingerman, S. R. (1986). Methylphenidate and cognitive therapy with ADD children: A methodological reconsideration. *Journal of Abnormal Child Psychology, 13*, 69-87.

Brown, R. T., Wynne, M. E., & Medenis, R. (1985). Methylphenidate and cognitive therapy: A comparison of treatment approaches with hyperactive boys. *Journal of Abnormal Child Psychology, 13*, 69-87.

Cautela, J. R., & Groden, J. (1978). *Relaxation: A comprehensive manual for adults, children, and children with special needs.* Champaign, IL: Research Press.

Chambless, D., & Hollon, S. (1998). Defining empirically supported therapies. *Journal of Consulting and Clinical Psychology, 66*, 7-18.

Chambless, D., & Ollendick, T. (2001). Empirically supported psychological interventions: Controversies and evidence. *Annual Review of Psychology, 52*, 685-716.

Chorpita, B. F. (2007). *Modular cognitive-behavioral therapy for childhood anxiety disorders.* New York: Guilford Press.

Chorpita, B. F., Daleiden, E., & Weisz, J. (2005). Modularity in the design and application of therapeutic interventions. *Applied and Preventive Psychology, 11*, 141-156.

Clarke, G. N., Hawkins, W., Murphy, M., Sheeber, L. B., Lewinsohn, P. M., & Seeley, J. R. (1995). Targeted prevention of unipolar depressive disorder in an at-risk sample of high school adolescents: A randomized trial of group cognitive intervention. *Journal of Child and Adolescent Psychiatry, 32*, 312-321.

Clarke, G. N., Rohde, P., Lewinsohn, P. M., Hops, H., & Seeley, J. R. (1999). Cognitive-behavioral treatment of adolescent depression: Efficacy of acute group treatment and booster sessions. *Journal of the American Academy of Child and Adolescent Psychiatry, 38*, 272-279.

Clarke, G. N., Hornbrook, M., Lynch, F., Plen, M., Gale, J., Beardslee, W., et al. (2001). A randomized trial of a group cognitive intervention for preventing depression in adolescent offspring of depressed parents. *Archives of General Psychiatry, 58*, 1127-1134.

Cobham, V. E., Dadds, M., & Spence, S. H. (1998). The role of parental anxiety in the treatment of childhood anxiety. *Journal of Consulting and Clinical Psychology, 66*, 893-905.

Crick, N., & Dodge, K. (1994). A review and reformulation of social information-processing mechanisms in children's social adjustment. *Psychological Bulletin, 115*, 74-101.

de Haan, E., Hoogduin, K. A., Buitelaar, J., & Kejers, G. (1998). Behavior therapy versus clomipramine for the treatment of obsessive-compulsive disorder. *Journal of the American Academy of Child and Adolescent Psychiatry, 37*, 1022-1029.

Dodge, K. (1985). Attributional bias in aggressive children. In P. C. Kendall (Ed.), *Advances in cognitive-behavioral research and therapy* (Vol. 4). New York: Academic Press.

Duncan, B., & Miller, S. (2006). Treatment manuals do not improve outcomes. In J. C. Norcross, L. E. Butler, & R. F. Levant (Eds.), *Evidence-based practices in mental health.* Washington, DC: American Psychological Association.

D'Zurilla, T. J., & Goldfried, M. R. (1971). Problem-solving and behavior modification. *Journal of Abnormal Psychology, 78*, 107-126.

D'Zurilla, T. J., & Nezu, A. M. (1999). *Problem-solving therapy: A social competence approach to clinical intervention* (2nd ed.). New York: Springer.

Ellis, A., & Harper, R. (1975). *A new guide to rational living.* New York: Wilshire.

Feindler, E. L., & Ecoton, R. B. (1986). *Adolescent anger control: Cognitive-behavioral techniques.* Elmsford, New York: Pergamon Press.

Flannery-Schroeder, E., Suveg, C., Safford, S., Kendall, P. C., & Webb, A. (2004). Comorbid externalizing disorders and child anxiety treatment outcomes. *Behaviour Change, 21*, 14-25.

Flannery-Schroeder, E. C., & Kendall, P. C. (2000). Group and individual cognitive-behavioral treatments for youth with anxiety disorders: A randomized controlled trial. *Cognitive Therapy and Research, 24*, 251-278.

Ginsburg, G. S., & Silverman, W. K. (1996). Gender role orientation and fearfulness in children with anxiety disorders. *Journal of Anxiety Disorders, 14*, 57-67.

Goldstein, S. (1995). *Understanding and managing children's classroom behavior.* New York: Wiley.

Goldstein, S., & Goldstein, M. (1998). *Managing attention deficit hyperactivity disorder in children: A guide for practitioners.* New York: Wiley.

Harter, S. (1982). A developmental perspective on some parameters of self-regulation in children. In P. Karoly & F. H. Kanfer (Eds.), *Self-management and behavior change: From theory to practice* (pp. 165-204). New York: Pergamon Press.

Heimberg, R. G., Dodge, C. S., Hope, D. A., Kennedy, C. R., Zollo, L. J., & Becker, R. J. (1990). Cognitive behavioral group treatment for social phobia: Comparison with a credible placebo control. *Cognitive Therapy and Research, 14*, 1-23.

Henggeler, S., & Borduin, C. (1990). *Family therapy and beyond: A multisystemic approach to treating the behavior problems of children and adolescents.* Pacific Grove, CA: Brooks/Cole.

Herschell, A., McNeil, C., & McNeil, D. (2004). Clinical child psychology's progress in disseminating empirically supported treatments. *Clinical Psychology: Science and Practice, 11,* 267-288.

Hibbs, E. D., & Jensen, P. S. (Eds.) (2005). *Psychosocial treatments for child and adolescent disorders: Empirically based strategies for clinical practice* (2nd ed.). Washington, DC: American Psychological Association.

Hinshaw, S. P. (2006). Treatment for children and adolescents with attention-deficit/hyperactivity disorder. In P. Kendall (Ed.), *Child and adolescent therapy: Cognitive-behavioral procedures* (3rd ed., pp. 82-113). New York: Guilford Press.

Hinshaw, S., Klein, R., & Abikoff, H. (2002). Nonpharmacologic treatments and their combination with medication. In P. E. Nathan & J. M. Gorman (Eds.), *A guide to treatments that work* (2nd ed., pp. 3-23). New York: Oxford University Press.

Howard, B., Chu, B. C., Krain, A. L., Marrs-Garcia, M. A., & Kendall, P. C. (2000). *Cognitive-behavioral family therapy for anxious children: Therapist manual* (2nd ed.). Ardmore, PA: Workbook Publishing.

Hwang, W. C., Wood, J. J., & Lin, K. H. (2006). Cognitive-behavioral therapy with Chinese Americans: Research, theory, and clinical practice. *Cognitive and Behavioral Practice, 13*, 293-303.

Kahn, J. S., Kehle, T. J., Jenson, W. R., & Clark, E. (1990). Comparison of cognitive-behavioral, relaxation, and self-modeling interventions for depression among middle-school students. *School Psychology Review, 19*, 196-208.

Kaslow, N. J., & Thompson, M. P. (1998). Applying the criteria for empirically supported treatments to studies of psychosocial interventions for child and adolescent depression. *Journal of Clinical Child Psychology, 27*, 146-155.

Kazdin, A. (2005). *Parent management training: Treatment for oppositional, aggressive, and antisocial behavior in children and adolescents*. New York: Oxford University Press.

Kazdin, A. E., Bass, D., Siegel, T., & Thomas, C. (1989). Cognitive-behavioral therapy and relationship therapy in the treatment of children referred for antisocial behavior. *Journal of Consulting and Clinical Psychology, 57*, 522-535.

Kazdin, A. E., & Crowley, M. J. (1997). Moderators of treatment outcome in cognitively based treatment of antisocial children. *Cognitive Therapy and Research, 21*, 185-207.

Kazdin, A. E., Esveldt-Dawson, K., French, N. H., & Unis, A. S. (1987a). Effects of parent management training and problem-solving skills training combined in the treatment of antisocial child behavior. *Journal of the American Academy of Child and Adolescent Psychiatry, 26*, 416-424.

Kazdin, A. E., Esveldt-Dawson, K., French, N. H., & Unis, A. S. (1987b). Problem-solving skills training and relationship therapy in the treatment of antisocial child behavior. *Journal of Consulting and Clinical Psychology, 55*, 76-85.

Kazdin, A. E., & Kendall, P. C. (1998). Current progress and future plans for developing effective treatments: Comments and perspectives. *Journal of Clinical Child Psychology, 27*, 217-226.

Kazdin, A. E., Siegel, T. C., & Bass, D. (1992). Cognitive problem-solving skills training and parent management training in the treatment of antisocial behavior in children. *Journal of Consulting and Clinical Psychology, 60*, 733-747.

Kazdin, A. E., & Weisz, J. R. (1998). Identifying and developing empirically supported child and adolescent treatments. *Journal of Consulting and Clinical Psychology, 66*, 19-36.

Kazdin, A. E., & Weisz, J. R. (Eds.) (2003). *Evidence-based psychotherapies for children and adolescents*. New York: Guilford Press.

Kazdin, A. E., & Whitley, M. (2006). Comorbidity, case complexity, and effects of evidence-based treatment for children referred for disruptive behavior. *Journal of Consulting and Clinical Psychology, 74*, 455-467.

Kendall, P. C. (1992). *Coping Cat workbook*. Ardmore, PA: Workbook Publishing.

Kendall, P. C. (1993). Cognitive-behavioral therapies with youth: Guiding theory, current status, and emerging developments. *Journal of Consulting and Clinical Psychology, 61*, 235-247.

Kendall, P. C. (Ed.) (2000). *Child and adolescent therapy: Cognitive-behavioral procedures* (2nd ed.). New York: Guilford Press.

Kendall, P. C. (Ed.) (2006). *Child and adolescent therapy: Cognitive-behavioral procedures* (3rd ed.). New York: Guilford Press.

Kendall, P. C., & Beidas, R. S. (2007). Smoothing the trail for dissemination of evidence-based practices for youth: Flexibility within fidelity. *Professional Psychology: Research and Practice, 38*, 13-20.

Kendall, P. C., & Braswell, L. (1993). *Cognitive behavioral therapy for impulsive children* (2nd ed.). New York: Guilford Press.

Kendall, P. C., & Chambless, D. (Eds.) (1998). Empirically supported psychological therapies. *Journal of Consulting and Clinical Psychology, 66* [Special issue].

Kendall, P. C., Chansky, T. E., Kane, M., Kane, R., Kortlander, E., Ronan, K., et al. (1992). *Anxiety disorders in youth: Cognitive-behavioral interventions*. Needham Heights, MA: Allyn & Bacon.

Kendall, P. C., Choudhury, M. S., Hudson, J. L., & Webb, A. (2002). *The C.A.T. Project Manual: Manual for the individual cognitive-behavioral treatment of adolescent with anxiety disorders*. Ardmore, PA: Workbook Publishing.

Kendall, P. C., & Chu, B. C. (2000). Retrospective self-reports of therapist flexibility in an manual-based treatment for youths with anxiety disorders. *Journal of Clinical Child Psychology, 29*, 209-220.

Kendall, P. C., Chu, B., Gifford, A., Hayes, C., & Nauta, M. (1998). Breathing life into a manual. *Cognitive and Behavioral Practice, 5*, 177-198.

Kendall, P. C., Chu, B. C., Pimentel, S. S., & Choudhury, M. (2000). Treating anxiety disorders in youth. In P. C. Kendall (Ed.), *Child and adolescent therapy: Cognitive-behavioral procedures* (2nd ed., pp. 235-290). New York: Guilford Press.

Kendall, P. C., Flannery-Schroeder, E., Panichelli-Mindel, S. M., Southam-Gerow, M., Henin, A., & Warman, M. J. (1997). Therapy for youth with anxiety disorders: A second randomized clinical trial. *Journal of Consulting and Clinical Psychology, 65*, 366-380.

Kendall, P. C., & Hedtke, K. (2006a). *Cognitive-behavioral therapy for anxious children: Therapist manual* (3rd ed.). Ardmore, PA: Workbook Publishing.

Kendall, P. C., & Hedtke, K. (2006b). *The Coping Cat Workbook* (2nd ed.). Ardmore, PA: Workbook Publishing.

Kendall, P. C., & Khanna, M. (2008a). *CBT4CBT: Computer-based training to be a cognitive-behavioral therapist* (for anxiety in youth). Ardmore, PA: Workbook Publishing.

Kendall, P. C., & Khanna, M. (2008b). *Camp Cope-A-Lot: The Coping Cat CD*. Ardmore, PA: Workbook Publishing.

Kendall, P. C., & McDonald, J. P. (1993). Cognition in the psychopathology of youth and implications for treatment. In K. S. Dobson & P. C. Kendall (Eds.), *Psychopathology and cognition* (pp. 387-427). San Diego: Academic Press.

Kendall, P. C., Robin, J., Hedtke, K., Suveg, C., Flannery-Schroeder, E., & Gosch, E. (2005). Considering CBT with anxious youth?: Think exposures. *Cognitive and Behavioral Practice, 12*, 136-148.

Kendall, P. C., Stark, K. d., & Adam, T. (1990). Cognitive deficit or cognitive distortion in childhood depression. *Journal of Abnormal Child Psychology, 18*, 255-270.

Kendall, P. C., & Suveg, C. (2006). Treating anxiety disorders in youth. In P. Kendall (Ed.), *Child and adolescent therapy: Cognitive-behavioral procedures* (3rd ed., pp. 243-294). New York: Guilford Press.

Kendall, P. C., & Suveg, C. (Eds.) (2007). *Clinical Psychology: Science and Practice, 14* [Special issue].

Kendall, P. C., & Treadwell, K. (2007). The role of self-statement as a mediator in treatment for youth with anxiety disorders. *Journal of Consulting and Clinical Psychology, 75*, 380-389.

Kettlewell, P., Morford, M. E., & Hoover, H. (2005). *Evidence-based treatment: What is it and how can it help children* [Pennsylvania Child and Adolescent Service System Program]. Pennsylvania State University.

Kleiner, L., Marshall, W., & Spevack, M. (1987). Training in problem-solving and exposure treatment for agoraphobics with panic attacks. *Journal of Anxiety Disorders, 1*, 219-238.

Koeppen, A. S. (1974). Relaxation training for children. *Elementary School Guidance and Counseling, 9*, 14-26.

Kroll, L., Harrington, R., Jayson, D., Fraser, J., & Gowers, S. (1996). Pilot study of continuation cognitive-behavioral therapy for major depression in adolescent psychiatric patient. *Journal of the American Academy of Child and Adolescent Psychiatry, 35*, 1156-1161.

Lambert, M. (1998). Manual-based treatment and clinical practice: Hangman of life or promising development?. *Clinical Psychology: Science and Practice, 5*, 391-395.

Lewinsohn, P. M., Clarke, G. N., Hops, H., & Andrews, J. (1990). Cognitive-behavioral group treatment of depression in adolescents. *Behavior Therapy, 21*, 385-401.

Lewinsohn, P. M., Clarke, G. N., & Rohde, P. (1994). Psychological approaches to the treatment of development in adolescents. In W. M. Reynolds & H. F. Johnston (Eds.), *Handbook of depression in children and adolescents* (pp. 309-344). New York: Plenum Press.

Lewinsohn, P. M., Clarke, G. N., Rohde, P., Hops, H., & Seeley, J. R. (1996). A course in coping: A cognitive-behavioral approach to the treatment of adolescent depression. In E. D. Hibbs & P. S. Jensen (Eds.), *Child and adolescent disorders: Empirically based strategies for clinical practice* (pp. 109-135). Washington, DC: American Psychological Association.

Lewinsohn, P. M., Rohde, P., Hops, H., & Clarke, G. (1991). *Leader's manual for parent groups: Adolescent coping with depression*. Eugene, OR: Castalia Press.

Livingston-Van Noppen, B., Rasmussen, S. I., Eisen, J., & McCartney, L. (1990). Family function and treatment in obsessive-compulsive disorder. In M. A. Jenike, L. Baer, & W. E. Minichiello (Eds.), *Obsessive-compulsive disorders: Theory and management* (pp. 118-131). Littleton, MA: Year Book Medical Publishers.

Lochman, J. E. (1992). Cognitive-behavioral intervention with aggressive boys: Three-year follow-up and preventive effects. *Journal of Consulting and Clinical Psychology, 60*, 426-434.

Lochman, J. E., & Burch, P. R., Curry, J. F., & Lampron, L. B. (1984). Treatment and generalization effects of cognitive-behavioral and goal-setting interventions with aggressive boys. *Journal of Consulting and Clinical Psychology, 52*, 915-916.

Lochman, J. E., & Curry, J. F. (1986). Effects of social problem-solving training and self-instruction training with aggressive boys. *Journal of Consulting and Clinical Psychology, 5*, 159-164.

Lochman, J. E., Lampron, L. B., Gemmer, T. C., Harris, R., & Wyckoff, G. M. (1989). Teacher consultation and cognitive-behavioral interventions with aggressive boys. *Psychology in the Schools, 26*, 179-188.

Lochman, J. E., Powell, N. R., Whidby, J. M., & Fitzgerald, D. P. (2006). Aggressive children: Cognitive-behavioral assessment and treatment. In P. Kendall (Ed.), *Child and adolescent therapy: Cognitive-behavioral procedures* (3rd ed., pp. 33-81). New York: Guilford Press.

Lochman, J., & Wells, K. (2002). The Coping Power Program at the middle-school transition: Universal and indicated prevention effects. *Psychology of Addictive Behaviors, 16*, S40-S54.

Lochman, J., & Wells, K. (2004). The Coping Power Program for preadolescent aggressive boys and their parents: Outcome effects at the 1-year follow-up. *Journal of Consulting and Clinical Psychology, 72*, 571-578.

Lochman, J., Wells, K., & Murray, M. (2007). The Coping Power Program: Preventative intervention at the middle school transition. In P. Tolan, J. Szapocznik, & S. Sambrano (Eds.), *Preventing substance abuse: 3 to 14* (pp. 185-210). Washington, DC: American Psychological Association.

Lochman, J. E., White, K. J., & Wayland, K. K. (1991). Cognitive-behavioral assessment and treatment with aggressive children. In P. C. Kendall (Ed.), *Child and adolescent therapy: Cognitive-behavioral procedures* (pp. 25-65). New York: Guilford Press.

Lonigan, C., & Elbert, J. (Eds.) (1998). Empirically-supported psychosocial interventions for children [Special issue]. *Journal of Clinical Child Psychology, 27.*

Mahoney, M. J. (1977). Reflections in the cognitive-learning trend in psychotherapy. *American Psychologist, 32*, 5-18.

March, J. (1995). Behavioral psychotherapy for children and adolescents with obsessive-compulsive disorder: A review of the literature and recommendation for treatment. *Journal of the American Academy of Child and Adolescent Psychiatry, 34*, 7-18.

March, J. (2004). The Treatment for Adolescents with Depression Study (TADS): Short-term effectiveness and safety outcomes. *Journal of the American Medical Association, 292*, 807-820.

March, J. S., Frances, A., Carpenter, D., & Kahn, D. (1997). The expert consensus guidelines series: Treatment of obsessive-compulsive disorder. *Journal of Clinical Psychiatry, 58*(Suppl. 4), 1-72.

March, J. S., & Mulle, K. (1998). *OCD in children and adolescents: A cognitive-behavioral treatment manual.* New York: Guilford Press.

March, J., Mulle, K., & Herbel, B. (1994). Behavioral psychotherapy for children and adolescents with obsessive-compulsive disorder: An open trial of a new protocol-driven treatment package. *Journal of the American Academy of Child and Adolescent Psychiatry, 33*, 333-341.

Masia-Warner, C., Nangle, D. W., & Hansen, D. J. (2006). Bringing evidence-based child mental health services to the schools: General issues and specific populations. *Education and Treatment of Children, 29*, 165-172.

McDonald, L. (1993). Families and Schools Together (FAST). Final Report. Washington, DC: U.S. Department of Health and Human Services, Office of Human Development Services, Administration for Children and Families.

McDonald, L., Moberg, D. P., Brown, R., Rodriguez-Espiricueta, I., Flores, N. I., Burke, M. P., et al. (2006). After-school multifamily groups: A randomized controlled trial involving low-income, urban, Latino children. *Children and Schools, 28*(1), 25-34.

Meichenbaum, D. (1971). Examination of model characteristics in reducing avoidance behavior. *Journal of Personality and Social Psychology, 17*, 298-307.

Mendlowitz, S. L., Manassis, K., Bradley, S., Scapillato, D., Miezitis, S., & Shaw, B. F. (1999). Cognitive-behavioral group treatments in childhood anxiety disorders: The role of parental involvement. *Journal of the American Academy of Child and Adolescent Psychia-*

try, 38, 1223-1229.

Morris, R. J., & Kratochwill, T. R. (1983). *Treating children's fears and phobias: A behavioral approach*. New York: Pergamon Press.

MTA Cooperative Group. (1999a). A 14-month randomized clinical trial of treatment strategies for attention-deficit/hyperactivity disorder. *Archives of General Psychiatry, 56*, 1073-1086.

MTA Cooperative Group. (1999b). Moderators and mediators of treatment response for children with attention-deficit/hyperactivity disorder. *Archives of General Psychiatry, 56*, 1088-1096.

Nock, M. K., Kazdin, A. E., Hiripi, E., & Kessler, R. C. (2007). Lifetime prevalence, correlates, and persistence of oppositional defiant disorder: Results from the National Comorbidity Survey Replication. *Journal of Child Psychology and Psychiatry, 48*, 703-713.

Ollendick, T. H., & Cerny, J. A. (1981). *Clinical behavior therapy with children*. New York: Plenum Press.

Ollendick, T. H., & Francis, G. (1988). Behavioral assessment and treatment of childhood phobias. *Behavior Modification, 12*, 165-204.

Ollendick, T. H., & King, N. (1998). Empirically supported treatments for children with phobic and anxiety disorders: Current status. *Journal of Clinical Child Psychology, 27*, 156-167.

Ollendick, T. H., King, N. J., & Chorpita, B. F. (2006). Empirically supported treatments for children and adolescents. In P. C. Kendall (Ed.), *Child and adolescent therapy* (3rd ed., pp. 492-520). New York: Guilford Press.

Pediatric OCD Treatment Study Team. (2004). Cognitive-behavioral therapy, sertraline, and their combination for children and adolescents with obsessive-compulsive disorder: The Pediatric OCD Treatment Study (POTS) randomized controlled trial. *Journal of the American Medical Association, 292*, 1969-1976.

Piacentini, J. C., & Langely, A. K. (2004). Cognitive-behavioral therapy for children who have obsessive-compulsive disorder. *Journal of Clinical Psychology, 60*, 1181-1194.

Rabian, B., Peterson, R., Richters, J., & Jensen, P. (1993). Anxiety sensitivity among anxious children. *Journal of Clinical Child Psychology, 22*, 441-446.

Robin, A. L., & Schneider, M. (1974). *The turtle technique: An approach to self-control in the classroom*. Unpublished manuscript, State University of New York, Stony Brook.

Robin, A. L., Schneider, M., & Dolnick, M. (1976). The turtle technique: An extended case study of self-control in the classroom. *Psychology in the Schools, 13*, 449-453.

Rosenthal, T., & Bandura, A. (1978). Psychological model: Theory and practice. In S. L. Garfield & A. E. Bergin (Eds.), *Handbook of psychotherapy and behavior change* (2nd ed.). New York: Wiley.

Seligman, L. D., & Ollendick, T. H. (1998). Comorbidity of anxiety and depression in children and adolescents: An integrative review. *Clinical Child and Family Psychology Review, 1*, 125-144.

Shure, M. B., & Spivack, G. (1978). *Problem-solving techniques in childrearing*. San Francisco: Jossey-Bass.

Silverman, W. K., Ginsburg, G. S., & Kurtines, W. M. (1995). Clinical issues in treating children with anxiety and phobic disorders. *Cognitive and Behavioral Practice, 2*, 93-117.

Southam-Gerow, M. A., & Kendall, P. C. (2000). Emotion understanding in youth referred for treatment of anxiety disorders. *Journal of Clinical Child Psychology, 409*.

Spivack, G., Platt, J. J., & Shure, M. B. (1976). *The problem-solving approach to adjustment*. San Francisco: Jossey-Bass.

Stark, K. D. (1990). *Childhood depression: School-based intervention*. New York: Guilford Press.

Stark, K. D., Hargrave, J., Sander, J., Custer, G., Schnnoebelen, S., Simpson, J., et al. (2006).

Treatment of childhood depression: The ACTION treatment program. In P. Kendall (Ed.), *Child and adolescent therapy: Cognitive-behavioral procedures* (pp. 169-216). New York: Guilford Press.

Swanson, J., Kraemer, H. C., & Hinshaw, S. P. (2001). Clinical relevance of the primary finding of the MTA: Success rates based on severity of ADHD and ODD symptoms at the end of treatment. *Journal of the American Academy of Child and Adolescent Psychiatry, 40*, 168-179.

Suveg, C., Southam-Gerow, M., Goodman, K., & Kendall, P. C. (2007). The role of emotion theory and research in child therapy development. *Clinical Psychology: Science and Practice, 14*, 358-372.

TADS Team. (2007). The treatment for adolescents with depression study (TADS): Long term effectiveness and safety outcomes. *Archives of General Psychiatry, 64*, 1132-1144.

Waters, T. L., & Barrett, P. M. (2000). The role of the family in childhood obsessive-compulsive disorder. *Clinical Child and Family Psychology Review, 3*, 173-184.

Weiner, B. (1979). A theory of motivation of some classroom experience. *Journal of Educational Psychology, 71*, 3-25.

Weisz, J. (2004). *Psychotherapy for children and adolescents: Evidence-based treatments and case examples*. New York: Cambridge University Press.

Weisz, J., McCarty, C., & Valeri, S. (2006). Effects of psychotherapy for depression in children and adolescents: A meta-analysis. *Psychological Bulletin, 132*, 132-249.

Westen, D., Novotny, C., & Thompson-Brenner, H. (2004). The empirical status of empirically supported psychotherapies: Assumptions, findings, and reporting in controlled clinical trials. *Psychological Bulletin, 130*, 631-663.

Wilkes, T. C. R., Belsher, G., Rush, A. J., & Frank, E. (1994). *Cognitive therapy for depressed adolescents*. New York: Guilford Press.

Wood, J. J., Piacentini, J. C., Southam-Gerow, M. A., Chu, B. C., & Sigman, M. (2006). Family cognitive behavioral therapy for child anxiety disorders. *Journal of American Academy of Child and Adolescent Psychiatry, 45*(3), 314-321.

Woodward, L. J., & Fergusson, D. M. (2001). Life course outcomes of young people with anxiety disorders in adolescence. *Journal of the American Academy of Child and Adolescent Psychiatry, 40*, 1086-1093.

Zentall, S. S. (1995). Modifying classroom tasks and environments. In S. Goldstein (Ed.), *Understanding and managing children's classroom behavior* (pp. 356-374). New York: Wiley.

CHAPTER 13

인지행동적 부부치료

Donald H. Baucom
Norman B. Epstein
Jennifer S. Kirby
Jaslean J. LaTaillade

인지행동적 부부치료(Cognitive-behavioral couple therapy: CBCT)는 훨씬 더 오랜 역사를 지닌 치료적 접근법과 연구 전통에 뿌리를 두고 있었으나, 1980년대가 되어서야 등장하게 되었다. CBCT의 시초는 1960년대 후기에 부부치료자가 부부불화의 이해와 치료에 학습원리를 적용하면서 개발된 행동적 부부치료(behavioral couple therapy: BCT)였다. Stuart(1969)는 만족스러운 관계의 경우, 배우자가 부정적인 행동에 비하여 긍정적인 행동을 주고 받는 비율이 더 높은 경향이 있다는 사회 교환 이론(social exchange theory)(Thibaut & Kelley, 1959)의 개념을 응용하였다. 이와는 대조적으로, 불화를 겪는 부부는 긍정적 행동보다 부정적 행동을 더 많이 교환하는 경향이 있다. 또한 Stuart는 배우자가 서로 긍정적 행동을 강화할 수 있도록 돕기 위해 조작적 조건형성의 원리를 사용하였다. Stuart(1969)는 배우자의 부정적 행동이 아닌 좀 더 바람직한 긍정적 행동의 비율을 증가시키기 위해, 각자 상대방에게 바라는 긍정적인 행동의 목록을 작성한 후, 그러한 행동을 이행하였을 때 토큰으로 보상하는 것에 동의하도록 교육하였다. 그다음 행동적 부부치료자는 배우자 간의 행동적 교환을 변화시키기 위해 '토큰 경제'를 이행하겠다는 계약서를 서면으로 작성토록 하고, 의사소통 및 문제해결 기술훈련도 추가하였다(Jacobson & Margolin, 1979; Stuart, 1980).

Liberman(1970)은 바람직하지 않은 행동의 우연한 강화와 같이 불화를 겪는 부부와 가족에게서 나타나는 문제와 관련한 상호작용 패턴에 대한 폭넓은 행동적 분석을 강조하였다. 또한 Liberman(1970)은 사회학습 원리(Bandura & Walters, 1963)를 기반으로 역기능적인 부부 및 가족 관계의 치료를 위하여 치료자가 대안적 대인관계 의사소통 패턴의 모델링을 제시하고 내담자가 새로운 역할 행동을 연습하는 전략을 추가하였다(Falloon, 1991).

아동의 행동을 교정하기 위한 조작적 조건형성 연구 및 이와 관련한 치료기법도 BCT의 발전에 기여하였다. Patterson(1974)은 부모와 아동 모두가 서로의 행동에 영향을 주려고 혐오적 행동을 시도하는 '강압적 가족 체계'에 대하여 연구하였다. 연구자는 부모에게 아동의 바람직한 행동을 증가시키고 부정적 행동을 감소시키기 위하여 선택적으로 강화와 처벌을 사용하도록 교육하였다. Weiss, Hops와 Patterson(1973)은 부부문제 치료에 이러한 학습 기반 원리와 기법을 적용하였다. 그들은 또한 배우자의 행동적 강점과 문제, 그리고 치료에 따른 배우자의 특정 행동변화의 정도와 관련한 자료를 체계적으로 수집하여 BCT의 경험주의 전통을 수립했다.

사회교환 및 학습 원리에 기반한 최초의 BCT 치료 매뉴얼은 1970년대 후반과 1980년대 초반에 출판되었다(Jacobson & Margolin, 1979; Stuart, 1980). 즉, 그들은 바람직한 특정 행동은 증가시키고, 부정적인 특정 행동은 감소시키겠다는 합의를 포함한 행동계약을 통한 배우자 간의 관계 만족도 증진을 강조하였다. 한편 이들은 친밀감을 형성하며, 서로 사회적 지지를 제공하고, 건설적으로 의사소통하여 갈등을 해결하는 방식으로 배우자와 상호작용하기 위한 기술의 증진을 강조하였다.

BCT 모델은 부부관계에서 발전되어 현재까지 지속되는 상호순환적인 일련의 패턴에 대한 개별사례적 기능 분석을 포함시켜 이전의 개인적 학습 경험(예, 원가족 안에서)이 미친 영향을 고려한다. 그러나 BCT에서는 배우자의 현재 상호작용 패턴에 대한 기능 분석뿐 아니라 행동의 변화를 평가하고 개선시키기 위한 구체적인 활동을 사용하는 것을 강조하는 경향이 있다(LaTaillade & Jacobson, 1995).

수많은 성과 연구에서 BCT의 효과성이 밝혀진 바 있으나(Baucom, Shoham, Mueser, Daiuto, & Stickle, 1998; Hahlweg, Baucom, & Markman, 1988), 몇몇 연구에서 배우자 간의 긍정적인 행동 교환의 증가와 의사소통 기술 향상이 관계 만족에 미치는 영향이 제한적임을 지적한 바 있다(Halford, Sanders, & Behrens, 1993; Iverson

& Baucom, 1988). 게다가 행동 교환의 교정과 기술훈련을 강조하지 않는 다른 부부 치료법도 부부 갈등의 완화에는 BCT만큼 효과적인 것으로 밝혀진 바 있어, 행동적 개입이 관계 문제의 효과적인 치료를 위한 필요충분조건이 아닐 수 있음을 시사하고 있다(Baucom, Epstein, & Gordon, 2000; Baucom et al., 1998). 또한 해당 연구에서는 관계에서 지각되는 상대방의 행동에 대한 상당한 불일치는 개인의 경험의 주관성의 중요성을 시사하고 있다(Fincham, Bradbury, & Scott, 1990). 부부 갈등의 치료에 행동 기술 결핍 모델의 한계가 있음이 분명하다. 따라서 자신과 상대방의 행동에 대한 각자의 주관적 인지를 다루는 접근방식이 필요하다(Baucom & Epstein, 1990; Epstein & Baucom, 2002; Fincham et al., 1990). 이러한 인식이 CBCT 발전의 초석을 마련해 줄 것이다.

인지치료가 인지행동적 부부치료의 발전에 미친 영향

CBCT에 미친 주요한 두 번째 영향은 개인의 정신병리를 이해하고 치료하기 위한 인지모델의 개발이었다(Beck, Rush, Shaw, & Emery, 1979; Ellis, 1962; Meichenbaum, 1977). 이 모델에서는 대개 부적절하거나 왜곡될 수 있는 개인 특유의 해석이 생활 사건에 대한 개인의 정서적 · 행동적 반응을 매개함을 강조하고 있다. 인지치료자가 이 모델을 관계 문제에 적용하기 시작하자 CBCT 치료자도 BCT 모델에 인지를 통합하기 시작했다(Epstein, 1982; Margolin & Weiss, 1978). 주로 개인치료에 뿌리를 둔 인지치료자(예, Beck, 1988; Dattilio & Padesky, 1990; Ellis, Sichel, Yeager, DiMattia, & DiGiuseppe, 1989)는 의사소통 기술훈련과 같이 BCT의 몇몇 개념과 기법을 사용하였지만, 이들의 CBCT는 우리가 중점적으로 다루는 문제가 되는 상호작용 패턴 및 정서적 반응의 문제보다 각 배우자의 인지재구성을 강조하는 경향이 있다.

CBCT는 지속적으로 발전해 왔으며, 평가와 개입에 있어 인지, 행동, 정서가 주목을 받고 있다(Baucom & Epstein, 1990; Epstein & Baucom, 2002; Rathus & Sanderson, 1999). 그 결과 CBCT 치료자는 부부가 그들의 인지를 좀 더 적극적으로 관찰 · 평가하고, 서로에 대하여 좀 더 긍정적인 인지와 정서를 키워 나갈 수 있도록 부정적인 상호작용 행동을 수정하는 것을 돕는다. 또한 부부관계에서 좀 더 만족스러운 분위기를 이끌어 낼 수 있도록 배우자의 억제되었거나 조절되지 못한 정서적 경험상의 문제를 다룰 수 있도록 돕는다(Epstein & Baucom, 2002). 따라서 CBCT는 배우자 간의 인지, 행동, 정서의 상호 영향을 평가하고, 관계의 질 개선을 위한 변화를 목표로 삼고 매우 체계적으로 발전되어 왔다.

사회인지 연구가 인지행동부부치료에 미친 영향

정보처리 및 사회인지 연구도 CBCT에 영향을 미쳤다(Baldwin, 2005; Fiske & Taylor, 1991; Fletcher & Fitness, 1996; Noller, Beach, & Osgarby, 1997). CBCT는 사람들과의 관계에서 발생하는 긍정적인 사건과 부정적인 사건에 대하여 귀인하는 방식과 과거의 관계 경험으로부터 발달되어 현재 관계 사건의 이해를 위해 참조하게 되는 상대적으로 안정적인 도식(예, '돌봐 주는 배우자'의 개념)에 초점을 맞추어 왔다. 정보처리 오류와 관련한 연구에서 나타난 증거 또한 관계 문제의 원인을 이해하는 데 상당한 도움을 주고 있다. 1980년대와 1990년대에 인지의 유형이 부부의 관계 적응에 중대한 영향을 미친다는 연구가 발표되면서 부부 치료자는 점차 이를 평가하고 개입하기 시작하였다(Baucom, Epstein, & Rankin, 1995; Epstein & Baucom, 2002).

인지행동적 부부치료의 최근 발전

현재 CBCT는 친밀한 관계와 관련한 다른 현상까지 아우르며 확장되고 있다. 첫째, 우리는 현재 배우자 서로가 바라는 친밀감 정도의 차이와 같은 전반적인 '거시적' 수준의 상호작용 패턴과 관계 내의 핵심 주제, 그리고 이와 별개의 '미시적인' 관계 사건을 강조하고 있다(Epstein & Baucom, 2002). 둘째, 부부의 인지과정과 상호작용 행동에 초점을 맞추는 것에 더하여 개선된 CBCT에서는 부부관계에서 나타나게 되는 각자의 성격, 동기, 개인 특성 등을 다루고, 이러한 요인이 어떻게 그들의 관계에서 배우자의 행동과 사건에 대한 해석에 영향을 미치는지를 평가한다. 개인적 규범 차이와 정신병리 모두가 관계 만족과 기능에 영향을 미치기 때문에(예, Christensen & Heavey, 1993; Karney & Bradbury, 1995) 개선된 CBCT는 이들을 포함시켰다. 셋째, 발전된 CBCT는 관계 기능에 대한 생태학적 시스템 모델(예, Bronfenbrenner, 1989)에도 영향을 받았다. 이 모델은 부부의 적응 능력에 상당한 압력을 주거나, 혹은 반대로 요구에 대한 부부의 적응 능력을 촉진할 수도 있는 외부 및 환경적 스트레스 요인(예, 업무와 자녀의 요구, 인종차별)에도 중점을 둔다(Epstein & Baucom, 2002). 넷째, BCT에서는 정서를 배우자의 대인관계 행동 및 인지의 결과로 간주하고 오히려 이차적인 상태로 보는 반면, 개선된 CBCT에서는 정서의 경험 및 표현의 곤란이나 부정적 정서 조절 문제 등을 직접적으로 다룬다. 이러한 정서에 대한 강조는 부부치료에서 정서 처리에 중점을 두고자 하는 최근의 동향과 일치한다(Fruzzetti, 2006; Johnson, 2004; Johnson & Denton, 2002; Kirby & Baucom, 2007a, 2007b). 다섯째, 전통적으로 CBCT가 부정적인 행동, 인지, 정서의 평가와 수정에 초점을 맞추어 온 반면, 개선된 CBCT에서는 부부가 그들의 관계에서 최상의 만족을 경험할 수 있도록 상호 간의 사회적 지지와 같은 긍정적인 요소(Cutrona, 1996; Pasch, Bradbury, & Davila, 1997)에 더 큰 비중을 두고 있다.

건강하고 순기능적인 부부관계 대 역기능적인 부부관계

전통적 BCT와 CBCT가 부부의 안녕감을 정의하는 데 있어 부부 그 자체를 하나의 분석 단위로 삼아 온 것과는 대조적으로, 개선된 CBCT는 부부 각자와 부부 전체의 특성, 그리고 부부의 환경을 고려한 보다 거시적인 맥락적 관점을 취한다(Baucom, Epstein, LaTaillade, & Kirby, 2008; Baucom, Epstein, & Sullivan, 2004; Epstein & Baucom, 2002). 건강한 관계는 배우자 서로의 성장과 안녕에 도움을 준다. 부부는 한 쌍으로서 건설적으로 상호작용하며, 이들은 신체적 · 사회적 환경으로부터의 요구에 효과적으로 적응한다.

건강한 부부관계는 서로의 성장, 발전, 안녕, 욕구 충족을 증진한다. 이러한 관계는 부부에게 도구적 · 정서적 지지의 근원으로 작용한다(Cutrona, Suhr, & MacFarlane, 1990; Pasch, Bradbury, & Sullivan, 1997). 일반적으로 건강한 관계의 배우자는 서로를 긍정적으로 바라보며 원만한 의사소통을 위해 서로 협력하여 관계의 안녕을 도모하고 문제를 효과적으로 해결한다. 또한 친밀감을 발달시키고 유지하며 서로가 즐거울 수 있는 활동에 참여하여 긍정적 행동을 주고받는다(Epstein & Baucom, 2002). 이들은 서로 협력하여 규범적인 스트레스 요인(예, 임신과 출산)과 비규범적인 스트레스 요인(예, 실직) 모두에 적응해 나간다. 가족, 친척, 공동체, 사회적 기관과 같은 그들의 사회 · 물리적 환경에 존재하는 긍정적 지지자원은 이들의 건설적 대처방식에 도움을 준다(Baucom et al., 2004). 이에 따라 부부는 그들이 속한 공동체나 더 큰 사회에 기여함으로써(예, 자선단체에서의 봉사) 서로의 관계를 공고히 하게 된다(Baucom et al., 2008).

앞서 언급하였듯이, 부부관계의 건강과 발전은 규범적이면서도 비규범적인 요구 모두에 적응하는 그들의 능력에 달려 있다(예, 부모로의 전환, Carter & McGoldrick, 1999). 한편으로는 삶의 요구에 적절히 적응하지 못할 수 있으며, 개인이 가진 취약성(예, 임상적 수준의 우울증)과 부부가 가진 취약성(예, 문제를 논의하는 것을 회피하려는 경향)의 수준에 따라 관계의 질이 악화될 수 있다. 반면 배우자의 개인, 부부, 주변 자원은 스트레스 상황에서 관계의 질을 유지하거나 향상시킬 수 있다(Epstein & Baucom, 2002).

부부불화의 예측인자

부부불화에 대한 확장된 CBCT 모델은 다양한 연구로부터 도출된 것이다. 예를 들어, 여러 연구에서 행복한 부부에 비해 불화를 겪는 부부는 배우자 간에 부정적이거나 처벌적인 교류의 빈도가 더 높았으며, 서로에게 제공하는 긍정적 보상이 상대적으로 더 적고, 의사소통과 문제해결 기술은 결핍되어 있는 특징이 있음을 지적하고 있다(Gottman, 1994; Jacobson & Margolin, 1979; Karney & Bradbury, 1995; Weiss & Heyman, 1997). 또한 여러 연구에서 고통스러운 관계에 있는 배우자는 서로의 부정적 행동을 선택적으로 지각하거나 '추적'하고(Jacobson, Waldron, & Moore, 1980), 그러한 행동의 결정요인을 부정적으로 귀인하며(예, 상대방이 악의적으로 그렇게 했다고 생각)(Baucom & Epstein, 1990; Fincham et al., 1990), 친밀한 관계에 대한 비현실적인 신념이 있으며(Eidelson & Epstein, 1982), 그들의 관계가 자신의 기준(예, 관계에서 서로가 투자하는 시간과 노력)을 충족시키지 못한다며 실망할 가능성이 더 높았다(Baucom, Epstein, Rankin, & Burnett, 1996). 뿐만 아니라 Weiss(1980)는 시간이 지남에 따라 상대방을 계속 파괴적으로 대함으로써 서로에 대해 전반적으로 부정적인 평가를 하고 부정적인 감정을 키워 나가는 '감정적 무시(sentiment override)' 과정을 기술하였다. 감정적 무시가 형성되어 버리면 상대방이 부정적으로 대할 것이라는 부정적 기대나 예측을 하게 되어 결국 서로 부정적으로 행동할 가능성이 높아진다(Baucom & Epstein, 1990). 이러한 부정적인 행동, 인지, 정서 패턴은 불화를 겪는 부부에게 자기 지속적인 갈등 과정을 초래할 수 있다.

발전된 CBCT에서는 부부 간의 상호작용 과정과 부부갈등의 주제 모두가 관계의 질에 영향을 미친다는 것을 인정한다. 부부불화의 주제는 때로 배우자 각자의 개인적 욕구와 동기의 차이로 인한 것일 때도 있다. Epstein과 Baucom(2002)은 종종 부부불화의 원인이 되는 여러 욕구와 동기를 확인하였다. '집단 지향적', 또는 관계 중심적 욕구에는 활동을 공유하기 위한 동맹, 친밀감, 즉 타인과의 개인적 경험의 깊은 공유, 배우자와 타인에 대한 이타심, 양육, 즉 상대방에게 보살핌을 받고 싶음 등이 포함된다. '개인 지향적' 욕구에는 자율성, 즉 스스로 결정을 내리고 행동할 수 있는 자유, 자신의 삶과 환경에 대한 통제, 성취 등이 있다. 이러한 집단 지향적 및 개인 지향적인 욕구 모두가 개인적 만족의 근원이 될 수 있다. 정서적으로 건강한 부부조차도 배우자 간의 욕구 차이는 불화에 영향을 미친다(Epstein & Baucom, 2002).

예를 들어, 친밀감의 욕구 면에서 서로 다른 배우자는 서로에 대하여 부정적으로 귀인하거나(예, '그녀는 나를 사랑하지 않기 때문에 자신의 개인적인 감정을 털어놓지 않으려고 한다.'), 서로 부정적으로 대하여(남자가 여자에게 자기노출을 강요하고 그 결과 여자는 철수함) 감정적으로 혼란스러워진다. 발전된 CBCT 모델에서는 불화라는 것은 개인의 욕구가 충족되지 않았을 때 '일차적 고통'으로서 발생한다고 본다. 배우자가 자신의 욕구를 충족하지 못하게 됨으로써 부적응적인 방식으로 서로를 대하게 되면(예, 철수해 버리거나 서로에게 언어적으로 학대함), 이러한 부정적 상호작용 패턴은 '이차적 불화'를 야기하고 결국 치료적 개입이 필요할 정도의 관계 문제가 되어 버린다(Baucom et al., 2004; Epstein & Baucom, 2002).

둘 중 한 명이나 둘 모두의 정신병리 혹은 해결되지 않은 장기적인 개인적 문제 또한 욕구충족을 저해하여 부부관계에서 스트레스를 야기할 수 있다. 예를 들어, 한쪽 배우자의 주요우울장애는 부부가 서로 친밀해질 기회를 제한할 수 있다. 이와 유사하게, 부부 중 한쪽이 이전의 관계에서 버림을 받았을 경우, 그나 그녀는 양육욕구(needs for succorance)가 계속적으로 충족되지 않아 배우자에게 지속적인 관심과 확인을 요구하게 되고, 결국 관계에서 갈등과 이차적인 불화를 초래할 수 있다. 마지막으로 발전된 CBCT에서는 어떻게 주변 환경으로 인한 스트레스 요인이 증대되어 부부의 대처 능력을 압도하고 기능의 와해 및 심각한 고통 같은 관계 위기를 초래하는지를 평가한다(Schlesinger & Epstein, 2007).

성별과 문화적 요인이 부부관계 기능에 미치는 영향

배우자의 성별, 민족, 문화적 배경은 부부관계에 대한 개인 · 부부 · 환경적 요인의 효과에 영향을 미칠 수 있다. 예를 들어, 불화를 겪는 부부의 경우 대개 한쪽은 상호작용을 시도하려 하지만 다른 한쪽은 철수하는 패턴을 나타낸다(Christensen, 1988; Christensen & Heavey, 1990, 1993). 여성은 요구적인데 반해 남성은 철수하는 역할인 경우가 많은데, 이는 관계에서 흔히 남성에게 권력이 더 집중되어 있어 여성이 이러한 불균형을 해소하려 시도할 뿐만 아니라, 남성보다 여성이 상호 간의 자기노출을 통하여 친밀감을 형성하려는 경향이 더 높기 때문이라고 볼 수 있다(Prager & Buhrmester, 1998). 또한 관계에 대한 정보를 처리하는 방식에서도 남녀 사이에는 차이가 존재한다. 여성은 남성에 비해 부부 상호작용 패턴에 두 배우자가 서로 미친 영향을 고려하는 데 반해서(관계 도식적 처리: relationship schematic processing), 남성은 각 배우자가 그 관계에 미치는 일방적 영향(개인 도식적 처리: individual schematic processing)에 더 초점을 맞춘다(Baucom, 1999; Rankin, Baucom, Clayton, & Daiuto, 1995; Sullivan & Baucom, 2005).

CBCT에서 점차 남녀 간의 차이를 다루고는 있지만, 민족, 인종, 문화 등이 관계 기능과 치료에 미치는 영향은 거의 주목받지 못하고 있다. 민족 간 이혼율의 차이는 경제적 불안정, 무직, 빈곤 및 폭력에의 노출, 인종차별 같은 소수 민족 부부에게 불공평하게 영향을 미치는 스트레스 요인 때문인 것으로 간주되어 왔다(LaTaillade, 2006). 부부가 이러한 스트레스 요인에 노출되는 것은 불화 및 결혼생활의 질의 장기적 하락과 상관을 나타내는 경향이 있다(Bradbury & Karney, 2004). 예를 들어, 소수 민족의 부부는 인종차별과 다른 사회적 스트레스로 인한 좌절감을 서로에게 돌려 관계 문제를 상대방의 탓으로 비난하고, 변화에 대하여 무력함을 느낀다. 발전된 CBCT의 맥락적 초점은 '가치와 문화를 무시한' 평가 및 치료 접근법을 지양하고, 그 대신 다양한 민족의 부부관계에서 발생하는 갈등에서 특징적으로 드러나는 주제(예, 권력과 존경 사이의 균형 조절)을 확인하여 부부가 그들의 강점과 자원을 적절히 사용할 수 있게 한다(Kelly, 2006; Kelly & Iwamasa, 2005; LaTaillade, 2006).

부부치료의 실제

치료과정의 구조

CBCT는 지속적으로 발전해 왔으며 다양한 치료자가 각자 다른 방식으로 사용해 왔다. 앞서 최근의 개선점을 강조하였던 우리의 접근방식에 기초하여 CBCT의 시행 방법에 대한 내용을 다음에서 다루고자 한다. 배우자의 적응적인 상호작용 행동, 인지, 정서 표현 기술의 유지를 돕기 위하여 치료자가 '추후' 회기를 계획하기도 하지만, CBCT는 몇 주부터 최대 20주 정도의 단기 치료 접근으로 시행되는 경향이 있다. 치료 기간은 개인(예, 성격장애나 중도의 정신병리)이나 부부(예, 외도)의 기능 문제의 심각도에 따라 다양하다(Epstein & Baucom, 2002; Snyder, Baucom, & Gordon, 2007). 치료자와 부부는 '미시적'(예, 매 주마다 저녁에 데이트해 보기), '거시적'(예, 부부의 전반적인 친밀도 수준 향상시키기) 수준의 목표 모두를 설정한다. 또한 이들은 회기 동안 반복적인 연습을 통하여 뿌리 깊은 역기능적 상호작용 행동을 건설적인 상호작용 행동으로 대체할 수 있는 과제를 함께 계획해 본다. 치료자는 배우자가 과제에 대하여 가질 수 있는 생각을 탐색해 보면서(예, 과제를 하는 데 너무 많은 시간이 든다거나 하기 싫어진다는 등) 부부의 불순응을 감소시키고자 한다.

부부와의 만남과 치료동맹 수립

부부 두 구성원 모두를 동시에 보는 치료자는 개인치료 때와는 다른 몇 가지 난제에 직면하게 될 수 있다(Epstein & Baucom, 2002, 2003). 첫째, 각자 부부 문제가 발생한 것이 상대방 때문이라고 치료자를 설득할 수도 있다. 이러한 경우, 치료자는 어느 한쪽의 편을 들지 않고 각자의 관점을 진지하게 수용하고 있음을 보여 주는 것이 중요하다. 둘째, 한쪽 혹은 둘 모두 회기 도중이나 이후에 상대방이 자신을 언어적으로나 신체적으로 공격할 것이라고 생각하여 회기에 함께 참여하는 것을 꺼릴 수 있다.

치료자는 부부에게 진행 중이거나 잠재적인 신체적 폭력이 존재하는지를 확인하고, 그러한 위험이 명백하다면 둘 모두를 참여시키는 치료를 실시하지 않아야 한다. 또한 치료자는 회기 동안 부부에게 건설적인 상호작용에 대한 행동적 가이드라인을 제시하고, 혐오적 행동에 대해서는 재빠르게 저지할 수 있도록 개입해야 한다(Epstein & Baucom, 2002, 2003). 셋째, 부부는 치료로 인해 기존에 익숙했던 관계 패턴이 바뀌어 버리지 않을까 걱정할지도 모른다. 예를 들어, 만일 부부가 평등주의적 문제 해결방식으로 나아가게 된다면 그들 중 하나는 현재의 관계에서 자신의 힘이 줄어들지 모른다고 염려할 수 있다. 치료자는 그러한 염려를 다루고, 부부에게 치료적 변화가 이루어질 경우에 사라져 버릴 수 있는 기존의 보상을 대체할 새로운 보상을 부부 스스로 고안할 수 있도록 도와야 한다(Epstein & Baucom, 2002, 2003 참조).

개인 회기와 부부 회기

평가과정에서는 부부의 기능에 중점을 둔 부부 면담과 각각에 대한 면담 모두가 이루어진다. 개인 평가에서는 가족력, 다른 주요한 관계 경험, 교육 및 직업 배경, 개인의 강점 분야, 신체 및 정신건강의 내력에 초점을 맞춘다(Epstein & Baucom, 2002). 치료자는 현재 관계에 영향을 주었을지도 모를 상대방의 과거를 서로 공유하기를 격려할 수 있지만, 자신에게 제공한 정보는 상대방에게 절대적으로 비밀로 해 둘 것이라고 언급해 준다. 만일 한쪽에서 현재 배우자에게 신체적 폭행을 당했다고 말하는 경우, 치료자는 대개 추가적인 폭행으로부터 그 말을 한 사람을 보호하기 위해 사실을 상대방에게 알리지 않는다. 하지만 치료자가 부부 치료를 실시하는 것이 위험하다고 판단할 경우 부부 각자에게 그들이 함께 참여하는 치료는 아직 시기상조인 것 같으니 일단 갈등 해결에 초점을 맞추는 개인 회기를 각자 받아 보는 것이 더 좋을 것 같고, 그다음에 모두 참여하는 회기를 다시 논의해 보자고 이야기해 준다. 최적의 개입 방식의 선택에서 가장 먼저 고려해야 할 사항은 부부 각자의 신체 및 심리적 안녕이 보장되는지의 여부다(Epstein & Baucom, 2002; Holtzworth-Munroe, Marshall, Meehan, & Rehman, 2002). 신체적 폭행에 대한 보고는 상대방에게 비밀로 하는 것과 달리 치료자는 부부에게 현재 진행 중인 외도는 그렇게 할 수 없음을 공지해야 하는데, 이는 그러한 행위가 치료자가 외도하는 쪽과 몰래 결탁하는 결과를 초래할 수 있기 때문이다.

CBCT에서는 부부에게 발생하는 패턴을 직접 관찰하고 수정하는 것에 초점을 맞추므로, 초기 평가 이후의 대부분의 CBCT 회기는 부부가 함께 참여하게 된다. 분노 조절 전략훈련 도중 배우자를 마주하는 상황에서 자신의 정서적 반응을 잘 조절하지 못하는 경우와 같이 부부 개입에 방해가 되는 문제를 해결하기 위해 개별적으로 한 번이나 그 이상의 회기를 실시할 수 있다. 한쪽 배우자에게만 '문제'가 있는 것으로 치료자가 생각한다는 오해가 있다면 이를 해결해 주는 것이 필요하다. 따라서 배우자 한쪽에게만 개별 회기를 진행하였다면 동시에 상대 배우자에게도 개별 회기를 시행하거나 그들의 관계를 서로 개선시킬 수 있도록 이끌어 주는 것이 좋다.

치료자의 역할

평가 및 치료 초기에 치료자는 치료 목표를 설정하는 데 있어 부부를 이끌고 함께 협력하며, 그러한 목표를 달성하기 위해 인지행동적 전략을 사용하여 교육자의 역할을 한다(Epstein & Baucom, 2002). 치료자는 개입과 숙제의 이론적 근거를 제시하고 적응적 사회기술의 모델이 되어 주고 각 배우자가 이러한 기술을 회기와 실생활 모두에서 실행할 수 있도록 가르친다. 또한 치료자는 부부와 함께 각 회기마다 다룰 주제에 대하여 논의하고 이러한 주제를 효과적으로 다루기 위해 필요한 시간을 설정한다. 치료자는 부적절한 행동은 사전에 방지하는 등 지지적이지만 엄격하게 통제하는 회기를 진행하여 부부 각자의 어려움을 다룰 수 있는 안전하고 지지적인 환경을 조성할 수 있다(Epstein & Baucom, 2002). 부부가 치료에서 습득한 기술을 사용하고 스스로 과제를 고안해 내는 등 그들의 문제 해결에 좀 더 책임감을 가질 수 있도록 치료자는 회기 전반에 걸쳐 지시하는 것을 점차적으로 줄여 간다(Baucom, Epstein, & LaTaillade, 2002).

평가 및 치료계획

평가의 주요 목표는 ① 부부가 치료를 받고자 하는 문제를 확인하고, ② 이러한 문제에 기여하는 개인, 부부, 주변 환경의 특성을 명료화하며, ③ 이러한 문제를 해결하는 데 CBCT가 적절한지를 결정하는 것이다. 추가로 치료자는 관계를 지속하고자 하는 각자의 동기 수준이 어느 정도인지 파악한다. 부부가 현재 폭행이나 외도와 같은 심각한 위기 상황에 처해 있는 것이 아니라면, 초기 두세 번의 회기에서는 평가를 실시한다(Epstein & Baucom, 2002; LaTaillade & Jacobson, 1995). 치료자와 부부 모두가 부부 회기를 최선의 방법이 아니라고 판단하는 경우에는 부부 중 한쪽이나 각자가 개별적으로 치료를 받는 대안적 방식을 생각해 볼 수 있다. 해당 관계의 문제점뿐만 아니라, 강점에 대해 평가하는 것이 때로는 관계의 긍정적인 측면을 바라볼 수 있게 하여 현재의 문제를 극복할 수 있다는 희망을 불러일으킬 수 있다(Epstein & Baucom, 2002).

각 배우자 · 부부관계 · 환경에 대한 평가

치료자는 성격 유형, 정신병리, 준임상적 성격 특성, 집단 지향성 및 개인 지향성 욕구, 현재 관계에 영향을 준 과거의 주요한 관계 경험 등 부부 각 개인의 현재 문제에 영향을 미쳤을 수도 있는 개인의 특성을 평가한다. 부부 요인으로는 거시적 수준의 패턴(예, 일관된 요구-철수 패턴)뿐만 아니라 부부 각자의 성격 특성, 욕구, 가치 차이의 정도 등을 평가한다. 평가해야 할 대인관계 · 신체 · 환경적 요인에는 핵가족 및 전체 가족구성원으로부터의 요구, 업무 압박, 지역사회에서의 충돌로 인한 스트레스, 혹은 인종 · 성차별, 경제적 스트레스와 같은 더 방대한 사회적 요인이 있다.

평가 방법

CBCT의 초기 평가단계에서는 주로 개인 및 부부 모두를 임상적으로 면담하고 부부의 상호작용 패턴을 직접 관찰하며, 자기보고 질문지에 대한 반응을 살펴보게 된다. 부부 면담에서는 대인관계 과거력(예, 서로 어떻게 만나게 되었으며, 어떻게 깊은 관계로 발전하게 되었는지, 그들의 관계에 긍정적으로나 부정적으로 영향을 미쳤던 인생의 사건, 심리치료의 여부)을 조사하게 된다(Baucom & Epstein, 1990; Epstein & Baucom, 2002). 치료자는 인종, 민족, 종교, 그리고 문화에 따른 여러 측면의 영향(Hardy & Laszloffy, 2002; LaTaillade, 2006)뿐만 아니라 이민 때문에 경험하였을지도 모르는 누적된 스트레스에 대해서 탐색한다. 과거 요인의 탐색과 더불어 치료자는 현재 문제에 기여한 개인 · 부부 · 주변환경적 요인 등 각 배우자의 현재 관계 문제에 대해서도 조사한다. 치료자는 현재의 문제에 대한 각자의 생각, 문제 원인에 대한 귀인방식, 관계에 대한 개인적 정의, 문제로 인한 행동 및 정서적 반응에 대해서도 조사한다(Baucom et al.,

1995; Epstein & Baucom, 2002). 흔히 두세 번의 회기를 필요로 하는 부부 면담에서도 관계의 강점과 문제를 함께 해결하였던 과거력에 대해서 초점을 맞춘다. 치료자는 평가 회기 동안 각자 염려하는 점을 표현할 수 있는 기회를 제공하며, 필요에 따라서는 파괴적 상호작용을 통제하기 위해 위기 개입을 실시한다.

부부 각각을 대상으로 한 개별 면담은 앞서 설명한 비밀엄수의 지침에 의거하여 실시한다. 이러한 면담에서는 개인력(예, 원가족과의 경험, 이전의 부부관계, 교육 및 직업, 신체적 건강, 정신병리, 이전의 치료 경험)과 현재의 기능 수준 모두를 다룬다. 개인적 강점과 성공 경험 또한 함께 다룬다.

부부 면담을 진행하는 동안 치료자는 부부가 구조화된 토론을 하고 있는 모습을 관찰하여 각자의 의사소통 기술을 파악한다. 치료자는 부부에게 그들의 관계에서 나타나는 문제를 논의하거나 그들이 어떠한 의사소통 방식을 사용하는지를 살펴보도록 제안할 수 있다. 그들 자신이나 관계에 대한 생각과 느낌을 공유하고 서로의 표현기술과 경청기술을 평가하며 서로에게 도구적 및 표현적 지지를 보이도록 요청할 수 있다(Epstein & Baucom, 2002).

질문지는 개인, 부부, 주변 환경의 다양한 특성을 효율적으로 조사하고 치료자가 이후에 면담과정에서 탐색할 주제를 파악하여 면담을 보완할 수 있다. 치료자는 여러 척도를 사용하여 다음을 평가할 수 있다. 즉, ① 각 부부관계 간의 만족도 영역, ② 각 부부의 성격 특성과 욕구, ③ 부부와 배우자 각각이 겪은 주변 환경적 요구의 유형, ④ 관계에 대한 배우자의 인지, ⑤ 부부의 의사소통 패턴, ⑥ 정신병리의 증상, ⑦ 신체 및 심리적 학대, ⑧ 상호 간의 사회적 지지와 같은 부부의 강점(Epstein & Baucom, 2002; 〈표 13-1〉 참조)이다.

연구에서는 종종 자기보고 척도를 사용하지만, 임상 실제에서는 주로 면담과 행동관찰을 통하여 개인 및 관계의 기능을 평가한다. 임상가는 철저하게 평가하고 임상적 면담의 주제를 파악하기 위하여 척도를 신중하게 사용할 수 있다(Epstein & Baucom, 2002). 척도를 사용하려면 치료자가 검사 결과를 살펴보고 좀 더 자세한 탐색을 할 수 있도록 최초 면담 이전에 개별적으로 부부 각자에게 질문지를 완성하도록 요청하는 것이 유용하다. 우리는 부부에게 몇 가지 예외 상황(예, 학대에 대한 보고)을 제외하고, 질문지에 보고한 반응을 비밀로 하지 않을 것이며, 응답 내용을 합동 면담에서 다룰 수도 있음을 알린다.

표 13-1 평가 영역과 가능한 측정도구

평가 영역	측정도구
관계 만족	부부 적응 척도(Dyadic Adjustment Scale: DAS)(Spanier, 1976) 결혼 만족도 검사(Marital Satisfaction Inventory: MSI)(Snyder, 1979; Snyder & Costin, 1994)
원하는 변화 방향 및 정도	변화의 영역 검사(Areas of Change Questionnaire: A-C)(Weiss et al., 1973)
개인 지향 욕구와 집단 지향 욕구	욕구 만족 검사(Need Fulfillment Inventory)(Prager & Buhrmester, 1998)
규범적 사건과 비규범적 사건	생활 사건과 변화의 가족검사(Family Inventory of Life Events and Changes: FILE)(McCubbin & Patterson, 1987)
배우자가 나타내는 신체적 · 심리적 학대 행동의 유형	갈등대처유형척도* 개정판(Revised Conflict Tactics Scale: CTS 2)(Straus, Hamby, Boney-McCoy, & Sugarman, 1996)
심리적 학대 행동	다차원 정서 학대 검사(Multidimensional Measure of Emotional Abuse: MMEA)(Murphy & Hoover, 2001)
정신병리	간이 증상 검사(Brief Symptom Inventory: BSI)(Derogatis & Spencer, 1982)
부부관계에 대한 배우자의 가정과 기준	관계 신념 검사(Eidelson & Epstein, 1982) 특정 관계 기준 검사(Baucom, Epstein, Daiuto, & Carels, 1996; Baucom, Epstein, Rankin et al., 1996)
부부의 의사소통 패턴	의사소통 패턴 질문지(Communication Patterns Questionnaire: CPQ)(Christensen, 1987, 1988)

목표 설정 및 피드백

초기 평가에 기초하여 치료자는 관계에 영향을 미친 개인, 부부, 주변 환경적 요인에 대해 이해한 것을 알리고, 이러한 개념화와 문제에 대한 그들의 견해가 일치하는지를 확인하여 문제가 그들의 관계에서 긍정적인 변화를 위한 목표가 될 수 있도록

* 역주) 갈등대처유형척도(CTS2)의 한국 부부에 대한 타당성 연구(손정영, 1997) 참조

함께 작업한다(Epstein & Baucom, 2002). CBCT 치료자는 관계에서 부부 각자가 자신의 행동에 스스로 책임을 져야 할 필요가 있음을 강조한다. 이러한 작업을 해야 하는 이유를 이해하도록 돕는 것이 과제를 완수할 가능성을 증가시킬 수 있다. 만일 부부의 생각에 치료자가 그들과 관련한 문제를 다루어 주지 않는 것 같다고 느낀다면, 치료 동기는 점차 사라질 가능성이 높다(Epstein & Baucom, 2002). 마지막으로, 관계 외상이나 위기(예, 폭력)는 다른 치료목표보다 우선적으로 다루어져야 한다.

치료자가 치료목표로 나아가는 부부의 진행 과정을 관찰하고, 필요한 경우에 초기의 목표를 정교화하는 식의 평가는 CBCT의 전 과정에서 지속적으로 이루어진다(Baucom & Epstein, 1990). 치료가 진행될수록 치료목표는 더 발전되며, 치료자는 부부가 따라갈 수 있는 추가적인 목표를 인식할 수 있도록 돕는다.

공통적 개입과 치료과정

부부를 돕기 위해 여러 가지 다양한 인지행동적 개입이 개발되었다. 이러한 개입 간에 차이가 있긴 하지만, 행동, 인지, 정서가 필수적으로 서로 연결되어 있어 한 영역의 변화가 다른 영역의 변화를 야기한다는 점을 이해하는 것은 중요하다. 따라서 부인이 남편에 대하여 생각하는 방식을 달리하고 그의 행동을 덜 부정적인 것으로 해석하게 되면, 그에 대해 긍정적인 정서적 반응과 행동을 할 가능성이 높아지게 된다. 이에 더해 개인의 주관적인 경험은 대개 명확히 구분될 수 없는 인지와 정서의 혼합물이다. 그러므로 우리가 행동, 인지, 정서적 개입에 대하여 이야기하고 있지만, 이는 단순히 발견적 목적(heuristic purposes)을 위해 부분적으로 구분해 놓은 것일 뿐, 대부분의 개입이 이러한 관계 기능의 영역 모두에 영향을 미치고 있다고 보면 된다. 흔히 특정 개입은 한 영역에서의 변화가 동시에 다른 측면에서의 변화를 가져올 것이라고 생각하고 이러한 영역 중 하나에 초점을 맞춘다.

행동 수정을 위한 개입

초기 CBCT에서는 인지와 정서보다는 배우자의 행동에 초점을 맞추었다. 이러한 접근법에서는 부부가 서로를 긍정적으로 대한다면 상대방에 대한 생각과 감정도 긍정적이게 될 것이라는 논리에 근거를 두고 있었다. 물론 우리 개념화에서도 부부가 서로에게 좀 더 건설적인 방식으로 행동하는 것을 강조하고 있다. 실제로 치료자가 부부에게 적용할 수 있는 수많은 구체적인 행동적 개입이 존재하며, 이는 안내된 행동변화(guided behavior change)와 기술 기반 개입이라는 두 가지 범주로 나누어진다(Epstein & Baucom, 2002).

안내된 행동변화

'안내된 행동변화(guided behavior change)'는 행동교환에 초점을 맞추는 개입을 포함하고 있으나, 외현적인 행동교환이 아니라 상대방의 행동에 관계없이 각 배우자 스스로가 건설적인 행동변화를 이룰 수 있도록 격려한다(Halford, Sanders, & Behrens, 1994). 따라서 우리는 초기 BCT에서 주로 사용했던 규칙 지배적 행동 교환을 강조하지 않는다(Jacobson & Margolin, 1979). 그 대신 우리는 부부가 관계에서 서로의 욕구를 충족시키면서 관계를 효과적으로 꾸려 나가고 주변에 맞추어 잘 살아갈 수 있게 하기 위해 어떠한 변화를 이루어야 할지에 대하여 서로 논의하고 합의할 수 있도록 돕는다.

안내된 행동변화는 두 가지 특정 수준에서 각기 다른 이유로 시행할 수 있다. 일반적으로 부부와 치료자는 그들이 부정적인 행동 및 상호작용의 전반적인 빈도 및 강도를 감소시키고 긍정적인 행동의 빈도 및 강도를 증가시켜 관계에 대한 전반적인 정서적 분위기를 변화시킬 필요성을 깨달을 수 있다. 전반적으로 부정적 행위의 비율은 낮추고, 긍정적 행위의 비율은 증가시키기 위해 치료자는 부부 각자에게 상대방을 더 기쁘게 만들도록 긍정적인 행동(예, 저녁 식사 후 설거지하기, 상대방의 어깨 주물러 주기)을 하는 '사랑의 날'이나 '배려의 날'을 정하게 할 수 있다. 본질적으로, 이런 보편적인 수준의 개입은 부부가 서로의 관계에서 존중, 보살핌, 배려를 받고 있음을 깨닫게 하는 데 도움이 되도록 고안된 것이다. 또한 부부의 관계 갈등과 관련되어 있는 문제와 핵심 주제를 파악하여 행동변화를 시도하려는 상황에서도 좀 더 구체적인 수준의 안내된 행동변화를 사용할 수 있다. 예를 들어, 어떤 부부가 서로에게 단절감을 느낀다고 호소하는 경우, 치료자는 이들이 서로 떨어져 있는 근무 날에는 좀 더 가까운 느낌이 들도록 배우자에게 전화를 해 보거나 이메일을 보내도록 지시할 수도 있다. 따라서 안내된 행동변화 중심적 개입에서는 긍정적 행동과 부정적 행동 간의 비율 조절보다는 서로의 안녕에 중요하게 인식되어 온 주요 욕구에 조금 더 초점을 맞출 수 있다.

기술 기반 개입

전형적으로 기술 기반 개입에서는 교훈적 목적의 논의, 혹은 독서나 비디오 시청 등의 매체를 통해 특정 행동 기술을 사용할 수 있도록 교육한다. 교육 이후에 부부는 그러한 행동을 실제로 연습해 본다. 기술 기반 개입이라는 명칭의 의미는 늘 그런 것은 아니라 하더라도 문제가 있는 부부가 서로를 건설적이고 효과적으로 대하기 위한 지식이나 기술에서 결핍되었다는 것을 시사하는 것일 수 있다. 예를 들어, 어떤 부부는 스트레스가 증가하는 동안에만 의사소통 문제를 경험할 수 있다(Boden- mann, 2005). 이러한 문제가 기술이나 수행능력의 부족 때문에 발생하였는지와 관계없이, 건설적인 의사소통을 안내하는 것은 부부가 긍정적인 방식으로 상호작용하는 데 도움을 줄 수 있다.

표 13-2 부부 대화를 위한 지침

생각과 감정을 공유하는 기술

1. 절대적 진실이 아닌 자신의 느낌과 생각으로서 당신의 견해를 주관적으로 전달한다. 또한 배우자가 생각하고 느끼는 것이 아니라 자신이 생각하고 느끼는 것을 이야기한다.
2. 단순히 자신의 견해가 아닌 감정과 느낌을 표현한다.
3. 배우자에 대한 이야기를 할 때는 단지 사건이나 상황에 대한 것이 아닌 배우자에 대한 자신의 느낌을 이야기한다.
4. 배우자나 어떠한 상황에 대한 부정적인 감정이나 염려를 표현하는 경우에는 그에 대한 긍정적인 느낌도 함께 표현한다.
5. 감정을 표현하거나 생각을 이야기할 경우에는 가능한 한 분명하고 정확하게 표현한다.
6. '문단'으로 이야기한다. 즉, 중심 개념을 이야기할 때는 세부적인 내용도 함께 묘사한다. 그러고 나서 배우자에게 대답할 시간을 준다. 쉼 없이 오랫동안 이야기를 하면 당신의 배우자가 경청하기 어려워질 수 있다.
7. 배우자가 방어적인 태도를 취하지 않으며 이야기를 잘 들을 수 있도록 요령껏 시기적절하게 자신의 느낌과 생각을 표현한다.

배우자의 말을 경청하는 기술

배우자가 이야기하는 동안 반응하는 법

1. 배우자의 이야기를 이해하고 있으며 그러한 생각과 느낌을 가질 수 있다는 것을 받아들이고 있음을 표현한다. 이러한 수용은 목소리, 얼굴 표정, 자세를 통해 보여 준다.

2. 그 문제에 대하여 배우자가 어떠한 느낌과 생각이 드는지를 파악하기 위해 그 사람의 관점에서 문제를 바라보고, 그 사람의 입장이 되어 보려고 노력한다.

배우자가 이야기를 끝마친 뒤 반응하는 법

1. 배우자가 이야기를 끝마치고 나면 내용을 요약해 주고, 그 사람의 가장 중요한 느낌과 바람, 갈등, 생각을 다시 이야기해 준다. 이러한 기술을 '반영'이라고 부른다.
2. 경청하는 동안 다음의 것은 하지 않는다.
   - 이해를 명확히 하려는 목적을 제외하고, 중간에 질문하는 것
   - 당신의 개인적 견해나 의견을 표현하는 것
   - 배우자의 이야기를 해석하거나 의미를 바꾸어 버리는 것
   - 배우자가 이야기를 끝내고 난 뒤 해결책을 제시하거나 문제를 해결하려는 것
   - 배우자가 했던 이야기에 대하여 판단하거나 평가하는 것

표 13-3 의사결정을 위한 대화의 지침

1. 문제에 대하여 정확하고 분명하게 이야기한다.
   - 현재 발생하였거나 하지 않은 행동, 혹은 결정해야 할 필요가 있는 것에 대하여 이야기한다.
   - 크고 복잡한 문제를 작은 여러 개의 문제로 나누고 한 번에 하나의 문제만을 처리한다.
   - 부부 모두 그 문제에 대하여 언급하는 것과 논의하는 것에 동의하고 있음을 분명히 한다.
2. 그 문제가 어떠한 이유로 중요하며, 자신의 욕구는 무엇인지에 대하여 명확히 한다.
   - 그 문제가 자신에게 어떠한 이유로 중요한지를 명확히 밝히고, 관련 문제에 대해 이해한 것을 전달한다.
   - 해결과정에서 고려했으면 하는 자신의 욕구를 설명한다. 이 시점에서는 특정한 해결책을 제시하지 않는다.
3. 가능한 해결책을 논의한다.
   - 두 사람 모두의 욕구와 성향을 고려한 구체적이고 분명한 해결책을 제시한다. 자신의 개인적 욕구만을 충족시키는 해결책에 집중하지 않는다.
   - 현재와 미래를 위한 해결책에 초점을 둔다. 과거에 대하여 지나치게 생각하거나 과거에 일어났던 문제에 대하여 비난하지 않는다.
   - 한 가지 혹은 제한된 수의 대안에만 초점을 맞추고 있다면 브레인스토밍(창의적인 방식으로 여러 가지 가능한 해결책을 만들어 보는 것)을 고려해 본다.
4. 자신과 배우자 모두가 동의할 수 있으면서 실행 가능한 해결책을 선택한다.
   - 두 사람 모두를 만족시키는 해결책을 찾을 수 없다면 절충적인 해결책을 제안한다. 타협이 불가한 경우에는 한쪽이 선호하는 방향에 따를 것에 동의한다.
   - 자신의 해결책을 분명하고 명확한 행동적인 용어로 기술한다.
   - 해결책에 동의하고 나면 상대 배우자에게 그 해결책을 다시 이야기해 보게 한다.
   - 철저하게 이행할 자신이 없는 해결책에는 동의하지 않는다.
   - 자신을 화나게 하거나 억울하게 할 해결책에는 동의하지 않는다.
5. 문제가 한 번 이상 발생하는 경우라면 해결책을 실행할 연습기간을 정한다.
   - 새로운 해결책은 여러 번을 시도해야 할 수 있음을 참작한다.
   - 연습기간의 끝에 해결책의 효과에 대하여 검토해 본다.

- 현재까지 자신이 학습한 것을 고려하여 필요할 경우에는 해결책을 변경한다.

우리는 생각과 감정의 공유에 초점을 맞춘 부부 대화, 그리고 의사결정이나 문제해결에 초점을 맞춘 대화로 나뉘는 두 가지 주요 의사소통방식을 구분하고 있다(Baucom & Epstein, 1990; Epstein & Baucom, 2002). 이러한 두 가지 유형의 의사소통방식은 〈표 13-2〉와 〈표 13-3〉에 제시되어 있다. 이러한 지침은 권장사항으로 제시되었으며 부부의 특정 의사소통 패턴에 맞추어진 것으로, 대화의 내용이 아닌 의사소통 과정에 중점을 둔다. 부부의 문제 영역에 대한 주요 내용을 개념화하고 이들의 대화에 이를 고려할 필요가 있다. 예를 들어, 부부가 서로에게 약한 모습을 보이지 않는 것이 주요 문제라면 이들의 대화는 좀 더 개인적이거나 사적인 주제를 논의하여 서로를 개방하는 방법에 초점이 맞추어질 수 있다. 본질적으로 치료자는 의사소통의 과정과 부부가 그들의 관계에서 해결할 필요가 있는 주요 주제도 함께 다루어야 한다.

치료자는 부부가 의사소통 기술을 잘 사용할 수 있도록 교육적인 정보를 제공할 수 있다. 예를 들어, 직장에서의 스트레스 및 비현실적인 요구를 해결해야 하는 상황에서 부부가 서로를 어떻게 지지할 것인가에 대하여 논의하는 경우라면 치료자는 대개 그들에게 도움이 될 만한 다양한 유형의 사회적 지지에 대한 정보를 제공할 수도 있다. 그런 다음 부부는 이러한 정보를 그들의 관계에 어떻게 적용시킬 수 있는지에 대하여 논의할 수 있다. 이러한 개입은 부부 상호작용 과정과 부부 문제의 내용을 다루는 것 간의 균형을 제공하면서 인지행동적 접근에서의 중요한 변화를 보여 준다.

인지적 개입

친밀한 부부 간의 행동은 그들 부부에게 상당한 의미로 다가온다. 이러한 의미는 부부 각자에게 강한 긍정적 · 부정적 정서반응을 불러일으킬 수 있다. 예를 들어, 개인은 여러 영역에서 상대 배우자가 자신에게 보여 주어야 할 행동 방식에 관한 엄격한 기준을 가지고 있다. 이러한 기준이 충족되지 못하면 그 사람은 분노하여 상대방을 부정적으로 대할 가능성이 높아지게 된다. 이와 유사하게 자신에게 한 행동을 어떻게 귀인하느냐가 상대방에 대한 만족 수준에 영향을 줄 수 있다. 따라서 아내가 돌아오기 전에 남편이 집안을 청소하더라도 이를 긍정적 행동으로 볼지 부정적 행동으로 볼지는 그녀의 귀인양식이나 그의 행동에 대한 해석에 따라 결정될 가능성이 크다. 남편이 사려 깊게 행동했고 사랑스럽다고 판단한다면 그녀는 그의 노력을 긍정적인 것으로 경험할 수 있다. 하지만 남편이 새 컴퓨터를 사고 싶어서 자신에게 잘 보이려고 집을 청소했다고 생각한다면 그녀는 조종당했다는 느낌을 받을 것이고, 남편의 똑같은 행동을 부정적인 것으로 경험할 수 있다. 근본적으로 친밀한 관계에서 배우자의 행동은 상당한 의미를 전달하며, 그렇기에 이러한 인지적 요인을 고려하지 않는 것은 치료 효과를 제한할 수 있다. 우리는 부부관계의 이해에 중요한 다양한 인지적 변인(Baucom & Epstein, 1990; Epstein & Baucom, 2002)에는 다음과 같은 것이 포함된다.

- 선택적 주의 – 배우자와의 관계에 관해 각자가 주목하고 있는 어떤 것
- 귀인양식 – 결혼생활에서 발생하는 사건에 대한 원인과 책임 해석
- 기대 – 미래의 관계에서 일어날 수 있는 것들에 대한 예측
- 기준 – 사람과의 관계는 어떠하여야 한다고 믿는 각자의 방식

서로가 관계를 경험하는 방식에 이러한 인지가 영향을 미친다. 하지만 단지 인지가 부정적이라는 이유만으로 인지재구성을 무작정 시도하지는 않는다. 그 대신 한쪽 혹은 둘 모두가 상당히 왜곡된 방식으로 정보를 처리하는 것처럼 보이는 경우에는 인지적 개입을 고려한다. 예를 들어, 어떤 사람은 상대방이 다른 일을 잘할 때는 신경도 쓰지 않으면서 집안일을 잊어버리고 하지 않았을 경우에만 선택적으로 주의를 기울일 수 있다. 이러한 맥락에서 그 사람은 상대방이 그렇게 한 것은 자신에 대한 관심이나 사랑이 부족하기 때문이라고 귀인할 수 있다. 대개 이런 인지는 원망이나 분노 등과 같은 부정적인 감정을 일으켜 보복이나 상호적인 부정적 행동을 야기할 수도 있다. 그러므로 어떠한 경우에는 서로가 각자의 행동을 좀 더 합리적이고 객관적으로 볼 수 있게 행동의 변화보다는 행동에 대한 그들의 인지를 재평가하도록 도울 수 있다. 다음과 같은 다양한 인지적 개입 전략을 사용할 수 있다(Epstein & Baucom, 2002 참조).

- 해당 인지를 지지하는 경험과 논리를 평가한다.

- 해당 인지에 대한 장점과 단점을 파악한다.
- 여러 상황에서 발생할 수 있는 최악과 최상의 결과를 평가한다.
- 교육적 내용의 짧은 강의, 책, 테이프 등을 제공한다.
- '하향식 화살' 기법을 사용한다.
- 교차-상황적 반응으로부터 발생하는 거시적 수준의 패턴을 확인한다.
- 과거 관계에서의 거시적 수준의 패턴을 확인한다.
- 부부 상호작용에서 반복되는 패턴을 지적해 주어 관계 도식적 사고를 향상시킨다.

소크라테스 식 질문

개인 인지치료에서는 흔히 내담자가 자신의 사고에 대한 논리를 재평가하고 외현적으로는 잘 드러나지 않는 기저의 문제와 관심 주제를 이해할 수 있도록 도움을 주는 여러 질문이 포함되어 있는 '소크라테스 식 질문'을 강조해 온 바 있다. 소크라테스 식 질문은 부부에게도 적용될 수는 있으나, 개인치료의 맥락이 부부치료의 맥락과는 다르기 때문에 반드시 신중하게 사용되어야 한다. 개인치료에서 내담자는 보살펴 주고 걱정해 주는 치료자를 단독으로 만나게 되며, 이를 통해 인지를 재평가하는 상황에서 스스로를 개방하고 솔직해질 수 있다. 하지만 부부치료에서는 배우자도 함께 회기에 참여하게 된다. 흔히 회기에 참석한 배우자는 내담자의 사고가 왜곡되었다고 말하면서 그들의 관계 문제를 내담자의 탓으로 돌려 버리는 경우가 발생하기도 한다. 그러므로 내담자의 배우자와 함께 회기를 진행하는 상황에서 치료자가 내담자의 사고에 대하여 질문하게 되면 이러한 시도가 성공적이지 못하거나 배우자의 비판적 사고를 지지하는 것처럼 보여서 오히려 부정적인 결과를 초래할 수 있다. 배우자와 함께하는 경우, 내담자는 방어적인 태도를 취할지도 모르며, 자신의 사고가 왜곡되었고 배우자에 대해 불공평하게 편파적이라는 것을 인정하지 않으려 할 수 있다. 한편 내담자가 자신의 사고가 극단적이거나 왜곡되었다는 것을 인정하는 경우에는 배우자가 이후에 이러한 내용을 내담자에 대항하는 자료로 사용할 수도 있다. 그러므로 비판적이거나 적대적인 상대방과 함께 회기를 진행하는 경우 소크라테스 식 질문이 오히려 내담자의 방어적 태도를 조장할 수도 있다. 이러한 개입법은 서로에게 비교적 덜 적대적이고, 상처를 덜 주는 부부에게 좀 더 효과적일 수 있다.

안내된 발견

'안내된 발견(guided discovery)'에는 한쪽이나 서로가 스스로의 생각에 대해 질문을 하면서 서로에 대한, 혹은 관계에 대한 다른 관점을 발전시킬 수 있게 하는 다양한 치료적 전략이 존재한다. 예를 들어, 한 여성이 남편의 철수적 행동을 지각하고 그가 자신에게 신경 써 주지 않는다고 해석하는 경우, 치료자는 이러한 귀인방식을 다양한 방법으로 다룰 수 있다. 첫째, 치료자는 소크라테스 식 질문을 사용하여 그녀에게 배우자의 행동을 다양하게 해석해 보도록 유도할 수 있다. 그다음 치료자는 그녀에게 그러한 해석을 지지하거나 반박하는 증거를 찾아보라고 요청할 수 있을 것이다. 그렇지 않으면 치료자는 그녀가 자신의 귀인방식을 수정할 수 있는 추가적인 정보를 얻을 수 있도록 상호작용을 구성할 수 있다. 예를 들어, 치료자는 대화를 통해 철수하던 당시의 생각과 느낌을 남편이 아내와 공유하도록 요청할 수 있다. 이러한 대화를 통해 그녀는 남편이 자신에게 관심을 가지지 않았던 것이 아니라 마음에 상처를 입었기 때문에 물러났던 것임을 알게 될 수도 있다. 치료자가 직접적으로 그녀의 생각을 묻지 않고서도 이러한 새로운 깨달음이 그녀의 관점을 변화시킬 수 있다. 이와 비슷하게 어떤 남성은 다양한 문제에 대하여 상대방이 자신의 관점을 존중해 주지 않는다는 생각이 들 수 있다. 만일 상대방이 자신의 의견을 들어 주는 대화를 주마다 하기로 서로 동의하였다면 그의 생각은 변화할 수 있다.

주요 인지 도식은 친밀한 관계에서 상대방이 '반드시' 행해야 하는 것에 대한 각자의 기준이다. 이러한 기준이 논리에 근거한 것이 아니므로 이는 논리적 추론이라고 할 수 없다. 그보다 이러한 기준은 그것의 유용성을 강조하는 기술로서, 혹은 이 기준에 따라 살아가는 것의 장단점을 조명하는 기법을 통해 다루는 것이 최선이다. 그 기준은 서로에게 상호작용하는 방식이나 사회적 환경과 상호작용하는 방식으로서의 개인의 행동에 연관된다. 일반적으로 우리는 관계 기준을 다루기 위해 다음의 단계를 진행한다.

- 각자 기존의 기준을 명료화한다.
- 기존 기준의 장점과 단점에 대하여 논의한다.
- 기준의 변경이 필요하다면 수용 가능한 새로운 기준을 정의할 수 있도록 돕는다.
- 새로운 기준을 행동으로 어떻게 나타낼 것인지에 대한 문제를 해결한다.

- 상대방의 기준이 여전히 다르다면 그러한 차이를 수용하는 것에 대하여 논의한다.

우리는 때로 이러한 기준에 어떠한 긍정적 결과와 부정적 결과가 존재하는지를 논의한다. 첫째, 관계 영역(예, '함께 시간 보내기' 대 '개인 시간 보내기')에 대한 각자의 기준을 명료화하는 것이 중요하다. 이들이 함께 보내는 시간과 개별적으로 보내는 시간에 대한 기준을 명확히 할 수 있게 되고 나면 그러한 기준에 따를 경우 관계에서 얻을 수 있는 이점과 단점을 설명하도록 요청한다. 우리는 양극화를 방지하거나 최소화하기 위하여 각자의 기준에 대한 긍정적인 결과와 부정적인 결과 모두를 서로 공유하도록 격려한다. 관계에 대한 각자의 기준을 완전히 논의하고 나서는 서로의 관점을 반영하고 수용할 수 있는 적절한 기준을 만들어 내도록 요청한다. 전형적으로 사람이 자신의 기준과 가치를 고수한다는 점을 고려할 때 배우자 각각은 서로의 기준을 완전히 저버릴 수는 없다. 따라서 각자의 기준보다 덜 극단적이거나 좀 더 유사하게 약간 변형하여 새로운 기준을 만들어 내는 것이 최선의 방법이다. 각자 새로운 기준을 이행할 것에 동의한 후, 앞으로의 행동을 명확히 구체적으로 정하여 앞으로 그들의 관계에서 어떻게 이러한 기준을 규칙적으로 이행할 것인지에 대하여 논의하게 된다.

정서 중심 개입법

많은 행동적 개입과 인지적 개입이 부부 관계의 정서적 경험을 다루기는 하지만, 때로는 관계의 정서적 요인에 더욱 직접적인 주의를 기울일 필요가 있다. 이러한 주의의 초점은 치료자가 정서를 제한 또는 축소하거나 극단적인 정서적 반응을 보이는 부부의 한쪽 또는 양쪽 모두를 치료할 때 특히 중요하다. 이렇듯 각각의 다양한 영역에서 개인이 경험하는 구체적인 정서적 곤란이 있으며, 이에 각각에 대한 적합한 특정 개입이 이루어진다.

제한된 또는 축소된 정서

깊은 관계를 맺고 있는 많은 사람은 일반적인 또는 구체적인 정서를 불편하게 생각하는 것 같다. 예를 들어, 어떤 배우자는 일반적 정서나 구체적인 정서를 경험하는 데 어려움을 겪고, 다른 배우자는 긍정 정서와 부정 정서 모두를 경험하긴 하지만 그들이 경험하는 정서의 수준이 너무나 미약하여 그들 관계에서의 경험은 만족스럽지 못하다고 느낄 수 있다. 더욱이 어떤 배우자는 정서를 비교적 더 강하게 경험하지만 다른 정서와 구별하는 능력이 제한되어 있을 수 있다. 다른 배우자는 자신의 내적 경험과 외적 경험을 정서와 연결하는 데 어려움을 느낄 수 있다. 마지막으로 어떤 사람은 Greenberg와 Safran(1987)이 중요한 욕구나 동기에 연관된 '일차적 정서'라고 기술한 것을 회피하려 하는데, 이를 테면 배우자가 자신의 애착 욕구를 충족시켜 주지 못할 것이라는 염려와 연관된 불안 같은 것이다. 이러한 정서가 위험한 것처럼 보여서 이들을 경험하는 것이나 표현하는 것을 회피할 수도 있다. 이에 Greenberg는 사람이 좀 더 안전하거나 덜 취약한 것으로 보이는 '이차적 정서'를 가지고 '일차적 정서'를 다루려 한다고 주장한다. 그 결과, 두려움이나 불안을 느끼고 이를 비판적인 상대방에게 표현하는 대신에 덜 위협적이거나 덜 취약하다는 느낌이 들게 해 주는 분노와 같은 감정을 경험하게 될 수 있다.

정서 중심 부부치료로부터 차용한 몇 가지 전략은 개인이 정서적 경험에 접근하고 이 경험을 강화하는 데 도움을 주고 있다(Johnson & Greenberg, 1987). 여러 가지 원리가 이러한 치료 전략의 기본이 되고 있다. 첫째, 치료자는 긍정적 정서와 부정적 정서를 경험하고 표현하는 것을 정상화하여 안전한 분위기를 형성할 수 있도록 작업한다. 치료자는 또한 내담자가 이러한 정서를 표현할 때 배우자가 관심과 지지를 보낼 수 있도록 장려하여 이러한 안전한 분위기를 조성하게 된다. 그렇다 하더라도 회기에서 정서를 집중적으로 다루게 되는 상황에서 내담자는 정서를 마주치려 하지 않거나 도피할 수 있다. 이러한 상황에서 치료자는 내담자가 정서 경험을 표현할 수 있도록 다시 초점을 맞출 수 있다. 물론 이는 내담자를 압도하지 않도록 적절한 시기와 조절이 수반되어야 한다.

안전한 환경이 조성되고 나면 치료자는 정서 경험을 강화하기 위하여 다양한 치료 전략을 사용할 수 있다. 치료자는 정서를 유발시키기 위한 목적으로 내담자에게 특정 사건을 자세히 묘사하도록 요청할 수 있다. 정서에 대하여 직접적으로 논의하는 것이 곤란하거나 두려운 경우, 내담자에게 정서를 표현하기 위한 방법으로 은유법과 심상을 사용하도록 격려할 수 있다. 치료자는 또한 일차 정서를 이끌어 내기 위하여 질문, 반영, 해석을 실시할 수 있다. 치료자는 내담자의 스타일과 상대방의 욕구에 맞춘 개입법을 고안하여 그들에게 이로운 방법으로 정서를 좀 더 풍부하게 경험하고 표현할 수 있도록 돕는다. '건강한' 사람은 완전한 정서적 삶을 살 뿐만 아니라 다양한 정서적 표현을 할 줄 알아야만 한다는 치료자의 신념에 근거하여 이러한 개입법을 시행해서는 안 된다. 그 대신 이러한 전략은 제한된 정서 경험이나 표현이 사람의 안녕감을 저해한다는 개념화와 철저한 평가를 토대로 사용해야 한다.

정서적 경험 및 표현을 수용하기

정서의 경험과 표현에 어려움을 겪는 사람과는 반대로 정서의 경험과 표현을 조절하는 데 어려움을 겪는 경우도 있다. 흔히 이러한 패턴은 부부의 한쪽 또는 양쪽 모두가 지나치게 부정적 정서를 느끼고 표현하거나 혹은 부부에게 고통을 초래하는 방식으로 정서를 표현하는 경우에 문제가 된다. 이런 부부의 삶에 정서적 위기, 과도한 언쟁, 혹은 배우자 학대를 비롯한 극단적인 행동 등이 포함되어 있으며 이로 인해 결국 극심한 부정적 정서가 유발되고 있기 때문에 치료자에게 이러한 부부는 상당히 부담스러운 내담자일 수 있다.

이런 상황에 처한 부부를 위한 여러 가지 유용한 치료 개입법이 있다. 그중 한 가지 기법은 이러한 부부에게 한쪽 혹은 부부 모두에게 화를 야기할 수 있는 문제를 정해진 시간에 논의할 수 있게 하는 것이다. 이 개입법의 목표는 서로 지나치게 정서를 표현하는 상황이나 빈도를 제한하거나 막는 것이다. 이렇게 시간을 따로 설정하지 않는다면 강력한 감정이 올라오는 상황이 발생했을 경우에 정서 조절에 문제가 있는 쪽에서 그러한 감정을 표현할 가능성이 있다. 어떤 사람은 그들의 문제를 다룰 수 있는 별도의 시간이 있다는 것을 알게 되는 경우에 강한 부정적 감정을 표현하는 것을 참을 수 있음을 알게 된다. 이러한 개입법을 통하여 부부 생활의 다른 측면을 침해하지 않으면서 강력한 부정적 정서 표현에 제약을 가할 수 있다. 특히 그러한 논의를 위한 시간을 계획하는 것이 한쪽이나 서로에게 좌절을 주는 상황(예, 아침에 배우자의 출근 전 또는 손님의 방문 시)에는 강한 부정적 표현을 하지 않게 하는 데 도움이 될 수 있다.

정서 조절에 문제가 있는 사람들을 돕기 위해 Linehan(1993)은 인지행동치료와 수용 전략을 통합한 변증법적 행동치료(dialectical behavior therapy: DBT)라는 치료적 접근법을 개발하였다. 이 개입법이 대인관계 맥락에서의 강한 정서에 초점을 맞춘 것은 아니지만, 종종 적용 가능하다. 최근 Kirby와 Baucom(2007a, 2007b)은 만성적으로 정서조절의 문제를 겪고 있는 부부를 돕기 위하여 CBCT의 원리를 DBT의 기술과 결합하였다. 예를 들어, 그러한 개입법 중에는 부부에게 어떠한 정서가 느껴지며, 그 상황에서 서로의 반응에 어떻게 영향을 미치는지를 확인시키기 위하여 서로 대화하는 도중에 강한 정서를 경험하는 시기를 관찰하도록 가르치는 것이 포함된다. 상호작용하는 동안 서로의 감정을 좀 더 잘 알아차릴 수 있게 되면서 그들은 서로에게 좀 더 효과적으로 의사소통하는 법을 습득할 수 있다. 예를 들어, 어떤 부부가 현재의 감정은 불안이고, 대화를 피하고자 하는 충동이 올라오고 있음을 파악하게 되었을 경우 어렵고 난처하지만 중요한 대화를 계속 이어 나가는 방법을 알게 될 수도 있다. 대조적으로 분노감과 다투고 싶은 욕구를 잘 알아차린 부부에게는 과열된 논쟁으로부터 타임아웃을 시행하는 것이 상호 간의 결정을 좀 더 존중하는 데 도움이 될 수 있다.

부부에게 그들의 관계 밖에 있는 사람에게 그들의 감정을 표현하고 지지를 얻을 수 있는 대안적인 방법을 찾도록 돕는 등의 추가적인 전략도 가능하다. 예를 들어, 어떤 사람은 몇몇 문제를 친구에게 하소연하거나 감정을 표현하기 위해 일기를 쓰기 시작할 수 있다. 이러한 방식이 상대방과의 문제를 해결해 주는 대안책이 되어 주지는 않지만 정서 표현의 빈도와 강도를 조절해 주는 수단이 될 수 있다. 이러한 전략과 기술을 가르친다는 것은 부부관계의 맥락에서는 어렵거나 때론 타당하지 않을 수 있다. 흔히 정서 조절에 어려움을 겪는 사람에게는 다른 사람이 강한 부정적 자극이 되기도 하며, 혹은 부부관계에서의 다양한 문제에 더하여 정서 조절 문제까지 다루는 것에 시간이 충분치 못하기도 하다. 그러한 경우 정서 조절에 어려움을 겪는 사람을 위한 부부치료 이외에 부가적인 개인치료를 중요하게 고려해야 한다.

앞서 살펴본 바와 같이 관계로부터 발생하는 고통을 해결하기 위하여 CBCT에서 여러 가지 다양한 개입법을 사용할 수 있다. 이러한 개입법에서는 전형적으로 행동, 인지, 정서라는 세 가지 영역 중 하나에 초점을 맞추지만, 궁극적인 목표는 흔히 세 가지 영역 모두가 온전히 기능하는 것에 있다. 이러한 기법을 일률적으로 매뉴얼화하여 실시하기보다 부부의 특정 문제에 알맞은 세부적인 개념화와 치료계획을 세워 실시하는 것이 최적의 치료가 될 것이다.

경험적 지지와 치료적 적용 가능성

임상 실제에서 대부분의 인지적 개입법은 행동의 효과를 고려하듯이 행동적 개입법도 인지와 정서에 대한 개입에 관심을 갖는다. 몇몇 연구에서 엄격한 행동적 부부치료와 CBCT 간에 유의미한 차이가 없다고 밝혀진 바(Baucom & Lester, 1986; Baucom, Sayers, & Sher, 1990; Halford et al., 1993; Shadish & Baldwin, 2003), 우리는 두 개입법 모두를 경험적으로 입증된 CBCT로서 논의하고자 한다.

인지행동적 부부치료의 효능

가장 널리 연구된 부부치료인 CBCT는 대략 30여 개의 통제된 '치료 성과'의 중심이 되었다. CBCT는 특정 연구의 결과(예, Alexander, Holtzworth-Munroe, & Jameson, 1994; Baucom & Epstein, 1990; Baucom & Hoffman, 1986; Baucom et al., 1998; Bray & Jouriles, 1995; Christensen & Jacobson, 1994; Jacobson & Addis, 1993; Snyder, Castellani, & Whisman, 2006)와 메타분석(Baucom, Hahlweg, & Kuschel, 2003; Dunn & Schwebel, 1995; Hahlweg & Markman, 1988; Shadish & Baldwin, 2003, 2005) 등 수많은 문헌에서 세부적으로 다루어진 바 있다. 이러한 문헌 연구에서는 CBCT가 부부 불화에 효과적인 개입법이라는 동일한 결론에 이르렀다.

여러 연구에서 1/3에서 2/3 정도의 부부가 CBCT를 받고 난 후 부부 만족도가 더 이상 문제가 되지 않음이 나타났다. Shadish와 Baldwin(2005)은 불화를 겪는 부부를 대상으로 CBCT와 비처치 조건을 비교한 무선화된 '치료 성과' 30편에 대한 메타분석을 실시하였다. CBCT 대 비처치 연구 30편에서의 평균 효과 크기는 0.59였다(유의미하지 않은 결과가 나타난 비출판 연구까지 포함할 경우 0.50으로 낮아졌음). 이러한 평균 효과 크기는 기존의 CBCT 메타분석에서 나타난 것보다 다소 작은 수치다. 예를 들어, Shadish와 Baldwin(2003)은 이론적 접근법을 망라하여 도출한 부부치료의 평균 효과 크기를 0.84로 보고하였다(CBCT는 최소한 다른 접근만큼 효과적이었다). Shadish와 Baldwin(2005)은 2005년의 분석에서 이렇게 비교적 작은 효과 크기가 나타난 것은 이전의 연구에서는 포함시키지 않았던 더 작은 표본이나, 더 작고 부정적인 효과 크기를 나타낸 비출판 논문을 포함하였기 때문이라고 언급하였다.

CBCT를 받은 대부분의 부부 치료 효과는 6개월에서 12개월의 짧은 기간 동안 유지되었다. 하지만 장기적인 결과는 분명치 않다. 예를 들어, Jacobson, Schmaling과 Holtzworth-Munroe(1987)는 엄격한 BCT에서 관계가 호전되었던 약 30%의 부부가 2년의 추적 평가에서 관계가 다시 악화되었음을 발견하였다. 게다가 Snyder, Wills와 Grady-Fletcher(1991)는 BCT를 받았던 38%의 부부가 4년의 추후 평가 기간 동안 이혼하였음을 보고하였다. 하지만 최근의 연구결과는 좀 더 고무적이며, 시간에 따른 변화의 복잡성을 지적하고 있다. 2년간의 추적 기간 동안, BCT를 받았던 부부는 '하키스틱'형 변화 패턴을 나타냈다(Christensen, Atkins, Yi, Baucom, & George, 2006). 다시 말해, 이들은 치료가 끝나고 나서는 즉각적으로 관계가 악화되었으나, 그 다음 평가 기간 동안에는 계속적인 향상이 이루어지기 시작하였다. 치료 후 2년의 시점에서 BCT를 받았던 부부 중 60%가 치료 전보다 만족도 수준에서 유의미한 향상을 나타냈다.

효과적인 것만 구별해 보기: 특정 인지행동적 부부치료의 유용성과 변화의 기제

CBCT에는 관계 문제 해결을 위한 여러 접근법으로부터 나온 특별한 개입법이 상당수 존재한다. Shadish와 Baldwin(2005)은 CBCT의 특정 요소가 다른 요소보다 치료 성과와 좀 더 관계가 있는지를 평가해 보았다(예, 비처치와 CBCT를 비교하는 경우 특정 구성요소에 대한 효과 크기의 예측 여부). 이들이 조사한 구성요소는 ① 의사소통/문제 해결, ② 행동 계약, ③ 행동 교환, ④ 둔감화, ⑤ 정서 표현훈련, ⑥ 인지재구성, ⑦ 기타를 포함한다. 그 결과 의사소통 및 문제 해결은 큰 효과 크기를 나타냈고, 인지재구성은 조금 작은 효과 크기를 나타냈다. 하지만 Bonferroni 교정을 추가로 실시하자 이러한 차이는 유의미하지 않은 것으로 밝혀졌다. 따라서 CBCT에서 부부 문제를 감소시키는 데 특정 개입법이 다른 개입법에 비해 더 효과적이라는 강력한 증거는 어디에도 없다. 부부 문제를 위한 치료기법 간에 차이가 없는 것이 임상가가 아무 CBCT 개입법을 사용해도 된다는 의미가 아님을 분명히 해야 한다. Shadish와 Baldwin(2005)의 연구에서는 부부의 현재 호소 문제와 치료를 맞추지 않고 부부를 특정 개입에 연관된 치료 조건에 무작위로 할당하였다. 그러므로 이들의 연구결과는 부부 문제에 적합한 특정 개입법의 선택을 고려하지 않는 경우, 다양한 CBCT 개입법이 전반적으로 동일하게 효과가 있었다는 의미로 해석해야만 한다. 거의 대부분의 임상 장면에서 부부의 욕구에 따라 특정 CBCT 개입법이 선택되어 사용된다. 임상가는 해당 부부에 특정 개입법을 사용하는 것이 좀 더 나은 결과가 있을 것이라고 생각하겠지만, 어떠한 연구에서도 이를 확인한 바 없다.

특정 CBCT 개입법이 전반적으로 다른 개입법보다 효과적이라 할지라도, 부부에게 도움이 되었던 개입법이 단독으로 효과적임을 시사하는 것은 아니다. CBCT는 치료 효과에 행동과 인지의 변화 모두가 중요한 요소라는 개념을 근거로 하고 있다. CBCT가 전반적으로 효과적이지만, CBCT의 특정 변화 기제는 밝혀지지 않았다(Lebow, 2000; Snyder et al., 2006). 예를 들어, 비록 CBCT가 의사소통 기술과 관계 적응을 향상시키더라도, 의사소통 개선의 정도는 관계 적응의 개선 수준과 상관을 나타내지 않았다(Halford et al., 1993; Iverson & Baucom, 1990). 이와 유사하게 Baucom, Sayers와 Sher(1988)는 인지재구성이 불화를 겪고 있는 부부에게 실제로 인지적 변화를 일으키지만, 그러한 인지적 변화가 치료 종결 후의 관계 적응 향상을 설명해 주지 않음을 밝혔다. 부부 치료에서 근본적인 변화의 요소를 따로 분리하는 것이 어려운 것은 CBCT만의 일은 아니다. 현존하는 경험적으로 입증된 모든 부부 치료에서 특정한 변화 기제를 구분하는 것은 어렵다(Snyder et al., 2006).

다른 이론적 접근과 인지행동적 부부치료의 비교

앞서 지적하였듯이, CBCT의 절대적 효능은 이미 수많은 연구를 통하여 밝혀졌다. 정서 중심 부부치료(Johnson & Greenberg, 1987)나 통찰지향적 부부치료(Snyder & Wills, 1989)와 같은 경험적 효능이 입증된 다른 이론적 접근보다 CBCT가 더 효과적인지를 아는 것이 중요하다. Shadish와 Baldwin(2003)은 메타분석을 통해 이론적 접근법 간의 효능에는 전반적으로 차이가 거의 없거나 존재하지 않는다고 결론 내렸다. Christensen 등(2004)은 심각하고 만성적인 문제가 있는 134쌍의 부부를 대상으로 행동변화뿐만 아니라 수용이 주축이 되는 IBCT나 엄격한 BCT 중 하나에 무선할당하였다. 두 치료 모두 치료 기간 동안 변화 패턴이 달랐지만, 치료 종결 시점에서 비교적 유사하게 부부 문제에 도움이 되는 것으로 나타냈다. 이러한 전반적으로 동등한 효과는 2년 뒤에도 계속 유지되었다(Christensen et al., 2006). 전반적으로 현재까지 CBCT가 다른 부부 치료에 비해 더 효과적이라는 증거는 거의 존재하지 않고 있다.

공통 요인과 변화의 원리

부부치료에 대한 각각의 이론적 접근법의 효능이 유사하고, 그러한 접근법에서 특정 변화 기제를 분리하는 것이 어렵다는 사실은 모든 효과적인 개입법의 중요한 공통적 요소가 존재하고 있을 가능성을 시사한다(Baucom et al., 1998). Christensen(출판 예정)은 개별 정신병리에 대한 일반적인 치료 변화 원리와 관련된 Barlow와 동료들(Allen, McHugh, & Barlow, 2008; Barlow, Allen, & Choate, 2004)의 연구에 기초하여 경험적으로 지지된 모든 부부치료에는 다섯 가지 공통요소(① 불화에 기저하는 인지적 왜곡의 수정, ② 서로의 부정적이고 파괴적인 행동 감소, ③ 긍정적 행동의 증가 및 강점 강조, ④ 서로 회피했던 문제에 대한 해결을 격려, ⑤ 이러한 목표 달성에 도움이 되는 효과적인 의사소통의 교육)가 존재하고 있음을 제안하였다.

광범위한 원칙의 사용은 서로 다른 이론적 접근을 망라하는 전반적인 효과에 기여할 수 있다. 앞서 언급한 원리를 통하여 부부는 좀 더 조율된 관계를 맺고 서로를 인정해 줄 것이며, 관계를 개선시킬 수 있는 새로운 사고방식을 획득할 수도 있다. 앞서 언급한 것처럼, Sullivan과 Baucom(2004, 2005)은 관계적 처리과정의 맥락에서의 개인의 정보 처리의 정도를 뜻하는 '관계 도식 처리과정(Relationship Schematic Processing: RSP)'의 관점을 통하여 이러한 문제를 해결하였다. RSP 수준이 높은 사람은 다른 사람, 그리고 관계에서 자신의 행동과 그러한 행동이 미치는 영향에 대해 생각하면서 배우자의 욕구와 선호를 예상하여 자신의 욕구와 배우자의 욕구 사이의 균형을 유지하려 한다. Sullivan과 Baucom(2004, 2005)은 효과적인 부부치료는 부부에게 관계적 맥락에서 좀 더 알맞게 사고하라고 교육함으로써 RSP를 향상시키는 것이 이론적 접근법 사이의 공통적 변화 기제일 수 있음을 제안하였다. 이러한 개념과 일관되게, 이들은 ① CBCT는 남성의 RSP의 양과 질을 향상시키며, ② CBCT로 인한 여성의 부부만족도 증가는 남편의 RSP 증가 정도와 상관이 있음을 밝혀냈다. 달리 말하면, 남편이 관계적 맥락에서 보다 효율적으로 처리하는 방법을 배웠을 경우에 여성이 결혼을 좀 더 만족스러워한다는 것이다. 이와 유사하게 이들은 Snyder의 성과 연구(Sullivan, Baucom, & Snyder, 2002)에서 통찰지향적 부부치료를 받은 부부가 RSP도 증가되었음을 밝혀냈다. 부부에게 관계적 맥락에서 좀 더 효과적으로 사고하는 것을 교육시키는 것이나 Christensen(출판 예정)이 제안한 원리를 사용하는 것이 효능이 있는 모든 부부치료의 핵심인 공통 기제인가에 대해서는 현재 밝혀진 바가 없지만, 개입법의 종류가 중요한 변인인지, 혹은 치료적 변화가 다른 방식으로도 설명이 될 수 있는지를 지속적으로 탐색하는 것이 필요하다.

다양한 집단에 대한 인지행동적 부부치료의 적용 가능성

CBCT는 광범위한 특정 관계 문제에 적용될 수 있다. 특정한 관계 문제의 범주에는 외도(infidelity), 혹은 심리 및 신체적 학대 등의 관계 외상을 경험한 사람이 포함된다(Baucom, Gordon, Snyder, Atkins, & Christensen, 2006; LaTaillade, 2006). 부부 간의 외상 경험에 CBCT가 효과적이라고 밝혀진 바 있으나, Gordon, Baucom, Snyder와 Dixon(2008)이 기술한 바처럼 추가적으로 고려해야 할 사항도 있다. Markman, Renick, Floyd, Stanley와 Clements(1993)가 개발한 불화 방지 및 관계 교육 프로그램(Prevention and Relationship Education Program: PREP)에서 널리 사용되었던 것처럼 CBCT 원리는 불화 방지와 관계 기능의 향상에 적용되기도 했다.

인지 행동적 접근을 사용하는 부부 기반 개입법은 배우자가 정신병리나 건강문제를 가지고 있는 부부를 돕는 데도 효과적으로 사용되어 왔다. 이들 문제에 CBCT를 적용하는 것은 본 장의 범위를 넘어서는 것이지만, 이와 관련한 연구결과는 유망하다(Baucom et al., 1998; Hahlweg & Baucom, 2008; Schmaling & Sher, 2000; Snyder et al., 2006; Snyder & Whisman, 2002 참조).

결 론

앞서 살펴본 증거는 임상가의 경험을 반영한 것이다. 즉, 비록 부부불화가 해결하기 어려운 임상적인 현상이지만, 많은 부부를 도울 수 있는 효과적인 개입법이 있다.

기존 연구에서 관계 기능이 개인, 부부, 환경적 요인과 같은 다양한 요소의 영향을 받는 것으로 나타나고 있기 때문에 효과적인 부부치료를 알맞게 제공하는 것은 복잡한 일이다. 이러한 요소는 또한 역동적이며, 부부관계의 경과에 따라 변화한다. 임상적으로 정교하게 만들어진 개입법은 이러한 요인이 부부관계에서 배우자의 경험에 잠재적인 영향을 미칠 수 있음을 반드시 고려해야만 한다. 또한 임상가들은 불화를 완화시켜 주는 데 도움이 되는 요인이 최적의 관계 기능을 극대화하는 데 동일한 작용을 하지 않을 수도 있음을 반드시 인식하고 있어야 한다.

지난 수십 년간 CBCT 개입법은 경험적으로 입증된 이러한 요인을 특정 부부에게 알맞게 적용하려고 점점 더 다양하게 시도해 왔다. 좀 더 희망적인 것은 원래 '일반적인 부부 불화'의 치료를 위하여 개발된 개입법이 외도 등의 관계 위기로 인해 엄청난 충격을 받았거나 한쪽이나 둘 모두 심각한 정신병리를 겪었거나 다양한 건강 문제를 경험한 부부를 대상으로 적용될 수 있고, 교육, 예방, 증진 등을 포함한 다양한 맥락에서 성공적으로 사용되고 있다는 것이다. 기초 연구에 근거한 관계에 대한 인지행동적 개념화와 그 연구로부터 도출된 원리에서 나온 치료의 경험적 타당성을 고수하는 것이 고통을 최소화하면서 관계를 개선시키려 하는 부부에게 분명히 최대한의 도움을 줄 수 있다.

참고문헌

Alexander, J. F., Holtzwroth-Munroe, A., & Jameson, P. B. (1994). The process and outcome of marital and family therapy: Research review and evaluation. In A. E. Bergin & S. L. Garfield (Eds.), *Handbook of psychotherapy and behavior change* (4th ed., pp. 595-630). New York: Wiley.

Alle, L. B., McHugh, R. K., & Barlow, D. H. (2008). Emotional disorders: A unified protocol. In D. H. Barlow (Ed.), *Clinical handbook of psychological disorders* (4th ed.). New York: Guilford Press.

Baldwin, M. W. (2005). *Interpersonal cognition*. New York: Guilford Press.

Bandura, A., & Walters, P. (1963). *Social learning and personality development*. New York: Holt, Rinehart & Wilson.

Barlow, D. H., Allen, L. B., & Choate, M. L. (2004). Toward a unified treatment for emotional disorders. *Behavior Therapy, 35*, 205-230.

Baucom, D. H. (1999, November). *Therapeutic implications of gender differences in cognitive processing in marital relationships.* Paper presented at the 33rd annual meeting of the Association for the Advancement of Behavior Therapy, Toronto, Canada.

Baucom, D. H., & Epstein, N. (1990). *Cognitive-behavioral marital therapy.* New York: Brunner/Mazel.

Baucom, D. H., Epstein, N., Daiuto, A. D., & Carels, R. A. (1996). Cognitions in marriage: The relationship between standards and attributions. *Journal of Family Psychology, 10*(2), 209-222.

Baucom, D. H., Epstein, N., & Gordon, K. C. (2000). Marital therapy: Theory, practice, and empirical status. In C. R. Snyder & R. E. Ingram (Eds.), *Handbook of psychological change: Psychotherapy processes and practices for the 21st century* (pp. 280-308). New York: Wiley.

Baucom, D. H., Epstein, N., & LaTaillade, J. J. (2002). Cognitive-behavioral couple therapy. In A. S. Gurman & N. S. Jacobson (Eds.), *Clinical handbook of couple therapy* (3rd ed., pp. 26-58). New York: Guilford Press.

Baucom, D. H., Epstein, N., LaTaillade, J. J., & Kirby, J. S. (2008). Cognitive-behavioral couple therapy. In A. S. Gurman (Ed.), *Clinical handbook of couple therapy* (4th ed., pp. 31-72). New York: Guilford Press.

Baucom, D. H., Epstein, N., & Rankin, L. (1995, July). *The role of thematic content in couples' cognitions.* Paper presented at the 5th World Congress on Behavior Therapy, Copenhagen, Denmark.

Baucom, D. H., Epstein, N., Rankin, L., & Burnett, C. K. (1996). Understanding and treating marital distress from a cognitive-behavioral orientation. In K. S. Dobson & K. D. Craig (Eds.), *Advances in cognitive-behavioral therapy* (pp. 210-236). Thousand Oaks, CA: Sage.

Baucom, D. H., Epstein, N., & Sullivan, L. J. (2004). Brief couple therapy. In M. Dewan, B. Steenbarger, & R. P. Greenberg (Eds.), *The art and science of brief therapies* (pp. 189-227). Washington, DC: American Psychiatric Publishing.

Baucom, D. H., Gordon, K. C., Snyder, D. K., Atkins, D. C., & Christensen, A. (2006). Treating affair couples: Clinical considerations and initial findings. *Journal of Cognitive Psychotherapy, 20*, 375-392.

Baucom, D. H., Hahlweg, K., & Kuschel, A. (2003). Are waiting list control groups needed in future marital therapy outcome research?. *Behavior Therapy, 34*, 179-188.

Baucom, D. H., & Hoffman, J. A. (1986). The effectiveness of marital therapy: Current status and application to the clinical setting. In N. S. Jacobson & A. S. Gurman (Eds.), *Clinical handbook of marital therapy* (pp. 597-620). New York: Guilford Press.

Baucom, D. H., & Lester, G. W. (1986). The usefulness of cognitive restructuring as an adjunct to behavioral marital therapy. *Behavior Therapy, 17*(4), 385-403.

Baucom, D. H., Sayers, S. L., & Sher, T. G. (1988, November). *Expanding behavioral marital therapy.* Paper presented at the 22nd annual meeting of the Association for the Advancement of Behavior Therapy, New York, NY.

Baucom, D. H., Sayers, S. L., & Sher, T. G. (1990). Supplementing behavioral marital therapy with cognitive restructuring and emotional expressiveness training: An outcome investigation. *Journal of Consulting and Clinical Psychology, 58*(5), 636-645.

Baucom, D. H., Shoham, V., Mueser, K. T., Daiuto, A. D., & Stickle, T. R. (1998). Empirically supported couples and family therapies for adult problems. *Journal of Consulting and Clinical Psychology, 66*, 53-88.

Beck, A. T. (1988). Cognitive approaches to panic disorder: Theory and therapy. In S. Rachman & J. D. Maser (Eds.), *Panic: Psychological perspectives* (pp. 91-109). Hillsdale, NJ:

Erlbaum.

Beck, A. T., Rush, A. J., Shaw, B. F., & Emery, G. (1979). *Cognitive therapy of depression*. New York: Guilford Press.

Bodenmann, G. (2005). Dyadic coping and its significance for marital functioning. In T. Revenson, K. Kayer, & G. Bodenmann (Eds.), *Couples coping with stress: Emerging perspectives on dyadic coping* (pp. 33-50). Washington, DC: American Psychological Association.

Bradbury, T. N., & Karney, B. R. (2004). Understanding and altering the longitudinal course of marriage. *Journal of Marriage and Family, 66*, 862-879.

Bray, J. H., & Jouriles, E. N. (1995). Treatment of marital conflict and prevention of divorce [Special issue: The effectiveness of marital and family therapy]. *Journal of Marital and Family Therapy, 21*(4), 461-473.

Bronfenbrenner, U. (1989). *Ecological systems theory* (Vol. 6). Greenwich, CT: JAI Press.

Carter, B., & McGoldrick, M. (Eds.) (1999). *The expanded family life cycle: Individual, family, and social perspectives* (3rd ed.). Boston: Allyn & Bacon.

Christensen, A. (1987). Detection of conflict patterns in couples. In K. Hahlweg & M. J. Goldstein (Eds.), *Understanding major mental disorder: The contribution of family interaction research* (pp. 250-265). New York: Family Process.

Christensen, A. (1988). Dysfunctional interaction patterns in couples. In P. Noller & M. A. Fitzpatrick (Eds.), *Perspectives on marital interaction: Monographs in social psychology of language* (No. 1, pp. 31-52). Clevedon, UK: Multilingual Matters.

Christensen, A. (in press). A "unified protocol" for couple therapy. In K. Hahlweg, M. Grawe-Gerber & D. H. Baucom (Eds.), *Couples in despair: Evidence-Based interventions for treatment and prevention*.

Christensen, A., Atkins, D., Berns, S., Wheeler, J., Baucom, D. H., & Simpson, L. (2004). Traditional versus integrative behavioral couple therapy for significantly and stably distressed married couples. *Journal of Consulting and Clinical Psychology, 72*, 176-191.

Christensen, A., Atkins, D., Yi, J., Baucom, D. H., & George, W. H. (2006). Couple and individual adjustment for two years following a randomized clinical trial comparing traditional versus integrative behavioral couple therapy. *Journal of Consulting and Clinical Psychology, 74*, 1180-1191.

Christensen, A., & Heavey, C. L. (1990). Gender and social structure in the demand/withdraw pattern of marital conflict. *Journal of Personality and Social Psychology, 59*(1), 73-81.

Christensen, A., & Heavey, C. L. (1993). Gender differences in marital conflict: The demand/withdraw interaction pattern. In S. Oskamp & M. Costanzo (Eds.), *Gender issues in contemporary society: Claremont Symposium on Applied Social Psychology* (Vol. 6, pp. 113-141). Newbury Park, CA: Sage.

Christensen, A., & Jacobson, N. S. (1994). Who (or what) can do psychotherapy: The status and challenge of nonprofessional therapies. *Psychological Science, 5*(1), 8-14.

Cutrona, C. E. (1996). Social support as a determinant of marital quality. In G. R. Pierce, B. R. Sarason & I. G. Sarason (Eds.), *Handbook of social support and the family* (pp. 173-194). New York: Plenum Press.

Cutrona, C. E., Suhr, J. A., & MacFarlane, R. (1990). Interpersonal transaction and the psychological sense of support. In S. Duck (Ed.), *Personal relationships and social support* (pp. 30-45). London: Sage.

Dattilio, F. M., & Padesky, C. A. (1990). *Cognitive therapy with couples*. Sarasota, FL: Professional Resource Exchange.

Derogatis, L. R., & Spencer, M. S. (1982). *The Brief Symptom Inventory (BSI): Administration, scoring, and procedures manual-1*. Baltimore: Johns Hopkins University School of Medicine, Clinical Psychometrics Research Unit.

Dunn, R. L., & Schwebel, A. I. (1995). Meat-analytic review of marital therapy outcome research. *Journal of Family Psychology, 9*(1), 58-68.

Eidelson, R. J., & Epstein, N. (1982). Cognition and relationship maladjustment: Development of a measure of dysfunctional relationship beliefs. *Journal of Consulting and Clinical Psychology, 50*(5), 715-720.

Ellis, A. (1962). *Reason and emotion in psychotherapy*. New York: Lyle Stuart.

Ellis, A., Sichel, J. L., Yeager, R. J., DiMattia, D. J., & DiGiuseppe, R. (Eds.) (1989). *Rational-emotive couples therapy*. Elmsford, New York: Pergamon Press.

Epstein, N. (1982). Cognitive therapy with couples. *American Journal of Family Therapy, 10*(1), 5-16.

Epstein, N., & Baucom, D. H. (2002). *Enhanced cognitive-behavioral therapy for couples: A contextual approach*. Washington, DC: American Psychological Association.

Epstein, N., & Baucom, D. H. (2003). Overcoming roadblocks in cognitive-behavioral therapy with couples. In R. L. Leahy (Ed.), *Overcoming roadblocks in cognitive therapy* (pp. 187-205). New York: Guilford Press.

Falloon, I. R. H. (1991). Behavioral family therapy (Vol. 2). New York: Brunner/Mazel.

Fincham, F. D., Bradbury, T. N., & Scott, C. K. (1990). Cognition in marriage. In F. D. Fincham & T. N. Bradbury (Eds.), *The psychology of marriage: Basic issues and applications* (pp. 118-149). New York: Guilford Press.

Fiske, S. T., & Taylor, S. E. (1991). *Social cognition*. New York: McGraw Hill.

Fletcher, G. J. O., & Fitness, J. (Eds.) (1996). *Knowledge structures in close relationships: A social psychological approach*. Mahwah, NJ: Erlbaum.

Fruzzetti, A. E. (2006). *The high-conflict couple: A dialectical behavior therapy guide to finding peace, intimacy, and validation*. Oakland: Harbinger.

Gordon, K. C., Baucom, D. H., Snyder, D. K., & Dixon, L. J. (2008). Couple therapy and the treatment of affairs. In A. S. Gurman (Ed.), *Clinical handbook of couple therapy* (4th ed., pp. 429-458). New York: Guilford Press.

Gottman, J. M. (1994). What predicts divorce?. Hillsdale, NJ: Erlbaum.

Greenberg, L. S., & Safran, J. D. (1987). *Emotion in psychotherapy: Affect, cognition, and the process of change*. New York: Guilford Press.

Hahlweg, K., & Baucom, D. H. (2008). *Partnerschaft und psychische Störung: Fortschritte der Psychotherapie* (Band 30) [Couples and individual functioning: The development of therapetuic interventions]. Göttingen: Hogrefe.

Hahlweg, K., Baucom, D. H., & Markman, H. J. (1988). Recent advances in therapy and prevention. In I. R. H. Falloon (Ed.), *Handbook of behavioral family therapy* (pp. 413-448). New York: Guilford Press.

Hahlweg, K., & Markman, H. J. (1988). Effectiveness of behavioral marital therapy: Empirical status of behavioral techniques in preventing and alleviating marital distress. *Journal of Consulting and Clinical Psychology, 56*(3), 440-447.

Halford, W. W., Sanders, M. R., & Behrens, B. C. (1993). A comparison of the generalisation of behavioral martial therapy and enhanced behavioral marital therapy. *Journal of Consulting and Clinical Psychology, 61*, 51-60.

Halford, W. W., Sanders, M. R., & Behrens, B. C. (1994). Self-regulation in behavioral couples' therapy. *Behavior Therapy, 25*(3), 431-452.

Hardy, K. V., & laszloffy, T. A. (2002). Couple therapy using a multicultural perspective. In A. S. Gurman & N. S. Jacobson (Eds.), *Clinical handbook of couple therapy* (3rd ed., pp. 569-593). New York: Guilford Press.

Holtzworth-Munroe, A., Marshall, A. D., Meehan, J. C., & Rehman, U. (2002). Physical aggression. In D. K. Snyder & M. A. Whisman (Eds.), *Treating difficult couples: Helping clients with coexisting mental and relationship disorder* (pp. 201-230). New York: Guilford Press.

Iverson, A., & Baucom, D. H. (1988, November). *Behavioral marital therapy: The role of skills acquisition in marital satisfaction*. Paper presented at the 22nd annual meeting of the Association for the Advancement of Behavior Therapy, New York, NY.

Iverson, A., & Baucom, D. H. (1990). Behavioral marital therapy outcomes: Alternative interpretations of the data. *Behavior Therapy, 21*(1), 129-138.

Jacobson, N. S., & Addis, M. E. (1993). Research on couples and couple therapy: What do we know? Where are we going? [Special section: Couples and couple therapy]. *Journal of Consulting and Clinical Psychology, 61*(1), 85-93.

Jacobson, N. S., & Margolin, G. (1979). *Marital therapy: Strategies based on social learning and behavior exchange principles*. New York: Brunner/Mazel.

Jacobson, N. S., Schmaling, K. B., & Holtzworth-Munroe, A. (1987). Component analysis of behavioral marital therapy: Two-year follow-up and prediction of relapse. *Journal of Marital and Family Therapy, 13*(2), 187-195.

Jacobson, N. S., Waldron, H., & Moore, D. (1980). Toward a behavioral profile of marital distress. *Journal of Consulting and Clinical Psychology, 48*(6), 696-703.

Johnson, S. M. (2004). *The practice of emotionally focused marital therapy: Creating connection* (2nd ed.). New York: Routledge.

Johnson, S. M., & Denton, W. (2002). Emotionally focused couple therapy: creating secure connections. In A. S. Gurman & N. S. Jacobson (Eds.), *Clinical handbook of couple therapy* (3rd ed., pp. 221-250). New York: Guilford Press.

Johnson, S. M., & Greenberg, L. S. (1987). Emotionally focused marital therapy: An overview [Special Issue: Psychotherapy with families]. *Psychotherapy, 24*(3S), 552-560.

Karney, B. R., & Bradbury, T. N. (1995). The longitudinal course of marital quality and stability: A review of theory, methods, and research. *Psychological Bulletin, 118*(1), 3-34.

Kelly, S. (2006). Cognitive behavioral therapy with African Americans. In P. A. Hays & G. Y. Iwamasa (Eds.), *Culturally responsive cognitive-behavioral therapy: Assessment, practice, and supervision* (pp. 97-116). Washington DC: American Psychological Association.

Kelly, S., & Iwamasa, G. Y. (2005). Enhancing behavioral couple therapy: Addressing the therapeutic alliance, hope, and diversity. *Cognitive and Behavioral Practice, 12*, 102-112.

Kirby, J. S., & Baucom, D. H. (2007a). Integrating dialectical behavior therapy and cognitive-behavioral couple therapy: A couples skills group for emotion dysregulation. *Cognitive and Behavioral Practice, 14*, 394-405.

Kirby, J. S., & Baucom, D. H. (2007b). Treating emotional dysregulation in a couples context: A pilot study of a couples skills group intervention. *Journal of Marital and Family Therapy, 33*(3), 1-17.

LaTaillade, J. J. (2006). Considerations for treatment of African American couple relationships. *Journal of Cognitive Psychotherapy: An International Quarterly, 20*, 341-358.

LaTaillade, J. J., & Jacobson, N. S. (1995). Behavioral couple therapy. In M. Elkaim (Ed.), *Therapies familiales: Les principles approaches* [Family therapies: The principal approahces] (pp. 313-347). Paris: Editions du Seuil.

Lebow, J. L. (2000). What does the research tell us about couple and family therapies?. *Journal of Clinical Psychology, 5*, 1083-1094.

Liberman, R. P. (1970). Behavioral approaches to family and couple therapy. *Journal of Orthopsychiatry, 40*, 106-118.

Linehan, M. M. (1993). *Cognitive-behavioral treatment of borderline personality disorder.* New York: Guilford Press.

Margolin, G., & Weiss, R. L. (1978). Comparative evaluation of therapeutic components associated with behavioral marital treatments. *Journal of Consulting and Clinical Psychology, 46*(6), 1476-1486.

Markman, H. J., Renick, M. J., Floyd, F. J., Stanley, S. M., & Clements, M. (1993). Preventing marital distress through communication and conflict management training: A 4- and

5-year follow-up [Special section: Couples and couple therapy]. *Journal of Consulting and Clinical Psychology, 61*(1), 70-77.

McCubbin, H. I., & Patterson, J. M. (1987). FILE: Family Inventory of Life Events and Changes. In H. I. McCubbin & A. I. Thompson (Eds.), *Family assessment inventories for research and practice* (pp. 81-98). Madison: University of Wisconsin-Madison, Family Stress Coping and Health Project.

Meichenbaum, D. (1977). *Cognitive-behavior modification*. New York: Plenum Press.

Murphy, C. M., & Hoover, S. A. (2001). Measuring emotional abuse in dating relationships as a multifactorial construct. In K. D. O'Leary & R. D. Maiuro (Eds.), *Psychological abuse in violent domestic relationships* (pp. 3-28). New York: Springer.

Noller, P., Beach, S. R. H., & Osgarby, S. (1997). Cognitive and affective processes in marriage. In W. K. Halford & H. J. Markman (Eds.), *Clinical handbook of marriage and couples interventions* (pp. 43-71). Chichester, UK: Wiley.

Pasch, L. A., Bradbury, T. N., & Davila, J. (1997). Gender, negative affectivity, and observed social support behavior in marital interaction. *Personal Relationships, 4*(4), 361-378.

Pasch, L. A., Bradbury, T. N., & Sullivan, K. T. (1997). Social support in marriage: An analysis of intraindividual and interpersonal components. In G. R. Pierce, B. Lakey, I. G. Sarason, & B. R. Sarason (Eds.), *Sourcebook of theory and research on social support and personality* (pp. 229-256). New York: Plenum Press.

Patterson, G. R. (1974). Interventions for boys with conduct problems: Multiple settings, treatments, and criteria. *Journal of Consulting and Clinical Psychology, 42*, 471-481.

Prager, K. J., & Buhrmester, D. (1998). Intimacy and need fulfillment in couple relationships. *Journal of Social and Personal Relationships, 15*, 435-469.

Rankin, L. A., Baucom, D. H., Clayton, D. C., & Daiuto, A. D. (1995, November). Gender differences in the use of relationship schemas versus individual schemas in marriage. Paper presented at the 29th annual meeting of the Association for the Advancement of Behavior Therapy, Washington, DC.

Rathus, J. H., & Sanderson, W. C. (1999). *Marital distress: Cognitive behavioral interventions for couples*. Northvale, NJ: Aronson.

Schlesinger, S. E., & Epstein, N. B. (2007). Couple problems. In F. M. Dattilio & A. Freeman (Eds.), *Cognitive-behavioral strategies in crisis intervention* (3rd ed., pp. 300-326). New York: Guilford Press.

Schmaling, K. B., & Sher, T. G. (2000). *The psychology of couples and illness: Theory, research and practice*. Washington, DC: American Psychological Association.

Shadish, W. R., & Baldwin, S. A. (2003). Meta-analysis of MFT interventions. *Journal of Marital and Family Therapy, 29*, 547-570.

Shadish, W. R., & Baldwin, S. A. (2005). Effects of behavioral marital therapy: A meta-analysis of randomized controlled trials. *Journal of Consulting and Clinical Psychology, 73*, 6-14.

Snyder, D. K. (1979). Multidimensional assessment of marital satisfaction. *Journal of Marriage and the Family, 41*(4), 813-823.

Snyder, D. K., Baucom, D. H., & Gordon, K. C. (2007). *Getting past the affair: A program to help you cope, heal, and move on—together or apart*. New York: Guilford Press.

Snyder, D. K., Castellani, A. M., & Whisman, M. A. (2006). Current status and future directions in couple therapy. *Annual Review of Psychology, 57*, 317-344.

Snyder, D. K., & Costin, S. E. (1994). Marital Satisfaction Inventory. In M. E. Maruish (Ed.), *The use of psychological testing for treatment planning and outcome assessment* (pp. 322-351). Hillsdale, NJ: Erlbaum.

Snyder, D. K., & Whisman, M. A. (2002). Understanding psychopathology and couple dysfunction: Implications for clinical practice, training, and research. In D. K. Snyder & M. A. Whisman (Eds.), *Treating difficult couples: Managing emotional, behavioral, and health problems in couple therapy* (pp. 419-438). New York: Guilford Press.

Snyder, D. K., & Wills, R. M. (1989). Behavioral versus insight-oriented marital therapy: Effects on individual and interspousal functioning. *Journal of Consulting and Clinical Psychology, 57*(1), 39-46.

Snyder, D. K., Wills, R. M., & Grady-Fletcher, A. (1991). Long-term effectiveness of behavioral versus insight-oriented marital therapy: A 4-year follow-up study. *Journal of Consulting and Clinical Psychology, 59*(1), 138-141.

Spanier, G. B. (1976). Measuring dyadic adjustment: New scales for assessing the quality of marriage and similar dyads. *Journal of Marriage and the Family, 38*, 15-28.

Straus, M. A., Hamby, S. L., Boney-McCoy, S., & Sugarman, D. B. (1996). The Revised Conflict Tactics Scales (CTS2): Development and preliminary psychometric data. *Journal of Family Issues, 17*(3), 283-316.

Stuart, R. B. (1969). Operant interpersonal treatment for marital discord. *Journal of Consulting and Clinical Psychology, 33*, 675-682.

Stuart, R. B. (1980). *Helping couples change: A social learning approach to marital therapy.* New York: Guilford Press.

Sullivan, L. J., & Baucom, D. H. (2004). The relationship-schematic coding system: Behavioral manifestations of thinking in relationships terms. In P. K. Kerig & D. H. Baucom (Eds.), *Couple observational coding systems* (pp. 289-304). Mahwah, NJ: Erlbaum.

Sullivan, L. J., & Baucom, D. H. (2005). Observational coding of relationship-schematic processing. *Journal of Marital and Family Therapy, 31*, 31-43.

Sullivan, L. J., Baucom, D. H., & Snyder, D. K. (2002, November). *Relationship-Schematic Processing and Relationship Satisfaction Across Two Types of Marital Interventions.* Paper presented at the Annual Meeting of the Association for Advancement of Behavior Therapy, Reno, NV.

Thibaut, J. W., & Kelley, H. H. (1959). *The social psychology of groups.* New York: Wiley.

Weiss, R. L. (1980). Strategic behavioral martial therapy: Toward a model for assessment and intervention. In J. P. Vincent (Ed.), *Advances in family intervention, assessment and theory* (Vol. 1, pp. 229-271). Greenwich, CT: JAI Press.

Weiss, R. L., & Heyman, R. E. (1997). A clinical-research overview of couples interactions. In W. K. Halford & H. J. Markman (Eds.), *Clinical handbook of marriage and couples interventions* (pp. 39-41). Chichester, UK: Wiley.

Weiss, R. L., Hops, H., & Patterson, G. R. (1973). A framework for conceptualizing marital conflict, a technology for altering it, some data for evaluating it. In M. Hersen & A. S. Bellack (Eds.), *Behavior change: Methodology, concepts and practice* (pp. 309-342). Champaign, IL: Research Press.

CHAPTER 14

다양한 집단의 인지행동치료

David W. Pantalone
Gayle Y. Iwamasa
Christopher R. Martell

인지행동치료(CBT)는 미국 심리학 분야의 의료 서비스 종사자 사이에서 선두적인 이론적 지향이다. 즉, 1/3 이상의 심리학자가 인지적 혹은 행동적 지향을 지지한다(Norcross, Karg, & Prochaska, 1997). 이 책의 이전 장들과 지난 50년간 출간되었던 무수한 경험적 및 이론적 논문에서 밝혀진 바와 같이 CBT는 불안, 기분, 섭식, 물질남용, 성격장애를 비롯한 다양한 정신장애뿐만 아니라(예, Dobson, 2001) 결혼 문제와 같은 기타 생활 문제에도 효과적임이 입증되었다(예, Snyder, Castellani, & Whisman, 2006). 비록 이러한 치료가 지역마다 다르기는 하지만 결코 변하지 않는 요소가 여전히 남아 있다. 치료자가 CBT를 능숙히 시행하려면 평가, 측정, 개입, 상담의 모든 측면에서 사회적 · 정치적 · 역사적 · 경제적 맥락을 비롯한 내담자의 삶의 맥락을 진지하게 고려해야 한다. CBT에서 행동의 유형 및 특정 양상을 평가하는 것이 유용하지만, 근본적으로는 기능과 맥락에 주의를 기울여야 한다.

행동 평가의 표준인 개별 사례개념화의 본질을 고려해 보았을 때(Haynes & O'Brien, 2000), 내담자의 맥락에 특히 중점을 두는 것은 놀라운 일이 아니다. 이번 책의 여러 곳에서 매우 숙련된 전문가가 여러 CBT의 이론적 배경을 다루었으며 다양한 CBT 기법에 대한 경험적 지지 증거와 지침을 제안하였다. 이 장의 목표는 '대상'과 '방법'

을 설명하는 것이다. 즉, 여기서 대상과 방법이란 표준적인 CBT를 다양한 문화에 적용하기 위해 필요한 내용 및 과정을 말한다. 이러한 목표를 달성하기 위해 가장 먼저 우리는 용어에 대하여 논하고, CBT의 시행에 있어 문화적 기능의 중요성에 대한 논리적 근거를 제시하려고 한다. 그 다음 문화가 다른 다양한 지역의 내담자를 만났을 경우에 어떻게 해야 할 것인지를 다룰 것이다. 비록 CBT의 기법 그 자체만으로는 차이가 없으나, 집단마다 상이하게 다른 문화적 규범이 중요하다는 것은 염두에 둘 필요가 있다. 하지만 우리는 여러 요소를 간략히 검토하고 좀 더 세부적인 내용을 전달하고자 한다.

명칭이 그리 중요한가: 다양성 관련 용어 정의하기

우리가 '다양성'에 대해서 이야기하는 경우, 우리가 전달하는 의미는 정확히 무엇일까? '다양한 집단'은 '특수 집단'과 동일한 것일까? 혼란을 막기 위해 정의를 명확히 할 필요가 있다. 의문의 여지없이 인간의 경험은 다양하다. 우리는 다른 체구와 피부색을 가지고 태어나 다른 언어를 사용하고 상이한 문화적 가치를 보유하며 다양한 환경에서 살아가고 있다. 다양성은 인간에게 근본적으로 존재하는 것이다. 하지만 안타깝게도 다양성이 '특별한' 것으로 간주된다면, 그러한 정의는 한 집단이 기준이 되고 그 외의 모든 '다양한' 집단은 '다르다'는 문화적 편견을 갖게 한다. 일반적인 심리학 문헌과 마찬가지로 많은 인지행동 문헌은 중산층, 이성애자, 유럽계 미국인의 입장에서 쓰였다. 비록 얼마 되지는 않았지만, 더 이상 남성 중심적인 입장에서 그러한 문헌이 쓰여지지 않는다는 것은 다행스러운 일이다.

우리가 사용하는 '다양한 집단'이라는 용어는 인종, 민족, 성적 지향, 성 정체성, 사회경제적 지위, 종교, 연령, 비장애–장애 상태의 범주로 간략히 분류되는 인간의 개인차를 의미하는 것이다. 우리가 '간략히'라고 언급한 이유는 이러한 범주 내에 엄청나게 많은 다양성이 존재하기 때문이다. 다양성을 논의할 때 인종은 전형적으로 고려되는 범주의 예다. 하지만 많은 사람이 인종에 대한 본질주의적인 신념을 지니고 있다는 사실에도 불구하고, 인간 게놈 프로젝트 등의 경험적 자료는 인종의 차이는 문화적으로 임의적인 경계를 두고 사회가 만든 것이라는 의견을 강력하게 지지하고 있다(Anderson & Nickerson, 2005). 이러한 광범위한 집단 명칭을 고려할 때, 집단 내 변산성은 부분적으로 혹은 심지어 대부분의 경우에 집단 간 변산성보다 더 크다. 우리는 사람이 민족, 연령, 성적 지향에서 단순하지 않다는 점을 알아야만 한다. 따라서 우리는 범주에 적합하면서도 이를 초월하며 다양한 집단의 구성원을 구분하는 이질적인 경험을 다루기 위해 다양성을 고려한다. 예로, Kim(2006)은 캄보디아인, 베트남인, 라오스인을 하나의 동질적인 집단으로 간주하는 관습에 반대하면서, 동남아시아인 집단 간에 정신건강 문제가 다양함을 발견했다. '다양성'은 인류의 경험, 정체감, 생물학에서의 선천적인 차이를 의미하는 일반적인 용어다.

다양한 문화의 내담자를 성공적으로 치료하는 정신건강 전문가는 상당한 '문화적 역량'이 있는 것으로 간주된다. 즉, 여기서 우리는 '문화적'이라는 용어를 인종, 민족 또는 다른 어떤 가시적인 다양성 영역에 집중하는 것이 아니라 상당히 다양한 영역을 아우르는 데 사용할 것이다. 정체성의 지형학적 요소(예, 인종, 문화적 규범)는 고려되어야 할 중요한 것이지만, '차이점'에 대해 충분할 정도로 포괄적인 정의가 필수적이다. 개인은 동의하지 않았던 심상이나 관념으로 둘러싸인 환경에 살면서 영향을 받을 수 있다.

지금까지 다룬 책은 문화적 역량이 무엇이며 어떻게 측정할 수 있는지를 다루어 왔다. 이 시점에서 우리는 '문화적 역량'은 겉보기에 상반된 두 전략을 임상 실제에서 구사하는 기술을 포함하는 것이라는 입장이다. 무엇보다도 내담자에게 학력 등 소수 집단 구성원에게는 스트레스가 될 수 있는 것을 묻지 않으면서 내담자가 속한 사회문화적 집단에 대해 알아 가는 것이 필요하다(예, Meyer, 2003). 이러한 지식은 치료자가 인지행동적 사례개념화를 수립하고, 이와 관련한 개입 기법을 선택하기 위해서 필수적이다. 하지만 동시에 치료자는 해당 내담자의 세상에 대한 경험은 독특한 것이며, 집단에 속했다는 것만으로 결정되는 것이 아님을 알아야만 한다. 사람은 사회문화적 집단의 구성원이지만 독특한 개인이기도 하다. 문화적 역량을 갖춘 치료자는 어쩔 수 없는 긴장을 받아들이고 호기심과 개방성으로 그 긴장과 마주할 것이다.

문화적 역량이 왜 중요한가: 윤리적 근거

CBT 실제에서 문화적 역량이 중요시되는 것은 일반적으로 전문 심리학에서 문화적 고려사항이 중요시되는 것과 같다. 전반적으로 주요 논란은 윤리적 · 경험적 토대에 기반한다(예, Whaley & Davis, 2007). 윤리적으로 미 공중위생국(U.S. Surgeon General)은 문화적으로 다양한 진단에 문화적으로 경쟁력 있는 서비스를 제공함에 있어서 정신건강 종사자의 효과성 부족을 지적한 바 있다(U.S. Department of Health and Human Services, 1999). 유능한 심리학자도 인종과 민족에 있어 다양한 개인을 대상으로 한 과거의 기초 및 개입 연구가 부적절했다고 언급한 바 있다(예, Sue, 2006). 정신건강 전문가는 문화적 역량의 훈련에 점차 관심을 기울이게 되었고(예, Korman, 1974), 이에 따라 제안 및 권고이던 것이 윤리적 의무로 바뀌게 되었다. 마침내 미국심리학회(1992)에서는 '윤리 규정 D: 인간의 인권과 존엄성 존중', 즉 '심리학자는 연령, 성별, 인종, 민족, 국적 등 문화적 · 개인적 · 역할 차이를 알아야 한다.'는 내용을 명시하게 되었다(1958).

인간의 다양성을 다룰 수 있는 치료적 기술이 필수적이라는 데 동의하는 한 문화적 역량을 갖추어야 하는 '윤리적 책임'이 따르게 된다. 확실히 이러한 것이 필수적인 기술이므로, 진단 평가나 임상적 개입에서 요구되는 치료자의 기본적인 능력을 요구하는 것과 같다. 실제로 '역량을 갖추지 못한 채 정신건강 서비스를 제공하는 것은 윤리적 위반이다.'라고 주장되어 왔다(Ridley, 1985, p. 613). 기본적으로 문화적 역량이 향상되면 윤리 수준도 향상된다. 하지만 심리치료에서 문화적 역량을 중요시하는 또 다른 이유가 있는데, 그것은 바로 데이터에 기초하는 것이다.

문화적 역량이 왜 중요한가: 경험적 근거

경험적 근거 1: 내담자는 다양하다

미국심리학회가 출간한 『심리학자를 위한 다문화 교육, 훈련, 연구, 임상적 실행, 조직적 변화의 지침서』(2003)에 따르면, 미국 인구가 혼혈이나 다민족을 포함하여 민족적으로나 인종적으로 다양한 사람의 비율이 점차 높아지고 있다(U.S. Census Bureau, 2001). 가장 높은 인구 성장률은 아시아계 미국인, 태평양인, 라틴계/히스패닉계 사람이었다(Hobbs & Stoops, 2002). 전반적으로 백인 및 유럽계 미국인이 지속적으로 다수집단이었으나, 미국의 몇몇 주에서는 그렇지 않았다. 따라서 문화적으로 다양한 내담자와 작업하는 것이 점점 더 불가피해지고 있다. 더욱이 방대한 경험적 문헌에서 상당한 문화적 역량을 갖춘 치료자가 측정 및 심리치료과정에서 더 좋은 성과를 얻는 것으로 나타났다(예, Sue, 2001).

심리학자는 심리치료를 시행할 때 또 다른 다양성 측면에 직면할 수 있다. 65세 이상 집단의 비율이 지속적으로 증가하고 있고(Gist & Hetzel, 2004), 이 중에는 노인과 더불어 빈곤층이 포함된다. 미국은 상대적으로 부유한 나라이지만, 인구의 약 12%가량이 빈곤층이라는 보고가 있다. 더욱이 10년간 인구의 40%가 적어도 1년 동안 빈곤을 경험했다(Zweig, 2004). 점차 정신건강 서비스를 찾아오는 사람의 수가 증가할 것이고, 여기에는 성적 소수자, 신체적 장애가 있는 사람뿐 아니라 또 다른 다양성을 보이는 개인도 있다. 그러므로 여러 측면에서 미국의 다양성은 방대하며 점점 증가하고 있다.

경험적 근거 2: 치료자는 그렇게 다양하지 않다

미국심리학회에 따르면(2006), 심리학자의 85%와 회원의 94%가 유럽계 미국인이다. 대부분의 박사 급의 심리학자가 문화적으로 동질적인 것이 현실이다. 다양성의 모든 부분에 대한 자료가 있는 것은 아니지만, 심리학 내 민족 및 인종적 대표성과 관련된 통계치가 다른 영역의 양상을 반영하는 것이라면, 심리학은 내담자의 다양성을 잘 반영할 수 있는 전문성을 갖추어야 한다는 점에서 중요한 과제를 가지게 된다. 심리학 학사, 석사, 박사 학위를 받은 비율을 조사해 보면, 유럽계 미국인에 비해 다양한 인종 및 민족집단의 구성원에 수여된 학위의 비율이 급격히 하락하였다(American Psychological Association, 2003). Kite와 동료들(2001)은 민족적 · 소수 심리학자의 수가 민족별로 나누기에도 너무 적다고 보고했다. 이 차이점은 대학원 수준에서 특히 주목할 만한데, 이는 어떤 구조적 요인이 다양한 배경의 사람이 심리학에 입문하는 것을 막고 있다는 의미일 수 있다.

전문가 내에서 이러한 다양성이 부족한 것은 의미 있는 결과다. 첫째, 다른 문화에 대한 지식이나 경험에서 몇몇 극단적으로 박식한 사람이나 그런 것이 결여된 이들을 제외하고, 다른 문화에 대한 지식은 유럽계 미국인 심리학자 사이에서 차이가 있다. 문화적 역량은 흔히 문화적으로 다른 개인과 지속적으로 개인적인 또는 직업적인 접촉을 하거나, 일상적인 접촉이 제한된 심리학자가 추가적인 훈련 경험에 참여하는 것을 통해 발달된다고 흔히 이해된다. 하지만 어떤 치료자는 문화적으로 무지하다는 것을 인식하지 못할 수도 있다. 사실 모든 치료자는 어느 정도 다양한 집단에 대해 모르는 부분이 있을 수 있다(Hays, 2006, p. 8). 문화적으로 동질적인 사회적 및 직업적 환경에 있는 정신건강 치료자는 특별히 부가적인 교육과 슈퍼비전을 받아서 그러한 지식을 얻고자 할 것이다. 실제로 Hall(1997)은 개인의 전문적인 기술과 능력의 취약성을 효과적으로 다루지 못하는 것에 대해 '문화적인 치료과실'이라고 했다.

문화적 역량에 대한 이러한 논의는 미국에서 다양한 구성원(예, 환자, 내담자, 수련생, 학생, 연구 참가자)이 도움을 받기 위해 치료를 찾는다는 데에 기반한 것이다. 적합한 CBT를 제공하려는 목표를 가진 치료자라면 자신의 기술을 향상시키기 위한 첫 단계로 다양성과 다문화주의를 다루기 위해 자신의 능력을 현실적으로 평가할 필요가 있다.

다양성의 범위 정의하기

이번 장에서는 CBT가 다양한 집단에 어떻게 사용될 수 있는지에 대해 자세히 기술할 것이다. 그러나 일부 집단 사람에게 과잉일반화할 위험이 여전히 존재한다. '다양한' 개인과 작업할 때 반드시 고려해야 할 모든 것을 자세히 설명하는 것은 이 장의 범위를 넘어선다. 하지만 다양성을 다루는 장이라면 집단 간 구성원을 변별하고, 인지행동 사례개념화에 잠정적으로 포함시키는 데 고려해야 할 몇 가지 일반성에 주목해야 한다. 일반성이라는 언어를 사용한다고 해서 '다양한' 집단의 특정 분류에 맞는 개인이 다른 사람과 동일한 욕구를 가진다거나 동일한 경험을 했다는 식으로 해석해서는 안 된다. 어떤 집단에 대한 일반적인 지식은 신중하게 사용되어야 하며, 몇 가지 주요 변인에 대해서는 집단 내 차이가 집단 간 차이보다 클 수 있음을 명심해야 한다.

일반성의 잘못된 예시는 다음과 같다. 중년기 후반의 나이에 천주교 신자인 라틴계 남자는 자신의 현재 성적 파트너가 남자라고 고백했다. 일반성에 기초한 사례개념화에 따라 치료자는 남성 애인이 있는 그 남자를 게이라고 생각할 수 있다. 그 남자가 라틴계이기 때문에 관계에서 지배적인 파트너일 것이고, '수동적'이거나 수용적인 성적 행동을 하지 않았을 것이라고 가정할 수 있다. 더욱이 치료자는 그 남자가 천주교 신자이기 때문에 성적 지향과 그의 종교적 견해 간의 갈등이 있을 것이고, 아마도 자기 자신, 천주교, 강한 종교적 신념을 갖고 있는 사람에 대해 부정적 신념을 가지고 있다고 여길 수 있다. 하지만 이러한 모든 가정은 잘못되었을 수 있다. 동성 관계에 있는 모든 사람이 게이, 레즈비언, 양성애자는 아니다. 행동과 정체성이 일치되지 않을 수 있다. 모든 라틴계 남자가 마초문화와 일치하는 것은 아니다. 이를테면 라틴계 문화는 다양한 여러 지역에서 온 사람이므로 단일 '라틴계'집단은 아니다. 사회적 이슈에 대해 교회 교리와는 상당히 다른 신념을 가진 많은 천주교 신자는 여전히 그들 자신을 독실하다고 여길 수 있다. 그러므로 우리는 정보의 부족뿐만 아니라 다른 사람들을 '우리와 같거나' '우리와 같지 않다'는 식으로 쉽게 말하고 단순한 범주로 묶는 너무도 인간적인 경향성을 인정하면서 다양한 집단에 대해 신중하게 논하려 한다.

인지행동치료와 다문화치료가 양립할 수 있지만 인지행동치료 연구는 다양한 사람을 충분히 반영하지 못하고 있다

일반적으로 인지행동치료와 다문화치료는 심리치료에서 가장 빠르게 성장하였다(Norcross, Hedges, & Prochaska, 2002). Hays(2006)는 CBT가 다문화치료의 구조와 잘 맞는다고 하였다. CBT와 다문화치료 모두 반드시 개별화된 사례개념화에 기초한 치료를 하도록 전제하고 있다. 특정 이슈를 다루고 기법을 적용하는 치료적 환경의 토대는 내담자의 특정 맥락에 기반한다. 또한 CBT와 다문화치료는 내담자의 능력을 향상시키고자 한다. CBT는 협력적이며 각 내담자를 자신의 삶에 대한 전문가로 간주한다. 그러므로 치료라는 것은 전문가가 '내담자를 주도하는 것이 아니다.' 정확히 말하면 내담자의 특정 신념과 행동이 어떤 식으로 고통에 기여하는지 스스로 알도록 치료자가 돕는 협력적인 과정이다. 치료자는 필요에 따라 신념과 행동을 조사하고 수정하기 위해 내담자와 치료계획을 세운다. Sue와 Zane(1987)는 임상적 사례를 통해 사례개념화가 얼마나 문화적으로 민감하고 그 문화와 일관적인지를 보여 주었다. 더욱이 두 치료는 핵심적인 맥락 변인으로서 사회적 지지의 중요성과 내담자의 강점에 주목하고 있다.

다양성은 복잡한 주제이므로 표준 어휘로 범주화하기는 어렵지만, 우리는 충분히 반영되지 못하는 집단을 대략 6개의 큰 영역으로 나누어 볼 수 있다. 즉, ① 성적 지향이나 성정체감/표현, ② 정상 또는 장애, ③ 인종 또는 민족, ④ 종교적 신념의 유무, ⑤ 연령, ⑥ 사회경제적 지위 등이다. 이러한 집단의 대다수는 심리치료과정에 대한 논의에서 배제되어 왔다.

미국과 캐나다에서 발표된 CBT 성과 연구에서 충분히 반영되지 않은 인종 및 민족 집단에는 북미 원주민, 알래스카계 원주민, 라틴계, 아프리카계, 아시아계, 아랍계 미국인이 있다. 레즈비언, 게이, 양성애자나 트렌스젠더는 치료 성과 연구에서 충분히 반영되지 않았거나 그들의 성적 지향이나 성정체감을 병리적인 것으로 여겨 치료의 초점이 되었다(Martell, Safren, & Prince, 2004). 많은 연구에서 신체적 장애인을 배제하였기에 정상인 이외의 사람에게 치료 프로토콜을 어떤 식으로 적용할 수 있을지 명확하지 않다. 종교심리학에서 시행한 연구 외에 대부분의 심리학자는 종교를 다양한 치료 성과에 영향을 미치는 인구통계학적 변인으로 삼지 않는다. 대부분의 치료 성과 연구는 청소년 및 아동 또는 65세 이상의 노인보다 주로 성인을 대상으로 한다. 마지막으로 주요 대학에서 설계하고 수행된 연구는 특정적으로 사회경제적 지위가 낮은 집단을 대상으로 설계되지 않는 한 대부분 접근이 용이한 중산층이나 상위 사회적 집단의 사람을 대상으로 설계된다.

다문화 사람은 왜 충분히 반영되지 않는가: 이것이 이 분야에서 무엇을 의미하는가

일부 집단은 치료 성과 연구에서 충분히 반영되지 않는다. 그 이유는 부분적으로나 완전히 자신을 소수집단이라고 생각하는 사람이 심리치료에 참여하길 꺼려하기 때문이며, 여기에는 정당한 이유가 있다. 일반적으로 사람을 대상으로 하는, 특히 특정집단을 대상으로 하는 연구가 항상 윤리적으로 시행되는 건 아니다. 이것은 지난 세기에 시행되었던 Tuskegee 연구(Jones, 1981)에서 살펴볼 수 있다. 이 연구에서 매독이 있는 남성 아프리카계 미국인 연구 참여자는 사전 동의도 없이 치료받지 못하고 방치되었는데, 이로 인해 국가 기금을 받았던 연구자가 질병의 자연 경과를 보다 잘 이해할 수 있었다고 한다. 그 이외에도 소수 민족이나 인종집단 사람의 혹독했던 역사적 경험을 고려해 볼 때, 이들이 연구자를 믿지 못하는 것은 당연한 것이다. 하지만 흥미롭게도 라틴계나 아프리카계 미국인들은 다수 민족보다 연구에 참여하는 것을 훨씬 두려워하면서도 유럽계 미국인만큼 생체의학 연구에 계속적으로 참여하고 있다(Katz et al., 2007).

전통적으로 핍박받은 집단의 사람은 '사고 수정하기' 혹은 '행동 바꾸기'를 촉구하는 치료접근에 대해서 특히 불안해할 수 있다. 예를 들어, 아프리카계 미국인은 아프리카 문화나 전통을 탄압하고 근절하기 위한 핍박, 인종주의 등의 역사적 경험을 가지고 있다(Kelly, 2006). 특히 역사적으로 CBT는 핍박받은 집단에게 항상 호의적이지만은 않았다. 과거 성적 지향을 바꾸기 위해 사용했던 혐오적 조건형성이 극단적인 예다. 1980년에 미국 정신의학회의 정신장애 진단 및 통계 편람 제3판에서는 동성애를 정신장애에서 삭제했지만, 1990년대 후반에 출간된 행동치료 교재에 '치료'에 대해 기술되어 있다. 행동주의자뿐만 아니라 인지치료자도 동성애를 '치료'하기 위해 자신의 이론을 적용한 적이 있다(Ellis & Cory, 1965). 사회적 및 진단적 변화에 따라 많은 치료자의 견해도 변화했고, 표준 CBT 프로토콜이 문제를 효과적으로 치료할 수 있다 하더라도, 일부 레즈비언, 게이, 양성애자 내담자는 CBT를 받으려 하지 않는다. 성전환자는 성전환수술의 평가 과정에서 그들의 인생을 확인하는 정신건강 전문가를 접하게 되면, 이들은 자신이 판단되고, 분류되고, 병리적으로 여겨질 것에 대해 걱정할 것이다.

연구결과가 주로 중산층, 이성애자, 백인에 기반하면 다른 집단의 사람은 그 결과를 받아들이기 어려울 것이다. 그래서 다른 집단의 사람은 그들의 삶에 연구의 적용 가능성을 최소화하거나 평가절하하게 된다. 즉, 연구결과를 다양한 표본에 일반화할 수 있는 가능성을 의심하는 소비자 및 공급자 모두가 연구결과를 평가절하할 수 있다. 다양한 집단 구성원을 위한 치료의 적용 가능성은 그것에 대한 직접적인 평가가 없다 하더라도 지속적으로 의심을 받을 수밖에 없을 것이다. 임상 과학자로서 우리는 외적 타당도에 대한 위협이 치료의 개발 및 보급 노력에서 주요 문제가 됨을 오래전부터 알고 있다. 그러므로 항상 '누구를 대상으로 하여 경험적으로 입증된 치료인지'를 물어봐야만 한다.

더욱이 다양한 개인과 지역 사회에 근거 기반 치료를 보급하는 것에 대한 지식과 경험이 제한적이기 때문에 적절성과 효과성을 반드시 고려해야 한다. 특정 문제에 대한 확립된 근거 기반 치료가 특정집단의 취약성을 맥락적 요소로 고려할 수 있거나 어떤 집단이 가지고 있는 회복탄력성이 치료 변화를 설명할 수 있다면 다양한 집단의 내담자에게 근거 기반 치료를 적용하는 것은 적절할 수 있다. Lau(2006)는 다양한 구성원에게 이러한 치료를 평가하고 보급하기 위한 체계적인 접근을 주장했다. 이 장에서는 근거 기반 치료를 문화적으로 적절하게 적용하는 것을 지지하지만(Hall, 2001 참조), 이 과제를 어떻게 성취할지에 대한 지식은 거의 없다. 이러한 문제에 관한 전체적인 논의는 이 장의 범위를 넘어서지만, 독자는 관련된 문제에 대한 더 나은 설명이 있는 Lau의 훌륭한 저서(2006)를 참고하기 바란다.

다양한 배경의 개인을 치료하기

다양한 배경의 사람에게 CBT를 어떻게 가장 잘 전달할 수 있는지에 대한 합의가 부족하다. 이들은 효과성 및 효율성 연구에서 배제되기 때문에 이러한 내담자에게 최선이 되는 방향으로 치료 프로토콜을 수정해야 하는지가 (혹은 방식이) 명확하지 않다. 하지만 어쨌든 치료실과 클리닉에 상당히 다양한 집단의 구성원이 방문한다. 치료자는 양질의 CBT를 제공하기 위해 무엇을 해야 하나? 현재 이용 가능한 지식에 기반하여 다음의 요소를 포함한 접근을 권장한다.

솔직한 자기평가 및 정보 수집

치료자는 자기와 다른 사람과 작업할 때 자신의 편향과 맹점을 솔직하게 평가해야 한다. 누구나 완벽하게 편향되지 않을 수는 없다. 편향에 악의가 없다 하더라도, 치료자는 여전히 실수를 한다. 이를테면, '결혼했습니까?'라는 간단한 평가 질문을 살펴보

자. 이 질문은 동성애자에게 편향된 질문인데, 동성 결혼이란 미국 내 모든 주에서 그리고 세계의 다른 많은 지역에서 거의 불법이기 때문이다. 보다 적절한 질문은 '당신은 현재 사귀는 사람이 있습니까?'일 것이다. 특정 내담자의 문화를 잘 이해하지 못하는 치료자라면, 고정관념적인 가정을 하고 그런 가정이 의사결정을 편향시키는 방식을 간과하기 쉽다. 그러므로 문화적 역량을 갖춘 CBT 치료자는 폭넓은 문화적 다양성을 이해하는 데 평생 전념하고, 자신의 문화적 경험이 다른 이의 문화적 경험을 간과하게 만들 수 있다는 점을 자각하고 있어야 한다.

표 14-1 레즈비언, 게이, 양성애자(이하 LGB) 내담자와 작업할 때 유념해야 할 질문

1. 나는 LGB 사람이 단지 성적 지향 때문에 부도덕하거나 장애가 있다고 생각하는가?
2. 나는 비전형적인 성적 행동을 보이는(예, 지나치게 여성적인 남성) 내담자와 만나는 것을 불편해하는가?
3. 나는 내담자에게 성적 지향에 대해 질문하길 꺼리는가?
4. 나는 내담자가 데이트 또는 가족에 대해 이야기할 때 그들의 파트너가 이성이라고 가정하는가?
5. 나는 동성 간의 성적 행동에 대해 이야기하는 것을 불편해하는가?
6. 나는 이러한 이야기가 불편하다고 해서 내담자가 성행동을 상세하게 공개하는 것을 막을 수 있는가?
7. 나는 내담자가 LGB라는 것을 알게 되면 정신병리를 쉽게 가정하는가?
8. 나는 내담자가 LGB라면 흔히 성격장애로 진단하는가?
9. 나는 LGB를 이성애자 커플보다 문제가 많다고 보는가?
10. 나는 그들의 성적 지향, 성생활, 관계 양상을 논의하는 것이 두려워서 내담자의 문제행동을 놓치는가?

출처: Martell, C. R., Safren, S. A., & Prince, S. E. (2004, p. 204).

Martell과 동료들(2004)은 치료자가 레즈비언, 게이, 양성애자 내담자와 작업할 때 〈표 14-1〉에 있는 질문을 고려할 것을 제안했다. 대부분의 질문이 치료자와는 다소 다른 내담자와 작업할 때 적용할 수 있다. 예를 들어, 내담자의 민족적 및 인종적 배경이 다른 경우, 치료자는 모호한 증상을 정신병리로 오인하고 있지 않은지 스스로 질문해야 한다. 또한 성별에 따라 특정 성격장애 진단을 더 빈번하게 내리거나 유병률을 간과하고 있지는 않은가? 치료자의 자기탐색을 돕도록 사용되는 부가적인 질문은 〈표 14-2〉에 있다. 모든 수준의 훈련에서 치료자는 다양한 내담자를 치료하는 것과 관련된 자신의 사고와 행동을 주기적으로 숙고해야 한다. 질문을 할 때는 피상적인 반응을 피하고, 반드시 진실하고 솔직하게 해야 한다. 비편향성을 유지하기 위한 정신건강 서비스집단 내의 강력한 사회적 압력이 있지만, 많은 치료자가 스스로의 편향을 부인하는 것 같다. 하지만 다양한 배경의 개인들을 대할 때, 자기평가를 지속하고 맹점을 인정하는 것은 궁극적으로 전문가가 최적의 기능을 할 수 있게 한다.

더욱이 치료자는 내담자가 속한 사회문화적 집단에 대해 아는 것이 필요하다. 이러한 학습은 유명 출판사나 전문적인 학회지에 실린 논문이나 서적 읽기, 교육 이수, 여행, 문화 행사 참여, 친구나 동료와의 개인적 대화 등으로 이루어질 수 있다. 수집된 정보는 절대적인 것으로 경직되게 다뤄져서는 안 되며 지침으로 사용되어야 함을 기억하라. 집단 내의 차이점이 중요할 수 있고, 새롭게 알게 된 지식은 내담자에 관한 가설을 세우거나 내담자에게 관심 및 유대감을 표현하는 데 유용할 것이다. 사회문화적 집단에 대한 정보와 더불어 세상에 대한 내담자의 사적인 경험을 개별기술적으로 평가하는 것이 중요하다.

적절한 인지행동치료를 하라

당신이 배운 대로 CBT를 하라. CBT의 학습 이론적 기초를 지지하는 무수히 많은 경험적 연구가 있고, CBT의 기본적 원리가 다양한 하위집단의 내담자에게 적용될 수 있다. 우리의 견해로는 치료에 사용되는 특정 기법은 일관되어야 한다. 모든 행동에는 이유가 있고, 모든 행동이 학습 및 탈학습될 수 있다는 신념과 사고, 감정, 행동의 상호관련성에 대한 초점을 고려하면 이들 원리가 임상적 시도의 지침이 되고 있고, 지침이 되어야 한다. 우리는 여전히 문제 중심적이고, 내담자와의 협력적인 목표 설정을 지향하며, 기능분석을 하고, 기술 개발 및 일반화를 강화하기 위한 과제를 정기적으로 내 주고 검토한다. 실제적으로 다양한 배경의 내담자를 치료할 때 이들의 모든 차이점을 다룰 수는 없다.

표 14-2 '다양한' 내담자와 작업할 때 유념해야 할 추가적인 질문

1. 나는 내담자의 삶에서 문화 · 경제적 특권과 문화적 불이익 및 빈곤의 영향을 어떻게 이해하고 있는가? 나는 이러한 구성개념을 어떻게 직접적으로 평가하고 추론하는가?
2. 나는 알지 못하고 인식하지 못했던 특권—나의 인종적 · 민족적 · 지역적 · 문화적 그리고 기타 이점에 기반한—때문에 발생하는 문제를 방지하기 위해 얼마나 기꺼이 자문을 구하는가? 나는 예전에 얼마나 자주 자문을 구해 왔는가?
   - 나의 전문적 및 개인적 관계에서 자문을 구할 수 있는 어떤 자원이 있는가? 나는 어떤 사람이나 기관에 부탁할 수 있는가? 나에게 다양한 분야의 사회적 관계가 없다면 지속적인 교육 또는 그 밖의 것을 통해 필요한 훈련을 어떻게 받을 것인가?
   - 이런 자문을 구하는 데 개인적 또는 조직적 장벽은 무엇인가? 나는 나의 내담자를 능숙하게 다루기 위해 이런 문제를 어떻게 해결할 수 있을까?
3. 신체적 특징에 근거하여 다른 사람의 인종적 또는 민족적 정체성에 대해 어떤 가정을 세우는가?
   - 다른 사람의 배경이나 전통에 대해 물어보는 것이 편한가? 내가 그런 질문을 했을 때 발생되는 것(사고, 감정)을 알아차리는가? 그들의 경험이 인종이나 민족에 따라 얼마나 유사하거나 다른가?
   - 내가 내담자의 다양한 사회인구학적 배경을 평가하기 위해 전형적으로 사용하는 단어/용어는 무엇인가? 내가 이러한 질문을 할 때 내담자는 어떻게 반응했는가? 내가 지켜야 할 것을 정말 잘하고 있는가? 어떤 기법이나 언어가 변화에 도움이 될 것 같은가?
   - 내가 새로운 내담자를 만날 때, 정체성의 '다양한' 측면을 명확하게 평가해야 한다는 것을 어떻게 상기시킬 수 있는가? 내가 고정관념에 의존하는 것을 최소화하고, 실제 개별 사례적인 평가를 최대화하는 것을 확실히 하기 위해 어떤 메커니즘을 치료에 포함시킬 수 있는가?
4. 나는 다양한 정체성—문화, 인종, 사회경제적 지위, 성적 지향, 신체장애 등을 포함하여—의 복잡한 상호작용을 어떻게 개념화하는가?
   - 나는 내담자와 이러한 문제를 어떻게 논의하는가? 나는 항상 다양한 내담자의 복잡한 정체성을 관리할 때 마주하는 잠재적 어려움에 대한 논의로 시작하는가? 왜 그렇게 하는가 아니면 왜 그렇게 하지 않는가? 어떤 요인이 내담자와 이러한 문제를 논의할 가능성에 영향을 주는가? 내담자가 회기 중에 혼란스러운 정체감 때문에 갈등하고 있음을 암시한다면 나는 어떻게 반응하는가?
5. 나는 치료에 참여시킬 사람에 대해 얼마나 유연한가? 즉, 더 많은 지지 네트워크 또는 타인과 관계를 맺으려는 내담자의 문화와 일치되는 소망을 받아들일 수 있는가?
   - 치료적으로 어떤 내담자에게 효과적인 '최선의 시행'도 다른 내담자에게는 문화적으로 부적합할 수 있다. 나는 상이한 배경의 내담자를 적응시킬 때, 그들에게 더 접근이 쉽고 적용 가능한 치료를 하기 위해 무엇을 허락할 수 있는가? 내담자는 내가 거절한 것에 대해 어떤 요청을 할 수 있는가? 나의 의사결정을 이해시키기 위해 어떤 논리를 사용하는가? 그 논리는 어떤 자료에 기반하는가?
6. 회기 중에 나와 내담자 간의 문화적 · 민족적 · 성적 지향, 혹은 다른 차이점을 얼마나 알아채고 다룰 수 있는가?
   - CBT자는 과제 지향성을 고수하면서도 대개 따뜻하고 진솔하려고 노력한다. 이러한 목표하에서 치료자와 내담자 간의 유사점 및 차이점에 대한 언급은 치료동맹을 촉진시킬 수 있다. 나는 이러한 유사점이나 차이점을 어떻게, 언제, 누구와 함께 다루는가? 나는 어떻게, 언제, 누구와 이런 논의를 피하는가?

- 다양한 정체성집단 내에 상당한 이질성이 존재한다. 그러므로 내가 특정집단과 어떤 경험을 하고 통찰하더라도, 그 경험은 어떤 내담자의 경험과 같거나 다를 수 있다. 내가 이해한 이 사실에 대해 내담자와 어떻게 소통하고 설명할 수 있는가?

7. 나는 내담자의 '다양한' 정체성 혹은 정체성으로 인해 내담자의 삶에서 발생한 구체적인 부정적 결과에 대해 얼마나 자주 질문하는가?
   - 내담자의 경험을 타당화하는 인종주의, 성차별주의, 이성애주의, 동성애 공포증 등의 경험에 대해 어떤 방식으로 질문할 수 있는가? 내가 내담자에게 직면한 어려움을 진심으로 이해했음을 어떻게 가장 잘 전달할 수 있는가?
   - 나는 어떤 종류의 언어를 사용할 것인가? 나는 접수면담 및 치료 작업 시 이 중요한 경험을 평가해야 한다는 것을 어떻게 기억할 수 있을까?

문화적 하위집단에 따라 달라지는 쟁점

내담자의 다양한 집단 신분을 고려하면서 내담자 행동을 구분하는 다음의 주제 영역을 고려하라. 소수 민족, 인종, 양성애자 등 어떤 하위집단에 적합한 치료에 대한 지침을 전문가 협회가 보급했다(American Psychological Association, 2000, 2003). 이 지침서는 저자의 종합적인 전문적 기술을 바탕으로 치료자 및 전문가의 철저한 동료심의 과정을 거쳤다는 점에서 치료계획을 위한 중요한 시작점이 되어 줄 것이다. 승인된 치료 지침서를 사용할 수 없는 집단인 경우에는 사례개념화나 치료계획에 유용한 기존 출판문헌을 검토해 보라. 가능하다면 동료의 도움과 지도감독자의 자문을 구하라.

특정집단에 특정 고려사항을 제안하는 것은 과잉일반화를 초래할 수 있다. 따라서 집단에 걸쳐 다소 다르게 나타나며, 임상 연구 문헌에서 간과되는 경향이 있는 주제상의 차이를 고려할 것이다. 다음 절은 치료자가 문화적으로 다양한 집단 구성원에게 임상적 서비스를 제공할 때 주의해야 하는 몇 가지 문제를 예시하고 있다. 이 목록은 결코 완전한 것이 아니다. 우리의 목표는 단지 연구자 및 치료자가 만나고, 작업하는 사람의 상당히 다양한 양상과 특성을 인식하기 위한 토대를 제공하는 것이다. 다음 주제는 특정 순서 없이 제시하였다.

건강에 대한 신념

질병 및 장애의 원인에 대한 신념은 누군가의 신체 및 정신건강에 영향을 미친다는 생각은 이제 새롭지 않다. 대신에 Kleinman, Eisenberg와 Good(2006)의 연구는 이러한 질병에 대한 설명 모델이 치료 권고에 대한 환자의 순응도에 영향을 미치기 때문에 내담자의 지각과 신념을 이해하는 것이 얼마나 중요한지를 강조하였다. 건강에 대한 신념은 내담자가 만나는 사람뿐만 아니라 치료에 대한 수용성에 영향을 준다(예, Ebreo, Shiraishi, Leung, & Yi, 2007, 신체적 질병 및 장애에 대한 전통적인 아시아 신념의 역할 참조). 운명이나 필연성과 같은 신념은 치료가 지연되거나 치료를 받지 않아 증세가 악화되는 결과를 초래할 수 있다. 하지만 치료자가 내담자의 건강에 대한 신념을 잘 알 수 있다면, 치료를 성공적으로 시작할 수 있고, 내담자를 참여하게 할 수 있다. Hinton과 Otto(2006)는 심각한 외상을 경험한 캄보디아 난민이 가지고 있는 증상의 의미를 요약하면서 전통적인 미국 건강관리 시스템에서의 신념과는 다른 건강 신념을 가진 사람에게 그러한 지식이 어떻게 유익하게 사용될 수 있는지에 관해 탁월한 개관을 한 바 있다.

자기정체성

자기정체성은 민족적으로 다양한 집단 간에 상당한 차이가 있는 부분이다. 어떤 사람은 민족을 가장 중요한 정체성 요소로 보고 표면적으로 민족과 자신을 동일시하는 데 반해, 다른 사람은 성적 지향이나 종교에 비해 민족을 이차적인 정체성 요소로 본다. 또한 어떤 사람에게 민족적 정체성은 맥락에 따라 달라진다. 아프리카계 미국인 게이같이 여러 가지 정체성으로 낙인된 사람은 가족집단에서는 자신의 인종적 전통을 강조하겠지만, 동료들이 우세한 사회적 상황에서는 그의 성적 정체성을 강조할 것이다. 치료자는 내담자의 자기정체성과 정체성이 맥락에 따라 얼마나 다양한지 인식해야 하고, 다양한 정체성이 내담자가 나타내는 문제나 일차적인 치료적 문제에 어떻게 영향을 주는지를 자유롭게 논의할 필요가 있다. 세대, 민족, 인종적 정체성, 다른 정체성의 활성화 등과 관계없이 내담자의 사회화 수준에 대한 인식은 내담자의 인지를 측정하고 평가하는 데 중요하다. 이러한 개념에 대한 종합적인 논의가 분명히 이 장의 범위에서 벗어나지만, 독자는 이러한 여러 용어에 대한 Iwamasa, Hsia와 Hinton(2006)의 요약을 검토해 보길 권한다. 기본적인 요소는 이러한 개념이 안정적이기보다 유동적이어서 치료 상황을 포함하여 맥락에 따라 다양할 수 있음을 치료자가 이해하는 것이다.

개인주의 및 집단주의

집단주의 문화의 사람은 대부분의 심리치료 실제에서 가정하고 있는 개인주의와 다를 수 있다. 이를테면, McDonald와 Gonzalez(2006)는 집단주의적 세계관을 가진 순수 미국인은 집단의 안녕감을 개인의 안녕감보다 우선시한다고 언급했다. 즉, 집단주의 문화는 개인주의 문화에서처럼 '개인'이라는 것이 단일 구성개념이 아니라고 하였다. 그러므로 집단주의 문화의 내담자에게 문화적으로 민감한 CBT를 시행하기 위해서는 개인의 가족 구성과 배경을 조사할 필요가 있다. 유사하게 개인주의적 세계관을 가진 유럽계 미국인은 가족치료와 개인치료를 구분하지만, 어떤 문화에서는(예, 전통적 라틴계 가족) CBT자가 가족 중 단 한 명을 환자로 보더라도 가족 전체가 치료회기에 올 것이다. 이를테면, 라틴계 문화에서 개인의 안녕감을 보다 잘 이해하기 위해서는 개인의 안녕감을 자기에 대한 보호보다 가족의 보호라는 점에서 논할 때(Organista, 2006) 보다 타당하고 문화적으로 민감한 CBT라 할 수 있다.

의사소통 양식

사람의 의사소통 방식은 성격 양식만큼 다양하다. 미국에서 두 사람 간의 의사소통에서 전형적이고, 두드러지며, 문화적으로 '수용될 만한' 의사소통 방식으로는 직접적인 눈 맞춤, 개방된 신체 자세, 직접적인 질문 및 답변이 있는데, 문화가 자기주장성과 직접적인 사고의 표현을 가치 있는 것으로 보기 때문이다. 대부분의 대학원생 수련 프로그램은 초심 치료자에게 '기본적인 기술'을 가르친다. 수련 중인 치료자는 또한 내담자에게 선물을 받지 않는 것 또는 자기개방을 하지 않는 것과 같이 치료의 특정 '규칙'을 배운다. 경험상, 선물을 주는 것은 문화에 따라 차별적인 의미를 갖는다. 어떤 문화에서, 선물의 의미는 존중이고 호의로 간주된다. 예로, 일본에서는 누군가의 집에 처음 방문할 때 선물을 주는 것은 전통적인 관례다.

또한 (주로 집에서 만든) 음식을 가져오는 것은 라틴계나 아프리카계 미국인에게는 감사의 표현이다. 그러므로 그런 선물을 거절하는 것은 상처가 될 수 있고, 무례해 보이며, 잠재적으로 치료적 관계를 손상시킬 수 있다. 유사하게 치료자가 자신의 사적인 정보를 기꺼이 공개하지 않으면서, 내담자에게 어떤 사적인 이야기를 공개하길 기대하는 것은 수직적 지위를 강조하는 것으로, 이는 어떤 하위집단 구성원에게는 무례함과 불신을 낳을 수 있다. 내담자가 우리에 대해 궁금해하는 것을 보게 되는데, 내담자가 직접적으로 질문하지 않더라도 내담자가 알고 싶어 한다고 생각하는 것에 기반하여 자신의 정보를 제공해야 한다(나이, 수련, 가족 등). 이러한 자기 공개는 내담자를 이완시키고, 우리의 삶에서 사적인 부분을 편하게 논의하는 방법에 관한 모델을 제공한다. 예를 들어, 아시아 문화에서 온 어떤 내담자는 자신에게 초점을 두는 것이 문화적으로 이기적이거나 자만하게 보일 수 있으므로 옆에서 권유하지 않으면, 혹은 권유한다고 하더라도 그렇게 하기를 주저한다. 여러 집단주의 문화에서는 직접적인 의사소통을 무례한 것으로 여기고, 비언어적이고 간접적인 행동적 의사소통과 같이 더 미묘한 형태의 의사소통에 가치를 둔다. Iwamasa 등(2006)과 Organista(2006)는 수많은 문화-특정적인 의사소통 양식의 예를 제시하였고, 그러한 차이점에 따라 치료자가 능숙하게 의사소통하는 능력에 대해 논의하였다.

치료목표

CBT에서 현실적인 치료목표를 설정하는 것은 중요하다. 이번 판에서 기술한 대로 장기 목표를 단기 목표로 나누는 능력은 치료 과정을 유지하고 내담자가 더 큰 목표에 집중하여 그들이 선호하는 방향으로 움직이게 해 준다. 한 가지 방식만 '맞다'고 생각하는 치료자에게 현실적인 목표를 위해 내담자와 협력하는 것은 어려울 수 있다. 어떤 내담자는 행동적 변화 또는 인지적 변화에는 관심이 적을 수 있지만, 자기 인생의 특정 부분을 받아들이고 대처기술 및 인내심을 증진하는 것을 통해 도움을 받을 수 있다. 많은 사람에게 인생의 신조 혹은 균형의 개념은 삶의 만족을 찾는 데 더 효과적일 수 있다(Iwamasa et al., 2006; Kelly, 2006; Organista, 2006).

수용 및 변화에 초점을 두는 치료자는 다른 사람을 '즐겁게' 하거나 도움을 받으려고 사회적 네트워크의 다른 구성원에게 의지하려는 내담자의 욕구로 인해 어려움을 겪을 수 있다. 실제로 CBT자는 내담자의 자립심과 독립심을 촉진하는 것이 기능 향상에 도움이 될 것이라고 믿고 있으며, 많은 경우에 그럴 수도 있다. 하지만 도움을 요청하고 다른 사람과 잘 지내는 능력은 내담자의 문화적 맥락에서의 역할을 강화하고, 사회적 지지 및 기능을 향상시킨다(Iwamasa et al., 2006; Kelly, 2006; Organista, 2006).

이민자 혹은 난민의 신분

2000년 미국 인구 조사에 따르면, 10명 중 한 명은 이민자이거나 난민이었고, 20%는 부모 중 한 명 이상이 외국에서 태어났다. 상당한 비율의 아시아 및 라틴계 인구가 이민자와 난민으로 구성되었지만, 동유럽에서 미국으로 온, 특히 구 소련 정부의 일부였던 국가에서 온 이민자 및 난민의 수 역시 증가하였다. 대부분의 이민자 및 난민은 미국 환경에 적응해야 하는 경험을 공유하지만 난민과 이민자는 중요한 차이점이 있다.

이민자는 높은 경제적 · 정치적 · 교육적 기회를 가지려는 목표로 자발적으로 이주하는 반면, 난민은 대개 전쟁, 정치상의 박해, 재난의 결과로 비자발적으로 이주한다. 대체로 이민자는 이주하기 위해 준비되어 있고, 이미 새로운 나라에 자리를 잡고 있는 가족이나 지인이 있으며, 어느 정도 언어 구사력 및 문화에 대한 이해력을 갖추고 있다. 또한 이들은 이주 후 학교에 다니거나 사업을 시작하는 등 구체적인 활동계획이 있다. 한편 난민은 종종 자국에서 경제적 및 교육적으로 박탈당했다. 그들은 이주하기 전에 심각한 외상을 경험하고, 떠날 준비를 할 시간도 없었으며 이주 국가의 문화나 언어에 익숙하지 않다. 실제로 난민은 자국어마저도 문맹일 수 있다. 이민자 및 난민과 관련된 심리학적 문제의 예시를 알고 싶다면 Chung과 Bemak(2007)을 살펴보길 바란다.

이민자 및 난민을 대상으로 CBT를 시행할 때 가장 많은 효과를 발휘하기 위해서는 내담자의 경험뿐 아니라 치료에서 내담자의 적극적인 참여를 향상시키는 방식으로 CBT를 구성하고, 전략적으로 개발하고 실시하려는 의지 또한 요구된다. 다행히도 CBT는 이민자와 난민에게 성공적으로 실시되었다. 치료자는 이들에 대한 CBT 사용 사례를 검토해 보면 좋을 것이다(예, Hinton & Otto, 2006; Hinton, Safran, Pollack, &

Tran, 2006; Iwamasa et al., 2006; Otto & Hinton, 2006; Schulz, Huber, & Resick, 2006; Schulz, Resick, Huber, & Griffen, 2006).

가족 구조

'가족'이라는 용어는 다양한 문화적 집단에서 핵가족뿐만 아니라 확장된 가족 구성원과 가족의 친구도 포함한다. '가족'과 '친척'에 대한 폭넓은 정의는 문화적으로 다양한 집단의 많은 구성원에게 대규모의 사회적 지지 체례를 제공한다. McCubbin, McCubbin, Thompson과 Thompson(1998)은 소수민 가족에 대한 탄력성 모델을 제시하였다. 이 모델은 시간에 따라 가족 기능에 영향을 주는 변인으로 발달, 문화, 가치, 대인관계 기술, 체계를 포함한다. 연구자는 모든 가족이 가변적인 위험요인과 보호요인의 독특한 조합을 가지고 있고, 탄력적인 가족은 삶 전반에서 다양한 보호요인을 효과적으로 사용할 수 있다고 제시하였다. 한편 가족 내 개인의 역할은 오래 지속되는 경향이 있고, 가족 내에서 부여받은 역할에서 벗어나려는 노력은 호의적으로 받아들여지지 않는다. Yee, DeBaryshe, Yuen, Kim과 McCubbin(2007)는 집단주의, '관계지향'(자기를 가족 관계 맥락 내에서 정의하기), '가족주의'(가족의 위계설정을 강조), 의무를 포함하여 아시아계 미국인 가족의 전통적인 가족 가치와 주제를 훌륭하게 개관하였다. 또한 그들은 부부관계, 양육 방식, 형제관계, 성 역할, 가정에서 사용하는 언어, 세대 차이 등 기타 가족 구조 및 역할을 검토하였다.

CBT에서 임상적으로 고려할 사항은 자신의 행동에 대한 내담자의 신념이 어떻게 가족 구성원과 자신에게 반영되는지를 이해하는 것이다. 개인적인 소망과 가족의 의무 간의 갈등이 포함된 상황에서는 가족에 대한 내담자의 신념을 병리적인 것으로 간주하여 비판하거나 이를 단념시키지 않고 어떤 결정을 내리면서 일어날 수 있는 사회적 결과를 내담자가 예측할 수 있게 도와주는 것이 중요하다. 이 개입은 내담자가 의견 차이가 있는 상황에서 문제해결 기술을 사용할 수 있게 도와준다. 치료자는 어떤 선택(예, 독립성을 주장)이 다른 것(예, 부모가 선호하는 것을 하는 것)보다 바람직하다고 생각할 수 있지만 그러한 결정을 하는 것에 내재된 복잡성을 수용해야 한다.

결 론

인지원리 및 행동원리에 따른 CBT 및 근거 기반 심리치료기법은 효능 및 효과성을 엄격하게 다루어 왔다. 기존 연구의 한 가지 단점은 사람의 다양한 배경 및 경험 영역 중에서도 민족, 인종, 연령, 성적 지향, 장애 등 다양한 배경의 개인의 특징에 따라 CBT 기법을 적용하려는 관심이 부족하다는 점이다. CBT 개입이 다양한 집단 구성원에게 타당성, 수용 가능성, 효과성을 최대화하기 위해 어떻게 구성되어야 하는지를 경험적으로 조사한 연구는 거의 없었다(예, Lau, 2006). 이런 유형의 연구는 필수적인데, 이는 모든 사람에게 문화적으로 적합한 치료를 제공하는 것이 윤리적으로 시급한 문제일 뿐만 아니라 치료를 받으려는 사람이 하나 혹은 그 이상의 '다양한' 정체성을 가지고 있는 것이 임상적 현실이기 때문이다

다양한 문화의 사람에게 CBT 기법을 어떻게 적용하는지에 대한 구체적인 근거가 부족하기는 하나 이 주제를 제안하기 위해 이용 가능한 근거와 더불어 임상적 판단을 활용했다. 앞서 상세히 열거했듯이, 우리의 내담자가 속해 있는 사회문화적 집단에 대해 배우고, 유망하고 이론적으로도 일관적인 CBT를 실시하고, 우리가 논의한 몇몇 다양한 주제에 주요 관심을 두는 반복적인 과정을 제안하는 바다. 치료계획에 포함시켜야 할 다양한 주제에는 내담자의 건강 신념, 가족과의 관계, 그리고 전반적인 문화적 규준, 이민 상태 등에 제약을 받고 있는 대인 관계 양상 등이 있다. 치료자가 문화적으로 풍부한 개별기술적 평가 및 사례개념화에 대해 점점 더 알아 가고 유연해지고 개방될수록 내담자와의 관계가 강화되고 성공적인 치료 성과에 도달할 가능성이 높아진다.

참고문헌

American Psychiatric Association. (1980). *Diagnostic and statistical manual of mental disorders* (3rd ed.). Washington, DC: Author.

American Psychiatric Association. (1992). Ethical principles and code of conduct. *American Psychologist, 48*, 1597-1611.

American Psychiatric Association. (2003). Guidelines on multicultural education, training, research, practice, and organizational change for psychologists. *American Psychologist, 58*(5), 377-402.

American Psychiatric Association. (2000). Guidelines for psychotherapy with lesbian, gay, and bisexual clients. *American Psychologist, 55*(12), 1440-1451.

American Psychiatric Association Presidential Task Force on Evidence-Based Practice. (2006). Evidence-based practice in psychology. *American Psychologist, 61*(4), 271-285.

Anderson, N. B., & Nickerson, K. J. (2005). Genes, race, and psychology in the genome era: An introduction. *American Psychologist, 60*(1), 5-8.

Chung, R. C., & Bemak, F. (2007). Asian immigrants and refugees. In F. Leong, A. G. Inman, A. Ebreo, L. H. Yang, L. Kinoshita, & M. Fu (Eds.), *Handbook of Asian American psychology* (2nd ed., pp. 227-244). Thousand Oaks, CA: Sage.

Dobson, K. S. (Ed.) (2001). *Handbook of cognitive-behavioral therapies*. New York: Guilford Press.

Ebreo, A., Shiraishi, Y., Leung, P., & Yi, J. K. (2007). Health psychology and Asian Pacific Islanders: Learning from cardiovascular disease. In F. Leong, A. G. Inman, A. Ebreo, L. H. Yang, L., Kinoshita, & M. Fu (Eds.), *Handbook of Asian American psychology* (2nd ed., pp. 303-322). Thousand Oaks, CA: Sage.

Ellis, A., & Cory, D. (1965). *Homosexuality: Its causes and cure*. New York: Lyle Stuart.

Gist, Y. J., & Hetzel, L. I. (2004). *We the people: Aging in the United States*. Washington, DC: U.S. Department of Commerce, Economics and Statistics Administration, U.S. Census Bureau.

Hall, C. C. I. (1997). Cultural malpractice: The growing obsolescence of psychology with the changing U.S. population. *American Psychologist, 52*(6), 642-651.

Hall, G. C. N. (2001). Psychotherapy with ethnic minorities: Empirical, ethical, and conceptual issues. *Journal of Consulting and Clinical Psychology, 69*, 502-510.

Haynes, S. N., & O'Brien, W. O. (2000). *Principles of behavioral assessment: A functional approach to psychological assessment*. New York: Kluwer Academic/Pe lnum Press.

Hays, P. A. (2006). Introdcution: Developing culturally responsive cognitive-behavioral therapies. In P. A. Hayes & G. Y. Iwamasa (Eds.), *Culturally responsive cognitive-behavioral therapy* (pp. 3-19). Washington, DC: American Psychological Association.

Hinton, D. E., & Otto, M. W. (2006). Symptom presentation and symptom meaning among traumatized Cambodian refugees: Relevance to a somatically focused cognitive-behavior therapy. *Cognitive and Behavioral Practice, 13*(4), 249-260.

Hinton, D. E., Safren, S. A., Pollack, M. H., & Tran, M. (2006). Cognitive-behavioral therapy for Vietnamese refugees with PTSD and comorbid panic attacks. *Cognitive and Behavioral Practice, 13*(4), 271-281.

Hobbs, F., & Stoops, N. (2002). *Census 2000 Special Reports, Series CENSR-4: Demographic trends in the 20th century*. Washington, DC: U.S. Government Printing Office.

Iwamasa, G. Y., Hsia, C., & Hinton, D. (2006). Cognitive-behavioral therapy with Asian Americans. In P. A. Hayes & G. Y. Iwamasa (Eds.), *Culturally responsive cognitive-behavioral therapy* (pp. 117-140). Washington, DC: American Psychological Association.

Jones, J. H. (1981). *Bad blood: The Tuskegee Syphilis Experiment.* New York: Free Press.

Katz, R. V., Green, B. L., Kressin, N. R., Claudio, C., Wang, M. Q., & Russell, S. L. (2007). Willingness of minorities to participate in biomedical studies: Confirmatory findings from a follow-up study using the Tuskegee Legacy Project Questionnaire. *Journal of the National Medical Association, 99*, 1052-1060.

Kelly, S. (2006). Cognitive-behavioral therapy with African Americans. In P. A. Hayes & G. Y. Iwamasa (Eds.), *Culturally responsive cognitive-behavioral therapy* (pp. 97-116). Washington, DC: American Psychological Association.

Kim, W. (2006). Diversity among Southeast Asian ethnic groups: A study of mental health disorders among Cambodians, Laotians, Miens, and Vietnamese. *Journal of Ethnic and Cultural Diversity in Social Work, 15*(3/4), 83-100.

Kite, M. E., Russo, N. F., Brehm, S. S., Fouad, N. A., Hall, C. C., Hyde, J. S., et al. (2001). Women psychologists in academe: Mixed progress, unwarranted complacency. *American Psychologist, 56*, 1080-1098.

Kleinman, A., Eisenberg, L., & Good, B. (2006). Culture, illness, and care: Clinical lessons from anthropologic and cross-cultural research. *Focus, 4*, 140-149.

Korman, M. (1974). National conference on levels and patterns of professional training in psychology. *American Psychologist, 29*, 441-449.

Lau, A. S. (2006). Making the case for selective and directed cultural adaptations of evidence-based treatments: Examples from parent training. *Clinical Psychology: Science and Practice, 13*, 295-310.

Martell, C. R., Safren, S. A., & Prince, S. E. (2004). *Cognitive-behavioral therapies with lesbian, gay, and bisexual clients.* New York: Guilford Press.

McCubbin, H. I., McCubbin, M. A., Thompson, A. I., & Thompson, E. A. (1998). Resilience in ethnic families: A conceptual model for predicting family adjustment and adaptation. In H. I. McCubbin, E. A. Thompson, A. I. Thompson, & J. E. Fromer (Eds.), *Resilience in Native American and immigrant families* (pp. 3-48). Thousand Oaks, CA: Sage.

McDonald, J. D., & Gonzalez, J. (2006). Cognitive-behavioral therapy with American Indians. In P. A. Hayes & G. Y. Iwamasa (Eds.), *Culturally responsive cognitive-behavioral therapy* (pp. 73-96). Washington, DC: American Psychological Association.

Meyer, I. H. (2003). Prejudice, social stress, and mental health in lesbian, gay, and bisexual populations: Conceptual issues and research evidence. *Psychological Bulletin, 129*(5), 674-697.

Norcross, J. C., Hedges, M., & Prochaska, J. O. (2002). The face of 2010: A Delphi Poll on the future of psychotherapy. *Professional Psychology: Research and Practice, 33*, 316-322.

Norcross, J. C., Karg, R., & Prochaska, J. O. (1997). Clinical psychologists in the 1990's, Part II. *Clinical Psychologist, 50*, 4-11.

Organista, K. C. (2006). Cognitive-behavioral therapy with Latinos and Latinas. In P. A. Hayes & G. Y. Iwamasa (Eds.), *Culturally responsive cognitive-behavioral therapy* (pp. 73-96). Washington, DC: American Psychological Association.

Otto, M. W., & Hinton, D. E. (2006). Modifying exposure-based CBT for Cambodian refugees with posttraumatic stress disorder. *Cognitive and Behavioral Practice, 13*(4), 261-270.

Ridley, C. R. (1985). Imperatives for ethnic and cultural relevance in psychology training programs. *Professional Psychology: Research and Practice, 16*, 611-622.

Schulz, P. M., Huber, C., & Resick, P. A. (2006). Practical adaptations of cognitive processing therapy with Bosnian refugees: Implications for adapting practice to a multicultural clientele. *Cognitive and Behavioral Practice, 13*(4), 310-321.

Schulz, P. M., Resick, P. A., Huber, C., & Griffen, M. G. (2006). The effectiveness of cognitive processing therapy for PTSD with refugees in a community setting. *Cognitive and Behavioral Practice, 13*(4), 322-331.

Snyder, D. K., Castellani, A. M., & Whisman, M. A. (2006). Current status and future directions in couple therapy. *Annual Review of Psychology, 57*, 317-344.

Sue, D. W. (2001). Multidimensional facets of cultural competence. *Counseling Psychologist, 29*, 790-821.

Sue, S. (2006). Cultural competency: From philosophy to research and practice. *Journal of Community Psychology, 34*(2), 237-245.

Sue, S., & Zane, N. (1987). The role of culture and cultural techniques in psychotherapy: A critique and reformulation. *American Psychologist, 42*, 37-45.

U.S. Census Bureau. (2001). *U.S. Census 2000, Summary Files 1 and 2.* Retrieved January 7, 2008, from www.census.gov/main/www/cen2000.html.

U.S. Department of Health and Human Services. (1999). *Mental health: A report of the Surgeon General—Executive Summary.* Rockville, MD: Author.

Whaley, A. L., & Davis, K. E. (2007). Cultural competence and evidence-based practice in mental health services: A complementary perspective. *American Psychologist, 62*(6), 563-574.

Yee, B. W. K., DeBaryshe, B. D., Yuen, S., Kim, S. Y., & McCubbin, H. I. (2007). Asian American and Pacific Islander families: Resiliency and life-span socialization in a cultural context. In F. Leong, A. G. Inman, A. Ebreo, L. H. Yang, L. Kinoshita, & M. Fu (Eds.), *Handbook of Asian American psychology* (2nd ed., pp. 69-86). Thousand Oaks, CA: Sage.

Zweig, M. (2004). *What's class got to do with it?: American society in the twenty-first century.* Ithaca, New York: ILR Press.

찾아보기

인 명

내용

편저자 소개

Keith S. Dobson 박사는 캐나다 캘거리 대학교 임상심리학 교수로서 임상심리학과 학과장을 역임했으며, 심리학과 과장 및 Hotchkiss 뇌과학 연구소 우울증 연구 프로그램의 공동책임자 등 다양한 역할을 맡고 있다. Dobson 박사는 우울증의 인지모델 및 메커니즘과 인지행동치료를 활용한 우울증 치료 관련 연구에 전념하고 있다. 그의 연구는 150편 이상의 논문, 8권의 책, 세계 각국에서의 수많은 콘퍼런스 및 워크숍 등에서 발표되고 있다. Dobson 박사는 우울증 연구뿐만 아니라, 전문 심리학 및 윤리학의 발전에 대해 저술한 바 있으며 캐나다 심리학회 회장을 역임하는 등 심리학 기구에서 적극적으로 활동하고 있다. 그는 수년간 캘거리 대학교 연구윤리위원회 위원으로 활동했으며 현재는 인지치료학회 회장이자 국제 인지심리치료 학회의 의장이기도 하다. Dobson 박사는 캐나다 심리학회로부터 특별 공로상을 수상하기도 하였다.

역자 소개

김은정(Kim Eunjung)
서울대학교 대학원 임상심리학 석사
서울대학교 대학원 임상심리학 박사
서울대학교 정신건강의학과 임상심리수련과정 수료
삼성 사회정신건강연구소 선임연구원
아주대학교 심리상담센터 소장
임상심리전문가 및 1급 정신보건임상심리사
현) 아주대학교 심리학과 교수

저서 및 역서
아동청소년 로샤의 이론과 실제(공저, 학지사, 2007), 놀이치료 사례집(공역, 학지사, 2006), 사회공포증(학지사, 2000), 특정 공포증(학지사, 2000) 등

원성두(Won Sungdoo)
아주대학교 대학원 임상심리학 석사
아주대학교 대학원 임상심리학 박사
고려대학교 안산병원 정신건강의학과 임상심리전문가과정 수료
임상심리전문가 및 1급 정신보건임상심리사
현) 계요의료재단 계요병원 임상심리과장

감수자 소개

이민규(Lee Minkyu)
서울대학교 대학원 임상심리학 석사
서울대학교 대학원 임상심리학 박사
서울대학교 학생생활연구소 카운슬러
조선대학교 의과대학 정신건강의학과 교수
아주대학교 심리상담센터 소장
아주대학교 학생상담센터 소장
임상심리전문가 및 1급 정신보건임상심리사
현) 아주대학교 심리학과 교수

저서
하루 1%(끌리는책, 2015), 실행이 답이다(더난출판사, 2013), 네 꿈과 행복은 10대에 결정된다(더난출판사, 2008), 생각을 바꾸면 세상이 달라진다(교육과학사, 2008), 끌리는 사람은 1%가 다르다(더난출판사, 2007) 등

인지행동치료 핸드북

Handbook of Cognitive-Behavioral Therapies(Third Edition)

2014년 5월 30일 1판 1쇄 발행
2022년 11월 25일 1판 5쇄 발행

편저자 • Keith S. Dobson
옮긴이 • 김은정 · 원성두
펴낸이 • 김 진 환
펴낸곳 • (주) 학지사
04031 서울특별시 마포구 양화로 15길 20 마인드월드빌딩 5층
대표전화 • 02) 330-5114 팩스 • 02) 324-2345
등록번호 • 제313-2006-000265호

홈페이지 • http://www.hakjisa.co.kr
페이스북 • https://www.facebook.com/hakjisabook

ISBN 978-89-997-0389-8 93180

정가 **23,000**원

역자와의 협약으로 인지는 생략합니다.
파본은 구입처에서 교환하여 드립니다.